그리스 로마 신화와 서양문화

서양 문화의 산책길에서
그리스 로마 신화를 읽다

그리스 로마 신화와
서양 문화

윤일권 · 김원익 지음

프롤로그

신화의 산책길에 초대하며

　신화란 무엇일까? 신화는 그리스어로 미토스(Mythos)라고 한다. '말' 또는 '이야기'라는 뜻이다. '논리'나 '질서'를 의미하는 로고스(Logos)와는 반대되는 말이다. 신화는 한마디로 허무맹랑한 이야기다. 사실을 다루는 '역사'와는 다르다. 그렇다고 신화는 정말 거짓투성이일까?

　신화 속 이야기들은 분명 황당무계하다. 그리스 신화 속 제우스는 세상의 질서를 어지럽히는 인간이나 신에게 번개 불을 던져 제압한다. 우리나라 단군신화에서는 여자로 변신한 곰이 환웅과 사랑을 하여 단군을 낳았다. 중국 신화에서는 반고라는 거대한 거인이 죽어 세상의 만물로 다시 태어난다. 살은 흙이 되고, 뼈는 돌이 되고, 피는 강이 된다.

　언뜻 얼토당토않은 이야기다. 하지만 글자가 없었던 고대인들은 신화로 세상을 읽어냈다. 신화는 그들에게 지어낸 이야기가 아니라 현실이자 진실이었다. 고대 그리스인들은 번개가 치면 제우스 신이 잘못을 저지른 인간에게 벌을 주기 위해서라고 생각했다. 우리 조상들은 우리 민족이 은근과 끈기를 지닌 곰의 성격을 닮았다고 생각했다. 고대 중국인들은 세상만물이 엄청난 거인에서 생겨난 것으로 봤다. 얼마나 대단한 상상력인가?

신화는 구석기 시대나 신석기 시대 등 고대인들이 겪은 세상 체험을 담은 이야기다. 고대인들은 오늘날의 현대인들과는 다른 감각으로 세상을 느꼈다. 질서나 논리는 없지만 무한한 상상력으로 세상을 바라보았다. 그들의 머릿속은 아무것도 그려지지 않은 깨끗한 백지와 같았다. 신화는 바로 그런 백지 위에 그려진 태초의 그림들이다. 고대인들은 순박하고 순수한 마음으로 우주의 기원, 생명의 탄생과 죽음, 해와 달과 별이 연출하는 하늘의 파노라마를 바라봤다. 천둥, 번개, 홍수, 태풍, 지진, 화산 등 대자연의 신비를 체험했다.

신화는 두 얼굴을 지니고 있다. 하나는 왜곡되고 과장된 '만화 같은 얼굴'이다. 그리스 신화에서 신들의 변화무쌍한 변신술과 잔인한 싸움 그리고 끔찍한 괴물들을 가볍게 물리치는 영웅들 이야기를 보라. 인터넷 게임 속 사이버 세상을 보는 것 같다. 현실 세계와는 동떨어진 망상과 공상의 세계로 보인다. 신화의 또 다른 속성은 건강하고 활력에 넘친 순수하고 예쁜 얼굴이다. 우리의 무한한 상상력을 일깨워주는 맑고 깨끗한 얼굴이다.

그동안 우리는 신화의 만화 같은 얼굴만 보아왔는지 모른다. 그래서 건강하고 창조적인 상상력이 아니라 공상과 망상에만 열광한 것은 아닌지 돌아봐야 한다. 혹시 신화를 다룬 애니메이션이나 만화에서 강조하는 폭력적인 장면에만 눈을 돌린 것은 아닌지 성찰해 봐야 한다. 신화가 지닌 상상력의 보물창고로서의 면모를 살펴봐야 할 때가 되었다는 뜻이다.

우선 우리와 아주 가까운 실생활부터 들여다보자. 화장품 중에 '헤라'라는 상표가 붙은 것이 있다. 이상하다. 왜 그리스 로마 신화에서 가장 아름다운 미의 여신 '아프로디테'의 이름을 붙이지 않고 '헤라'라고 했을까. 그것은 아프로디테가 남편인 대장장이의 신 헤파이스토스에게 만족하지 못하고 전쟁의 신 아레스와 자주 바람을 피웠기 때문이다. 이와 달리 헤라는 한 번도 한눈을 팔지 않았다. 제우스의 아내로서 위엄을 잃지 않았다. 결혼의 여신으로서

도덕성도 저버리지 않았다. 우리나라 사람들에게는 미모는 아프로디테에게 약간 떨어지지만 정숙한 부인의 모습이 더 마음에 들었던 것이 아닐까? 서양인들이라면 아프로디테라는 이름을 택했는지 모를 일이다. 헤라라는 화장품을 바르면 헤라처럼 곱고 정숙한 여신이 된다? 뭐 그런 뜻이 아닐까?

세계 지도를 둥근 공에 그려 넣은 지구의를 살펴보라. 더러 사람 모형의 누군가가 그 밑을 떠받치고 있는 것이 있다. 그게 바로 아틀라스다. 그리스 로마 신화에서 아틀라스는 프로메테우스의 형이다. 그는 제우스가 아버지 크로노스와 싸울 때 크로노스 편을 들었다. 제우스에게 큰 걸림돌이었다. 아틀라스의 힘이 엄청났기 때문이다. 제우스는 아버지 크로노스를 간신히 제압한 뒤 자기 편을 들지 않았던 아틀라스에게 지구를 떠메고 있으라는 벌을 준다. '아트라스'라는 초콜릿도 있다. 아틀라스의 우리식 표현이다. 그걸 먹으면 아틀라스처럼 힘이 세질까? 또 '아트라스'라는 트럭 밑을 받치고 있는 직사각형의 꽤 큰 건전지도 있다. 아틀라스 신이 지구를 받치고 있는 것과 비슷하다.

'씨리얼(cereal)'이라는 과자에도 그리스 로마 신화 속 신 이름이 숨어 있다. 곡신의 여신은 데메테르인데 로마에서는 케레스(Ceres)라고 불렀다. '씨리얼'은 바로 케레스라는 말에서 나온 말이다. 그런데 '박카스'라는 이름의 건강음료는 아무래도 이름이 어울리지 않는다. 그리스 신화에서 술의 신은 디오니소스였는데 로마에서는 바쿠스(Bacchus)로 불렸다. '박카스'는 바쿠스라는 술의 신에서 따온 이름이다. 하지만 술도 적당히 먹으면 건강에 도움이 된다는 말이 있는 걸 보면 그리 어색한 이름도 아닌 것 같다. 시내를 걷다 보면 가끔 '바쿠스'라는 이름을 지닌 호프집이 눈에 띄기도 한다. 아무래도 바쿠스는 술집에 더 어울리는 이름이 아닐까?

닉스는 그리스 로마 신화의 밤의 여신이다. '닉스'라는 이름을 붙인 청바지가 있다. 밤의 여신과 청바지는 무슨 연관이 있는 것일까? 청바지 색깔이 어두워서 그런 이름을 붙인 것일까? 또한 한때 '암바사'라는 음료수가 있었다.

그리고 캔으로 된 음료를 '넥타'라고 한 적이 있었다. 두 이름 모두 그리스 로마 신들의 음식인 암브로시아와 음료수인 넥타르라는 말에서 따온 것이다.

꽃미남 톰 크루즈 주연의 영화 「미션 임파서블 2」에도 그리스 로마 신화 이야기가 들어 있다. 악당들이 웬만한 도시의 인구를 모두 오염시키고도 남을 악성 바이러스를 만들어 돈을 벌려고 한다. 그런데 그 바이러스 이름이 '키마이라'이고 이를 죽일 수 있는 백신 이름이 '벨레로폰'이다. 그리스 로마 신화에서 키마이라는 앞쪽은 사자, 중간은 염소, 뒤쪽은 뱀의 형상을 한 괴물이다. 이 괴물은 날개 달린 천마 페가소스를 탄 영웅 벨레로폰에 의해 죽음을 당한다.

영화 「해리포터」를 보면 머리가 셋 달린 '플러피'라는 개가 나온다. 신비한 마법사의 돌을 지키는 개다. 그런데 플러피는 그리스 로마 신화의 케르베로스라는 개를 빼닮았다. 케르베로스도 머리가 셋이며 지하 세계의 길목을 지킨다. 왜 그리스 로마 신화 속의 케르베로스가 해리포터에도 등장하는 것일까? 「해리포터」의 작가가 그리스 로마 신화라는 상상력의 보물단지에서 꺼내온 것은 아닐까?

이밖에도 우리의 실생활 속으로 뛰어든 그리스 로마 신화 이야기는 꼬리에 꼬리를 물고 이어진다. 하지만 무엇보다도 그리스 로마 신화가 서양 문화에 끼친 영향은 실로 엄청나다. 그것은 수천 년 동안 서양의 문학, 심리, 미술, 음악, 철학, 역사, 건축 등에 지울 수 없는 족적을 남겼다. 셰익스피어, 라신, 괴테의 작품을 올바로 이해하려면 그리스 로마 신화에 대한 사전 지식 없이는 아주 힘들다. 가령 괴테의 「파우스트」는 그리스 로마 신화 속 최고의 미녀 헬레네가 아주 중요한 역할을 한다. 「타우리스의 이피게네이아」처럼 아예 그리스 로마 신화의 특정한 인물을 다룬 작품도 있다. '오이디푸스 콤플렉스', '피그말리온 효과', '나르시시즘'이라는 심리학 개념도 그리스 로마 신화에 등장하는 인물의 행적에서 만들어진 개념이다. 유명한 서양 미술가들의 작품 중 상당수가 그리스 로마 신화를 그 내용으로 하고 있다.

가령 루벤스의 작품 중 1/3 이상이 〈파리스의 심판〉처럼 그리스 로마 신화를 소재로 한 것이다.

　이것뿐 아니다. 글루크(Ch. W. Gluck)를 비롯한 유명한 음악가들도 「오르페우스와 에우리디케」처럼 그리스 로마 신화를 소재로 한 수많은 곡을 만들어냈다. 서양철학의 원류인 플라톤과 소크라테스도 자신의 생각을 그리스 로마 신화 속 사건들에 빗대어 설명하곤 한다. 인류학이나 고고학뿐 아니라 서양의 고대사 연구도 그리스 로마 신화에 상당히 의존하고 있다. 가령 고대사 연구의 백미로 꼽히는 모건(L. H. Morgan)의 「고대 사회」나 바흐오펜(J. J. Bachofen)의 「모권」은 어머니 클리타임네스트라를 살해한 오레스테스와 아레이오스파고스 언덕에서 벌어진 그에 대한 재판을 토대로 하고 있다. 그렇다면 건축은 어떠한가? 현대 건축의 원조라고 할 수 있는 파르테논 신전을 비롯한 그리스 로마 건축의 대부분도 그리스 로마 신화를 소재로 만들어지지 않았는가?

　이 책은 그리스 로마 신화가 서양 문화에 깊게 남긴 족적을 산책하듯이 편안하게 따라간다. 그래서 우선 실타래처럼 얽혀 있는 그리스 로마 신화를 올림포스 신족, 인간 심리, 사랑, 여성, 영웅, 모험, 전쟁 등 여러 주제로 나누어 차근차근 풀어가면서 그 문화적 흔적을 살펴본다. 가령 올림포스 신족의 구성원들인 그리스 로마 신화의 신들은 신이라기보다는 오히려 우리 주위에서 흔히 볼 수 있는 인간 유형들을 구현하고 있음을 밝혀낸다. 제우스의 신조(神鳥)인 독수리는 로마와 히틀러 시대와 미국의 국조(國鳥)인 독수리와 연결시키면서 제우스처럼 최고가 되고 싶은 인간의 원초적 욕망을 상징하는 것으로 읽어낸다. 아테나 여신과 그녀의 신조인 올빼미를 통해서는 헤겔의 "미네르바의 올빼미는 황혼녘에야 날갯짓을 시작한다."는 말의 의미를 되새겨본다. 그리스 로마 신화의 영웅의 여정은 세계적인 신화학자 조지프 캠벨의 이론을 빌려 이 세상 모든 스토리텔링의 원형으로 소개한다. 무엇보다도 이 책의 가장 큰 특징은 수많은 그림과 계보도와 지도이다.

독자들은 그것들을 통해 계속해서 속속 등장하는 어려운 이름들 때문에 한없이 어렵고 복잡하게만 보이던 그리스 로마 신화를 보다 재미있고 입체적으로 개관할 수 있을 것이다.

이 책은 2004년도에 처음 출간되어 여러 대학에서 교양과목 교재로 사용되면서 독자들의 많은 사랑을 받아오다가 10년 만에 개정하고 증보한 것이다. 하지만 아직도 여러 가지로 부족한 점이 많을 것으로 생각한다. 미처 깨닫지 못한 허술하고 잘못된 점은 앞으로 다듬고 고치도록 하겠다. 아무쪼록 독자들의 아낌없는 충고와 지적을 기대한다. 끝으로 1장부터 9장까지는 윤일권이, 10장에서 14장까지는 김원익이 각각 책임 집필했음을 밝혀둔다.

2015년 3월
공동 저자

차례

◆ 프롤로그 신화의 산책길에 초대하며　　　　　　　　　　4

◆ 제1장 신화의 생성과 전승　　　　　　　　　　　　　16

◆ 제2장 우주의 기원과 신들의 전쟁　　　　　　　　　　34
　　1. 우주의 기원　　　　　　　　　　　　　　　　　35
　　2. 신들의 전쟁 : 티탄에서 올림포스로　　　　　　　41

◆ 제3장 올림포스 신족 Ⅰ - 제우스의 형제들　　　　　　52
　　1. 제우스 : 바람둥이 제왕　　　　　　　　　　　　53
　　2. 헤라 : 추락하는 여왕　　　　　　　　　　　　　68
　　3. 포세이돈 : 폭풍노도의 바다　　　　　　　　　　76
　　4. 데메테르 : 땅의 어머니　　　　　　　　　　　　83

◆ 제4장 올림포스 신족 Ⅱ - 올림포스의 라이벌　　　　　92
　　1. 아폴론 : 이성의 빛, 만능의 황태자　　　　　　　93
　　2. 디오니소스 : 도취와 광기의 나그네　　　　　　107
　　3. 아테나 : 똑똑하고 차가운 커리어 우먼　　　　　119
　　4. 아프로디테 : 성의 해방을 부르짖는 자유부인　　128

◈ 제5장 올림포스 신족 Ⅲ - 올림포스의 개성파들　　　142
　1. 헤르메스 : 잽싸고 간교한 심부름꾼　　　143
　2. 아르테미스 : 무한 자유를 꿈꾸는 자연주의자　　　148
　3. 헤파이스토스 : 불구의 마이스터　　　156
　4. 아레스 : 증오와 파괴의 싸움꾼　　　163

◈ 제6장 인류의 기원과 심판　　　170
　1. 프로메테우스와 제우스의 대립　　　171
　2. 판도라 이야기　　　178
　3. 인류의 다섯 시대와 대홍수　　　184

◈ 제7장 신화와 인간 심리　　　194
　1. 오이디푸스 콤플렉스　　　195
　2. 나르시시즘　　　209
　3. 피그말리온 효과　　　217

- **제8장 사랑 이야기**   228
  - 1. 에로스와 프시케   229
  - 2. 오르페우스와 에우리디케   239

- **제9장 그리스 로마 신화와 동성애**   250
  - 1. 고대 그리스인의 양성애관   251
  - 2. 고대 그리스 사회의 동성애   252
  - 3. 그리스 신화에 그려진 동성애   261

- **제10장 여성 이야기**   266
  - 1. 악녀 메데이아   267
  - 2. 독부 클리타임네스트라   289
  - 3. 정의의 화신 안티고네   310
  - 4. 고결한 여인 이피게네이아   328

- **제11장 영웅 이야기**   354
  - 1. 영웅의 원형, 페르세우스   355
  - 2. 전쟁의 달인, 헤라클레스   382
  - 3. 리틀 헤라클레스, 테세우스   441
  - 4. 아르고 호 원정대의 이아손   476

- ◈ 제12장 트로이 전쟁 522
    - 1. 트로이 왕가 523
    - 2. 전쟁의 원인 528
    - 3. 전쟁의 양상 535
    - 4. 트로이의 함락 568
    - 5. 전쟁의 원조, 트로이 전쟁 577
    - 6. 「일리아스」와 「펜테실레이아」 582

- ◈ 제13장 오디세우스의 모험 588
    - 1. 귀향 전 오디세우스의 행적 590
    - 2. 오디세우스의 모험 경로 604
    - 3. 계책, 극기, 화술의 달인, 오디세우스 652
    - 4. 호메로스의 「오디세우스」와 귀향 655

- ◈ 제14장 아이네이아스의 모험 660
    - 1. 아프로디테의 아들, 아이네이아스 661
    - 2. 트로이 전쟁에서의 아이네이아스 664
    - 3. 아이네이아스의 모험 경로 666
    - 4. 베르길리우스의 「아이네이스」 695

    - ◈ 참고문헌 701
    - ◈ 찾아보기 706

1

제1장

신화의 생성과 전승

신화는 문명 이전의 고대인들이 원초적 감각으로 받아들인 세상 체험을 담은 이야기다. 신화는 양면성을 지닌다. 지식과 논리의 틀에 얽매이지 않은 자유롭고 싱싱한 모습을 드러내기도 하지만 과장과 왜곡으로 일그러진 모습을 보여주기도 한다. 오랜 세월 형성된 두터운 퇴적층은 신화에 대한 다양한 시각의 해석을 낳는다.

그리스 로마 신화는 헤브라이즘과 함께 서양 문화의 양대 뿌리로 평가되는 헬레니즘을 담고 있을 뿐만 아니라 풍부한 내용과 높은 예술적 가치로 세계적으로 가장 많이 읽히는 신화다. 신화의 특성으로는 인본주의, 현세주의, 다신주의 등을 꼽을 수 있다.

신화란 무엇인가

독일의 시인 실러(F. Schiller)는 「그리스 신들」이라는 시에서, 온 자연 속에 신성과 생명의 온기가 살아 숨쉬던 신화의 시대가 가버렸음을 안타까워한다.

아름다운 세계여, 어디 있는가? 돌아오라
자연의 사랑스러운 청춘시절이여!
아, 노래가 있는 동화나라에서만이
그대의 경이로운 자취 아직 살아 있구나
들판은 생명을 잃은 채 탄식하고
신성한 것 어디에도 보이지 않나니
아, 저 생명의 온기가 가득하던 형상에서
살아남은 건 오직 그림자뿐이로다

 시인에게 신화의 시대는 신들이 아름다운 세계를 지배하고 온 천지에 생명의 충만함이 흘러넘치며 자연에 고귀한 존엄함이 부여된 시절이다. 그때는 만물에 신들의 자취가 배어 있었다. 그런데 지식과 논리가 자연에서 신들을 추방시켰다. 지식과 논리로 해석되고 파헤쳐진 세계에서 신들이 머무를 곳은 없다. 신들은 가버렸다. 더불어 모든 아름다운 것, 모든 고귀한 것, 모든 빛깔, 모든 생명의 소리도 앗아갔다. 숲을 헤치고 파도를 거슬러 외쳐보아도 공허한 메아리만 돌아온다. 신들이 떠나고 남은 건 "신성을 빼앗긴 자연"과 "영혼이 사라진 언어"일 뿐이다.
 한편 그리스 철학자 플라톤(Platon)은 호메로스(Homeros)와 헤시오도스(Hesiodos)에 의해 묘사되는 그리스 신들의 행태를 가혹하게 비판한다. 신들은 살인과 배신, 도둑질과 간음을 일삼는, 인간적 욕망으로부터 자유롭지 못한 부도덕한 존재일 뿐이다. 또한 신화는 달콤한 환상과 매혹적인 이미지로 사람들을 미혹에 빠뜨려 진실이 아니라 허구의 세계로 이끌어가며, 따라서 허구적 이야기인 미토스(Mythos) 대신 엄격한 논증을 바탕으로 검증 가능한 체계와 법칙을 갖춘 논리적 이야기인 로고스(Logos)를 유포시켜야 한다고 역설한다. 이러한 맥락에서 플라톤은 자신의 이상 국가에서 신화와 시인들을 추방시킨다.

시인과 철학자에 의해 이렇듯 상반된 평가와 대접을 받고 있는 신화는 과연 무엇인가. '신화'를 뜻하는 그리스어 '미토스'는 '말', 혹은 '이야기' 등의 어원을 갖고 있으며 '로고스'와 대립되는 개념이다. 플라톤이 지적했듯이 미토스는 논리적 언어를 뜻하는 로고스와 달리 입증되지 않은 상상력의 소산으로 받아들여진다. 독일어 백과사전 「브로크하우스(Brockhaus)」는 신화를 "원초적으로 순박한 감각에 시간을 초월한 현실로 비쳐지는, 세상과 인간 간의 관계들에 관한 이야기"로 풀이하고 있다. 그러면 신화란 상상의 세계인가, 현실의 세계인가? 허구인가, 진실인가?

신화는 문명 이전의 고대인들이 겪은 세상 체험을 담은 이야기다. 고대인은 문명인에 비해 지식도 부족하고 논리도 빈약하다. 그들의 이야기는 허황되기도 하고 앞뒤가 어긋나기도 한다. 현실성도, 개연성도 찾아보기 어렵다. 도대체가 믿기 어려운 아이들 장난 같은 이야기다. 그런데 고대인은 문명인과는 다른 감각으로 세상을 받아들였다. 그들은 지식과 논리의 틀에 얽매이지 않고 사고했으며 세상을 직관적으로 바라보았다. 시각을 상실한 사람이 뛰어난 청각과 촉각을 갖게 되듯이, 지식과 논리가 결여된 고대인은 무한한 상상력과 초인적인 감수성으로 세상과 소통했다. 그들에게는 문명으로 길들여지지 않은 야성(野性)이 펄떡이고 있었다.

지식과 논리로 무장하지 않은 고대인의 '원초적으로 순박한 감각'은 아무것도 그려지지 않은 백지와 같다. 신화는 바로 그러한 백지 위에 채워진 태초의 그림들이다. 벌거벗은 몸과 마음으로 고대인들은 우주의 기원, 생명의 탄생과 소멸, 밤낮이 교차하고 해와 달과 별들이 연출하는 천체의 파노라마, 그리고 천둥, 번개, 홍수, 태풍, 지진, 화산 폭발 등 대자연의 무서운 파괴력 등을 때로는 경이로움으로, 때로는 두려움으로, 때로는 신비스러움으로 체험했을 것이다. 신화는 이렇듯 지식과 논리로 해석되거나 여과되지 않은 '원상(原像)과 총체성을 간직한 세상'에 대한 고대인의 신성한 체험을 반영하고 있다. 그런즉 신화는 '상상으로 풀어낸 현실'이요 '허구를 내포한 진실'이라

할 수 있다.

신화는 두 얼굴을 지니고 있다. 지식과 논리에 구속되지 않은 자유롭고 싱싱한 모습을 드러내기도 하지만, 과장과 왜곡으로 일그러진 모습을 보여주기도 한다. 신화는 과학과 문명으로 왜소화되고, 정형화되고, 박제화된 현대의 삶에 생명의 에너지와 상상의 힘을 불어넣어준다. 그러나 신화 속에는 무지와 편견에 매몰된 고대인의 자의적이고 일방적인 세상 읽기가 숨어 있다. 특히 신과 영웅에 관한 이야기에는 정글의 법칙과 같은 약육강식의 이데올로기와 과장되고 왜곡된 우상 만들기의 흔적이 도사리고 있다.

마시는 물에 비유할 때 문명의 세계가 과학의 힘으로 정제된 수돗물이라면, 신화의 세계는 소독되거나 여과되지 않은 자연수와 같다. 수돗물은 위생적이기는 하지만 생명의 기운이 빠져 있다. 반면 자연수에는 생명의 기운이 싱싱하게 살아 숨쉬지만 유독성의 불순물이 걸러지지 않고 남아 있기도 한다. 시인 실러가 그리워한 것이 신화의 시대에 맛볼 수 있었던 싱싱한 생명의 기운이었다면, 철학자 플라톤이 경계한 것은 신화 속에 도사리고 있는 유독성의 불순물이었을 것이다.

신화는 문자 이전의 구전, 나아가 언어 이전의 원초적 감각으로 생성된 이야기들이 떠돌면서 서로 충돌하고, 영향을 주고받고, 변형되는 과정을 거치면서 두껍게 형성된 퇴적층을 이루고 있다. 오랜 시간에 걸쳐 수많은 사람들에 의해 다양한 재료로 덧입혀져 켜켜이 쌓여 있는 이야기 더미를 단순 명쾌하게 풀어헤치는 일은 결코 쉬운 작업이 아닐 것이다. 이를 반영하듯 신화의 기원과 의미를 밝히는 해석도 여러 갈래로 나누어져 복잡하게 얽혀 있다.

기원전 4세기경에 활약한 그리스 철학자 에우헤메로스(Euhemeros)는 신화 실재설을 주장한 바 있다. 그의 이론에 의하면 우라노스, 크로노스, 제우스 등 그리스 신들은 역사상 실존했던 왕들로서 그들이 죽은 후 신민들에 의해 신격화되었다는 것이다. 그의 이름을 딴 에우헤메리즘(Euhemerism)은

합리적이고 역사적인 신화 해석을 의미한다.

　언어학자 막스 뮐러(M. Müller)는 자연 신화설을 제기한다. 그에 의하면 신화란 고대인들이 경외심을 가지고 바라보는 해와 달, 낮과 밤, 가뭄과 홍수 등과 같은 여러 가지 자연 현상에 대한 반응의 결과로서 신들의 다양한 모습은 다름 아닌 이러한 자연의 물리적 힘이 신격화된 것이다.

　신화의 기원을 원시 종교적 제의에서 찾는 부류도 있다. 이들은 술의 신 디오니소스의 행적을 기리는 신화를 재현하는 종교적 제의에서 비극과 디오니소스 제전이 기원한 예를 들어 신화와 원시 제의 간의 긴밀한 관계를 부각시킨다. 인류학자 제임스 프레이저(J. G. Frazer)는 「황금가지」라는 신화 개론서에서 수많은 민속 제의를 사례로 들면서 신화와 원시 제의 간의 상호 관련성을 밝힌 바 있다. 인류학자 말리노프스키(B. Malinowski)는 실제로 원시 문화와 제의가 고스란히 남아 있는 태평양의 한 고도(孤島)에서 오랫동안 원주민과 함께 기거하면서 신화와 종교적·사회적 제의 간의 살아 있는 관계를 실증적으로 밝히려 했다. 그는 신화가 무의미한 이야기나 예술적인 환상이 아니라 원시 신앙과 도덕적인 지혜를 담고 있는 살아 있는 진실이며 실용적인 헌장이라고 역설한다.

　한편 프로이트(S. Freud)와 융(C. G. Jung) 등의 정신분석학자들은 신화의 기원을 심리적 요인에서 찾고 있다. 프로이트는 꿈과 신화의 유사성을 제기한다. 즉 꿈은 깨어 있는 상태에서는 억압되고 거부될 수밖에 없는 욕망이 만들어내는 것으로 신화와 유사한 환상적인 이미지와 수수께끼 같은 구조를 갖는다. 신화 속의 인간이나 꿈을 꾸는 인간이 품고 있는 욕망은 사회적 금기를 파괴하는 것으로 일상 속에서는 용납될 수 없다. 그리하여 그러한 욕망은 본래의 모습을 감추려고 가면으로 위장하게 되는데, 그 위장된 모습이 바로 환상적인 이미지와 수수께끼 같은 구조라는 것이다. 프로이트는, 인간은 저마다 신화와 꿈을 통하여 죄의식을 느끼지 않고서도 억제된 숨은 욕망을 해소할 수 있다고 주장한다.

프로이트의 제자였던 융은 신화를 꿈과 같은 억압된 개인적 욕망의 표현이라는 차원을 넘어 초개인적인 진실의 영적 체험으로 확장시킨다. 그는 신화를 "집단 무의식에 기반을 둔 원형의 객관화"로 풀이한다. '원형(Archetypus)'이란 세계의 여러 신화에서 공통적이고도 반복적으로 등장하는 위대한 어머니, 무서운 아버지, 끔찍스러운 괴물 등과 같은 인물, 그리고 신과 인간의 갈등이나 영웅의 탐험과 같은 상황이나 사건을 일컫는다. 융은 모든 종족의 집단 무의식 속에 내재된 동일한 모델이나 패턴이 원형이며, 이는 곧 신화의 원천이자 토대라고 주장한다. "신화는 공적인 꿈이요, 꿈은 사적인 신화"라고 갈파한 조지프 캠벨(J. Campbell)과, 미르치아 엘리아데(M. Eliade) 그리고 칼 케레니(K. Kerenyi) 등과 같은 현대의 신화학자들도 프로이트와 융이 선도한 심리학적 해석의 맥을 잇고 있다.

레비스트로스(C. Levi-Strauss)는 신화를 구조주의 방식으로 해석한다. 인류학과 신화에 관심을 두면서 그가 주목한 것은 신화적인 이야기가 비록 변덕스럽고, 무의미하며, 불합리하긴 하지만 그런 이야기들이 전 세계적으로 반복해서 나타나고 있다는 사실이다. 따라서 그는 겉으로 보기에는 무질서한 현상의 이면에 어떠한 형태의 질서가 존재하는지 알아내는 것을 지적 탐구의 과제로 삼는다. 레비스트로스는 모든 현상의 이면에는 언어의 문법과 같은 보편적인 구조가 존재한다는 사실을 밝혀낸다. 대표적인 사례로 그는 세계 각처의 결혼 규칙과 근친상간의 금기에서 원시 문화와 언어의 구조적 동일성을 제기한다. 언어 규칙이 단어의 교환이라면, 결혼 규칙은 여성의 교환이다. 그런데 남자는 다른 남자의 여자, 즉 그의 딸이나 누이와 교환할 수는 있지만 자기 아버지의 여자와는 교환할 수 없다. 이러한 여성 교환 규칙으로 근친상간의 금기가 성립된다. 그리고 이것은 주어와 목적어를 상호 교환할 수 없다는 언어의 규칙, 즉 문법과 유사한 구조를 갖는다. 레비스트로스는 선과 악, 문명과 자연, 이성과 본능, 밝음과 어두움, 아름다움과 추함 등과 같은 이항 대립적 긴장 구조에서 신화가 기인하며, 신화란 다름 아닌 이러한 긴장 구조를 인식하고 해소하려는 노력의 산물이라고 주장한다.

그리스 로마 신화의 의의와 특성

각 민족마다 고유한 신화를 전승하고 있지만 '신화' 하면 가장 먼저 떠오르는 건 그리스 로마 신화일 것이다. 그리스 로마 문명에 뿌리를 두고 있는 서양의 각 민족은 물론이거니와 언어와 문화적 바탕을 완전히 달리하는 동양 민족들에게서도 그리스 로마 신화는 토속 신화를 밀어내고 주인 자리를 꿰차고 있다. 우리나라 사람들도 단군 신화를 벗어나면 우리 신화에 대해 잘 모르면서도 제우스, 아폴론, 아프로디테, 헤라클레스 등의 인명과 '판도라의 상자', '오이디푸스 콤플렉스', '아킬레스 건(腱)' 등의 개념은 귀에 익숙한 편이다. 그리스 로마 신화는 단연 신화의 대명사이다. 왜 그럴까?

그리스 로마 신화는 세계의 어떤 신화보다도 양과 질에 있어서 앞선 것으로 평가받는다. 그것은 여타 신화들과 비교할 수 없을 만큼 풍부한 내용과 높은 예술적 가치를 지니고 있다. 신화의 본령은 구전(口傳)에 있다. 신화는 문자 이전의, 역사 이전의, 문명 이전의 세상에 대한 인간의 체험담이다. 그래서 입에서 입으로 맥이 이어지는 자연의 소리다. 구전된 이야기는 자연의 싱싱한 생명의 에너지를 최대한 보존하기도 하지만 문자로 기록되어 전승되는 이야기에 비해 변형되고 유실될 가능성이 높은 것도 사실이다. 다행인지 불행인지 모르지만 그리스 로마 신화는 일찍부터 문자의 옷을 입는다. 그것도 뛰어난 상상력과 문장력을 갖춘 시인들의 손으로 아름답게 치장된다. 뿐만 아니라 그것은 철학자들의 비판과 성찰에 의해 끊임없이 단련되고 예술가들의 손길로 조각과 그림으로 형상화된다. 또한 신화학자들에 의해 수집 정리되고 끊임없이 재해석되기도 한다. 그리고 이러한 작업은 그리스와 로마 시대를 넘어 르네상스 이후 근·현대 유럽 문화와 맥을 같이하며 지속된다. 따라서 그리스 로마 신화는 '순수한 신화'라기보다는 '가공된

그리스 신화의 주요 무대인 아테네 아크로폴리스 언덕, 출처 : 위키피디아

신화'에 가깝다. 식품에 비유하자면 그것은 순수한 원료로만 이루어진 자연식품이 아니라 각종 조미료와 향신료가 첨가된 가공식품이라고 볼 수 있다.

문자로 기록되고 시인과 예술가의 손을 거치면서 그리스 로마 신화는 풍부한 내용과 높은 예술적 가치를 지닌 신화의 베스트셀러로 자리매김할 수 있었다. 더불어 신화의 순수성이 퇴색되기도 했다. 예술성을 높이는 대가로 원초적 생명의 에너지를 감소시킨 것이다. 이러한 과정에서 그리스 로마 신화는 신화와 종교적 의미는 감소하고 문학과 예술적 의미는 증가한다. 언어와 정서를 달리하는 우리들이 이 먼 나라의 신화에 주목하는 이유도 바로 여기에 있다. 그리스 로마 신화는 수천 년 동안의 가공 과정을 거치면서 서양의 어문학과 예술은 물론이거니와 철학, 심리학, 인류학, 역사학, 심지어 자연과학에 이르기까지 다양한 분야와 소통하면서 쌓아온 두꺼운 퇴적층을 지니고 있다. 그런즉 서양 문화의 본질을 캐볼 수 있는 광맥과 같은 것이다.

서양 문화의 양대 뿌리는 기독교 사상과 그리스 로마 문명으로 잘 알려져 있다. 헤브라이즘(Hebraism)과 헬레니즘(Hellenism)으로 불리기도 한다. 서양의 각 민족 문화는 두 개의 상반된 사상의 흐름이 교차되면서 형성되어 왔다. 성서가 헤브라이즘의 기록이라면, 그리스 로마 신화는 헬레니즘의 기록이다. 그러므로 성서와 더불어 신화에 담긴 내용은 서양 문화를 이해하는 데 있어서 필수적인 요소들이다.

그리스 로마 신화의 가장 두드러진 특성은 인본주의다. 헤브라이즘이 신 중심의 사상이라면, 헬레니즘은 인간 중심의 사상이다. "인간은 만물의 척도다"라는 그리스의 철학자 프로타고라스(Protagoras)의 명제처럼 그리스인은 인간을 세상과 우주의 중심에 두었다. 그들에게는 신이 창조주도 아니요 절대자도 아니다. 신화에서 그려지는 신들은 인간과 다름없는 피조물일 뿐이며 인간의 모습과 본성을 그대로 담고 있다. 기독교의 신과는 본질적으로 다르다. 전지전능하지도 않고 인간적 욕망으로부터 자유롭지도 않다. 죽음을 초월해 있다는 사실 외에는 인간과 다를 바 없는 존재들이다.

제우스는 인간 사회의 제왕처럼 탁월한 통치술과 화려한 여성 편력을 보여준다. 헤라는 바람난 남편을 쫓아다니며 투기나 일삼는 이웃집 아줌마로 그려진다. 아프로디테는 사랑과 아름다움을 향한 인간의 욕망을 대변하며, 아레스는 인간의 증오심과 파괴 본능을 드러낸다. 심지어 도둑과 사기꾼을 닮은 헤르메스와 같은 신도 등장한다. 뿐만 아니라 신과 인간이 서로 사랑을 나누기도 하고 사랑의 결실로 영웅들이 태어나기도 한다. 신과 인간 사이의 경계가 명확하지 않다. 그리스인은 신적 존재에 인간의 본성을 투영시켰다. 신의 이름으로 인간을 경배한 것이다. 그들은 '인간적인 신' 앞에서 욕망을 숨기지도 않고 위축되지도 않았다. 인간의 욕망과 한계를 있는 그대로 받아들이고 삶의 모든 것을 자유롭게 누리려 했다.

다음은 현세주의다. 헤브라이즘이 내세를 바라본다면, 헬레니즘은 현세에 뿌리를 내리고 있다. 영웅 아킬레우스는 죽어 엘리시온(Elysion)에 이른다. 기독교의 천국과 같은 낙원이다. 그는 자신을 찾아온 오디세우스에게 말한다. "죽은 사람의 통치자가 되느니 산 사람의 머슴이 되는 게 낫다"라고. 엘리시온이 아무리 아름답고 영원하더라도 현세와 바꾸기 싫다는 말이다. 그리스인은 인간의 삶이 비록 유한하고 불완전할지라도 이를 소중히 받아들이고 사랑했다. 어쩌면 인생이 유한하고 불완전하기 때문에 더욱 애착을 가졌는지도 모른다.

불치병에 걸린 환자를 시한부 인생이라 한다. 의사로부터 잘 버텨야 몇 개월밖에 살지 못한다는 진단을 받았을 때 어떻게 삶을 마무리하는가. 포기하는 사람이 많지 않을까. 얼마 남지 않은 인생, 공부는 해서 무엇하며 사랑은 해서 무엇하리. 아예 죽음을 스스로 앞당기는 극단적인 선택도 있으리라. 좀 더 아름답게 마무리하는 이도 있지 않을까. 남은 세월이 너무 소중해서 그야말로 금쪽같은 시간을 나누고 쪼개어서 생을 멋지게 마무리하려는 애틋한 마음을 그려볼 수 있지 않을까.

따지고 보면 모두가 시한부 인생이 아닌가. 길고 짧아본들 '오십 보 백 보'인 셈이다. 인간 모두에게 숙명처럼 주어진 시한부 인생을 앞에 두고 그리스인은 후자의 길을 택하지 않았을까. 그리스의 명의(名醫) 히포크라테스(Hippokrates)는 "인생은 짧고 예술은 길다"라는 말을 남긴다. 그의 말처럼 그리스인은 짧고 유한한 인생이지만 사는 동안 최선을 다해 남긴 작품(예술)을 통해서 영원한 삶을 꿈꾼 게 아닐까. 히포크라테스는 수천 년 전에 태어나 유한한 생을 살다 갔다. 그러나 지금 이 순간 그는 이 자리에 살아 숨 쉬고 있다.

유일신을 섬기는 기독교와 달리 그리스 로마 신화는 다신주의 성격을 갖고 있다. 신화에는 수백 명의 신들이 등장한다. 올림포스 주신만 열두 명이다. 온 세상이 신들로 덮여 있다. 다신주의는 만물에 신이 깃들어 있다는 생각에서 비롯된 것이지만, 이방의 신을 배척하거나 거부하지 않는 개방적인 자세에서도 기인한다. 다신 사상은 개방성과 다양성을 살찌우는 자양분인지도 모른다.

일신주의는 구성원을 통합하는 기능은 탁월하지만, 독선적이고 배타적인 성격 또한 강하다. 유일신을 믿는 유대교, 기독교, 이슬람교 등이 보여준 강한 배타성은 종교의 순기능을 훼손시킬 만큼 역사의 구비마다 치명적인 상처를 남겨왔다. 사실 세 종교는 같은 아버지를 둔 자식과 다를 바 없는 사이인데, 원수처럼 서로 싸우고 있지 않는가. 이들 종교 간의 갈등은 인류의 평화를 위협할 불씨로 남아 있다.

그리스인은 새로운 신에 대하여 배타적인 자세를 보이지 않았다. 지역과 종족이 부침하고 명멸하는 과정에서 정복 세력이 토착 신앙을 억압하거나 소멸시키지 않고 그대로 흡수하는 경우가 많았다. 신화에 소개되는 신들 간에 벌어지는 다양한 이야기는 대체로 새로운 신과 토착 신 사이의 관계 정립 과정을 보여준다. 그리스 로마 신화에 담긴 다신주의는 그리스인의 다양성과 개방성을 말해 주고 있다.

그리스 로마 신화의 전승 과정

'그리스 로마 신화'로 일반화되어 전해지는 신화는 엄밀한 의미로 보면 '그리스 신화'다. 신화의 주된 내용은 그리스인들 사이에서 구전되거나 기록되어 전승된 것이다. 신화를 지칭할 때 '로마'가 끼어들어 간 이유는 그리스 신화가 로마라는 징검다리를 거쳐 근대 유럽으로 건너갔고, 그 과정에서 로마의 신들이 그리스의 신들과 동일시되면서 그리스 신화의 신과 영웅들의 명칭이 로마식으로 바뀌기도 하고 거기에 순수한 로마 신화가 일부

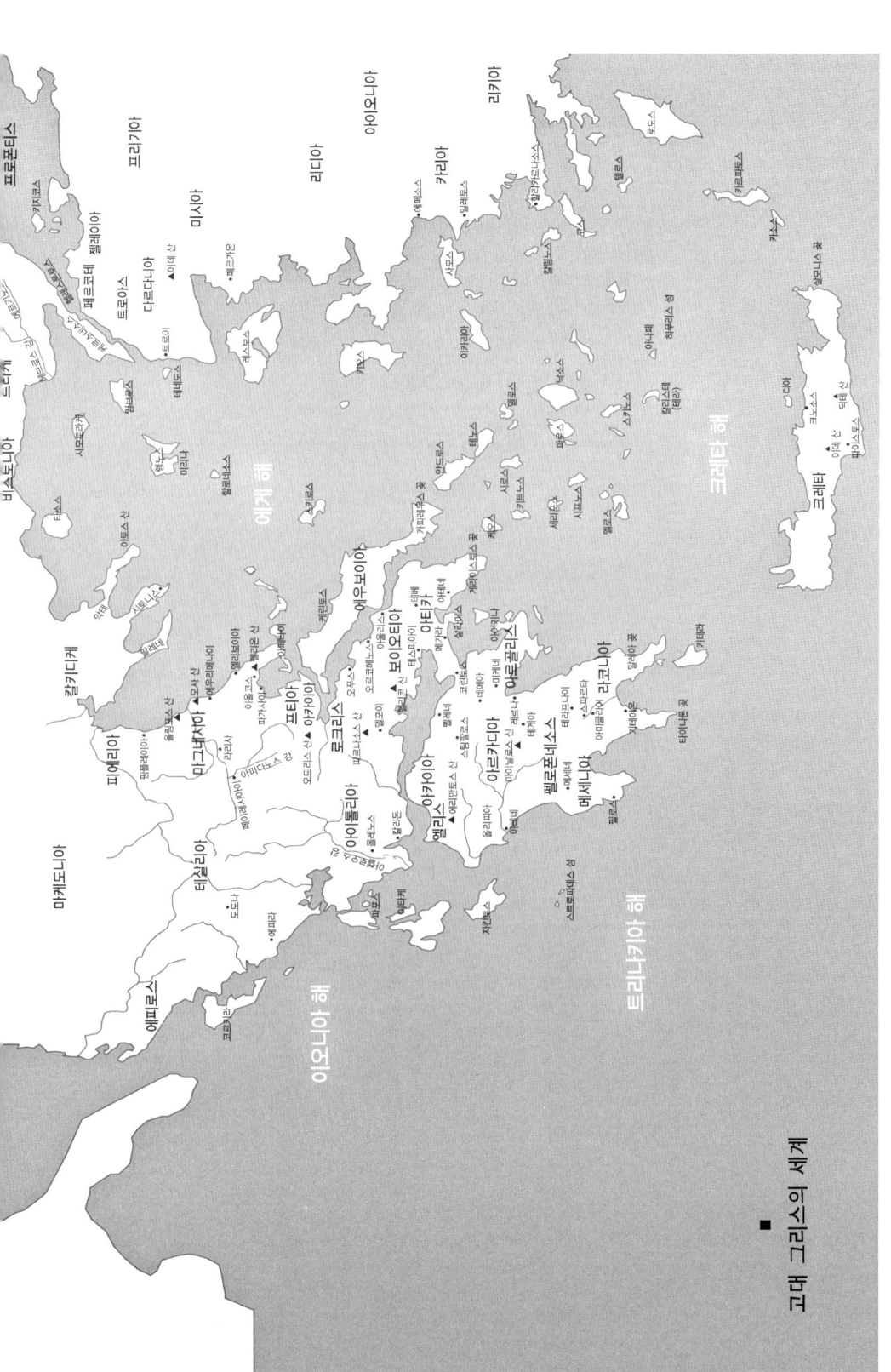

호메로스 두상, BC 5세기 그리스 오리지날의 로마 시대 복제품

섞여들기도 했기 때문이다. '로마'라는 명칭은 신화의 주역인 '그리스'를 운반해 간 전달자의 의미에 지나지 않는다. 로마인들은 무력으로는 그리스인들을 정복했지만 문화적으로는 이들에게 되레 정복당했다고 볼 수 있다. 로마 신화는 그리스 신화의 용광로 속에 용해되어 종속화되었던 것이다.

고대 그리스인들의 활동 무대는 오늘의 그리스 영토인 발칸 반도의 끝자락과 펠레폰네소스 반도, 크레타 섬뿐만 아니라 터키 영토인 소아시아의 아나톨리아 반도의 서쪽 지방을 포괄한다. 그리스 신화는 미케네 전성기인 기원전 16~11세기경에 주된 내용이 형성되었다는 것이 정설이다. 이 시기는 흔히 '영웅 시대'로 불리어진다. 크레타 문명에 이어 에게 문명의 한 축을 이루는 미케네 문명은 기원전 20세기경부터 발칸 반도 북쪽으로부터 남하하여 원주민을 누르고 고대 그리스의 새로운 주인이 된 인도유럽어족 계통의 아카이아(Achaia)인과 이오니아(Ionia)인에 의해 건설되었다. 청동기 문명으로 무장한 이 호전적인 북방 종족들은 원주민인 펠라스고이(Pelasgoi)인을 제압하는 한편, 크레타 섬의 미노아(Minoa)인이 이룩한 화려한 크레타 미노아 문명을 받아들여 강성한 세력으로 성장한다. 그리스 신화는 바로 이 격변기를 무대로 구전된 영웅들의 이야기가 주축을 이루고 있다.

그리스 신화가 형성되는 과정에는 이집트나 메소포타미아 등 주변의 선진 문화권의 영향이 직간접적으로 작용했다는 것이 정설이다. 특히 메소포타미아의 「길가메시 서사시」와 「에누마 엘리쉬」 등의 기록은 그리스의 영웅 서사시와 대홍수 이야기 그리고 천지창조 신화에 깊은 영향을 끼친 것으로 알려진다. 또한 그리스의 원주민인 미노아인과 펠라스고이인들 사이에서 구전되던 설화들도 그리스 신화에 흔적을 남기고 있다.

기원전 11세기경 북방으로부터 철기 문명으로 무장한 도리아(Doria)인이 마지막으로 남하하여 미노아 문명과 미케네 문명을 잔인하게 짓밟고 종식시킨다. 이들에게 쫓긴 일부 미케네인들이 소아시아의 아나톨리아 반도로 이동하여 새로운 문명을 꽃피우기까지 고대 그리스 역사는 수백 년간 암흑시대를 이룬다. 오늘날 그리스인들의 뿌리는 북방으로부터 연이어 남하한 인도유럽어족 계통의 3대 종족인 것이다.

수백 년 동안 이어진 그리스 문명의 암흑기를 거치고 기원전 8세기경 구전으로 떠돌던 그리스 신화가 최초로 문자로 기록된다. 호메로스의 영웅 서사시 「일리아스」와 「오디세이아」는 영웅 시대의 절정을 이루는 트로이 전쟁을 배경으로 전개되는 신과 영웅들의 이야기를 문학적 상상력으로 풀어낸다. 19세기 말 독일의 아마추어 고고학자 슐리만(H. Schliemann)에 의한 트로이 유적의 발굴은 신화와 역사 간의 경계에 관한 본질적인 질문을 던진 바 있다. 그런가 하면 헤시오도스의 「신통기」와 「노동과 나날」은 우주의 기원과 신들의 전쟁, 인간의 출현 및 신들과의 갈등에 관한 이야기를 체계적으로 정리하고 있다. 또한 이들의 저작을 이어받아 기원전 6~7세기경에는 호메로스의 후예 내지는 아류 작가들로 추정되는 무명의 시인들에 의해 「호메로스 송가들」이 남겨지는데, 이것은 주로 올림포스 12신들의 면모를 다루고 있다.

그리스 신화가 문학적으로 채색되는 작업이 가장 활발했던 시기는 그리스 비극의 전성기인 기원전 5세기경이다. 그리스의 3대 비극 작가로 평가되는 아이스킬로스(Aischylos), 소포클레스(Sophokles), 에우리피데스(Euripides)와 희극 작가 아리스토파네스(Aristophanes) 등은 구전되던 신화를 작품의 소재로 삼아 신과 인간의 문제에 관한 진지한 담론을 제기하는 한편, 구전 신화의 지평을 넓히는 데 크게 기여한다.

이 외에도 그리스 신화는 핀다로스(Pindaros), 사포(Sappho) 등의 서정시인들의 작품과, 헤로도토스(Herodotos), 투키디데스(Thucydides) 등의 역사가들의 저술에서 인용되기도 하고, 플라톤과 아리스토텔레스(Aristoteles)의 철학적 명제로 다루어지기도 한다. 한편 기원전 3세기의 작가 아폴로니오스(Apollonios)는 영웅 이아손과 아르고 호 원정대의 모험 신화를 정리한 「아르고나우티카」를 남겼으며, 기원전 2세기의 아폴로도로스(Apollodoros)의 「신화 모음집」, 서기 1세기의 여행가 파우사니아스(Pausanias)의 「그리스 여행기」, 역사가이자 전기 작가인 플루타르코스(Plutarchos)의 「영웅전」 등의 저작들도 그리스 신화의 맥을 이어가는 데 일조한다.

로마 시대로 넘어가면서 그리스 신화는 로마식으로 채색된다. 이 작업은 1세기 무렵에 활약한 세 명의 로마 작가들에 의해 주도된다. 오비디우스(Ovidius)의 「변신 이야기」는 전래된 그리스 신화를 명칭과 정서에 있어서 로마화한 명작으로 평가받는다. 르네상스 이후 유럽의 시인과 예술가들은 원조 그리스 신화보다 오비디우스에 의해 변조된 신화에 창작적 빚을 지고 있다. 우리에게 친숙한 벌핀치(Th. Bulfinch)의 신화도 「변신 이야기」를 기초로 한 것이다. 또한 베르길리우스(Vergilius)는 영웅 서사시 「아이네이스」와

「농경시」를 통하여 호메로스와 헤시오도스의 흐름을 이어갔으며, 세네카(Seneca)는 그리스 비극의 전통을 계승한다.

그리스 로마 신화는 기독교가 지배하던 중세 천 년 동안 '암흑' 속에 파묻히게 된다. 이 시기에 서양 문화의 주도권은 헬레니즘에서 헤브라이즘으로 넘어간다. 그런데 암흑 속에서 죽은 줄 알았던 그리스 신들은 14세기경 르네상스(Renaissance) 운동으로 화려하게 부활한다. '재생'이라는 의미를 가진 르네상스는 신 중심의 헤브라이즘의 지배를 받으며 인간의 이성과 자유, 그리고 존엄성이 위축받던 중세의 암울한 분위기에서 헬레니즘이 비춰주는 빛을 바라보며 일으킨 문예부흥이요 인간 혁명이다. 르네상스를 이끈 인문주의자들에게 그리스 로마 신화의 인본주의는 생명의 복음이었다. 이후 그리스 로마 신화는 기독교 사상과 함께 근·현대 서양의 정신세계를 이끌어가는 쌍두마차 역을 맡으며 서양 문화 형성에 밑거름이 된다.

2

제2장

우주의 기원과 신들의 전쟁

　그리스 신화에서 '천지창조'는 없다. 우주의 기원과 생성에 관한 설명이 있을 뿐이다. 태초에 수많은 신들이 등장하지만 우주와 세상을 창조한 명백한 주체는 보이지 않는다. 신들 역시 인간이나 자연과 다를 바 없이 피조물의 범주를 벗어나지 못한다. 신화 속에서 신과 자연과 인간은 서로 유사한 본성을 보여준다. 모든 자연 속에는 신성이 내재되어 있으며, 모든 신들은 인성을 품고 있다. 그리스인들의 우주의 기원에 관한 설화에는 인본주의가 깔려 있다.
　우라노스-크로노스-제우스로 이어지는 신들의 전쟁은 원시 제의의 흔적과 가부장제하의 부자 갈등의 단면을 드러낸다. 또한 이 과정에서 나타나는 대지의 여신 가이아의 끈질긴 견제와 반발은 쇠퇴해 가는 모권의 저항을 시사한다. 티탄에서 올림포스로 넘어가는 신들의 세대교체는 자연신에서 인격신으로의 변화 과정을 담고 있다.

1. 우주의 기원

그리스 신화가 전하는 우주의 기원에 관한 이야기는 여러 가지가 있다. 우선 호메로스의 「일리아스」에서는 오케아노스(Okeanos)가 모든 신과 사물의 기원으로 그려진다. 오케아노스는 대지를 휘감고 둘러싼 대양강(大洋江)으로 샘, 개울, 강, 바다 등 지상의 모든 물이 흘러 들어가고 나오는 거대한 원천이다. 그것은 태초의 물의 여신 테티스(Tethys)와 결합하여 모든 것을 생성하고 순환시켰다. 한편 오르페우스 교도들은 오케아노스에 앞서 밤의 여신 닉스(Nyx)를 우주의 기원으로 내세운다. 이 설에 의하면 닉스는 어둠 속에서 은빛 알을 낳고 사랑의 신 에로스(Eros)를 부화시킨다. 만물의 번식을 주관하는 에로스는 깨어진 알의 위아래로 갈라져 있던 하늘과 땅을 결합시켜 오케아노스와 테티스를 출산케 하는데, 이들의 교합으로 모든 사물이 생겨난다.

우주의 기원에 관한 이야기 가운데 가장 널리 알려진 것은 헤시오도스의 「신통기」를 통해 전해진다. 여기에 소개되는 우주의 기원을 요약해 본다.

"태초에 카오스(Chaos)가 있었고, 그 다음에는 넓은 젖가슴을 지닌 가이아(Gaia)가 있었다. 가이아는 올림포스(Olympos) 산과 칠흑같이 어두운 타르타로스(Tartaros)에 거하는 영생불사하는 모든 신들의 든든한 처소였다. 그 다음에 에로스가 생겼는데, 그는 모든 신들과 인간들의 이성과 사지의 힘을 마비시키는 신이다.

카오스에서 태초의 암흑 에레보스(Erebos)와 밤의 여신 닉스가 나왔으며, 이들이 결합하여 대기의 신 아이테르(Aither)와 낮의 신 헤메라(Hemera)를 낳는다.

대지의 여신 가이아는 자신과 비슷한 크기로 별이 총총한 우라노스(Ouranos), 요정들의 처소인 산맥 오레(Ore), 폭풍우가 이는 황량한

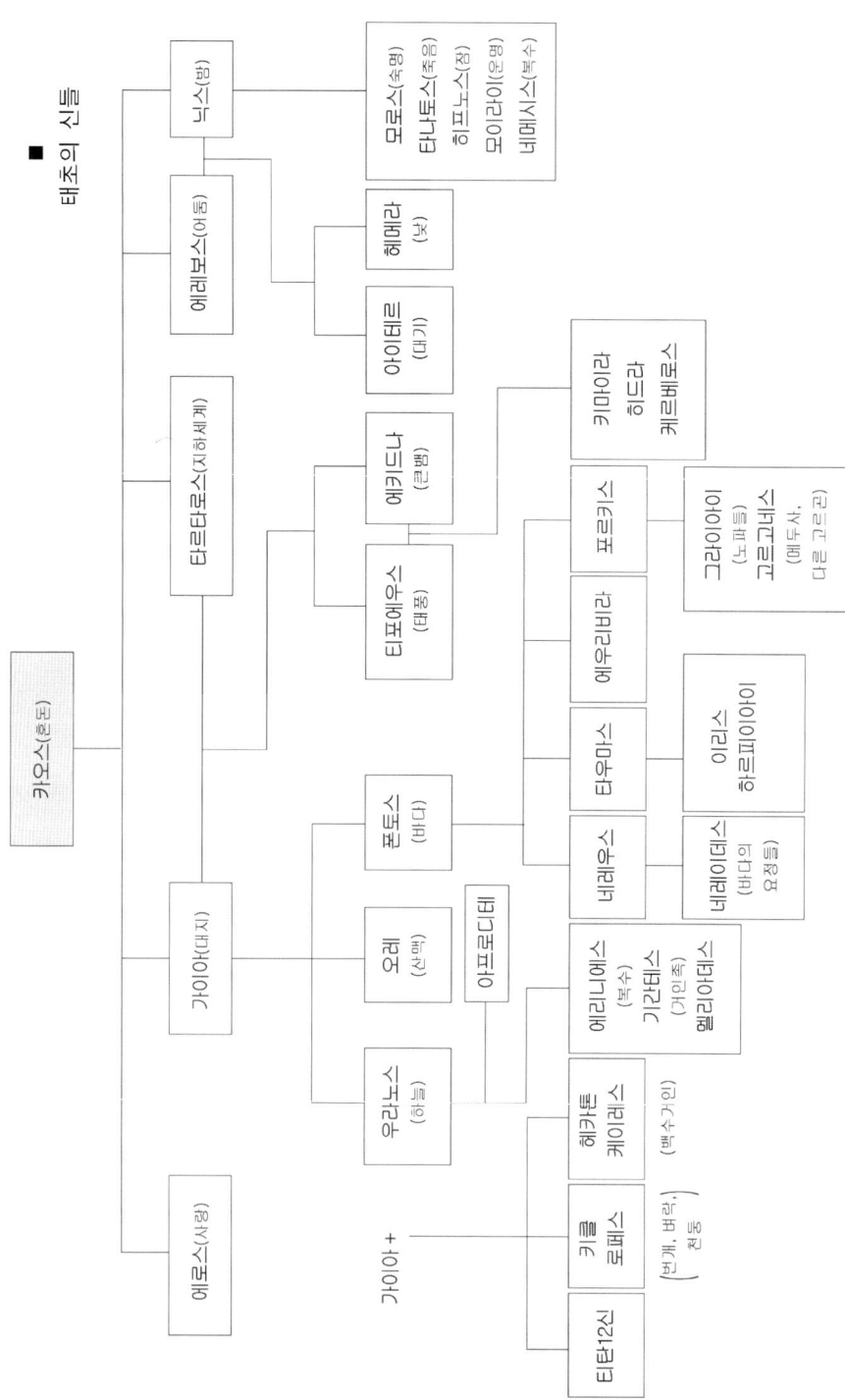

바다 폰토스(Pontos)를 낳는다. 그 후 가이아는 우라노스의 사랑을 받고 오케아노스와 테티스를 비롯한 12명의 티탄(Titan)들과 외눈박이 키클로페스(Kyklopes) 3형제, 그리고 100개의 팔에 50개의 머리가 돋아난 괴물 헤카톤케이레스(Hekatoncheires) 3형제를 낳는다.

한편 밤의 여신 닉스는 혼자서 운명의 여신 모이라이(Moirai) 3자매, 복수의 여신 네메시스(Nemesis), 황금사과와 풍요의 나무를 지키는 헤스페리데스(Hesperides) 자매, 그리고 불화의 여신 에리스(Eris)를 낳는다. 그 외에도 닉스는 세상의 어두운 면을 대변하는 '죽음', '잠', '꿈', '재앙', '비난', '속임수', '애욕', '노쇠', '불행', '고뇌' 등을 생산한다."

「신통기」는 계속해서 하급 신들과 인간의 출현 그리고 신들의 전쟁, 신과 인간의 갈등에 관하여 기록하고 있다. 그리하여 제우스를 정점으로 하는 올림포스 신족 시대가 정립하는 것으로 매듭짓는다. 이를 통하여 우리는 그리스 신화 속에 담긴 우주와 신 그리고 인간에 대한 그들의 사고를 엿볼 수 있다.

그리스 신화의 신은 기독교의 하나님과 본질적으로 다르다. 하나님은 창조자이지만 그리스 신들은 피조물일 뿐이다. 구약성서 「창세기」는 "태초에 하나님이 천지를 창조하시니라"라고 시작된다. 여기서 하나님은 명백한 창조의 주체로서 역사(役事)하고 있다. 즉 하나님과 세상은 창조자와 피조물로 엄격하고도 분명하게 나누어지고 있는 것이다. 그러나 그리스 신화에서는 이러한 명백한 창조의 주체가 존재하지 않는다. 태초에 카오스와 가이아 그리고 에로스가 모습을 드러내지만, '있었다', 혹은 '생겼다' 등과 같은 묘사에서 보듯이 그들은 단지 소극적이거나 피동적으로 행할 뿐이다. 그들로부터 기원하는 것들도 몸체로부터 생성되거나, 대부분 여느 피조물과 다름없이 성적 결합에 의해 태어나고 있다. 그리스 신들은 피조물의 범주를 벗어나지 못하고 있다. 그러므로 신화의 첫머리에 소개되는 이야기는 우주와

가이아, Anselm Feuerbach, 1875

세상의 '창조'가 아니라 '기원'이나 '생성'에 관한 설명인 것이다.

하나님과 세상이 창조자와 피조물로 엄격하게 구분되는 기독교의 창세관과는 다르게 그리스 신화의 우주와 신과 인간은 같은 피조물로서 유(類)를 달리하지 않는다. 그리스 신화 속의 우주 삼라만상(森羅萬象)은 모두 신성(神性)과 인성(人性)을 공유한다. 하늘, 땅, 산, 바다, 밤, 낮, 해, 달, 별 등등 모든 우주와 자연은 신이다. 탄생, 죽음, 잠, 사랑, 미움 등 인간의 모든 심신상의 현상과 변화 또한 신성을 지닌다. 그리고 신성을 보유한 모든 신적 존재는 사랑하고, 미워하고, 질투하고, 다투는 인간의 모습을 그대로 닮고 있다. 그러므로 유일신을 섬기는 기독교와 달리 그리스 신화는 다신론(多神論)을 기반으로 하고 있다. 또한 신성과 인성을 동일시 한다는 점에서 신인동형동성론(神人同形同性論)으로 설명되기도 한다. 창조의 주체인 유일신 앞에서 객체로서 존재하는 '손님'이 아니라 우주와 세상의 '주인'으로서의 인간을 꿈꾸는 그리스인들의 인본주의(人本主義)가 태동하고 있다.

태초의 우주 원상으로 설명되는 카오스는 흔히 '혼돈'으로 해석되는 말이다. 그런데 고대 그리스 어원으로 카오스는 '갈라진 틈'이라는 뜻이다. 깨어진 알의 틈 사이로 보이는 캄캄한 빈 공간을 지칭한다. 카오스를 '혼돈'으로 보면, 태초의 우주는 온갖 물질의 원료들이 일정한 형체와 질서 없이 꽉 차 있는 상태로 풀이된다. 그러나 카오스를 '허공'으로 보면, 아무것도 없이 캄캄한 빈 공간이 된다. 「신통기」에서 설명되는 카오스는 후자에 가까운 것 같다. 카오스에 이어 모든 자연과 물질의 어머니로서 가이아가 별도로 존재하고 있으며, 카오스는 캄캄한 빈 허공을 나타내는 에레보스와 닉스를 생산하고 있을 뿐이다. 에레보스는 땅 속의 어둠을, 닉스는 빛이 없는 하늘의 어둠을 각각 상징한다. 그리스인들은 하늘에서 청동모루를 떨어뜨리면 9일 만에 지상에 닿고, 땅 밑으로도 9일 동안 떨어져 타르타로스에 닿는다고 상상했다. 반면 로마 시대의 작가 오비디우스의 「변신 이야기」에 묘사된 카오스는 전자 쪽이다. 여기서 카오스는 모든 물질의 질료가 형상도 질서도 없이 하나의 거대한 덩어리를 이루고 있는 상태로 설명된다. 즉 카오스는 '허공'이 아니라, '질서'와 대립되는 개념인 '혼돈'으로 해석되고 있는 것이다. 이렇듯 카오스가 '혼돈'이라는 개념으로 쓰이게 된 것은 헤시오도스 이후에 활약한 그리스 철학자들의 새로운 해석으로부터 기인한다는 것이 정설로 되어 있다.

대지의 여신 가이아가 만물의 터전으로 그려지고 있는 것은 여신이 생명의 모태로서 숭배받던 원시 모계 사회의 흔적을 엿볼 수 있는 대목이다. 인도유럽어족이 그리스 반도로 이주하기 이전에 그곳의 주인으로 살았던

승리자 에로스, Caravaggio, 1601년경

원주민들의 신화인 펠라스고이 신화에서도 태초에 만물의 어머니인 에우리노메(Eurynome) 여신이 오피온(Ophion)이라는 뱀과 어우러져 우주의 알을 낳은 것으로 설명된다.

카오스, 가이아와 함께 태초에 나타나는 에로스는 올림포스 시대에 등장하는 사랑의 화살을 날리는 장난꾸러기 에로스와 다르다. 태초의 에로스는 우주 만물이 결합하여 번식하는 일을 돕는 보이지 않는 힘일 뿐이다. 닉스의 자식으로 설명되는 헤스페리데스는 후대의 신화에서는 프로메테우스(Prometheus)의 형 아틀라스(Atlas)의 딸들로 소개되기도 한다. 닉스의 또 다른 딸로 설명되는 운명의 여신 모이라이 3자매는 같은 「신통기」 안에서 제우스와 티탄 신 테미스(Themis) 사이에서 태어난 자식으로도 그려지는 모순을 드러낸다. 이와 같은 현상은 신화의 이야기들이 세월이 흐르면서 다른 이야기들과 만나고 섞이면서 변형되는 과정에서 비롯된 것으로 본다.

2. 신들의 전쟁 : 티탄에서 올림포스로

우라노스의 거세

가이아와 우라노스가 몸을 섞어 낳은 자식들인 12명의 티탄들과 키클로페스 3형제 그리고 헤카톤케이레스 3형제는 하나같이 끔찍하고 거대한 모습이다. 이들의 몰골은 특히 아버지 우라노스를 소름끼치게 만든다. 그래서 우라노스는 그들을 모두 어미인 가이아의 자궁 속 타르타로스에 가두어 빛을 보지 못하게 한다. 가이아는 오장육부가 뒤틀리는 고통을 맛보며 복수의 음모를 꾸민다. 여신은 회색빛 철의 원료를 추출해서 날카롭고 큰 낫을 만든 다음 자식들을 불러 모아 비장한 목소리로 말한다.

"이 극악무도한 아비의 자식들아, 너희들 중 누가 낫을 들어 이 어미의 한을 풀어주겠느냐!"

가이아의 말을 듣고 모두들 공포에 사로잡혀 몸을 낮추는데, 티탄의 막내 크로노스(Kronos)가 용기 있게 나선다.

"어머님, 제 손으로 부끄러운 아버지를 처단하겠습니다."

크로노스의 말을 듣고 가이아는 기뻐한다. 여신은 그를 은신처에 숨기고 그의 손에 낫을 쥐어주며 자신의 계략을 알려준다. 이윽고 하늘 우라노스가 밤을 대동하고 와서 욕정에 불타 대지 가이아의 몸을 감싸며 덮쳐온다. 그러자 크로노스가 은신처에서 나와 왼손으로는 아버지를 잡고 오른손으로는 크고 날카로운 낫을 들어 우라노스의 성기를 싹둑 잘라 등 뒤로 던져버린다. 화들짝 놀란 우라노스는 몸을 일으켜 저 높은 곳으로 달아나 더 이상

우라노스의 거세, GiorgioVasari & Cristofano Gherardi, 16세기

대지에 가까이 오는 일이 없었다. 하늘과 땅의 영원한 분리가 이루어진 것이다.

그런데 잘려나간 성기에서 뚝뚝 떨어지는 핏방울이 대지 가이아의 몸속에 스며들어 복수의 여신 에리니에스(Erinyes) 3자매와 거인족 기간테스(Gigantes) 그리고 멜리아이(Meliai)라고 부르는 요정들이 태어난다. 또한 우라노스의 성기는 바다에 떨어져 바다거품과 어우러지며 사랑의 여신 아프로디테를 생산한다. 아프로디테(Aphrodite)는 '거품에서 태어난 자'라는 뜻이다.

우라노스는 달아나면서 자신이 낳은 자식들을 비난하며 '티탄'이라고 불렀다. 그리스어로 티탄(Titan)은 '깡패' 혹은 '불한당'이라는 어원을 갖고 있다. 우라노스는 자신에게 반역한 크로노스에게 언젠가는 반드시 후회하게

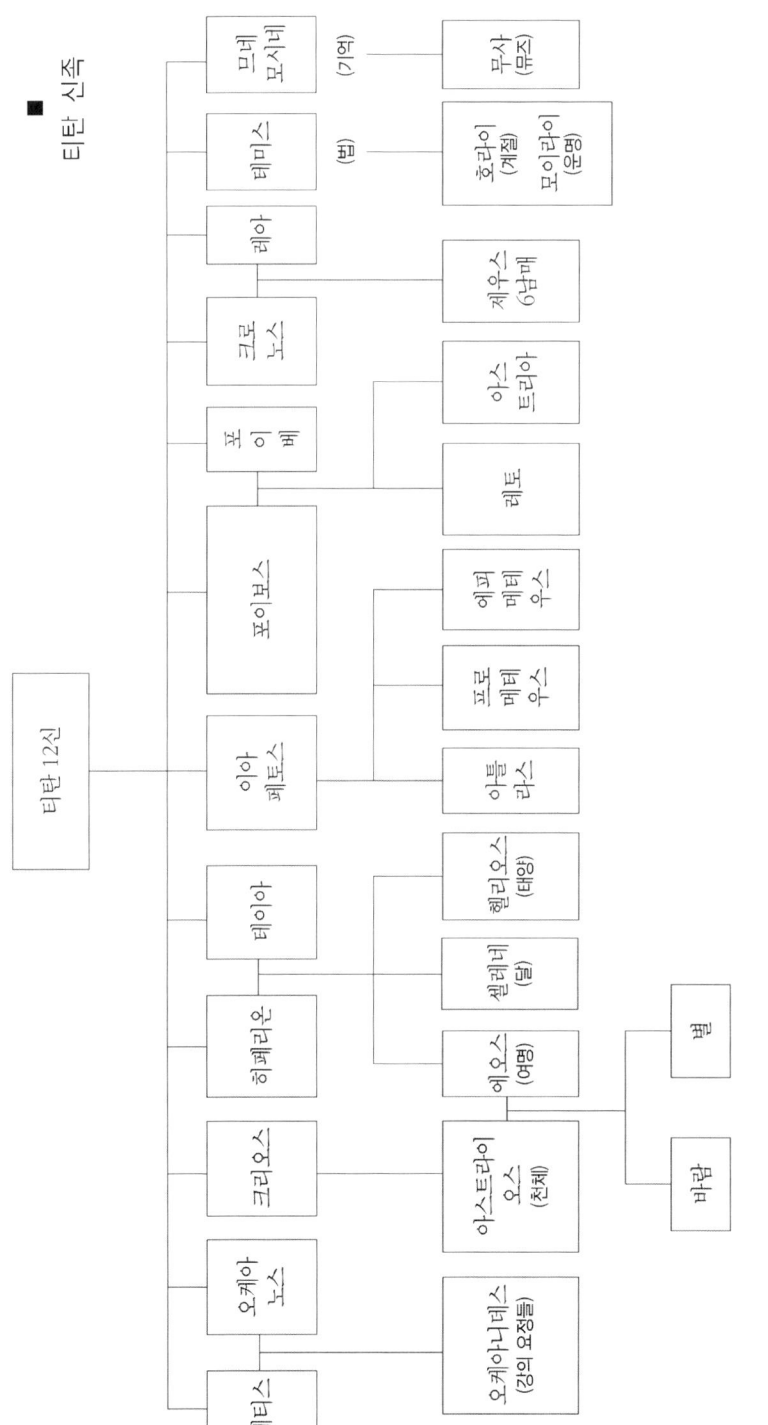

자식 중 하나를 집어 삼키는 크로노스
Peter Paul Rubens, 1636-1638

될 것이라고 저주를 퍼붓는다.

신들 간의 패권 다툼에서 지도자의 성기를 자르는 행위는 다른 신화에서도 종종 소개된다. 히타이트 신화에서 하늘의 왕 알랄루(Alalu)는 아누(Anu)의 시중을 받다가 권좌에서 쫓겨나 지하 세계로 도망간다. 그런데 아누는 다시 쿠마르비(Kumarbi)의 도전을 받고 패하여 도망친다. 쿠마르비는 달아나는 아누를 쫓아가 성기를 입으로 잘라 삼켜버린다.

종족 번식의 상징인 성기를 절단하는 것은 족장의 패권을 효과적으로 탈취하는 행위다. 즉 패권 다툼에서 반란 세력들은 실각한 족장의 목숨 대신에 성기를 절단함으로써 도덕성과 정통성 시비를 최대한 억제하면서 패권을 무력화시키는 전략을 구사하였으리라는 해석이다. 또한 거세당한 성기의 피가 땅에 스며들어 새 생명을 탄생시킨다는 설화에는 대지의 생명력을 높이기 위해 산 사람을 제물로 희생시켜 피로 땅을 적시는 원시 제의의 흔적이 남아 있다.

크로노스와 제우스의 대결

우라노스를 거세한 크로노스는 신들의 패권을 차지한다. 그러나 그는 가이아와 손을 잡고 거사하기 전에 여신과 맺었던 협약을 깨버린다. 그는 우라노스를 거세하면 타르타로스에 갇혀 있는 자식들을 해방시키기로 가이아에게 약속했었는데 마음이 변한 것이다. 배신감에 앙심을 품은 가이아가 크로노스를 저주한다.

"아비를 내친 자식 또한 그 아비의 뒤를 따르게 되리라!"

우라노스의 저주를 받은데다 가이아의 저주까지 받은 크로노스는 가장 확실하고 극악무도한 방식으로 저주를 피하려 한다. 그는 아내 레아(Rhea)가 잉태한 자식을 낳는 즉시 통째로 집어 삼킨다. 그리하여 헤스티아(Hestia), 데메테르(Demeter), 헤라(Hera), 하데스(Hades), 포세이돈(Poseidon) 등 5명의 자식을 차례대로 먹어치운다. 레아의 고통은 커져갔고, 마침내 여신은 우라노스와 가이아에게 재앙을 피할 계책을 내려달라고 간청한다.

이들은 딸을 기꺼이 도와준다. 레아는 크레타 섬의 풍요로운 지역인 릭토스로 보내진다. 그곳에서 가이아는 넓은 가슴으로 그녀에게서 크로노스의 여섯 번째 아이를 받아낸다. 제우스(Zeus)다. 레아는 어두운 밤을 이용하여 제우스를 품에 안고 숲이 무성하게 우거진 아이가이온 산 기슭의 동굴에 숨긴다. 그리고는 크로노스에게 강보로 싼 커다란 돌을 넘겨준다. 그는 새로 태어난 자식으로 착각하고 꿀꺽 삼킨다.

제우스는 빠르게 성장하여 가이아와 손잡고 꾀를 써서 아비의 몸 안에 있던 동기들을 토해 내게 한다. 크로노스는 맨 먼저 강보에 싸인 돌을 토한다. 제우스는 그 돌을 새 시대와 기적의 증표로 델포이의 파르나소스 산 기슭에 세워놓는다. 또한 타르타로스에 갇혀 있는 키클로페스 3형제와 헤카톤케이레스 3형제를 해방시킨다. 키클로페스 3형제는 '천둥', '번개', '벼락'을 뜻하는 브론테스(Brontes), 스테로페스(Steropes), 아르게스(Arges)로 각각

티탄의 추락, Jacob Jordaens, 1636-1638

불리어지며, 손재주가 뛰어나 제우스에게 천둥과 번개와 벼락을 만들어준다. 이들의 지원을 받은 제우스는 형제들과 손잡고 아버지 세대인 티탄 신족과 싸워 승리하여 우주와 세상의 패권을 차지한다.

자식들에 의해 권좌에서 쫓겨나리라는 저주를 피하기 위해 벌이는 신들의 엽기적인 행위는 히타이트 신화에서도 계속된다. 아누의 성기를 잘라 삼킨 쿠마르비는 그것으로 3명의 끔찍한 신들을 잉태하게 될 것이라는 저주를 듣고 성기를 토해 내지만, 뱃속에 남아 있던 성기의 일부가 자라 '기후의 신'을 낳는다. 이 신이 쿠마르비를 축출하고 새로운 지배자로 등극한다.

아누 - 쿠마르비 - 기후의 신으로 이어지는 신들의 전쟁은 우라노스 - 크로노스 - 제우스로 이어지는 패권 다툼과 동일한 틀을 갖고 있다. 제우스도 올림포스 시대에 기후를 관장하는 하늘의 신으로 숭배되지 않는가. 신들 사이에서 벌어지는 세대 간의 투쟁은 가부장제하의 부자 갈등의 단면이 투영된 설화이기도 하다.

올림포스 시대

전쟁에서 승리한 제우스는 티탄들을 타르타로스에 가두어버린다. 그곳은 소름끼치고 퀴퀴한 냄새가 나서 신들조차도 전율을 느끼는 무지무지하게 깊은 심연이다. 타르타로스 주변에는 철로 만든 울타리가 쳐 있고, 캄캄한 밤이 목도리처럼 삼중으로 감싸고 있어서 그 누구도 빠져나올 수 없다. 게다가 헤카톤케이레스가 충실한 보초로서 갇혀 있는 티탄들을 엄중히 감시한다.

이것이 또 가이아를 화나게 한다. 여신은 아프로디테의 소개로 타르타로스와 사랑을 하여 막내아들 티포에우스(Typhoeus)를 낳는다. 티폰(Typhon)이라고도 불리는 이 괴물의 어깨 위에는 백 개의 뱀의 머리들이 있었고 눈에서는 불꽃이 튀어나오며 입에서는 온갖 끔찍한 소리들이 쏟아진다. 이 폭군이 걸으면 올림포스 산도 뿌리가 흔들리고 대지는 신음 소리를 내뱉는다. 이 맹수에게서 나오는 천둥소리와 타오르는 불줄기 때문에 열풍이 검푸른 바다를 에워싼다. 모든 대지와 하늘과 바다가 부글부글 끓어오른다.

제우스의 형제들은 한동안 수세에 몰리기도 하지만 최후의 승리는 결국 제우스의 몫이다. 제우스는 올림포스 산에서 뛰어내리면서 온 힘을 모아 천둥과 번개와 연기 나는 섬광을 던져서 괴물의 끔찍한 머리들을 불태워 버리고 최후의 일격을 가해 이 괴물을 드넓은 타르타로스에 내던진다.

제우스와 거대한 뱀의 형상을 한 괴물 티포에우스의 싸움은 히타이트 신화에서 기후의 신이 거대한 용 일루얀카스(Ilujankas)와 벌이는 싸움을 연상케 한다. 수메르 신화에서도 세상의 최후 승자 마르둑(Marduk)이 만물의 어미 티아마트(Tiamat)의 수하인 용의 형상을 한 괴물들과 치열한 싸움을 벌이는 이야기가 나온다. 제우스의 아들 아폴론(Apollon)도 대홍수가 끝난 후 파르나소스의 산에서 거대한 뱀 피톤(Python)을 활로 처단하고 델포이 신탁소의 주인이 된다.

뱀(용)은 원시 모계 사회에서 대지의 어머니 신을 상징하는 영물이었다는 것이 정설이다. 만물의 터전이자 생명의 모태인 땅과 어머니가 하나의 상징으로 어우러지듯이 온몸으로 땅의 정기를 받아들이는 뱀이 대지의 여신의 수족으로 그려지는 것은 자연스러운 일이다. 따라서 여신을 상징하는 뱀이 남신들에 의해 죽음을 당하는 설화 속에는 부권에 대하여 모권이 패퇴하는 사회적 변천 과정이 담겨 있다고 볼 수 있다. 헤시오도스 후대의 신화에서는 제우스가 가이아의 부추김을 받은 기간테스의 공격을 받고 힘겨운 싸움을 벌이는 설화도 전해진다. 기간테스는 우라노스가 거세당할 때 흘러나온 피가 대지에 스며들어 가이아가 잉태한 거인족이다. 기간테스(Gigantes)는 '가이아의 자식들'이란 어원을 갖고 있다. 우라노스로부터 제우스로 이어지는 남신들의 패권 다툼에서 대지의 여신 가이아가 끈질기게 끼어들어 반란을 부추기기도 하고 모반자를 다시 응징하기도 하는 모습을 보이는 것은 힘의 중심이 모권에서 부권으로 넘어가는 과정에서 모권의 견제와 반발이 만만치 않았음을 시사한다. 또한 가이아의 최후의 반격을 물리치고 정립된 제우스 체제는 모권에 대한 부권의 승리를 말해 주고 있다.

신들의 전쟁에서 최후의 승자가 된 제우스는 형제들과 손잡고 올림포스 산을 거점으로 올림포스 신족 시대를 열어간다. 그런데 티탄에서 올림포스로 넘어가는 신들의 세대교체는 자연과 신을 바라보는 인간의 시각 변화를 반영한다. 이치의 여신 테미스, 기억의 여신 므네모시네(Mnemosyne)를 제외한 대부분의 티탄들은 '불한당'이라는 어원처럼 거칠고 우악스러운 존재다. 이들과 동기들인 키클로페스와 헤카톤케이레스도 마찬가지다. 또한 제우스 체제에 마지막으로 도전하는 거인족 기간테스와 티포에우스도 거대하고 무시무시한 몰골들이다. 모두가 화산, 지진, 태풍과 같은 자연의 거친 모습을 연상케 한다. 이들에 비해 올림포스 세대는 한결 정제된 모습을 보여준다. 티탄과 비교하면 이들은 맑은 하늘과 평온한 대지와 잔잔한 호수에 가깝다. 인간에게 자연은 거칠고 낯선 존재만은 아니라는 변화가 태동한다. 자연은 이제 질서와 조화가 숨어 있는 친숙한 존재로 다가온다. 올림포스 세대는 티탄 세대와는 달리 덩치와 힘이 아니라 머리와 지략으로 다스린다. 이들은 자연의 야성보다는 인간의 이성을 닮은 신들이다. 티탄에서 올림포스로의 세대교체는 자연신에서 인격신으로의 진보를 반영하기도 한다.

3

제3장

올림포스 신족 Ⅰ
제우스의 형제들

  올림포스 신족은 제우스를 비롯한 6명의 1세대 신과 아폴론 등 9명의 2세대 신으로 구성되어 있는데, 그중 지하 세계를 통치하는 하데스와 페르세포네는 거처가 올림포스 산이 아니라는 이유로, 그리고 역할이 미약했던 헤스티아는 뒤늦게 등장한 디오니소스에게 밀려서 물러났기 때문에 이들 3명을 제외한 12명을 통상 '올림포스 12신'으로 칭한다.

  우리는 12명의 올림포스 주역들을 역할과 성격에 따라 각각 4명씩 3개의 그룹으로 나누어서 만나게 된다. 처음으로 만나게 되는 4명은 올림포스 1세대 신들로서, 탁월한 리더십을 발휘하는 올림포스의 바람둥이 제왕 제우스, 위대한 여신에서 질투의 화신으로 추락하는 여왕 헤라, 폭풍노도의 바다처럼 마음과 감정을 여과 없이 폭발시키는 포세이돈, 그리고 만물의 터전인 땅의 어머니 데메테르이다.

1. 제우스 : 바람둥이 제왕

어원

신들의 제왕 제우스는 그리스 신화에서는 'Zeus', 로마 신화에서는 'Jupiter'로 칭한다. 'Zeus'의 어원은 '빛나는'이라는 뜻의 인도유럽어 'deieu'로 알려져 있다. 제우스는 올림포스 신들 중 유일하게 인도유럽어에 뿌리를 두고 있는 신이다. 그는 기원전 20세기경 그리스 반도로 이주한 인도유럽어족이 신봉하던, '빛나는' 창공의 빛을 상징하는 하늘의 신으로 추정된다.

흔히 불리어지는 'Zeuspater(아버지 제우스)'라는 명칭은 고대 인도어 'dyauspita'와 라틴어 'Diespiter', 혹은 'Iuppiter' 등과 밀접한 연관성을 보여주며, 그가 신과 인간을 비롯한 만물의 아버지라는 사실을 시사한다. 또한 제우스는 속죄를 받아들이고 기도를 들어주는 '온유한 자'라는 뜻의 메일리키오스(Meilichios), '구원자'라는 뜻의 소테르(Soter), '자유의 수호자'라는 뜻의 엘레우테리오스(Eleutherios), '관습과 국가의 보증인'이라는 뜻의 폴리에우스(Polieus) 등으로 불리어지는 최고 지위의 신이다. 그런가 하면 '크로노스의 아들'이라는 의미의 또 다른 별명 크로니온(Kronion), 혹은 크로니데스(Kronides)는 그가 아버지 크로노스의 지배권을 대표한 자손이라는 점을 암시한다. 올림포스 최고의 신 제우스의 로마식 이름 'Jupiter'는 태양계 최대의 행성인 목성의 명칭으로도 사용된다.

하늘의 신 : 올림포스의 1인자

어원에서 나타나듯이 제우스는 하늘의 신이다. 티탄 신족과의 전쟁에서 승리한 후 제우스는 형제인 포세이돈, 하데스와 제비를 뽑아 천하를 삼등분한다. 그 결과 포세이돈과 하데스가 각각 바다와 지하 세계를, 제우스는

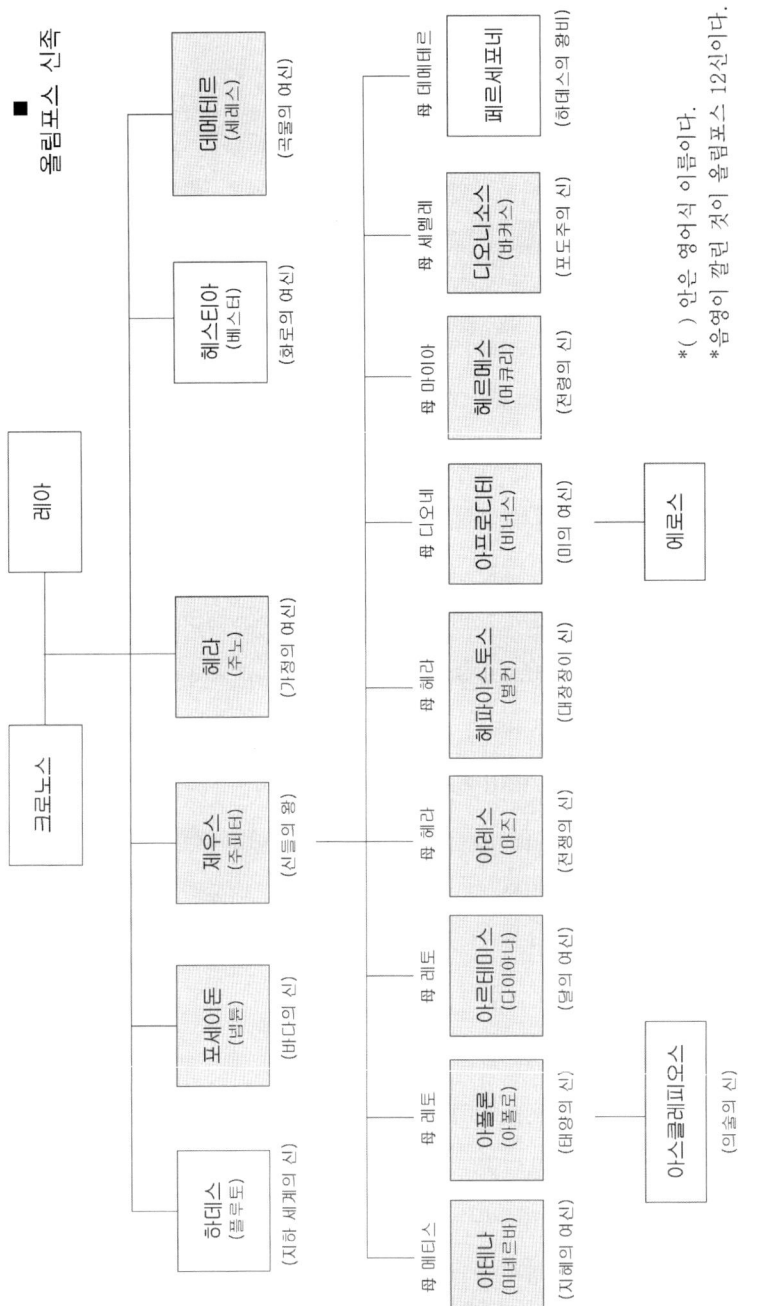

하늘을 맡게 되고 땅은 공동 통치한다. 호메로스의 「일리아스」에서 그는 "하늘 높이 천둥 치는 위대한 제우스", "번개의 주인 올림피오스", "구름을 몰아오는 제우스" 등으로 묘사된다.

하늘의 지배자로서 제우스는 저 높은 천상에 버티고 앉아 천둥과 번개 그리고 구름을 주관하며 세상과 인간을 다스린다. 과학적 식견이 없는 원초적인 눈과 가슴으로 대자연 속에 던져진 고대인에게 하늘의 세계는 그 어떤 자연의 모습보다 경이롭고 두려운 대상이었을 것이다. 어두움을 가르고 갑자기 커다란 불덩어리(태양)가 치솟는가 하면 새파랗게 둘러쳐 있던 주위가 서서히 시커멓게 변하면서 주변의 물체들을 삼켜버린다. 그런가 하면 셀 수 없이 많은 괴물의 눈들(별)이 나타나 째려보기도 한다. 어느 때는 시커먼 덩어리들(구름)이 몰려와 불덩어리를 삼키더니 불 막대기(번개)를 던지면서 고함(천둥)을 지르고 물(비)을 쏟아 붓는다.

하늘은 인간에게 가장 경이롭고 두려운 존재다. 따라서 하늘을 지배하는 제우스는 최고의 신이며 올림포스의 1인자다. 그는 키클로페스가 만들어주는 천둥과 번개로 자신의 뜻을 거역하는 신과 인간들을 위협하고 처단한다. 또한 구름을 조작하여 인간 세상에 단비를 선사하기도 하고 가뭄과 홍수의 재앙을 내리기도 한다. 그는 생명이요 죽음이다.

하늘을 지배하는 자는 땅도 지배한다. 땅은 인간과 동식물 등 모든 생명체의 근원이다. 제우스는 천둥, 번개, 구름으로 기후를 관장하면서 땅의 생명력을 통제한다. 땅의 생명력에 결정적인 영향력을 행사함으로써 그는 생명의 근원인 땅의 실질적인 지배자가 된다. 올림포스 신족 초기에 포세이돈, 하데스와 더불어 천하를 삼등분하고 땅을 공동 통치하던 제우스가 점차 세력을 키워가면서 경쟁자들의 관할 영역을 바다와 지하 세계로 국한시킨 것은 지극히 자연스러운 결과다. 초기 올림포스의 삼두 체제가 제우스를 정점으로 하는 1인 지배 체제로 전환되는 것이다.

하늘의 신 제우스의 상징은 번개와 독수리다. 제우스는 자신의 뜻을

제우스와 독수리, BC 560년경의 도기 그림

거역하는 신과 인간을 번개로 처단한다. 번개는 제왕 제우스의 통치와 권위의 상징이다. 또한 생명체 중 하늘의 지배자인 조류의 제왕 독수리도 제우스를 상징한다. 신들의 제왕 제우스의 상징인 독수리는 최고를 열망하는 인간 족속들의 꿈으로 이어지기도 한다. 그리스 문화의 전통을 잇는 서양의 제 세력들이 힘과 권위의 상징으로 제우스의 독수리를 차용하고 있다. 독수리는 로마제국 황제의 위엄을 상징하는 것을 시작으로 독일을 비롯한 유럽 열강의 문양으로 사용되는 데 이어 대서양을 건너 미합중국의 연방 문양으로 자리 잡게 된다.

리더십의 제왕

하늘의 신 제우스는 올림포스의 1인자이며 신들의 제왕이다. 그 어떤 신도 제우스와 맞서지 못하고 복종한다. 「일리아스」에서 모든 신들 위에 군림하는 제우스의 막강한 권위가 잘 드러나고 있다. 트로이 전쟁 중에 인간들의 싸움에 관여하지 말라는 제우스의 엄명에 여왕 헤라도, 경쟁자인 포세이돈도 심한 모욕을 느끼면서도 순종할 수밖에 없다.

그러나 비록 그가 최고의 신이기는 하지만 기독교의 하나님과 같은 전지전능한 신은 아니다. 그리스 신들 중 전지전능한 신은 없다. 제우스는 올림포스의 12명의 신들 가운데 상대적으로 우월한 1인자일 뿐, 절대적인 존재는 아니다. 영역이 점차 축소되기는 했지만 제우스는 형제인 포세이돈, 하데스와 함께 지배 권력을 철저히 분할한다. 특히 포세이돈의 바다와 하데스의 지하 세계는 제우스의 영향력에서 완전히 벗어나 있다.

또한 인간사회의 여느 지도자처럼 제우스도 경쟁자들의 도전을 극복해야 하는 운명의 소유자다. 제우스의 바람기에 화가 난 헤라가 포세이돈, 아폴론, 아테나와 손을 잡고 그를 권좌에서 쫓아내려 한 사건도 있다. 비록 바다의 여신 테티스(Thetis)의 도움으로 쿠데타가 실패로 돌아가긴 했지만 제왕의 권위가 땅에 떨어진 사건이 아닐 수 없다.

뿐만 아니라 올림포스의 다른 신들과 마찬가지로 제우스도 지하 세계를 흐르는 스틱스 강을 걸고 한 맹세는 결코 어길 수 없다. 그는 헤라의 간계에 빠져 스틱스 강을 걸고 모든 소원을 다 들어주겠노라고 섣불리 맹세하다가 디오니소스의 어머니인 사랑하는 세멜레(Semele)를 재로 만들어버린 비극의 주인공이 되기도 한다.

이처럼 제우스는 무소불위의 절대 권력이 아니라 여러 면에서 제한된 상대적 최고 권력의 소유자일 뿐이다. 따라서 경쟁자들의 도전에 맞서 권좌를 지키려면 뛰어난 리더십이 필요하다. 더구나 우라노스와 크로노스 그리고

제우스와 세멜레, Gustave Moreau, 1896

제우스로 이어지는 신들의 전쟁에서 보듯이 그리스 신들의 세계는 끊임없는 권력 다툼과 찬탈의 역사를 갖고 있다. 올림포스의 1인자 제우스는 탁월한 리더십이 요구되는 제왕이다. 그의 리더십을 분석해 보자.

첫째, 제우스는 결단력의 소유자다. 그는 결코 우유부단하지 않다. 제우스의 결단력은 번개와 독수리의 속성을 통해 드러나고 있다. 그는 결심이 서면 우물쭈물하지 않고 번개처럼 전격적으로 결행한다. 또한 독수리가 먹이를 찾아 허공을 맴돌다가 목표를 발견하는 순간 쏜살같이 먹이를 낚아채듯 행동은 단호하다.

둘째, 제우스는 훌륭한 조직을 관리 운영한다. 그는 똑똑한 아들과 딸인 아폴론과 아테나를 핵심 참모로 거느리며 자신의 지배 체제를 보좌하는 쌍두마차로 활용한다. 올림포스는 제우스를 중심으로 '좌 아폴론', '우 아테나'라는 굳건한 삼각 체제를 기반으로 하고 있다. 여기에 탁월한 협상력과 술책의 소유자인 헤르메스를 측근에 두고, 드러내놓고 추진할 수 없는 궂은 심부름을 맡긴다. 아폴론과 아테나가 제우스의 공적 과업을 보필하는 유능한 참모들이라면, 헤르메스는 제왕의 속내를 간파하여 막후에서 은밀하게 해결해 가는 수행 비서인 셈이다.

제우스는 자식이자 참모인 아폴론과 아테나의 힘과 위상을 강화해 주면서 이들을 통하여 경쟁자인 포세이돈과 하데스를 견제하고 약화시킨다. 아폴론에게는 하늘의 대표자 태양의 신이라는 지위를 부여하는 한편 자신의 뜻을 읽을 수 있는 신탁의 권위까지 위탁함으로써 올림포스의 실질적인 2인자로 승격시킨다. 아테나는 제우스의 무기인 번개와 방패를 도맡아 관리할 정도로 두터운 신임을 받는 제왕의 분신이다. 아테나는 제우스의 대표적 정적 포세이돈과 아테네 수호신 자리를 놓고 겨루어 당당히 승리한다. 제우스의 딸에게 패한 포세이돈은 제우스와 공동 통치하기로 한 땅에서 점차 밀려나 지배권이 바다로 제한되는 추락의 길을 걷는다.

그런데 제우스는 자신의 참모들에게 힘을 실어줌으로써 정적들을 견제하는 데 적극 활용하면서도 그들의 힘이 지나치게 커지는 것을 방치하지 않는다. 2인자 아폴론이 제우스의 번개 제작자인 키클로페스를 활로 쏘아 죽이는 사건이 일어난다. 아폴론의 아들인 의술의 신 아스클레피오스(Asklepios)가 죽은 사람을 살려내다가 하데스의 탄원을 받고 제우스의 번개에 희생되었기 때문이다. 제우스는 아들 아폴론에게 인간인 아드메토스(Admetos) 왕 밑에서 1년 동안 머슴살이를 하도록 하는 처벌을 내린다. 또한 아폴론이 헤라, 포세이돈과 손잡고 자신을 거세하려고 하자 포세이돈과 함께 트로이로 유배시켜 성을 쌓는 노역에 처하기도 한다. 제우스의 이 같은 조치는 참모에게 권한을 주되 일정한 선은 넘지 못하게 하는 조직 관리의 전형을 보여준다.

셋째, 제우스는 정보력의 소유자다. 그는 예언의 신이다. 앞날을 읽어내는 예언은 풍부한 정보력에서 나온다. 델포이 신탁의 주인 아폴론이 예언의 신이기는 하지만 제우스의 대리인일 뿐이다. 그리스의 도도나 지방은 제우스와 디오네(Dione)의 성지로서 델포이 이전의 신탁의 장소로 알려져 있다. 이곳에는 제우스의 성스러운 떡갈나무가 있었는데, 무녀들은 떡갈나무의 살랑거리는 소리에서 제우스의 예언인 신탁을 들었다고 전해진다.

넷째, 제우스는 고도의 정치 감각을 지닌 냉철한 현실주의자다. 이는 정치적 리더로서 숙명적으로 갖추어야 할 자질인지도 모른다. 이는 또한 최대 정적인 포세이돈과 뚜렷이 대비되는 점이기도 하다. 부모 자식간, 형제간에도 피비린내 나는 패권 다툼을 벌이는 권력의 세계에서 격랑의 바다처럼 순간적인 감정에 휩쓸리고 속내를 쉽게 드러내는 순진한 감상파는 통하지 않는다. 이러한 심성은 인간적이기는 하지만 권력과는 거리가 멀다.

제우스는 소름끼칠 정도로 냉철하다. 그는 권력 앞에서 혈연도, 사랑도,

우정도 단호히 저버린다. 경쟁자인 하데스가 자신의 딸 페르세포네를 납치하여 유린하지만 제우스는 이를 못 본 척 묵인한다. 하데스를 자극하지 않는 것이 정치적으로 유리하다고 판단했기 때문이다. 그에게는 사랑하는 딸의 운명과 명예보다도 정치적 라이벌과의 관계가 더 소중하다. 제우스는 자신이 그토록 사랑했던 테티스가 아버지보다 더 위대한 아들을 낳을 운명이라는 사실을 알고 그녀에 대한 사랑을 미련 없이 포기하고 그녀를 보잘 것 없는 인간 펠레우스(Peleus)와 인연을 맺어준다. 제우스에게는 사랑을 위하여 권좌를 포기하는 순애보는 상상조차 할 수 없는 일이다. 티탄 신족과의 전쟁에서 자신을 도와 승리하는 데 결정적인 역할을 한 절친한 친구 프로메테우스와의 우정도 그가 자신의 앞길에 위협이 될 것으로 판단하는 순간 헌신짝처럼 저버린다.

 제우스의 탁월한 정치 감각과 계산력은 여신 선발대회의 심판권을 처리하는 과정에서 적나라하게 드러난다. 불화의 여신 에리스의 황금사과를 차지하기 위하여 헤라, 아테나, 아프로디테가 경합을 벌인다. 그 사과에는 '가장 아름다운 여신께'라는 글귀가 적혀 있었기 때문이다. 올림포스의 강력한 여신들 간의 물러설 수 없는 한판 승부에서 신들의 제왕 제우스가 심판권을 행사하는 것이 마땅하지만, 제우스는 영광스러운 권한을 트로이의 왕자 파리스(Paris)에게 양도한다. 제우스의 판단으로는 그것이 제왕의 권위를 포기하는 것이 아니라 재앙의 싹을 우둔한 인간에게 슬쩍 미루는 것이다. 한 명의 승자와 두 명의 패자로 갈라지는 시합에서 심판은 필연적으로 한 명은 친구로, 두 명은 적으로 만들 수밖에 없다는 계산이다. 아무리 달콤해도 밑지는 거래는 하지 않겠다는 심산이다. 결국 재앙의 심판권을 행사한 파리스는 헤라와 아테나의 집요한 보복을 받고 트로이 전쟁에서 자신과 조국을 파멸에 빠뜨리고 만다. 아프로디테의 열렬한 후원도 두 여신의 질투심을 막기에는 역부족이었던 것이다.

파리스의 심판, Peter Paul Rubens, 17세기경

　제우스는 이처럼 탁월한 리더십으로 신들의 제왕 자리를 굳건히 지킬 수 있었다. 결단력, 정보력, 조직 관리 능력, 냉철한 정치 감각 등은 모두 집단을 이끌어가는 지도자에게 필요한 요소들이다. 그러나 이것만으로는 어쩐지 허전한 느낌이 든다. 제우스가 발휘하는 것은 제왕의 리더십일 뿐이다. 독재자의 리더십이지 민주적인 리더십은 아니다. 자신만을 떠받드는 심복들에 둘러싸여 우둔한 백성들 위에 일방적으로 군림하던 제왕의 리더십은 자의식에 눈뜬 현명한 국민들에게는 더 이상 통하지 않을 것이다. '오늘의 제우스'에게는 섬기는 마음, 포용력, 소통하는 자세 등과 같은 새로운 리더십이 요구되지 않을까.

바람둥이 신

「일리아스」에서 제우스는 "신과 인간의 아버지"로 묘사된다. 그는 정실부인 헤라 이외에 수많은 여신들 및 여인들과 관계하여 수많은 신과 인간을 자식으로 거느린다. 올림포스 2세대 신 모두와 영웅들 대부분이 그의 소생이다. 그는 대표적 난봉꾼이요 바람둥이 신이다.

제우스는 지혜의 여신 메티스(Metis)와 관계를 맺어 아이를 갖게 한다. 하지만 그녀가 낳을 아들이 자신의 권좌를 빼앗을 것이라는 예언을 듣고 제우스는 메티스를 작게 만들어 삼켜버린다. 달이 차서 아버지의 머리를 뚫고 완전 무장한 모습으로 지혜와 전쟁의 여신 아테나가 탄생한다. 제우스는 또한 이치의 여신 테미스와 관계하여 계절의 여신 호라이(Horai) 세 자매를 낳고, 기억의 여신 므네모시네와 결합하여 음악과 예술의 여신들인 아홉 명의 무사이(Musai)를 낳는다. 이어서 티탄 신 오케아노스의 딸 에우리노메와의 사이에서 우미의 여신들인 카리테스(Charites) 세 자매를 낳는다. 제우스는 누이 데메테르를 겁탈하여 딸 페르세포네를 낳았으며, 티탄 신족인 레토(Leto)와 관계하여 아폴론과 아르테미스 쌍둥이를, 마이아(Maia)에게서 헤르메스를, 인간 세멜레에게서는 디오니소스를 낳는다. 또한 바다거품에서 태어난 것으로 알려진 아프로디테가 제우스와 바다의 정령 디오네 사이의 소생이라는 설도 있다.

이와 같이 제우스가 바람피워서 낳은 자식들은 대개가 똑똑하고, 유능하고, 잘생긴 신들이다. 심지어 인간인 세멜레의 소생인 디오니소스도 높이 숭배되는 신이다. 그런데 정작 헤라와의 사이에서는 전쟁의 신 아레스와 절름발이 대장장이 신 헤파이스토스를 낳는다. 한 명은 '싸움꾼'이고, 다른 한 명은 '불구자'인 셈이다. 헤라의 투기심을 능히 헤아릴 만하다. 제우스는 헤라와의 사이에서 청춘의 여신 헤베(Hebe)와 산파의 여신 에일레이티이아(Eileithyia)를

춤추는 뮤즈 여신들, Joseph Paelinck, 1832

낳기도 한다.

제우스의 바람기는 여인들과의 관계에서 더욱 화려하게 전개된다. 그는 욕망의 대상을 유혹하면서 다양한 변신 능력을 보여준다. 제우스는 소아시아의 공주 에우로페(Europe)가 소를 좋아한다는 사실을 간파하고 멋진 황소로 변신하여 접근한다. 그는 장난삼아 잔등에 올라탄 에우로페를 낚아채고에게 해를 건너 크레타 섬으로 날아가 욕망을 채운다. 이들 사이에서 크레타의 시조 미노스(Minos) 왕이 태어난다. 테베의 공주 안티오페(Antiope)는 온실 속의 화초처럼 자라나 깨끗한 환경을 즐기면서도 마음 한구석에는 이러한 세계에 권태를 느끼며 은근히 거칠고 더러운 것을 꿈꾸고 있었다.

에우로페의 납치, Peter Paul Rubens, 1628-1629

이를 간파한 제우스는 흉측한 몰골을 한 사티로스(Satyros)로 변신하여 안티오페를 품는다. 둘 사이에서 테베의 영웅 암피온(Amphion)과 제토스(Zethos) 쌍둥이가 태어난다. 아르고스의 왕 아크리시오스(Akrisios)는 딸 다나에(Danae)가 낳을 손자의 손에 죽음을 당할 것이라는 예언을 듣고 딸을 남자들의 손길을 피해 지하 감옥에 가두어버린다. 그러자 제우스는 황금 비로 변신하여 지하로 스며들어 다나에를 수태시킨다. 그녀의 몸에서 영웅 페르세우스(Perseus)가 태어난다.

바람둥이 제우스의 욕망 앞에서는 유부녀도 안전하지 못하다. 스파르타의 왕비 레다(Leda)는 백조를 좋아했다. 제우스는 백조의 모습으로 레다를 유혹하여 그녀의 몸에서 두 개의 알을 낳게 한다. 두 개의 알에서 헬레네(Helene)와 클리타임네스트라(Klytaimnestra), 그리고 쌍둥이 형제 디오스쿠로이(Dioskouroi)가 태어난다. 테베의 왕 암피트리온(Amphitrion)의 처

가니메데스의 납치, Rembrandt, 1635

알크메네(Alkmene)는 정절 의식이 투철한 여인이다. 제우스는 궁리 끝에 그녀의 남편 암피트리온으로 변신하여 알크메네를 품는다. 알크메네는 하룻밤에 제우스, 암피트리온과 잇달아 관계하여 헤라클레스(Herakles)와 이피클레스(Iphikles) 쌍둥이를 낳는다. 물론 영웅 헤라클레스는 제우스의 자식이고, 평범한 인간 이피클레스는 암피트리온의 자식이다.

제우스의 애정 행각은 여성에게만 국한된 것이 아니다. 그는 트로이의 왕자 미소년 가니메데스(Ganymedes)를 독수리로 변신하여 납치한 후 올림포스의 술 시중꾼으로 삼기도 한다.

그렇다면 올림포스 최고의 신 제우스의 지칠 줄 모르는 바람기는 무엇으로 설명할 수 있을까. 우선 인본주의를 바탕으로 한 그리스 로마 신화에서 그려지고 있는 신들의 일반적인 성격에 비추어 그의 바람기를 생각해 볼 수 있다. 그리스 신들은 기독교의 유일신과는 달리 전지전능하지도, 윤리적이지도 않다. 그들은 결함과 허점투성이인 인간과 별로 다를 게 없는 존재이다. '영웅호색'이란 말이 있듯이 신들 사회의 제왕인 제우스가 인간 사회의 제왕들을 본뜨고 있다.

태조 왕건의 부인이 스물이 넘었다던가. 왕건이 수많은 여인과 관계한 배경에는 권력의 역학 관계, 즉 혼인을 통해 지방 호족과의 결속과 협력을 구축한다는 정치적 계산이 깔려 있듯이 신들의 제왕 제우스가 수많은 여신과 관계를 맺는 사실에서도 신들 간의 역학 관계를 유추해 볼 수 있다. 이를테면 제우스와 여신들 간의 결합은 신흥 종교와 토착 종교 간의 결속과 협력 관계를 설명하는 것으로 풀이될 수 있다. 어원에서도 밝혔듯이 제우스는 올림포스 신들 중 유일하게 북방에서 이주해 온 인도유럽어족의 어원을 갖고 있는 신이 아닌가.

제우스의 다양한 여성 편력과 그로 인한 수많은 반인 반신의 태생은 왕족과 영웅들의 혈통을 최고의 신과 애써 연결시키고자 한 인간들의 욕망이 만들어낸 러브 스토리라는 게 지배적인 해석이다. 제우스는 자신도 모르게 수많은 여인과 관계하여 수많은 자식들을 두게 되었다는 말이다. 그가 알면 겉으로는 화내고 속으로는 웃을 일이다. 아무튼 그것의 진정한 의미는 여러 가지로 다양하게 해석될 여지가 있긴 하지만, 제우스의 화려한 바람기는 그리스 로마 신화가 후대 서양 문화의 풍부한 예술적 자산으로 자리 잡는 데 크게 기여한 것만은 부인할 수 없을 것이다. 또한 분방한 부도덕성으로 말미암아 엄격한 도덕성을 요구하는 기독교에 의해 그리스 로마 신화가 철저하게 배척당하게 되는 결정적인 요인으로 작용한 것도 사실이다.

2. 헤라 : 추락하는 여왕

어원

왕관을 쓰고 왕홀을 든 헤라,
BC 470년경의 도기 그림

제우스의 누이이자 정실부인인 헤라는 그리스 신화에서는 'Hera', 로마 신화에서는 'Juno'로 칭한다. 'Hera'의 어원은 '영웅'을 뜻하는 그리스어 'Heros'의 여성형으로 '여주인', 혹은 '여걸'이라는 의미를 갖고 있다. 어원으로는 여신이 바람둥이 남편 제우스 곁에서 투기나 일삼는 속 좁은 아낙으로 머무를 그릇은 아닌 듯하다.

호메로스의 「일리아스」에서는 여신이 "흰 팔의 헤라", "암소 눈을 가진 여왕 같은 헤라" 등과 같이 묘사된다. 암소는 헤라의 신성한 제물로 알려져 있기도 하지만, '암소 눈'이라는 비유는 여신의 맑고 커다란 눈을 시사한다. 헤라가 여왕 같은 위풍당당한 품격과 아름다움을 겸비한 여신으로 묘사되고 있는 것이다.

사실 헤라는 제우스를 정점으로 하는 올림포스 신화가 정립되기 이전부터 그리스 반도에서 토착 신으로 숭배되던 대지모신(大地母神)으로 알려져 있다. 그리스의 아르골리스 지방과 보이오티아 지방, 그리고 에우보이아 섬과 사모스 섬을 중심으로 여신의 성지가 오랜 기간 동안 널리 형성되어 왔으며, 특히 아르골리스 지방의 중심 도시 아르고스와 사모스 섬에서는 오래된 대규모의 헤라 신전 헤라이온(Heraion)이 위용을 드러내고 있다. 헤라는 결코 초라한 신이 아니었다. 그는 제우스의 아내이기에 앞서 신들의 여왕이었다.

신들의 여왕

어원이 말해 주듯이 헤라는 위대한 여신, 대지모신이었다. 대지모신은 가부장제가 도래되기 이전의 원시 모계 사회를 대표하는 여신이다. 생명의 원천인 땅은 항상 생명의 모체인 여성과 깊은 인연을 맺는다. 생명 탄생의 비밀이 밝혀지기 전까지 여성은 유일한 생명의 근원이었다. 고대인들은 땅에서 곡식과 과실이 열리듯이 여성의 몸에서 새 생명이 저절로 열린다고 생각했다. 따라서 땅과 여성 공히 생명의 근원으로 사유되면서 '위대한 땅의 어머니 신'인 대지모신이 최고의 신으로 숭배된다. 그리스 신화 속의 우주의 기원에서도 태초의 우주 카오스로부터 가장 먼저 대지의 여신 가이아가 생겨났고 가이아의 몸에서 하늘의 신 우라노스가 태어나고 있다.

그런데 가이아의 위상은 자손들인 남신들에 의해 점차 약화되어 간다. 가이아를 상대로 한 우라노스, 크로노스, 제우스 등으로 이어지는 남신들의 공격과 배신은 모권 신화로부터 부권 신화로 전환되는 과정을 설명하고 있다. 그리고 제우스를 정점으로 한 올림포스 신족 체계는 부권 신화의 정립 단계를 보여준다. 이러한 과정에서 두드러지게 나타나는 현상은 바로 여신들의 위상 변화다. 땅의 원초적 생명력을 상징하며 만물의 어머니로서 인간과 세상 위에 당당히 군림하던 대지의 여신들이 남신들의 아내로, 정부로, 딸로 역할이 축소되고 제한된다. 그중에서도 헤라의 추락이 가장 두드러지게 나타난다.

헤라는 여왕이었다. 여신은 왕관을 쓰고 왕홀을 든 당당한 모습으로 묘사된다. 또한 제왕의 품격을 위엄 있게 펼쳐 보이는 공작이 여신의 신조(神鳥)다. 여신은 매년 봄 나우플리아의 카나토스 샘에서 목욕을 하여 처녀성을 회복한다. 혼전 관계로 고민하는 현대 여성들이 알면 부러워할 일이지만 처녀성 회복은 대지모신의 원초적 생명력을 상징하는 것이다. 물은 생명의 원천이며 치유의 상징이다. 물은 모든 생명의 모태로서 몸과 마음의 허물을 말끔히 씻어 내린다. 기독교의 세례 의식도 물로 원죄를 씻어 내리는 의식이 아닌가.

헤라가 샘가에서 육체적 허물을 벗어버리는 행위는 물가에 서식하는 뱀이 허물을 벗는 모습을 연상케 한다. 뱀은 온몸으로 땅의 정기를 받아들이는 영물로 대지의 여신과 인연이 깊다. '헤스페리데스의 사과'로 알려진 황금사과가 열리는 나무는 가이아가 헤라의 결혼을 축하하기 위해 선물한 것으로 헤라는 라돈(Ladon)이라는 거대한 뱀을 파수꾼으로 지명하여 이 나무를 지키게 한다. 제우스를 공격한 뱀 티폰도 헤라가 앙심을 품고 낳은 자식이라는 설이 있다. 여신은 제우스가 바람피워 낳은 어린 헤라클레스의 요람에 뱀 두 마리를 넣어 죽이려 한 적도 있다. 아홉 개의 머리를 가진 뱀 히드라(Hydra)도 헤라의 수족이다.

헤라는 만물의 어머니, 위대한 땅의 여신이었다. 신들의 여왕 헤라는 올림포스의 남신들과의 관계에서도 밀리지 않는 모습을 보여준다. 여신은 포세이돈과 아르고스 지방의 지배권을 놓고 한판 승부를 벌인 바 있다. 승부는 헤라의 완승으로 끝나고, 아르고스는 여신의 성지가 된다. 또한 제우스의 독주를 참다 못한 헤라는 아폴론, 포세이돈 등과 손잡고 제우스를 결박시켜 버리는 반역도 서슴지 않는다. 비록 실패로 끝나기는 했지만 동맹 체제를 구축하는 전략과 최고의 신에게 굴하지 않고 당당히 맞서는 여신의 강단을 엿볼 수 있는 일화다. 트로이 전쟁에서 여신은 트로이 편만 드는 제우스를 견제하기 위하여 아프로디테에게 마법의 가슴띠를 빌려 제우스를 한동안 사랑의 힘으로 꽁꽁 묶어놓기도 한다. 자식을 먹는 애비 크로노스로부터 동생 제우스를 빼돌려 크레타 섬으로 피신시킨 인물이 헤라라는 설도 있다. 이렇듯 위풍당당하던 여왕 헤라가 제우스의 아내가 되면서 배우자의 바람기에 철저히 농락당하는 질투의 화신으로 추락하는 운명 속으로 빠져들게 된다.

질투의 화신

아르골리스 지방에 산이 하나 있다. 그 산은 원래 '옥좌 산'을 의미하는 트로낙스(Thronax)로 불리어지다가 나중에 '뻐꾸기 산'을 뜻하는 코키기온(Kokkygion)으로 명칭이 바뀐다. 이 산의 명칭 변경 과정 속에 제우스와 헤라의 결합에 관한 설화가 숨어 있다.

제우스가 어느 날 아름다운 헤라가 산에 홀로 있는 것을 발견하다. 하늘의 신 제우스는 비를 내리게 한 후 뻐꾸기로 변신하여 여신의 무릎에 내려앉는다. 빗속의 작은 새를 가엾게 여긴 헤라가 뻐꾸기를 가슴에 품자 제우스는 본색을 드러내고 여신을 덮친다. 헤라는 완강히 반항하다가 자신을 정실부인으로 받아들이겠다는 약속을 얻어내고서 제우스와 몸을 섞는다. 신화는 그들이 300년간 밀월을 즐겼다고 허풍을 떤다. 비록 긴 밀월이기는 하지만 그 끝에는 헤라의 추락이 기다리고 있다. 제우스와의 운명적인 결합이 이루어진 곳이 옥좌 산에서 뻐꾸기 산으로 바뀌었듯이 헤라는 여왕의 근엄한 옥좌에서 물러나 비에 젖은 초라한 뻐꾸기 신세로 전락해 버린다. 헤라를 유혹하기 위한 제우스의 변신은 어쩌면 여신의 앞날을 예고한 것인지 모른다. 신혼의 달콤함이 사라지면서 제우스의 화려한 바람기가 시작된다. 그리고 제우스의 애정 행각과 더불어 여신의 여왕으로서의 위엄도 사라져 간다. 헤라는 질투의 화신으로 추락한다.

그런데 남편의 외도를 견제하는 헤라의 투기는 엄격한 가부장제 하에서 남성들에게 철저히 종속된 삶을 살아간 여인네들의 소극적인 저항의 몸짓을 연상케 한다. 헤라는 바람난 제우스를 직접 공격하지 않는다. 여신의 투기는 제우스의 연인이나 그들이 낳은 자식들을 겨냥한다. 배우자에 대한 직접적인 공격은 가정을 해체해 버릴 수 있기 때문이다. 대신 부부 관계를 위협하는 남편의 연인과 그 자식들을 공격함으로써 가정을 수호하려 한다. 헤라가 결혼과 가정의 수호신으로 평가받는 배경이 여기에 있다. 헤라가 얻은

큰곰자리가 된 칼리스토, Sidney Hall, 1825

그럴싸한 타이틀에는 남성 중심의 가부장제 이데올로기가 도사리고 있다. 제우스의 바람기와 더불어 헤라는 만물의 위대한 어머니에서 남성에게 철저히 종속된 여성상의 표본으로 변질되어 버린다.

여신의 투기는 우선 제우스의 연인에게 집중된다. 아르카디아 지방의 요정 칼리스토(Kalisto)는 순결의 처녀신 아르테미스를 추종하여 남성을 멀리 했다. 제우스는 아르테미스의 모습으로 변신하여 칼리스토를 정복한다. 헤라는 연적 칼리스토를 곰으로 만들어버린다. 졸지에 흉측한 몸을 입은 칼리스토는 아르카디아의 숲을 헤매는 신세가 된다. 훗날 아들 아르카스(Arkas)가 사냥을 나섰다가 곰으로 변한 어미를 표적으로 삼으려 한다. 골육상쟁의

이오를 암소로 변신시킨 제우스, Pieter Lastman, 1618

절박한 순간이 온 것이다. 그런데 이 위기에서 제우스가 아르카스를 곰으로 변신시켜 두 모자를 하늘의 별자리로 박아준다. 어미는 큰곰자리, 아들은 작은곰자리가 되어 밤하늘을 맴돌게 된 것이다. 큰곰자리의 엉덩이에서 꼬리로 이어지는 부분이 북두칠성이다. 그리고 작은곰자리에는 북극성이 빛나고 있다. 분이 풀리지 않은 헤라가 대양의 신 오케아노스에게 곰자리들을 절대 대양의 품속에 받아들이지 말라고 탄원한다. 그래서 지금까지 이 별자리들은 바다 밑으로 가라앉지 못한 채 하늘에만 머물고 있다.

강의 신 이나코스(Inachos)의 딸 이오(Io)의 운명은 더욱 가련하다. 제우스가 이오를 희롱하고 있다는 걸 눈치 챈 헤라가 간통 현장을 덮친다. 그러자 제우스는 황급히 연인을 암소로 만들어버린다. 제우스의 술수를 간파한

제3장 올림포스 신족 I   73

헤르메스와 아르고스, Charles-Andre van Loo, 18세기

헤라는 암소를 자신에게 선물로 달라고 조른다. 암소는 헤라의 제물이 아니었던가. 거절할 핑계를 찾지 못한 제우스가 눈물을 머금고 암소 이오를 헤라에게 건네준다. 헤라는 심복인 괴물 아르고스(Argos)를 시켜 24시 감시 체제를 가동한다. 아르고스는 백 개의 눈을 가진 타고난 감시꾼이었던 것이다. 이오의 고난을 보다 못한 제우스가 전령 헤르메스를 시켜 암소를 구출한다. 헤르메스는 최면 지팡이로 아르고스의 눈을 모두 감게 한 후, 준비한 칼로 괴물의 목을 치고 이오를 구출한다. 헤라는 아르고스의 떨어진 목에서 백 개의 눈을 수습하여 공작 꼬리에 붙여준다. 헤라의 박해는 이것으로 그치지 않는다. 여신은 풀려난 암소에게 한 마리의 쇠파리를 보내 물어뜯게 한다. 이오는 보스포로스(Bosporos) 해협을 건너 이집트까지 쫓겨 가서야 비로소 헤라의 공격을 벗어난다. 유럽과 아시아 대륙을 가르는 좁은 폭의 해협인 보스포로스는 '암소의 나루'라는 뜻이다.

헤라의 공격은 제우스가 바람피워 낳은 자식들에게도 치열하게 전개된다. 헤라의 간계에 빠져 불에 타 재로 변한 여인 세멜레의 몸에서 태어난 디오니소스는 이모인 이노(Ino)와 그녀의 남편 아타마스(Athamas) 손에 맡겨지지만 헤라는 이들을 광기에 빠뜨려 바다에 빠져 죽게 하고 디오니소스에게도 저주를 내려 여러 지방을 정처 없이 떠돌게 한다.

헤라의 박해를 가장 혹독하게 받은 자식은 헤라클레스다. 헤라는 헤라클레스의 탄생을 지연시켜 테베의 왕위를 잃게 하고, 요람 속에 뱀 두 마리를 집어넣어 어린 영웅을 죽이려 했을 뿐만 아니라 헤라클레스를 미치게 만들어 처자식을 죽이게 하는 시련을 겪게 한다. 헤라클레스가 겪는 열두 가지 어려운 일도 헤라의 박해다.

그러나 헤라의 집요한 공격에도 불구하고 인간의 몸에서 태어난 디오니소스와 헤라클레스는 당당히 신의 반열에 오르면서 여신의 투기를 비웃어 버린다. 디오니소스는 헤라의 자매인 헤스티아를 밀어내고 올림포스 12신

자리를 차지했으며, 헤라클레스 역시 신의 지위를 획득한다. 한술 더 떠서 헤라클레스는 헤라의 딸인 헤베와 결혼하여 여신의 사위 자리까지 꿰차는 쾌거를 이룬다. 헤라클레스는 죽어가면서 자신의 몸을 불태운다. 죽은 육신이 어머니의 품인 땅 속으로 들어가지 않고 아버지 곁인 하늘로 올라간 것이다. 헤라클레스는 헤라의 강력한 적이었다. 헤라의 총공격을 견뎌내고 승리한 헤라클레스는 모권 신화를 종식시키고 부권 신화를 확고히 정립시킨 순교자로 평가된다. 헤라클레스의 모진 고난은 모권 신화로부터 부권 신화로의 전이가 오랜 세월을 두고 어렵게 이루어졌음을 보여준다. 헤라는 결국 패배했다. 그리고 여왕의 추락과 패배는 원시 모계 사회의 종말을 뜻하는 것이기도 하다.

3. 포세이돈 : 폭풍노도의 바다

어원

제우스의 형제이자 강력한 경쟁자인 포세이돈은 그리스 신화에서는 'Poseidon', 로마 신화에서는 'Neptunus'라 칭한다. 'Poseidon'의 어원은 '주인', 혹은 '남편'을 의미하는 'Posis'와 '땅'이라는 뜻의 'Da'가 합성된 것으로 '땅의 주인', 혹은 '땅의 남편'으로 풀이된다. 포세이돈의 또 다른 명칭 포테이단(Poteidan)도 땅의 여신 '다(Da)의 남편'이라는 의미를 갖고 있으며, 가이에오코스(Gaieochos)라는 별명 또한 '땅의 남편'이라는 뜻이다. 「일리아스」에서 포세이돈은 "대지를 뒤흔드는 신"으로 묘사된다. 이 같은 사실은 모두 바다의 신으로 알려진 포세이돈이 원래는 땅과 더 깊은 인연을 맺고 있었음을 말해 주고 있다.

포세이돈은 제우스와 달리 처음부터 그리스 본토에서 숭배된 신으로

삼지창을 들고 바다의 말을 탄 포세이돈, 3세기경의 로마 시대 모자이크

알려져 있다. 어원이나 별명에 담긴 뜻으로 보면, 그가 대지의 여신처럼 땅을 지배하던 남신이거나 대지의 여신의 배우자였던 것으로 보인다. 이를테면 포세이돈이 생명을 잉태하고 보호하는 땅의 생산적 기능을 담당하는 여신과는 달리 대지를 뒤흔드는 지진이나 화산 폭발 같은 땅의 파괴적인 기능을 담당했거나, 여왕벌에게 봉사하는 수벌처럼 대지의 여신을 곁에서 돕는 남편이나 연인 같은 존재로 유추해 볼 수 있다.

그러나 제우스의 올림포스 신족 체제가 정립되면서 포세이돈의 위상은 바뀐다. 그는 땅의 지배자가 아니라 바다의 지배자로 자리매김된다. 올림포스 시대에 이르러 포세이돈은 바다의 신으로 거듭난다.

바다의 신

티탄 신족과의 전쟁에서 승리하고 아버지 크로노스를 권좌에서 쫓아낸 후 제우스, 하데스, 포세이돈 3형제는 올림포스 신족 시대를 열고 천하를 삼등분한다. 제우스는 하늘을, 하데스는 지하 세계를, 그리고 포세이돈은 바다를 각각 나누어 맡는다. 그리고 올림포스와 땅은 공동 통치하기로 협약을 맺는다. 어원에서도 밝혔듯이 포세이돈은 원래 땅과 인연이 깊은 신이다. 그는 지진과 화산 폭발과 같은 대지를 뒤흔드는 역할을 담당한 신으로 해석된다. 포세이돈을 상징하는 동물 중의 하나는 말이다. 일설에 의하면 암말로 변신한 대지의 여신 데메테르를 포세이돈이 수말로 변신하여 덮쳤다고 한다. 두 신의 결합으로 명마 아리온(Arion)이 태어난다. 천마 페가소스(Pegasos)도 포세이돈의 자식이다. 지축을 뒤흔들며 힘차게 질주하는 말은 지진을 관장하는 땅의 지배자의 이미지에 부합되는 동물이다.

그러나 올림포스 시대에 이르러 포세이돈은 땅에 대한 영향력을 점차 상실하고 영역이 바다로 한정된다. 그는 아테네 수호신 자리를 놓고 아테나와 경쟁하여 패한다. 또한 아르고스의 관할권을 놓고 헤라와 겨루어 패배한다. 그런가 하면 가이아와 공동으로 관리하던 델포이도 아폴론에게 빼앗긴다. 제우스의 처자식들과의 대결에서 연달아 패하는 결과는 포세이돈이 땅에 대한 지배권을 상실해 가는 과정을 설명해 준다.

포세이돈은 제우스의 독주를 막으려고 헤라, 아폴론, 아테나와 연합하여 쿠데타를 일으켰다가 실패하여 아폴론과 함께 트로이로 귀양 가는 신세에 처하기도 한다. 올림포스 초기에 제우스와 대등한 지위를 누렸던 포세이돈은 입지가 점차 좁아져 바다의 신으로 역할과 지위가 한정되기에 이른다. 「일리아스」에서 포세이돈은 "검푸른 머리의 신"으로도 묘사된다. 지축을

포세이돈과 암피트리테의 승리의 행진, Frans Francken, 17세기

뒤흔드는 지진을 일으키던 포세이돈이 바다의 신으로서 검푸른 바다를 무대로 삼지창 트리아이나(Triaina)를 휘두르며 파도를 일으키고 해일을 휘몰아친다. 제우스에게 밀려나서 힘이 약화되기는 했지만 포세이돈은 여전히 거칠고 위협적인 존재이다. 에게 해 연안에 위치하여 해상무역에 명운을 걸었던 아테네인들이 민족적 영웅 테세우스(Theseus)를 포세이돈의 자식으로 내세운 것은 아테나 여신에게 수호신 자리를 빼앗긴 바다의 신을 달래기 위함이었는지 모를 일이다. 그들은 에게 해가 확 트이는 아테네 근교 수니온 곳에 웅장한 포세이돈 신전을 봉헌한다.

포세이돈은 바다의 여신 암피트리테(Amphitrite)와 결혼한다. 포세이돈의 청혼을 받은 암피트리테가 바다 밑 궁정으로 숨어버리자 돌고래들이 두 신들의 속마음을 연결해 주었다고 한다. 포세이돈은 고마움의 표시로 하늘에 돌고래자리를 만들어주고 자신의 심복으로 삼는다. 포세이돈과 암피트리테

제3장 올림포스 신족 I

사이에서 프로테우스(Proteus)와 트리톤(Triton)이 태어난다. 프로테우스는 지혜롭고 예언 능력을 갖춘 인물로 알려져 있으며 변신술에도 뛰어났다. 트리톤은 상체는 인간, 하체는 물고기의 모습을 한 인어 같은 존재로 소라 뿔을 불고 다닌다. 프로테우스와는 달리 트리톤은 해변의 약탈자로 알려진 공포의 대상이었다. 변신술에 능한 프로테우스와 약탈자 트리톤은 시시각각으로 변하는 바다의 표면과, 바다의 약탈자 해적이나 해일의 이미지를 보여준다.

폭풍노도의 격정파

바다의 신 포세이돈은 폭풍에 요동치는 성난 파도와 같은 격정적인 감정파다. 호수처럼 잔잔하던 바다의 표면이 일순간 광풍이 몰아치면서 미친 듯이 날뛴다. 산더미 같은 해일이 덮쳐와 모든 것을 삼켜버린다. 지축을 뒤흔드는 지진과 화산 폭발도 포세이돈의 격정적인 성품을 담고 있다. 제우스가 보여주는 냉철한 현실감각과 탁월한 정치력은 그에게서 기대할 수 없다. 그는 이것저것, 요모조모 따지는 타입이 아니다. 술수도 모르고 전략도 없다. 그저 순간적인 감정과 느낌에 따라 행동할 뿐이다. 좌충우돌 식이다. 하나는 알되 둘 이상은 모른다. 충동적이며 즉흥적이다. 성급하고 직선적이며 변덕스럽다. 좋게 보면 순진하고 감상적이다.

제우스가 현실주의자라면, 포세이돈은 낭만주의자다. 계산을 모르는 순정파다. 제우스와 포세이돈 중 누구를 친구로 삼겠느냐고 묻는다면 후자를 택하는 이가 많을 것이다. 그러나 누구를 조직의 보스로 삼겠느냐고 물으면 얘기가 달라질 것이다. 제우스는 득실 관계를 냉철하게 따져보고 득이 되면 하기 싫어도 하고, 실이 되면 하고 싶어도 안한다. 그러나 포세이돈은 그저 마음 내키는 대로 하고 싶으면 하고, 하기 싫으면 안한다.

트로이 전쟁에 임하는 자세에서 포세이돈의 성품이 잘 드러난다. 포세이돈은 전쟁 내내 열렬하게 그리스 편을 든다. 트로이성은 포세이돈이 아폴론과 함께 귀양살이하면서 쌓아올린 성이다. 그런데 라오메돈(Laomedon) 왕이 약속한 노임을 지불하지 않았기 때문에 화가 난 그는 트로이에 등을 돌린다. 똑같은 모욕을 당했던 아폴론은 전략상 트로이를 돕지만, 포세이돈은 복수심에만 사로잡혀 트로이를 공격한다. 아킬레우스(Achilleus)가 철수하여 전세가 그리스 측에 불리하게 전개될 때 그는 온몸으로 트로이군의 공격을 막아냈으며, 복병을 숨긴 목마가 트로이의 신관 라오콘(Laokoon)의 경고로 발각 위기에 처했을 때 바다에서 커다란 뱀 두 마리를 보내 라오콘 삼부자(父子)를 휘감아 죽게 한다.

그러나 전쟁이 그리스 측의 승리로 끝나자 포세이돈의 마음이 급변한다. 그리스의 영웅들이 자신의 작품인 트로이성을 무자비하게 유린하는 모습에 열을 받았기 때문이다. 포세이돈은 전쟁에서 승리하고 귀환하는 그리스의 영웅들을 폭풍노도 속으로 몰아넣는다. 고향 이타케로 귀향하는 길에 10년 동안 바다에서 겪는 오디세우스(Odysseus)의 고난과 모험은 포세이돈의 감정 폭발에서 비롯된 것이다. 결국 아무런 전략과 계획이 없는 변덕스러운 태도 탓으로 그는 어느 편의 마음도 얻지 못하고 빈손만 남게 된다.

포세이돈의 행태에서 나타나는 세련되지 못한, 거칠고 투박한 면모는 폭풍, 노도, 해일, 지진, 화산폭발 등과 같은 대자연의 원초적인 힘을 보여준다. 이 힘은 이성의 영역을 거부하고, 벗어나고, 초월하는 비합리적, 탈합리적, 초합리적 힘이다. 그것은 괴물이다.

그리고 보면 포세이돈은 유난히 괴물과 인연이 깊다. 그는 오만한 이디오피아의 여왕 카시오페이아(Kassiopeia)를 혼내주기 위해 바다 괴물을 출몰시켰으며, 계모의 유혹에 빠져 아버지 테세우스로부터 버림받은 히폴리토스(Hippolytos)에게 바다 괴물을 덮치게 한다. 그런가 하면 자신과의 약속을 어긴 크레타의 미노스 왕에게 사람의 몸에 황소 머리를 한 괴물 미노타우로스(Minotauros)를 자식으로 맞게 한다. 아름다운 처녀였던 메두사(Medusa)는 포세이돈과 사랑을 나눈 뒤 머리카락 한 올 한 올이 뱀으로 된 흉측스러운

메두사의 머리, Peter Paul Rubens, 1617-1618

괴물이 된다.

포세이돈이 낳은 자식들도 대부분 정상을 벗어난 괴물들이다. 오디세우스 일당을 괴롭힌 외눈박이 거인 폴리페모스(Polyphemos), 레토를 겁탈하려다 아폴론과 아르테미스의 화살을 맞는 거인 티티오스(Tityos), 지나가는 행인을 침대에 눕히고 몸이 침대보다 길면 잘라내고, 짧으면 잡아 늘리는 괴물 프로크루스테스(Prokrustes), 바다 위를 산처럼 걸어 다니는 엄청난 거인 오리온(Orion), 헤라클레스에게 씨름을 도전한 거인 안타이오스(Antaios) 등과 같은 괴물들이 모두 포세이돈의 아들이다.

이 괴물들은 대부분 아폴론과 아르테미스 등의 올림포스 2세대 신이나 페르세우스, 헤라클레스 등과 같은 영웅들에게 퇴치된다. 제우스의 자식들에게 포세이돈의 세력들이 제거된 것이다. 결국 포세이돈은 제우스에게 완패한다. 포세이돈의 패배는 괴물 같은 자연에 대한 인간의 승리로 해석되기도 한다. 그러나 인간의 이성으로 자연의 거친 파괴성을 극복한다는 것은 동시에 활화산 같이 용솟음치고 성난 파도처럼 휘몰아치는 대자연의 싱싱하고 역동적인 힘을 상실하는 것이기도 하다. '폭풍노도의 바다'로부터 점차 멀어지면서 인간은 어쩌면 속물화와 왜소화의 길로 접어들었는지 모를 일이다.

4. 데메테르 : 땅의 어머니

어원

그리스 신화에서는 'Demeter', 로마 신화에서는 'Ceres'로 칭하는 데메테르는 땅을 지배하는 여신이다. 'Demeter'는 '땅'을 뜻하는 'De', 혹은 'Da'와, '어머니'를 뜻하는 'Meter'의 합성어로서 문자 그대로 '땅의 어머니'라는 뜻이다.

데메테르는 어머니와 같다. 여신은 곡물, 과실, 목초 등 모든 식물을 보호하고 성장시키는 땅의 모성을 상징한다. '곡물'을 뜻하는 영어 'cereal'은 여신의 로마식 이름인 'Ceres'에서 기원한다. 데메테르는 토지의 여신, 곡물의 여신이다.

토지의 여신, 곡물의 여신

데메테르는 땅의 생산력을 관장하는 토지의 여신이며 곡물의 어머니다. 여신은 제우스와의 인연으로 외동딸 페르세포네(Persephone)를 얻는다. 모성의 여신답게 페르세포네를 향한 데메테르의 사랑은 지극했다. 그런데

페르세포네의 납치, Peter Paul Rubens, 1636년경

지하 세계의 왕 하데스가 생명보다 귀한 외동딸을 납치한다.

　어느 봄날 페르세포네가 친구들과 꽃을 따다가 아름다운 수선화 한 송이에 넋을 잃는다. 그때 땅이 갈라지며 황금마차를 탄 하데스가 나타나 페르세포네를 태우고 땅 속으로 사라진다. 페르세포네가 아버지 제우스를 애타게 찾으며 살려달라고 외쳐보지만 제우스는 못들은 척 딴청을 부린다. 그에게는 딸보다 하데스와의 관계가 더 신경 쓰인 것이다. 졸지에 딸을 잃은 데메테르가 미친 듯이 페르세포네를 찾아 헤맨다. 높은 곳에서 모든 것을 본 태양의 신이 데메테르에게 사건의 전말을 알려준다. 제우스와 하데스의 행각에 데메테르는 치를 떤다. 여신은 파업으로 맞선다. 본업인 토지와 곡물을 돌보는 일을 팽개쳐 버린다. 지상에는 극심한 흉년이 든다. 인간들은 굶어 죽고, 신들은 인간의 제물을 받을 수 없게 된다. 다급해진 제우스가 무지개

페르세포네를 애도하는 데메테르, Evelyn de Morgan, 1906

여신 이리스(Iris)를 보내 데메테르를 달래려 하지만 여신은 분노를 거두지 않는다. 제우스는 어쩔 수 없이 전령 헤르메스를 하데스에게 급파하여 페르세포네의 귀환을 간청한다. 하데스는 마지못해 페르세포네를 데메테르에게 돌려보낸다. 그리하여 모녀 신의 눈물어린 재상봉이 이루어진다. 그러나 비극은 끝나지 않았다. 속이 검은 하데스가 페르세포네가 떠나기 전 그녀의 입 속에 석류 한 알을 선물로 넣어 주었기 때문이다. 석류를 입에 댄 페르세포네는 이미 지하 세계와 영원한 인연을 맺고 있었던 것이다. 지하 세계의 음식인 석류를 먹은 이는 그곳을 완전히 떠날 수 없었다. 결국 제우스가 절묘한 타협안을 제시하여 사태를 수습한다. 페르세포네는 일 년 중 삼분의 이는 지상의 데메테르 곁에 머물고 나머지 삼분의 일은 하데스의 아내로 지하 세계에 머무르게 된 것이다.

■
(왼쪽) 페르세포네의 귀환, Frederic Leighton, 1891
(오른쪽) 페르세포네, Dante Gabriel Rossetti, 1874

하데스의 페르세포네 납치 사건은 토지와 곡물의 여신 데메테르의 면모를 보여주는 일화다. 제우스의 타협에 따라 지상과 지하를 주기적으로 오고 가는 페르세포네의 운명은 곡식의 순환 과정을 말해 준다. 페르세포네가 년중 여덟 달을 지상에서 어미 데메테르 곁에 머무는 것은 곡물이 싹트고, 성장하고, 수확되는 순간들이며, 넉 달 동안 지하에서 하데스의 아내로 행세하는 것은 수확이 끝난 곡물이 지상에서 사라지는 순간들이다.

페르세포네가 지하 세계의 왕 하데스에게 납치됨은 죽음을 의미한다. 그러나 죽음은 영원하지 않고 부활을 예비한다. 하데스에게 납치되었던 페르세포네가 땅의 어머니 데메테르의 곁으로 다시 돌아온다는 것은 부활을 의미한다. 고대인들은 곡식이 싹트고, 성장하고, 수확되고, 사라졌다가 이듬해 다시 싹트는 과정을 지켜보면서 생명의 탄생, 성장, 죽음 그리고 부활이라는 순환의 이치를 깨우치고 있다.

'땅의 어머니' 데메테르는 지독한 모성의 소유자다. 딸을 향한 여신의 강렬한 모성애가 제우스와 하데스를 굴복시킨다. 남신들의 음흉한 계략이 여신의 모성 앞에 무릎을 꿇고 있다. 그런데 달리 생각해 보면 데메테르는 모성의 포로다. 여신은 딸의 운명에 집착하여 자신의 본분을 팽개치고 있으며, 심지어 시집간 딸마저도 옆에 끼고 살려는 욕망을 드러내고 있다. 여신의 모성은 사랑이 지나치면 집착과 소유욕으로 변질될 수 있음을 웅변하고 있다. 여신은 모성의 이름으로 자신의 모든 것을 버리고 자식에게 지나치게 얽매이는 어머니의 전형을 보여주고 있다. 헤라가 남편에게 지나치게 종속된 아내의 전형이라면, 데메테르는 자식에게 죽도록 충성하는 어머니의 표본이다. 두 여신의 삶의 방식에는 가부장제 하의 비독립적 여성의 그늘이 짙게 드리워져 있다.

데메테르는 고대 그리스의 가장 아름답고 성스러운 종교 의식인 엘레우시스 비밀 제의의 주인공으로도 알려진다. 데메테르가 행방불명된 페르세포네를 찾아 헤매던 중 엘레우시스 지방을 지나친다. 노파로 변신한 여신은 사람들의 안내로 잠시 왕궁에 머무르면서 메타네이라(Metaneira) 왕비의 아들 데모폰(Demophoon)을 보살피는 일을 맡는다. 여신은 호의에 보답하려고 데모폰을 불사의 몸으로 만들어주기로 한다. 그래서 아침이면 신의 숨결을 쐬어주며 가슴을 불사초로 문질렀고, 밤이면 아기를 불길 위에 올려놓고 주문을 외웠다. 그런데 궁금증을 못이긴 메타네이라가 어느 날 밤 방을 엿보다가 불길 위에 올려놓은 아들의 모습에 소스라치게 놀라 소리쳤다. 계획이 수포로 돌아간 것을 안 데메테르는 자신의 신분을 밝히고 왕비를 심하게 꾸짖는다. 그리고는 이곳에 신전을 짓고 비밀 의식을 올리라고 명한다. 여신이 떠나자마자 사람들은 즉시 분부대로 신전을 지어 봉헌한다. 이렇게 해서 엘레우시스 비밀 제의가 기원하게 된다.

이 제의는 기원전 8세기부터 서기 4세기까지 그리스 전역에 걸쳐 널리 퍼져 있던 종교 의식으로 고대 세계에서 가장 아름답고 성스러운 의식으로 알려진다. 그러나 제의에 참석했던 사람들이 비밀을 철저히 지켜왔기 때문에 제의의 형식과 내용은 수수께끼로 남아 있다. 다만 식물의 순환 주기와 관련하여 생명의 탄생과 죽음 그리고 부활에 관한 성스러운 체험을 의식화 하였을 것으로 추측될 뿐이다.

데메테르는 또한 엘레우시스에서 트리프톨레모스(Triptolemos)라는 인간에게 농사짓는 법을 전수한 것으로 알려진다. 트리프톨레모스는 '세 번 쟁기질하는 자'라는 뜻의 이름으로 데메테르 여신의 은총으로 각종 농기구를 발명하고 날개 달린 뱀이 끄는 수레를 타고 다니며 인간들에게 농업 기술을 전파한 인물로 전해진다.

땅의 어머니로서 데메테르는 자연과 환경을 파괴하는 인간들을 엄벌하는 역할도 맡는다. 여신은 '자연 파수꾼'이요 '환경 지킴이'다. 태양신의 아들 파에톤(Phaeton)이 아버지를 졸라 하루 동안 태양마차를 대신 몰게 된다. 그런데 마차에 오르자마자 그는 운전 미숙으로 궤도를 이탈하는 사고를 친다. 파에톤의 태양마차가 고도를 너무 낮추어 치달리자 산천초목이 불타고

트리프톨레모스와 페르세포네, BC 470-460년경의 도기 그림

강물이 말라버린다. 데메테르는 제우스에게 자연 파괴범을 엄벌에 처하라고 탄원한다. 파에톤은 제우스의 벼락을 맞고 태양마차에서 떨어져 죽는다.

에리시크톤(Erysichthon)에게 내려진 여신의 형벌은 더욱 가혹하다. 에리시크톤은 신들을 우습게 여기고 신들에게 제사도 드리지 않는 인간이다. 어느 때 그는 데메테르에게 봉헌된 숲을 도끼로 마구 찍어내려 한다. 이 숲에는 크고 오래된 참나무 한 그루가 있었다. 에리시크톤이 이 나무를 도끼로 내려치자 나무는 신음 소리를 내며 피를 흘렸다. 주위에 있던 한 사람이 만류하자 에리시크톤은 도끼로 그 자의 목을 쳐버리고 참나무도 찍어 쓰러뜨린다. 데메테르의 복수가 시작된다. 에리시크톤은 아무리 먹어도 배고픔이 그치지 않는 무서운 아귀병에 걸린다. 그는 온갖 음식을 산더미처럼 쌓아놓고 닥치는 대로 먹어댄다. 그러나 허기는 가시지 않는다. 에리시크톤은 끝없는 배고픔을 달래기 위해 집과 논밭 등 있는 재산을 모조리 팔아치운다. 재산을 다 날려버리자 하나뿐인 딸까지 팔아먹는다. 포세이돈의 도움으로 팔린 딸을 몇 차례 되찾긴 하지만 에리시크톤의 배고픔은 그칠 줄 모른다. 그는 결국 팔다리를 잘라먹고 몸통까지 뜯어먹기에 이른다. 결국 먹는 입만 남을 때까지 자신을 뜯어먹도록 배고픔에 시달리다가 에리시크톤은 비참한 최후를 맞는다.

에리시크톤의 비극은 끝없는 소유욕과 개발욕에 사로잡혀 자연과 환경을 마구 훼손하는 현대인들에게 경종을 울린다. '조금 더 많이', '조금 더 안락하게', '조금 더 편리하게'라고 외치는 인간의 욕망은 에리시크톤의 아귀병을 능가한다. 자연과 환경은 생명이라고 했던가. 우리는 지금 자연이라는 팔다리를 잘라먹고, 환경이라는 몸통을 뜯어먹고 있다. 데메테르의 복수가 시작되었다.

4

제4장

올림포스 신족 II
올림포스의 라이벌

이 장에서 우리는 성격이 뚜렷이 대비되는 두 쌍의 남녀 신을 만난다. '이성의 빛'을 상징하는 태양의 신 아폴론과 도취와 광기를 부르는 술의 신 디오니소스는 올림포스 최대의 라이벌이다. 그런가 하면 지혜의 여신 아테나와 사랑의 여신 아프로디테가 또 다른 라이벌로 대립된다.

아폴론과 아테나, 그리고 디오니소스와 아프로디테는 인간의 대립적 본성인 이성과 본능, 혹은 지성과 감성을 대변하는 남녀 신이다. 전자가 차가운 신들이라면, 후자는 뜨거운 신들이다. 아폴론과 아테나가 냉철한 이성과 지혜로 완성, 절제, 중용, 질서, 평정의 길로 인도한다면, 디오니소스와 아프로디테는 불같은 광기와 사랑으로 해체, 자유, 격정, 혼돈, 충동의 세계로 유혹한다.

아폴론과 아테나는 제우스가 가장 총애하는 아들과 딸로서 올림포스 체제를 이끌어가는 '제도권의 핵심'이다. 반면 디오니소스와 아프로디테는 방랑과 일탈을 일삼는 '나그네'요 '자유인'이다. 전자는 귀족풍이다. 세련되고, 깔끔하고, 고고하다. 후자는 민초류다. 거칠고, 끈끈하고, 역동적이다. 전자가 발산하는 에너지의 파동은 과도하지 않다. 항상 절제와 균형 감각을 유지한다. 안온함과 평정함을 잃지 않는다. 후자는 폭발적이다. 천국과 지옥을 오간다. 창조적이기도 하고 파괴적이기도 하다. 생명의 약이 될 수도 있고 치명적인 독이 될 수도 있다.

이들 두 쌍의 남녀 신을 통하여 이성과 본능(지성과 감성) 간의 대립과 조화를 생생하게 맛볼 수 있을 것이다.

1. 아폴론 : 이성의 빛, 만능의 황태자

어원과 태생

태양의 신 아폴론은 그리스 신화에서는 'Apollon', 로마 신화에서는 'Apollo'로 칭한다. 어원은 그리스어와 로마어에서 찾을 수 없다. 아폴론이 그리스 본토 출신이 아니라 타 지역에서 유래된 신임을 추정케 하는 점이다.

아폴론은 소아시아의 리키아에서 유래된 신으로 알려진다. 그의 행적 가운데 소아시아와 관련된 것이 많다는 사실이 이를 뒷받침한다. 아폴론은 한때 제우스에게 반기를 든 죄로 포세이돈과 함께 소아시아로 유배되어 트로이성을 쌓은 바 있다. 그래서 그런지 그는 트로이 전쟁 당시 줄곧 그리스에 맞서 트로이 편을 들면서 그리스 최고 영웅 아킬레우스를 살해하는 데 결정적인 역할을 한다. 또한 밀레토스(Miletos)를 비롯한 많은 그의 자손들이 소아시아 지방에 왕국을 건설한 점도 덧붙일 수 있다.

아폴론은 제우스와 레토 사이에 태어났으며 달과 사냥의 여신 아르테미스와 쌍둥이 남매. 레토가 제우스의 사랑을 받고 임신한다. 그러나 레토가 위대한 아들 아폴론을 낳을 것을 눈치 챈 헤라는 질투심에 불타 해산을 방해한다. 해산을 허락하는 땅은 영원히 불모지로 만들어버리겠다는 헤라의 협박 때문에 레토는 해산할 장소를 찾을 수 없었다. 해산할 땅을 허락하면 위대한 신 아폴론의 성지로 삼겠다는 레토의 제안을 받고 델로스 섬이 그녀를 받아들인다. 그러자 이번에는 헤라가 해산을 주관하는 여신 에일레이티이아를 놓아주지 않는다. 해산의 여신이 함께하지 않으면 그 누구도 아이를 낳을 수 없다. 9일 동안이나 진통을 겪고 있는 레토를 보다 못한 제우스가 전령을 보내 매수하여 에일레이티이아를 데려온다. 그제야 레토는 종려나무를 부여잡고 무릎을 꿇은 자세로 아폴론을 낳는다.

델로스(Delos)는 그리스어로 '떠오르는 섬'이라는 뜻이다. 델로스는 여느 섬과는 달리 뿌리 없이 바다 위를 둥둥 떠다니는 섬이었다(어린 시절 섬이 조각배처럼 바다 위에 두둥실 떠 있는 것으로 생각한 이들이 많았으리라). 그런데 아폴론의 탄생을 도운 공을 대가로 바다의 신 포세이돈이 부초처럼 떠 있던 델로스를 튼튼한 밧줄로 동여매어 바다 밑바닥에 고정시켜 주었으며, 델로스는 웅장한 신전을 갖춘 아폴론의 성지로 명성을 드높인다. 레토의 여동생 아스테리아(Asteria)가 제우스의 유혹을 피해 도망치다가 바위로 변한 것이 델로스라는 설도 있다.

태양의 신, 이성의 신, 예언의 신

아폴론의 별명은 포이보스(Phoibos), 즉 '빛나는 자'라는 뜻으로 태양의 밝은 빛을 상징한다. 티탄 신족 시대의 태양신은 히페리온(Hyperion)과 그의 아들 헬리오스(Helios)였는데 올림포스 시대가 열리면서 아폴론이 그 지위를 이어받는다. 고대 그리스인들은 태양이 동쪽 하늘에서부터 서쪽 하늘까지 운행하는 모습을 보며 태양의 신을 떠올렸다.

동틀 무렵 아폴론은 입에서 불을 뿜는 4마리 말이 끄는 황금빛 태양마차를 몰고 동쪽 지방을 출발하여 하루 종일 하늘 높이 달리다가 저녁 무렵 도착지인 서쪽 지방으로 내려간다. 밤새 태양마차는 대지의 둘레를 휘감고

파에톤의 추락, Peter Paul Rubens, 1604-1605

흐르는 대양강 오케아노스(Okeanos : ocean의 어원)를 통해 출발 지점인 동쪽 지방으로 다시 이동한다. 고대 그리스인들은 아폴론의 태양마차를 바라보면서 자신도 한번쯤 금빛 마차를 타고 하늘을 나는 꿈을 품었을 것이다. 그런데 이러한 꿈을 현실로 만들어보려는 욕망 때문에 파멸한 인물이 있다.

아폴론의 아들 파에톤은 자신이 진정한 태양신의 아들이라는 것을 입증하고 싶은 마음으로 아버지를 졸라 태양마차를 몰다가 파멸하는 비운의 인물이다. 입에서 불을 뿜는 말이 모는 금빛 마차를 타고 하늘 높이 치닫던 초보 운전자 파에톤은 운전 미숙으로 궤도를 벗어나 산천초목을 다 태워 버린다. 아프리카 대륙엔 벌거벗은 사하라 사막이 생기고, 사람들은 검게 타서 흑인이 되어 버린다. 자신의 영역이 초토화되는 모습에 놀란 대지의 여신 데메테르가 제우스에게 탄원한다. 파에톤은 결국 제우스의 벼락을 맞고 마차에서 떨어져 죽음을 맞는다.

파에톤의 비극은 태양의 궤도를 벗어남으로써 초래되고 있다. 태양은 지구와 적절한 거리를 두고 있기 때문에 생명의 빛이 된다. 너무 멀어서도 안 되고, 너무 가까워서도 안 된다. 현재의 상태가 딱 좋다. 태양마차를 넘겨주면서 아폴론은 파에톤에게 경고한다. 고도를 너무 높이지도, 너무 낮추지도 말라고. 중간 길이 가장 안전하고 좋은 길이라고 말이다. 중용과 절제와 균형 감각이라는 아폴론적 덕목이 강조되고 있는 것이다.

태양의 밝은 빛을 상징하는 아폴론의 이미지는 이성으로 통한다. 이성은 밝고 명확한 것을 존중하는 그리스인 최고의 덕목이기도 하다. 아폴론은 암흑의 세계를 밝혀주는 빛처럼 어둡고 컴컴한 세상 이치에 섬광처럼 예리하게 파고들어 그 본질을 밝혀내는 이성을 대변한다. 그러므로 아폴론은 합리주의를 근본으로 하는 헬레니즘을 대표하는 '가장 그리스적인 신'으로 평가된다.

아폴론은 얼음같이 찬 이성으로 마음속에서 일어나는 어떠한 흔들림도 허용치 않는 이성의 신이다. 어떤 경우에도 평정심을 잃지 않고 균형 감각을 유지한다. 흥분, 도취, 충동, 전율, 격정과 같은 감정은 정확하고 객관적인 판단을 하는 데 장애가 되므로 철저히 배척된다. 델포이의 아폴론 신전에는 "지나쳐서는 안 된다", "너의 영혼을 다스려라", "절제가 으뜸가는 덕이노라" 등의 경구가 적혀 있다. 소크라테스의 "너 자신을 알라"라는 금언도 이곳에 기록되어 있던 것이다.

어둠을 밝히는 태양 빛과 무지몽매함을 밝히는 이성의 힘은 알 수 없는 미래를 밝혀주는 예언의 능력으로 통한다. 그리스인들은 태양의 신이며 이성의 신인 아폴론에게 예언의 신이라는 지위를 부여한다. 델포이는 신탁으로 유명한 아폴론 신전이 있는 성지다. 그리스인들은 델포이를 우주와 세상의 중심으로 믿었다. 신화에 의하면 제우스가 두 마리 독수리를 반대 방향으로 날려보낸 후 다시 만난 지점이 델포이라는 것이다. 이곳에는 '우주의 배꼽'을 뜻하는 옴팔로스(Omphalos)라는 돌이 보존되어 있다.

델포이는 원래 대지의 여신 가이아가 주관하던 성소였으며 거대한 뱀 피톤이 여신을 대신하여 이곳을 관장하고 있었다. 그런데 대홍수가 끝난 후 아폴론이 피톤을 활로 쏘아 죽이고 델포이의 새로운 주인으로 등극한다. 아폴론은 피티아(Pythia)라는 여사제를 통하여 제우스의 뜻인 신탁을 인간들에게 내려준다. 피티아는 월계수와 보릿가루를 태운 후 지하로 내려가 트리푸스(Tripous)라는 삼각의자 위에 앉아서 땅 속 깊숙한 곳에서 솟아오르는 증기를 들이마시고 방문자에게 수수께끼 같은 말로 신탁을 내려주는데, 신탁에 대한 일체의 질문은 받지 않는 것으로 알려진다. 신화에서는 아폴론 신탁에 관한 얘기가 많이 등장하는데, 대표적인 것으로 아버지를 죽이고 어머니와 혼인한 비극의 주인공 오이디푸스(Oidipous)에게 내려진 숙명적인 신탁이 잘 알려져 있다.

■
트리푸스 위에서 예언하는 피티아,
John Collier, 1891

신탁과 예언의 신 아폴론이 이루지 못한 사랑 때문에 심통이 나서 한 여인을 비극으로 몰아간 일화가 있다. 트로이의 공주 카산드라(Kassandra)는 아폴론의 사랑을 받게 되지만 거부한다. 신과의 사랑이 부담스러웠기 때문이다. 아폴론은 사랑의 대가로 그녀에게 예언의 능력을 부여한다. 그러나 예언의 능력을 선물로 받고서도 사랑을 거부하자 아폴론은 그녀에게 작별 키스를 한다. 그리고 입술에서 설득력을 앗아간다. 설득력을 상실한 예언력을 소유한 카산드라는 조국 트로이의 멸망과 자신의 죽음을 주변 사람들에게 예언하지만 끝내 설득하지 못한다.

카산드라는 트로이의 목마가 조국의 멸망을 초래하리라고 예언한다. 그러나 트로이 백성들은 그녀의 말을 믿지 않았고, 트로이는 목마 속에 숨어 들어온 그리스 복병들에 의해 멸망한다. 조국이 패망한 후 그녀는 적장 아가멤논(Agamemnon)의 전리품으로 미케네로 끌려간다. 그곳에서 카산드라는 자신과 아가멤논 앞으로 다가오는 죽음의 그림자를 보고 사람들에게 예언하지만 먹혀들지 않는다. 두 사람은 결국 아가멤논의 아내와 정부의 손에 처참하게 살해된다. 현실을 변화시킬 수 없는 통찰력이라면 차라리 없는 게 나은 것인가. 설득력이 결여된 예언의 능력은 카산드라를 더욱 불행하게 했을 뿐이다. 아는 게 병, 모르는 게 약이라는 말처럼 그녀는 '쓸데없이' 재앙을 미리 알아서 고통만 가중되었다.

음악의 신, 의술의 신, 궁술의 신

아폴론은 예술의 여신들인 무사이를 관장하는 음악의 신이다. 그는 전령의 신 헤르메스가 선물한 악기 리라를 연주하면서 인간의 영혼을 정화시킨다. 아폴론의 리라는 현악기의 일종으로 질서정연한 리듬과 짜임새 있는 멜로디 그리고 균형 잡힌 하모니를 창조한다. 그의 음악은 카오스가 아니라 코스모스의 세계이며, 디오니소스의 광적인 음악과 대비된다.

파르나소스, Andrea Mantegna, 1497

아폴론과 무사이 여신 칼리오페(Kaliope) 사이에서 음악의 달인 오르페우스(Orpheus)가 태어난다. 음악의 신들을 부모로 둔 그는 인간은 물론이거니와 산천초목, 심지어 저승 세계까지도 감동시키는 음악의 마력을 발휘하는 인물이다. 그는 신혼의 단꿈에 젖어 있다가 아내 에우리디케(Eurydike)가 독사에 물려 죽음을 당하자, 음악의 힘으로 저승 세계를 감동시키고 아내를 되찾아온다.

아폴론은 의술의 신이기도 하다. 그리스인들은 무지몽매한 세계를 밝혀주는 이성의 힘과, 알 수 없는 미래를 읽는 예언의 능력이 수수께끼 같은 몸의 이상을 밝혀내고 치유하는 의술의 능력과 통한다고 믿었다. 그는 죽은 자도 되살리는 신통한 의술을 발휘한 아스클레피오스의 아버지로 알려져 있으며, 그리스인들은 히포크라테스(Hippokrates)가 아스클레피오스의 후손이라고 믿고 있다.

아폴론이 플레기아스(Phlegyas) 왕의 딸 코로니스(Koronis)와 사랑에 빠진다. 그런데 신의 사랑을 받고 있는 코로니스가 인간과 정을 통하자 이 사실을 아폴론의 새인 까마귀가 주인에게 고자질한다. 격분한 아폴론이 누이 아르테미스를 시켜서 코로니스를 활로 쏴 죽인다. 아폴론은 죽어가는 코로니스의 몸에서 아기를 끄집어낸다. 의술의 신 아스클레피오스다. 아폴론은 불행한 소식을 전해 준 흰 까마귀의 색깔을 바꿔버린다. 원래 하얀색이었던 까마귀가 이때부터 까맣게 되었다.

아스클레피오스는 켄타우로스(Kentauros)족의 현자인 케이론(Cheiron)에게 의술을 배웠다. 그는 죽은 자를 살려낼 정도로 의술이 뛰어났다. 자신의 신민들이 자꾸 줄어드는 것을 불안하게 생각한 하데스가 제우스에게 탄원하여 아스클레피오스를 벼락 맞고 죽게 한다. 아스클레피오스가 지니고 있는 뱀이 감긴 지팡이는 오늘날에도 의약의 상징으로 사용되고 있다. 온몸으로 대지의 정기를 받아들이며 지하(죽음)와 지상(삶)을 누비고 다니는 뱀의 치유력을 나타낸 것이리라.

아폴론은 활의 명수다. 그는 쌍둥이 남매 아르테미스와 함께 화살 통을 둘러메고 산과 들을 누비며 목표물에 활을 한 치의 오차도 없이 적중시킨다. 마치 이성의 날카로움으로 사물의 이치를 정확히 꿰뚫듯이. 활을 목표에 정확하게 적중시키기 위해서는 흥분과 동요는 금물이다. 평정과 냉정이 필수적이다.

원거리의 목표를 겨냥하는 아폴론의 활은 그의 장점과 단점을 모두 설명해 주는 상징이기도 하다. 아폴론은 대상을 가까이 두지 않고 항상 멀리 둔다. 대상과 거리를 둔다는 것은 주관성을 배제하고 객관성을 높인다는 의미와

아폴론과 까마귀, BC 460년경의 도기 그림

통한다. 감정에 쉽사리 휩쓸리지 않는 이성의 신으로서의 면모를 보여준다. 그러나 이 같은 태도에는 숲은 보되 나무는 보지 못하는 맹점이 따른다. 아폴론은 사물을 냉철하고 객관적인 눈으로 바라보는 능력은 탁월하지만 사물을 애정 어린 마음으로 살피는 따스한 힘이 부족하다. 그는 차가운 신이다.

아폴론이 어느 날 활을 메고 숲을 거닐다가 사랑의 활을 날리는 에로스를 만난다. 아폴론은 에로스에게 시비를 건다. 어린아이가 위험한 물건을 가지고 놀면 안 된다고 말이다. 자존심이 상한 에로스가 궁술의 신에게 활로 복수를 한다. 에로스는 두 가지 종류의 화살을 쏘는데, 그중 하나는 맞으면 사랑의 열병에 빠지는 황금화살이고 다른 하나는 미움을 낳는 납화살이다. 에로스는 아폴론의 가슴에는 황금화살을, 곁에 있던 요정 다프네(Daphne)에게는 납화살을 날린다. 그러자 아폴론은 사랑의 열병에 빠지고, 다프네는

다프네를 추격하는 아폴론, Cornelis de Vos, 1630

미움의 덫에 걸린다. 아폴론의 추격과 다프네의 도망이 시작된다. 아폴론에게 잡히기 직전 다프네가 하늘에 소원을 빌어 자신의 몸을 나무로 변신시킨다. 아폴론은 나무로 변한 다프네를 부둥켜안고 통곡하며 말한다.

"나의 영원한 연인 다프네여, 그대의 잎사귀로 승리자의 머리를 장식하리라!"

다프네가 변신한 나무는 다름 아닌 월계수이며, 그리스인들은 아폴론을 기리며 올림픽 경기의 승리자에게 월계관을 씌워준다.

남성으로서 완벽한 용모와 만능의 탤런트를 지닌 아폴론이지만 사랑에는 약했다. 카산드라와 코로니스 그리고 다프네와의 사랑에서 확인했듯이 그의 사랑은 대개 결실을 맺지 못한다. 궁술의 신으로 목표를 어김없이 꿰뚫는 아폴론이지만 사랑의 화살은 번번이 빗나간다. 그는 차가운 신이다. 냉철한 이성도 차갑고, 원거리의 목표를 겨냥하는 화살도 서늘하기만 하다. 사랑을 위해서는 뜨거운 가슴이 필요하다. 멀리서 숲만 바라보는 것이 아니라 가까이 다가가서 나무 한 그루, 풀 한 포기를 세심하게 살펴보는 정겨운 눈빛과 따스한 손길에서 참사랑이 싹트는 게 아닐까.

부권 신화의 수호신

올림포스 신족은 부권 신화를 바탕으로 한다. 신들의 제왕인 제우스를 정점으로 아들과 딸인 아폴론과 아테나가 부권 신화를 지탱하는 쌍두마차의 역할을 담당한다. 아폴론이 부권 신화의 수호신이라는 사실을 말해 주는 두 가지 일화가 있다. 모권의 상징인 거대한 뱀 피톤을 살해한 사건과, 최초의 모친 살해범인 오레스테스를 부권 수호 차원에서 끝까지 옹호한 사건이다.

죄악에 빠진 인류를 멸망시키기 위해 제우스가 내린 대홍수가 끝난 뒤 늪지대에서 사람들을 괴롭히던 거대한 뱀 피톤을 아폴론이 활로 쏘아 죽인다.

오레스테스의 후회, Philippe-Auguste Hennequin, 1800

앞에서 밝혔듯이 피톤은 대지의 여신 가이아의 수족으로 그의 죽음은 모권 신화의 소멸을 시사한다. 인류학에서는 고대 인류 사회의 원형을 모계 사회라고 보고 있다. 즉 최초의 인류 사회는 혈통 관계가 분명한 어머니를 중심으로 형성된 모계 사회였고, 어머니는 생명의 근원으로 추앙되었다. 생물학적인 지식이 부족했던 고대인들에게 어머니가 자식을 낳는 행위는 땅에서 곡물이 열리고 나무에서 과실이 달리듯이(남녀 간의 성행위의 결과가 아니라) 자연적으로 이루어지는 것으로 믿었다. 그리고 성에 대한 지식을 어렴풋이 깨달은 후에도 상당 기간 동안 무리를 지어 이루어진 남녀 관계로 인하여 자식이 누구의 씨앗인지 알 길이 없었다. 대지 역시 만물이 소생하는 근원으로 어머니처럼 숭상 받았으며, 이러한 대지를 온몸으로 누비며 정기를 받아들이는 뱀은 모계 사회를 상징하는 영물로 숭배되었다.

사회가 모계에서 부계로 바뀌게 되면서 신화의 성격도 모권에서 부권으로 바뀌게 된다. 그리고 모권 신화의 숭배물인 뱀은 숙청당한다. 구약성서에서 홀대받는 뱀(금지된 열매를 취하도록 유혹하는 사탄)과 아폴론에게 처단되는 뱀 피톤의 운명은 모권의 쇠퇴와 부권의 득세를 말해 준다. 그리고 피톤을 살해한 아폴론은 부권 신화의 수호신으로 자리 잡게 된다.

아폴론이 피톤을 살해한 것을 기념하여 기원전 582년부터 4년마다 델포이에서 피티아 제전이 개최된다. 피톤을 살해한 아폴론은 가이아에게 정죄하는 뜻으로 템페 계곡에서 몸을 깨끗이 씻은 것으로 알려지는데, 이러한 정죄 의식을 기념하여 피티아 축제가 열리게 되었다. 이 제전은 그리스에서 올림픽 다음으로 규모가 크며 음악의 신의 특성에 맞춰 음악과 시, 무용 공연이 주로 이루어졌다.

트로이 전쟁의 그리스 총사령관 아가멤논을 살해한 클리타임네스트라는 아들 오레스테스(Orestes)에게 살해당한다. 이 최초의 모친 살해 사건에서 아폴론은 오레스테스에게 모친 살해를 강력히 권고하는가 하면 복수의 여신 에리니에스의 가혹한 추격을 끝까지 막아주는 역할을 한다. 그리스의 비극 작가 아이스킬로스의 3부작 「오레스테이아」는 아가멤논의 죽음과 아들 오레스테스의 복수를 다루고 있다. 1부 「아가멤논」에서는 클리타임네스트라에 의한 아가멤논의 죽음이 이루어지고, 2부 「제주를 바치는 여인들」에서는 오레스테스와 누이 엘렉트라(Elektra)가 공모하여 어머니를 살해하는 이야기가, 그리고 3부 「자비의 여신들」에서는 복수의 여신 에리니에스의 보복과 오레스테스의 사면이 그려진다.

이 작품에서 아폴론은 오레스테스에게 부권을 침해한 어미를 살해하라는 신탁을 내리고, 모친 살해 죄를 가혹하게 추궁당하는 오레스테스를 적극적으로 변호한다. 특히 3부 「자비의 여신들」편에서 모친 살해범에 대한 재판이 열리는데 아테나가 재판장을 맡고, 에리니에스가 검사, 아폴론은 변호사를

병든 디오니소스, Caravaggio, 1593-1594

맡는다. 아폴론은 오레스테스를 처벌하라고 공격하는 에리니에스에 맞서 그의 무죄를 주장한다.

"'아이'라 불리어지는 출생자의 어미가 곧 혈친인 것은 아니다. 단지 새로 파종된 씨앗을 보살피는 일을 맡았을 뿐이다. 아이를 생산하는 건 아비다. 어미란 손님을 맞는 접대인으로서 새싹을 보호할 따름이니라."

부권 신화의 수호신 아폴론의 면모가 물씬 풍기는 지독한 남성 우월주의가 엿보인다.

2. 디오니소스 : 도취와 광기의 나그네

어원과 태생

디오니소스(Dionysos)란 이름은 '니사(Nysa)의 디아스(Dias)', 즉 '니사의 제우스'라는 뜻으로 전해져 온다. 그러나 언어학적으로는 제우스를 뜻하는 'dia_'에 아들을 뜻하는 '_nysos'가 결합하여 만들어진 이름으로 분석한다. 즉 '제우스의 아들'이라는 뜻이다. 또 다른 해석으로는 '둘'을 뜻하는 'dyo_'와 '태어나다'를 뜻하는 'nys_'의 결합으로 보아 '두 번 태어난 자'로 풀이되기도 한다. 로마 신화의 바쿠스(Bacchus)라는 이름은 포도나무의 싹을 의미하는 바코스(Bakchos)에서 유래한다. 디오니소스도 그리스 본토 출신이 아니라 동방에서 전래된 신이다. 그는 그리스 북동쪽 트라키아 지방이나 소아시아의 프리기아 혹은 리디아에서 전래된 신으로 추정된다. 바코스는 디오니소스의 리디아식 이름으로 알려진다.

디오니소스가 니사의 제우스라고 불리는 까닭은 헤라의 박해 때문이다. 제우스의 정실부인 헤라는 제우스가 바람을 피워서 낳은 자식은 예외 없이 못살게 괴롭힌다. 헤라의 박해를 피해 제우스는 어린 디오니소스를 세멜레의 언니인 이노와 그녀의 남편 아타마스에게 부탁한다. 그러나 헤라는 이 두 사람을 광기에 빠뜨려 죽게 한다. 놀란 제우스는 전령 헤르메스를 시켜 디오니소스를 새끼 염소로 변신시켜서 아시아의 니사의 산에 사는 요정들에게 보내 양육시킨다. 거기서 자란 디오니소스는 아시아 지방을 떠돌아다니며 포도 재배법과 포도주 제조법을 전수한다. 그는 이렇게 자신의 신앙을 점차 확산시키며 그리스 땅으로 입성한다.

디오니소스는 제우스와 테베의 공주 세멜레 사이에서 태어난다. 그는 인간의 몸에서 태어난 유일한 올림포스 신이다. 제우스와 세멜레의 밀애를 눈치 챈 헤라가 변장을 하고 세멜레를 찾아간다. 노파로 변신한 헤라가 세멜레에게 제우스가 휘황찬란한 갑옷을 입은 모습을 한번이라도 보았느냐고 묻는다. 세멜레가 아니라고 대답하자, 헤라는 그렇다면 제우스의 사랑이 거짓일 거라고 약을 올린다. 그날 저녁 세멜레는 제우스를 졸라 천상의 갑옷을 입은 신의 모습을 처음으로 보게 된다. 그러나 그것은 영광이 아니라 비극이었다. 세멜레의 앙탈을 이기지 못한 제우스가 눈물을 머금고 갑옷을 입고 나타나자 세멜레는 그 자리에서 불에 타 재로 변한다. 제우스의 갑옷에서 뿜어 나오는 빛이 인간에게는 너무나 강렬했기 때문이다. 제우스는 타들어 가는 세멜레의 몸에서 태아를 끄집어내어 자신의 넓적다리에 넣고 꿰맨다. 달이 차 아이가 다리를 가르고 세상 밖으로 나오는데, 그가 바로 디오니소스다.

디오니소스의 탄생과 관련한 또 다른 설이 있다. 제우스가 자신의 딸인 지하 세계의 여왕 페르세포네와 관계하여 디오니소스를 낳는다. 격분한 헤라가 티탄 족을 시켜 어린 디오니소스를 갈가리 찢어서 먹어치우게 한다. 아테나가 디오니소스의 심장을 구해 제우스에게 바치고, 제우스가 이를 삼킨 채 세멜레와 관계하여 그녀의 자궁에 디오니소스를 부활시킨다. 이렇게 하여 두 번 태어난 자가 디오니소스 자그레우스(Zagreus)다. 일설에는 격분한 제우스가 티탄 족에게 벼락을 쳐서 재로 만들어 버리고, 태워버린 재에서 인간이 탄생했다고 전해진다. 즉 인간은 티탄과 디오니소스의 본성을 함께 물려받은 존재, 다시 말해서 악마(티탄)와 신성(디오니소스)이 공존하는 복잡한 존재라는 설명이다.

술의 신

디오니소스는 술의 신이다. 헤라의 박해를 피해 소아시아의 니사에서 성장한 그는 사람들에게 포도 생산법과 포도주 제조법을 전수하며 자신의 신앙을 전파하면서 그리스 본토로 귀환한다. 디오니소스가 니사로부터 트라키아를 거쳐 펠레폰네소스 반도로 이동하는 경로는 포도와 포도주의 전승 경로와 일치한다. 디오니소스는 인간에게 술을 선물한 신이며 또한 술의 기능을 상징하는 신이다. 인간에게 술은 어떤 의미가 있는가? 한겨울 어두운 밤에 거행되던 디오니소스 축제에서 술의 기능을 엿볼 수 있다.

첫째, 술은 이성을 마비시키고 도취와 광기에 빠지게 한다. 술의 기능 중 으뜸은 취하게 하는 것이다. 누구나 취하기 위해 술을 마신다. 그리고 취하는 목적은 해방되기 위해서다. 술은 현실의 고통과 번뇌를 잠시나마 벗어나게 하는 고마운 벗이다.

초창기 디오니소스를 추종하는 신도들은 주로 여성들이었다. 당시 여성들은 사회적 약자로서 노예나 다를 바 없었다. 그래서 그들은 현실의 고통을 잊게 하는 디오니소스를 삶의 은인으로 여기고 열렬히 추종했던 것이다. 디오니소스 여신도들은 마이나데스(Mainades)라고 불리었는데 '미친 여자들'이란 뜻이다. 그것은 '광기'를 뜻하는 영어 'madness'의 어원이기도 하다. 그들은 집을 버리고 무리를 지어 산과 들을 누비고 다녔다. 그리고 술을 마시고 도취의 상태에서 야간 집회를 가지는데, 이때 횃불과 디오니소스의 지팡이 티르소스(Thyrsos)를 광적으로 흔들고 팀파논(Tympanon)이라는 작은 북을 열정적으로 쳐댄다. 그리고 마음속의 모든 한을 토해내듯 발악을 하고 광란의 춤을 춘다. 극단적인 광기의 폭발이다. 디오니소스의 별명 브로미오스(Bromios)는 '미쳐 날뛰는 자'라는 뜻이다.

둘째, 술은 본능과 정욕을 자극시킨다. 술을 마시면 이성의 통제력은 약해지고 숨겨진 동물적인 욕망이 꿈틀거린다. 술과 육체적 본능은 뗄 수 없는 관계다. 술에 취하면 성적 유혹에 빠져 파탄에 이르는 경우가 많지 않은가. 광란의 디오니소스 축제 때 신도들은 가면을 썼다. 가면 뒤에 숨은 인간에게는 모든 금기가 사라진다. 평소에는 생각지도 못했던 것을 대담하게 해치울 수 있다. 축제는 난잡한 집단 성행위로 끝을 맺는다.

술의 신 디오니소스의 추종자 가운데 사티로스라는 무리가 있는데, 머리와 몸은 젊은 남자이고, 머리에 달린 뿔과 하반신은 염소의 모습을 한 괴물이다. 사티로스는 성적 대담성으로 유명하다. 그들은 뻔뻔스러울 정도로 음란한 존재여서 요정이나 여성들을 쫓아다니는 일로 소일한다. 술은 이성의 가면 뒤에 숨겨진 인간의 야수성을 드러내게 한다.

술의 신 디오니소스가 뜻하는 바는 단지 도취에 빠지고 동물적 본능이나 분출시키는 것으로 그치지 않는다. 그것의 참된 의미는 창조성에 있다. 창조력이 결여된 도취는 광기가 아니라 객기, 자유가 아니라 방종으로 흘러갈 뿐이다. 술은 파괴력과 창조력을 한 몸에 담고 있는 야누스적 존재다. 잘 쓰면 약이 되고 잘못 쓰면 독이 된다. 디오니소스 신도들이 빠지는 도취와 광기는 일상과 상식의 장막을 걷어내고 망아의 상태로 돌아간 뒤, 그 정점에서 모든 의식과 인식의 한계를 벗어버리게 한다. 자신의 존재를 완전히 잊어버리는 망아는 자신을 에워싸고 구속하는 모든 한계를 벗어버리는 전제조건이다.

마이나데스는 축제의 막바지에 이르러 황홀경(엑스터시)에 빠져서 대지에서

디오니소스의 승리, Cornelis de Vos, 17세기

젖과 꿀이 흐르는 환상을 보게 되고 산 짐승을 갈기갈기 찢어 미친 듯이 살과 피를 먹어치운다. 때로는 소년이 제물로 바쳐지기도 한다. 그리고는 무아경의 절정에서 탈진 상태에 이르도록 춤을 추다가 쓰러진다. 이들이 맛보려는 것은 죽음이요 탈한계다. 죽음은 자연으로부터 이탈한 개체로서의 한계를 극복하고 대자연의 도도한 흐름에 동참하는 것이다. 그것은 무한창조와 영원의 세계로 통하는 길이기도 하다. 이런 까닭으로 술이 시인과 예술가의 영원한 벗인지도 모른다.

디오니소스 축제가 한겨울의 밤에 거행된 것은 디오니소스의 본질이 밝음이 아니라 어두움에 있다는 것을 말해 준다. 겨울과 밤은 태양(아폴론)의

디오니소스와 아리아드네, Titian, 1520년경

힘이 약해지는 때다. 아폴론의 밝음이 자리를 비운 사이 디오니소스의 어둠이 다가온다. 아폴론의 이성이 약화되는 틈을 타 디오니소스의 광기가 꿈틀거리는 것이다. 디오니소스는 아폴론과 극명하게 대비되는 신이다. 아폴론의 이성은 조형 의지다. 그것은 일정한 형식과 틀을 형성한다. 과도함을 거부한다. 무엇이든 너무 넘쳐서도 안 되고 너무 부족해서도 안 된다. 아폴론의 이성은 항상 절제된 세계를 지향한다. 디오니소스의 광기는 해체 의지요 자유 의지다. 그것은 아폴론의 이성이 형성한 형식과 틀을 깨뜨리고 찢어버린다. 무한과 극한의 세계로 휘몰아친다. 그리하여 아폴론의 이성이 빠져들 수 있는 박제화와 도식화를 거칠게 무너뜨린다.

인간은 아폴론과 디오니소스 간의 긴장과 대립 속에 던져진 존재인지도 모른다. 이성이 강한 통제력을 발휘하는 동안 저 밑바닥에서는 광기가 꿈틀거리고, 광기가 뜨겁게 폭발하는 순간 어느덧 이성이 가까이 다가와 차가운 물을 퍼붓는다. 델포이 신탁소의 주인은 물론 아폴론이다. 그러나 겨울 한 철(태양의 힘이 약해질 때) 아폴론이 북쪽 끝인 히페르보레이오스 지방으로 떠나 있는 동안 디오니소스가 신탁소를 대신 주관한다. 이성과 광기 간의 절묘한 조화와 결탁이 아닐 수 없다.

소아시아와 트라키아 지방을 거쳐 그리스 본토로 진입한 디오니소스는 아티카 지방의 이카리오스(Ikarios)에게 포도 생산법과 포도주 제조법을 가르쳐준다. 술을 마시고 황홀감에 빠진 이카리오스가 친구들에게 술을 나누어 준다. 그런데 처음으로 술을 마신 친구들이 정신이 몽롱해지는 것에 놀라 음료에 독을 탄 것으로 착각하고 이카리오스를 찢어 죽여버린다. 술이 깬 후 자신들의 과오를 깨달았지만 소용없는 일이다. 술의 전승 과정에서 부딪히는 곤경과 술의 위험성을 말해 주는 일화다. 디오니소스가 낙소스 섬에서 해적 티레노이(Tyrrhenoi)족에게 납치되었다가 선원들을 돌고래로 만든 설화와, 영웅 테세우스에게 버림받은 크레타의 공주 아리아드네(Ariadne)와 결혼했다는 설도 술 문화가 바다 건너까지 전승되는 과정을 보여준다.

합리주의를 신봉하는 그리스인들이 숭상하는 대표적인 신은 이성과 절제의 신 아폴론이다. 도취와 광기의 신 디오니소스는 그리스인들에게는 낯선 신이었으며 더구나 인간의 몸에서 태어난 특이한 신분 탓으로 가장 늦게 올림포스 12신의 반열에 오른다.

에우리피데스의 비극 「바코스의 여신도들」에서는 소아시아의 니사에서 태어난 디오니소스가 자신의 신앙을 전파하면서 고향인 그리스 본토의 테베로 돌아오는 과정에서 겪는 박해와 극복 과정을 그리고 있다. 이성과 절제의 나라 테베를 통치하는 펜테우스(Pentheus)는 도취와 광기의 전도사 디오니소스와 신도들을 가혹하게 박해하다가 파멸을 맞는다. 디오니소스와 여신도들은 펜테우스의 어머니 아가우에(Agaue)를 광기에 빠뜨려 아들 펜테우스를 디오니소스 축제의 제물로 바쳐진 짐승처럼 갈가리 찢어 죽이게 함으로써 처절하게 복수한다.

트라키아의 왕 리쿠르고스(Lykourgos)도 디오니소스를 박해하다가 파탄에 빠진 인물이다. 그는 마이나데스를 마구 때리고 감옥에 가둔다. 그러나 디오니소스에 의해 광기에 빠진 백성들 손으로 말에 묶여 사지가 여덟 조각으로 찢겨 죽는 비극을 면치 못한다.

비극의 신

디오니소스는 그리스 예술의 극치인 비극을 탄생시킨 신이다. 비극은 겨울에 개최된 디오니소스 축제, 즉 '디오니시아(Dionysia)'에서 유래된 것이다. 디오니소스 여신도들이 가면을 쓰고 광란의 파티를 벌이던 전통에서 연극이 비롯되었다는 것이 정설이다. 가면은 주로 동물의 탈이었는데 디오니소스를 추종하는 사티로스의 가면이 애용되었다. 비극을 뜻하는 영어 'tragedy'의 어원은 그리스어 'tragodia'이다. 즉 '양(trago)의 노래(dia)'라는 뜻이다. 초창기 그리스 비극은 배우와 합창단이 염소의 탈을 쓰고 노래를 부르고 춤을 추는 형식이었다고 한다.

독일의 철학자 니체(F. Nietzsche)는 「비극의 탄생」에서 조형예술로 대표되는 아폴론적 예술과, 음악으로 대표되는 디오니소스적 예술의 대립과 투쟁, 균형과 조화 속에서 예술의 정수인 그리스 비극이 탄생했다고 주장한다.

에피다우로스 원형 극장, 출처 : 위키피디아

즉 그는 자연으로부터 이탈하여 개체화된 인간으로서는 견딜 수 없는 대자연의 엄청난 공포와 전율 그리고 엑스터시(디오니소스적 내용)가, 아름다운 가상을 만들어내는 조형 의지(아폴론적 형식)로 표현된 것이 그리스 비극의 본질이라는 것이다.

「비극의 탄생」에서 니체가 주목한 것은 그리스 비극 속에 나타난 두 가지 예술적 충동이다. 니체는 이를 '아폴론적인 것'과 '디오니소스적인 것'으로 풀이하며, 이 두 충동이 다투는 듯 화합하는 듯하며 형성해 가는 것이 바로 그리스 비극이라고 해석한다. 마치 한 쌍의 남녀가 서로 뒤엉켜 다투는 듯 화합하는 듯하며 생명을 탄생시키듯이.

세계의 원상(原像)은 대자연으로부터 이탈되어 개체화된 인간에게는 너무나 벅찬 공포와 전율의 형상이다. 장엄한 대자연의 파노라마 앞에서 가슴이

터질 듯한 감흥을 느껴본 적이 있는가. 세계의 원상은 이것과 비교할 수 없는 너무나 벅차고 엄청난 형상이다. 대우주가 역사하는 엄청난 굉음, 별들이 뿜어내는 원초적인 강렬한 빛과 열기, 그리고 차원을 가늠할 수 없는 대자연의 미스터리 등 인간이 감당하지 못할 세계가 도처에 산재해 있다. 그러므로 이러한 원상 앞에서 삶을 가능케 하려면 일종의 보호막이 필요하다.

니체는 아폴론을 이러한 보호막으로 해석한다. 태양의 신 아폴론은 '빛을 발하는 자'로서 마음속에 있는 환상세계의 아름다운 가상(假像)도 지배한다. 독일어 'Schein'은 '빛'이라는 의미와 '가상'이라는 의미를 포괄한다. 가시 덩굴에서 장미꽃을 피우듯이 아폴론은 공포와 전율의 원초적 카오스로부터 환희에 찬 코스모스를 창출한다. 따라서 개개 인간은 아폴론이 조형해 주는 가상을 조용히 관조함으로써 폭풍노도의 바다 한가운데 떠 있는 조각배 안에서도 태연히 앉아 있을 수 있게 된다. 그런데 니체는 아폴론이 조형하는 아름다운 가상이 깨어지지 않기 위해서는 넘어서는 안 될 미묘한 선이 있다고 말한다. 그것은 개체의 한계를 지켜 주는 절제와 중용, 그리고 예지에 찬 평정이다. 이 선을 넘어 과도함의 상태로 들어가면 개체의 한계는 허물어지고 가상은 사라지고 만다.

예기치 않은 과오와 이탈에 의해 개체의 원리가 깨어질 때 디오니소스적 충동이 솟아난다. '디오니소스적인 것'의 마력 하에서는 개인과 개인 간의 벽뿐만 아니라 인간과 자연 간의 벽 또한 허물어지고 서로 화해하는 대향연이 일어난다. 자연의 가장 내밀한 곳으로부터 공포와 전율이 환희에 넘치는 엑스터시와 함께 솟아오른다. 제우스가 입은 갑옷에서 내뿜는 빛과 열기를 견디지 못해 재로 변한 세멜레의 몸에서 태어난 디오니소스는 타고난 본성이 세계의 원상과 밀착되어 있음을 말해 준다. 이제 인간은 개체들 사이에 놓인 일체의 제한성이 파괴되어 대자연의 도도한 흐름에 동참한다. 인간 스스로가 자연이 되는 것이다. 니체에게 디오니소스는 초인(超人)이요 차라투스트라(Zarathustra)였다.

인간의 귀와 눈은 한계가 있다. 너무 큰 소리나 지나치게 밝은 빛은 감당할 수 없다. 인간의 몸은 너무 뜨겁거나 차가운 기운을 견디지 못한다. 마찬가지로 우리는 과도한 기쁨이나 슬픔도 감내하기 어렵다. 기쁨과 슬픔과 같은 감정이 지나치면 미칠 지경이 되거나 미쳐버린다. 심하면 죽음에 이르기도 한다. 아폴론의 절제와 중용이 이를 방지해 준다. 그러나 아폴론의 보호막은 우리를 평안하게 지켜주기도 하지만 약동하는 생명력을 앗아가기도 한다. 그리하여 디오니소스는 아폴론의 보호막을 확 찢어버리고 시들어가는 몸체에―매우 위험스럽긴 하지만―원초적인 생명의 에너지를 쏟아 붓는다.

니체에게 그리스 비극은 '아폴론적인 것'과 '디오니소스적인 것' 간의 투쟁과 화해의 산물이다. 그러나 비극의 궁극적인 본질은 아폴론의 가상을 넘어선 디오니소스의 찬양, 곧 디티람보스(Dithyrambos)다. 합리주의에 뿌리를 둔 유럽 시민사회의 편협함과 고루함에 질식할 것 같았던 생(生)의 철학자 니체에게 산소 같은 바람을 불어준 것은 '아폴론적인 것'에 대비되는 '디오니소스적인 것'이었다.

그리스 비극은 기원전 5세기에 아티카 지방을 중심으로 절정을 맞는다. 비극은 주로 그리스 신화에서 소재를 취하였으며, 아이스킬로스, 소포클레스, 에우리피데스 등 그리스 3대 비극 작가가 그린 작품에서 그리스 신화가 새롭고도 깊이 있게 다루어져 전해진다.

아이스킬로스에서 소포클레스를 거쳐 에우리피데스로 이어지면서 비극의 내용과 형식이 바뀌어 간다. 아이스킬로스가 신적 질서에 도전하다가 오만과 사악의 죄로 파멸하는 영웅의 운명을 종교적인 차원에서 다루었다면, 소포클레스와 에우리피데스로 가면서 비극은 점차 종교성이 약해지고 인간과 개인의 문제가 화두로 자리 잡게 된다. 형식에 있어서도 초기에 주로 사용되던 가면이나, 배우들의 키를 높여주는 코토르노스(Kothornos)라는 긴 장화,

그리고 코로스 등이 점차 사라지면서 등장인물의 대사 중심으로 바뀌어 간다. 비극 공연이 이루어진 고대 그리스 극장은 원형으로 이루어져 관객과 무대를 하나로 묶는 기능을 보여주었다.

음악의 신 아폴론과 디티람보스의 신 디오니소스는 모두 음악을 관장한다. 그러나 두 신의 음악은 본질적으로 다르다. 아폴론의 음악은 조형적이다. 그의 악기 리라(칠현금)는 현악기다. 현악기로 연주하는 베토벤(L. Beethoven)의 「로망스」를 들어보자. 잔잔하고 부드럽게 영혼을 진정시키는 아름다운 선율이다. 아폴론은 질서정연한 리듬과 짜임새 있는 멜로디 그리고 균형 잡힌 하모니로 코스모스의 세계를 창출한다.

디오니소스의 음악은 엑스터시이다. 그의 악기는 탬버린처럼 생긴 팀파논이라는 타악기다. 우리의 사물놀이는 타악기로만 구성되어 있다. 김덕수의 사물놀이는 우리를 흥분과 엑스터시의 세계로 몰아간다. 굿판에서 사용되는 것도 모두 타악기가 아닌가. 술의 신 디오니소스를 찬양하는 디티람보스는 사티로스와 마이나데스가 햇불과 티르소스 지팡이를 어지럽게 흔들고 팀파논을 미친 듯이 쳐대며 광란의 몸짓으로 춤을 추는 것으로 이루어진다. 니체의 표현대로 "모든 상상력의 전면적인 해방"이 일어나면서 자아 해탈의 길이 열린다.

타악기를 좋아하는 우리 민족은 아폴론보다 디오니소스를 닮은 것 같다. 그러나 유념하자. 창조력이 결여된 디오니소스는 객기와 방종과 무질서를 낳을 뿐이다. 우리에겐 이성과 절제와 질서의 신 아폴론이 아쉽다. 그리고 아폴론을 넘어선 진정한 디오니소스도.

3. 아테나 : 똑똑하고 차가운 커리어 우먼

어원과 태생

　제우스의 총애하는 딸 아테나는 그리스 신화에서는 'Athena', 혹은 'Athene'로, 로마 신화에서는 'Minerva'로 칭한다. 언어학적으로 아테나의 어원은 밝혀지지 않았다. 다만 신화학자들 간에 여신이 크레타의 궁전의 여신이었다가 후일 영웅 시대에 이르러 미케네의 영웅 수호신으로 변모한 것으로 추정되고 있을 뿐이다. 별명 팔라스(Pallas)는 자신이 실수로 죽인 어린 시절 친구의 이름을 딴 것이다.

　아테나의 태생은 특이하다. 여신은 아버지인 제우스의 머리를 가르고 완전 무장한 성인의 모습으로 태어난다. 제우스가 지혜의 여신 메티스와 관계하여 수태시킨다. 그런데 이치의 여신 테미스가 예언하기를, 메티스가 아들을 낳으면 장차 제우스를 밀어내고 신들의 왕이 될 것이라고 하였다. 혼비백산한 제우스는 임신 중인 메티스를 작게 만들어 통째로 집어삼킨다. 그런데 메티스가 임신한 날로부터 열 달이 가까워지자 제우스는 머리가 깨질 듯한 통증을 느낀다. 그래서 그는 대장장이 신 헤파이스토스에게 도끼로 자신의 머리를 내리쳐줄 것을 요청한다. 헤파이스토스가 도끼로 제우스의 정수리를 가르는 순간 갑옷으로 무장하고 창과 방패를 든 아테나가 위풍당당하게 모습을 드러낸다.

　제우스의 자식 중 두 명이 아버지 제우스의 몸에서 태어난다. 술의 신 디오니소스와 지혜의 여신 아테나다. 그런데 두 신이 태어난 신체의 부위가 다르다. 술의 신 디오니소스가 본능의 상징인 생식기에 가까운 넓적다리를 자궁으로 삼은 반면, 지혜의 여신 아테나는 지혜의 보고인 머리를 가르고 태어나고 있다.

팔라스 아테나, Franz von Stuck, 1898

지혜의 여신, 공예의 여신

지혜의 여신 메티스가 잉태하고 제우스의 머리에서 태어난 아테나는 인간의 지혜를 상징한다. 지혜는 무지와 야만과 어리석음을 퇴치하는 무기다. 아테나는 무지와 야만을 상징하는 거인족 기간테스와의 전쟁에서 가장 뛰어난 활약을 보여준다. 여신은 엥켈라도스(Enkelados)를 시실리 섬으로 깔아 죽이고 팔라스(Pallas)를 돌로 쳐 죽여 가죽을 벗겨 자신의 방패에 씌운다. 여신은 야만의 상징인 괴물들을 퇴치하는 영웅의 수호신이기도 하다.

지혜의 여신 아테나는 서양의 많은 근대 철학자들의 이상형으로 평가되어 왔다. 철학(philosophy)이란 '지혜(sophia)'를 '사랑한다(philos)'는 뜻이다.

아테나의 탄생, Rene-Antoine Houasse, 1688년경

아테나의 상징 올빼미는 부리부리한 두 눈으로 어둠을 밝힌다. 인간의 지혜가 무지의 어둠을 환하게 밝히듯이. 독일의 철학자 헤겔(G. W. F. Hegel)은 "미네르바의 올빼미는 황혼녘에서야 날갯짓을 시작한다"라고 말한 바 있다. 지혜는 시간이 지난 후에야 찾아든다는 뜻이다. 경험과 사색과 반성이 겹겹이 퇴적된 후에야 비로소 인생을 깊이 있게 바라보는 혜안을 갖게 되리라. 광기의 철학자 니체가 광기의 신 디오니소스에게 미친 듯이 몰입했다면, 관념 철학자 헤겔은 지혜의 여신 아테나를 사려 깊게 관조했다. 여신의 로마식 이름 '미네르바'는 오늘날에도 지혜로움과 총명함을 일컫는 의미로 쓰인다. 아테나는 사려 깊고 냉철한 지혜의 여신이다.

지혜의 여신 아테나는 문명의 기초가 되는 기술을 관장하는 공예의 여신이기도 하다. 기술은 지혜로부터 나온다. 아테나는 인간에게 목공예, 금속공예, 직조 공예 등 공예 기술과 각종 제도와 규범을 제공해 준 신으로 알려진다. 호메로스의 서사시에서 여신은 공예 기술을 뜻하는 에르가네(Ergane)로 불리어진다. 그리스인들은 합리주의를 바탕으로 서양의 과학과 기술 문명의 선구자 역할을 담당했다. 아테나는 그리스의 도시국가 아테네의 수호신이기도 하다. 찬란한 그리스 문명을 일으킨 주역은 아테네 시민들이다. 지혜를 사랑하고 기술과 문명을 발전시킨 아테네인들이 아테나를 자신들의 수호신으로 숭상한 것은 당연한 일이다. 아테나는 포세이돈과의 치열한 경쟁을 거쳐서 아테네의 수호신 지위를 획득한다. 아테나와 포세이돈이 아테네를 두고 신경전을 벌이자 시민들은 자신들에게 더 유용한 선물을 제시하는 신을 수호신으로 삼겠다고 했다. 포세이돈은 삼지창으로 땅을 찔러 샘이 솟게 한다. 아테나는 그 샘 옆에 올리브나무를 심는다. 아테네인들은 올리브 열매가 샘물보다 더 유용하다고 판결했고, 아테나는 포세이돈을 물리치고 아테네의 수호신이 된다. 아테네인들의 실용주의적 사고를 읽을 수 있는 대목이다.

인간은 능력이 아무리 뛰어나더라도 신의 경지를 엿볼 수 없다. 길쌈과 자수에 빼어난 솜씨를 가진 아라크네(Arachne)라는 처녀가 오만함에 빠져 아테나에게 도전장을 낸다. 여신의 점잖은 만류에도 불구하고 아라크네가 오만함을 버리지 않자 신과 인간 간의 세기의 자수 대결이 벌어진다. 치열한 대결을 벌이던 중 아라크네의 오만함이 극에 달하여 올림포스 신들의 부도덕한 행위를 자수에 그려 넣자 아테나는 더 이상 참지 못하고 자수를 찢어버린다. 그리고는 아라크네를 거미로 만들어버린다. 그녀는 평생 허공에 매달려 실을 잣고 옷감을 짜는 신세가 되어버린 것이다. 'Arachne'는 그리스어로 '거미'라는 뜻이다.

공예의 여신 아테나는 인간에게 필요한 여러 제도를 만들어주었다. 그중의

아라크네의 우화, Diego Rodriguez de Silva y Velazquez, 1657년경

하나가 재판 제도다. 전쟁의 신 아레스가 자신의 딸을 겁탈하려던 포세이돈의 아들을 죽여서 두 신들 사이에 큰 싸움이 벌어지게 되었을 때, 아테나는 아레이오스 파고스(Areios Pagos), 즉 '아레스의 언덕'에서 최초의 재판을 주관한다. 이 재판에서 아레스는 정당방위를 인정받아 무죄를 선고받는다. 오늘날까지도 그리스에서는 대법원을 아레이오스 파고스라고 부른다. 어머니 클리타임네스트라를 살해한 오레스테스에 대한 재판도 여기서 이루어졌으며, 아테나가 재판장을 맡은 바 있다.

제4장 올림포스 신족 Ⅱ 123

전쟁의 여신

아테나는 아버지 제우스의 머리를 뚫고 완전무장한 전사의 모습으로 태어났다. 그녀가 전쟁의 여신이라는 것을 암시하는 대목이다. 호메로스의 작품에서 여신은 '선봉장'이라는 의미의 프로마코스(Promachos)로 불리어진다.

올림포스 신족에는 전쟁을 주관하는 신이 둘이 있다. 아레스와 아테나이다. 그러나 두 신이 주관하는 전쟁의 의미는 다르다. 아레스가 맹목적이고 파괴적인, 즉 공격적인 전쟁을 주관한다면, 아테나는 지혜와 기술의 산물인 문명과 도시를 수호하는 방어적인 전쟁을 주관한다. 아레스의 주무기는 공격적인 창이고, 아테나의 주무기는 방어적인 방패다. 여신의 또 다른 별명 폴리아스(Polias)는 '도시의 수호자'라는 뜻이다. 전쟁의 신을 이렇게 이원화하려는 것은 파괴 본능과 지배욕에 빠진 인간들의 아전인수 격의 명분 쌓기 의도인지도 모를 일이다.

아테나는 의롭고 용맹스러운 영웅들의 후견인이며, 전쟁의 승리를 상징하는 승리의 여신 니케(Nike)를 늘 동반한다. 여신은 페르세우스, 벨레로폰, 헤라클레스, 아킬레우스, 오디세우스 등과 같은 영웅들의 든든한 후견인이다. 영웅들이 위기에 처하면 아테나가 어김없이 나타나 구원의 손을 건네준다.

영웅 페르세우스는 아테나의 도움으로, 보는 이를 즉시 돌로 만들어버리는 괴물 메두사의 머리를 자른다. 메두사는 아리따운 처녀였으나 자신의 미모를 지나치게 뽐내다가 여신의 미움을 받고 머리카락 한 올 한 올이 뱀의 형상을 한 흉측한 몰골로 변한다. 페르세우스는 메두사의 머리를 아테나의 방패에 박아준다. 아테나의 가장 강력한 무기는 모든 공격자를 즉시 돌로 만들어버리는 메두사의 머리가 박힌 방패이며, 이는 방어적인 전쟁을 주관하는 여신의 성격을 대변하기도 한다.

아테나의 별명 중의 하나가 팔라스다. 팔라스는 어린 시절 아테나의 절친한

파르테논 신전, 출처 : 위키피디아

친구였다. 그런데 아테나가 사소한 다툼 끝에 실수로 그녀를 죽이고 만다. 아테나는 자신의 과오로 죽은 팔라스의 모습을 조각해 제우스의 방패인 아이기스(Aigis) 복판에 매단다. 언젠가 제우스가 이 조각상을 땅으로 던진다. 이 조각상이 바로 전쟁의 위협으로부터 도시를 지켜준다는 팔라디온(Palladion)인데, 트로이 전쟁에서 이 조각상이 트로이성을 오랫동안 지켰다는 설이 있다. 트로이는 오디세우스에게 팔라디온을 도난당한 후 패망한다.

차가운 처녀신

아버지의 몸에서 태어난 아테나는 아폴론과 더불어 올림포스 부권 신화를 지탱하는 쌍두마차다. 여신의 또 다른 별명 오브리모파트레(Obrimopatre)는 '강력한 아버지의 딸'이라는 뜻이다. 아테나가 여성을 비하하고 남성의 손을 들어준 대표적인 사례로 어머니를 살해한 오레스테스에게 무죄를 선고한 사실을 꼽을 수 있다. 오레스테스의 죄를 묻는 재판이 아레이오스 파고스에서 벌어진다. 복수의 여신들이 검사를 맡고 아폴론이 변호인을 맡아서 팽팽한 설전이 전개된다. 아테네 시민들로 구성된 배심원들의 투표 결과는 유죄와 무죄 동수였다. 그런데 재판장 아테나가 캐스팅 보트를 행사하여 무죄를 선고한다.

아테나는 처녀신이다. 비록 모권에 맞서 부권의 우위를 인정하기는 했지만, 그것은 지혜의 여신인 아테나의 현실적인 판단일 뿐이다. 여신은 처녀의 정절을 끝까지 고집함으로써 자신이 결코 남성에게 종속적인 존재가 아님을 온몸으로 항변한다. 여신이 처녀의 신분을 고수하려는 것은 다름 아닌 철저한 독립성 때문이다.

그리스 문명 최고의 걸작 파르테논(Parthenon) 신전은 '처녀의 집'이라는 뜻으로 처녀신 아테나 파르테노스(Parthenos)에게 바쳐진 것이다. 파르테논은 아테네의 지도자 페리클레스(Perikles)가 페르시아와의 전쟁에서 승리한 것을 기념하여 축조한 것으로 당대 최고의 건축가 페이디아스(Pheidias)의 작품으로 알려진다. 파르테논은 기하학적 지식과 예술적 감각이 어우러진 인류 문명의 최고 걸작 중의 하나로 손꼽힌다. 46개의 모든 기둥이 안쪽으로 조금씩 기울어져 1760미터 상공에서 한 점으로 모이도록 설계한 사실이라든지, 보는 이의 시각적 안정감을 위하여 각 기둥의 굵기와 간격을 달리한 사실 등 불가사의한 건축술이 명작을 빛내고 있다.

생각에 잠긴 아테나, BC 460년경의 부조

순결한 처녀를 고집하는 아테나의 정절 의식을 읽을 수 있는 이야기가 있다. 어느 날 헤파이스토스가 대장간을 찾아온 아테나에게 반하여 그녀를 범하려고 덮친다. 그러나 아테나가 너무나 완강히 거부하는 바람에, 열이 오를 대로 오른 헤파이스토스는 그녀의 허벅지에 사정을 한다. 아테나가 그 정액을 양털로 닦아 땅에 버리자 흙에서 아이가 태어났으니 그가 바로 에릭토니오스(Erichthonios)다. 그는 도시국가 아테네의 전설적인 시조로 알려져 있다.

머리가 좋으면 가슴이 냉랭한 것인가. 이성의 아폴론이 그랬듯이 지혜의 아테나 역시 차가운 처녀신이다. 여신은 남성을 사랑한 적도 없고 육체관계도 관심이 없다. 철저한 독신주의자다. 방패에 박힌 메두사의 머리는 보는 이를 즉시 돌로 만들어버린다. 여신은 석녀다.

그러나 아테나는 페미니스트가 아니다. 가부장제를 옹호하는 부권 신화의 수호신이다. 남성의 권위를 적극 인정한다. 그렇지만 남성에게 종속되기는 싫어한다. 철저히 독립적이다. 그것은 여신이 현실주의자이기 때문이다. 부권을 인정하는 것은 남성의 힘을 현실로 받아들이고 제도권 속으로 편입되어 그들과 대등하게 경쟁하려는 마음에서 비롯된다. 여신은 여권을 위해 싸우기에는 재능과 시간이 아깝다고 생각하는 에고이스트다. 그러므로 여신은 '남성적 여성'으로 평가될 수 있다. 몸은 여성이지만 마음은 남성이다. 아테나는 남성 중심의 사회에서 지극히 현실적이고 개인주의적인 독신 전문 여성의 표본이다. 여신은 똑똑하고 차가운 커리어 우먼(career women)의 이미지를 갖고 있다.

4. 아프로디테 : 성의 해방을 부르짖는 자유부인

어원과 태생

아름다움을 상징하는 아프로디테 여신의 어원은 그리스어로 '거품'을 뜻하는 'aphros'에서 찾을 수 있다. 즉 'Aphrodite'는 '거품에서 태어난 자'라는 뜻이다. 아프로디테는 셈(Sem)족의 풍요와 다산 그리고 전쟁의 여신인 아스타르테(Astarte)에서 유래하였다는 것이 정설로 되어 있다. 아스타르테는 바알(Baal)과 함께 팔레스타인 지방에서 주신으로 숭배된 여신이다. 아프로디테 역시 동방 출신인 것이다. 여신은 미케네 시대에 키프로스(Kypros) 섬으로 전래되면서 성격과 이름이 그리스화되었다. 여신의 별명 키프리스(Kypris)는 거기서 유래된 것이며, '바다에서 솟아오른 자'라는 뜻의 아나디오메네(Anadyomene)로 불리어지기도 한다. 아프로디테는 로마 신화에서는 'Venus'로 칭한다.

'4월'을 뜻하는 영어 'April'은 라틴어 'Aprilis'에서 유래된 단어로 '아프로디테의 달'이라는 의미다. 영국의 시인 엘리엇(T. S. Eliot)이 "4월은 잔인한 달"이라고 노래한 것은 아름다움과 사랑의 여신 아프로디테의 달콤한 유혹과 시련의 아픔을 갈파한 것인지도 모른다. 온갖 화사한 꽃들이 만발하고 아지랑이가 물거품처럼 피어오르는 4월이 미의 여신의 이름을 갖게 된 것은 당연한 일인 것 같다. 또한 봄이 오면 처녀와 총각들의 마음이 공연히 싱숭생숭해지는 것도 사랑의 여신의 장난기 탓이리라. '샛별'이라는 별명을 가진, 가장 아름다운 행성, 금성에도 아프로디테의 로마식 이름인 'Venus'가 붙여져 있다.

아프로디테의 태생에는 두 가지 설이 있다. 그중 하나는 하늘의 신 우라노스의 거세된 생식기가 바다거품과 어우러져 태어났다는 설로서 「신통기」의 저자 헤시오도스가 주장한 바 있다. 다른 하나는 제우스와 바다의 정령 디오네 사이에서 태어났다는 설로서 호메로스의 주장이다. 두 가지 설에서의 공통점은 여신의 탄생 근원이 바다거품이라는 사실이다. 아름다움과 사랑이란 한순간 화사하게 피어올랐다가 허망하게 사라져버리는 물거품과 같은 것이라는 깨우침을 담고 있는 탄생 설화이리라.

플라톤은 「향연」에서 여신의 두 가지 탄생설과 관련하여 '아프로디테 우라니아(Aphrodite Urania)'와 '아프로디테 판데모스(Aphrodite Pandemos)'라는 개념으로 사랑의 속성을 설명한 바 있다. 여기서 플라톤은 파우사니아스의 입을 통해 사랑의 여신 아프로디테의 이중성을 말한다. 즉 아프로디테 우라니아는 우라노스의 생식기에서 탄생한 나이 많은 여신으로 육체적인 사랑이 아니라 영혼의 사랑을 주관하며, 아프로디테 판데모스는 제우스와 디오네 사이에서 탄생한 나이 어린 여신으로 영적인 사랑보다 육적이고 쾌락적인 사랑에만 관심을 둔다는 것이다. 'Urania'는 '하늘의', 'Pandemos'는 '모든 민중의'라는 뜻으로 아프로디테 우라니아와 아프로디테 판데모스는 하늘의 고귀한 사랑과 민중의 세속적 사랑을 각각 상징하고 있다.

미의 여신

아프로디테가 상징하는 이미지는 여체의 아름다움이다. 예로부터 벌거벗은 여체는 예술가들의 혼을 일깨우는 아름다움의 상징이었다. 여신 아프로디테의 전형적인 캐릭터는 벌거벗은 아름다운 육체다. 밀로의 비너스 상은 균형 잡힌 팔등신의 완벽한 여체의 아름다움을 보여준다. 여신은 모든 남성의 애인이며 모든 여성의 꿈이자 숙적이다. 여신은 또한 수많은 화가와 조각가의 으뜸가는 누드모델이다. 여신은 단연 신화의 주연이다. 아테나가 차갑고 이지적인 지성미를 드러낸다면, 아프로디테는 뇌쇄적이고 육감적인 관능미를 자랑한다.

미술사에는 수많은 '아프로디테'와 '비너스'가 등장한다. 그중에는 물론 실제로 신화 속의 여신을 모델로 한 작품도 많지만 대개는 아름다움의 상징으로 여신의 이름을 빌어 형상화 한 것이다. 이런 경우 작품 속의 '아프로디테', 혹은 '비너스'는 '아름다운 여인'이라는 뜻이다. 시대를 달리하며 탄생한 다양한 '아프로디테(비너스)'를 살펴보면 아름다움의 척도가 끊임없이 변했다는 것을 알 수 있다. 밀로의 비너스처럼 팔등신의 완벽한 균형미를 나타내는 것으로부터 풍만한 육체파에 이르기까지 실로 다양한 모습을 보여준다. 유럽의 빌렌도르프에서 발견된 비너스 상은 상식적으로 볼 때 아름다움과는 너무나 거리가 멀다. 가슴은 혐오스러울 정도로 크고, 배와 허리는 일본의 스모 선수를 연상케 하는 몰골이다. 미술사가들의 비평에 따르자면 이러한 극도의 불균형한 미는 여성이 생식의 원천으로만 여겨졌던 시대의 산물이라는 것이다. 즉 그것은 자식을 많이 낳을 수 있는 우람한 허리와, 낳은

비너스의 탄생, Sandro Botticelli, 1485

자식을 잘 먹일 수 있는 용량이 큰 젖가슴을 소유한 자가 최고의 여성으로 꼽히던 시대의 아름다움의 표본이었던 것이다.

우리의 전통적인 미인상은 이목구비가 작고 가슴도 작은 아담 사이즈의 여성이었던 것 같다. 단지 다산을 상징하는 엉덩이는 커야 환영받았다. 그러나 가치관이 서구화 되면서 아름다움의 기준도 서구화 되는 경향을 보여준다. 그래서 모두가 이목구비가 뚜렷하고 몸매도 날씬한 서구 미인을 꿈꾼다. 미의 기준이 시대와 장소에 따라 다른 것이라면 남의 기준에 무작정 따라 맞추기보다는 각자의 개성미를 잘 가꾸는 게 현명하지 않을까. 보다 현명한 길은 물거품처럼 스러져가는 외형의 아름다움이 아니라 갈수록 강한 빛을 뿜어내고 진한 맛을 우려내는 내면의 아름다움을 가꾸는 것이리라.

트로이 전쟁의 원인이 된 미스 여신 선발 대회에서 아프로디테는 신들의

■
(왼쪽) 밀로의 비너스, BC 130-100년경
(오른쪽) 빌렌도르프의 비너스, BC 28000-25000년경

여왕 헤라와 처녀신 아테나를 누르고 당당히 우승을 차지함으로써 자신이 미의 여신이라는 것을 만천하에 과시한다. 신들의 잔치에 초대받지 못한 불화의 여신 에리스가 앙심을 품고 뒤늦게 나타나 잔칫상에 황금사과 한 알을 던진다. 그 사과에는 '가장 아름다운 여신에게'라는 글이 새겨져 있다. 그러자 헤라, 아테나, 아프로디테가 나서 서로 자기 것이라고 우긴다. 신들의 제왕인 제우스는 골치 아픈 심판을 트로이의 왕자 파리스에게 맡긴다. 여신들은 파리스의 환심을 사기 위해 각자 뇌물을 제의한다. 신들의 여왕 헤라는 권력을, 전쟁의 여신 아테나는 전쟁터에서의 명예를, 미의 여신 아프로디테는 세상에서 가장 아름다운 여성을 선물로 주겠노라고 약속한다. 파리스는 아프로디테를 선택했고, 여신은 보답으로 스파르타의 왕비 헬레네를 납치하도록 도와준다. 졸지에 아내를 빼앗긴 스파르타의 왕이 그리스 연합군을 동원하여 트로이로 쳐들어간다. 희대의 여인 납치극으로 인하여 저 유명한 트로이 전쟁이 발발했던 것이다.

사랑의 여신

아프로디테는 사랑의 여신이다. 그녀의 곁에는 사랑의 신 에로스가 늘 동행한다. 아름다움과 사랑은 뗄 수 없는 관계다. 여성의 아름다움은 남성의 가슴에 사랑의 불을 지른다. 여신 앞에만 서면 얼음 같이 찬 이성도 봄볕에 눈 녹듯 맥없이 허물어지고 만다. 아프로디테는 뜨거운 여신으로 차가운 여신 아테나와 라이벌 관계다. 사랑의 여신으로서 아프로디테는 스스로도 자유분방한 애정 행각을 벌인다. 여신은 신과 인간을 가리지 않고 제우스 못지않은 화려한 애정 편력을 보여준다. 여신은 가슴 주위에 케스토스 비마스(Kestos bimas)라는 띠를 두르고 있다. 이것은 상대를 사랑의 포로로 만드는 마법의 띠다. 최고 미녀 신이면서 가슴에 불같은 사랑의 욕정을 품고 있는 아프로디테가 가장 못나고 신체 불구인 헤파이스토스를 남편으로 맞이한 것은 불가사의한 일이다. 혹자는 그것을 '아름다움과 추함의 조화'로, 혹자는 '미와 기능의 만남으로 이루어진 예술'로 해석한다. 어쩌면 그것은 바람둥이 여신이 안고 있는 숙명이었는지도 모른다.

아프로디테의 애정 행각의 대표적인 상대는 전쟁의 신 아레스다. 여신은 남편 헤파이스토스를 멀리하고 수시로 아레스와 욕정을 나눈다.

시뻘건 대낮에 낯 뜨거운 장면을 연출하던 불륜 남녀가 태양의 신에게 발각되어 남편에게 알려진다. 헤파이스토스는 어느 날 집을 나서기 전에 침대에 보이지 않는 황금 그물을 쳐둔다. 그 사실을 모르는 두 신이 열렬히 사랑을 나누다가 벌거벗은 몸으로 그물에 갇혀 올림포스 신들에게 톡톡히 망신을 당한다. 두 신의 불륜의 결과로 포보스(Phobos, 공포), 데이모스(Deimos, 걱정), 하르모니아(Harmonia, 조화)가 태어난다. 그리고 에로스도 둘 사이의 자식이라는 설이 있다. 언제 발각될까 늘 전전긍긍하며 나눈 사랑의 결과로 '공포'와 '걱정'이 태어난 것일까? 하르모니아의 탄생은 인간의 가장 강력한 두 열정인 사랑과 증오(전쟁)의 조화를 꾀하려는 희망의 메시지로 풀이된다. 아프로디테의 기원으로 추정되는 셈족의 아스타르테는 사랑과 전쟁을 모두 관장하는 여신이 아니었던가. 바빌로니아의 이쉬타르(Ischtar)도 사랑과 전쟁, 풍요를 함께 관장한다.

아프로디테는 전령의 신 헤르메스와도 관계하여 남녀 양성의 헤르마프로디토스(Hermaphroditos)를 낳는다. 그는 두 신의 합성된 이름을 갖고 있다. 여신은 또한 술의 신 디오니소스와의 사이에서 유난히 큰 성기를 자랑하는 생식력의 신 프리아포스(Priapos)를 낳는다. 본능과 애욕이 결합된 지극히 당연한 소산이다.

아프로디테는 인간과도 서슴없이 사랑을 나눈다. 아도니스(Adonis)는 아주 잘생긴 목동으로 아프로디테의 연인이 된다. 하루는 아프로디테가 아도니스의 곁을 잠시 떠난 사이에 목동은 여신의 당부를 무시하고 위험한 사냥에

헤파이스토스에게 밀애 현장을 들킨 아프로디테와 아레스, Alexandre Charles Guillemot, 1827

나섰다가 멧돼지(변신한 아레스라는 설이 있다)의 뿔에 받혀 즉사한다. 돌아온 아프로디테가 눈물을 흘리며 아도니스가 흘린 피에 신주 넥타를 뿌려 주니 거품이 일며 한 송이의 핏빛 꽃이 피어난다. 바람처럼 피었다가 바람처럼 시들어버리는 바람꽃 아네모네다. 아도니스는 키프로스 왕의 딸인 스미르나(Smyrna)가 낳은 자식이다. 스미르나는 아프로디테의 미움을 받아 아버지를 사랑하는 재앙에 빠진다. 그녀는 잘못된 사랑의 감정을 이기지 못해 아버지를 술에 취하게 한 후 동침하여 임신한다. 격분한 아버지가 딸을 죽이려 하자 스미르나는 신께 기원하여 향나무로 변한다. 'Smyrna'는 '향나무'라는 뜻이다. 그녀의 아버지가 나무를 칼로 두 동강내자 거기서 아도니스가 튀어나왔다. 아도니스는 아프로디테와 페르세포네로부터 동시에 사랑을 받으며 지상과 지하 세계를 오가는 애정 행각을 보여주기도 한다.

목동 앙키세스(Anchises)와의 밀애도 유명하다. 아프로디테는 목동을 좋아했던 모양이다. 너무나 몸매가 좋은 앙키세스를 보고 반한 아프로디테가 그를 유혹하여 욕정을 나눈다. 꿈같은 순간을 보내고 떠나면서 여신은 당부한다. 자신과의 동침을 절대 입 밖에 내어서는 안 된다고 말이다. 앙키세스는 한동안 비밀을 잘 지켰으나 술자리에서 친구들에게 자랑삼아 그 사실을 털어놓다가 제우스의 벼락을 맞아 불구의 몸이 되어 버린다. 두 사람 사이에서 로마의 전설적인 건국 시조인 아이네이아스(Aineias)가 태어난다.

아도니스와 앙키세스 모두 동방 출신이다. 아도니스는 셈어로 '식물의 주인'을 뜻하는 이름으로 소아시아 지방의 꽃과 식물의 순환 과정을 관장하는 신으로 알려지며, 앙키세스는 트로이의 영웅 아이네이아스의 아버지다. 동방 출신의 목동들과의 인연은 여신의 기원이 동방에 있음을 말해 준다. 그리고 '식물의 주인'을 뜻하는 아도니스와의 각별한 사랑은 만물의 생식을 주관하는 여신의 성격을 드러내 준다.

같은 바람둥이지만 아프로디테는 제우스와 차원이 다르다. 두 신 모두 감정이 동하면 신이건 인간이건 가리지 않고 적극적으로 공략한다. 그런데 제우스의 애정 행각에는 정치적 계산이 끼어들기도 한다. 그는 자신의 권좌를 위태롭게 할 자식을 낳게 된다는 이유로 테티스를 버리고, 메티스를 먹어치운다. 그에게는 사랑보다는 권력이 앞선다. 그러나 아프로디테는 언제나 사랑의 감정에만 충실할 뿐이다. 바람기에 있어서는 아프로디테가 제우스보다 한 수 위다. 여신이야말로 '순수한 바람둥이'며 '프로 사랑꾼'이다. 그래서 아프로디테는 사랑의 여신이다.

아프로디테는 인간의 마음속에 사랑의 감정을 심어주기도 한다. 여신이 주관하는 사랑의 속성에는 양면성이 있다. 아프로디테의 사랑은 인간의 영혼에 창조적 에너지를 불어넣기도 하고 영육을 파멸시키기도 한다. 그것은 불과 같다. 같은 불이면서도, 쇠는 달구어 강하게 단련시키지만, 종이는 태워 재로 만들어 버린다.

피그말리온(Pygmalion)이 자신의 조각상에게 바치는 사랑은 창조적인 사랑이다. 그는 상아로 여인상을 조각했다. 그것은 완벽한 아름다움이었다. 피그말리온은 여인상에게 사랑을 느낀다. 그는 조각상을 애인처럼 아끼고 쓰다듬고 입맞춤한다.

아프로디테의 섬 키프로스에서 여신을 봉헌하는 축제가 열린다. 피그말리온은 여신의 신전에 정성들여 제물을 바치고 경배한다. 그리고는 성심껏 빈다. '저 조각상을 아내로 주소서'라고 말하고 싶었으나 차마 그러지는 못하고 대신 '저 조각상 같은 여성을 아내로 주소서'라고 간구한다. 기도를 마친 피그말리온이 집으로 돌아와 늘 했던 것처럼 조각상을 포옹하고 키스한다. 그러자 싸늘하던 입술에 온기가 돌며 조각상이 사람의 몸으로 바뀐다. 아프로디테가 피그말리온의 사랑을 어여삐 여겨 그의 소원을 들어 주었다. 피그말리온의 사랑이 무생명체에 생명이 깃드는 창조의 기적을 낳은 것이다.

영웅 테세우스의 후처 파이드라(Phaidra)가 의붓아들 히폴리토스에게 품는 사랑은 파괴적인 사랑이다. 파이드라는 히폴리토스에게 눈이 멀어 사련의

조각상을 사랑한 피그말리온, Jean-Leon Gerome, 1890

감정을 숨기지 못하고 유모를 통해 위험한 거래를 제의한다. 사랑의 여신 아프로디테를 혐오하고 순결의 여신 아르테미스를 숭배하는 히폴리토스는 이를 단호히 거부한다. 파이드라는 치욕감에 떨며 자결한다. 히폴리토스가 자신을 범하려 했다는 거짓 편지를 남편에게 남긴 채. 히폴리토스는 아버지의 저주를 받고 죽음을 당한다. 에우리피데스의 비극「히폴리토스」에서는 두 사람의 잘못된 만남이 아프로디테의 농간에서 비롯된 것으로 그려지고 있다. 여기서 아프로디테는 자신을 혐오하는 히폴리토스를 처벌하기 위하여 파이드라의 가슴 속에 사련의 감정을 불어넣는 원흉으로 지목된다. 여신은 사랑 앞에서 지나친 순결 의식과 죄책감은 자칫 위선에 빠져 비뚤어진 사랑을 낳을 수 있다고 경고한다. 집착과 소유욕 역시 파괴적 사랑으로 가는 지름길임을 암시한다. 여신은 사랑의 감정에 자연스럽게 몸과 마음을 맡기라고 말한다. "사랑은 자유다"라고 말이다.

동방에서 유래된 사랑의 신 아프로디테는 만물의 종족보존과 번식을 관장하는 풍요와 다산의 여신이었다. 그리고 성(sex) 행위는 그녀의 자연스러운 책무였다. 대자연의 종족 번식은 자연의 법칙에 따라 자연스럽게 이루어진다. 그러나 이성을 소유한 인간은 항상 이러한 자연의 흐름에 역행하려 한다. 그래서 때로는 과도하게 성을 탐하기도 하고, 때로는 지나치게 성을 억압하고 금기시 한다. 특히 가부장 사회가 도래하면서 자연스러운 성행위는 억압되고 왜곡된다.

아프로디테는 자유부인이다. 여신은 성의 해방과 자유를 외친다. 여신 앞에서 사랑이 정신적이니, 육체적이니 하는 이분법적 분류는 무의미하다. 여신의 사랑은 계산적이지도, 관습과 도덕에 얽매이지도 않는다. 여신은 지나치게 왜곡된 사랑도, 순결과 금욕도 거부한다. 여신은 내면에서 우러나오는 감정의 흐름에 자연스럽게 몸과 마음을 맡기라고 말한다. 아테나가 가부장제에 현실적이며 이기적으로 적응했다면, 아프로디테는 성의 자유를 외치며 가부장제의 억압되고 뒤틀린 성문화에 온몸으로 저항했다.

불같은 에너지를 지닌 아프로디테의 사랑은 언제나 강력한 견제와 통제의 대상이었다. 상대는 이성과 윤리 도덕이다. 여신의 자유분방함은 가부장 사회와 엄격한 기독교 윤리하에서 철저히 비하되고 무장해제 된다. 아프로디테는 위대한 여신의 지위를 박탈당하고 마녀, 사탄, 탕녀로 단죄되는 운명에 처해질 수밖에 없었다. 자유분방한 그리스 문화에서 사랑받던 아프로디테는 기독교의 도덕성 앞에서 끝없는 추락을 맛보게 된다. 그리하여 여신은 아프로디테 포르네(Aphrodite Porne), 즉 '음탕한 아프로디테'라는 새로운 별명을 얻게 되고 음란과 외설의 상징으로 비하된다. 여신은 기독교 최대의 적이었다. 중세의 마녀재판에서 아프로디테가 최후의 진술을 한다. "그래도 사랑은 자유다!"

5

제5장

올림포스 신족 Ⅲ
올림포스의 개성파들

마지막으로 소개되는 4명의 신들은 '올림포스의 개성파'들이다. 이들은 기독교의 거룩하고 성스러운 신과는 달리 '인간적'이라고 평가받는 올림포스의 신들 중에서도 유별나게 '거룩함'이나 '성스러움'과는 거리가 먼 신들이다. 한마디로 '인간적인, 너무나 인간적인' 신들이다.

제우스의 전령 헤르메스는 상업과 도둑의 신이다. 그는 '잽싸고 간교한 심부름꾼'으로서의 면모를 유감없이 보여준다. 달과 사냥의 여신 아르테미스는 처녀신으로 문명과 사회를 등진 채 숲과 자연을 벗 삼아 유유자적하게 살아가는 '무한 자유를 꿈꾸는 자연주의자'다.

제우스와 헤라의 자식인 헤파이스토스와 아레스는 올림포스의 또 다른 라이벌이다. 두 신 모두 부모로부터 인정받지 못하고 마음속에 감정의 불덩어리를 키우지만, 이를 분출시키는 방법에 있어서 각기 다른 길을 걷는다. 헤파이스토스는 감정의 불덩어리를 창조력으로 승화시켜 위대한 '마이스터'로 거듭나지만 아레스는 이것을 파괴력으로 폭발시켜 '싸움꾼'으로 전락한다. 두 신은 아프로디테의 남편과 정부로 대립각을 이루기도 한다.

1. 헤르메스 : 잽싸고 간교한 심부름꾼

어원과 태생

헤르메스는 그리스 신화에서는 'Hermes', 로마 신화에서는 'Mercurius'로 칭한다. 'Hermes'는 '돌 더미에서 유래된 자'라는 뜻으로 길가나 마을 어귀에 쌓여 있는 돌무더기와 밀접한 연관을 갖고 있다. 'Mercurius'는 '장사하다'라는 뜻의 라틴어 'mercari'에서 기원하며 '상인'을 뜻하는 영어 'merchant'의 어원이기도 하다.

헤르메스는 제우스와 티탄 신 아틀라스의 딸 마이아(Maia) 사이의 소생이며 아르카디아 지방의 험준한 킬레네 산의 동굴에서 태어난 것으로 전해진다.

길의 신, 목동의 신, 도둑과 상인의 신

어원에서도 나타나듯이 헤르메스는 '길'과 깊은 인연이 있는 신이다. 고대 그리스의 길가나 동네 어귀에는 '헤르메(Herme)'라고 불리는 4각의 석주가 세워져 있었다. 헤르메는 수염 난 헤르메스의 얼굴 모양의 관이 씌워지고 남근이 두드러지게 솟아오른 돌기둥으로 나그네의 벗과 같은 기능을 한 것으로 전해진다. 우리의 장승과 유사한 것으로 보인다. 헤르메스는 길의 신이다. 그는 길가의 돌 더미나 장승처럼 방랑자와 여행자의 친절한 동행자요 안내인이었다. 헤르메에 부각된 남근 상은 강한 신성을 의미하며 길손들에게 행운을 가져다주는 것으로 믿었다.

그는 반갑고 고마운 동행자만은 아니다. 헤르메스는 죽은 사람을 이승에서 저승으로 인도하는 반갑지 않은 동행자인 저승사자이기도 하다. 프시코폼포스(Psychopompos)라는 별명은 '혼령들의 안내자'라는 뜻이다. 하데스에게 납치되었다가 다시 데메테르 곁으로 돌아온 페르세포네의 경우처럼 저승에서 이승으로 돌아오는 길을 동행하는 것도 헤르메스의 몫이다.

길의 신 헤르메스는 들판에서 양과 소를 돌보는 목동의 신이기도 하다. 양떼를 모는 헤르메스의 전형적인 형상은 '선한 목자' 예수의 이미지에 영향을 준 원형으로 알려진다. 목축의 신 판(Pan)도 헤르메스의 자식이라는 것이 통설이다. 판은 숫염소와 인간이 혼합된 형상으로 머리에 염소 뿔이 돋아나 있고 염소 꼬리와 발굽을 갖고 있으며 발기된 우람한 남근을 자랑한다. 헤르메스와 판의 고향인 아르카디아 지방은 문명과 가장 동떨어진 깊은 산과 숲이 이어지는 두메산골이다.

우람한 남근을 자랑하는 판은 깊은 산과 숲을 무대로 행인들에게 공포심을 유발하고 숲의 요정들을 희롱하는 심술꾼으로 알려진다. '공포'를 뜻하는 영어 'panic'은 판의 이러한 속성에서 비롯된 것이다. 왕성한 정욕을 발휘하는 판들이 어느 날 숲의 요정 시링크스(Syrinx)들을 희롱한다. 시링크스들은 판의 추적을 피해 달아나다가 갈대숲으로 변신한다. 판들은 갈대를 꺾어 아름다운 소리를 내는 피리를 만들어 요정들을 기리며 연주하는데, 이 악기가 바로 시링크스라고도 불리어지는 팬플루트(panflute), 혹은 팬파이프(panpipe)다. 석상 헤르메와 판의 우람한 남근은 가축의 다산과 번식을 기원하는 상징이기도 하다.

헤르메스는 도둑과 상인의 신으로도 평가된다. 깊은 산과 숲은 도둑들의 온상이다. 헤르메스가 태어난 동굴은 예로부터 도둑들의 훌륭한 은신처다. '알리바바의 도적떼'의 거처도 동굴이 아닌가. 도둑이나 상인은 일정한 주거지에 머물지 않고 길 위에서 유랑 생활을 한다. 그래서 길의 신 헤르메스는 떠돌이 인생, 도둑과 상인의 수호신 역할을 하는 것이다. 옛사람들은 도둑과 상인이 간계와 술책으로 남의 것을 갈취한다는 점에서 같은 통속이라고 생각했던 것 같다.

헤르메스는 뛰어난 간계와 술책으로 무장한 꾀돌이다. 「일리아스」에서

판과 시링크스, Jean-François de Troy, 1722-1744

헤르메스는 "남달리 마음이 영리한 행운의 신"으로 묘사된다. 그는 태어나자마자 아폴론의 소 50마리를 도둑질한다. 소떼를 몰고 가면서 그는 꼬리를 잡아끌어 뒤로 걷게 하고 자신의 발에는 덤불을 묶어 발자국을 숨기는 지략을 발휘한다. 나중에 들통이 나서 아폴론의 심한 공격을 받자 자신이 만든 악기 리라를 선물하여 무마시킨다. 리라는 헤르메스가 길에서 발견한 거북이의 내장을 들어내고 소 힘줄을 연결하여 만든 현악기로서 음악의 신 아폴론의 애장품이 된다. 헤르메스는 아폴론으로부터 제우스의 전령이라는 신분도 덤으로 넘겨받는다. 도둑과 상인의 신으로서 감쪽같은 도둑질과 탁월한 거래 능력을 보여주고 있다.

제5장 올림포스 신족Ⅲ

헤르메스는 또한 조조와 같은 간계의 대가로 정평이 난 트로이 전쟁의 영웅 오디세우스의 조상이기도 하다. 오디세우스는 힘과 용기로만 싸우는 아킬레우스와는 달리 꾀로 상대방을 제압하는 전략의 대가다. 대표적 기만술인 트로이의 목마도 오디세우스의 작품이다. 따지고 보면 목마 전술도 몰래 숨어서 남의 집으로 들어가는 도둑질과 같지 않은가.

제우스의 전령

헤르메스는 제우스의 전령이다. 그는 탁월한 간계와 술책으로 신들의 제왕 제우스를 최측근에서 보좌하는 '제왕의 책사'다. 그는 가장 가까이에서 제왕(태양) 주위를 맴도는 수성(mercury)과 같은 존재다. 아폴론과 아테나가 제왕의 공적인 과업을 보필하는 참모진이라면, 헤르메스는 드러내놓고 추진하기에 껄끄러운 제왕의 사적인 관심사를 막후에서 해결해 나가는 수행 비서인 셈이다.

헤르메스는 아폴론으로부터 제우스의 전령 직분과 함께 전령의 상징인 케리케이온(Kerykeion, 라틴어로는 Caduceus)이라는 지팡이를 전수받는다. 헤르메스의 마스코트인 케리케이온은 머리에는 날개가 달려 있고 몸통에는 뱀 두 마리가 감겨 있는 모양의 지팡이인데, 뱀은 이승과 저승을 오가는 심부름꾼을, 날개는 심부름꾼의 속도를 각각 상징하는 것으로 해석된다. 호메로스에 의하면 케리케이온은 꿈, 축복, 부를 가져다주는 마술 지팡이라고 한다. 헤르메스는 또한 날개 달린 모자와 신발을 착용한 모습으로 그려지기도 한다.

헤르메스는 특유의 간계와 술책으로 제우스의 협상 역을 맡는다. 그는 제우스를 거역한 죄로 독수리에게 간을 파 먹히고 있는 프로메테우스를 찾아가 사면을 대가로 제우스에게 협력할 것을 종용한다. 또한 하데스가 페르세포네를 납치했을 때 헤르메스는 제우스를 대신하여 하데스와 담판 짓는 일을 맡기도 한다. 제우스가 꺼려하는 '에리스의 사과'에 대한 심판권을 온갖 감언이설로 파리스에게 떠넘긴 것도 헤르메스다.

헤르메스는 제우스의 어려운 문제를 대신 처리해 주는 해결사 역할도 떠맡는다. 제우스가 드러내놓고 풀기 어려운 문제는 주로 애정 행각과 헤라의 질투에 관한 것이다. 헤르메스는 암소로 변한 이오를 감시꾼 아르고스로부터 해방시켜 제우스의 걱정거리를 해결해 준다. 어미를 잃은 어린 디오니소스를 니사의 요정들에게 데려다 키우게 한 것도 헤르메스다.

제우스의 해결사로서 헤르메스가 행한 업적 가운데 가장 뛰어난 것은 영웅 헤라클레스와 관련된 일이다. 제우스의 씨를 받아 인간의 몸에서 태어난 자가 신의 반열에 오르기 위해서는 반드시 헤라의 젖을 얻어먹어야 한다. 헤라클레스는 헤라의 박해를 가장 심하게 받은 제우스의 자식이다. 헤르메스는 기지를 발휘하여 어린 헤라클레스의 얼굴을 가리고 울먹이는 목소리로, 길에서 주운 부모 잃은 아기에게 젖 한 모금 적선하라고 헤라에게 간청한다. 헤르메스의 그럴싸한 연기에 마음을 빼앗긴 헤라가 아기의 얼굴도 보지 않고 젖을 물린다. 그러나 게걸스럽게 젖을 빨아대는 아기의 얼굴을 확인하는 순간 헤라는 화들짝 놀라 어린 헤라클레스를 가슴에서 밀쳐버린다. 이때 하늘로 튀어 오른 헤라의 젖이 바로

헤르메스, Peter Paul Rubens, 1636-1638

'우유길(Milky Way)'이라는 별명을 갖고 있는 은하수다. 은하수는 헤라클레스를 향한 헤라의 증오심과 헤르메스의 간계가 어우러진 우주의 서사시인 셈이다.

헤르메스는 이후 헤라클레스가 겪는 어려움을 적극적으로 도와주며 제우스의 해결사 역할을 충실히 수행한다. 아폴론과 아테나를 유능한 참모로 좌우에 배치하고 헤르메스를 간교한 심부름꾼으로 거느린 제우스는 올림포스 신족 시대를 이끌어가는 강력한 지도자로 확고히 자리 잡는다.

2. 아르테미스 : 무한 자유를 꿈꾸는 자연주의자

어원과 태생

아폴론의 쌍둥이 누이인 아르테미스는 그리스 신화에서는 'Artemis', 로마 신화에서는 'Diana'로 칭한다. 어원은 밝혀지지 않았으며, 아폴론과 마찬가지로 소아시아 지방에서 유래된 신으로 알려진다.

제우스의 사랑을 받은 레토가 헤라의 박해를 피해 델로스 섬에서 쌍둥이 남녀 신을 낳는데, 여신은 오랜 진통 끝에 아르테미스를 먼저 출산하고 또 한 번의 긴 산고를 겪고 나서 아폴론을 낳았다고 전해진다. 먼저 태어난 아르테미스는 레토 곁에서 동생의 출산을 도왔다고 한다. 태어나자마자 어머니의 출산을 돕는다는 설화는 처녀신 아르테미스가 해산의 여신이라는 직분도 갖고 있었음을 말해 준다.

달의 여신

태양의 신 아폴론의 누이 아르테미스는 달의 여신이다. 티탄 신족의 태양의 신 헬리오스와 달의 여신 셀레네(Selene)도 남매지간이다. 우리의 민담에서도

'해님'과 '달님'은 호랑이를 피해 밧줄을 타고 하늘로 올라간 오누이라고 얘기한다. '누이 먼저 아우 먼저' 하며 밤낮을 교대로 하늘 높이 뜨는 해와 달이 옛사람들에게는 사이좋은 오누이로 여겨진 것 같다. 태양은 남성을, 달은 여성을 각각 상징한다는 점도 보편적인 현상이다. 강력한 불빛을 뿜어내는 태양이 남성의 강인한 이미지를 갖고 있다면, 은근한 빛을 비춰주는 달은 여성의 부드러운 이미지를 보여준다. 태양이 아버지의 엄한 눈빛이라면, 달은 어머니의 자애로운 눈길이다.

고대인들은 달이 대지와 같이 생명의 근원으로서의 여성, 즉 만물의 위대한 어머니의 본성을 지니고 있다고 믿었다. 주기적으로 모습을 바꿔가는 달의 형상은 생명을 잉태한 여성의 몸을 연상케 한다. 또한 달의 공전 주기는 여성의 생리 주기와 일치한다. '월경'이라는 영어 'menses'는 달의 여신 셀레네의 별명 'Mene'와 깊은 연관을 갖고 있다. 여성과 달의 이 같은 속성으로 미루어 옛사람들은 달이 여성의 수태와 출산에 직접적인 영향을 끼친다고 믿기도 했다. 달의 여신 아르테미스가 해산의 여신으로도 숭배된 이유가 여기에 있을 것이다.

생명의 모태인 여성을 닮은, 한 걸음 더 나아가 여성에게 생명을 잉태시키는 달은 풍요와 다산을 베풀어 주는 신성으로 숭배받는다. 달빛은 생명의 빛이다. 달은 온 세상에 적당한 빛을 내려서 씨앗을 싹트게 하고 가축과 초목을 살찌운다. 특히 날이 갈수록 몸집을 부풀려 가는 초승달은 풍요의 은총을 베푸는 상징이었으며, 달의 여신 아르테미스의 상징이기도 하다.

아르테미스의 사랑과 은총을 한 몸에 받은 소아시아의 목동 엔디미온(Endymion)의 일화에서 생명의 빛을 내리는 달의 모습이 잘 드러난다. 아르테미스(셀레네라는 설도 있다)가 어느 조용한 밤 세상을 굽어보다가 미남 청년 엔디미온이 잠들어 있는 모습에 마음을 빼앗긴다. 여신은 청년에게 다가가 입 맞추고 곁에서 지켜준다. 여신은 잠꾸러기 엔디미온을 염려하여 초목과 양떼를 돌봐준다.

셀레네와 엔디미온, Sebastiano Ricci, 1713년경

소아시아의 에페소스에서 숭배된 아르테미스 상은 여신이 풍요와 다산을 관장한다는 것을 말해 준다. 가슴에 주렁주렁 매달린 유방과 온갖 동물들의 형상으로 화려하게 꾸며진 치장들은 아르테미스가 생명의 모태로서의 '위대한 어머니'라는 것을 생생하게 보여주고 있다.

달의 여신 아르테미스는 생명을 베푸는 자애로운 천사일 뿐 아니라 만물에게서 생명을 빼앗는 무자비한 악마이기도 하다. 여신은 두 얼굴을 가진 야누스적 존재다. 창조적이면서 파괴적이다. 초승달은 날이 갈수록 몸을 살찌우지만 보름달은 갈수록 몸을 깎아 먹는다. 종국에는 온몸을 해체시킨다. 죽음이다. 아르테미스는 영문도 모를 급작스러운 죽음을 내리는 섬뜩한 여신이다. 깊은 산중에 구름 사이를 스치는 서늘한 달빛을 바라본 적이 있는가. 늑대 울음소리가 들리며 머리를 풀어헤친 소복 차림의 여인을 만난다면 그게 바로 죽음의 순간일 것이다.

고대인들은 출산의 고통이 아르테미스의 심술 때문이라고 생각했다. 아기를 낳다가 목숨을 잃는 산모들도

에페소스의 아르테미스상, BC 2세기경
오리지날의 로마 시대 복제품

아르테미스의 처벌을 받는 것으로 믿었다. 제우스의 사랑을 받고 임신한 칼리스토를 아르테미스가 활로 쏘아 죽였다는 설도 있다. 자신을 따르는 요정들에게 철저하게 처녀성을 지킬 것을 명령했었기 때문이다. 여신은 사냥길에 자신이 아끼는 사슴을 죽인 아가멤논에게는 딸의 희생을 강요한다. 트로이의 총사령관인 아가멤논은, 출항을 방해하려 바람을 멎게 한 여신의 노여움을 풀기 위해 사랑하는 이피게네이아(Iphigeneia)를 제물로 바칠 수밖에 없었다. 1남 1녀밖에 두지 못한 레토를 비웃으며 자신은 7남 7녀를 가졌다고 오만함을 떨던 니오베(Niobe)도 아폴론과 아르테미스의 화살에 자녀 모두를 잃고 돌덩이로 변하는 파멸에 빠지고 만다. 아르테미스의 잔혹한 복수를 면하기 위하여 델로스의 여인들은 헌신의 증표로 자신들의 머리카락을 잘라 여신께 제물로 바쳤다고 전해진다.

숲과 사냥의 여신 : 야생녀

산천초목에 생명의 빛을 비치는 달의 여신 아르테미스는 올림포스 시대에 이르러 '위대한 어머니'로서의 위상이 약해지고 동식물의 보호자 내지 친구의 이미지만 부각되는 숲과 사냥의 여신으로 자리 잡는다. 「일리아스」에서 여신은 "황금화살을 가진 떠들썩한 사냥꾼"으로 묘사된다. 아르테미스는 남동생 아폴론처럼 활의 명수다. 여신은 화려한 올림포스 궁전을 마다하고 화살통을 둘러메고 처녀 요정들과 사슴을 대동하고 산과 숲, 계곡과 들판을 자유롭게 누비고 다니며 사냥에 심취한다. 여신은 "구름에 달 가듯이 가는 나그네"다.

아르테미스는 문명을 박차버린 야생녀다. 여신은 사슴, 사자, 멧돼지, 새 등 야생 동물과 늘 함께하는 모습으로 그려진다. 때 묻지 않은 자연이 여신의 세계다. 무공해 청정 지역에서 자유를 마시며 살아가는 것이 여신의 꿈이다. 여신은 강물을 힘차게 거슬러 오르는 연어와 같다. 이에 비하면 온갖

사냥의 여신 아르테미스, Peter Paul Rubens, 1617-1620

화장술과 성형술로 상품성을 높이려고 혈안이 된 현대 여성들은 비싼 값이 매겨진 채 백화점 진열대 위에 널브러진 굴비 꾸러미다.

　아르테미스는 자연주의자요 자유주의자다. 여신은 모든 인위적인 것을 거추장스럽게 생각한다. 관계와 관계 속에 얽혀 있는 삶은 죽음보다 못하다고 여긴다. 여신에게는 독립성이 곧 생명이다. 그래서 처녀를 고집한다. 아르테미스는 처녀신이다. 자신뿐만 아니라 따르는 무리들에게도 처녀성을 강조한다. 이를 어긴 칼리스토가 여신의 가혹한 처벌을 받지 않았는가. 여신은 처녀성을 유린하는 강간 행위에도 단호히 맞선다. 요정 아레투사(Arethousa)를 강간 위기에서 구해 샘으로 변하게 해주고, 어머니 레토를 겁탈하려는 거인 티티오스를 활을 쏘아 일격에 쓰러뜨린다.

순결한 처녀성을 고집하는 아르테미스는, 애욕의 포로가 되어 남성 편력을 일삼는 사랑의 여신 아프로디테와는 상극 관계다. 반면에 계모 파이드라의 욕정을 냉정히 뿌리친 히폴리토스에게는 든든한 후원자 역을 자임한다. 아프로디테에게서 욕정을 품은 요부의 끈적끈적한 색기가 느껴진다면, 아르테미스에게서는 선머슴 같은 처녀의 야멸친 냉기가 스친다. '자유부인' 아프로디테는 사랑의 자유를 추구한다. 여신은 사랑의 감정이 이끄는 대로 거리낌 없이 몸과 마음을 맡긴다. 그러나 자유롭게 처신하는 것 같지만 여신은 결국 감정의 포로일 수밖에 없다. 아르테미스는 이러한 감정으로부터도 자유로움을 꿈꾼다. 여신이 갈망하는 것은 감정의 진공상태다. 무한 자유다.

같은 처녀신이면서도 아르테미스는 아테나와도 성격이 다르다. 아테나는 처녀를 고수함으로써 남성으로부터 독립과 자유를 추구하지만 문명과 사회를 등지지는 않는다. 여신은 올림포스에서 제우스의 훌륭한 참모로 맹렬히 활약한다. 그러나 아르테미스는 올림포스를 떠나 문명과 사회를 등지고 산과 들을 누비며 무한 자유를 누린다. 아테나가 처녀의 독립성을 유지하면서도 관계 속에서 살아간다면, 아르테미스는 처녀의 독립성은 물론이거니와 모든 관계를 벗어나 철저한 '나 홀로' 삶을 고집한다. 여신은 아웃사이더다. 아테나가 조직과 함께 하는 독신 커리어 우먼이라면, 아르테미스는 프리랜서(freelancer)형 독신녀에 비유될 수 있을 것이다.

자신만의 독립된 영역을 고집하는 아르테미스의 성격을 잘 드러내 주는 일화는 악타이온(Aktaion)의 처단이다. 테베의 왕자 악타이온이 사냥개들을 대동하고 숲 속으로 사냥을 나섰다. 그런데 그는 숲 속 연못에서 예기치 않은 행운(사실은 불행)을 만난다. 그곳에서 아르테미스 여신이 요정들과 벌거벗은 채 목욕을 즐기고 있었던 것이다. 갑작스러운 남정네의 침입에 깜짝 놀란 여신이 물을 끼얹으며 저주한다. 악타이온은 그 자리에서 사슴으로 변해버린다. 그리고 자신이 데리고 다니던 사냥개들에게 온몸이 갈기갈기 찢겨져 처참한 최후를 맞는다. 아르테미스는 벗은 몸을 보였다는 수치심보다는

아르테미스와 악타이온, Giuseppe Cesari, 1602-1603

무단 침입자에 의해 자유를 빼앗겼다는 사실을 좌시할 수 없었던 것이다. 여신은 '선녀와 나무꾼의 로망스'를 기대하기에는 너무나 차가운 가슴을 가졌다.

아폴론처럼 여신은 활을 즐겨 쏜다. 활은 먼 거리의 대상을 목표로 한다. 아르테미스도 대상을 멀리 두는 여신이다. 따라서 대상에 대한 특별한 감정을 두지 않는다. 끈끈하고 질퍽한 관계는 생리에 맞지 않는다. 담백하고 깔끔한 걸 좋아한다. 여신의 약점은 숲은 보되 나무는 보지 못하는 본성이다.

이러한 속성 때문에 여신은 어렵사리 마음을 주었던 연인 오리온을 활로 쏴서 죽이는 과오를 범하기도 한다. 아폴론이 누이의 연정에 심통이 난다. 어느 날 수평선 근처에서 바다를 거니는 거인 오리온을 발견한 아폴론은 아르테미스에게 누이의 실력으로는 결코 저 멀리 있는 괴물을 맞히지 못할 거라고 약을 올린다. 자존심이 상한 아르테미스는 즉각 활을 뽑아 멀리 보이는 괴물을 향해 시위를 당긴다. 아르테미스의 냉혹한 화살은 어김없이 목표를 꿰뚫는다. 괴물의 심장이 아니라 연인의 심장을.

3. 헤파이스토스 : 불구의 마이스터

어원과 태생

헤파이스토스는 그리스 신화에서는 'Hephaistos', 로마 신화에서는 'Vulcanus'로 칭한다. 그리스어 'Hephaistos'는 '불'이라는 뜻으로 땅 밑의 불, 즉 '화산'을 칭한다. 라틴어 'Vulcanus'도 '화산'을 뜻하는 영어 'volcano'의 어원이다.

고대 그리스인들은 화산 밑에 헤파이스토스의 대장간이 있다고 상상했다. 대장간에서 뿜어대는 불꽃이 화산 폭발이라고 믿었던 것이다. 헤파이스토스는 불의 신이며 대장장이 신이다. 그는 제우스와 헤라 사이에서 태어난 적자(嫡子)다. 그런데 헤시오도스는 헤라가 제우스와 관계하지 않고 혼자서 헤파이스토스를 낳았다고 주장한다. 제우스가 아테나를 '몸소' 탄생시킨 사실에 자존심이 상해서 헤라도 남편의 도움 없이 홀로 아이를 낳았다는 얘기다.

헤파이스토스는 태어나자마자 호된 시련을 겪는다. 올림포스의 다른 신들에 비해 유난히 못생긴데다 다리까지 성치 않은 불구의 몸으로 태어난 헤파이스토스를 헤라가 하늘 밑으로 집어던져 버린다. 바다에 빠졌다가 다시 올림포스로 돌아온 그를 이번에는 제우스가 집어던진다. 부부 싸움을 하는데 헤파이스토스가 어머니 편을 들었기 때문이다. 헤파이스토스는 올림포스에서 하루 종일 떨어지다가 렘노스 섬에 추락한다. 헤파이스토스는 더 심한 절름발이가 되고, 렘노스는 그의 성지가 된다. 헤파이스토스에 대한 신앙은 소아시아에서 기원하여 렘노스 섬을 거쳐 아테네로 유입된 것으로 알려진다.

불의 신, 대장장이 신

헤파이스토스는 불의 신이다. 그는 땅 밑에서 이글거리는 불덩어리다. 부글부글 끓어오르는 용암이다. 폭발하려는 화산이다. 사람들은 시실리의 에트나 화산 밑에 불의 신 헤파이스토스가 살고 있다고 믿었다. 그곳에는 거대한 대장간이 있고, 거기서 불의 신이 이글거리는 용광로 앞에서 팔뚝을 걷어붙이고 땀을 뻘뻘 흘리며 담금질을 하고, 망치질을 한다고 상상했다. 「일리아스」에서 헤파이스토스는 "몸집이 거대하고 숨결이 거친 살덩이", 혹은 "억센 두 팔을 지닌 위대한 명인" 등으로 묘사된다.

그는 제우스, 헤라, 아폴론, 아테나 등 귀족풍의 올림포스 신들과는 달리 서민의 체취가 물씬 풍기는 신이다. 올림포스에서 두 번이나 추락한다는 설화는 헤파이스토스가 '낮은 곳'의 신이라는 사실을 말해 준다. 헤파이스토스는 올림포스 세계에서 가장 볼품없고 천대받은 신이다. 비록 올림포스 12신 중의 한 명으로 평가받기는 했지만 거처는 거룩하고 화려한 올림포스 궁전이 아니라 덥고, 지저분하고, 땀내 나는 땅 밑 대장간이다. 요즘 말로 표현하면 그는 '3D' 업종 종사자다.

못생기고, 절름발이로 태어난 그는 올림포스에서 내던져진다. 그는 바다에

(왼쪽) 헤파이스토스의 대장간, Luca Giordano, 1660년경
(오른쪽) 제우스의 번개를 벼리고 있는 헤파이토스, Peter Paul Rubens, 1636

떨어져 테티스와 에우리노메 품에서 성장한다. 그곳에서 헤파이스토스는 브로치, 귀걸이, 목걸이, 팔찌 같은 장신구를 만들며 손 기술을 익힌다. 그는 헤라에 대한 끓어오르는 분노를 삭여가면서 멋진 황금 의자를 만들어 올림포스의 어머니에게 선물로 보낸다. 헤라가 기쁨에 겨워 의자에 앉아보지만 몸을 일으킬 수 없었다. 그 의자에는 보이지 않는 그물이 드리워져 있었던 것이다. 그물에 갇힌 헤라는 미의 여신 아프로디테를 배필로 맺어주기로 약속하고 헤파이스토스를 올림포스로 불러들인다. 우직한 농촌 총각 같은 헤파이스토스가 이런 얄팍한 꼬임에 쉽게 넘어갈 까닭이 없다. 결국 디오니소스가 나서서 포도주를 잔뜩 먹여 만취시킨 다음 노새에 태워 올림포스로 데려온다. 우직한 자에게는 우직한 방법이 통하는 것 같다.

올림포스에 올라온 헤파이스토스는 헤라와 화해하고 아프로디테와 결혼한다. 헤시오도스는 헤파이스토스가 우미의 여신 카리테스 중 가장 나이 어린 아글라이아(Aglaia)와 맺어진다고 설명하고 있다. 아프로디테이건 아글라이아건 아름다움의 상징이라는 점은 일치한다. 가장 볼품없는 남신과 가장 아름다운 여신의 결합은 무슨 뜻인가? 혹자는 아름다움과 추함 간의 조화라고도 하고, 혹자는 기술(헤파이스토스)과 미(아프로디테)의 결합이 낳은 예술을 상징한다고도 해석한다. 어쨌든 바람둥이 미녀신을 볼품없고 서민적인 대장장이 신과 인연을 맺어준 것은 무리한 발상이었던 것 같다. 둘 사이에서는 애정의 결실인 자식도 없고, 아프로디테의 바람기는 더욱 기승을 부린다.

같은 부모를 둔 형제 아레스가 여신의 가장 끈적끈적한 불륜 상대다. 아레스는 남편이 집을 비우면 안방까지 유린하는 최고 악질의 정부다. 태양의 신이 헤파이스토스에게 두 남녀 신의 불륜 관계를 털어놓자, 그의 가슴은 또다시 끓어오른다. 헤파이스토스는 이번에도 끓어오르는 분노를 삭여가면서 침대에 보이지 않는 그물을 친다. 주인이 집을 비운 침실에서 벌거벗은 채 사랑에 열중하던 불륜 남녀가 그물에 걸려 꼼짝 못하고 여러 신들 앞에서

망신을 당한다. 그러나 벗은 몸으로 엉켜 있는 남녀 신을 바라보면서 혹자는 속으로, 혹자는 드러내놓고 아레스를 부러워한다. 세상인심이란 이런 것인가. 헤파이스토스만 불쌍하게 되었다.

헤파이스토스는 언제나 불쌍한 신세다. 그는 신들 중 가장 용모가 뒤떨어졌고, 다리마저 성치 못했다. 자신을 그렇게 낳아준 부모를 원망해야 할 입장인데 도리어 부모, 특히 어머니로부터 버림을 받는다. 그의 가슴에는 원한과 분노가 응어리진다. 아마 그는 평생 가슴 속에 이글거리는 불덩어리를 안고 살아갔을 것이다. 그의 원한과 분노는 부글부글 끓어오르는 용암이며, 폭발하려는 화산이다. 그런데 불의 신 헤파이스토스는 포세이돈과는 달리 속에서 끓어오르는 감정의 불덩어리를 폭발시키지 않는다. 그는 불같은 에너지를 창조력으로 승화시킨다. 그는 헤라를 향한 원한을 억제하며 황금의 자를 제작했으며, 아프로디테에 대한 분노를 다스리며 보이지 않는 그물을 짜낸다. 우리의 어머니들이 가슴 속에 맺힌 한을 억누르며 자수에 몰입하고 다듬이질을 했듯이.

위대한 예술은 척박한 토양과 환경에서 나오는 것인가. 불구의 추남 헤파이스토스는 올림포스의 장인(匠人)으로, 예술가로 거듭난다. 그는 신들의 멸시와 조롱을 감내하며 묵묵히 명작을 쏟아 놓는다. 대장장이 신 헤파이스토스는 올림포스 신들의 화려한 궁전을 도맡아서 지어준다. 그리고 신들의 뛰어난 무기도 장인의 손에서 탄생한다. 제우스의 방패 아이기스(Aigis)와 번개, 아폴론과 아르테미스의 활, 아테나와 아레스의 창, 데메테르의 낫과 디오니소스의 술잔 등이 모두 그의 작품이다.

헤파이스토스는 버려진 자신을 돌봐준 테티스를 위해 아킬레우스의 갑옷과 투구 그리고 방패를 만들어주기도 한다. 호메로스는 「일리아스」에서 걸작 중의 걸작인 아킬레우스의 방패에 대하여 장황하고도 상세하게 묘사하고 있다. 거기에는 우주와 천지의 장엄한 광경과 인간들의 다양한 삶의

헤파이스토로부터 아킬레우스의 무구를 받는 테티스, Anthonis van Dyck, 1630-1632

모습들이 세세하게 그려져 있다. 그것은 단순한 무구(武具)가 아니라 한편의 서사시다. 위대한 예술이다.

　헤파이스토스가 창작한 최고의 작품은 최초의 여성 판도라(Pandora)일 것이다. 제우스는 프로메테우스가 훔쳐준 불을 사양하지 않고 넙죽 받은 인간을 처벌하기 위해 헤파이스토스의 기술로 최초의 여성 판도라를 만들게 한다. 에피메테우스(Epimetheus)는 판도라를 보는 순간 형 프로메테우스의 경고를 까맣게 잊어버리고 그녀를 품에 안는다. 그것으로 인간의 고통과 질곡의 역사가 시작된다. 그녀가 금지된 '판도라의 상자'를 열어 인간 세상에 온갖 나쁜 것들이 쏟아져 나왔기 때문이다. 뛰어난 아름다움은 치명적인 독을 품고 있지 않은지 잘 살펴볼 일이다.

장인 헤파이스토스는 지혜의 여신 아테나와 깊은 인연을 맺기도 한다. 헤파이스토스는 아테나가 제우스의 머리를 가르고 탄생하는 순간 산파역을 맡았으며, 자신의 대장간을 찾아온 여신에게 욕정을 품고 강간을 기도하기도 한다. 비록 두 신의 결합이 실패하기는 했지만 땅에 떨어진 헤파이스토스의 정액에서 아테네의 시조 에릭토니오스가 태어난다. 아테네 시에는 헤파이스토스 신전인 헤파이스테이온(Hephaisteion)이 가장 온전한 모습으로 남아 있다. 이전에는 이 신전이 아테네의 영웅 테세우스의 뼈가 묻혀 있다고 해서 테세이온(Theseion)이라 불리어졌다고 한다. 헤파이스토스는 비록 신들 사이에서는 좋은 대접을 받지 못하였지만 예술과 철학을 사랑한 아테네인들에게는 아테나 여신과 더불어 깊은 사랑을 받았던 것 같다. 볼품없는 용모에다가 불구인 헤파이스토스는 '졸작'의 몸으로 걸작들을 창조한다. 그리하여 명인으로 거듭난다. 그러나 스스로를 명인으로 만드는 일에는 소홀하면서 멀쩡한 몸에 '명품'으로 덧칠하기에만 혈안이 된 우리는 '불구의 마이스터' 앞에서 얼마나 부끄러운 존재인가. 진정한 명품이란 '명인의 소유물'을 뜻하는 게 아닐까. 명인이 되면, 뭘 입고 걸치던 그게 바로 명품이 된다. 속은 비었는데 겉만 비싸고 화려한 '명품'으로 싸 바른다고 명인이 되는 것은 아니다. 그것은 오히려 '돼지 목에 걸친 진주목걸이'와 같은 꼴로 비쳐질 뿐이다.

4. 아레스 : 증오와 파괴의 싸움꾼

어원과 태생

아레스는 그리스 신화에서는 'Ares', 로마 신화에서는 'Mars'로 칭한다. 'Ares'의 어원은 '불행', '재앙'을 뜻하는 'are'라고 알려지며, '저주'를 뜻하는 'ara'와도 밀접한 연관을 갖고 있다. 또한 재앙을 상징하는 붉은 별 화성(火星)에 아레스의 로마식 이름 'Mars'가 붙여진다. 아레스는 재앙, 불행, 저주를 잉태하는 전쟁의 신이다.

그는 일반적으로 제우스와 헤라 사이에서 태어난 적자로 알려져 있으나, 헤파이스토스와 마찬가지로 어머니 헤라가 홀로 낳았다는 설도 있다. 아레스는 야만의 땅이며 저주의 땅으로 평판이 나 있는 그리스의 북부 지방 트라키아를 근거지로 삼고 있다.

전쟁의 신

아레스는 전쟁의 신이다. 그는 불화, 분쟁, 공포, 걱정을 상징하는 에리스, 에니오, 포보스, 데이모스 등을 대동하고 다니며 폭력과 파괴를 일삼는 싸움꾼이다. 「일리아스」에서 아레스는 "미치광이", "악의 화신", "파괴자", "피투성이의 살인마" 등으로 묘사된다. 제우스도 자식 중 그를 가장 못마땅하게 여겼다. 트로이 전쟁에 함부로 끼어들었다가 부상당한 채 징징거리며 돌아온 아레스에게 제우스가 호통을 쳐댄다.

"이 변절자여, 나는 올림포스의 신들 중 네가 가장 밉다. 너는 전쟁과 싸움질밖에는 모르는구나."

같은 전쟁의 신이면서도 아레스는 아테나와 성격이 완전히 다르다. 아테나의 전쟁이 전략적이라면, 아레스의 전쟁은 맹목적이다. 아테나가 정보를

아레스와 아테나의 싸움, Joseph-Benoit Suvee, 1771

수집하고 작전을 구사하는 지휘관이라면, 아레스는 그저 싸우고 죽이는 것밖에 모르는 투사와 같다. 아테나는 싸우지 않고 이기는 것을 최상으로 여기지만, 아레스는 싸움 그 자체를 즐긴다. 아테나는 머리로 싸우지만, 아레스는 창칼로 싸울 뿐이다. 그래서 아테나는 지혜의 여신으로도 불리지만, 아레스는 전쟁의 신으로만 알려진다. 그는 항상 갑옷과 투구, 창과 방패로 완전 무장한 모습으로 묘사된다.

아레스는 인간의 공격적이고 파괴적인 본능을 상징한다. 그의 마음은 항상 증오, 분노, 원망, 불평, 짜증, 저주, 질투, 심통, 복수심 등 격하고 악한 감정으로 가득 차 있다. 그리고 이러한 감정들을 다스리지 못하고 쉽게 폭발시켜 버린다. 아레스는 같은 부모를 둔 유일한 형제인 헤파이스토스와는 너무나 다른 길을 간다. 마음속 깊이 끓어오르는 감정의 불덩어리를 지니고 있다는 점에서 두 신은 닮은꼴이다. 그러나 헤파이스토스는 이 불덩어리를 창조적 에너지로 승화시켜서 예술가로 거듭나지만, 아레스는 이를 파괴적 에너지로 폭발시켜서 폭력배로 전락한다.

아테네 시에는 두 신이 남긴 유적이 하나씩 자리하고 있다. 헤파이스테이온과 아레이오스 파고스이다. 헤파이스테이온이 대장장이 신의 예술의 혼과 장인 정신을 기리는 장엄한 신전이라면, 아레이오스 파고스는 살인자를 심판한 법정이다. 아레이오스 파고스는 '아레스의 언덕'이라는 뜻이다. 아레스는 자신의 딸을 겁탈한 포세이돈의 아들을 때려죽인 혐의로 이곳에서 올림포스 신들로부터 심판을 받는다. 물론 정당방위로 무죄판결을 받기는 하지만 아레스는 신들 중 유일하게 법정에 서는 불명예를 얻는다. 한마디로 그는 '문제아'였다. 그럼에도 불구하고 그는 아프로디테의 정부로서 여신의 사랑을 독차지한다. '초라한 예술가' 헤파이스토스를 저버리고 '화려한 폭력배' 아레스를 향했던 아프로디테의 마음은 '사랑이 언제나 이성적인 것은 아니다'라는 사실을 웅변해 주고 있다.

에로스에 의해 짝지어지는 아프로디테와 아레스, Paolo Veronese, 1570년대 아레스의 자식들도 아비의 폭력성을 닮았다. '공포'와 '걱정'을 뜻하는 포보스와 데이모스는 아레스와 아프로디테 사이에서 태어난 자식이다. 악당 키크노스(Kyknos)와 플레기아스(Phlegyas)도 아레스의 자식이다. 키크노스는 델포이로 가는 길목을 지키고 있다가 행인들을 습격하여 살육을 일삼다가 헤라클레스에 의해 처단된다. 플레기아스는 델포이로 가는 참배객에게 씨름을 걸어 죽이는 악당이다. 이번에는 아폴론이 같은 수법으로 악당을 죽인다. 트라키아의 왕 디오메데스(Diomedes)는 지나가는 나그네를 잡아 죽여 자신이 기르는 말먹이로 삼는 흉악범이다. 이 자 역시 아레스의 아들로서 헤라클레스의 철퇴를 맞는다. 호전적인 여전사 아마존의 여왕 펜테실레이아(Penthesileia)도 아레스의 딸이다. 그녀는 트로이 전쟁에 참전했다가 아킬레우스에게 죽음을 당한다.

포세이돈의 괴물 자식들처럼 아레스의 악당 자식들도 '이성의 신' 아폴론과 '정의의 사도' 영웅들의 손에 사라져가고 있다. 무자비한 야만성과 폭력성이 이성과 정의의 힘에 제압당하고 있는 것이다. 합리주의와 휴머니즘을 신봉하는 그리스인들은 절제되지 않은 폭력성을 드러내는 아레스를 가장 못마땅하게 여겼던 것 같다. 그를 심판한 아레이오스 파고스를 제외하면 이렇다 할 신전이나 기념물을 찾아보기 어려우며 아프로디테와의 질펀한 애정 행각 외에는 신명나는 이야기도 없다.

그러나 로마의 마르스는 경우가 다르다. 로마인들은 그를 최고신 유피테르(주피터)에 견줄 만큼 사랑했다. 마르스는 전설적인 로마의 창건자 로물루스(Romulus)와 레무스(Remus)의 아버지로 추앙받는다. '싸움꾼'의 피를 이어받고, 늑대의 젖을 먹고 자라난 쌍둥이를 조상으로 둬서 그런지 로마인들은 살육과 정복의 피비린내 나는 역사를 남기고 있다. 전쟁의 신 아레스와 마르스가 두 나라에서 각기 다른 평가를 받는다는 사실을 통해서 그리스 문화와 로마 문화의 본성을 식별해 볼 수 있을 것이다. 인간은 누구나 남을 깔아뭉개고 싶은 못된 마음을 가슴 깊이 품고 있다. 공격성과 경쟁심이 어우러진 검은 욕망이다. 그런데 그리스인들은 이러한 욕망을 올림픽 경기로 승화시켜 인류의 빛나는 문화유산으로 남긴다. 그러나 로마인들은 이것을 적나라하게 표출시켜 검투사들의 '피의 향연'으로 즐겼을 뿐이다.

6

제6장

인류의 기원과 심판

　우주와 세상이 안정되고 정착되면서 신들은 인간을 창조한다. 자신들을 경배하고 제사지낼 족속들이 필요했기 때문이다. 티탄의 아들 프로메테우스가 이 과업을 떠맡는다. 그러나 그가 금지된 불을 인간에게 훔쳐준 사건으로 인해 신과 인간의 갈등이 시작된다. 제우스와 프로메테우스의 대립은 신과 인간의 갈등을 상징한다. 신들은 최초의 여성 판도라를 악의 사절로 인간에게 보낸다. 그녀로 인해 인간들은 죄악에 물들고 낙원에서 추방된다.

　문명화의 길로 들어선 인류는 점점 더 깊이 죄악의 늪에 빠져든다. 헤시오도스가 전해 주는 '인류의 다섯 시대'는 날로 타락해 가는 인간의 삶을 고발한다. 그것은 그리스 판 '종말론'이다. 하나님이 '노아의 방주'로 심판했듯이 제우스도 타락하는 인류를 대홍수로 심판한다.

1. 프로메테우스와 제우스의 대립

인류의 기원

그리스 로마 신화에서 인류의 기원에 관한 이야기는 여러 가지가 있다. 특정한 신이 거명되지 않고 그저 조물주인 신이 진흙을 빚어 인간을 창조했다고 전해지기도 하며, 인간이 흙에서 저절로 생성되었다는 설도 있다. 헤시오도스의 설명은 보다 더 구체적이다. 그는 「노동과 나날」에서 인류의 다섯 시대를 거론하면서 인간 창조를 시대와 종족별로 구분하여 설명한다. 즉 황금의 종족과 은의 종족은 올림포스의 신들이 창조했고, 청동의 종족은 제우스가 물푸레나무에서 새롭게 창조했으며, 영웅의 종족 또한 제우스가 창조했다는 설명이다. 마지막 철의 종족의 생성에 대해서는 언급이 없다.

인간의 운명과 관련된 이야기의 주인공은 단연 프로메테우스다. 티탄 신족 이아페토스(Iapetos)의 아들인 그는 제우스에 맞서 언제나 인간 편에 섰던 신으로 알려진다. '먼저 생각하기'라는 뜻의 이름을 가진 프로메테우스(Prometheus)는 현존 인류를 멸망시키고 새로운 인종을 만들려는 제우스의 의도를 간파하고 인간을 위기에서 구해 주었으며, 제우스가 금지한 불을 훔쳐 줌으로써 인간을 문명의 길로 들어서게 한 은인이다. 그리하여 인류의 은인 프로메테우스가 인간 창조의 과업도 맡았을 것이라는 설이 제기된다. 헤시오도스 이후에 활약한 아폴로도로스를 비롯한 많은 신화 이야기꾼들은 프로메테우스가 흙을 빚어 인간을 창조한 것으로 전한다. 또한 프로메테우스가 흙으로 신의 형상대로 인간을 만들고, 지혜의 여신 아테나가 나비 한 마리를 인간의 콧구멍 속으로 불어넣어 영혼을 깃들게 했다는 설도 있다. '나비'를 뜻하는 그리스어 'Psyche'는 '영혼'이라는 의미로도 쓰인다.

인간이 흙에서 창조되었다는 설은 그리스 로마 신화뿐만 아니라 세계의 여러 신화에서 공통적으로 전해진다. 수메르 신화에서 엔키(Enki) 신은 점토를

인간에게 불을 훔쳐다 주는 프로메테우스, Heinrich Füger, 1817

빚어 최초의 인간을 만든다. 알려진 대로 구약성서의 아담도 하나님이 흙을 빚어 창조한다. 헤시오도스도 「신통기」와 「노동과 나날」에서 최초의 여성 판도라가 흙에서 빚어진 것으로 설명한다. 인류가 흙에서 기원한다는 설은 곡물과 과실 등의 생명체들이 모두 땅에서 생성된다는 자연의 이치에서 터득한 고대인들의 순진무구한 지혜이리라.

문명의 불

프로메테우스는 불 도둑이다. 그는 제우스의 명을 거역하고 인간에게 불을 훔쳐다 준 신이다. 불로 인하여 프로메테우스와 제우스는 협력 관계에서 대립 관계로 바뀌게 된다. '먼저 생각하는' 프로메테우스는 티탄의 자식이지만 신들의 전쟁에서 제우스를 돕는다. 세상이 힘의 지배에서 머리의 지배로 바뀌게 되리라는 것을 내다보았기 때문이다. 전쟁이 올림포스 신족의 승리로 끝난 후 프로메테우스의 형제들은 운명이 갈린다. 우직하게 티탄 편에서 싸웠던 맏형 아틀라스(Atlas)는 어깨로 하늘을 떠받치는 벌을 받는다. 둘째인 메노이티오스(Menoitios) 역시 제우스의 벼락을 맞고 지하의 암흑 세계 에레보스로 내던져진다. 그러나 프로메테우스와 막내 에피메테우스는 공을 인정받아 제우스로부터 주요 임무를 부여받는다.

프로메테우스는 신을 공경할 인간과 짐승들을 창조하고, 에피메테우스는 피조물들에게 살아가는 데 필요한 선물을 배분하기로 한다. 그런데 '뒤늦게 깨닫기'라는 이름의 에피메테우스(Epimetheus)는 사려 깊게 계획을 세워서 일을 처리하지 않고 아무 생각 없이 손에 잡히는 대로 이것저것 줘버린다. 그래서 새에게는 날개, 사자에게는 날카로운 이빨과 발톱, 거북에게는 딱딱한 등판 등이 돌아간다. 험악한 세상에서 저마다 살아갈 길이 열린 것이다. 그런데 정신없이 퍼 돌리다 보니 인간에게는 줄 것이 없었다. 에피메테우스는 사려 깊은 형에게 난감한 사태를 털어놓는다. 자신이 창조한 어떤 피조물보다 인간을 사랑한 프로메테우스는 궁리 끝에 인간에게 금지된 불을 훔쳐 주기로 결심한다. 제우스는 불이 인간의 손에 넘어가면 위험한 상황이 초래되리라는 것을 염려하여 이를 엄격히 금하고 있었다. 프로메테우스는 속이 빈 회향나무에 불을 숨겨 인간에게 건네준다. 불을 훔친 곳에 관해서는 여러 가지 설이 있다. 제우스의 번개, 헤라의 부엌 아궁이, 아폴론의 태양마차, 헤파이스토스의 대장간 등이다. 모두 불과 인연이 깊은 곳이니 만큼 정설을 가려내는 일은 무의미한 것 같다.

헤시오도스는 「신통기」에서 불 도둑 사건을 다르게 전해 준다. 그것은 인간이 신게 드리는 소 제사에서 비롯된다. 소를 제사 드리는 일로 인간이 신과 협정을 맺을 때 프로메테우스는 인간 편을 들기 위하여 제우스를 속인다.

그는 살코기와 기름진 내장은 뻣뻣한 소가죽으로 싸고 뼈다귀는 윤기 나는 기름덩어리로 싸서 제단에 올려놓고 제우스가 선택하도록 한다. 제우스는 술책을 꿰뚫어 보았지만 인간에게 재앙을 내릴 생각으로 뼈다귀 쪽을 택한다. 기름덩어리에 싸인 뼈다귀를 확인한 제우스는 분노하여 인간에게 불을 금하는 벌을 내린다. 그러자 프로메테우스는 제우스 몰래 인간에게 불을 훔쳐다 준다. 이 일이 있은 후 인간들은 제단 위에서 뼈를 태워 신들께 바친다.

프로메테우스가 인간에게 훔쳐다 준 불은 문명의 불이다. 문명은 자연을 거스르는 행위요 자연으로부터 이탈하는 길이다. 불을 소유하기 전까지 인간은 해가 뜨면 일어나고 해가 지면 잠자리에 들었다. 자연의 섭리에 순응했다. 그런데 어둠을 밝히는 불은 이러한 삶을 거역하는 길을 열어주었다. 먹는 것도 변했다. 자연 그대로의 날것을 먹던 인간이 불로 익혀서 조리된 음식을 취하면서 자연의 싱싱함과 순수함으로부터 멀어진다. 뿐만 아니라 불은 인간의 빈손에 도구를 쥐어준다. 인간은 불을 이용하여 갖가지 생활도구와 무기를 만든다. 칼과 창과 활을 손에 든 인간은 새의 날개도, 사자의 이빨과 발톱도, 거북의 등판도 두렵지 않게 된다. 만물의 영장이 된 것이다. 인간에게 불을 건네준 프로메테우스는 문명의 신인 셈이다. 그는 인간에게 하늘을 바라보며 걷는 직립 능력을 부여하고 집짓는 법과 농사짓는 법 등 온갖 기술을 가르쳐준 것으로 알려진다.

제우스는 자신의 명을 어긴 프로메테우스를 가혹하게 처벌한다. 그는 힘의 신 크라토스(Kratos)와 폭력의 신 비아(Bia)를 시켜 프로메테우스를 잡아들인 다음 대장장이 신 헤파이스토스가 만든 견고한 쇠사슬로 카우카수스 산 절벽에 묶어놓는다. 그런 다음 자신의 독수리를 보내어 프로메테우스의 간을 파먹게 한다. 하루 종일 파 먹힌 간은 밤새 원상회복되어 다음날 또다시 독수리에게 공격당한다. 신화는 프로메테우스가 겪는 고통이 3천 년이나

헤파이스토스에 의해 쇠사슬로 묶이는 프로메테우스, Dirck van Baburen, 1623

지속된다고 전한다. 그동안 제우스는 전령 헤르메스를 통해 그를 협박하기도 하고 회유하기도 한다. 앞을 내다보는 프로메테우스가 그의 앞날에 드리워진 액운을 알고 있었기 때문이다. 프로메테우스는 제우스의 협박과 회유에 굴복하지 않는다. 그는 불의와 억압에 무릎 꿇지 않는 저항 정신의 상징으로 자리 잡는다.

3천 년 후 영웅 헤라클레스가 나타나 독수리를 활로 쓰러뜨리고 프로메테우스를 해방시킨다. 그제야 프로메테우스는 제우스의 운명에 얽힌 비밀을 밝혀준다. 그리고 팽팽하게 대립하던 두 신은 화해의 손을 잡는다. 프로메테우스가 밝힌 제우스의 운명은 테티스와의 사랑에 관한 것이다. 즉 테티스가

헤라클레스와 프로메테우스, Christian Griepenkerl, 1878

낳을 아들이 아버지를 능가하는 위대한 인물이라는 예언이다. 이를 두려워한 제우스는 테티스에 대한 사랑을 포기하고 그녀를 보잘 것 없는 인간 펠레우스에게 시집보낸다. 그리고 둘 사이에서 위대한 영웅 아킬레우스가 태어난다. 제우스로서는 가슴을 쓸어내릴 순간이었다. 보잘 것 없는 인간의 씨로 위대한 영웅을 잉태한 테티스였으니 최고의 신인 자신의 씨를 받았다면 어떻게 되었을까! 제우스는 프로메테우스의 도움으로 다시 한 번 운명을 바꿀 수 있었다. 이후로 프로메테우스는 쇠로 만든 반지를 끼고 살았다고 한다. 제우스가 스틱스 강을 걸고 한 맹세 때문이다. 제우스는 프로메테우스를 절대로 쇠사슬에서 풀어주지 않으리라 맹세하였는데, 스틱스 강을 걸고 맹세를 하면 그 어떤 신이라도 어길 수 없었던 것이다.

인간에게 불을 훔쳐준 사건으로 불거진 프로메테우스와 제우스의 대립을 바라보는 시각은 다양하다. 우리는 이 이야기를 심도 있게 다룬 사람으로 헤시오도스와 아이스킬로스를 만날 수 있다. 헤시오도스는 「신통기」에서, 아이스킬로스는 프로메테우스 3부작으로 평가되는 「결박당한 프로메테우스」, 「해방된 프로메테우스」, 「불의 운반자 프로메테우스」 등의 비극에서 각각 이 문제를 다루고 있는데, 3부작 중 두 작품은 소실되고 「결박당한 프로메테우스」만 전해진다.

헤시오도스가 프로메테우스를 바라보는 시각은 부정적이다. 그는 프로메테우스를 "사악한", 혹은 "교활한"이라는 수식어로 묘사한다. 그리고 술책과 속임수에 능한 협잡꾼으로 몰아세운다. 반면 제우스는 "지혜롭기 그지없는" 신으로 평가된다. 아이스킬로스는 다른 시각으로 두 신을 바라본다. 그에게 프로메테우스는 인간을 너무 사랑하고 동정하였기 때문에 고통에 빠진 순교자로 비추어진다. 반면 제우스는 "언제나 지독한 잔혹함에 물들어 있고", 우정을 저버린 "냉혹한" 신으로 비판받는다. 뿐만 아니라 프로메테우스는 제우스의 협박과 회유에 굴하지 않고 저항하는 인물로 그려진다. 헤르메스의 협박을 받고 프로메테우스는 "나를 설득하려는 건 밀려오는 파도를 보고 멈추라고 말하는 격이니 쓸데없이 소란 피우지 말라"고 꾸짖는다.

프로메테우스에 대한 헤시오도스의 부정적인 평가에는 그의 가치관과 역사관이 깔려 있다. 농부 시인으로 평생을 땅과 더불어 소박하게 살았던 헤시오도스는 친자연적이고 반문명적인 시각으로 세상과 인간을 바라본다. 문명은 항상 자연과 대립되고 충돌한다. 문명은 인간의 삶을 보다 안락하고 윤택하게 한다. 그러나 그 이면에는 자연의 순수함으로부터 멀어지는 상실이 도사리고 있다. 인간성은 파괴되고 세상은 점점 험악해진다. 헤시오도스는 인간이 문명화 될수록 역사는 퇴보하는 것으로 본다. 「노동과 나날」에서 기술되고 있는 '인류의 다섯 시대'가 이러한 역사관을 반영하고 있다. 인류가 황금의 종족으로부터 철의 종족으로 이어지면서 문명은 발전하지만 인간의 심성은 악해진다. 종국에는 신의 심판이 기다리고 있다. 이러한 시각으로 볼 때 문명의 불을 인간에게 건네준 프로메테우스는 역사를 퇴보시킨 원흉일 수밖에 없다.

　아이스킬로스는 프로메테우스와 제우스의 대립을 인간과 신, 약자와 강자, 정의와 불의의 대립으로 바라본다. 그리고 이러한 구도는 이 작품이 아이스킬로스가 창작한 것이 아닐 수도 있다는 의심을 받는 요인이 되고 있다. 아이스킬로스는 대부분의 비극에서 제우스를 우주와 인간 세상의 정의를 주재하는 신으로 그리고 있기 때문이다. 어쨌든 이 작품에서 프로메테우스는 '인간 사랑'의 대명사로 그려진다. 그는 위압적인 신 제우스에 맞서 연약한 인간을 사랑하고 동정하는 자애로운 순교자다. 이러한 대립 구도는 작품 속의 등장인물들이 두 신들을 상대로 한 언행을 통해 잘 드러나고 있다. 즉 '힘'과 '폭력'을 뜻하는 크라토스와 비아가 제우스의 뜻을 대변하여 프로메테우스를 억압하는 반면에, 불구의 장인 헤파이스토스는 그에 대한 끓어오르는 연민과 애정을 감추지 못한다. 또한 간교와 술책에 능한 헤르메스가 제우스 편에 서 있는데 반해, 코로스는 제우스를 비난하며 프로메테우스를 동정한다. 고대 비극에 등장하는 코로스는 대체로 작가의 의중이나 민심을 반영한다. 헤시오도스와 달리 아이스킬로스는 프로메테우스에게 마음이 기운 것 같다. 첨단 문명사회에서 살고 있는 우리들은 과연 프로메테우스를 어떻게 평가할 것인가?

2. 판도라 이야기

판도라의 상자

　인간들 손에서 타오르는 불빛을 바라보는 제우스의 마음은 분노로 끓어오른다. 불을 훔친 프로메테우스를 처벌한 제우스는 인간들도 손을 보기로 작심한다. 자신이 금지한 불을 사양하지 않고 넙죽 받은 인간들의 소행이 괘씸했기 때문이다. 제우스는 불을 받은 대가로 재앙을 몰고 올 최초의 여성 판도라를 선물한다. 헤시오도스는 「신통기」와 「노동과 나날」에서 판도라에 관한 이야기를 두 번에 걸쳐 상세하게 기술하고 있다. 여기에 기록된 내용을 요약해 보면 다음과 같다.

제우스는 헤파이스토스에게 명하여 흙과 물을 섞어 인간의 형태를 만들어 목소리와 생명을 불어넣고, 얼굴에는 여신들처럼 아름답고 매력적인 여자의 모습을 만들어 넣게 한다. 더 나아가 그는 아테나에게 명하여 광택이 나는 옷을 입혀주고 허리에는 띠를 둘러주고 머리끝에서 발끝까지 직접 공들여 짠 면사포를 드리우게 하는 한편, 아프로디테에게는 매력과, 고통에 찬 애잔함, 그리고 사지의 기운을 쭉 빠지게 하는 한숨을 불어넣으라고 명한다. 덧붙여 우미의 여신 카리테스(Charites)와 설득의 여신 페이토(Peitho)는 금목걸이를, 계절의 여신들 호라이(Horai)는 봄꽃으로 화환을 만들어 장식해 준다. 또한 헤르메스는 제우스의 명에 따라 그녀의 가슴 속에 기만, 사기, 아첨, 그리고 교활한 심성을 불어넣어준다. 이렇듯 많은 선물을 받은 최초의 여성은 판도라(Pandora)라 칭한다. '모든 선물을 받은 자'라는 뜻이다.

판도라는 헤르메스의 손에 이끌려 에피메테우스에게 인도된다. 에피메테우스는 제우스의 선물은 무엇이든 받지 말라는 프로메테우스의 경고를 잊어버리고 판도라를 덥석 품에 안는다. 그만큼 그녀는 "저항할 수 없는 유혹"이었다. 그러나 그것은 제우스의 "완벽한 속임수"였다. 판도라는 다름 아닌 "불의 축복에 대한 벌"이었으며 "아름다운 재앙"이었던 것이다. 그때까지 인간은 불행이나 질병, 근심과 걱정 같은 것들을 모르고 살았었다. 그런데 판도라가 단단히 닫혀 있던 항아리의 뚜껑을 열자 인간에게 극심한 고통을 가져다주는 모든 것이 쏟아져 나왔다. 그리하여 "모든 셀 수 없는 해로운 불행들"이 인간들 사이를 휘젓고 돌아 다녔다. 판도라가 황급히 뚜껑을 닫아

항아리 맨 밑에 있던 '희망'만은 빠져나오지 못했다.

판도라 이야기는 헤시오도스 이후의 신화 이야기꾼들에 의해 여러 가지 형태로 변형되고 보완된다. 우선 판도라가 뚜껑을 연 '항아리'는 '상자'로 바뀐 이야기가 널리 애용된다. '판도라의 상자'는 온갖 죄악이 들끓는 집단이나 행위 혹은 개념을 상징하는 고사성어로 쓰이고 있다. 항아리가 옳은가, 상자가 옳은가 하는 것은 본질적인 논쟁이 아닌 것 같다. 그냥 보편적으로 통용되는 '상자'를 가지고 논하기로 한다. 그리고 헤시오도스의 이야기에는 항아리의 출처가 명확히 나타나 있지 않다. 후대의 신화는 이와 관련하여 두 가지 설을 전해 준다. 그중 하나는 제우스가 판도라에게 상자를 주었다는 설이다. 제우스는 판도라에게 그것을 건네주며 집 안에 고이 모셔두고 절대로 열어보지 말라고 주의를 준다. 그런데 그것은 인간의 호기심을 이용한 술책이었다. 하지 말라고 하면 공연히 더 하고 싶은 게 인간의 속성이 아니던가. 다른 하나는 에피메테우스 집에 보관되어 있던 상자를 판도라가 실수로 열었다는 설이다. 즉 두 형제 신이 인간과 동물을 창조하면서 나쁜 것들을 따로 모아 상자 속에 숨겨놓았다는 이야기다. 두 가지 설 가운데 제우스의 "완벽한 속임수"를 보다 극적으로 그리고 있는 것은 첫 번째 이야기인 것 같다.

판도라 이야기에서 제기되는 또 하나의 문제는 '희망'에 관한 것이다. 판도라가 열었던 뚜껑을 황급히 다시 닫는 바람에 희망만 빠져나오지 못하고 갇힌다는 이야기다. 혹자는 이 사실을 두고 상자 속에는 나쁜 것들이 들어 있었던 것이 아니라 좋은 것들만 들어 있었다고 주장한다. 어떻게 희망이 나쁜 것들과 한 곳에 섞여 있을 수 있겠느냐는 항변이다. 그래서 희망을 제외한 모든 좋은 것들은 허공으로 날아가 버리고 지상에는 좋지 않은 것들만 남게 되었다는 것이다. 그러나 이 주장은 판도라를 인간에게 보낸 제우스의 의도를 생각해 보면 설득력이 떨어지는 것으로 드러난다. 제우스의 계략이

■
(왼쪽) 판도라, John William Waterhouse, 1896
(오른쪽) 이브를 유혹하는 뱀, John Roddam Spencer Stanhope, 1877

낙원과 같이 행복한 인간 사회를 불행하게 만드는 것이지, 나쁜 것들로 넘치는 사회에 좋은 것들을 가져다주려는 것이 아니지 않은가. 어쨌거나 희망은 상자 속에 갇혀 있다. 삶이 아무리 고통스럽더라도 상자에 남아 있는 희망 때문에 우리는 포기하지 않고 살아가는지 모른다. 그러나 희망은 무지개나 신기루 같은 게 아닐까. 잡힐 듯 다가가면 그만큼 또 멀어지는 무지개처럼 희망은 언제나 희망으로 남는다. 희망이 실현되는 순간 그것은 이미 희망이 아니라 현실일 뿐이다. 희망이 갇혀 있는 상자는 여전히 닫혀 있고, 판도라는 보이지 않는다. 닫힌 상자를 다시 여는 것은 각자의 몫으로 남아 있다.

인간을 벌하기 위해 여성을 창조했다는 설은 가부장 사회의 여성 비하 이데올로기를 반영한다. 성서의 최초 여성 이브도 아담을 유혹하여 원죄를 범하는 원흉으로 그려지고 있지 않은가. 헤시오도스는 「신통기」에서 여성을 비하하고 경멸하는 자신의 생각을 노골적으로 드러낸다. 그는 여자들을 수벌에 비유한다. 즉 여자들이란 일벌들이 하루 종일 뼈 빠지게 일해서 모은 양식을 벌집에 편안히 앉아서 배 안에 쑤셔 넣기만 하는 수벌과 같은 족속이라는 말이다. 헤시오도스는 판도라로부터 이러한 "인간에게 커다란 고통이자 지극히 사악한 종족인 여자의 무리"가 유래했다고 강변한다. 남존여비 사상으로 똘똘 뭉친 촌로의 입김이 물씬 풍겨난다.

낙원 추방 : 재앙인가, 진보인가?

프로메테우스와 판도라의 이야기는 구약성서에 나오는 원죄와 낙원 추방에 관한 가르침에 비유된다. 태초의 낙원 에덴동산에서 고통과 번민 없이 평화롭게 살던 아담(Adam)과 이브(Eve)는 금지된 열매 선악과를 따먹는 죄를 범하고 낙원에서 추방된다. 낙원에서 쫓겨난 인간은 생존을 염려하여 노동을 하고 출산의 고통을 겪는다. 또한 탐욕과 이기심으로 도둑질과 살인을 일삼으며 죄악의 늪으로 점점 깊이 빠져든다.

에덴동산의 '금지된 선악과'는 프로메테우스의 '금지된 불'과 같다. 선악과는 말 그대로 선과 악을 분별하는 능력을 주는 열매다. 인식의 열매요 자각의 열매다. 선악과를 따먹은 아담과 이브에게 일어나는 최초의 변화는 부끄러움을 의식하는 일이다. 그들은 벌거벗은 몸에 수치심을 느끼며 나뭇잎으로 치부를 가린다. 선악과가 동물처럼 본능에만 의존하던 인간을 생각하는 존재로 변화시킨 것이다. 생각하는 인간은 문명을 일으키고 만물의 영장으로 발돋움한다. 그러나 불을 훔친 대가로 판도라의 상자에서 죄악이 쏟아져 나왔듯이 선악과를 훔친 인간은 낙원에서 추방되어 죄악의 늪에 빠지게 된다. 결국 인식과 자각의 힘은 인간에게 문명화와 낙원 추방이라는 상반된 길을 동시에 열어주었던 것이다.

인식과 자각은 자아와 세상에 대한 눈을 밝혀주지만 동시에 고통과 번민을 수반한다. 이성과 본능이 갈등하고 충돌하기 때문이다. 원시 낙원의 인간은 유아기의 어린 아이와 같다. 그들에겐 인식과 자각도 없고, 고통과 번민도 없다. 동식물과 다름없는 존재다. 어린 아이가 철이 들면서 고통과 번민에 빠지듯이, 선악과와 불을 훔친 인간은 무지와 어둠을 벗어나는 대신 인식의 고통에 빠져들고 자각의 번민에 휩싸인다. 탐욕과 이기심으로 죄악에 물들기도 한다. 자연과의 일체감을 상실하면서 불안과 공포에 떨기도 한다. 인식과 자각의 대가로 당하는 낙원 추방은 그만큼 가혹한 것이다. 실낙원의 아픔을 맛보며 이따금씩 뒤돌아보지만 낙원의 문은 굳게 잠겨 있다. 철드는 것이 고통스럽다고 유아기로 되돌아 갈 수 없는 일이다. 인식의 고통과 자각의 번민이 아무리 크더라도 '생각하는 사람'을 포기할 수 없다. 무지가 주는 안락함보다 각성의 아픔을 택한다. 배부른 돼지보다 고뇌하는 철인(哲人)을 원한다. "인간은 생각하는 갈대다", "나는 생각한다. 고로 나는 존재한다" 등과 같은 고뇌 어린 성찰은 낙원에서 추방된 인간의 인식과 자각 능력에 대한 깊은 애정과 신뢰를 담고 있다.

닫힌 낙원의 문을 등진 채 이성과 문명의 길로 들어선 인간은 저마다 앞길에 놓여 있는 새로운 이상향을 꿈꾸며 걸어간다. 모두가 꿈꾸는 것은 각성의 아픔도, 무지의 안락함도 없는 세상이리라. 배부른 돼지도, 고뇌하는 철인도 아닌, '자연과 하나 되는 깨어 있는 인간'이 살아 숨 쉬는 세상이리라. 그곳에서는 인식과 자각의 선물을 받은 인간이 고통과 번민도, 탐욕과 이기심도, 갈등과 다툼도 없이 자연과 일체감을 맛보며 살아가리라. 괴테와 함께 독일 고전주의를 대표하는 시인 실러는 이러한 세상을 엘리시온(Elysion)으로 가상한다. 엘리시온은 신화 속의 극락세계를 지칭한다. 그리스인들은 영웅이나, 지고의 선을 쌓은 사람들의 혼령들만이 이 세계로 들어간다고 믿었다. 실러는 엘리시온을 이성과 본능이 갈등을 멈추고 서로 화해하고 조화를 이루는 이상향으로 그린다. 이곳에 이르면 인간과 인간, 인간과 자연은 서로 친구가 되고 형제가 된다. 인간과 자연의 '화합의 합창'이 힘차게 울려 퍼진다. 실러가 꿈꾼 엘리시움은 에덴동산의 복원이 아니라 '진보된 낙원'이다. 송시「환희의 세계로」에서 실러는 환희가 넘치는 엘리시온을 뜨겁게 찬양한다.

> 환희여, 아름다운 신들의 불꽃이여
> 엘리시온의 딸이여
> 우리는 불꽃에 취해 들어가노라
> 하늘의 딸, 그대의 성전으로
> 그대의 마력은 다시금 묶어주노라
> 시류가 냉혹히 갈라놓은 것들을
> 그대 부드러운 날개 머무는 곳에선
> 모든 사람들이 형제가 되리

인류의 '화합의 합창'을 염원하던 베토벤은 이 송시에 곡을 붙여 불후의 명작 「합창 교향곡」을 남긴다. 두 거장이 손을 맞잡고 부르짖는 엘리시온이 하루 빨리 우리 앞에 열리기를 기대해 본다.

3. 인류의 다섯 시대와 대홍수

다섯 시대

인간의 삶을 요리 조리 분류하고 해석하려는 마음은 예나 지금이나 다름 없는 것 같다. 우리는 지금 농경 시대와 산업 시대를 거쳐 정보화 시대를 살고 있다고 말한다. 전문가들은 저마다 각각의 시대가 요구하는 삶의 패러다임에 대하여 분석하고 해석한 바를 토해 놓는다. 그리고 대중들은 행여나 시대에 뒤쳐질까 전전긍긍하며 열심히 따라간다. 그래서 삶은 언제나 바쁘고 피곤하다. 인간의 삶을 여러 시대로 나누어 살펴보려는 시도는 옛 사람들에게도 관심을 끌었던 모양이다. 헤시오도스는 「노동과 나날」에서 '프로메테우스와 판도라의 이야기'에 이어 '인류의 다섯 시대'를 언급한다.

맨 먼저 올림포스의 신들은 황금의 종족을 창조한다. 이 인간들은 하늘에서 왕으로 군림하던 크로노스의 지배하에 살면서 마음속에 고통이 없이, 궁핍함이나 비참함을 느끼지 않고 신들과 같은 삶을 영위한다. 그들은 모든 불행으로부터 벗어나서 기쁘고 명랑하게 살았으며 죽을 때도 잠을 자듯이 죽는다. 모든 것들이 그들에게는 더할 나위 없이 좋았으며, 곡식을 주는 대지도 그들에게 열매를 풍성하게 맺게 해준다. 그들은 들일도 자기 마음대로 편안하게 했고 신들의 축복 속에 가축의 무리도 많았다. 그들은 죽어 땅 아래로 들어가 인간의 파수꾼이 되어 대지 곳곳에 정의와 풍요를 베풀어준다.

다음으로 올림포스의 신들은 정신과 육체가 황금의 종족에 필적하지 못하는 은의 종족을 창조하였다. 이들은 집안에서만 유치하게 놀면서 정성어린

황금 시대, Lucas Cranach, 1530년경

어머니 곁에서 100년 동안 자라났다. 그러나 장성하여 한창 때가 되면 오래 살지 못하고 자신들의 무지로 인해 고통을 당한다. 그들은 서로 포악한 폭력을 일삼았으며 신들을 공경하는 마음이 없어 성스러운 제단에 제사도 드리지 않는다. 제우스는 이 불경한 종족에게 화를 품는다. 그러나 대지는 이들도 품속에 받아들여 황금의 종족보다 낮은 대우를 받게 한다.

제우스는 물푸레나무에서 청동의 종족을 창조한다. 이들은 앞의 종족들과는 달리 거칠고 사나웠다. 끔찍하게 생긴 이들은 아레스의 잔인한 임무를 수행하며 악행을 저질렀으며 농작물을 전혀 먹지도 않았고 쇠처럼 단단하고 거친 성격의 소유자였다. 이들은 힘이 엄청났으며, 손은 통나무 같은 몸통에 붙어 있는 팔에서 섬뜩하게 솟아 있었다. 이들의 집과 무기 등 모든

은의 시대, Lucas Cranach, 1530년경

재료가 청동이었다. 이들은 주먹 때문에 파멸하여 차갑고 음침한 하데스의 집으로 내려가 흔적 없이 사라진다.

제우스는 네 번째 종족으로 영웅의 종족을 창조한다. 이들은 고상하고 정의로웠지만 사악한 전쟁과 끔찍한 전투로 인해 멸종한다. 이들의 일부는 테베 전쟁과 트로이 전쟁에서 최후를 맞이한다. 이들은 죽어 오케아노스 강가에 있는 축복받은 자들의 섬에서 고통을 모른 채 살고 있다. 대지는 이들에게 일 년에 세 번 꿀처럼 단 열매를 풍성하게 맺어준다.

마지막으로 태어난 인간은 철의 종족이다. 헤시오도스가 몸담고 있는 시대는 바로 이 종족이 살고 있는 시대다. 안타깝게도 철의 종족은 최악의 종족이다. 이들은 낮에는 노고와 괴로움으로 편치 못하다. 밤에도 고통은 끝나지 않는다. 신들은 이들에게 쓰라린 고통을 벌로 내린 것이다. 제우스는 이들이 백발로 태어나기 시작하면 이 종족도 멸망시킬 것이다. 그때가 되면 자식은 아버지의 말을 따르지 않을 것이고, 아버지는 자식의 말에 동의하지 않을 것이다. 손님은 주인에게, 친구는 친구에게, 형제는 형제에게 친절하지 않을 것이다. 이들은 늙은 부모의 명예를 손상시킬 것이며 추악한 말로 욕을 퍼부을 것이고 신들의 감독을 무시하는 무법자가 될 것이다. 이들은 또한 늙은 부모를 돌보지 않고 주먹을 휘두를 것이며 다른 사람의 도시를 파괴할 것이다. 정의는 주먹에 있고, 서로 배려하는 마음은 없어질 것이다. 악한 자가 그릇된 말로 덕이 있는 사람을 해치며 위증을 일삼을 것이다. 그때가 되면 수치의 여신 아이도스(Aidos)와 복수의 여신 네메시스(Nemesis)마저도 인간을 떠나 올림포스로 물러갈 것이다. 결국 유한한 인간들에게는 쓰라린 고통만이 남을 것이며, 아무도 이런 화를 피할 수 없을 것이다.

그리스 로마 신화 속의 인류의 시대 구분은 통상 네 가지로 전해지고 있다. 그런데 헤시오도스는 위대하고 고귀한 영웅들이 사악하고 타락한 청동의 종족이나 철의 종족에 속한다고 생각하지 않았기 때문에 영웅의 종족을 추가하여 다섯 시대로 분류한다. 금속의 종류로 설명되는 인류의 역사의 흐름은 황금의 종족으로부터 철의 종족에 이르기까지 날로 타락해 가는 과정을 보여준다. 「노동과 나날」에서 '프로메테우스와 판도라의 이야기'와 '인류의 다섯 시대'는 별개의 이야기로 다루어지지만, 우리는 두 이야기를 관통하는 시인의 일관된 역사관을 감지할 수 있다. 즉 문명화의 길로 들어선 인류가 갈수록 추락한다는 비관적 역사의식이다. 신들과 함께 살며 그들과 같은 삶을 영위하던 황금의 시대로부터 신들마저 떠나버린 철의 시대로의 전환은 기독교의 낙원 추방을 연상케 한다.

그런데 네 번째 종족으로 끼어 있는 영웅의 종족이 아무래도 거슬린다. 그것은 이야기의 자연스러운 흐름을 방해하는 낯설고 이질적인 요소다. 돌연변이와 같다. 그것은 또한 시인의 역사관과 가치관에 어긋나기도 한다. 이 부분은 헤시오도스가 호메로스의 영웅 찬양론을 무비판적으로 답습했다는 혹평을 면하기 어려울 것 같다. 순박한 농부로 자연친화적인 삶을 동경하고 실천했던 시인이 살인과 파괴와 약탈을 일삼던 '영웅'의 삶을 찬양하는 것은 아무리 생각해도 어색한 일이 아닌가.

날로 추락하는 인류에게 구원의 희망은 없는 것인가? 헤시오도스는 그것을 정의와 노동에서 찾고 있다. 「노동과 나날」은 재산 상속 문제로 자신을 끊임없이 괴롭히는 자신의 형제 페르세스를 설득할 목적으로 쓴 것이다. 그는 악하고 게으른 페르세스에게 인류의 역사 이야기를 들려주면서 정의의 구현과 신성한 노동만이 인간을 죄악의 늪에서 구출할 수 있음을 역설한다. 불의한 권력과 불로소득이 손짓하는 달콤한 유혹에 빠져 탐욕과 죄악으로 넘치는 우리 시대에도 헤시오도스의 해법은 여전히 유효하다. 그러나 그것이 아무리 옳은 이야기라 하더라도 각자의 도덕성과 양심에만 매달리는 호소여서는 안 된다. 그것은 공허하고 메마르다. 유태인들은 아이들이 읽을 책에 꿀을 발라놓는다고 한다. 책이란 귀찮고 따분한 게 아니라 맛있고 달콤한 사탕이라는 인상을 심어주기 위해서다. 정의와 노동도 달콤한 유혹이 되어야 한다. 그리하여 양심의 가책을 느끼며 마지못해 시늉만 내는 게 아니라 모두가 자연스럽게 기쁜 마음으로 정의와 노동을 즐길 수 있어야 한다. 실러가 꿈꿨던 엘리시움이란 바로 그런 세상이 아닌가.

대홍수

날로 타락해 가는 인간들 앞에는 신의 심판이 예견된다. 성서의 '노아의 방주'와 같이 그리스 신화에서도 대홍수로 인류가 심판받는 이야기가 나온다. 그런데 헤시오도스는 대홍수를 직접 언급하지 않는다. 대홍수에 관한 이야기는 아폴로도로스 등 후대의 신화 이야기꾼에 의해 전해진다. 그들은 이것이 제우스가 청동의 종족을 멸망시키려 했던 심판이라고 말한다.

제우스는 갈수록 타락하고 사악해 가는 인간들을 대홍수로 멸종시키기로 결심한다. 그런데 프로메테우스가 이를 눈치 채고 아들 데우칼리온(Deukalion)에게 큰 나무배를 만들어 대비하라고 가르쳐준다. 데우칼리온은 아내 피라(Pyrrha)와 함께 아버지의 명을 따른다. 피라는 에피메테우스와 판도라가 낳은 딸이다. 제우스는 북풍 보레아스(Boreas)를 동굴에 가두고 남풍 노토스(Notos)만을 풀어 비바람을 몰아친다. 그리고 천둥과 번개와 구름을 움직여 무서운 비를 쏟아 붓는다. 제우스의 요청으로 포세이돈은 바다에서 해일을 일으켜 대지를 덮치고 강과 하천도 범람하게 한다. 이렇게 9일 동안 비가 내린다. 대홍수는 지상의 모든 것을 물로 삼킨다. 아주 높은 산봉우리 몇 개만이 겨우 모습을 드러내고 있을 뿐이다.

비가 그치자 데우칼리온 부부는 배를 몰아 파르나소스 산 정상에 닿는다. 그들은 상륙하여 제우스에게 성대히 제사를 올린다. 제우스는 헤르메스를 보내 그들이 원하는 것을 알아보라고 했다. 그들은 후손들을 원했다. 제우스는 이들에게 얼굴을 가리고 옷을 벗은 채 등 뒤로 어머니의 뼈를 던지라고 명한다. 어머니의 뼈가 대지의 돌이라고 알아챈 이들은 명을 따라 그대로

데우칼리온과 피라, Peter Paul Rubens, 1636

행한다. 그러자 데우칼리온이 던진 돌에서는 남자가, 피라의 돌에서는 여자가 생겨난다. 그렇게 해서 급속도로 인류가 번창한다. 이들에게 신탁을 내린 신이 제우스가 아니라 이치의 여신 테미스라는 설도 있다. 그런데 데우칼리온과 피라가 육체관계를 맺어 낳은 아들이 있었으니, 그가 바로 그리스인들의 선조로 알려진 헬렌(Hellen)이다.

대홍수로 인류가 심판당하는 이야기는 성서와 그리스 로마 신화 이외에도 수메르 신화, 이집트 신화, 중국 신화 등 세계 여러 나라에서 공통적으로 전해진다. 과학자들은 지층 연구를 통해 대홍수 사건이 허구가 아니라 과학적 진실이라고 밝힌다. 가끔씩 노아의 방주가 실제로 발견되었다는 주장이 제기되기도 한다. 자연재해에 대비하는 전략과 설비가 부족했던 옛 시절에는 웬만큼 큰 비도 곧장 대홍수로 이어졌으리라는 추측도 해봄직하다. 아무튼 큰 비는 신의 심판을 떠올릴 수 있는 대재앙이었을 것이다.

헬렌의 탄생 설화에는 그리스인들의 선민의식이 담겨 있다. 그들은 이방 민족들은 모두 데우칼리온과 피라가 던진 돌에서 생겨났지만 자신들의 선조인 헬렌만은 두 사람의 육체적 결합에서 생겨난 '진짜' 인류라고 주장하고 싶었던 것 같다. 선민의식은 민족적 자부심과 긍지를 높이는 힘이 되기도 하지만, 자신들만이 '진짜'이고 남들은 모두 '가짜'라는 독선과 아집에 빠져들게 할 수도 있다. 그렇지만 자신들의 신만이 유일신이고, 또한 그 신으로부터 자신들만이 선택받았다고 강변하는 유태인들의 지나친 선민의식에 비하면 이들의 생각은 애교로 봐줄 수 있을 것 같다. 그리스 문명을 헬레니즘(Hellenism)이라고 한다. 이 말은 헬렌의 후손들인 헬레네스(Hellenes)가 이룩한 문명이라는 뜻이다.

7

제7장

신화와 인간 심리

이 장에서 우리는 심리학 개념과 관련된 세 명의 인물을 만난다. 오이디푸스는 신탁이 내려진 대로 아버지를 죽이고 어머니와 혼인하는 패륜에 빠져 파멸한다. 자신의 얼굴을 모르고 성장한 나르키소스는 수면에 비친 자기 모습에 반해 스스로에게 지독한 사랑을 품는 기구한 운명의 소유자다. 피그말리온은 자신이 만든 조각상에 사랑을 쏟아 생명이 깃들게 하는 기적을 낳는 인물이다.

프로이트를 비롯한 심리학자들은 세 인물의 운명에서 중요한 인간 심리를 밝혀낸다. 오이디푸스 콤플렉스는 어린 시절 사내아이가 부모에 대하여 무의식적으로 품는 상반된 충동—어머니에게는 성욕, 아버지에게는 살의—을 설명하는 개념이다. 나르시시즘은 자기 자신에게 지나치게 몰두하고 집중하는 자기도취증을 뜻한다. 피그말리온 효과는 사람에 대한 기대와 믿음의 힘을 말해 준다.

1. 오이디푸스 콤플렉스

비운의 왕, 오이디푸스

테베의 왕 라이오스(Laios)와 왕비 이오카스테(Iokaste)에게는 자식이 없었다. 그래서 그들은 델포이 신탁을 묻는다. 그런데 이들에게 내려진 신탁은 참으로 어처구니없고 소름끼치는 내용이다.

"아들을 낳으리니, 자라서 아비를 죽이고 어미를 취하리라."

그날부터 라이오스는 부인과의 잠자리를 피한다. 자식을 낳는 길을 원천적으로 봉쇄하여 신탁을 피해 보려는 심산이다. 그러나 인간의 의지로 신탁을 모면하기란 어려운 것인가. 라이오스는 어느 날 술에 취하여 자제력을 잃고 이오카스테와 동침한다. 그리하여 마침내 운명의 아들이 태어난다.

이제 신탁을 피하는 길은 아들이 장성하기 전에 싹을 잘라버리는 수밖에 없다. 그러나 라이오스는 차마 자신의 핏줄을 직접 살해하지 못하고 양치기를 시켜 깊고 깊은 산 키타이론에 내다버리게 한다. 도망치지 못하도록 발목에 구멍을 뚫고 가죽 끈으로 단단히 묶은 채 말이다. 하지만 양치기는 아이를 나무에 걸어놓는 대신 코린토스에서 온 양치기에게 넘겨준다. 그 아이는 마침 혈육이 없어 고민하던 코린토스의 폴리보스(Polybos) 왕과 메로페(Merope) 왕비의 양자로 들어가 성장하게 된다. 아이에게는 '부은 발'을 뜻하는 오이디푸스(Oidipous)라는 이름이 붙여진다. 발견될 당시 구멍이 뚫린 채 끈으로 묶인 발이 퉁퉁 부어 있었기 때문이다.

코린토스의 왕자로 성장하면서 오이디푸스는 이따금씩 자신의 출생과 관련한 괴이한 소문을 접한다. 산에서 잡아왔다느니, 다리 밑에서 주어왔다느니 등등 이러쿵저러쿵 말들이 많았다. 마음이 심란해진 오이디푸스는 델포이 신전으로 찾아가 사실 여부를 묻는다. 그런데 델포이 신탁은 물음에 대한 직접적인 답 대신 해괴망측한 말을 쏟아놓는다.

오이디푸스와 스핑크스, BC 480-470년경의 도기 그림

"너는 장차 아비를 죽이고 어미를 취하리라."

충격을 받고 돌아오던 오이디푸스는 운명을 피하기 위해 코린토스로 돌아가지 않고 발길을 돌린다. 부모를 멀리 떠나 있으면 신탁을 모면할 수 있으리라 생각한 것이다.

이리 저리 방랑생활을 하던 중 오이디푸스는 좁은 삼거리에서 마차를 탄 노인과 부하 일행을 만나 서로 먼저 길을 비키라는 시비가 붙는다. 고성과 욕설이 오가던 중 노인이 오이디푸스를 채찍으로 후려친다. 한 대 얻어맞은 오이디푸스는 분노를 이기지 못하고 노인을 죽여 버린다. 그 노인은 다름 아닌 테베의 왕 라이오스였다. 그는 자신의 왕국에 스핑크스라는 괴물이 나타나 사람들을 괴롭혀 델포이로 신탁을 구하러 가는 도중이었다. 오이디푸스는 자신도 모르게 친아버지를 죽인 것이다.

방랑을 계속하던 중 오이디푸스는 몇 개월 후 테베에 이르게 된다. 테베는 여전히 스핑크스 때문에 고통을 겪고 있었다. 스핑크스(Sphinx)는 '목 졸라 죽이는 자'라는 뜻의 이름으로 상체는 여자, 하체는 사자의 몸에 날개가 달린 괴물인데, 지나가는 사람을 잡고 수수께끼를 내어 맞히지 못하면 그 자리에서 목을 졸라 죽이곤 한다. 테베 왕가에서는 이 괴물을 퇴치하는 영웅에게 라이오스의 죽음으로 비어 있는 왕좌와 홀로 된 왕비를 주기로 공약을 걸어놓고 있었다. 오이디푸스는 모험을 감행하기로 한다. 수수께끼는 '아침에는 네 다리, 점심에는 두 다리, 저녁에는 세 다리로 걷는 것이 무엇인가?'라는 것이었다. 답은 '인간'이다. 인간은 갓난아기 때는 양 팔다리, 즉 네 다리로 걷다가 성인이 되면 두 다리로 걷고 늙으면 지팡이에 의지해 세 다리로 걷는다는 뜻이다. 오이디푸스가 답을 맞히자 스핑크스는 수치심을 못 이겨 그 자리에서 돌로 변한다. 오이디푸스는 왕가의 공약대로 이오카스테와 결혼하여 왕위에 오른다. 그리고 맏딸 안티고네(Antigone)를 비롯한 2남 2녀의 자식까지 두게 된다. 마침내 신탁이 이루어진 것이다.

한동안 태평성대를 누리던 테베에 악질 전염병이 돈다. 델포이 신탁을 물어보니, 선왕 라이오스를 죽인 범인이 테베에서 활개를 치고 있으니 그 자를 색출하여 내치라는 것이었다. 정의감과 사명감에 사로잡힌 오이디푸스 왕은 집요한 조사 끝에 범인을 밝혀낸다. 그리고 자신이 그토록 피하려 했던 신탁이 자신도 모르는 사이에 이미 이루어져 있었다는 사실도 깨닫게 된다. 충격을 받은 아내, 아니 어머니 이오카스테는 자살을 한다. 또한 오이디푸스는 이 엄청난 사실을 보고도 알지 못한 두 눈을 찔러 장님이 된다. 그리고 스스로 왕위를 버리고 죽을 때까지 떠돌이 생활을 한다.

신탁, 피할 수 없는 운명인가?

오이디푸스의 운명 위에 드리워진 신탁의 내용 못지않게 안타깝고 어처구니없는 것은 신탁을 피하기 위해 택한 길이 오히려 신탁의 실현을 돕는 요인으로 작용하게 된다는 사실이다. 라이오스 부부가 신탁을 피하기 위해 자식을 버리는 바람에 양부모 슬하에서 성장한 오이디푸스가 친부모를 몰라보고 죄를 지었으며, 오이디푸스 또한 신탁을 피해 양부모 곁을 떠나는 길에 친아버지를 만나 살해하고 친어머니와 몸을 섞게 되지 않는가. 늪에 빠진 사람이 헤어나려고 발버둥 치면 칠수록 점점 더 깊이 빠져드는 것처럼 신탁을 피해 가려는 인간의 몸부림이 되레 실현을 촉진시키고 있다.

가정해 보자. 라이오스 부부가 어린 오이디푸스를 버리지 않고 함께 살았다면, 장성한 오이디푸스가 친부모를 몰라보고 죄를 범하는 행위를 막을 수 있지 않았을까? 신탁을 피하려고 양부모 곁을 떠나려고 한 그의 의지를 생각해 보면 충분히 납득할 수 있는 가정이 아닌가? 또한 오이디푸스가 신탁을 듣지 않았다면, 그래서 양부모 곁을 떠날 일도 없었다면, 그가 친부모와 다시 만나 끊어졌던 운명의 사슬을 잇게 되는 비극을 면하지 않았을까? 아니면 이 모든 가정이 헛된 것인 양 한번 내려진 신탁은 인간이 아무리 애쓰더라도 도저히 피할 수 없는 숙명과 같은 것인가? 그렇다면 인간의 삶이란 결국 신의 손바닥 위에서 놀아나는 허망한 유희라는 말인가? 인간에게는 자신의 운명을 스스로 개척하는 자유의지가 없다는 뜻인가? 그리스의 비극 작가 소포클레스는 대표작 「오이디푸스 왕」에서 이러한 의문들과 치열하게 맞서고 있다.

이 비극 작품은 오이디푸스 왕이 어머니 이오카스테와 운명적인 혼인을 하고 통치하던 테베에 악질 전염병이 돌기 시작하는 국면을 서막으로 하고 있다. 극이 시작되면서 역병에 고통받는 테베의 백성들이 왕에게 그 옛날 스핑크스의 수수께끼를 풀어 나라를 구해 준 일을 상기시키면서 이번에도 역병으로부터 구원해 달라고 간청한다. 사명감에 사로잡힌 오이디푸스는 기꺼이 청을 받아들이고 사태의 해결에 발 벗고 나선다. 우선 처남 크레온(Kreon)을 델포이 신탁소로 보낸 역병의 원인을 알아보니, 선왕 라이오스의 살해자가 바로 원흉이라는 답이 돌아온다. 이후 작품은 오이디푸스가 자신의 범행을 스스로 파헤쳐서 드러내는 아이러니컬한 전개 과정을 보여준다.

오이디푸스가 범행을 깨달아가는 과정은 네 단계로 발전된다. 즉 그가 조언을 얻기 위해 부른 장님 예언가 테이레시아스(Teiresias)와 대립하면서 자신에 대한 의혹이 처음으로 제기되고, 이후 이오카스테와의 대화, 양아버지 폴리보스의 죽음을 전하러 온 코린토스 사자의 보고 등이 이어지면서 의혹이 점차 고조되고, 어린 오이디푸스를 버린 테베의 양치기를 대면하는 순간 마침내 사건의 전말이 폭로된다. 이러한 과정에서도 오이디푸스의 알리바이를 위해 제기된 진술들이 되레 의혹을 증폭시키는 단서로 탈바꿈한다.

신탁을 통해 역병의 원인을 알게 된 오이디푸스는 분기탱천하여 "친아버지를 위해 싸우듯이" 라이오스를 위해 싸우겠노라고 호언장담한다. 비극적 결말과 대비시켜 보면, 이 얼마나 한치 앞도 내다보지 못하는 인간의 허약함과 어리석음을 드러내는 말인가. 그는 또한 무의식적으로 '친아버지'와 '라이오스'를 연관시키고 있다. 조언을 구하기 위해 불려온 테이레시아스는 사건의 전말을 꿰뚫어보지만 너무나 엄청난 사태를 피해 가려 한다. 그래서 그는 오이디푸스의 질문에 답하지 않고, 자신을 그냥 돌려보내는 것이 서로의 운명을 가장 가볍게 지고 가는 길이라고 둘러댄다. 그러나 진실에 대한 열망이 오이디푸스를 사로잡는다. 그는 모욕과 협박으로 예언가를 격하게 몰아세운다. 마치 자신의 죄를 빨리 폭로해 달라고 애원하듯이. 궁지에 몰린 테이레시아스는 마침내 진실을 밝히고 만다. 그는 오이디푸스가 "자식들의 형제이자 아비, 어미의 아들이자 남편, 아비의 잠자리를 뺏은 자, 그리고 아비를 살해한 자"로 밝혀지리라 예언한다.

자신의 도덕성을 추호도 의심해 본 적이 없는 오이디푸스는 너무나 엄청난 얘기에 당혹감을 느끼기는 하지만 믿지는 않는다. 그리고 이 모든 것이 크레온의 음모라고 단정 짓는다. 테이레시아스에게 해법을 구하라고 권한

게 바로 그자가 아닌가. 크레온을 불러 혐의를 추궁하던 중에 이오카스테가 등장하여 신탁과 예언의 허구성을 말해 준다. 신탁에 의하면 라이오스가 친아들에게 살해되어야 하는데, 사실은 그가 삼거리에서 도둑들에게 살해당했으며 따라서 신탁이나 예언이란 믿을 게 못 된다는 위안의 말이다. 그러나 위안의 말 속에 언급된 '삼거리'라는 살해 장소가 오이디푸스를 더욱 당혹스럽게 한다. 이제 남은 알리바이는 라이오스가 한 사람의 나그네가 아니라 '도둑들'에게 당했다는 진술이다. 이 말을 퍼트린 자는 유일하게 살아남은 라이오스의 부하다. 그런데 그는 어린 오이디푸스를 내다버린 양치기이기도 하다. 그는 오이디푸스가 왕위에 오른 것을 보고 왕비에게 간청하여 멀리 떠나 있는 중이다. 오이디푸스는 점점 불안해지는 이오카스테와 코러스의 만류를 단호히 뿌리치고 그를 당장 불러들이라고 명한다.

그때 코린토스의 사자가 당도하여 폴리보스 왕의 죽음을 고한다. 그것은 캄캄한 암흑 속으로 스며드는 한줄기 생명의 빛이었다. 신탁이 어긋난 것이다! 신탁에 의하면 그가 오이디푸스의 손에 죽었어야 마땅하지 않은가. 그러나 그것은 폭풍 전야에 비치는 마지막 불빛이었다. 살아남은 어머니 메로페와의 혼인을 염려하는 오이디푸스에게 사자는 그의 염려를 무마시킨다는 마음으로 진실을 털어놓는다. 코린토스의 왕과 왕비가 오이디푸스의 친부모가 아니라고. 그러니 안심하고 코린토스로 돌아가라고 말이다. 게다가 사자는 자신이 바로 테베의 양치기로부터 어린 오이디푸스를 넘겨받았노라고 자신 있게 말해 버린다. 오이디푸스에게 확신을 심어주기 위해서. 하지만 그를 의혹의 늪으로 더 깊이 빠지게 하는 말일 뿐이다.

이제 쓰러져 가는 오이디푸스에게 최후의 일격을 가해 줄 사람은 테베의 양치기이자 삼거리에서 살아남은 라이오스의 부하다. 오이디푸스는 이제는 더 이상 진실을 파헤치지 말라고 애원하는 이오카스테를 뿌리치고 자신은 "행운의 신의 아들"이라고 큰소리치며 양치기를 불러들인다. 그리고 진실을 밝히기를 두려워하는 양치기를 호되게 다그쳐 마침내 오이디푸스 자신이 친아버지 라이오스를 살해하고 친어머니 이오카스테와 혼인하였다는 사실을 밝혀내고야 만다. 그는 이미 자결한 이오카스테의 시신에서 옷을 고정하는 핀을 뽑아서 두 눈을 찌른다. 그리고 절규한다.

"오오, 빛이여, 너를 두 번 다시 보지 못하게 해다오! 태어나서는 안 될 몸에서 나왔고, 함께 해서는 안 될 분과 살았으며, 해쳐서는 안 될 분을 죽였으니!"

오이디푸스가 자신의 눈을 찔러 "검붉은 피가 폭포처럼 쏟아지는" 가운데 자신의 비운을 한탄하고 절규하는 장면은 비극의 극치를 보여준다. 자신도 모르게 천륜을 거스르는 막중한 죄를 짓고 고귀한 국왕에서 죄 많은 맹인으로 급전직하(急轉直下)하는 오이디푸스의 운명을 그린 이 작품은 아리스토텔레스가 비극의 전형으로 극찬한 명작이다. 「시학」에서 아리스토텔레스는 비극의 기능을 연민과 공포를 불러일으키는 사건을 통하여 카타르시스를 유발하는 것으로 해석한 바 있다. 카타르시스(Katharsis)란 '감정의 정화'를 뜻하는 말로 일종의 배설작용을 말한다. 그것은 소리 내어 실컷 울고 나면 온갖 복잡한 감정들이 눈물로 싹 씻긴 듯 속이 시원하고 마음이 편안해지는 효과에 비유될 수 있다. 이는 인간의 감정이 지나치게 부풀어지는 것을 억제하고 항상 마음의 평정을 유지시키는 기능이기도 하다. 연민의 감정은 부당한 불행을 바라볼 때 불러일으켜지며, 공포의 감정은 자신과 유사한 인물에게 닥친 불행을 바라볼 때 불러일으켜진다는 설명이다. 즉 관객은 뚜렷한 죄도 없이 불행을 겪게 되는 주인공의 운명을 바라보며 함께 슬퍼하며, 이 같은 불행이 자신에게도 닥칠지 모른다는 마음 때문에 두려움을 느끼게 된다는 말이다. 이러한 맥락에서 아리스토텔레스는, 비극의 주인공은 비록 덕과 정의에 있어서 월등하지는 않으나 뚜렷한 악덕과 비행과도 거리가 먼 인물로서 어떤 과실 때문에 불행에 빠지는 운명의 소유자여야 한다고 주장한다.

극단적인 선인이나 악인의 운명은 보통 사람들에게 연민도, 공포도 불러일으킬 수 없기 때문이다. 그리스어로 하마르티아(Hamartia)로 불리는 '과실'은 **성격적 결함**으로 풀이되기도 하고 착오나 실수로 해석되기도 한다. 아무튼 뚜렷한 악의 없이 저지른 행위로 인해 인생의 정점에서 끝없는 나락으로 떨어지는 오이디푸스의 운명은 비극의 표본으로 평가된다.

「오이디푸스 왕」은 신탁으로 내려진 운명과 맞서 싸우는 인간의 처절한 투쟁을 그려내고 있다. 그리고 거대한 운명의 힘 앞에서 무기력하게 패배하는 인간의 한계를 드러내준다. 운명 앞에 참패한 오이디푸스는 절규한다.

"슬프도다, 악령이여, 날 어디로 내몰았단 말이냐?"

다들 묻고 싶을 것이다. 왜 이다지도 순결한 인간이 신탁의 노예가 되어 운명 앞에서 맥없이 쓰러지는가를. 도대체 신적 질서와 자연의 섭리에는 무엇이 선이고, 무엇이 악인가를. 그러나 속 시원한 답을 기대하기는 어려울 것 같다. 델포이 신탁은 어떠한 질문도 허용하지 않는다. 말하자면 질의응답이 없는 일방적인 통보인 셈이다. 신적 질서와 자연의 섭리는 인간들이 만든 선악의 잣대나 이성적 판단을 초월해 있는 것이 아닐까. 태풍, 지진, 화산폭발, 홍수, 가뭄 등과 같은 대자연의 무자비하고 예측 불가능한 힘을 인간의 잣대로 평가하는 것은 무의미하지 않을까. 우리들에겐 파괴적인 악으로 다가올지 모르지만 나름대로의 법칙과 질서에 따라 작동하는 순환 작용이요 정화 작용일 따름이다. 인간에게 닥치는 비극적인 사건들이 인과 관계로 설명될 수 없는 경우가 어디 한둘이던가.

오이디푸스가 겪는 비극의 원인은 성격적 결함에서도 찾을 수 있다. 그것은 대체로 분노를 억제하지 못하는 격정과 오만으로 설명된다. 우선 오이디푸스의 격정은 죄를 유발하고, 또한 그 죄를 드러내는 결정적인 요인으로 작용한다. 그는 좁은 삼거리에서 라이오스 일행과 마주쳐 실랑이하던 중 격분에 사로잡혀 살인을 한다. 그는 델포이 신탁을 듣고 그것을 피해 가려고 여행길에 오르지 않았던가. 그렇다면 냉정을 잃지 않고 상대가 누구든 간에 사람을 죽이는 일만은 철저히 경계했어야 한다. 그러나 격정이 이성을 지배했고, 그 순간 운명이 슬그머니 그를 지배해 버렸다. 그는 또한 진실을 밝히기를 꺼려하는 예언가 테이레시아스를 향해 격정을 폭발시켜서 오이디푸스의 죄를 토설하게 했다.

다음으로 부각되는 오이디푸스의 결함은 오만이다. 그의 오만한 마음은 스핑크스의 수수께끼를 풀었던 지혜에 대한 과도한 자부심에서 비롯된다. 그는 테이레시아스와 치열하게 설전을 벌이면서 "그 수수께끼를 푼다는 건 근본도 없는 사람이 맡을 일은 아니었노라"고 떠벌리며 자신의 우월함을 과시한다. 이에 대하여 예언가는 "바로 그 행운이 당신을 파멸로 이끌었다"라고 맞받아친다. 사실 오이디푸스는 스핑크스의 수수께끼를 맞힌 공적 때문에 친어머니 이오카스테와 혼인하는 근친상간의 죄를 범하게 되지 않았던가. 그런데 오이디푸스를 오만에 빠지게 한 그의 지혜란 얼마나 보잘 것 없는 것인가. 그는 두 눈을 시퍼렇게 뜨고도 아버지를 몰라보고 살해했을 뿐 아니라 어머니와 몸을 섞고 살아온 세월을 똑바로 바라보지 못하고 있지 않는가. 그리고 한치 앞으로 다가온 파멸의 순간을 짐작조차 못하고 있다. 그는 눈 뜬 장님과 같다. 테이레시아스는 눈이 먼 자신을 조롱하는 오이디푸스에게 '당신이야말로 눈을 뜨고도 진실을 보지 못하는 진짜 장님이 아니냐!'라고 빈정거린다. 눈을 뜨고도 바라보지 못하는 오이디푸스와 눈이 멀었지만 진실을 꿰뚫어보는 테이레시아스의 대비는 오이디푸스를 오만에 빠뜨린 지혜의 허상을 확연히 드러내 주는 기능을 한다.

스핑크스가 던진 수수께끼의 정답은 '인간'이다. 오이디푸스는 자랑스럽게 답을 맞히었지만, 그것으로 인하여 신탁의 완성이 이루어진다. 스핑크스의 수수께끼는 영광의 길이 아니라 비극의 길로 인도하고 있다. 오이디푸스가 푼 것은 수수께끼의 본질이 아니라 껍데기에 불과한 것이 아닐까. 수수께끼는 '인간'이라는 답을 요구하는 것이 아니라 '인간이란 과연 어떤 존재인가' 하는 근본적인 의문에 대한 성찰을 기대하는 것이 아닐까. 세월의

오이디푸스와 스핑크스, Gustave Moreau, 1864

흐름에 따라 네 발, 두 발, 세 발로 바꿔가며 걸을 수밖에 없는 인간은 변화무쌍한 '수수께끼 같은' 존재이면서 결국은 심신의 쇠약함으로 죽을 수밖에 없는, 즉 '한계의 틀'에 사로잡혀 있는 존재라는 메시지가 담겨 있는 수수께끼가 아닐까.

자신의 운명에 대하여 좀 더 깊이 성찰했더라면 오이디푸스는 어머니와 혼인하는 죄는 범하지 않았을지도 모른다. 이오카스테는 '어머니뻘 되는' 연상의 여인이고 '살해당한' 사람의 미망인이 아니었던가. 괴물을 퇴치한 영웅이 되었다는 흥분감과 오만함이 진실을 읽어내는 마음의 눈을 멀게 한 것인가. 자신은 지혜롭고 완전무결하다는 미망에 사로잡힌 오이디푸스는, '오만은 폭군을 낳고 비참한 운명에 빠지게 할 것'이라고 경고하는 코러스의 노래를 경청하지 않은 채 진실을 향해 열정적이고도 치열하게 내달린다. 마치 하루살이가 불꽃을 향해 질주하듯이. 그리고 진실과 함께 장렬하게 파멸한다.

비극적 운명의 책임 앞에 오이디푸스 스스로의 의지와 행동 역시 자유롭지 못하다. 궁극적으로 아버지를 살해하고 어머니와의 혼인을 결행한 주체는 오이디푸스 자신의 의지와 행동이 아닌가. 비극적 운명은 신의 의지와 인간의 의지가 어우러진 합작인지도 모를 일이다. 눈을 찔러 장님이 된 오이디푸스는 자신을 파멸시킨 것이 신탁의 주인인 아폴론과 자기 자신임을 토로한다.

"아폴론이다, 오 친구여, 아폴론이 재앙, 재앙을 가져왔다. 이 나의 재앙, 나의 고통을. 그러나 제 손으로 눈을 친 것은 다름 아닌 파멸의 아들인 바로 나로다."

두 눈을 뜨고도 진실을 바라보지 못하던 오이디푸스가 눈을 잃어버리고 나서 혜안을 얻고 있다. 탐욕과 오만, 그리고 무지와 격정으로 번뜩이는 외형의 눈을 찔러 절멸시키고 진실을 꿰뚫어 보는 마음의 눈을 밝힌 것이리라. 소포클레스의 오이디푸스는 노도와 같이 밀어닥치는 운명의 힘에 온몸으로 맞서 처절하게 투쟁하다가 장렬하게 파멸하는, 그렇지만 고통과 역경을 통해 혜안을 체득하고 의연히 일어서는 비극적 인물의 전형이다. 소포클레스는 오이디푸스라는 인물에 대하여 무한한 연민과 애정을 품었던 것 같다. 그는 만년의 노작 「콜로노스의 오이디푸스」를 통해 추락한 오이디푸스의 명예를 복권시키고 있다. 콜로노스는 아테네 근교의 촌락으로 작가의 고향이기도 하다. 자신의 백성들과 아들들로부터 버림받고 딸 안티고네의 부축을 받으며 방랑을 하던 장님 오이디푸스는 인생의 황혼에 이르러 아테네의 영웅 테세우스가 곁에서 지켜보는 가운데 콜로노스의 '성스러운 숲'에서 신비롭고 장엄한 최후를 맞이한다.

오이디푸스 콤플렉스

부자 갈등 심리로 이해되는 오이디푸스 콤플렉스(Oedipus complex)는 오스트리아의 정신분석학자 프로이트에 의해 도입된 개념이다. 프로이트는 이 개념으로 세 살에서 여섯 살 사이의 사내아이들이 무의식적으로 갖는 부모에 대한 상반된 욕망을 설명하려고 했다. 즉 이 시기에 이르게 되면 사내아이는 이성인 어머니에 대해서는 에로스(Eros)적 욕망인 성욕을, 동성인 아버지에 대해서는 타나토스(Thanatos)적 욕망인 살의를 각각 느끼게 된다는 설명이다. 이를테면 어머니를 성적으로 소유하고 싶은 욕망이 일어나면서 '방해꾼' 같은 아버지를 적대시하여 죽이고 싶은 욕망 또한 분출하게 된다는 말이다.

프로이트가 이 개념을 도입하는 과정에서 이론의 결정적인 배경으로 삼은 것은 물론 신화 속의 인물 오이디푸스 왕의 운명이다. 「꿈의 해석」에서 프로이트는 오이디푸스가 아버지를 살해하고 어머니와 결혼한 것이 운명의 장난이 아니라 우리 모두가 어린 시절에 품었던 "원시적 소망"을 구현시킨 것에 지나지 않는다고 주장한다. 그는 또한 소포클레스의 비극 「오이디푸스 왕」이 고대 그리스 관객은 물론 현대 관객들의 마음까지 강하게 사로잡는

오이디푸스와 안티고네, Charles François Jalabert, 1842

이유는 오이디푸스의 운명이 우리의 내면에 숨어 있는 욕망을 끌어당기는 흡입력을 지녔기 때문이라고 해석한다. 오이디푸스에게 내려졌던 신탁은 사실 우리 모두에게 내려진 저주라는 뜻이다.

그런데 이러한 원시적 소망은 사회적 삶과 문명화 과정 속에서 억압적 힘에 의해 정리되고 다듬어져 퇴행된 형태로 우리들 마음속 깊이 자리 잡게 된다. 프로이트는 「오이디푸스 왕」에서 이오카스테가 오이디푸스를 위로하는 대사에 주목한다. 그녀는 어머니와 혼인하게 되리라는 신탁을 염려하는 오이디푸스에게 그것은 누구나 꿈꾸는 일이라고 말해 준다.

"어머니와의 혼인이라는 것도 염려하지 마세요. 많은 이들이 이미 꿈속에서 어머니와 동침했을 것이니까요. 하지만 그런 일 따위에 마음을 쓰지 않는 사람이 아주 속 편하게 살아갈 수 있답니다."

근친상간에 대한 원시적 소망은 꿈으로, 무의식으로, 잠재의식으로 퇴행되어 자리 잡는다. 사회적 삶 속에서 문명인으로 '속 편하게' 살아가기 위해서는 이러한 원시적 소망이 의식화되고 실현되지 않도록 억압되어야 한다. 어린 시절 품었던 오이디푸스 콤플렉스는 거세에 대한 공포심을 통해 해소된다. 즉 사내아이는 자신이 품고 있는 검은 욕망이 발각되어 거세당할지도 모른다는 두려움 때문에 욕망과 배치되는 행동을 취하게 된다는 것이다. 그리하여 어머니와 거리를 두고 아버지를 닮으려는 마음으로 선회하면서 욕망은 잠복기를 거친다. 이 시기에 사내아이는 활달하고 거친 행동과 놀이에 빠져들면서 '남성'으로 틀을 잡아간다. 프로이트는 또한 오이디푸스 콤플렉스를 해소하는 과정에서 일어나는 중요한 변화로 '초자아(superego)'의 발달을 꼽는다. 즉 아이들은 근친상간의 욕망을 억제하는 훈련을 통하여 다양한 형태의 폭력적인 충동을 누르고 사회문화적 관습과 도덕에 익숙해지는 법을 배우게 된다는 설명이다. 결국 콤플렉스 해소는 사회화와 문명화의 길로 통한다는 뜻이다.

오이디푸스 콤플렉스는 잠복기를 지나 청소년기에 이르러 다시 한 번 나타나 아이들을 반항과 번민 속에 빠뜨렸다가 대개의 경우 성년이 되기 전에 완전히 해소된다. 그런데 이 과정에서 콤플렉스를 성공적으로 극복하지 못한 사람들은 성인이 되어 이성 관계나 조직 생활에 있어서 어려움을 겪거나, 히스테리나 불안감 등 각종 신경장애에 빠지게 된다고 한다. 여자아이가 거치는 동일한 콤플렉스는, 아버지의 복수를 위해 어머니를 살해하도록 동생 오레스테스를 부추긴 아가멤논의 딸 엘렉트라(Elektra)의 이름으로 개념화되어 있다.

프로이트의 이론은 부자간에 존재하는 미묘한 심리적 갈등 구조에 주목함으로써 정신분석학의 새로운 연구 지평을 열었다는 점에서 높은 관심과 평가를 받고 있다. 그러나 부자 갈등과 심리의 근원을 성적 욕망으로만 규명하고 있다는 비판을 받고 있는 것도 사실이다. 태초의 신들의 전쟁에서 보듯이 부자 갈등 심리는 가부장제가 형성한 부자간의 권력 투쟁에서 비롯된 것이 아니냐는 주장이 새롭게 제기된다. 집중된 권력을 중심으로 철저한 수직 관계를 요구하는 가부장제 하에서는 권력을 잡고 있는 아버지와 차기 권력을 노리는 아들 사이에 언제나 팽팽한 긴장 관계가 조성될 수밖에 없다. 그래서 쇠퇴하는 아버지는 성장하는 아들을 끊임없이 경계하고 억압하게 되며, 아들은 아버지를 거세하려는 욕망을 가슴 깊이 간직하게 된다. 어머니 가이아와 손잡고 아버지 우라노스를 거세한 크로노스의 운명에서, 성적 욕망이 아니라 권력을 향한 욕망이 빚어낸 또 다른 삼각관계를 그려볼 수 있을 것이다.

2. 나르시시즘

에코와 나르키소스

에코(Echo)는 숲의 요정이다. 그녀는 숲과 사냥의 여신 아르테미스를 흠모하며 울창한 숲 속에서 자연과 함께 팔팔하게 뛰노는 아리따운 아가씨다. 소문난 수다쟁이기도 하다. 생동하는 숲에서 온갖 새들과 상대하다 보니 자신도 모르게 촉새가 된 것이다. 에코는 일단 한번 입을 열었다 하면 상대가 대꾸할 틈도 주지 않고 폭포처럼 말을 쏟아 부어 누구든 혼을 빼어놓기 일쑤다.

어느 날 바람둥이 제우스가 요정들을 희롱하고 있다는 정보를 입수한 질투의 화신 헤라가 불륜의 현장을 추적하던 중 에코를 만난다. 헤라는 그녀에게 난봉꾼의 행방을 물으려 한다. 그런데 에코는 헤라가 입도 뻥끗하기 전에 특유의 수다를 떨기 시작한다.

"종알종알, 재잘재잘, 지지배배······."

에코와 나르키소스, John William Waterhouse, 1903

헤라는 넋을 잃고 만다. 자신이 지금 무엇을 하는 중이었는지조차 잊어버린다. 한참 동안 에코의 수다에 정신이 팔려 있다가 문득 눈을 들어 주위를 살펴보니 상황이 이미 끝나버렸다. 화가 머리끝까지 난 헤라는 에코에게 저주를 퍼붓는다.

"이 수다꾼아, 너 때문에 난봉 서방 길들일 절호의 기회를 놓쳐버렸다. 잘난 혓바닥에 저주를 내려주마. 마음 같아선 세치 혀를 완전히 굳어버리게 하고 싶다만, 그래도 불쌍한 생각이 들어 반만은 살려두마. 이제부터 너는 남이 말을 꺼내기 전엔 절대 혀를 놀릴 수 없고 말대답만 할 수 있으리라!"

헤라의 저주로 상대가 말을 걸어오기 전에는 먼저 입을 열 수 없게 된 에코는 어느 날 사냥을 나온 눈부시게 아름다운 청년 나르키소스를 만나 사랑에 빠진다. 그러나 어쩌랴. 당장 그에게로 달려가 사랑을 속삭이고 싶어 안달이 났지만 에코는 나르키소스 곁을 배회하며 물끄러미 바라볼 따름이다. 나르키소스는 동료들을 잃어버렸는지 큰 소리로 "근처에 누구 없나?"라고 외친다. 그러자 에코가 말을 받아 "없나?"라고 대꾸한다. 그 소리에 나르키소스는 주위를 둘러보았으나 아무도 없다. 나르키소스가 다시 "있거든 이리로 나와!" 하니까, 에코도 "나와!"라고 맞받는다. 그러자 나르키소스는 더 큰 소리로 "다들 나와 함께 가자!"라고 외친다. 이 말에 에코는 "함께 가자!"라고 화답하며 나르키소스에게 달려가 목을 끌어안는다.

나르키소스는 기겁을 하며 뒤로 물러난다. 그리고는 "놓아라, 너 같은 것에게 안기느니 차라리 죽어버리겠다!"라고 소리친다. 에코는 "죽어버리겠다!"라고 외치며 물러난다. 나르키소스가 매몰차게 발길을 돌려 사라지자 에코는 부끄러움에 낯을 붉히며 깊은 산 속으로 숨어든다. 이때부터 에코는 눈에 띄지 않는 동굴이나 계곡에서만 살았으며 실연의 아픔 때문에 날로 여위어 가다가 마침내 육신은 사라지고 목소리만 '메아리'로 남게 된다.

에코의 마음을 빼앗은 미남 청년 나르키소스(Narkissos)는 강의 신 케피소스(Kephisos)의 아들로서 빼어난 미모를 갖고 태어난다. 그런데 태어나서 얼마 후에 장님 예언가 테이레시아스가 지나가다 나르키소스의 얼굴을 바라보고 "이 아이는 자기 얼굴을 보지 않아야 오래 살겠다"라는 요상한 말을 던지고 갔다. 테이레시아스는 목욕하는 아테나의 알몸을 훔쳐본 죄로 장님이 되었으며, 보상으로 아테나로부터 예언력을 선사받은 인물이다. 제우스와 헤라가 섹스할 때 남녀의 만족도에 관하여 논쟁을 벌이던 와중에 여성이 더 많은 쾌락을 느낀다는 제우스의 편을 든 탓으로 헤라의 화를 불러 눈이 멀게 되었다는 설도 있다. 예언력은 물론 제우스의 포상이라는 설명이다.

불길한 예언을 염려한 나르키소스의 부모는 집안의 거울을 모두 치워버리는 한편, 물의 요정들에게 명하여 나르키소스가 접근하면 수면을 흔들어

나르키소스, Caravaggio, 1594-1596

버리게 한다. 그래서 그는 청년이 될 때까지 제 모습을 보지 못하고 자란다. 나르키소스의 얼굴은 갈수록 아름다움을 더해, 보는 이의 마음을 빼앗아 갔다. 그런데 에코를 비롯한 숱한 요정들이 사랑을 고백했지만 그때마다 쌀쌀맞게 뿌리치곤 한다. 여자의 마음에 한을 남기면 오뉴월에도 서리가 낀다고 했던가. 사랑을 응답받지 못한 요정들이 기도를 올린다. 그에게도 짝사랑의 아픔이 뭔지를 깨닫게 해달라고.

복수의 여신 네메시스가 기도에 응답한다. 어느 더운 여름날 나르키소스는 홀로 사냥에 나섰다가 목이 말라 깊은 산중의 맑은 샘물을 찾아 물을 마시려고 몸을 숙인다. 그런데 수면 위에서 웬 아름다운 사람이 자기를 바라보는 것을 발견하고 넋을 잃는다. 아폴론을 닮은 금발의 고수머리, 맑고 커다란 눈동자, 갸름한 장밋빛 볼, 오뚝한 코, 타는 듯한 붉은 입술, 그리고 사슴처럼 가늘고 긴 목이 완벽한 아름다움을 연출하고 있었다. 자신의 얼굴을 모르고 있었던 나르키소스는 그것이 샘의 요정이라고 생각한다. 그는 자신도 모르게 키스하려고 입술을 수면에 갖다 댄다. 그러자 요정은 슬그머니 모습을 감추어버린다. 당황한 나르키소스가 황급히 얼굴을 들자 어느새 요정은 다시 나타나 그의 가슴을 애타게 한다.

나르키소스는 샘가를 떠날 수 없었다. 그는 식음을 전폐하고 수면에 비친 요정만 바라보았다. 그리고 자신을 짝사랑하다 육신이 사라져 간 에코와 같이 상사병의 아픔으로 나날이 야위어 간다. 나르키소스는 마침내 샘가에서 흔적도 없이 말라 죽는다. 얼마 후 그 자리에 가련한 꽃 한 송이가 피어난다. 그의 이름을 딴 꽃인 수선화(narcissus)이다.

나르시시즘

나르키소스는 저승으로 건너가는 스틱스 강을 지나면서도 수면 위에 비친 자신의 모습을 보려고 뱃전에서 몸을 굽혔다고 한다. 이처럼 자신에게 지독한 사랑에 빠져 죽음에 이르는 나르키소스의 운명에서 '자기도취증'을 뜻하는 심리학 개념인 나르시시즘(narcissism)이 비롯된다.

나르키소스에 관한 신화를 심리적 장애와 연관 지어 설명한 최초의 인물은 19세기 성의학자인 엘리스(H. Ellis)다. 그는 자기 사랑에 빠진 나르키소스적 현상을 동성애를 설명하는 이론적 배경으로 삼았다. 즉 남성이나 여성이 이성을 사랑하지 않고 동성에게 애착을 느끼는 행위는 대상에게 자기 자신을 투영시키는, 일종의 자기 사랑의 병리 현상이라는 설명이다. '나르시시즘'이란 용어를 처음으로 사용한 사람은 독일의 정신과 의사인 내케(W. Näcke)다. 그는 이것으로 일종의 성적 도착증, 즉 스스로의 육체에 대해 성적인 충동을 느끼는 이상 심리를 설명하려 했다.

'나르시시즘'을 육체에 대한 성적 도착 상태를 넘어 포괄적인 정신분석학 개념으로 확장시킨 인물은 프로이트다. 그는 성적 충동 에너지인 리비도(libido)로서 이 개념을 설명하려 했다. 그에 따르면 나르시시즘은 리비도가 대상을 향하지 않고 자기 자신에게로 집중된 상태를 가리킨다. 『정신분석 입문』에서 프로이트는 자아를 향한 '자아 리비도'와 대상을 향한 '대상 리비도'의 관계를 아메바에 비유하여 설명하고 있다. 아메바는 위족(僞足)이라고 알려진 돌기를 내밀어 그 방향으로 자신의 신체 물질을 흘려보낸다. 하지만 그것은 필요에 따라 돌기를 철수시켜 자신을 원래의 둥근 덩어리로 만들 수 있다. 아메바가 이처럼 돌기를 내밀었다 철수시켰다 하듯이 정상적인 자아 리비도는 아무런 장애 없이 대상 리비도로 변형될 수 있으며, 대상 리비도 역시 자아 리비도로 되돌아 올 수 있다.

프로이트는 나르시시즘을 '일차적 나르시시즘'과 '이차적 나르시시즘'으로 구분하여 설명한다. 갓난아이는 자기와 세상을 구별하지 못한다. 이 시기에 아이는 자아 리비도를 대상 리비도로 전환하는 활동 능력 이전에 머물러 있어서 자신이 세상과 '하나'임을 느끼며 살아간다. 그러나 아이는 성장하면서 점차 자아 리비도를 대상 리비도로 전환하는 능력을 갖추게 되고, 더불어 세상과 적절한 교감을 이루며 자기와 세상 간의 긴장 관계를 형성해 간다. 그런데 이 과정에서 어떤 심리적 요인이나 환경에 의해 리비도가 대상에서 자아로 전면 철수하면서 나타나는 퇴행 현상이 이차적 나르시시즘이다. 프로이트는 편집증이나 정신분열증 혹은 자신의 건강을 지나치게 염려하는 심기증 등의 환자들이 상실감에 젖게 되면 이차적 나르시시즘으로 발전할 수 있다고 주장한다.

과도하지 않은, 절제된 자기 사랑은 자신감, 자존심, 명예 의식, 희망, 이상을 낳는 긍정적인 에너지로 작용한다. 정신분석학에서는 이것을 건강한 나르시시즘으로 분류한다. 그러나 자기 사랑이 지나치면 병적인 나르시시즘으로 발전한다. 그것은 대상 앞에서 자기를 지나치게 드러내기도 하고, 지나치게 움츠러들기도 한다. 전자는 '파괴형 나르시시즘', 후자는 '리비도 나르시시즘'으로 각각 분류된다. 전자는 자신의 능력과 특수성을 과대평가하는 한편 타인의 입장과 감정을 헤아리지 않고 함부로 대하는 성향으로 나타난다. 또한 자신의 장점에는 거만함을, 타인의 장점에는 강한 질투심을 드러내며 항상 과장되고 과시적인 삶의 방식을 보여준다. 반면 후자는 타인의 거절이나 비판에 민감할 뿐 아니라 소심하고 내성적이며 자기중심적인 성향을 드러낸다. 또한 감정이 지나치게 연약하여 쉽게 상처받기 때문에 세상과 가까이 하지 못하고 자아 속으로만 점점 더 깊이 후퇴하는 성향을 보여주기도 한다. 그러나 양자의 밑바닥에는 심리적 공허와 절망이 공통적으로 내재되어 있다. 그리고 그것은 자아 리비도와 대상 리비도 간의 건강한 공존이 선사하는 참된 자기 사랑과 자기 확신의 결핍에서 비롯된 것이다.

병적인 나르시시즘은 닫힌 마음에서 온다. 외부로 향하던 아메바의 돌기가 안으로 전면 철수하여 문을 꽁꽁 닫아버리듯이 세상과 타인으로 향하는 마음의 문을 굳게 잠그는 사람은 병적인 나르시시즘에 갇혀버린다. 극단적인 자기 사랑에 빠진 나르키소스의 비극은 에코를 비롯한 수많은 요정들의 마음을 철저히 외면한 닫힌 마음에서 출발한다. 역설적이지만, 예언을 피해 가기 위하여 주변의 거울을 모두 치워버린 조치가 오히려 나르키소스의 운명을 재촉했다고 볼 수 있다. 거울은 타인의 시각으로 자기를 돌아보게 한다. 그것은 주관에 함몰되는 것을 방지하고 객관화를 실현시키는 기능을 갖는다. 자신을 거울에 비쳐 볼 기회를 갖지 못한 나르키소스는 객관화의 길을 상실하고 주관 속에 갇혀버린다. 그리고 그것은 자기에 대한 철저한 무지로 귀결된다.

남의 말에 귀 기울이지 않고 자기 말만 쏟아 붓는 수다쟁이 에코도 일종의 나르시스트다. 그녀는 자신이 항상 세상의 중심이라고 생각했지만, 그것은 착각이었다. '말대답'으로 제한시킨 헤라의 저주가 시사적이다. 그것은 주관성의 상실을 뜻한다. 에코는 남이 말을 꺼내기 전에는 한 마디도 할 수 없다. 그녀는 타인에게 철저히 종속된 상황에 빠지게 된 것이다.

에코와 나르키소스의 운명에서 보듯이 자아의 울타리에 갇힌 채 자기 자신에게만 집중하고 몰두하는 것은 오히려 '자아상실'과 '자아에 대한 무지'를 낳을 따름이다. 폐쇄된 공간은 곰팡이가 끼고 녹이 슬게 마련이다. 세상과 타인으로 통하는 문을 꽁꽁 잠그는 닫힌 마음은 자아를 병들게 하고 질식시킬 뿐이다. 자아의 울타리를 허물고 세상과 타인을 향한 문을 활짝 열어 젖히자. 그리고 바깥의 신선하고 건강한 기운을 마음껏 들이 마시자. 열린 마음이 자아를 강건하게 해주리라.

3. 피그말리온 효과

조각상을 사랑한 피그말리온

여성에게는 결점이 너무 많다고 생각하는 피그말리온(Pygmalion)은 평생 독신으로 살기로 작심한 인물이다. 그는 현실의 여성을 멀리하는 대신 상아를 빚어 아름다운 여인상을 조각한다. 작품은 완벽했다. 그것은 살아 있는 여인으로 착각할 정도로 정교하고 생동감이 넘쳤으며 세상의 어떤 여인보다 뛰어난 미모를 갖추고 있었다. 피그말리온은 그만 조각상과 사랑에 빠졌다. 그는 틈만 나면 이 여인상을 바라보며 사랑의 감정을 키워간다. 피그말리온은 조각상을 연인으로 생각하며 하루에도 몇 번씩 끌어안고 쓰다듬고 키스한다. 때로는 바닷가에서 주운 조개껍데기를 선사하기도 하고 예쁜 꽃을 따다가 가슴에 한 아름 안겨주기도 한다. 그런가 하면 몸에는 아름다운 옷을 입혀주고, 손가락에는 반짝이는 반지를 끼워 주는 한편, 가늘고 긴 목에는 형형색색의 목걸이를 걸어주기도 한다. 이 모든 장신구는 아름다운 상아 여인에게 잘 어울렸다. 그러나 가장 아름다울 때는 역시 아무것도 걸치지 않은 자연 그대로의 모습을 드러낼 때였다. 밤이 되면 피그말리온은 그녀를 부드러운 요 위에 눕히고 팔베개를 해주며 정겹게 말을 건넸다. 그러나 열릴 듯한 입술은 끝끝내 굳게 닫혀 있었고, 우유 빛의 연한 살결은 차디찬 상아의 촉감으로만 느껴질 따름이다. 그래서 그는 언제나 마음이 허전하고 쓸쓸했다.

피그말리온의 고향 키프로스 섬은 사랑의 여신 아프로디테의 성지이기도 하다. 바다거품에서 태어난 여신이 조개껍질에 실려 대지에 첫 발을 디딘 곳이 바로 키프로스다. 이곳에서는 해마다 아프로디테를 기리는 축제가 열린다. 사람들은 여신의 신전에 온갖 제물을 바쳤고 제단에 향불을 피웠다. 피그말리온도 정성으로 마련한 제물을 제단에 드리고 여신께 경배한다. 그리고는 머뭇거리며 기도한다.

"여신이여, 바라건대 제 아내가 되게 하소서……."

그는 '저 상아 여인을……'이라고 말하려다 차마 그러지 못하고 '저 상아상과 같은 여인을……'이라며 기도를 맺는다. 제사를 흠향하러 왔던 아프로디테는

■ 피그말리온과 그의 조각상, Louis Lagrenée, 1777

기도를 듣고 피그말리온의 속내를 알아차린다. 그래서 그에게 은총을 내린다는 표적으로 제단에서 타고 있던 불길을 공중으로 세 번 치솟게 한다.

집으로 돌아온 피그말리온은 여느 때처럼 조각상에게 다가가 몸을 굽혀 입을 맞춘다. 그런데 차가웠던 입술에서 따듯한 온기가 느껴지는 게 아닌가! 깜짝 놀란 그는 이번에는 손을 뻗어 가슴을 더듬어 본다. 놀랍게도 딱딱하던 살결이 말랑말랑하게 바뀌어 간다. 황급히 손을 떼니까 가슴 언저리에 손가락 자국이 선명하게 찍혀 있다. 눈을 들어 얼굴을 바라보니 여인의 눈망울이 초롱초롱 빛났으며 양 볼은 수줍은 듯 빨갛게 물들어 있다. 조각상에 생명이 깃들었다! 아프로디테의 축복 속에 피그말리온은 인간이 된 여인 갈라테이아(Galateia)와 부부로 맺어진다.

열정과 사랑의 힘

예술가의 열정과 사랑으로 혼이 없는 사물에 생명을 불어넣는 기적을 행하는 피그말리온에 관한 이야기는 오비디우스의 「변신 이야기」에서 오르페우스의 노래를 통해 전해진다. 음악의 신 아폴론의 아들인 오르페우스는 신묘한 음악으로 인간은 물론이거니와 산천초목까지도 감동시키는 예술가로 잘 알려져 있다. 예술가는 신으로부터 사랑과 미움을 함께 받는 운명의 소유자이다. 신은 이들에게 예술적 재능을 선사하는 사랑을 베풀지만, 예술가는 이것으로 호시탐탐 신의 전유물인 창조의 힘을 넘봄으로써 미움을 산다. 시인 오비디우스가 음악가 오르페우스의 입을 통하여 조각가 피그말리온이 행한 창조의 기적을 노래하게 한 것은 모든 예술가들이 안고 가는 이러한 숙명과 염원을 드러내려 했는지 모를 일이다. 「이상」이라는 시에서 실러(Schiller)도 피그말리온을 기리며 열정과 사랑으로 자연에 생명력을 부여하는 시인의 이상과 사명을 노래하고 있다.

한때 간절한 열망으로
피그말리온이 돌을 껴안아
대리석의 차가운 뺨 속으로
느낌이 뜨겁게 흘러 들어갔듯이
그렇게 나도 사랑의 팔로
청춘의 열락으로 자연을 휘감았노라
내 시인의 가슴에 안겨
숨쉬기 시작하고 온기가 돌기까지

불꽃같은 나의 열정을 나누면서
말 못하는 것이 언어를 찾았고
사랑의 입맞춤으로 내게 화답하며
내 가슴의 울림을 알아듣더라
그땐 나무도, 장미도 날 위해 살았고
샘물의 은빛 낙수 내게 노래했으며
영혼 없는 것조차 느낌을 갖게 되더라
내 생명의 메아리로 인하여

독설과 날카로운 사회비평으로 잘 알려진 영국의 극작가 버나드 쇼(G. B. Shaw)는 이 신화의 소재를 원용하여 5막 극 「피그말리온」을 남긴다. 여기서 신화의 인물 피그말리온은 음성학 교수로 그려진다. 울퉁불퉁한 돌을 다듬어 아름다운 형상을 창조하던 조각가 피그말리온이, 지적으로 여물지 못한 인간을 성숙한 인격체로 다듬는 교육자로 탈바꿈한 것이다. 그런데 쇼가 그린 피그말리온(히긴스 교수)과 갈라테이아(빈민가 처녀 일라이자)는 사랑에 빠지지 않는다. 피그말리온은 단지 교육 목적을 위해 열정을 쏟을 뿐이며, 그의 이러한 본성을 깨달은 갈라테이아 역시 피그말리온을 이성으로 느끼지 않는다. 작가는 타고난 본성과 존재 방식 그리고 현실적인 여건이 판이한 두 사람이 결합하는 것은 허상일 뿐이라고 강변한다.

헨리 히긴스 교수는 독신을 고집하는 음성학자다. 그는 사람들의 말투만으로도 출신지를 정확히 알아내는 예민한 귀를 지니고 있다. 어느 날 그는 런던의 거리에서 꽃을 파는 아리따운 처녀 일라이자를 만난다. 그런데 그녀는 빈민가 출신으로 입을 열었다 하면 거칠고 상스러운 말만 쏟아내는 천방지축이었다. 히긴스는 전문가의 사명을 느끼며 동료인 피커링에게 내기를 제안한다. 일라이자를 6개월 안에 고급 영어를 구사하는 숙녀로 교육시키겠노라고 말이다. 히긴스의 열정 어린 지도로 일라이자의 말과 매너는 점점 좋아지고 마침내 그녀는 사교계의 꽃으로 화려하게 등극한다. 히긴스가 해낸 것이다!

이쯤 되면 독자들은 두 사람 간의 신데렐라식의 사랑을 기대할 터인데, 작가는 이러한 예상을 비웃기나 하듯이 이야기를 완전히 뒤틀어버린다. 완전한 요조숙녀로 거듭나던 날 밤 일라이자는 히긴스와 피커링이 나누는 대화를 우연히 엿듣고 크게 실망한다. 히긴스는 자신을 사랑해서가 아니라 단지 목적을 이루기 위하여 열정을 바쳤던 것이다! 일라이자는 '그동안의 훈련 과정이 지옥과 같았으며 다시는 이런 짓을 되풀이하지 않겠다'는 히긴스의 고백에 절망한다. 그리고 미련 없이 그의 곁을 떠난다.

쇼는 이것으로 만족하지 않는다. 그는 작품이 발표되고 몇 년이 지난 뒤에 덧붙인 후기에서 두 사람의 결합 가능성을 일축해 버린다. 두 사람 간의 사랑은 꿈과 환상의 세계에서는 가능할지 모르지만 현실 세계에서는 어림없는 일이라고. 일라이자는 결코 히긴스가 구축한 고유한 성으로부터 그를 이끌어낼 수 없다고. 그리고 비록 약간의 끌리는 감정을 갖긴 했지만 일라이자 역시 히긴스를 진정으로 사랑한 건 아니라고. 그녀의 본능은 오히려 그와의 결합을 강하게 거부하고 있다고 말이다. 그는 결론적으로 "갈라테이아는 결코 피그말리온을 좋아하지 않았다"라고 못을 박는다.

일라이자와 히긴스 교수의 만남, 뮤지컬 「마이 페어 레이디」의 한 장면, 1957

　버나드 쇼의 독기 어린 세계에 상처 입은 대중을 꿈과 환상의 세계로 유혹하며 크게 성공한 작품이 조지 쿠커(G. Cukor) 감독의 뮤지컬 영화 「마이 페어 레이디」이다. 영화는 세기의 요정 오드리 햅번을 일라이자로 등장시키면서 대중의 기대 심리를 한껏 부풀린다. 그리고 히긴스 교수의 속마음에 실망한 일라이자가 그의 곁을 떠나는 장면까지 원작에 충실한 듯 진행되다가 결국 극적 반전을 이루며 할리우드식 해피엔딩으로 대중의 마음을 사로잡는 길을 놓치지 않는다.
　일라이자가 떠난 후 히긴스는 비로소 그녀의 빈자리를 느낀다. 그는 허전한 마음을 달래려고 녹음기를 틀어본다. 일라이자의 거칠고 상스러운 발음이

들려온다. 예전에 발음 연습을 하면서 담아 둔 기록이다. 히긴스는 감회에 젖어 눈을 감는다. 그때 녹음기가 멈추고 일라이자의 육성이 들려온다. 그녀가 돌아온 것이다! 히긴스의 어색한 미소가 일라이자를 맞이하는 것으로 영화는 끝을 맺는다. 이 얼마나 달콤하고 짜릿한 꿈과 환상인가! 이렇듯 대중의 심기를 잘 헤아린 공로로 감독은 아카데미상을 받고, 제작자는 돈벼락을 맞는다.

피그말리온 효과

수줍은 성격에 소극적이고 사교성도 부족하던 한 젊은 여성이 있다. 그런데 주도면밀한 계획으로 주변 사람들에게 그녀가 매우 사교적인 여성이라는 선입견을 불어 넣는다. 그러자 그 젊은 여성은 대인 관계에서 점차 자신감과 안정감을 갖게 되고 마침내 당당하고 활기찬 성격의 소유자로 탈바꿈한다. 그녀가 사교성을 갖춘 여성이라는 사람들의 생각이 사교적 행위를 유발하였던 것이다. 이렇듯 어떻게 되리라는 주변의 기대와 믿음이 영향을 끼쳐 결국 그러한 결과를 초래한다는 이론을 자기 충족 예언(self-fulfilling prophecy)이라 한다. 미국의 사회심리학자 로젠탈(R. Rosenthal)과 교육학자 제이콥슨(L. Jacobson)은 이 이론을 교실에 적용하여 교육계에 커다란 반향을 불러일으킨 연구 결과를 발표한 바 있다.

이들 연구의 초점은 학생의 지적 수행 능력에 대한 교사의 기대가 교육상의 자기 충족 예언으로 작용하는지의 여부를 밝히는 것이었다. 다시 말해서, 선생님이 어떤 학생을 두고 공부를 잘 할 것으로 기대하면 실제로 그 학생의 성적이 오르는지 아닌지를 살펴보려는 실험이었다. 실험 방법은 독특했다. 멕시코계 학생이 많이 다니는 중소도시의 초등학교가 실험 대상으로 선정된다. 연구자들은 학년 초에 전교생을 상대로 지능검사를 실시한다. 검사를 마치고 전체의 20%가량의 학생 명단을 교사들에게 통보한다. 이들이 앞으로 지적으로 크게 성장할 아이들이라는 설명을 덧붙이면서. 하지만 그것은 사실이 아니었다. 이 '특별' 학생들은 무작위로 선정된 것이다. '특별' 학생과 일반 학생 사이의 차이는 오직 교사의 마음속에만 존재할 뿐이다. 8개월 후 실시된 2차 검사에서 놀라운 결과가 나온다. 1차 검사와 비교해서 성적이 20점 이상 향상한 학생의 비율이 일반 그룹에서는 19%인 데 비해 '특별' 그룹에서는 무려 47%로 나타난 것이다. 그동안 '특별' 학생들을 위한 별도의 프로그램이나 개인 지도는 물론 없었다. 단지 때가 되면 이 어린이들이 지적으로 활짝 꽃피우게 되리라는 교사의 기대와 믿음이 있었을 뿐이다. 연구자들은 추론한다. 교사의 이러한 기대와 믿음이 '특별' 학생을 대하는 눈빛, 표정, 말투, 몸짓 등을 통해 은연중 표현되고, 이를 받은 학생은 자의식과 자신감 그리고 학습 동기 등에 변화를 일으켜 성적 향상에 보탬이 되었으리라는 것이다.

한 가지 더 주목할 만한 결과는, '특별' 그룹의 성적에서 고학년보다 저학년이, 그리고 저소득 계층에 속하는 멕시코계 학생들의 점수가 더욱 향상되었다는 점이다. 고학년보다 학습 능력이 덜 여물어 있는 저학년 학생들이 교사의 영향에 더 많이 노출되어 있으며, 상대적으로 교사의 기대와 믿음을 받아보지 못했던 멕시코계 어린이들이 예기치 못한 선생님의 관심에 더욱 크게 반응했으리라 추정된다. 연구자들은 외모가 좀 더 멕시코 사람답게 생긴 어린이가 더 큰 반응을 보였다는 재미난 분석도 내놓는다. 평소 가장 낮게 평가받던 대상이 의외로 큰 그릇이었다는 사실에 교사가 더 크게 놀라고, 이후 더 큰 관심을 보인 결과일 것이라는 해석이다. 사람에 대한 선입견과 편견이 얼마나 무서운 것인가를 새삼 일깨우는 대목이다.

로젠탈과 제이콥슨은 결론적으로 교사의 기대가 학생의 성적에 기여한다고 주장한다. 즉 교사의 기대 수준을 높이면 학생의 성적이 향상되고, 또한 학생의 성적이 향상되면 다시 교사의 기대 수준이 높아진다는 결론이다. 그들은 "교사는 교실 안의 피그말리온"이라고 정의하며 연구를 마무리한다.

조각가 피그말리온이 간절히 기대하고 바라던 것이 실제로 현실로 나타나 혼이 없는 조각상에 생명이 깃드는 기적이 일어났듯이, 피그말리온 효과(Pygmalion effect)라는 심리학 용어는 간절한 기대가 현실을 만들어가는 힘으로 발휘된다는 뜻으로 사용된다. 즉 마음의 힘, 정신의 힘을 설명하는 개념이다. 사람의 마음은 창조의 기적을 이룰 수 있는 엄청난 에너지를 갖고 있다. 돌덩어리에 생명을 불어넣을 수도 있고, 빈민가 처녀를 요조숙녀로 만들 수도 있다. 사람을 두고 가벼이 판단하거나 쉽게 포기할 일이 아닌 것 같다. 또한 선입견과 편견에 매몰되는 것도 경계할 일이다.

많은 논란에도 불구하고 로젠탈과 제이콥슨의 연구 결과는 피그말리온 효과 이론을 교육학계에 회자시키는 데 결정적인 역할을 한 것으로 평가받는다. 그들은 어떤 교육 환경보다 더 중요한 것은 교사의 마음이라고 주장한다. 교재, 교수법, 교육 기자재, 교실 여건 등도 훌륭한 교육을 위해 꼭 필요한 요소들이지만, 그 무엇보다 학생 개개인을 대하는 교사의 마음, 즉 기대와 믿음, 그리고 사랑과 관심이 더욱 중요하다는 말이다. 로젠탈과 제이콥슨은 '교실 안의 피그말리온'인 선생님들에게, 버나드 쇼의 「피그말리온」에서 일라이자가 부르짖는 음성을 가슴 속 깊이 새겨두라고 충고한다.

정말이지 말예요, 쉽게 눈에 띄는 것,
옷차림이라든가 말하는 습관 같은 것 말고요,
숙녀와 꽃 파는 아가씨 사이의 차이는
그 여자가 어떻게 행동하는가에 있지 않고
다른 사람들에게 어떻게 대접받는가에 있지요.

교사가 학생을 거지로 대접하는 교실에서는 거지가, 왕자로 대접하는 교실에서는 왕자가 많이 태어나리라.

8

제8장

사랑 이야기

　사랑은 인류의 영원한 주제다. 고대 이래로 문학과 예술에서 가장 빈번하고 밀도 있게 다루어진 이야기는 러브스토리일 것이다. 그리스 로마 신화에서도 다양한 사랑 이야기가 나온다. 그중에서 널리 애용되는 두 이야기를 통해 사랑을 생각해 보기로 한다.

　에로스와 프시케의 이야기는 영적 사랑과 육적 애욕 간의 갈등을 그리고 있다. 영혼은 육체적 욕망이 주는 유혹과 시련을 이겨내야 참 사랑을 얻을 수 있다는 이야기다. 또한 찬된 사랑은 의심을 이기고 믿음이 뿌리를 내릴 때 이루어진다는 메시지를 담고 있기도 하다.

　오르페우스와 에우리디케의 이야기는 죽음을 넘나드는 사랑을 그리고 있다. 죽은 아내를 되찾기 위해 저승 세계를 찾아가는 오르페우스는 사랑의 절정에서 급작스럽게 닥쳐온 상실의 아픔을 온몸으로 드러낸다. 이 이야기는 사랑과 소유욕에 대한 성찰을 요구하기도 한다.

1. 에로스와 프시케

보이지 않는 사랑

옛날 어느 왕국에 아름답기로 소문난 세 공주가 있었다. 그중에서도 막내딸 프시케의 아름다움은 남달랐다. 그녀의 아름다움은 미의 여신 아프로디테와 견줄 만한 것이었다. 어떤 사람들은 프시케를 일컬어, 사람의 몸을 입고 인간 세상에 내려온 아프로디테라고 말하는가 하면, 어떤 이들은 그녀가 젊고 순결하기 때문에 아프로디테보다 더 아름답다고 말하기도 했다. 사람들은 점차 여신께 바치던 경배를 그녀에게로 돌렸다. 아프로디테 신전의 향불은 꺼지고 제단 위에는 먼지만 쌓여갔다.

마침내 여신의 분노가 폭발한다. 아프로디테는 즉시 날개 달린 개구쟁이 아들 에로스를 불러 명령한다.

"사랑하는 아들아, 네가 나를 사랑한다면 네 화살을 무례한 저 계집에게 사용해라! 그녀가 세상에서 가장 볼품없는 인간과 사랑에 빠지게 해다오!"

에로스는 어머니의 명을 따르기 위해 즉시 프시케의 집으로 향한다. 그녀는 잠들어 있었다. 에로스는 잠자는 그녀의 모습에 애처로움과 사랑스러움을 느꼈다. 그녀의 아름다움에 정신이 팔려 있던 에로스는 그만 실수로 자신의 화살에 상처를 입고 만다.

그 후로 사람들은 프시케의 미모를 여전히 칭송하기는 하지만 이상하게도 그 누구도 그녀에게 청혼을 하는 사람이 없었다. 그녀보다 아름다움이 훨씬 뒤떨어지는 두 언니는 일찍이 좋은 배필을 만나 혼인을 했건만, 프시케는 한 명의 구혼자도 없이 고독을 느끼며 신세를 한탄한다. 딸의 불행을 염려한 국왕이 아폴론 신탁을 물으니 벼락같은 답이 나온다.

"험준한 높은 산 위에서 독사 같고 맹수 같은 장난꾸러기를 신랑으로 맞이하리라!"

에로스와 프시케, Louis Lagrenée, 1805년 이전

어처구니없는 신탁이었지만 따를 수밖에 없었다. 신탁이 정한 시간이 되자 화려한 신부로 치장한 프시케를 산 위로 떠나보내는 행렬이 출발한다. 그러나 그것은 혼례 행렬이 아니라 장례 행렬에 가까웠다. 프시케를 산 위에 올려다 놓은 사람들은 모두 돌아가고 그녀 홀로 남아 두려움과 슬픔에 젖어 하염없이 눈물을 흘린다.

그때 서풍 제피로스(Zephyros)가 불어와 그녀를 들어 올리더니 꽃이 흐드러지게 핀 골짜기에 사뿐히 내려놓는다. 프시케가 정신을 차려 주위를 살펴보니 크고 아름다운 궁전이 자리 잡고 있다. 그것은 너무나 황홀하여 인간의 손이 아니라 신의 손길로 세워진 것이 분명했다. 안으로 들어가니 온갖 보석이 흘러넘친다. 그리고 보이지 않는 손길과 음성이 그녀를 여왕처럼 받들어 모신다. 그녀는 화려한 욕실에서 몸을 씻고 천상의 선율을 감상하며 산해진미로 배를 채운다.

밤이 되자 신방으로 신랑이 찾아온다. 그러나 프시케는 신랑의 숨결과 손길은 느낄 수 있지만 모습은 볼 수 없었다. 호기심에 사로잡힌 프시케에게 보이지 않는 신랑은 말한다. 굳이 눈으로 확인할 생각 말고 그냥 느끼라고, 믿으라고 말이다. 감미롭고 꿈결 같은 사랑의 순간을 보낸 후 날이 밝기 전에 신랑은 떠나간다.

여신처럼 황홀한 나날을 보내던 프시케는 신랑에게 간청하여 언니들을 초대한다. 신랑은 마지못해 허락하면서 사악한 언니들이 부추기는 신성 모독적인 호기심을 조심하라고 경고한다. 프시케의 안내로 신들의 세계와 같은 화려함을 맛본 두 언니는 질투심으로 끓어오른다. 주눅이 든 상태로 프시케의 성공담을 듣던 언니들은 '보이지 않는 신랑' 얘기에 귀가 솔깃한다. 그들은 신성 모독적인 호기심을 부추기기 시작한다.

"프시케야, 벌써 잊었니? 아폴론 신탁 말이야. 독사 같고 맹수 같은 신랑이라고 했던가? 얼굴을 보이지 않는 건 아마 너를 잘 먹여 살찌운 다음, 때가 되면 맛있게 잡아먹으려는 수작이 아닐까?"

그러면서 그들은 프시케의 손에 등잔불과 날카로운 칼 한 자루를 쥐어준다. 오늘 밤 침실에 들면 등잔불로 괴물의 실체를 밝힌 다음 단칼에 베어 버리라는 당부와 함께.

언니들을 떠나보낸 프시케는 혼란에 빠진다. 그녀의 마음속에서는 신랑에 대한 믿음과 의심이 앞을 다툰다. 그러나 결국은 의심이 믿음을 눌러버린다. 밤이 되어 뜨거운 사랑의 순간을 보낸 후 신랑이 깊은 잠에 빠져들자 프시케는 칼을 집어 들고 등잔불을 밝힌다. 그러나 잠들어 있는 신랑의 모습은 괴물이 아니다. 향기 나는 흰 이마, 고수머리 사이로 드러난 붉은 볼,

가늘고 오뚝한 코가 그녀 앞에 모습을 드러낸다. 게다가 어깨에는 너울거리는 꽃처럼 부드러운 날개가 빛을 발하고 있다. 사랑의 신 에로스다!

너무도 큰 희열과 흥분에 싸여 프시케는 들고 있던 등잔에서 기름 한 방울을 신의 어깨에 떨어뜨린다. 깜짝 놀란 에로스가 자리에서 일어나 사태를 알아차린다. 그리고는 배신감에 치를 떨며 프시케를 꾸짖는다.

"의심이 믿음을 눌러버렸구나. 사랑이 어찌 의심과 함께 할 수 있으리오!"

에로스는 성난 날갯짓을 하며 프시케 곁을 매몰차게 떠나버린다. 프시케는 바닥에 쓰러져 울부짖으며 에로스가 사라지는 모습을 바라본다. 한참 후에야 그녀는 정신을 차리고 주위를 살펴본다. 그런데 화려한 궁전은 흔적도 없이 사라지고, 자신은 황량한 벌판에 쓸쓸히 서 있다. 프시케는 언니들을 찾아가 모든 얘기를 다 해준다. 언니들은 속으로는 기쁘면서도 겉으로는 슬퍼하는 척 한다. 언니들은 이번에는 자신들에게 복이 내려질 것으로 기대하며 산 위로 올라가 제피로스를 소리쳐 부르며 골짜기로 뛰어내린다. 그러나 제피로스의 응답은 없고, 그들의 사지는 헛된 욕망과 함께 갈가리 찢겨 사방으로 흩어진다.

프시게는 속죄하는 마음으로 에로스를 찾아 이리 저리 헤매고 돌아다닌다. 그녀는 데메테르 여신과 헤라 여신을 만나 자신이 처한 형편을 아뢰고 도움을 요청하지만, 여신들은 아프로디테와의 관계를 염려하여 냉정하게 거절한다. 우여곡절 끝에 프시케는 아프로디테를 찾아가지만 그녀를 기다리고 있는 것은 여신의 호된 시험이다.

첫 번째 시험은 밀, 보리, 수수, 콩 등 온갖 종류의 곡물을 산더미같이 쌓아두고 해가 떨어지기 전까지 종류별로 분류하는 것이다. 그런데 망연자실한 프시케 앞에서 개미떼가 나타나 순식간에 곡물을 깨끗하게 정리해 준다. 두 번째 시험은 강 건너 숲에 사는 성격이 포악한 양떼의 황금 양털을 벗겨오는 것이다. 양떼는 날카로운 이빨과 발톱으로 사람들을 공격하여 죽이기도

에로스와 프시케, Jacopo Zucchi, 1589

하는 무서운 놈들이다. 이번에는 강가의 갈대가 산들바람을 타고 해법을 알려준다. 프시케는 갈대가 가르쳐준 대로, 양들을 난폭하게 만드는 한낮의 뙤약볕을 피해 해 질 무렵 가시덤불 사이에 그들 스스로 벗어놓은 양털을 걷어올 수 있었다.

세 번째 시험은 험준한 산꼭대기에서 솟아나는 검은 샘물을 항아리에 담아오는 것이다. 그런데 그곳으로 가는 길은 매우 가파르고 미끄러울 뿐 아니라 근처에는 무시무시한 용들이 긴 꼬리를 좌우로 흔들며 감시의 눈을 번뜩이고 있다. 어찌할 바를 모르고 쩔쩔매는 프시케 앞으로 제우스의 독수리가 나타나 그녀에게서 항아리를 넘겨받아 샘물을 가득 담아 가져온다.

마지막 시험은 죽음의 세계를 다녀오는 것이다. 아프로디테는 프시케에게 저승으로 가서 페르세포네의 화장품을 얻어오라고 명령한다. 프시케는 절망한다. 그것은 죽으라는 말이다. 그녀는 높은 탑 위로 올라간다. 거기서 뛰어내려 죽어서 저승으로 가려 한다. 그러나 가만히 있던 탑이 인간의 말을 쏟아내며 프시케에게 죽지 않고서 저승 세계를 다녀오는 방법을 알려준다. 스틱스 강을 건네주는 뱃사공 카론(Charon)을 상대하는 법, 저승 문을 지키는 머리가 셋 달린 사나운 개 케르베로스(Kerberos)를 달래는 법 등을 소상히 설명한 다음, 마지막 충고도 곁들인다. 페르세포네의 화장품을 담은 상자를 아프로디테에게 넘겨주기 전에 절대 열어보지 말라고. 호기심을 엄격히 다스려야 한다고 말이다.

프시케는 탑의 목소리가 알려준 대로 저승으로 들어가 페르세포네로부터 화장품을 얻어가지고 이승으로 다시 돌아오는 일을 무사히 완수한다. 그러나 화장품을 담은 상자를 아프로디테에게로 가져가면서 그녀의 마음에 또다시 무서운 호기심이 솟구친다.

"나는 정말 바보였어! 여신의 아름다움이 담긴 상자를 그대로 갖다 주려고 하다니 말이야. 대체 여신들이 쓰는 화장품은 어떤 것일까? 내 사랑 에로스를 위해 화장을 고쳐봐야지!"

프시케는 상자를 연다. 그러나 그 속에는 화장품은 간 데 없고 지옥 같은 잠만 쏟아져 나온다. 그녀는 죽음보다 깊은 잠 속으로 빠져든다. 그제야 몸과 마음을 회복한 에로스가 쓰러져 있는 프시케 곁으로 달려온다. 그리고 화살촉으로 그녀의 옆구리를 쿡 찔러 잠을 깨운다.

"불쌍한 프시케여, 너의 호기심이 이번에는 생명을 잃게 할 뻔했도다!"

에로스는 그 길로 제우스 앞으로 달려가 자기들을 도와달라고 간청한다. 제우스의 중재로 마침내 아프로디테의 노여움도 풀리고, 에로스와 프시케는 신들의 축복을 받으며 부부로 맺어진다. 그리고 둘 사이에서 '기쁨'이란 딸이 태어난다.

영적 사랑, 육적 애욕

에로스와 프시케의 사랑 이야기는 서기 2세기경 로마 시인 아풀레이우스(L. Apuleius)가 쓴 「황금 당나귀」라는 작품 속에서 삽화로 소개되고 있다. 이 이야기가 작가의 순수 창작인지 구전되어 오던 것인지 밝혀지지 않았지만, 이전의 문헌에서는 소개되고 있지 않다는 사실로 미루어 전자일 개연성이 높은 것 같다. 그렇다면 이것은 순수한 신화라기보다는 사랑에 대한 작가의 철학을 신화의 인물(에로스, 아프로디테 등)을 통하여 풀어낸 문학적 상상력의 산물이라고 볼 수 있다.

「황금 당나귀」는 마법에 의해 당나귀로 변한 주인공이 바라보는 세태를 풍자한 작품이다. 외형만 변했을 뿐 인간의 의식을 가지고 있는 주인공 루키우스는 짐승의 시각으로 짐승보다 못한 인간 군상들의 물질적 탐욕과 관능적 욕망을 적나라하게 드러낸다. 잃어버린 사랑을 되찾기 위해 헌신하는 프시케의 순애보는 작품 속에서 이렇듯 썩어가는 세태에 소금의 역할을 맡고 있는 삽화다.

이야기는 에로스, 프시케, 아프로디테 등 세 명의 주요 인물 간에 전개되는

에로스와 프시케의 결혼, Pompeo Batoni, 1756

팽팽한 긴장 구조를 보여준다. 에로스(Eros)는 사랑의 신으로 로마 시대에는 쿠피도(Cupido), 혹은 아모르(Amor)로 불린다(「황금 당나귀」에서도 '에로스'가 아닌 '쿠피도'로 묘사됨). 프시케(Psyche)는 그리스어로 '영혼'이라는 의미와 '나비'라는 뜻을 갖고 있다. 에로스와 프시케의 이야기는 '사랑과 영혼'인 셈이다. 둘 사이에 끼어들어 훼방 놓고 심술부리는 '못된 시어머니' 역의 아프로디테(이 작품에서는 로마식 이름 '베누스'로 칭함)는 육체적 애욕을 상징하는 여신이다. 따라서 에로스를 가운데 두고 전개되는 프시케와 아프로디테

간의 대립 관계는 사랑으로 인한 영육 간의 갈등을 대변한다고 볼 수 있다. 즉 아프로디테의 견제와 박해를 극복하고 에로스와 결합하는 프시케의 운명은 영혼이 진정한 사랑을 얻기 위해서는 육체적 욕망이 야기하는 유혹과 시련을 견뎌내야 한다는 메시지로 풀이된다.

육적 애욕은 비록 가변적이고 표피적인 본성을 지니고 있지만 순간적으로 강렬한 에너지를 발산하기 때문에 깊은 곳에서 우러나는 영적 사랑을 가로막는 훼방꾼이요 심술쟁이다. 따라서 순간적으로 발산되는 강렬한 에너지에 눈이 멀어 육적 애욕에 함몰되면 사랑과 영혼이 결합하여 잉태하는 참된 '기쁨'을 맛볼 수 없는 것이다. 육적 애욕의 가변성과 영적 사랑의 영원성을 대비시키며 에로스를 논한 철학으로 잘 알려진 인물은 플라톤이다. 아풀레이우스도 플라톤의 철학과 예술론에 깊이 빠져들었던 것으로 알려진다.

「향연」에서 플라톤은 에로스의 본질을 '영원히 불멸하는 것에 대한 소망'이라고 밝히고 있다. 동물이건 인간이건 간에 죽을 수밖에 없는 필멸의 운명을 갖고 살아가는 존재의 본성은 자신이 사라진 이후에도 계속해서 살아남을 수 있는 것을 열망하게 되며, 이것은 생식을 통하여 이루어진다. 따라서 생식의 대상인 이성의 육체를 소유하려는 욕망이 일어나는 바, 이게 바로 에로스라는 것이다. 그런데 낡고 늙은 것 대신에 새롭고 젊은 것을 남기려는 욕망은 육체뿐만 아니라 정신 영역에서도 일어난다. 육체적으로 정력이 강한 사람은 이러한 욕망을 이성에게로 향하여 자식을 낳으려는 에너지로 발산하는 경향이 강하지만, 시인이나 예술가와 같이 지혜나 그 밖의 모든 덕을 소유하려는 사람은 육체보다는 영혼 속에 수태와 생식을 갈망한다는 설명이다.

플라톤은 아름다운 육체에 끌리는 욕망이 아름다운 영혼에 끌리는 욕망으로 승화되어야 한다고 주장한다. 그리고 이 길에 이르기 위해서는 먼저 아름다운 육체를 가까이 해야 한다고 말한다. 즉 한 육체를 사랑하여 그 가운데 아름다움을 깨우치고, 더불어 개별 육체의 아름다움은 서로 연관을 맺고 있으며 궁극적으로 모든 육체의 아름다움은 동일하다는 사실을 인식하게 된다. 이렇게 되면 어느 특정한 대상에 지나친 정열을 쏟는 것은 어리석은 일임을 깨달아 노예처럼 한 가지에만 얽매이거나 집착하는 비속함과 편협함에 빠져들지 않게 된다. 다시 말해서 아름다움을 추구하는 올바른 길은 하나의 아름다운 육체에서 두 개의 아름다운 육체로, 두 개의 아름다운 육체에서 모든 아름다운 육체로, 나아가 아름다운 조직과 법칙들을 거쳐 아름다운 학문들로, 궁극적으로는 여러 학문들로부터 다름 아닌 아름다움 자체에 관한 학문에 이르게 되고, 결국 '미(美) 자체'에 대한 인식에 도달하게 된다는 것이다. 플라톤은 육욕이나 그 밖의 필멸의 폐물로 더럽혀지지 않고 "아름다움이라는 넓은 바다"로 나아가 그것을 바라보면서 아름답고 장려한 말과 생각들을 창출하여 스스로를 성숙케 하라고 충고한다. 그리하여 마음의 눈으로 참된 아름다움을 볼 수 있는 사람이 영원한 삶에 참여할 수 있으며, 그것이 바로 참된 에로스의 길이라고 역설한다.

플라톤의 사랑론과 에로스와 프시케의 사랑 이야기에서 공통적으로 드러나는 사실은 육적 애욕의 상징 아프로디테의 퇴조다. 초창기 신화에서 아프로디테는 바람둥이 제우스와 쌍벽을 이루며 자유분방한 애정 행각을 보여 수었다. 아름다운 육체와 거침없는 욕망은 여신을 신화의 주연으로 만들기에 충분한 조건이었다. 그러나 시대의 흐름에 따라 아프로디테는 주연에서 조연으로 밀려나고 있다. 여신은 프시케의 강렬한 도전 앞에 애써 저항해 보지만 결국은 아들과 며느리에게 안방을 내주고 뒤채로 물러난 시어머니 신세로 전락한다. 사랑의 육체적 에너지보다 정신적 에너지를 강조하는 이 같은 시대 조류는 새로운 시대정신으로 등장하는 기독교의 '조건 없는 영적 사랑'인 아가페(Agape)를 예비하고 있다.

사랑과 믿음

　에로스와 프시케의 사랑 이야기에서 강조되는 덕목 중의 하나는 믿음이다. 프시케는 보이지 않은 신랑에 대한 믿음을 저버리고 의심에 지배받게 되는 순간 사랑을 잃게 된다. 자신의 모습에 호기심을 느끼는 프시케에게 에로스가 충고한다. 눈으로 확인하려 하지 말고 그냥 느끼고 믿으라고 말이다. 현대의 연인들은 이의를 제기할 것이다. 보이지 않고 확인되지 않은 것은 사랑이 아니라고 말이다. 그래서 매일같이 '사랑한다'는 말을 들어야 하고 매순간 사랑의 눈길과 손길을 맛보아야 안심할 수 있다. 발달된 정보 매체가 구속과 확인의 그물망을 점점 더 촘촘하게 짜준다. 마음의 여백을 허용치 않는다. 너무 빡빡하게 엉켜 있어서 쉽사리 지쳐버린다. 옛사람들이 반문할 것이다. 그래서 얻은 게 무어냐고, 그렇게 낱낱이 파헤치고 열심히 확인한 결과가 고작 서로들 쉽게 헤어지는 풍토이냐고 말이다.
　여태껏 연인을 믿지 못해 휴대폰이나 메일의 비밀번호까지 기웃거리고 싶은 마음이 간절하다면 의심의 잡초를 뿌리 뽑고 믿음의 씨앗을 뿌려보자.

2. 오르페우스와 에우리디케

죽음을 넘나든 사랑

　오르페우스(Orpheus)는 아폴론과 칼리오페 사이에서 태어난 아들이다. 그는 아버지에게서는 리라 연주 재능을, 어머니에게서는 아름다운 목소리를 물려받았다. 리라를 연주하고 노래를 부르면 인간들은 물론이거니와 동식물들까지도 음악에 취해 세상의 모든 고통과 슬픔을 잊어버리곤 했다.
　오르페우스는 숲의 요정 에우리디케(Eurydike)와 사랑에 빠져 결혼하게

에우리디케의 죽음, Erasmus Quellinus (II), 1630

된다. 그러나 결혼식 날 결혼의 신 히메나이오스(Hymenaios)가 들고 있던 축복의 횃불이 꺼져 피어오른 연기 때문에 하객들이 기침에 시달리는 불길한 징조가 일어난다.

불길한 징조는 곧 현실로 나타난다. 결혼한 지 얼마 되지 않은 어느 날 에우리디케는 들판으로 나들이 나갔다가 양치기 아리스타이오스(Aristaios)와 마주친다. 아리스타이오스는 에우리디케의 미모에 매료되어 덤벼든다. 겁에 질린 에우리디케는 필사적으로 달아나다가 풀밭에 숨어 있던 독사에 발을 물려 즉사하고 만다.

　신혼의 단꿈에 젖어 있던 오르페우스는 졸지에 찾아든 엄청난 비극으로 바닥없는 비탄 속에 빠진다. 그는 음악으로 슬픔을 달래보려 했지만 소용없는 일이었다. 마침내 그는 저승 세계로 가서 사랑하는 아내를 되찾아오기로 작심한다. 하지만 살아 있는 몸으로 저승 세계를 찾아가는 것은 불가능한 일이 아닌가. 그렇지만 산천초목까지 감동시키는 오르페우스의 음악이 이를 가능케 한다. 그는 저승으로 가는 길목을 지키는 뱃사공 카론과 삼두견 케르베로스를 음악의 힘으로 제압하고 마침내 저승의 주인인 하데스와 페르세포네 앞에 서게 된다. 그리고 아름다운 리라 반주에 맞춰 구성지게 노래를 부른다.

　"언젠가는 누구든 올 수밖에 없는 저승 세계를 다스리는 신들이여! 저의 애달픈 사연을 들어주소서. 제가 이곳에 온 것은 타르타로스의 비밀을 캐기 위해서도 아니요, 입구를 지키는 머리가 셋 달린 개와 힘을 겨루기 위해서도 아니랍니다. 저는 오직 독사에게 발이 물려 행복의 정점에서 죽음의 나락으로 떨어진 사랑하는 아내를 찾으러 왔을 뿐입니다. 사랑의 신 에로스가 저를 이곳으로 인도하였답니다. 사랑은 이승이건 저승이건 간에 모든 것을 지배하는 강력한 힘이라고 알고 있지요.
　저승의 군주시여! 부디 에우리디케의 명줄을 다시 이어주십시오. 제발 그녀를 저에게 돌려주십시오. 만약 이 간절한 청을 거절하신다면 두 사람의 죽음 앞에서 승전가를 높이 부르소서."

　오르페우스의 아름답고 구슬픈 노래는 저승의 망령들을 감동시키기에 충분했다. 끝없는 갈증에 시달리는 탄탈로스(Tantalos)는 물을 마시려는 행동을 멈추었으며(신들을 시험해 볼 목적으로 아들의 고기로 요리한 음식을 대접한 죄를 지어, 물을 마시려고 몸을 굽히면 그만큼 수면이 낮아지는 저승의

지하세계의 오르페우스, Jacquesson de la Chevreuse, 1863

연못에 갇혀 영원한 갈증에 시달리고 있다), 익시온(Ixion)의 불 수레도 멈추었다(헤라를 넘본 죄로 영원히 멈추지 않는 불 수레에 묶여 있다). 다나오스(Danaos)의 딸들은 항아리에 물을 쏟아 붓는 일을 멈추었으며(신혼 첫날 밤 남편들을 살해한 죄로 밑 빠진 항아리에 끊임없이 물을 붓고 있다), 시시포스(Sisyphos)도 굴리던 바위를 멈추고 노래에 귀를 기울였다(신들을 기만하여 죽음을 모면하려 한 죄로 온종일 큰 바위를 산꼭대기까지 힘들여 끌어 올리는 노역에 처해진다. 그런데 바위가 꼭대기에 이르게 되면 다시 굴러 떨어져 제자리로 돌아가기 때문에 그의 노역은 끝없이 되풀이 된다).

지하세계에서 에우리디케를 데려오는 오르페우스, Jean-Baptiste-Camille Corot, 1861

    하데스와 페르세포네 또한 무한한 감동을 받고 그의 청을 들어주기로 한다. 그런데 오르페우스에게 한 가지 조건을 내건다. 에우리디케를 뒤따라가게 할 텐데, 그녀가 저승을 완전히 벗어나기 전까지 오르페우스가 절대 뒤를 돌아봐서는 안 된다는 것이다. 그리하여 오르페우스가 앞서 가고 에우리디케가 뒤따르는 저승 이탈 행렬이 시작된다. 오르페우스는 인내심을 가지고 어두운 저승길을 묵묵히 앞장서 걷는다. 그러나 저승 세계를 벗어나기 직전 혹시나 하는 마음으로 뒤를 돌아보고 만다. 그 순간 에우리디케는 애처로운 눈빛을 남기며 저승 세계로 다시 끌려 들어간다. 오르페우스가

제8장 사랑 이야기   **243**

사라져가는 아내를 잡으려고 안타까이 팔을 내밀었으나 캄캄한 허공만 잡힐 따름이었다.

에우리디케와 다시 한 번 헤어진 오르페우스는 혼신의 노력으로 저승 문을 두드리지만, 닫힌 문은 두 번 다시 그를 받아들이지 않는다. 실의와 비통에 빠진 오르페우스는 세상과 등진 채 은둔의 삶을 택한다. 이후 수많은 여인들이 그의 마음을 사로잡으려 애를 태우지만, 에우리디케만을 마음에 담고 있는 오르페우스는 냉랭하게 외면한다. 여인들의 모욕감과 마음의 상처는 날로 커간다.

디오니소스 제전에 참여한 트라키아의 여인들이 실의에 잠긴 오르페우스를 발견하고 분노하여 돌을 집어 던진다. 그러나 돌들은 그가 연주하는 음악 소리에 힘을 잃고 발밑에 떨어져버린다. 그러자 여인들은 소리 높여 악을 써 음악 소리를 잠재우면서 돌을 던진다. 오르페우스는 무수한 돌에 몸이 찢겨 피투성이가 되어 쓰려진다. 광기에 사로잡힌 여인들은 그의 사지를 갈기갈기 찢고 머리는 리라에 박아 에브로스 강에 던져버린다.

오르페우스의 머리가 박힌 리라는 강물에 떠내려가면서도 슬픈 음악을 연주한다. 무사이 여신들은 찢겨진 그의 시신을 수습하여 장례를 치루고, 제우스는 그의 리라를 하늘의 별자리로 박아준다. 망령이 된 오르페우스는 저승으로 내려가 에우리디케와 다시 만나게 된다. 그들은 엘리시움에서 앞서거니 뒤서거니 하며 다정한 나날을 보내고 있다.

사랑과 소유욕

산천초목과 저승 세계까지 감동시키는 음악의 힘, 죽은 아내를 쫓아 사지(死地)를 찾는 열애, 그리고 이러한 천재성과 변치 않는 사랑이 광란의 무리들에 의해 무참히 찢겨지는 아픔 등이 어우러지는 오르페우스의 비장한 이야기는 뭇 시인과 예술가의 혼을 울리기에 충분했다. 독일의 시인 릴케(R. M. Rilke)는 노작 「오르페우스에게 바치는 소네트」에서 광란의 무녀들에게 찢겨지면서도 기어이 살아남는 천재의 예술혼을 찬양한다.

> **그네들이 제 아무리 엉겨 붙고 미쳐 날뛰어도**
> **그대의 머리와 리라를 부셔버릴 무녀 어디 있으랴**
> **그대 가슴을 향해 던져진 날카로운 돌멩이들도**
> **그대 몸에 닿으면 모두가 부드러워지고 귀가 열리노라**
>
> **복수심에 불붙어 그네들 기어이 그대를 찢어버렸지만**
> **그대의 울림은 사자들과 바위들 안에 여전히 머물러 있다네**
> **나무들과 새들 안에서도**
> **거기서 그대는 지금껏 노래하고 있다네**

19세기 프랑스의 작곡가 오펜바흐(J. Offenbach)는 오페레타 「지옥의 오르페」에서 오르페우스 신화를 익살극으로 패러디한 바 있다. 그는 이 작품에서 에우리디케를 바람난 유부녀로, 제우스와 하데스를 색녀에게 군침을 흘리는 경박한 신들로 묘사한다. 그가 이 신화를 희화적으로 묘사한 이유는 당시 프랑스 상류사회의 위선적이고 속물적인 분위기를 풍자하려는 의도를 갖고 있었기 때문이다. 빠르고 경쾌한 리듬으로 연주되는 작품의 서곡은 '캉캉'춤으로 우리들 귀에 익숙한 곡이기도 하다.

오르페우스의 사랑 이야기는 영화로도 많이 제작되었다. 가장 잘 알려진 작품은 1959년 칸 영화제 그랑프리 수상작인 프랑스 감독 마르셀 카뮈(M. Camus)의 「흑인 오르페」다. 무대는 광란의 카니발로 유명한 브라질의 리우. 약혼녀와 결혼을 앞둔 전차 운전수 오르페는 카니발을 구경 온 시골 처녀 유리디스를 만나 첫눈에 사랑을 느낀다. 기타 반주를 하며 부르는 오르페의 노래에 유리디스의 마음도 열리고, 광란의 삼바 리듬에 맞춰 두 사람의 사랑은 불꽃을 더해 간다. 그런데 유리디스에게는 복면을 한 정체불명의 스토커가 따라붙는다. 결국 카니발의 절정에서 유리디스는 스토커를 피해 달아나다가 감전되어 죽고 만다. 실의에 빠진 오르페는 심령술사를 찾아 기도하던 중 뒤에서 울려오는 유리디스의 목소리를 듣는다. 깜짝 놀란 오르페는 뒤돌아보지 말라는 그녀의 애원을 저버리고 몸을 돌린다. 그러나 유리디스의 모습은 보이지 않고 늙은 심령술사가 유리디스의 목소리로 흐느끼고 있을 뿐이었다. 실망한 마음으로 거리로 뛰쳐나온 오르페는 시체 안치소에서 유리디스의 시신을 찾아낸다. 그는 시신을 끌어안고 리우의 언덕을 오른다. 그때 광분한 약혼녀 일행이 꼭대기에서 달려 내려오며 두 사람을 향해 돌팔매질을 한다. 오르페는 돌 세례를 받고 유리디스의 시신을 안은 채 절벽 밑으로 굴러 떨어져 최후를 맞는다.

사랑의 기쁨이 큰 만큼 상실의 아픔도 크다. 특히 사랑의 절정에서 닥쳐오는 급작스러운 상실은 비극의 극치를 이룬다. 연인의 배신에 치를 떨기도 하고, 이루어질 수 없는 사랑에 절망하기도 한다. 무엇보다 큰 아픔은 죽음으로 인한 사랑의 상실일 것이다. 사랑이 사라지고 홀로 남은 이 세상은 빛을 잃어버린다. 사랑과 함께 있었기에 의미가 있었던 시간과 공간들은 갑자기 정지되고 텅 비어버린다. 다채롭게 반짝이던 주변의 색채들이 불현듯 암울한 회색빛으로 변해버린다. 음악과 새소리는 소음이 되고, 책은 휴지조각으로 바뀐다. 삶은 죽음이 된다. 죽음에 대한 동경심이 싹트고 커간다. 그래서 죽음을 따라가 사랑을 되찾고 싶은 마음이 간절해진다. 오르페우스의 이야기는 이러한 상실의 아픔을 절절하게 드러내고 있다.

감성이 풍부한 많은 시인과 예술가들이 오르페우스에게 연민과 동감을 품고 있는데 반하여, 냉철한 철학자 플라톤은 고개를 저으며 이의를 제기한다. 오르페우스의 사랑은 진정한 사랑이 아니라 소유욕에 지나지 않는다는 것이다.

알케스티스를 아드메토스 왕에게 돌려주는 헤라클레스, Johann Heinrich Tischbein, 1780년경

「향연」에서, 죽음을 이긴 위대한 예술가 오르페우스는 "겁쟁이 악사"로 평가 절하된다. 이유는, 그가 참된 사랑을 위한 필수 조건인 자기를 버리는 희생을 품고 있지 않기 때문이다. 플라톤은 아드메토스(Admetos) 왕을 대신해 죽음을 택한 왕비 알케스티스(Alkestis)를 참사랑의 표본으로 대비시킨다.

죽음의 병을 앓고 있는 아드메토스는 그를 위해 대신 죽어 줄 사람이 나타나지 않으면 죽을 수밖에 없다는 신탁을 접한다. 그러나 그 누구도 그를 위해 나서는 사람이 없다. 평소 입이 닳도록 충성을 맹세했던 신하도, 절친한 친구들도 선뜻 나서지 않는다. 부모마저도 고개를 돌린다. 그때 알케스티스가 나서 죽음을 자청한다. 그런데 영웅 헤라클레스가 나타나 그녀의 방문 앞을 지키다가 저승사자를 제압하고 그녀를 구원해 준다.

이에 비하면 오르페우스는 사랑을 위하여 목숨을 바치기는 고사하고 명줄을 움켜잡은 채 저승으로 가려고 잔꾀를 부린 겁쟁이요 욕심쟁이일 따름이라는 얘기다. 그래서 그는 목숨도 구하고 사랑도 얻는 알케스티스에 비하여 저승에서 아내의 그림자만 보고 돌아온 실패자로 남을 수밖에 없었다는 것이다.

사랑의 강렬한 에너지는 메마른 영혼에 불꽃을 당기고 창조의 샘물을 솟구치게 한다. 사랑에 빠지면 무미건조하고 무색무취하던 세상이 생명과 환희의 빛깔과 향기로 넘쳐흐르게 된다. 모두가 시인이 되고, 철학자가 되고, 예술가가 된다.

사랑의 강렬한 에너지는 이성을 마비시키고 마음의 눈을 멀게도 한다. 사랑이 옆길로 빠져 소유욕과 집착으로 흐르면 자신과 연인 모두를 파멸로 몰아간다. 질투심의 포로가 되어 벌이는 추잡하고 치졸한 복수극과 치정극은 '사랑'이라는 두 글자 앞에서 치를 떨게 하고 눈을 감게 한다. 사랑의 상실을 극복하거나 승화시키지 못하여 지나치게 방황하거나 죽음을 택하는 것 역시 소유욕을 넘어서지 못한 저급한 사랑일 것이다. 상실의 상처와 아픔을 염려하여 사랑을 기피하거나 사랑을 하되 깊게 빠지지는 않으리라 다짐하는 청춘이 있다면, 그 또한 비겁하고 가련한 인생이리라. 젊은 시절 사랑의 강렬한 에너지에 흠뻑 취해 보자. 그리하여 넘치는 에너지로 평생 마르지 않는 창조의 샘물을 솟구치게 하자.

9

제9장

그리스 로마 신화와 동성애

자유로운 삶을 추구한 고대 그리스인은 성생활에서도 보편적인 금기를 뛰어넘는 분방함을 보여준다. 신의 질서를 거부한 프로메테우스의 후예답게 그들은 자연의 순리인 이성 간의 사랑은 물론, 반자연적인 동성 간의 사랑에도 거리낌이 없었다. 물론 동성애는 시공을 초월하여 수많은 문화권에서 발견되는, 그다지 특별할 것도 없는 현상이다. 하지만 고대 그리스인의 동성애는 뚜렷한 차별성을 보여준다.

첫째, 고대 그리스인의 동성애는 금기에 가로막힌 반사회적이고 비주류적인 행위가 아니라 신화는 물론 문학과 예술에서 널리 다루어지고 공공연하게 향유된, 사회적이고 문화적인 현상으로 자리 잡고 있다.

둘째, 고대 그리스인의 동성애는 이성애와 충돌하거나 대체되는 게 아니라 양자 간의 공존이 가능했던, 양성애적인 성문화에서 비롯된 것이다.

셋째, 그럼에도 불구하고 남녀 동성애에 대한 인식과 평가는 공평하지 못한, 지극히 남성 중심적인 양상을 보여준다.

1. 고대 그리스인의 양성애관

고대 그리스의 동성애 문화는 특유의 양성애관에 뿌리를 두고 있다. 그리스인은 인간의 내면에서 솟아오르는 욕망과 감정을 숨기지도, 억압하지도 않았다. 어떤 것이든 있는 그대로 드러내고 마음껏 향유했다. 사랑을 대하는 태도 역시 그러했다. 그들은 이성애와 동성애를 정상이나 비정상으로 엄격하게 갈라놓지 않고 그저 마음 가는대로, 몸 가는 대로 자유롭게 즐기려 했다.

플라톤의 「향연」에는 그리스인의 양성애관이 흥미롭게 그려져 있다. 대화록의 형태를 취한 이 책에서 저자는 희극 작가 아리스토파네스의 입을 빌려 '잃어버린 반쪽 찾기'에 대한 에로스론을 선보인다. 원래 인간은 두 개의 얼굴과 각각 네 개의 팔과 다리를 지니고 있었는데, 갈수록 오만에 빠져 제우스에 의해 두 쪽으로 갈라지는 처벌을 받게 된다. 그런즉 원래의 반쪽을 그리워하는 마음에서 사랑이 싹트게 된다는 설명이다. 그런데 갈라지기 전의 인간은 세 종류(남-여, 남-남, 여-여)였던 바, '남-여'에서 갈라진 반쪽이 잃어버린 쪽을 갈망하는 이성애는 물론 '남-남'과 '여-여'에서 갈라진 반쪽들의 짝짓기에 해당하는 동성애 역시 지극히 자연스러운 현상이라는 것이다.

남성과 여성, 이성애와 동성애 사이에 가로놓인 경계선을 거침없이 넘나드는 그리스인의 자유롭고 유연한 사유 방식은 신화에서도 잘 드러나고 있다. 그리스 로마 신화에는 헤르메스(Hermes)와 아프로디테(Aphrodite) 사이에서 아들로 태어나 물의 요정 살마키스와 뜨거운 사랑을 나누다가 '남-여' 한 몸이 되어버린 헤르마프로디토스(Hermaphroditos)와 같은, 이름과 실체가 모두 자웅동체(雌雄同體)인 존재가 등장한다. 또한 에게 해 건너편 지방에서 숭배된 아그디스티스와 같은 자웅동체의 신도 존재한다.

트랜스젠더도 등장한다. 레우키포스와 이피스는 여자로 태어났으나 딸을 혐오하는 아버지의 눈을 속이거나 어여쁜 소녀와 사랑을 나누기 위해 남자로 탈바꿈하는 인물로 그려진다. 그런가 하면 소포클레스의 비극「오이디푸스왕」과「안티고네」에서 진실의 화신으로 등장하는 맹인 예언가 테이레시아스는 남자로 태어나 여자로 변했다가 다시 남자로 되돌아오는 '더블 트랜스젠더'의 운명을 보여준다.

2. 고대 그리스 사회의 동성애

남성 동성애(소년에 대한 사랑)

「향연」에서 파우사니아스(Pausanias)는 두 개의 아프로디테를 논한다. 즉 여성적 요소 없이 남성적 요소만 갖고 있는 사랑은 '천상의 아프로디테'라고 추앙되는 한편, 남성보다 여성, 영혼보다 육체를 탐하는 사랑은 '세속적 아프로디테'로 비하된다.

고대 그리스 사회에서 성행한 남성 동성애는 여성을 폄훼하는 의식에서 비롯된다. 고대 그리스 문명은 두 얼굴을 갖고 있다. 인간의 자유와 민주주의에 대한 가치를 일깨워주고 실체를 선보인 밝은 모습 이면에는 여성과 노예를 혐오하고 억압하는 남성 중심, 강자 중심의 어두운 모습이 숨어 있다. 고대 그리스 사회는, "여성은 결함을 타고났다"라고 주장한 아리스토텔레스로부터 완벽한 몸의 기준을 남성에게서 찾으려 한 히포크라테스에 이르기까지 대표적인 지식인들마저도 극단적인 남존여비 의식에 사로잡혀 있을 만큼 여성을 얕보는 문화가 지배하고 있었다.

따라서 '덜떨어진 존재'로 인식되는 여성과의 사랑은 생각할 수 없는 일이었다. 여성과 결혼하여 살을 맞대고 사는 이유는 단지 아이를 낳기 위함일 뿐이며, 진정한 사랑은 모든 면에서 서로 격에 맞는 남자들, 즉 노예가 아닌 자유인 남성들 사이에서만 기대할 수 있었다. 고대 그리스는 '연애는 동성끼리, 결혼은 이성 간에'라는 공식이 지배하는(물론 남자들에게만 적용된) 사회였다.

남성 동성애는 아르카익기(BC 8~6세기)에 귀족을 중심으로 성행하다가 고전기(BC 5~4세기)에 이르러 시민계급으로 확산되었으며, 고대 그리스를 대표하는 아테네, 스파르타, 테베, 크레타 등 거의 전 지역에 걸쳐 성행한 것으로 드러난다. 정치가 파우사니아스와 극작가 아가톤(Agathon)의 사랑(연인의 망명지까지 동행할 정도의 광적인 사랑)은 '세기의 동성애'로 회자되며, 소크라테스마저도 이로부터 자유롭지 못할 만큼 남성 동성애는 고대 그리스 사회의 주요한 문화 현상이었다.

그런데 고대 그리스의 남성 동성애는 동년배 사이에서 이루어진 것이 아니라 상당한 연령 차이가 나는 남자들 사이의 사랑이라는 사실이 이채롭다. 즉 성인 남성이 미성년의 사내아이를 사랑하는 '소년에 대한 사랑'이었다. '에라스테스(Erastes)'라 불리는 성인 남성은 대체로 40세 미만의 미혼이며, '에로메노스(Eromenos)'라 불리는 소년은 12~18세 정도의 사춘기 미성년이다. 이를테면 '원조 교제'의 틀을 갖추고 있는 것이다. 이 시대의 원조 교제는 '늙은 돈'과 '젊은 몸'이 거래되지만 그 시대에는 경륜과 청춘이 교류되었다. 성인 남성은 과거의 젊음을 추억했고, 소년은 미래의 지혜를 선취했다. 물론 동기부여를 주도한 것은 젊은 몸에서 피어오르는 아름다움이었다.

성인 남성의 뜨거운 눈길이 소년의 젊고 아름다운 몸을 탐한 에로스의 공간은 체육관이었다. 고대 올림픽이 보여주듯 고대 그리스인은 벌거벗은 몸으로 달리고, 던지고, 격투했다. 그리스어로 체육관을 뜻하는 '김나지움(Gymnasium)'이란 말은 '벌거벗은'이란 의미의 '김노스(gymnos)'에서 기원한다. 그 시대에 육체를 아름답고 힘차게 단련시키는 일은 소년들에게 부과된 중요한 책무였다. 벌거벗은 몸으로 레슬링과 같은 종목에서 서로 뒤엉키면서 성인 남성과 소년은 자연스럽게 사랑을 싹틔웠다.

경직된 사고에서 벗어나 삶에 대해 자유롭고 유연한 자세를 보인 그리스인은 정신과 육체의 관계를 상호배타적으로 바라보지 않았다. 육체를 단련시키며

소년을 안고 있는 어른, BC 480년경의 도기 그림

정신을 함양하고, 정신의 날을 세우며 육체를 다듬었다. 지덕체(智德體)의 삼위일체를 이루려 노력했다. 진리를 탐구하면서도 수도원이나 골방에 틀어박힌 몸으로 고행하듯 한 게 아니라, '함께(sym)'-'마신다(posium)'는 의미의 '향연(Symposium)' 문화에서 보는 바와 같이 함께 어울려 술을 마시고 여흥을 즐기면서 유희하듯 이끌어가지 않았던가. 같은 맥락에서 김나지움은 단순히 운동에만 열중하는 장소가 아니라, 몸을 단련시키는 가운데 진리도 탐구하는 교육기관이었다.

소년에 대한 사랑은 에로메노스와 에라스테스 모두에게 수련의 장을 마련해준다. 에라스테스는 에로메노스의 기대에 어긋나지 않도록(경쟁자들과 겨루며)

최선을 다해 덕을 쌓아가고, 에로메노스 또한 에라스테스를 실망시키지 않도록(경쟁자들과 겨루며) 최선을 다해 자기 발전을 이루게 되는 것이다. 결국 성인 남성과 어린 소년이 합심하여 그리스 남성의 이상인 '탁월함(아레테(arete)'을 이루어가는 '사랑의 교실'로 작용했던 것이다. 사랑을 나누는 과정에서 에라스테스는 육체적·정신적으로 미성숙한 소년인 에로메노스를 성숙한 존재로 이끌어주는 교육자이자 후견인의 책무도 떠맡게 되는 것이다.

소년에 대한 사랑은 개인적인 취향을 넘어 국가·사회적인 기능으로도 작용했다. 고대 그리스 사회는 남성 동성애가 갖는 순기능(구성원들이 아레테를 달성하기 위해 최선을 다하는 분위기에서 기대할 수 있는 사회적인 힘)에 주목하여 이를 고무찬양하기도 했다. 「향연」에서 파이드로스(Phaidros)는 사랑의 힘을 수치심과 존경심에서 찾는다. 즉 비천한 행위에 대해서는 수치스러워하고, 탁월한 행위에 대해서는 존경심을 나타내는 것이 개인과 사회를 뛰어나게 하는 원리인 바, 사랑이 바로 이 원리를 실현시키는 원동력이라는 것이다. 다시 말해 사랑하는 사람과 함께할 때 이 원리가 가장 효과적으로 작동하게 된다는 논리다.

파이드로스의 충고를 받아들여 성공한 사례도 있다. 테베에는 동성 연인들로만 구성된 '신성한 부대'가 펼친 무공이 전설처럼 전해져 온다. 기원전 338년, '비천함에 대한 수치심'과 '탁월함에 대한 존경심'으로 똘똘 뭉친 이 부대는 마케도니아의 필리포스 2세의 막강한 군대와 맞선 카이로네이아 전투에서 승산이 전혀 없는 절망적인 상황에서도 죽기를 각오하고 싸우다가 전원이 장렬하게 전사한다.

아테네에는 참주를 살해하고 산화한 두 연인을 숭상하는 의식이 뿌리내리고 있다. 기원전 514년, 하르모디오스(에로메노스)와 아리스토게이톤(에라스테스)은 아테네의 참주 히파르코스를 살해한 후 차례로 죽음을 맞는다. 아테네인들은 두 연인을 아테네의 자유와 민주주의의 상징으로 기리는 한편, 아고라에 두 사람의 동상까지 세워 떠받든다. 사모스의 참주 폴리크라테스는 이를 두려워한 나머지 동성애의 산실인 체육관을 폐쇄하기도 한다. 군사 문화가 깊이 뿌리내린 스파르타에서는 동성애를 강한 군대를 양성하고 유지시키는 기능으로만 활용했다. 이를테면 연인 간의 육체 관계는 금하는 가운데 에로메노스의 비겁한 행위를 에라스테스에게 책임을 묻는 식으로, 동성애를 철저히 조직을 결속시키는 공적 수단으로서만 이용한 것이다.

고대 그리스의 남자들(자유인)은 결국 평생 세 번의 사랑(정확히 말하자면, 두 번의 연애와 한 번의 결혼)을 맛보며 살아간 셈이다. 소년기에는 에로메노스로, 성년이 되면 에라스테스로, 마지막으로 한 여성의 남편으로서 말이다. 두 번의 동성애를 거쳐 이성애로 끝을 맺는, 결과적으로 양성애를 누리고 산 것이다. 하지만 결혼은 가정을 관리하고 아이를 낳는 책무일 뿐, 자유의지에서 발로된 진정한 사랑은 동성애밖에 없었다.

어떤 것이든 이상과 현실 간의 괴리가 있는 법이고, 세월에 따라 왜곡되거나 변질되기 마련이다. 소년에 대한 사랑은 아르카익기에 귀족 문화로 싹을 틔웠다. 요즘의 원조 교제가 돈도 넘치고 시간도 남아도는 '한량'들의 '문화'이듯이, 먹고 살기가 더 힘들었던 그 시절에 한가로이 체육관을 드나들며 젊음의 아름다움을 누릴 수 있는 게 귀족밖에 더 있었겠는가. 그런데 귀족의 시대가 끝나고 민주화가 이루어지면서 상황은 바뀐다. 시민계급이 체육관을 기웃거리기 시작하며 경쟁자가 늘어난 것이다. 모든 게 그렇듯이 과열 경쟁은 판을 흐려놓기 십상이다. 에라스테스와 에로메노스 간의 순수한 관계가 뒤틀리기 시작한다.

문제는 선물이다. 에라스테스가 에로메노스에게 마음을 담은 선물을 주는 풍습이 있었다. 토끼(노루, 사슴, 새, 사냥개, 치타 등)가 아니면 수탉이었다. 토끼는 사냥놀이(토끼몰이)용이고, 수탉은 전투놀이(닭싸움)용이다. 사냥과 전투는 그 시절 귀족 남성의 대표적인 덕목인 힘과 지배를 상징한다. 토끼와 수탉은 사랑하는 연인에게 자신의 이상을 전수하려는 마음에서 우러난 선물인 것이다. 이렇듯 초창기 선물은 물질적 가치보다 교육적 가치에

동성애 커플, BC 530-520년경의 도기 그림

비중을 두었다. 그런데 점차 명분보다 실리가 판치기 시작한다. 살아 있는 동물에서 육고기로 바뀌더니, 결국 돈이 등장한다. 순수한 사랑과 상업적 매춘 간의 경계가 갈수록 모호해진다. 바야흐로 '늙은 돈과 젊은 몸의 거래' 가 선보이기 시작한 것이다.

황금의 맹독성은 소년들을 비뚤어지게 한다. 덕성보다 돈을 밝히는가 하면, 좀 더 많은 돈을 갈망하며 '상품성의 거품'을 만들려는 유혹에 빠져든다. 아르카익기 말경에 소년에 대한 사랑을 규제하는 '솔론의 법령'이 제정되고, 아리스토파네스를 비롯한 고전기의 희극 작가들이 동성애를 신랄하게 조롱하고 풍자한 배경도 여기에 있다. 플라톤의 「향연」이 겨냥하는 것도 마찬가지다.

이 책을 통해 플라톤은 과거의 귀족적 가치(소년에 대한 사랑을 통한 아레테 성취)를 높이 평가하는 한편, 동성애에 담긴 부정적 요인을 제거하고 새로운 에로스의 이상(육체적 쾌락에서 정신적 사랑으로 승화)을 모색하려 했던 것이다.

여성 동성애(레스보스 여인들의 사랑 : '레즈비언')

고대 그리스의 여성 동성애에 관한 이야기는 남성 동성애에 비하면 극히 빈약하다. 여성 동성애는 공적으로 금지된 것은 아니지만 드러내놓고 즐길 수 있는 형편도 아니었다. 그것은 아무런 사회적인 위상을 갖지 못하고 도착된 것으로 매도당하고 억압되거나, 지극히 제한되고 예외적인 행위로 받아들여졌다.

그러나 비록 겉으로 드러나지 않았지만 '보이지 않게 사랑한' 커플은 만만치 않게 존재했을 개연성은 크다. 공적인 활동은 물론 사적인 감정의 영역인 사랑에서도 남성들로부터 철저히 외면당한 상황에서 의식 있고 열정 넘치는 여성들이 삶의 의미와 즐거움을 달리 어디서 찾을 수 있었겠는가. 주류인 남자들이 최고의 삶을 위해 자기들끼리 날뛰고 즐기는 세상에서, 소외당한 비주류들끼리 한을 풀고자 하는 욕구가 솟구치는 건 당연하지 않았을까. 더욱이 그리스는 다른 어떤 고대 사회보다 자유와 개방의 분위기가 만연했던 사회가 아닌가.

여성 동성애의 대명사는 사포(Sappho)다. 그녀의 이름을 딴 '사피즘(sapphism)'과 그녀의 고향인 레스보스(Lesbos) 섬에서 유래한 '레즈비언(lesbian)'이라는 용어가 이를 대변해 준다. 그녀는 기원전 7세기에 에게 해의 레스보스 섬에서 태어나 30대 초에 결혼하여 딸 하나를 두고 남편과 사별한다. 50줄에 접어들어 파온이라는 젊은 남자에게 빠져 짝사랑으로 몸살을 앓다가 투신자살한 것으로 알려진다. 사포가 투신한 곳으로 알려진 레우카스의 절벽은

'사포의 절벽'이라 불린다.

사포는 그리스를 대표하는 여류 시인이다. 플라톤은 그녀를 가리켜 "열 번째 뮤즈 레스보스의 사포"라고 찬양하기도 했다. 사포와 관련된 많은 일화들(파온에 대한 짝사랑과 비관 자살 등)은 대개 그녀가 쓴 서정시를 통해 유추된 것이다. '열 번째 뮤즈' 사포는 '뮤즈에게 이바지하는 자들의 집'이라는 사설 교육기관을 세우고 많은 후학들을 가르치면서 친구나 연인처럼 함께 어울렸다. 그녀의 서정시에는 제자들(특히 아티스라는 이름의 애제자)에 대한, 스승으로서의 관심과 사랑을 뛰어넘는 애틋한 감정이 표현되어 있다.

1. 나는 너를 사랑하고 있었지. 아티스, 오래전부터.
   그때 너는 나에게 자그마하고 우아함이 결여된
   어린아이로 보였었지.

2. 또다시 사지를 나른하게 하는 에로스가
   나의 온몸을 전율케 하는구나.
   달콤하면서도 쓴 저항할 수 없는 존재여.

3. 아티스, 이제는 나에 대한 생각이
   너에게 증오스러워졌구나.
   그래서 너는 안드로메다에게로 날아가 버리는구나.

세 번째 시에서 거론되는 안드로메다라는 인물은 사포와 마찬가지로 후학을 양성하는 여성으로 사포와 라이벌 관계로 알려진다. 자신이 아끼는 (사랑하는) 제자를 경쟁자의 손에 빼앗긴 상실감이 절절이 배어 있는 서정시를 통해 작가는—의도하지는 않았지만—그 시절 자신 이외에도 여성들만의 집단을 이끌어 가는 지적인 여성들이 널리 포진되어 있었음을 증언한다.

아티스를 향한 사포의 애틋한 감정은 그리스 남성들이 소년에게 바쳤던 열정과 전혀 다를 바 없다.

애제자들과 어느 선까지 갔는지 알 수 없지만, 사포의 언행은 당시 남성들 사이에서 이루어진 사랑에 비추어보면 새삼스러울 것도 없고 거부감을 불러일으킬 것도 없다. 하지만 사피즘과 레즈비언이란 용어가 좋은 의미로 받아들여지지 않듯, 사포는 후대에 그다지 훌륭한 인물로 평가되지 않는다. 고전기의 희극 작가들(암피스를 비롯한 6명의 작가가 「사포」라는 제목의 희극을, 2명의 작가가 「파온」이란 제목의 희극을 발표)에 의해 사포는 "남자에게 미친 여자" 내지는 "뻔뻔스러운 동성연애자"로 낙인찍힌다(파온에 대한 짝사랑으로 자살했다는 이야기도 과장되거나 조작되었다는 의혹도 제기된다). 뿐만 아니라 4세기와 11세기, 두 차례에 걸쳐 로마교회의 주도로 사포의 시들이 공개적으로 불태워지기도 한다.

사포가 당한 조롱과 수모는 이름 없이 사라져간 동시대 뭇 여성들에게 가해진 심판이기도 하다. 따지고 보면 레즈비언이란 용어에도 여성 비하 의식이 숨어 있다. 고대 그리스 사회에서 드러내놓고 동성애를 즐긴 건 남성들인데 그 허물은 숨어서 몰래 즐긴 여성들에게 떠넘겨진다. '헤타이라(Hetaira)'라는 용어의 운명도 마찬가지다. 사포의 시에서도 종종 나오지만, 원래 이 말은 친구나 연인(여성들 사이에서)을 가리키는 애칭이었다. 그런데 세월이 흘러 첩, 정부, 창녀 등의 의미로 전락해 버린다.

여성 비하 의식이 지배한 사회에서 고대 그리스 여성들은 억울하고 가련한 신세를 면치 못했다. 그들은 남자의 사랑 한번 제대로 받지 못한 채, 소외감과 자괴감을 보상해 줄 동성 간의 사랑에도 마음껏 빠져들지 못했을 뿐 아니라 남성들의 특권에 가까웠던 동성애의 오명은 대신 뒤집어쓰고 살아간 셈이다.

3. 그리스 로마 신화에 그려진 동성애

남성 동성애

고대 그리스 사회가 그랬던 것처럼 그리스 로마 신화에서도 남성 동성애에 관한 이야기는 넘칠 정도로 많이 발견된다. 제왕 제우스, 황태자 아폴론을 비롯한 신들과, 아킬레우스, 헤라클레스 등의 영웅들이 경쟁하듯 다양한 양상의 동성애를 연출한다.

흥미로운 사실은 소년 납치에 대한 일화가 심심찮게 등장한다는 점이다. 제우스는 트로이의 왕자인 미소년 가니메데스를 납치하여 시동(侍童)으로 삼는다. 또한 포세이돈은 펠롭스를 납치하고, 테베의 왕 라이오스는 펠롭스의 아들 크리시포스를 납치한다. 크레타 사람들은 가니메데스를 납치한 게 제우스가 아니라 크레타의 미노스 왕으로 알고 있다. 실제로 크레타에서는 소년을 납치하는 풍속이 만연되어 있었다고 전해진다. 귀족 출신의 남자가 어떤 소년을 점찍을 경우, 소년의 부모에게 은밀히 뜻을 밝히고(심하게 거절당하지 않으면) 보쌈하듯 납치하여 사라진다. 그리고 한동안 자신의 별장에서 달콤한 나날을 보낸 후 세상 밖으로 모습을 드러내고 연인 관계를 공표한다. 그러면 귀족은 소년의 교육자이자 후견인 역을 자임하며 소년의 인생을 열어가는 도우미가 된다.

'멘토'라는 용어를 낳은, 그리스 로마 신화의 멘토르(Mentor)라는 인물은 오디세우스의 아들 텔레마코스의 교육자이자 후견인이다. 오디세우스는 트로이 전쟁에 출전하면서 가장 신뢰하는 친구인 멘토르에게 아들의 교육과 후견을 맡긴다. 멘토르는 오디세우스가 20년 만에 귀향하기까지 맡은 역할을 충실히 수행하여, '멘토'의 대명사가 된다. 물론 두 사람 사이에 성적인 접촉이 있었다는 얘기는 전해지지 않는다. 다만 고대 그리스 사회에서 성인 남성과 어린 소년이 교육과 후견을 매개로 다양한 방식으로 긴밀한 관계를

가니메데스에게 키스하는 제우스, Anton Raphael Mengs and Giacomo Casanova, 1758

맺은 풍습이 만연되어 있었고, 신화 속에 그 단면이 투영되어 있다는 사실은 부인하기 어려울 것이다. '균형 잡힌 육체미와 냉철한 이성'의 아폴론이 소년과의 러브스토리에 가장 빈번히 등장하는 점도 시사하는 바가 크다.

동성애가 개인적인 취향을 넘어 국가·사회적인 기능으로 작용한 예는 신화에서도 찾아볼 수 있다. 그리스 로마 신화에 나오는 영웅들은 대개 우정을 넘어서는 끈끈한 관계의 단짝을 갖는다. 대표적인 사례는 물론 트로이 전쟁의 영웅 아킬레우스와 파트로클로스 사이다. 여자 포로 문제로 아가멤논과 갈등을 벌인 끝에 전쟁에서 발을 빼고 있던 아킬레우스는 단짝인 파트로클로스의 죽음을 목도한 후 결연히 전장으로 달려 나가 적장 헥토르의 목을 벤다. 이를 계기로 승부의 추는 트로이에서 그리스 연합군 측으로 넘어간다. 영웅들 사이의 우정(혹은 사랑)이 나라의 명운을 가르는 결정적인 요인으로 작용하고 있는 것이다.

아테네의 영웅 테세우스와 페이리토스, 스파르타의 영웅 헤라클레스와 힐라스, 아가멤논의 아들인 오레스테스와 필라데스 사이도 우정과 사랑을 넘나드는 단짝으로, 영웅적인 행위를 하는 과정에서 중요한 파트너십을 보여준다.

여성 동성애

사회 현실과 마찬가지로 신화 속의 여성 동성애는 남성 동성애에 비해 빈약한 사례를 보인다. 그것은 단지 간접적이며 암시적으로 흔적을 남길 뿐이다. 비교적 동성애를 직접 드러낸 사례는 트랜스젠더의 운명을 보여준 이피스와 레우키포스의 경우다. 여자로 태어난 이피스는 아름다운 처녀 이안테의 사랑을 받아들이기 위해 간절히 소망한 끝에 남자로 탈바꿈하여 사랑의 결실을 맺는다(타고난 성으로 보면 동성애?). 레우키포스 역시 여자로 태어났으나 아들을 원하는 어미의 소망에 따라 남자로 바뀐다. 그런데 이번에는 남자를 기피하는 숲의 요정 다프네를 따라다니기 위해 여자로 위장한다. 결국 그(그녀)는 남자임이 탄로나 다프네의 동료들에게 죽임을 당한다.

그런가 하면 신화에는 사랑에 있어서 남자들에게 따돌림 당한 여성의 한과 보상 심리를 암시하는 이야기들이 많다. 그리스 로마 신화에는 남편들에게 적대적인 감정을 폭발시키는 아내들이 유난히 많이 등장한다. 메데이아, 클리타임네스트라, 파이드라 등 그리스 비극의 대표적인 여주인공들은 복수심과 뒤틀린 사랑으로 남편을 죽이거나 파멸시키는 악녀로 그려진다. 또한 영웅 이아손 일행이 아르고 호 모험 중 만나는 렘노스 섬 여인들은 남편들을 모조리 살해하고, 다나오스의 50명의 딸들 역시 결혼 첫날밤 남편들을 모두 살해한다. 아리스토파네스의 희극 「리시스트라테」에 등장하는 여인들은 전쟁을 막기 위해 남편들에 맞서 '성 파업'을 벌이기도 한다.

반(反)남성적인 성향의 배타적 여성 집단도 많이 등장한다. 대표적인 예는 디오니소스를 따르는 여신도 무리인 마이나데스다. 디오니소스 축제 때

이들은 남자가 지배하는 집을 박차고 나와 들로 산으로 떠돌아다니며 술을 마시고 괴성을 지르는 등 온갖 일탈 행위를 일삼는다. 축제의 절정에 이르면 제물로 바치는 짐승을 갈가리 찢어발기며 온몸을 피로 물들인대때로는 미(美)소년을 제물로 바치는 인신공희(人身供犧)를 연출]. 아내를 잃은 상실감에 빠져 세상 여성들을 외면하는 오르페우스를 이들이 갈가리 찢어 죽인 이유가, 오르페우스가 미소년을 총애하는 관습을 도입했기 때문이라는 설도 있다(잘려나간 오르페우스의 머리는 레스보스 섬으로 떠내려간다).

남자 알기를 돌같이 아는 처녀신 아르테미스를 따르는 무리도 있다. 이들은 남자들에 대해 극도로 배타적인 삶의 방식을 고집한다. 이들이 목욕하는 광경을 훔쳐보다가 들킨 악타이온은 사슴으로 변해 사냥개들에게 갈가리 찢겨지는 참극을 맛본다. 또한 제우스의 술수에 넘어가 사랑을 나눈 칼리스토는 무리를 배신했다는 이유로 여신에게 냉혹하게 처단당한다. 고대 그리스인들은 여인이 아이를 낳다가 죽으면 아르테미스의 저주 탓으로 돌리기도 한다(디오니소스와 아르테미스를 따르는 무리들이 남자에 대해 극단적인 적대감을 품으며 자기들끼리 어울리며 즐긴 것이 동성애가 아니고 무엇이겠는가. 디오니소스와 아르테미스가 아폴론과 아테나에 대비되는 비주류 신들이라는 사실도 유의미하다).

그리스 로마 신화에서 '여인 천하'를 대표하는 집단은 아마조네스(Amazones)다. '가슴이 없는 자들'이라는 이름 그대로 이들은, 활을 쏘는 데 거치적거리는 오른쪽 가슴을 잘라내고 전투에 임하는 여전사족이다. 사내아이는 낳는 즉시 죽여 버리고 여자아이만 거두어 키우며 여성만의 세상을 펼친다. 그런데 무리의 우두머리들이 남자 영웅들에게 정복당하거나 죽음을 당함으로써 아마조네스는 결국 몰락의 길을 가게 된다(여왕 안티오페는 테세우스의 아내가 되고, 히폴리테와 펜테실레이아는 헤라클레스와 아킬레우스의 손에 각각 처단된다). 영웅에 의한 아마조네스의 패배와 몰락이야말로 신화와 현실 사회에서 여성이 처한 비극적인 운명을 단적으로 보여주는 이야기가 아닐까?

10

제10장

여성 이야기

세계적인 신화학자 조지프 캠벨은 그리스 신화를 모계 중심 사회가 부계 중심 사회로 옮겨가면서 형성된 것으로 본다. 그에 의하면 그리스 신화는 부계 중심의 사회 구조를 지닌 아카이아족과 이오니아족 그리고 도리아족 등 인도유럽어족이 평화롭던 모계 중심의 그리스 반도의 원주민을 정복하면서 생성된 것으로, 강력한 아버지 제우스를 정점으로 한 가부장제를 받쳐주는 이데올로기가 숨겨져 있다. 그래서 그리스 신화 속의 여성은 가부장적 논리에 의해 많은 점에서 왜곡되어 왔다.

헤시오도스의 「노동과 나날」을 보면 태초에 인간은 남성뿐이었다. 최초의 여성 판도라는 인간에게 고통을 주기 위해 남성보다 나중에 만들어졌다. 이어 판도라는 금지된 상자를 열어 이 세상에 고통의 씨앗을 뿌렸다. 마치 구약성서의 이브가 금지된 선악과를 먹음으로써 원죄를 잉태하는 것과 같다. 또한 헤시오도스는 여성을 빈둥빈둥 놀면서 양식만 축내는 수벌에 비유하며 비하했다.

제우스의 정실부인 헤라는 원래 그리스 반도의 원주민들 사이에서 모든 신들을 아우르는 고결하고 위대한 여신으로 추앙받았다. 그러나 그리스 신화에서는 한낱 가정과 결혼의 수호신으로 전락한 채 남편 제우스의 일거수일투족이나 감시하는 질투의 화신으로 그려져 있다. 여신은 수없이 바람을 피워대는 남편 제우스에게는 아무 말도 하지 못하고 기껏해야 연적이나 그 자식들만 괴롭힐 뿐이다. 또한 이피게네이아와 헬레네의 예에서 보듯이 여성은 신에게 바치는 제물이나 빼앗을 수 있는 물건으로 그려지기도 한다.

이 장에서 우리는 그리스 신화 속의 두 가지 유형의 여성을 만나게 된다. 그중 하나는 그리스 신화 최고의 악녀와 독부로 알려진 메데이아와 클리타임네스트라이고, 다른 하나는 정의로운 여성과 고결한 여성의 화신 안티고네와 이피게네이아이다. 그런데 이들 모두는 가부장제의 폭력의 희생물로 전락하는 공동의 운명을 맞이한다.

1. 악녀 메데이아

황금양피의 내력

메데이아(Medeia)의 이야기는 황금양피를 찾아 나선 아르고 호의 모험과 함께 전개된다. 또한 황금양피는 테살리아의 왕 아이올로스(Aiolos) 가계에서 유래한다. 아이올로스의 큰 아들 아타마스(Athamas)는 보이오티아(Boiotia)의 오르코메노스(Orchomenos)의 왕이었다. 그는 네펠레(Nephele)와의 사이에서 아들 프릭소스(Phrixos)와 딸 헬레(Helle)를 둔다. 네펠레가 죽자 아타마스는 후처 이노(Ino)를 얻는다. 그녀는 아타마스에게 두 아들 레아르코스(Learchos)와 멜리케르테스(Melikertes)를 낳아준 뒤, 전처 소생이었던 프릭소스와 헬레를 몹시 구박한다. 심지어 나라에 심한 흉년이 들자 신탁을 조작하여 왕을 속이고 그들을 희생 제물로 바치려 한다. 저승에서 그걸 보다

프릭소스와 헬레, 「청소년을 위한 그리스 신화」의 삽화, 독일 베를린, J. C. Andrä, 1902

못한 친어머니 네펠레는 헤르메스 신에게 부탁해서 자식들에게 황금양을 한 마리 보내준다. 황금양은 인간처럼 말을 할 수 있었고 날 수도 있었다. 그들은 그 양을 타고 계모의 박해를 피해 당시 세상의 동쪽 끝자락에 해당하는 흑해 연안에 위치한 태양의 나라 콜키스(Kolchis)로 도망간다. 하지만 딸 헬레는 도중에 바다에 떨어져 죽는다. 그때부터 헬레가 떨어져 죽은 바다는 그녀의 이름을 따 헬레스폰토스(Hellespontos)로 불린다. 다행히 아들 프릭소스는 무사히 콜키스에 도착한다.

콜키스 왕 아이에테스(Aietes)는 헬리오스(Helios)와 페르세이스(Perseis) 사이에서 태어난 아들이다. 그는 아내 이디이아(Idyia)의 사이에 딸 칼키오페(Chalkiope)와 메데이아(Medeia) 그리고 아들 압시르토스(Apsyrtos)를 둔다. 프릭소스가 도움을 요청하자 아이에테스 왕은 그를 환대하며 반갑게

아이올로스와 불키스 왕가

```
히페리온 ─ 헬리오스 ─┬─ 아이에테스 ─┬─ 압시르토스
                    │              ├─ 메데이아
                    │              └─ 칼키오페 ─┬─ 프론티스
                    │                            ├─ 키티소로스
                    │                            ├─ 멜라스
                    │                            └─ 아르고스
                    └─ 이디이아 ∞

네펠레 ─┬─ 프릭소스
        └─ 헬레
∞ 아타마스 ∞ 이노

아이올로스 ─┬─ 시시포스 ─ 글라우코스 ─ 벨레로폰 ─┬─ 아마테온
           │                                    └─ 페레스
           ├─ 크레테우스 ─┬─ 아이손 ─┬─ 이아손
           │              │          └─ 아카스토스
           │              └─ 펠리아스 ─┬─ 펠레우스
           │                           └─ 넬레우스
           └─ 살모네우스 ─ 티로 ∞ 포세이돈

아이올로스 ∞ 헬레 ∞ 네아킬리온
```

맞이한다. 더구나 아이에테스 왕은 프릭소스에게 자신의 딸 칼키오페를 주어 아내로 삼도록 한다. 그에 대한 보답으로 프릭소스는 자신이 타고 왔던 황금양을 잡아 도망자의 수호신인 제우스에게 바친 다음, 황금양피는 아이에테스 왕에게 선물로 준다. 왕은 그것을 아레스의 숲에 있는 아름드리 참나무에 걸어두고 절대로 잠들지 않는 커다란 용에게 지키도록 한다. 이후 칼키오페는 프릭소스에게 아르고스(Argos), 프론티스(Phrontis), 멜라스(Melas), 키티소로스(Kytissoros) 등 네 아들을 낳아준다.

아르고 호의 모험

아이올로스의 둘째 아들 크레테우스(Kretheus)는 테살리아의 이올코스의 왕이었다. 그는 자신이 키우던 조카 티로(Tyro)와 결혼을 한다. 하지만 티로는 포세이돈 신의 사랑을 받아 이미 넬레우스(Neleus)와 펠리아스(Pelias)라는 쌍둥이 아들을 낳아 남몰래 키우고 있었다. 크레테우스는 이 사실을 모른 채 그녀를 아내로 맞이한 것이다. 티로는 크레테우스에게서 아이손(Aison), 아미타온(Amythaon), 페레스(Pheres)라는 세 아들을 낳는다. 아미타온은 비아스(Bias)와 멜람푸스(Melampous)의 아버지가 되고, 아이손은 두 아들을 낳는데, 그중 하나가 이아손(Iason)이다. 또 페레스의 아들 아드메토스(Admetos)는 펠리아스의 딸 알케스티스(Alkestis)와 결혼한다.

그 후 크레테우스는 본처 티로를 멀리하더니 새 아내 시데로(Sidero)를 얻는다. 그러자 시데로는 티로를 몹시 학대한다. 그 소식을 듣고 티로와 포세이돈 사이에서 태어났던 두 자식들이 찾아와 시데로를 죽이려 한다. 전처 자식들의 칼날을 피해 도망가던 시데로가 헤라 신전으로 숨어들자 펠리아스는 신전의 제단에서 잔인하게 시데로를 죽인다. 이에 헤라 여신은 펠리아스에게 엄청난 분노를 품고, 이아손을 도와 펠리아스를 멸망시키려 한다.

테살리아의 왕 크레테우스가 죽자 펠리아스는 도도나(Dodona)의 신탁소에 가서, 그와 쌍둥이 형제 넬레우스 중 누가 왕위 계승자가 될지 물어본다. 그러자 그 신탁소의 주인인 제우스는 펠리아스가 왕이 되겠지만 외짝 신발을 신은 자를 조심하라고 경고해 준다. 그 후 이올코스(Iolkos)의 왕이 된 펠리아스는 언젠가 자신의 아버지 포세이돈을 위해 희생제를 올린다. 이 향연에 자신과 아버지가 다른 형제인 아이손의 아들 이아손도 참석한다. 그런데 이아손은 공교롭게도 아나우로스(Anauros) 강을 건너다가 헤라가 변신한 노파를 업어 건네주다가 그만 진창에 빠진 왼쪽 신발을 챙기지 못한다.

이아손이 외짝 신발을 신고 숙부인 펠리아스 앞에 나타나자, 그는 신탁의 경고를 떠올리고 이아손에게, 만약 외짝 신발을 신은 자에 의해 죽을 것이라는 신탁을 받으면 어떻게 할 것인지 물어 본다. 그러자 이아손은 자기라면 그 사람을 황금양피를 가져오도록 콜키스로 모험을 떠나보내겠다고 대답한다. 그것은 콜키스의 공주 메데이아의 도움으로 추악한 살인 행위로 자신의 신전을 더럽힌 펠리아스에게 복수할 기회가 왔다고 생각한 헤라 여신의 계시에 따른 것이었다. 결국 펠리아스는 이아손에게 황금양피를 가져오도록 시킨다.

이아손이 황금양피를 가져와야 했던 이유에 대해서는 이와는 다른 설이 있다. 그에 따르면 아이올로스의 아들 크레테우스가 죽자 펠리아스가 아니라 이아손의 아버지 아이손이 정식 후계자가 된다. 아이손은 왕국을 다스리다가 노쇠하고 정치에 염증을 느낀 나머지 자신의 아들인 이아손에게 권력을 물려주려고 한다. 하지만 아들 이아손의 나이가 너무 어려 자신의 이부(異父)동생 펠리아스에게 아들이 장성할 때까지 임시로 권력을 맡기고, 아들은 반인반마(半人半馬)의 켄타우로스(Kentauros)족인 케이론(Cheiron)에게 보내 교육을 시킨다. 케이론은 당시 아킬레우스 등 수많은 영웅들을 길러낸 스승이었다. 이아손이 황태자 수업을 마치고 돌아와 숙부 펠리아스에게 권력을 요구하자, 그는 이아손이 모험을 해서 좀 더 힘과 경험을 쌓아야 한다면서 콜키스에 가서 원래 아이올로스 가문 것이었던 황금양피를 가져오면

아킬레우스를 교육시키는 케이론, Giovanni Battista Cipriani, 1776년경

권력을 물려주겠다고 말한다. 펠리아스는 이아손이 여행 중에 틀림없이 죽을 것이라고 생각한 것이다.

이아손은 그리스 각지에서 영웅들을 모으고, 아게노르(Agenor)의 아들 아르고스(Argos)가 아테나 여신의 도움으로 아르고(Argo) 호를 만들어 마침내 모험이 시작된다. 콜키스로 가는 도중 그들은 수많은 모험을 겪는다. 가장 위험한 순간은 흑해 입구에 있는 심플레가데스(Symplegades)라는 바위 문을 통과할 때였다. 이 문은 서로 부딪히는 바위여서 무엇이든지 지나가면 가루로 만든다. 그들은 예언가 피네우스(Phineus)의 도움으로 무사히 이 바위 문을 통과한다. 그 후 얼마 지나지 않아 이아손은 마침내 콜키스에 도착하여 아이에테스 왕에게 황금양피를 돌려달라고 부탁한다. 그러자 왕은 황금양피를

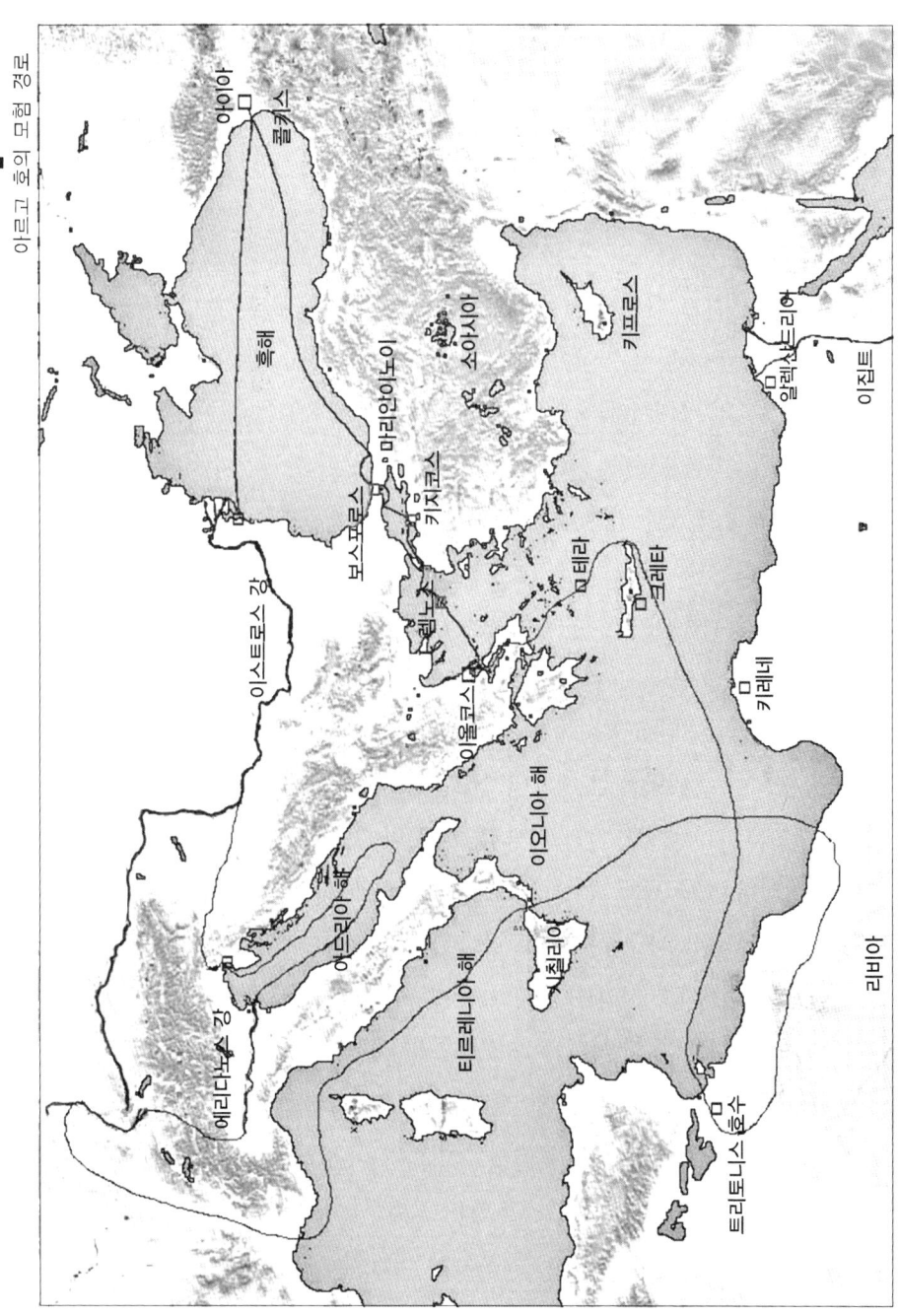

주는 조건으로 그에게 아주 어려운 과업을 맡긴다.

그것은 첫째, 자신이 키우고 있던 불을 뿜는 두 마리 청동 황소에 멍에를 씌워 4일 분량 면적의 밭을 하루 만에 가는 것이었고, 둘째, 고랑에 씨앗 대신 자신이 주는 용의 이빨을 뿌린 다음, 용의 이빨이 뿌려진 땅에서 솟아 나온 병사들과 싸워 그들을 모두 죽이는 것이었다. 이아손은 인간으로서는 도저히 해낼 수 없었던 이 과업을 자신과 사랑에 빠진 콜키스의 공주 메데이아의 도움으로 완수한다. 하지만 아이에테스 왕은 황금양피의 양도 시기를 차일피일 미루면서 이아손 일행을 몰살시킬 계획을 세운다. 결국 이아손은 다시 한 번 메데이아의 도움을 받아 황금양피가 걸려 있는 참나무 앞에서 보초를 서고 있던 용을 약초의 즙으로 잠재운 뒤 황금양피를 탈취하여 그녀와 함께 콜키스를 탈출한다.

콜키스에서 그리스로 도망쳐 오는 길에 메데이아는 추격해온 아버지를 따돌리기 위해 데리고 온 어린 동생 압시르토스(Absyrtos)의 시신을 토막을 내 바다에 버린다. 아이에테스는 그 시신을 수습하느라 아르고 호를 놓치고 만다. 살인 행위에 분노한 제우스는 그들에게 속죄할 것을 명령한다. 그들은 아이아이에(Aiaie) 섬에 살고 있는 아이에테스의 여동생이자 마술사였던 키르케(Kirke)에게로 가서 그 죄를 깨끗이 씻는다. 그 후 그들은 계속해서 세이레네스(Seirenes), 플랑크타이(Planktai) 바위, 헬리오스의 섬, 리비아 사막을 지나 마침내 이올코스로 돌아온다. 리비아에서 영웅들은 아르고 호를 어깨에 짊어지고 사막을 빠져나오기도 한다.

기원전 3세기경 아폴로니오스 로디오스가 쓴 「아르고 호의 모험(Argonautika)」은 황금양피를 찾아 나선 이아손이 갖은 모험 끝에 마침내 임무를 완수하고 콜키스의 공주 메데이아와 함께 그리스의 이올코스로 돌아오는 과정을 자세하게 그린 작품이다. 「아르고 호의 모험」의 내용은 위에서 언급한 전통적인 신화와 거의 동일하지만 두 부분이 사뭇 다르다. 하나는, 헤라 여신이 펠리아스에게 분노하는 것은 그가 자신의 신전을 더럽혔기 때문이 아니라,

메데이아, Frederick Sandys, 1868

자신만 빼고 다른 신들에게 모두 제물을 바쳤기 때문이다. 다른 하나는, 압시르토스가 어린 동생이 아니라 추격대를 이끌 정도로 장성한 오빠로 등장한다. 더구나 압시르토스는 비록 메데이아가 함정으로 유인은 하지만 그녀가 아니라 이아손의 손에 죽는다.

에우리피데스의 메데이아

아폴로니오스의 「아르고 호의 모험」은 아르고 호가 그리스에 돌아오는 것으로 끝을 맺는다. 그 후의 이아손이나 메데이아의 이야기는 무엇보다도 에우리피데스(Euripides)의 「메데이아」를 통해 알 수 있다. 물론 그의 작품은 이아손과 메데이아가 코린토스로 망명을 한 이후의 사건을 다루고 있다. 하지만 작품 곳곳에서 이올코스에서 코린토스로 건너오기 전에 그들에게 무슨 일이 있었는지 우리에게 알려준다.

이아손이 황금양피를 펠리아스에게 갖다 준 뒤, 메데이아는 펠리아스를 없애고 이아손을 왕으로 옹립할 계획을 세운다. 약초를 능숙하게 다룰 줄 알았던 메데이아는 우선 펠레아스의 두 딸들에게 여러 가지 약초를 넣어 끓인 솥에 늙은 양을 토막 내 넣고 새끼 양이 튀어나오는 시범을 보인다. 그런 다음 그들에게 아버지도 젊게 만들자고 꼬드긴다. 효성이 극진했던 딸들은 그 말을 믿고 아버지를 토막 내 솥에 넣지만 메데이아가 펠리아스의 딸들이 자리를 비운 사이 이미 솥에 있던 약물을 바꾸어 버린 터라 펠리아스는 다시 살아나지 못한다. 펠리아스가 죽었지만 메데이아의 예상과는 달리 이아손이 아니라 펠리아스의 아들 아카스토스(Akastos)가 그의 후계자가 된다.

신변의 위험을 느낀 메데이아와 이아손은 코린토스(Korinthos)로 망명을 떠난다. 그런데 코린토스 왕 크레온(Kreon)은 자기 뒤를 이어 왕이 될 아들이 없었다. 그는 이아손을 자기 후계로 삼고자 환대하며 딸 글라우케(Glauke)를 그와 약혼시키고, 메데이아를 추방하려 한다. 하지만 이아손은 이러한 크레온의 태도에 수수방관하며 메데이아를 점점 멀리한다. 메데이아는 권력에 눈이 어두워 자신을 헌신짝처럼 버리려는 이아손에게 절망한다. 그녀는 심적 갈등과 주저 끝에 이아손의 약혼녀 글라우케, 그리고 자신과 이아손에게서 태어난 두 아들을 죽이기로 결심한다. 그것이 이아손을 직접 죽이는 것보다 더 이아손에게 상처를 줄 수 있을 것이라고 생각했기 때문이다.

그래서 메데이아는 그 당시 마침 코린토스를 방문했던 아테네의 왕 아이게우스(Aigeus)에게 부탁하여 미리 피난처도 마련해 둔다. 모든 준비를 마친 메데이아는 마침내 글라우케에게는 독을 묻힌 옷을 선물하여 죽게 하고, 두 아들은 자신의 손으로 직접 죽인 다음, 집에 불을 지른 뒤 용이 끄는 하늘을

(왼쪽 위) 메데이아, Henri Klagmann, 1868
(왼쪽 아래) 메데이아, Eugène Delacroix, 1862
(오른쪽) 메데이아, Charles Andre van Loo, 1759

나는 수레를 타고 아테네로 도망친다. 에우리피데스는 「메데이아」에서 자식을 죽여야만 하는 메데이아의 심정을 아주 자세하게 묘사하고 있다. 메데이아는 코로스에게 자신의 비통한 심정을 토로한다.

"친구들이여, 내 결심은 확고해요. 나는 되도록 빨리 내 자식들을 죽이고 나서 이 나라를 떠날 것이며, 늑장을 부리다가 더 증오심에 찬 다른 손에 내 자식들을 죽이라고 내주지 않을 거예요. 그 애들은 무조건 죽어야 해요. 필요하다면 생모인 내가 그 애들을 죽일 테야. 자, 내 마음이여, 무장하라! 내가 왜 주저하는 거지? 끔찍하지만 어차피 피할 수 없는 범행이 아니던가! 자, 가련한 내 손이여, 칼을 들어라! 칼을 들고 고통스런 경주의 출발점으로 다가서도록 하라! 비겁자가 되지 말고, 아이들은 생각하지 마. 그들은 네 귀염둥이들이고, 네가 그들을 낳았다고! 이 짧은 하루 동안만 네 자식들을 잊었다가 나중에 울도록 해! 네가 아이들을 죽이더라도 아이들은 역시 네 귀염둥이들이 아닌가! 나야말로 불운한 여인이로다!"

결국 에우리피데스는 그동안 동생과 펠리아스를 살해한 것으로 전승되어 온 메데이아에게 자식 살해라는 오명을 하나 더 붙여준 셈이다. 메데이아의 이런 행적을 놓고 보면 그녀는 분명 그리스 신화에 등장하는 최고의 악녀임에 틀림없다. 누가 사랑 때문에 부모를 버리고 동생을 토막 살인하고 더 나아가 자식을 살해한 이 여인을 비난하지 않을 수 있겠는가?

볼프의 메데이아

메데이아는 그동안 에우리피데스를 비롯한 수많은 작가들의 소재로 다루어지면서 끊임없이 논란의 대상이 되어온 인물이다. 문학작품 속에 그려지는 메데이아의 모습은 크게 두 가지로 구분된다. 그중 하나는 자식 살해의

크리스타 볼프(1989)와 「메데이아」 표지

주제를 처음으로 자신의 작품에 도입한 에우리피데스의 해석에 따라 메데이아를 지독한 악녀로 보는 시각이고, 다른 하나는 메데이아에 대한 좀 더 오래된 기록들을 찾아 그녀를 복권시키려는 시도다. 에우리피데스 이래로 메데이아에 대한 평가는 최근까지 전자가 주류를 이뤘으나, 1970년대 이후 일기 시작한 여성해방운동의 영향으로 현재는 후자 쪽으로 무게중심이 옮겨지고 있다.

후자의 대표 주자로 부각되는 독일 여성 작가 크리스타 볼프(C. Wolf)의 「메데이아」는 위와 같은 전통적인 신화의 내용을 모두 거부한다. 그녀는 이 소설을 쓰기 전 전승되어 온 아주 오래된 메데이아에 대한 기록과 신화 전문가에게 행한 질문 등을 통해 메데이아가 원래 여신이자 사제였고 치료사였다는 사실을 밝혀낸다. 그리고 메데이아는 "좋은 충고를 아는 자"라는 뜻으로 어원적으로 볼 때 '지혜'라는 의미를 지닌 '메티스(Metis)'와 연관이

제10장 여성 이야기 279

있으며 '의학(medicine)'이라는 말도 나중에 약초에 조예가 깊었던 그녀의 이름에서 유래한다는 것을 알아낸다. 이것을 근거로 볼프는 메데이아를 "오해의 어둠으로부터" 구하기 위해 자신의 작품의 내용을 기존의 작품들과는 근본적으로 다르게 바꾼다.

그래서 볼프의 메데이아는 에우리피데스의 작품과는 달리 사랑 때문에 자식과 동생과 남편 이아손의 약혼녀를 죽인 범죄자가 아니다. 오히려 코린토스와 콜키스라는 두 가부장적 정치권력의 희생자로 그려진다. 볼프의 소설 속에서 메데이아의 아버지 아이에테스는 콜키스 왕국의 권력을 잡은 지 어언 14년째가 되었지만 옛 법에 따라 아들에게 권력을 이양하려고 하지 않는다. 결국 아이에테스는 많은 사람들의 반감을 사게 되고, 메데이아와 어머니인 이디아도 그들의 의견에 동조한다. 그들은 메데이아가 사제로 있는 헤카테(Hekate) 신전에 모여 자주 나라의 장래를 걱정한다. 어떤 과격한 여인들은 왕을 몰아내고 아주 옛날처럼 모계 혈통을 중시하여 메데이아의 여동생 칼키오페를 여왕으로 추대하자는 의견을 내세우기도 한다. 그러던 중 그들은 왕이 우선 7년간 나라를 통치하고, 그 후에는 기껏해야 7년만 더 통치할 수 있다는 옛 법을 근거로 아이에테스 왕을 압박하기에 이른다. 그러자 왕은 예상 외로 기꺼이 그들의 말에 동의하며, 곧 임기가 끝나자 자기 아들 압시르토스에게 순순히 권력을 넘겨준다.

하지만 그것은 속임수였을 뿐, 왕은 정권 연장을 위한 치밀한 계획하에 권력을 물려주었을 뿐이다. 그는 얼마 되지 않아 자신의 심복을 시켜 선왕이든 현왕이든 두 왕이 같은 하늘 아래 함께 있을 수 없다는 또 다른 옛 법을 들이대며, 심복들이 아들 압시르토스를 살해하는 것을 방조하기 때문이다. 이처럼 자신의 아들을 죽이는 비정한 아버지의 이야기는 제우스의 아버지 크로노스를 상기시킨다. 크로노스는 아내 레아가 자식들을 낳자마자 계속 집어삼킨다. 자식들이 자신의 권좌를 넘보지 않을까 두려웠기 때문이다. 크로노스의 아들 제우스도 사랑을 나눈 지혜의 여신 메티스가 자기보다 뛰어난 아들을 낳아 자신을 권좌에서 밀어낼 것이라는 얘기를 듣고 그녀를 조그맣게 만들어서 집어삼킨다. 부권에 도전하는 자는 자식이라도 가만두지 않겠다는 것이다.

이아손 일행이 콜키스에 도착하여 아이에테스 왕에게 황금양피를 요구했을 때 콜키스는 이런 상황이었다. 메데이아는 동생이 살해되자 이제 더 이상은 폭력적인 콜키스에 머물 수 없다는 것을 깨닫는다. 그래서 그녀는 이아손과 황금양피를 놓고 거래를 한다. 아버지가 내주기를 거부하는 황금양피를 갖도록 해줄 테니 자기를 함께 데려가 달라는 것이다. 이아손은 목적이 아니라 수단이었던 셈이다. 그때의 자기 심정을 메데이아는 이렇게 말한다.

"내가 이아손과 함께 떠난 것은 타락하고 몰락한 콜키스에 그대로 남아 있을 수 없기 때문이었다."

따라서 메데이아가 조국을 등진 것은 이아손과의 사랑 때문은 결코 아니다. 그것은 아버지가 휘두르는 가부장제의 폭력을 거부하는 정치적인 결단이다. 그들의 사랑도 콜키스에서 이올코스로 가는 동안 많은 대화를 나누면서 비로소 자연스럽게 싹트기 시작한다. 하지만 아무리 정당한 이유가 있다고 하더라도 메데이아는 아버지 아이에테스나 콜키스의 입장에서 보면 배반자일 수밖에 없다. 메데이아는 그런 자신의 처지를 고통스러워한다. 그렇다고 망명지 코린토스에서도 메데이아를 제대로 이해하고 있는 것도 아니다. 코린토스인들도 메데이아가 이아손을 따라온 것을 고도의 정치적인 행동으로 보지 않는다. 그들은 메데이아의 행동을 재미있는 스캔들쯤으로 여기고 수군거린다. 메데이아는 자신에 대한 코린토스인들의 오해를 이렇게 술회한다.

"어쨌든 코린토스인들은 모두 그렇게 알고 있습니다. 한 여인이 남자를 사랑하면 무슨 일이든지 할 수 있고 또 용서받을 수 있다고 그들은 생각합니다."

메데이아, Anselm Feuerbach, 1870

　메데이아는 아버지나 조국 콜키스로부터 배반자로 낙인찍히고 코린토스인들이 자신을 곡해하는 것은 괴로워도 참을 수 있다. 메데이아의 가슴을 정말 아프게 하는 것은 이제 이아손마저도 자기 때문에 그녀가 조국을 떠났다고 생각하고 있다는 사실이다. 그녀는 이아손에게 사랑 때문에 가족과 조국을 버린, 구원받을 수 없는 타락한 존재에 불과하다. 이렇듯 볼프의 메데이아는 처음부터 고향 콜키스와 이아손으로부터 버림받은 가련한 여인으로 묘사되어 있다. 아들을 살해하여 지탄받아 마땅한 폭력적인 아버지로부터는 오히려 자신이 배신자로, 그리고 누구보다도 자신을 보호해 주어야 할 이아손 일행으로부터는 불쌍한 "도망자" 취급을 받고 있는 것이다. 메데이아는 점점 자신이 이아손에게 성적 "욕망"의 도구에 불과하다는 것을 깨닫는다. 이아손의 마음이 메데이아로부터 점점 멀어져갈수록 크레온은 그에게 중책을 맡기고, 그는 점점 오로지 코린토스의 궁정 사회에 매달리는 남자가 되어버린다.

그러던 중 메데이아는 망명지 코린토스의 아킬레스건이자 아무도 입에 담기를 꺼리는 공주 이피노에(Iphinoe)의 죽음을 파헤치기 시작한다. 메데이아는 처음엔 망명지 코린토스는 고향 콜키스와는 다를 것이라는 희망을 품는다. 하지만 그녀의 기대는 실망으로 돌아온다. "제2의 눈"을 지닌 그녀가 코린토스에도 엄청난 정치적 음모가 숨겨져 있음을 간파하기 때문이다. 그녀는 어느 날 왕궁에서 벌어진 연회에서 도중에 슬며시 연회장을 빠져나가는 왕비 메로페(Merope)를 눈여겨본다. 왕비의 행동을 이상하게 여겨 따라나선 메데이아는 왕비가 지하실 비밀스런 제단에 숨겨져 있는 어린아이의 유골 앞에서 오열하는 것을 본다. 메데이아는 그때부터 이 유골이 누구의 것이며 왜 이곳에 숨겨져 있는지 추적하기 시작한다. 그 결과 코린토스가 씻을 수 없는 "범죄" 위에 세워진 국가라는 사실을 알아내곤 경악한다. 왕비 메로페가 찾아간 곳은 바로 코린토스의 공주 이피노에가 아버지에 의해 남몰래 살해되어 안장된 지하실의 비밀 제단이었던 것이다.

코린토스가 한때 위기에 처하자 정치권은 크레온을 지지하는 쪽과 메로페 왕비를 지지하는 쪽으로 나누어진다. 그리고 정치권의 분열은 큰딸 이피노에가 코린토스를 지지해 줄 이웃 도시의 왕과 결혼하여 크레온 왕의 왕위를 계승하는 것으로 일단락된다. 하지만 크레온 왕은 이피노에가 추구한 "여성이 지배하는 새로운 사회에 대한 희망"을 무참히 짓밟는다. 그는 지지자들과 함께 은밀하게 이피노에를 살해한 것이다.

메데이아는 시시각각으로 자신을 옥죄어오는 정치권력과 점점 가까이 다가오는 파멸의 위협에도 불구하고 이런 이피노에 공주의 죽음의 진실을 밝혀낸다. 이어 자신에게 닥칠 위험은 안중에 두지 않고 부당한 그들과 맞서 한 치도 물러서지 않는다. 불의를 참지 못하는 메데이아의 의연한 태도는 볼프가 작품에서 시도하고 있는 "영웅 이아손의 탈영웅화"로 더욱 강조된다. 볼프의

메데이아, Alfons Mucha, 1898

작품에서 이아손은 에우리피데스의 작품에서보다 더욱더 철저한 기회주의자로 등장하기 때문이다.

메데이아의 당찬 행동에 다급해진 크레온 왕은 그녀에게 고향에서 동생 압시르토스를 살해했다는 죄를 뒤집어씌운 뒤, 그녀의 살인 행위를 다룰 원로회의를 소집한다. 하지만 원로회의에서 아무도 그녀에게 유리한 증언을 하지 않는다. 콜키스에서 그녀의 제자였던 아가메다(Agameda)마저도 그녀를 배반하고, 권력에만 눈이 먼 이아손도 무언의 동조로 그녀를 저버린다. 결국 그녀는 자식들과 함께 궁전에서 쫓겨나 시내의 허름한 오두막에 버려진다. 하지만 그녀의 시련은 이것으로 끝나지 않는다. 얼마 후 메데이아는 그동안 도시에 창궐하였던 페스트와 때마침 일어난 지진을 불러온 마녀이자, 광기에 빠져 코린토스의 제1 천문학자 아카마스(Akamas)의 조수 투론(Turon)의 성기를 자른 콜키스 여인들의 주동자로 몰려 도시를 떠나라는 추방 명령을 받기 때문이다.

그러자 모든 것을 체념한 메데이아는 코린토스를 떠나기 전 두 아들을 임시로 헤라 신전에 맡긴다. 우선 자신이 거처를 정한 뒤에 나중에 데려갈 심산이었다. 이어 이아손의 약혼녀인 글라우케 공주에게는 자신이 콜키스에서 가져온 귀하고 예쁜 옷 한 벌을 결혼 선물로 직접 갖다 주고, 이아손에게는 글라우케와 부디 행복하라는 작별인사를 전한 뒤 쓸쓸히 코린토스를 떠난다.

하지만 메데이아가 전해 준 옷을 입은 글라우케 공주는 자신 때문에 추방당한 메데이아에 대한 죄의식에 사로잡혀 우물로 뛰어들어 자살한다.

그와 거의 동시에 코린토스인들은 크레온 왕의 사주로 후환을 없애기 위해 헤라 신전에 난입하여 메데이아의 자식들을 찾아내어 살해한다. 메데이아의 자식들은 이아손과 코린토스의 공주 글라우케가 결혼하면 생기게 될 자식들에게 걸림돌이 되기 때문이다. 게다가 코린토스인들은 메데이아가 자식을 살해하고 도망쳤다는 소문을 퍼뜨린다. 이어 그때부터 7년에 한 번씩 헤라 신전에서 어머니에 의해 불쌍하게 살해당한 자식들을 위한다는 명목으로 제사를 지낸다. 그녀에 대한 그야말로 완벽한 조작극이 만들어진 것이다.

결국 볼프의 작품에서 주인공 메데이아는 아이에테스와 크레온 왕이라는 권력욕에 눈이 먼 두 가부장제의 화신에 의해 희생당하는 비운의 여인으로 그려져 있다. 그렇다면 에우리피데스는 메데이아가 자식들을 죽였다는 사실을 왜 자신의 작품에서 처음으로 언급했을까? 그것은 볼프가 찾아낸 기록에 의하면 당시 이미지 실추를 두려워한 코린토스인들이 에우리피데스에게 뇌물을 줘 메데이아에게 자식 살해의 범죄를 뒤집어씌우도록 했기 때문이다. 그 기록에는 뇌물 액수도 구체적으로 15탈러라고 적혀 있다.

에우리피데스 새로 읽기

그렇다면 에우리피데스의 작품에서는 메데이아만 악녀로 묘사되고 있는 것일까? 혹시 그녀의 남편 이아손에 대한 부정적인 평가는 없는 것일까? 혹시 우리 마음에 메데이아가 두 아들을 죽였다는 선입관이 너무 강하기 때문에 에우리피데스의 작품을 읽어도 그런 부분이 우리 눈에 선뜻 들어오지 않은 것은 아닐까? 메데이아의 복권을 시도하는 사람들은 이런 의문에 착안하여 우리에게 에우리피데스의 작품 「메데이아」를 선입관을 버리고 한번 찬찬히 살펴보라고 권한다. 그러면 메데이아를 악녀로 만들어간 외부적인 상황이 아주 자세하게 기술되고 있다고 말한다. 다시 말해 에우리피데스가 비록 뇌물을 받고 「메데이아」라는 작품에 처음으로 자식 살해 모티프를 집어넣기는 했어도, 그도 역시 메데이아의 비극의 원인을 그녀가 여자로서 원래 갖고 있는 악독한 성격에서보다는 가부장제 논리에 편승해서 그녀를 헌신짝처럼 버린 파렴치한 이아손에게서 찾고 있다는 것이다. 우리는 먼저 메데이아가 이아손에게 퍼붓는 비난을 통해서 그녀가 두 아들을 죽일 정도의 악녀가 된 데에는 이아손의 책임이 아주 크다는 것을 분명하게 확인할 수 있다. 메데이아는 거사 직전 자신을 찾아와 변명을 늘어놓는 이아손에게 강하게 항변한다.

"천하에 고약한 악당 같으니라고! 가장 악랄한 내 적이면서! 이것이 비겁한 당신에게 내가 입으로 말할 수 있는 가장 큰 욕이에요. 그러고도 나를 찾아오다니! 가장 악랄한 내 적이면서! (신들과 나와 모든 인간 종족에게 가장 미움 받는 주제에!) 가족들에게 그토록 몹쓸 짓을 해놓고 그 면전에 나타난다는 것은 용기도 아니고, 대담성도 아녜요. 아니, 그것은 인간의 모든 결함 중에서도 가장 중대한 결함인 파렴치예요. 하지만 이리로 오길 잘했어요. 당신을 욕하면 나는 속이 후련해지겠지만 당신은 듣기 거북할 테니까. 이야기를 처음부터 시작할게요. 아르고 호에 그대와 함께 승선한 헬라스인들이 다 알고 있듯이, 당신을 구해 준 것은 나였어요. 불을 내뿜는 황소들에 멍에를 얹어 부리고, 죽음의 밭에 씨를 뿌리도록 당신이 파견되었을 때 말예요. 그리고 몇 겹이고 똬리를 틀고는 잠도 안 자고 황금양피를 지키던 용을 죽여 당신에게 구원의 빛을 가져다 준 것도 나였어요. 그 뒤 나는 아버지와 내 집조차 버리고 지혜보다는 사랑에 이끌려 당신을 따라 펠리온 산기슭에 있는 이올코스로 갔지요. 그리고 나는 또 펠리아스에게 그의 딸들의 손을 빌려 가장 비참한 죽음을 안겨줌으로써 당신의 모든 근심을 덜어주었어요. 이 모든 것을 나는 당신을 위해 했어요. 이 악당아! 그런데도 감히 나를 배신하고 새 장가를 들어!"

메데이아는 이아손에게 불을 내뿜는 황소에 멍에를 얹어 밭을 갈게 한 것, 용을 죽여 황금양피를 갖게 해준 것, 펠리아스를 죽여 장래의 걸림돌을 없애준 것 등을 차례로 열거하면서, 그를 사랑하기에 가족과 조국을 버리면서까지 그 모든 것을 해주었는데도 이아손은 자신을 배신했다며 그를 '악랄한 내 적'이라고 비난한다. 그녀는 심지어 '천하에 고약한 악당'이라는 표현까지 써가며 이아손에게 강한 분노를 표시한다. 그래서 우리는 메데이아의 말을 듣고 있노라면 그녀가 장차 자식을 살해하는 원인은 메데이아에게보다는 오히려 비열한 이아손에게 있다는 생각을 하게 된다. 그렇게 남자에게 철저히 배신당한 여자라면 무슨 일을 저질러도 모두 이해가 간다는 식이다. 그런 생각은 에우리피데스의 작품에 그려진 이아손의 모습을 접하게 되면 더욱 확고해진다. 그의 작품 속에서 이아손은 당당한 영웅의 모습이 아니라 지독한 소인배로 묘사되어 있기 때문이다. 자신을 신랄하게 비난하는 메데이아에게 다음과 같이 자신의 행동을 변명하는 이아손은 아주 옹색하고 비열하며 헤라클레스 등 다른 영웅들에게서 볼 수 있는 대범하고 정의로운 면모를 찾아보기 힘들다.

"당신은 야만족의 나라에 사는 대신 헬라스 땅에 살고 있고, 정의를 배웠으며, 폭력을 멀리하고 법을 사용하는 것을 배웠소. 다음, 전 헬라스인들이 당신이 영리하다는 것을 알게 되었고, 당신은 명성을 얻었소. 당신이 여전히 대지의 변방에 살고 있다면, 당신에 관해서는 아무 말도 없을 것이오. 나 같으면 집에 황금을 갖고 싶지도 않고, 오르페우스보다 더 고운 노래를 부르고 싶지도 않겠소. 내게 명성이 자자한 운명이 주어지지 않는다면 말이오. 내가 한 일에 관해서는 이쯤 해두겠소. 하지만 어디까지나 말다툼을 먼저 시작한 것은 당신이었소. 당신은 또 공주와의 결혼을 비난하는데, 그 점에 대해서 나는 먼저 내가 현명했다는 것을, 다음에는 품행이 방정했다는 것을, 다음에는 당신과 내 자식들에게 호의를 베풀었다는 것을 보여주겠소.

좀 가만있으시오. 헤어날 길 없는 고생 자루들을 잔뜩 짊어지고 내가 이 올코스 땅에서 이곳으로 옮겨왔을 때, 추방자인 나에게 공주와의 결혼보다 더한 횡재가 어디 있었겠소? 그것은 당신이 분개하고 있듯이 당신과의 결혼에 싫증이 나서도 아니고, 새장가를 들고 싶어 안달이 나서도 아니며, 또 자식이 많은 사람들과 경쟁을 하고 싶어서도 아니오. 자식들은 이미 태어난 것으로 충분하오. 그 애들에게 나는 불만이 없소. 그것은—이 점이 가장 중요하오—우리가 잘 살고 궁하지 않기 위해서요. 가난한 사람은 친구들도 모두 피해버린다는 것을 내가 알고 있기 때문이오."

이아손은 메데이아에게 자신이 그녀에게 얼마나 좋은 일을 많이 해주었는지를 하나씩 열거한다. 그런데 그 모든 것이 하나같이 과연 영웅으로서 할 수 있는 말인지 의심스러울 정도로 편협하고 졸렬한 말들뿐이다. 그는 메데이아에게 야만족의 나라에서 데려와 정의와 법을 알게 해주었으며, 자신의 아내로 유명하게 만들어 주었으니 명예를 얻게 해주었다고 자랑한다. 아울러 메데이아가 가장 비난하는 공주와의 결혼도 사실은 '결혼에 싫증이 나서'가 아니라 '우리가 잘살고 궁하지 않기 위해서'라고 주장한다. '고생 자루를 짊어지고' 코린토스로 망명해 온 자신에겐 공주와의 결혼은 일종의 '횡재'였다는 것이다.

하지만 이아손이 미개한 메데이아를 계몽시키고 명성을 안겨주었다는 말은 '오리엔탈리즘'을 연상시키는 오만의 극치뿐이고, 결혼으로 가족을 가난에서 구했다는 말도 메데이아와 두 아들이 추방당하는 상황에서는 유치한 말장난에 불과할 뿐이다. 이렇듯 에우리피데스의 작품에서는 사실 이아손의 모습이 아주 초라하게 그려져 있다. 따라서 왜곡된 메데이아의 상을 바로 잡으려는 사람들에 의하면 우리는 에우리피데스의 「메데이아」를 주인공 메데이아의 시각에서 새로 읽어야 한다. 더구나 메데이아가 넋두리를 통해 다음과 같이 여자로서의 자신의 신세를 한탄하고 있는 것을 보면, 에우리피데스는 분명 가부장제의 사회에서 억압받고 희생당하는 여성의 비극적 삶을 정확하게 꿰뚫어 보고 있음을 알 수 있다.

"생명력과 분별력을 가진 만물 중에 우리 여자들이 가장 비참한 존재예요. 첫째, 우리는 거금을 주고 남편을 사서 우리 자신의 상전으로 모셔야 해요. 이 가운데 두 번째 불행이 첫 번째 불행보다 더 비참해요. 다음, 가장 중요한 문제는 우리가 얻는 남자가 좋으냐 나쁘냐 하는 거예요. 헤어진다는 것은 여자들에게 불명예스럽고, 남편을 거절하기도 불가능하니까요. 새로운 관습과 규범 속에 뛰어든 여자는 집에서 배운 적이 없으니, 어떻게 해야 남편을 가장 잘 다룰 수 있을지 점쟁이가 되지 않으면 안 돼요. 우리가 그런 일을 잘 해내어 남편이 우리와 함께 살며 싫은 기색 없이 결혼의 멍에를 짊어져준다면 행복한 인생이라고들 하지요. 그렇지 못하면 우리는 죽는 편이 더 나아요. 그리고 남자는 집 안 생활에 싫증이 나면 밖에 나가 (친구나 같은 또래들과 어울려) 울적한 마음을 풀곤 하지요. 하지만 우리는 한 사람만 쳐다보고 살아야 해요. 그들은 말하지요. 우리는 집에서 안전하게 살지만 자기들은 창을 들고 싸운다고. 바보 같으니라고! 나는 아이를 한 번 낳느니 차라리 세 번 싸움터로 뛰어들겠어요."

2. 독부 클리타임네스트라

출생과 가족 관계

제우스는 뭇 인간 여성들과 사랑을 나누기 위해 여러 동물의 모습으로 변신하는 것으로 유명하다. 그는 소아시아의 에우로페(Europe) 공주가 소를 좋아한다는 사실을 알고 멋진 황소로 변신하여 접근한다. 테베의 공주 안티오페(Antiope)는

클리타임네스트라, John Collier, 1882

겉으로는 요조숙녀처럼 보였지만 마음 깊은 곳에서는 거칠고 더러운 것을 열망하고 있었다. 이를 간파한 제우스는 반은 인간이고 반은 염소인 흉측한 괴물 사티로스(Satyros)로 변신하여 그녀와 사랑을 나눈다.

그런데 스파르타의 왕 틴다레오스(Tyndareus)의 아내 레다(Leda)는 백조를 좋아했다. 그녀를 마음에 두었던 제우스는 백조로 변신하여 그녀와 사랑을 나눈다. 열 달이 지나자 레다는 알 두 개를 낳았는데, 얼마 후 알이 부화하여 알 하나에서는 카스토르(Kastor)와 클리타임네스트라(Klytaimnestra)가, 다른 알에서는 폴리데우케스(Polydeukes)와 헬레네(Helene)가 태어난다. 어떤 사람들은 네쌍둥이 모두를 제우스의 자식들이라고 생각하여 카스토르와 폴리데우케스를

레다와 백조, Francesco Melzi, 1508-1525

'제우스의 아들'이라는 뜻의 디오스쿠로이(Dioskuroi)로 부르기도 하지만, 사실은 제우스의 피를 받고 태어난 자식은 폴리데우케스와 헬레네 남매뿐이고, 카스토르와 클리타임네스트라 남매는 레다와 틴다레오스의 자식들이다.

아프로디테의 새 백조의 알에서 태어나서 그랬을까? 아니면 제우스의 피를 받고 태어나서 그랬을까? 레다의 두 딸 중 헬레네는 전 그리스에서 최고의 미인으로 정평이 나 있었다. 그래서 그리스의 내로라하는 영웅들은 모두 헬레네에게 구혼을 하는데, 그녀는 결국 미케네의 왕 아가멤논(Agamemnon)의 동생 메넬라오스(Menelaos)의 아내가 된다. 헬레네 못지않게 아름다웠던 언니 클리타임네스트라는 이미 먼저 메넬라오스의 형인 아가멤논의 왕비가 된 후였다. 그러니까 당대 최고의 가문 출신의 형제가 당대 최고의 미녀로 알려진 자매를 아내로 맞이하는 행운을 차지하게 된 것이다.

신들을 시험한 탄탈로스

아가멤논과 메넬라오스는 탄탈로스 가문 출신이다. 탄탈로스(Tantalos) 가문에는 조상이 신에게 저지른 천인공노할 범죄로 인해 신이 내린 저주의 그림자가 짙게 드리워져 있었으며, 클리타임네스트라의 남편 살해도 그 저주의 결과이다. 탄탈로스 가문의 이야기는 수많은 시인들의 단골 소재로 활용되었다. 근친상간과 간통 그리고 복수 등 여러 모티프가 서로 얽힌 끔찍하지만 흥미진진한 이야기가 전개되기 때문이다. 특히 탄탈로스 가문이 가족 간에 펼치는 복수극은 피비린내가 진동한다. 탄탈로스 가문이 그런 저주를 받은 이유는 가문의 시조 탄탈로스의 잘못 때문이다.

제우스의 피를 이어받은 탄탈로스는 신들의 사랑을 독차지했다. 그래서 그는 자주 올림포스 궁전으로 초대를 받아 신들이 마시는 넥타르(Nektar)나 신들의 음식 암브로시아(Ambrosia)를 맛보기도 했다. 탄탈로스는 그런 자신이 대견스럽고 자랑스러웠다. 그는 친구들에게 그 사실을 자랑하며 오만을

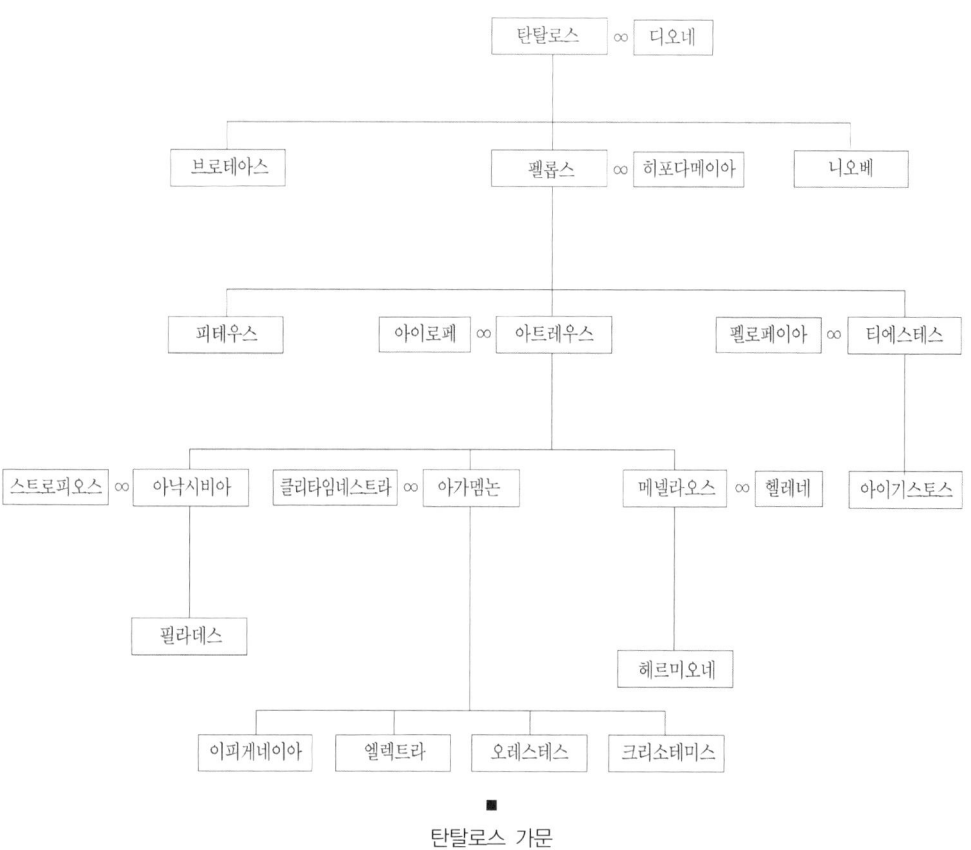

■
탄탈로스 가문

떨었다. 급기야 친구들이 그 사실을 믿지 않자 올림포스 궁전에서 넥타르와 암브로시아를 훔쳐다가 맛을 보이기도 했다. 신들이 그 사실을 모를 리 없었지만 그를 귀엽게 생각해 눈감아주었을 뿐이다.

어느 날 탄탈로스는 신들을 집으로 초대했다. 자신만 대접을 받는 것 같아 미안한 생각도 들었지만 사실은 세상 사람들에게 신들과의 관계를 과시하고 싶었다. 그런데 예상하지 못한 사태가 벌어졌다. 음식이 충분히 준비했는데도 신들이 시장했던지 금방 동이 나버린 것이다. 탄탈로스는 음식을 다시 장만하다가 불현듯 오만한 생각을 하게 되었다. 신들을 한번 시험하고 싶은 생각이 든 것이다. 자신이 넥타르와 암브로시아를 훔쳤는데도 아무 일

없는 것을 보면 신들의 능력이 의심스러웠다.

그는 당장 몸부림치는 외아들 펠롭스(Pelops)의 입을 막고 짐승처럼 잡아 토막을 내 요리를 해서 신들에게 내놓았다. 하지만 신들이 그 사실을 모를 리 없었다. 데메테르만 무심결에 펠롭스의 어깻죽지를 들고 물어뜯고서야 인육인 것을 알았다. 그녀는 납치당한 딸 페르세포네 생각 때문에 정신이 없었던 것이다. 그녀는 얼른 입안에 든 살점을 뱉어냈고 그것을 신호로 신들의 분노가 폭발했다.

신들은 탄탈로스를 불러 단박에 지하 감옥 타르타로스에 가두고 끝없는 갈증과 허기로 고통받게 했다. 탄탈로스는 타르타로스에 있는 호숫가 한 곳에 우두커니 서 있어야 했다. 물은 가슴까지 차 있었고 주변에는 과일이 주렁주렁 열린 나무들이 즐비했다. 하지만 그가 목이 말라 물을 마시려 고개를 숙이면 호수는 금세 바닥이 드러났고, 배가 고파 과일에 손을 뻗으면 가지가 멀리 달아났다. 바로 이런 탄탈로스의 이름에서 '감질나게 하다'라는 뜻의 영어 단어 'tantalize'가 유래했다.

그렇다면 펠롭스는 어떻게 되었을까? 신들은 펠롭스가 불쌍하다고 생각하여 다시 살려주기로 결정했다. 사실 펠롭스는 아버지를 잘못 만난 죄밖에 아무 잘못이 없지 않은가. 다른 신들이 펠롭스의 시신을 다시 실로 기워 원상 복귀하는 동안 데메테르는 자신이 물어뜯은 펠롭스의 어깻죽지를 상아로 만들어주었다. 하지만 피는 속일 수 없다고 했던가. 펠롭스도 장성하여 결혼할 때가 되자 끔찍한 범죄를 저질렀다.

펠롭스는 오이노마오스(Oinomaos)의 딸 히포다메이아(Hippodameia)에게 마음을 두고 있었다. 하지만 오이노마오스는 딸의 결혼을 승낙하지 않았다. 그는 딸의 구혼자에게 이루기 어려운 과업을 내어주며 딸의 결혼을 방해했다. 모든 구혼자는 그와 마차 시합을 해서 이겨야 결혼을 할 수 있었다. 이기지 못하면 목숨을 내놓아야 했다. 하지만 그에게는 아레스 신이 선물한 말이 있어 그 누구도 그의 추격을 벗어날 수 없었다. 아무리 간격이 많이 떨어져 있어도 아레스의 말은 상대를 따라 잡았다. 오이노마오스는 구혼자들에게 먼저 출발하게 하는 여유를 보일 정도였다. 그는 집안 곳곳에 자신과 시합을 벌이다 죽은 구혼자들의 해골을 걸어놓았다.

펠롭스는 정식으로 시합을 해서는 오이노마오스를 이길 수 없다고 생각했다. 궁리 끝에 그는 오이노마오스의 마부 미르틸로스(Mirtylos)를 매수했다. 그는 히포다메이아와 첫날밤을 보낼 권리와 오이노마오스의 재산 절반을 주겠다며 마부를 꼬드겼다. 귀가 솔깃해진 미르틸로스는 시합 전날 밤 주인의 마차 바퀴 하나에서 마차 축을 빼고 밀랍을 집어넣었다. 시합 날 펠롭스가 먼저 출발하고 오이노마오스가 한참 후에 그 뒤를 추격했다. 하지만 오이노마오스의 마차는 출발한 지 얼마 되지 않아 바퀴가 빠져 산산조각이 났다. 그 충격으로 오이노마오스는 채찍에 묶인 채 마차에서 떨어져 끌려가다가 근처 바위에 치여 즉사하고 말았다.

펠롭스는 히포다메이아와 무사히 결혼식을 치른 뒤 장인의 마부 미르틸로스를 신혼여행을 시켜준다는 구실 아래 아내와 함께 데리고 가다가 갑자기 달리는 마차에서 발로 밀어뜨려 죽게 만들었다. 미르틸로스는 죽어가면서 아버지 헤르메스 신에게 자신의 원수를 갚아달라고 기도했다. 그의 기도가 통했던 것일까? 아니면 사필귀정이었을까? 탄탈로스 가문의 다음 세대는 혈족 간의 싸움과 복수극으로 피로 얼룩져 있다. 그들이 벌이는 유혈극은 상상하지 못할 정도로 끔찍하다.

아트레우스와 티에스테스

펠롭스에게는 아트레우스(Atreus)와 티에스테스(Thyestes)라는 두 아들이 있었다. 이 두 형제는 태어날 때부터 원수처럼 지냈다. 하나가 잠이 들면 다른 하나는 깨어 있을 정도였다. 아버지의 권력을 이어받을 때가 되자 그들의 갈등의 골은 깊어만 갔다. 그들은 아버지의 권좌를 놓고 만날 옥신각신하다가 마침내 합의점에 도달했다. 왕이 될 자에게는 하늘이 무슨 상징을 내려줄 터이니 그것이 나타날 때까지 기다리자는 것이었다.

그러던 어느 날 형 아트레우스가 동생에게 상징물이 나타났다고 알렸다. 백성들과 신하들을 모이면 하늘에서 보내준 상징물을 보여주겠다는 것이다. 최근에 그에게 황금 가죽을 지닌 양이 한 마리 나타나서 그 가죽을 벗겨 곳간 깊숙한 곳에 숨겨놓았던 터였다. 동생도 회심의 미소를 지었다. 그도 믿는 구석이 있었다. 그 황금양피를 이미 자신의 손에 갖고 있었기 때문이다. 동생은 이미 형수 아에로페(Aerope)와 정을 통하면서 형의 일거수일투족을 훤히 내다보고 있었던 것이다.

드디어 상징물을 보이는 날 아트레우스는 없어진 황금양피가 동생의 손에 들려 있는 것을 보고 소스라치게 놀랐지만 동생 티에스테스에게 왕위를 양보할 수밖에 없었다. 그 황금양피는 원래 자기 것이었다고 해도 아무도 믿어주지 않았다. 하지만 아트레우스는 결코 포기하지 않았다. 그는 제우스의 특별한 사랑을 받았다. 그래서 그는 제우스에게 어처구니없이 동생에게 빼앗긴 왕위를 찾게 해달라고 간절히 기도했다. 그러자 어느 날 제우스가 꿈속에 나타나 그 방법을 일러주었다. 동생에게 당시 서쪽에서 떠서 동쪽으로 가고 있는 해를 거꾸로 가게 하는 기적을 보일 테니 왕위를 달라고 제안하라는 것이었다.

그는 즉시 동생 티에스테스를 찾아가 제우스가 시킨 대로 제안했다. 동생 티에스테스는 형의 말을 듣고 실소를 금치 못했다. 그는 형이 실성했다고 생각했다. 어떻게 태양의 진로를 바꿀 수 있단 말인가. 그는 자신의 권력을 공고히 할 수 있는 기회로 생각했다. 눈엣가시 형을 영원히 잠재울 수 있는 절호의 찬스였다. 그는 형의 제안을 흔쾌히 받아들였다.

다음날 다시 신하들과 백성들이 모인 자리에서 아트레우스가 제우스 신을 부르며 기도를 시작했다. 그런데 정말 엄청난 기적이 일어났다. 원래 동쪽을 향해 가던 태양이 갑자기 방향을 바꾸어 서쪽으로 다시 돌아가는 것이

아닌가. 오늘날 태양이 동쪽에서 떠서 서쪽으로 지게 된 것은 바로 이 사건 때문이라고 한다. 신하들과 백성들은 전대미문의 사건을 목도하고 환호성을 지르며 아트레우스를 연호했다. 티에스테스는 태양의 진로를 바꿀 만큼 강력한 힘을 지닌 제우스 신의 후원을 받는 형에게 두려움을 느꼈다. 그는 그 길로 왕위를 버리고 가족들을 데리고 이웃나라로 망명을 떠났다.

아트레우스는 동생이 떠나고 한참이 되어서야 왜 자신이 갖고 있던 황금양피가 동생의 손으로 넘어갔는지를 알게 되었다. 그는 아내와 간통한 동생에게 심한 모욕감을 느꼈다. 이 시점에서 탄탈로스 가문의 가족 간의 처절한 복수극이 시작된다. 아트레우스는 수소문해서 동생이 숨어사는 곳을 알아냈다. 그는 동생에게 전령을 보내 이제는 옛일은 잊고 화해하자며 그를 궁전으로 초대했다. 동생 티에스테스가 순진하게도 그 말을 믿고 두 아들을 데리고 형을 찾아왔다. 사실 망명 생활은 힘이 들었다. 그는 이제 형을 의지하며 편하게 살고 싶었다. 아트레우스는 동생을 두 팔을 벌려 반갑게 맞이했다. 그는 다정하게 동생의 손을 잡고 조용히 단둘이 지난 얘기나 하자며 궁전 내실로 안내했다.

형제가 한참 이런저런 얘기를 하고 있는데 고기 요리가 들어왔다. 티에스테스는 먼 길을 달려온지라 시장기가 돌았다. 그는 고기 요리를 허겁지겁 맛있게 먹은 다음 형에게 무슨 고기냐고 물었다. 형은 아무 말 없이 뚜껑이 있는 접시를 가리켰다. 티에스테스가 뚜껑을 열자 그 속에는 자신의 아들들의 머리와 팔다리가 올려 있었다. 티에스테스는 사색이 되며 갑자기 구역질을 해댔다. 아트레우스는 형수와 놀아나며 자신을 모욕한 대가라고 외치며 동생을 다시 추방했다. 그는 동생을 죽이는 것보다 그게 더 철저하게 복수하는 길이라고 생각했다.

티에스테스는 형의 궁전을 나오면서 반드시 복수하리라 굳게 마음먹었다. 그는 그길로 델피(Delphi)의 아폴론 신전을 찾아 형에게 복수할 수 있는 길을 물었다. 그러자 아폴론은 티에스테스에게 딸과 관계해서 낳은 아들이 그의 복수를 해줄 것이라는 신탁을 내렸다. 망명지의 집에 도착한 티에스테스는 그날 밤 복면을 하고 딸 펠로페이아(Pelopeia)의 방에 들어가 그녀를 범했다. 이때 펠로페이아는 범인의 칼을 훔쳐두었다.

그 후 아트레우스는 펠로페이아가 누군지 모른 채 그녀와 결혼했다. 비록 모르고 그랬지만 펠로페이아는 아버지와도 잠자리를 같이 하고, 큰아버지와도 동침했으니 이중의 근친상간을 범한 셈이다. 몇 달 뒤 펠로페이아는 예전에 강간당해 임신한 아들을 낳자 수치심에 그 아이를 산에 내다버렸다. 아트레우스가 그 사실을 알고 수소문 끝에 그 아이를 목동들의 집에서 찾아냈다. 목동들은 산속에서 그 아이를 주워 염소의 젖으로 키우고 있었던 것이다. 그들은 아이 이름도 아이기스토스(Aigisthos)라고 지었다. 아이기스토스는 염소를 의미하는 그리스어인 '아익스'에서 따온 것이다. 아트레우스는 그 아이를 데려다 친아들처럼 키웠다.

아이기스토스가 장성하자 아트레우스는 그에게 티에스테스를 찾아 죽이라는 명령을 내렸다. 마침내 아이기스토스가 티에스테스를 찾아내 그를 칼로 내리치려 했다. 바로 그 순간 티에스테스가 자신의 칼을 알아보고 아이기스토스에게 누구의 칼인지를 물었다. 아이기스토스가 어머니가 주신 것이라고 대답하자 그는 펠로페이아를 불러 아이기스토스의 출생의 비밀을 말해 주었다. 이 말을 듣고 절망한 펠로페이아는 그 검을 낚아채 가슴을 찔러 목숨을 끊었다. 분노한 아이기스토스는 어머니의 가슴에서 검을 빼서는 아트레우스를 찾아가 그를 찔러 죽였다. 아트레우스는 동생 티에스테스가 죽은 줄 알고 해변에서 신들에게 감사의 제물을 바치고 있다가 졸지에 목숨을 잃고 만다.

아이스킬로스의 「아가멤논」

아이스킬로스의 「아가멤논」은 아이기스토스의 복수를 다르게 전해 준다.

이젠 아트레우스와 티에스테스는 죽고 없다. 아니 최소한도 등장하지 않는 것으로 보아 죽은 걸로 보인다. 아가멤논이 아버지 아트레우스의 뒤를 이어 미케네의 왕이 된 것을 보면 아이기스토스의 복수는 아직 이루어지지 않았고 진행 중이다. 그는 호시탐탐 기회를 노리고 있다. 그때 마침 클리타임네스트라의 남편 아가멤논이 그리스의 총사령관이 되어 트로이로 전쟁을 하러 떠난다.

아이기스토스는 아가멤논이 집을 비운 사이 그의 부인이자 자신의 형수뻘인 클리타임네스트라에게 의도적으로 접근한다. 하지만 아이기스토스는 자신의 뜻을 쉽게 이루지 못한다. 클리타임네스트라 곁에는 항상 음유시인 데모도코스(Demodokos)가 있어 감시의 눈초리를 게을리 하지 않고 있었기 때문이다. 아가멤논은 데모도코스에게 자신이 없는 동안 아내를 보살펴달라고 부탁했던 것이다. 하지만 아이기스토스는 각고의 노력 끝에 마침내 데모도코스를 클리타임네스트라로부터 떼어놓는 데 성공한다. 그러자 클리타임네스트라도 더 이상 그에게 저항하지 않는다.

클리타임네스트라는 아이기스토스와 같이 산 지도 어언 몇 년이 흐른다. 그녀는 트로이 전쟁이 끝났다는 소문을 듣고 항상 해변에 감시병을 두어 남편이 오는지를 살핀다. 마침내 그가 트로이의 공주 카산드라(Kassandra)를 전리품으로 데리고 귀향하자 클리타임네스트라는 남편을 목욕탕으로 안내하는 척하다가 뒤에서 도끼로 내리찍어 죽인다. 카산드라 공주도 그녀의 도끼를 맞고 아가멤논 곁에 쓰러진다. 다른 판본에 의하면 아가멤논이 돌아오자 아이기스토스는 아무 일도 없는 듯이 그를 위해 연회를 베풀었고, 바로 연회장에서 그를 도끼로 무참하게 살해한다.

이 사실만 놓고 보면 클리타임네스트라는 독부라고 불러도 마땅하다. 하지만 그 배경을 살펴보면 우리의 판단은 사뭇 달라질 수 있다. 클리타임네스트라는 아가멤논의 아내가 되기 전 이미 결혼한 상태였다. 아주 어린 아들도 하나 있었다. 그런데 아가멤논은 파티에서 그녀를 본 순간 첫눈에

아가멤논을 살해하기 전 망설이는 클리타임네스트라, Pierre-Narcisse Guérin, 1882

사랑에 빠졌다. 그는 즉시 음모를 꾸며 클리타임네스트라의 남편을 죽였다. 갓난아기도 후환을 없애기 위해 땅바닥에 내동댕이쳐서 살해했다. 클리타임네스트라의 오빠인 카스토르와 폴리데우케스가 동생의 복수를 해주려 했지만 아버지 틴다레오스가 자식들을 말렸다. 더구나 틴다레오스는 클리타임네스트라를 설득하여 아가멤논과 결혼시켰다. 아가멤논이 그 당시 그리스 최고의 부자이자 권력자였기 때문이다.

클리타임네스트라는 아버지의 권유로 어쩔 수 없이 아가멤논과 재혼하여 살다가 큰 딸 이피게네이아(Iphigeneia), 둘째 딸 엘렉트라(Elektra), 늦둥이 아들 오레스테스(Orestes) 등 세 명의 자식을 낳았다. 다른 설에 따르면 클리타임네스트라의 자식은 막내 딸 크리소테미스(Chrysothemis)를 첨가하여 총 네 명이 되기도 한다. 그녀는 아가멤논과 결혼한 뒤 과거의 원한은 모두 잊고 한동안 행복하게 사는 듯했다. 그런데 아가멤논이 그리스의 총사령관이 되어 아울리스 항에서 2년 동안의 전쟁 준비를 마치고 막 트로이로 출항을 하려는데 바람이 불지 않았다. 그 이유를 예언가 칼카스에게 물어보니 그것은 아르테미스 여신의 분노 때문이었다. 아가멤논이 예전에 아울리스 항 근처 산에서 멋진 사슴 한 마리를 사냥한 적이 있는데, 그 사슴이 바로 아르테미스 여신이 아끼던 사슴이었다는 것이다. 아르테미스 여신은 바람을 다시 불게 하는 조건으로 아가멤논의 큰딸 이피게네이아를 자신에게 제물로 바치라고 요구했다.

아가멤논은 고민 끝에 오디세우스의 꾀를 빌려 미케네의 궁전으로 전령을 보내 아킬레우스와 결혼시킨다는 명목으로 이피게네이아를 불렀다. 클리타임네스트라는 이 전갈을 받고 딸의 손을 잡고 어린 오레스테스를 안고 기쁜 마음으로 남편을 찾아왔다. 하지만 아울리스 항에 도착하자마자 자신이 속았다는 것을 금세 알게 되었다. 그녀는 아가멤논에게 대성통곡하며 이피게네이아를 살려달라고 애원했다. 하지만 아가멤논은 결국 큰딸을 아르테미스 신전에서 제물로 바치고 트로이로 출항했다.

슬픔에 젖어 집으로 돌아온 클리타임네스트라는 아가멤논 때문에 두 번이나 자식을 잃은 자신의 운명을 한탄했다. 무의식 저편에 억눌려 있던 전남편과 아들의 억울한 죽음에 대한 원한도 함께 폭발했다. 하지만 혼자서 복수를 하기에는 힘에 버거웠다. 그는 마침 자신에게 접근하는 아이기스토스와 손을 잡았다. 아이기스토스도 사실 클리타임네스트라와 똑같은 목표를 갖고 있었다. 그는 티에스테스의 아들이었기 때문이다.

티에스테스는 아가멤논의 아버지 아트레우스의 동생으로 형에 대해 깊은 원한이 있었다. 형이 화해를 자청하며 불러놓고는 자신의 아들들을 요리해서 몰래 자신에게 먹였기 때문이다. 그는 복수하기 위해 신탁에 따라 딸 펠로페이아를 범해 아이기스토스를 낳아 은밀하게 살인 병기로 길렀다. 장성한 아이기스토스는 큰아버지 아트레우스가 이미 연로하여 죽고 없었기 때문에 당연히 사촌 아가멤논을 노렸다. 그래서 그는 계획적으로 클리타임네스트라에게 접근했던 것이다.

잔인하게 남편을 살해했다는 점에서는 클리타임네스트라도 역시 잔인하게 두 아들을 살해한 메데이아와 다름없는 독부로 비난받아 마땅하다. 하지만 클리타임네스트라의 입장에서 보면 남편을 죽일 만한 정황이 충분한 것은 아닐까? 아가멤논은 남편이기에 앞서 사랑하는 딸을 죽인 살인자이기 때문이다.

게다가 클리타임네스트라의 남편 살해에 대한 우리의 동정은 아가멤논이 그녀에게 가한 폭력이 이것이 처음이 아니라는 사실에서 더욱 깊어진다. 아가멤논은 그녀의 전남편과 자식들을 무참하게 살해한 원수이기 때문이다. 에우리피데스의 「아울리스의 이피게네이아」에서 클리타임네스트라는 전쟁을 위해 딸을 희생 제물로 바치려는 남편의 의도를 간파하고 그를 호되게 비난한다.

"그럼 들으세요. 나는 알기 쉽게 말하고, 더 이상 수수께끼처럼 핵심을 얼버무리지 않겠어요. 먼저 당신에게 비난하고 싶은 것은, 당신이 내 전남편 탄탈로스를 죽인 뒤 내 의사에 반하여 나와 결혼하여 억지로 나를 데려갔다는 거예요. 그리고 내 어린아이를 내 가슴에서 억지로 빼앗아 가 땅바닥에 내동댕이쳤어요. 그래서 내 오라비들인, 제우스의 두 아드님이 눈부신 백마를 타고 당신과 전쟁하러 왔으나, 당신이 애원하자 연로하신 내 아버지 틴다레오스께서 당신을 구해 주셨고, 그대는 나를 아내로 돌려받았어요. 일단 당신과 화해하자, 당신도 시인하겠지만, 나는 당신과 당신 집에 나무랄 데 없는 아내였어요. 나는 행실이 바르고 당신의 가산을 늘릴 생각만 했으니, 집안에 들 때 당신은 마음이 흐뭇했고, 집에서 나갈 때는 행복했지요. 남자에게 그런 아내를 얻는다는 것은 보기 드문 횡재지요. 대개는 나쁜 아내를 얻게 되니까요. 나는 당신에게 세 딸에 이어 여기 이 아들을 낳아 주었는데, 당신은 그 가운데 딸 하나를 인정사정없이 빼앗으려 하고 있어요. 누군가 당신에게 왜 딸을 죽이려고 하는지 물으면, 뭐라고 답할 것인지 말해보세요. 아니면 내가 대신 말해 줄까요? "메넬라오스가 헬레네를 돌려받기 위해서죠." 제 자식의 목숨을 주고 나쁜 여자를 사다니, 이 얼마나 멋진 흥정인가! 우리는 가장 소중한 것을 주고 가장 가증스러운 것을 사는 거예요."

이제 우리는 클리타임네스트라가 자기의 남편을 죽일 수밖에 없었던 상황을 충분히 이해할 수 있다. 그렇다고 살인을 정당화하는 것은 아니다. 다만 남편 살해의 원인은 클리타임네스트라의 독한 성격이 아니라 아가멤논의 폭력성에 있다는 것이다. 그러나 사람들은 남편 때문에 자식을 두 번씩이나 잃는 클리타임네스트라의 피눈물 나는 고통과 슬픔은 전혀 고려하지 않는다. 원인 제공자인 아가멤논의 잘못은 거론하지 않고, 클리타임네스트라만 독부(毒婦)로 정의하는 데만 열을 올리고 있는 것이다. 이것은 또한 이아손의 잘못은 거론하지 않으면서 메데이아만 악녀로 단죄하는 것과 맥을 같이 한다.

여성의 세계사적인 패배

탄탈로스 가문의 비극은 아가멤논의 죽음 이후에도 계속된다. 엘렉트라는 아버지가 살해당하는 장면을 직접 목격하고 재빨리 어린 동생 오레스테스를 어머니 클리타임네스트라와 정부 아이기스토스의 감시를 피해 고모부인 포키스(Phokis)의 스트로피오스(Strophios)에게로 안전하게 빼돌리는 데 성공한다. 그녀는 동생과 헤어지면서 그의 마음속에 아버지의 원수를 갚으러 꼭 돌아와야 한다는 말을 몇 번이나 각인시킨다.

클리타임네스트라가 아가멤논을 죽이고 7년의 세월이 흐른다. 헌헌장부로 자라난 오레스테스는 고모부로부터 아버지의 죽음에 대한 전말을 전해 듣고 무척이나 괴로워한다. 더욱이 7년 전 자신을 고모부 집에 맡기면서 아버지의 죽음을 잊지 말라던 누나의 말이 귓가를 맴돌아 가슴이 아려온다. 도대체 어떻게 자신을 낳아준 어머니를 죽인단 말인가. 마치 셰익스피어의 햄릿처럼 고민하던 오레스테스는 결국 델피의 아폴론 신전을 찾아가 신탁을 묻는다. 그러자 신탁은 그에게 아버지를 죽인 어머니를 죽이는 것을 정당한 행동이라고 부추긴다.

용기를 얻은 오레스테스는 사촌 필라데스(Pylades)를 대동하고 미케네로 어머니를 찾아간다. 그는 먼저 아버지의 무덤을 찾았다가 마침 무덤에 제주를 바치러 온 누나 엘렉트라와 극적인 상봉을 한다. 이어 그는 누나와 함께 포키스의 전령으로 가장하고 우선 클리타임네스트라를 만나기를 청한다. 포키스의 왕 스트로피오스의 전갈을 가지고 왔다는 것이다. 오레스테스는 자신을 전혀 알아보지 못하는 클리타임네스트라에게 오레스테스의 죽음을 알리며 유골함을 전달한다. 마차 경기에서 사고가 나서 마차에서 떨어져 즉사했다는 것이다.

클리타임네스트라가 내심 기뻐하며 오레스테스를 아이기스토스에게 안내한다. 오레스테스는 먼저 무방비 상태의 아이기스토스를 급습하여 죽인 다음, 놀라 도망치는 엄마 클리타임네스트라에게도 달려들어 칼을 겨눈다. 그 순간 클리타임네스트라가 갑자기 젖을 꺼내 보이며 그가 어렸을 때 빨았던 것이라며 목숨을 구걸한다. 하지만 오레스테스는 잠깐 동안 머뭇거렸을 뿐 칼로 어머니의 가슴을 찌르고 만다.

천인공노할 모친 살해 사건이 벌어지자 혈육 사이의 복수를 담당했던 복수의 여신 에리니에스 세 자매가 그를 추격하기 시작한다. 오레스테스는 광기에 빠져 도망치다가 지쳐 아폴론 신전으로 피신하여 도움을 청한다. 그러자 아폴론이 복수의 여신들을 제지하며 아레이오스파고스(Areiospagos) 언덕에서 오레스테스의 재판을 주선한다. 아이스킬로스(Aischylos)의 「자비로운 여신들」에 따르면 아폴론은 우선 아테네 시민 11명을 배심원으로 선발하고

오레스테스의 귀환, Anton von Maron, 1786

클리타임네스트라와 아이기스토스를 살해하는 오레스테스, Bernardino Mei, 1654

아테나 여신을 나머지 한 명의 배심원이자 재판장으로 초빙한다. 이어 자신은 변호사로서 피고 오레스테스를 위해 검사였던 복수의 여신들로 이루어진 코로스장에 대항하여 치열한 법적 공방전을 벌인다.

먼저 코로스장이 오레스테스를 모친 살해범이라고 비난한다. 오레스테스는 지하에 계신 아버님도 자신을 도울 거라면서 어머니가 남편을 죽이고 자신의 아버지를 죽임으로써 이중의 범죄에 연루되어 있는데도 왜 나서지 않았냐며 반격을 편다. 코로스장이 자신들이 나서지 않은 것은 어머니는 자신이 죽인 남자와 혈연관계가 아니었기 때문이라고 대답한다. 그러자 오레스테스는 깜짝 놀라며 그럼 자신은 어머니와 혈연관계냐고 반문한다. 에리니에스가 핏줄이 아닌데 어떻게 열 달을 뱃속에서 길렀겠냐며 어찌 핏줄을 부인하느냐며 다그친다. 이에 할 말을 잃은 오레스테스는 아폴론 신에게 왜 자신이 어머니를 살해한 것이 정당한지 증명해 달라고 부탁한다. 다음은 아이스킬로스의 비극 「자비로운 여신들」에 나오는 모친 살해범 오레스테스의 재판 장면이다.

아테나 : (복수의 여신들에게) 그대들의 발언으로 재판을 시작하겠소. 고발자가 먼저 발언하여 사건의 전말을 말함으로써 우리에게 사건에 관해 알려주는 것이 옳기 때문이오.

코로스장 : 우리 수는 많지만 말은 간단히 하겠소. (오레스테스에게) 일문일답으로 순서에 따라 묻는 말에만 대답하도록 하라. 먼저 너는 어머니를 살해했는가?

오레스테스 : 살해했소, 나는 그것을 부인하지 않겠소이다.

코로스장 : 그것은 레슬링 경기의 세 판 가운데 첫째 판이었어.

오레스테스 : 내가 아직 진 것도 아닌데 그렇게 큰소리치시다니!

코로스장 : 어떻게 살해했는지도 말하도록 해.

오레스테스 : 말하지요. 이 손으로 칼을 빼들고 목을 쳤소이다.

코로스장 : 너는 누구의 설득과 조언에 따라 그렇게 하였는가?

오레스테스 : 이분의 신탁에 따라서요. 이분 자신이 증언하고 계시지 않소!

코로스장 : 예언자가 너에게 어머니를 살해하도록 시켰단 말인가?

오레스테스 : 그리고 나는 지금까지 내 운명을 원망해본 적이 없소이다.

코로스장 : 하지만 판결이 내려지면 곧 다른 말을 하게 될 걸.

오레스테스 : 나는 믿소. 무덤 속의 내 아버지께서 도움을 보내주실 것이오.

코로스장 : 어머니를 살해한 지금 시신에 기대를 걸다니! 걸 테면 걸라지!
오레스테스 : 그녀는 이중의 악행에 오염되어 있었소.
코로스장 : 어째서? 그에 관해 재판관에게 알려드리도록 하라.
오레스테스 : 그녀는 남편을 죽였고, 또 내 아버지를 죽였소.
코로스장 : 하지만 너는 아직 살아 있고, 그녀는 살해됨으로 자유의 몸이 되었다.
오레스테스 : 그대는 왜 그녀가 살아 있을 때 그녀를 내쫓지 않았지요?
코로스장 : 그녀는, 자신이 살해한 남자와 혈족은 아니었으니까.
오레스테스 : 그런데 나는 내 어머니와 혈족이다, 이 말인가요?
코로스장 : 더러운 살인자여, 아니라면 어째서 그녀가 너를 자궁 안에서 길렀겠느냐? 어머니의 더 없이 소중한 피마저 부인하는 게냐?
오레스테스 : (아폴론에게) 이제 그대가 증언해 주십시오. 제가 그녀를 살해한 것이 정당한지 그대가 저를 위해 밝혀주십시오. 아폴론 신이시여! 저는 행위 자체를 부인하려는 것이 아니옵니다. 하지만 그 유혈 행위가 그대의 마음에 옳다고 생각되는지 아닌지 결정해 주십시오. 내가 저 분들께 말씀드릴 수 있도록.

오레스테스가 간청하자 아폴론은 코로스장에게 이렇게 말한다. "그에 대해서도 답변하겠소. 그대는 내 말이 얼마나 옳은지 들어보시오. 이른바 어머니는 제 자식의 생산자가 아니라, 새로 뿌려진 태아의 양육자에 불과하오, 수태시키는 자가 진정한 생산자이고, 어머니는 마치 주인이 손님에게 하듯 그의 씨를, 신이 막지 않는 한 지켜주는 것이오."

아폴론은 자신의 말에 대한 근거로 아테나 여신을 든다. 아테나 여신은 어머니 없이 아버지 제우스의 머리에서 혼자 태어났다는 것이다. 이렇게 말하면서 아폴론은 배심원들에게 현명한 판단을 내려줄 것을 요청한다. 이윽고 투표가 시작되었고, 만약 가부 동수가 되면 재판장인 아테나 여신이 판결하기로 결정한다. 그런데 아테나 여신은 투표 결과가 나오기도 전에 벌써 자신은 오레스테스를 위해 표를 던지겠다고 공언하며 그 이유를 말한다.

"마지막으로 판결을 내리는 것은 내 소임이니라. 나는 오레스테스를 위해 이 투표 석을 던지노라. 나에게는 나를 낳아준 어머니가 없기 때문이니라. 나는 결혼하는 것 말고는 모든 면에서 진심으로 남자 편이며, 전적으로 아버지 편이니라. 그래서 나는 여인의 죽음을 더 중요시하지 않는 것이니, 그녀가 가장인 남편을 죽였기 때문이니라. 투표가 가부 동수라도 오레스테스가 이긴 것이니라."

이어 개표 결과 오레스테스가 죄가 있다는 쪽과 없다는 쪽이 여섯 명씩 동수가 되었다. 그런데 개표하기 전 이미 아테나 여신은 가부 동수가 되면 자신은 오레스테스 편을 들겠다고 선언한 터라 오레스테스는 결국 이 재판에서 무죄 판결을 받는다. 이 판결에 대해 독일의 인류학자 바흐오펜(J. J. Bachofen)과 미국의 인류학자 모건(L. H. Morgan) 그리고 엥겔스(F. Engels) 등은 이것이 인류 역사에 한 획을 긋는 판결이라고 평가하고 있다. 특히 엥겔스는 「가족, 사유재산, 국가의 기원」에서 이 판결을 계기로 모계 중심의 사회에 종지부를 찍고 부계 사회가 확고하게 자리 잡게 되었다며, 이 판결을 "여성의 세계사적인 패배"라고 명명한다. 이 판결로 세계사에서 여성의 권리가 완전한 추락의 길로 접어들었다는 것이다.

하지만 이 판결은 또한 가부장제 사회의 폭력의 심각성을 상징적으로 보여주는 것이기도 하다. 아가멤논은 클리타임네스트라의 전 남편과 자식을 죽이고, 또 그녀와 결혼하여 얻은 딸 이피게네이아마저도 죽음으로 내몬 인물이다. 그리고 아가멤논의 아들 오레스테스는 어머니를 죽인 패륜아이다. 하지만 신화는 이들의 행위는 전혀 문제 삼지 않는다. 단지 부당한 판결을 내려 남편을 죽인 클리타임네스트라만 독부로 낙인찍을 뿐이다.

3. 정의의 화신, 안티고네

오이디푸스의 딸, 안티고네

안티고네는 오이디푸스의 큰딸이다. 테베의 왕자 오이디푸스는 앞장 '신화와 인간 심리'에서 살펴본 것처럼 태어나자마자 끔찍한 신탁 때문에 친부모로부터 버림받아 자식이 없던 코린토스의 왕 폴리보스(Polybos) 왕의 아들로 자라난다. 장성한 그는 어렸을 적부터 계속해서 자신을 찰거머리처럼 따라다니는 신탁에서 벗어나 보려고 방랑하다가 자신도 모르게 친아버지 라이오스(Laios)를 만나 다투다가 그를 죽인다. 이어 스핑크스의 수수께끼를 풀고 테베의 왕이 된 후 테베의 왕비이자 어머니였던 이오카스테(Iokaste)와 결혼한다. 그는 어머니 이오카스테와의 사이에 폴리네이케스(Polyneikes)와 에테오클레스(Eteokles), 안티고네(Antigone)와 이스메네(Ismene) 등 2남 2녀를 낳는다. 나중에 천인공노할 사실이 밝혀지자 어머니 이오카스테는 자살하고, 오이디푸스는 어머니의 시신에서 옷을 고정하는 핀을 뽑아 두 눈을 찔러 실명시킨다.

에테오클레스와 폴리네이케스의 권력 투쟁

오이디푸스는 이후 자신의 비극적 운명에 절망하여 왕위를 내려놓고 테베를 떠나 정처 없이 참회의 방랑길에 나섰다. 이때 남들이 모두 저주하며 버렸던 아버지를 따라 다니며 끝까지 봉양한 자식이 바로 딸 안티고네였다. 그런데 오이디푸스가 궁을 떠나자 그의 두 아들 사이에 권력 투쟁이 일어났다. 격론 끝에 그들은 일 년 동안 번갈아 가며 나라를 통치하기로 합의하였다. 우선 형인 폴리네이케스가 왕위에 올라 일 년 통치한 후에 동생 에테오클레스에게 왕위를 깨끗이 물려주었다. 하지만 권력을 물려받은 에테오클레스는

안티고네, Frederic Leighton, 1862

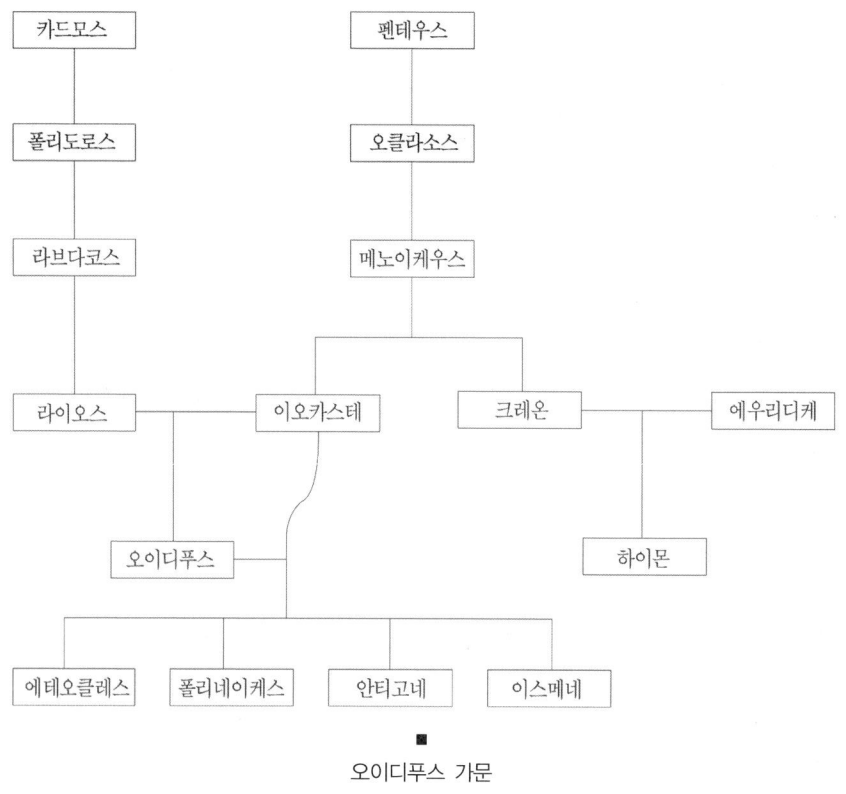

■
오이디푸스 가문

기한이 되어도 왕위를 형 폴리네이케스에게 물려주지 않았다.

급기야 온갖 구실을 만들어 폴리네이케스를 도시에서 추방했다. 사실 에테오클레스의 뒤에는 삼촌 크레온(Kreon)이 있었다. 그는 폴리네이케스보다 유약한 에테오클레스를 조종하며 섭정을 하려고 했던 것이다. 테베에서 추방당한 폴리네이케스가 망명지로 택한 곳은 바로 이웃 도시 아르고스였다. 그는 우선 아르고스의 왕 아드라스토스(Adrastos)의 딸 아르게이아(Argeia)와 결혼하여 왕의 마음을 얻었다. 또한 다른 망명객 등을 모아 후일을 도모하다가 마침내 군사를 이끌고 테베를 공격했다. 그 당시 테베를 공격한 장수는 폴리네이케스, 아드라스토스, 티데우스(Tydeus), 암피아라오스(Amphiaraos), 카파네우스(Kapaneus), 파르테노파이오스(Parthenopaios), 히포메돈(Hippomedon)

등 총 일곱이었다. 그래서 아이스킬로스는 이 전쟁을 소재로 쓴 비극에 「테베를 공격한 일곱 장수」라는 제목을 붙였다.

원정군이 테베 근처 키타이론(Kithairon) 산에 도착하자 아드라스토스는 티데우스를 특사로 보내 에테오클레스에게 폴리네이케스를 위해 왕위를 내놓을 것을 요구했다. 테베인들이 이 요구를 거절하자 티데우스는 테베의 장수들에게 일대일 결투를 신청하여 싸울 때마다 승승장구했다. 결투에서 이기고 돌아가는 그를 매복한 50명의 테베 군사가 습격을 했지만, 그는 대장 마이온(Maion) 하나만 살려주고 모두를 몰살했다. 마이온을 살려준 것은 그들의 몰살 소식을 테베에 알려줄 사람이 필요했기 때문이다. 기가 질린 테베인들은 성 안에서 꼼짝하지 않았다. 그사이 아르고스 군대는 성벽 가까이에 진격하여 일곱 장수가 각각 테베의 일곱 성문 중 하나씩을 마주보고 대치하고 있었다. 테베의 에테오클레스는 최정예 부대를 이끌고 폴리네이케스에 맞서 성문 하나를 지키고 있었다.

그리스 신화 최고의 예언가, 테이레시아스

당시 테베에는 테이레시아스라는 유명한 예언가가 있었다. 그는 에우에레스(Eueres)와 요정 카리클로(Chariklo)의 아들로 맹인이었다. 그가 맹인이 된 데는 여러 설이 있다. 태어날 때부터 예언력이 뛰어났던 그가 인간에게 신들의 뜻을 너무 자세하게 알려주어 신들의 분노를 사 눈이 멀었다는 설이 있다. 또한 우연히 아테나 여신의 알몸을 보고 여신의 분노를 사 눈이 멀었다는 설도 있다. 아테나 여신과 친했던 카리클로가 여신에게 시력을 다시 회복시켜 달라고 하자 그 대신 그의 마음의 눈을 열어 그를 대단한 예언가로 만들어주었다는 것이다.

하지만 헤시오도스는 이와 다른 이야기를 전한다. 그는 킬레네(Kyllene) 산 근처에서 뱀이 교미하는 것을 보고 그들을 떼어놓았다가 여자가 되었다.

갑자기 자동으로 성전환이 되어버린 것이다. 그런데 7년 후 우연히 같은 장소를 지나다가 또 뱀 두 마리가 교미하는 것을 보고 떼어놓았다가 다시 남자로 돌아왔다. 그러던 어느 날 헤라와 제우스가 남녀가 사랑을 나눌 때 누가 더 즐거운가를 놓고 다투다가 테이레시아스를 불러 물어보았다. 질문을 받은 테이레시아스는 남자와 여자의 삶을 모두 살아 그것을 잘 알고 있었기 때문에 거침없이 대답했다. "당연히 여자입니다. 즐거움이 10이라면 남자는 1이고 여자는 9입니다."

테이레시아스의 말을 듣고 자존심이 상한 헤라는 그의 눈을 멀게 해버렸고, 미안한 마음에 제우스는 그에게 예언력을 주었다. 테이레시아스의 예언은 지금까지 한 번도 빗나간 적이 없었다. 테베에 큰일이 벌어지면 그의 의견을 묻는 것은 필수적이었다. 에테오클레스는 예언가 테이레시아스를 불러 위기를 탈출할 수 있는 방도를 물었다.

그러자 테이레시아스가 이렇게 대답했다. "테베 왕가의 왕자가 자발적으로 아레스 희생 제물이 되면 테베가 승리하게 될 것입니다!" 우연히 이 말을 듣고 폴리네이케스와 에테오클레스의 삼촌인 크레온의 아들 메노이케우스(Menoikeus)가 성벽에서 아래로 몸을 날려 자살했다. 테베가 승리할 수 있는 조건이 충족된 것이다.

일곱 영웅으로 이루어진 아르고스 군의 총공격

바로 그 순간 아르고스 군대의 총공격이 시작되었다. 테베의 첫 번째 성문은 파르테노파이오스가, 두 번째 성문은 암피아라오스가, 세 번째 성문은 히포메돈이, 네 번째 성문은 티데우스가, 다섯 번째 성문은 폴리네이케스가, 여섯 번째 성문은 카파네우스가, 일곱 번째 성문은 아드라스토스가 각각 담당했다.

아르고스 군대가 성 앞으로 새까맣게 몰려오자 테베 군은 처음에는 투석전을 펼치더니 나중에는 활과 창으로 용감하게 맞섰다. 아르고스 군은 2차에 걸친 공격에서 테베의 완강한 저항에 부딪쳐 후퇴할 수밖에 없었다. 테베 성문 가까이 다가갈 수조차 없었다. 폴리네이케스가 큰소리로 군사들을 격려했다.

"아르고스의 군사들이여, 뭐가 두려워 성문으로 돌진하지 못하는가? 먼저 약속을 깬 것은 테베의 에테오클레스이다. 어떤 신이 약속을 헌신짝처럼 저버린 자들을 도와주겠는가? 승리는 분명 우리 것이다. 자, 보병, 기병, 전차병 모두 힘을 합해 총공격하라!"

카파네우스, 히포메돈, 파르테노파이오스, 티데우스의 전사

아르고스의 군사들이 함성을 지르며 3차로 성문을 향해 돌진했다. 맨 먼저 카파네우스가 자신이 담당한 성문에 가까스로 도달했다. 그는 성문을 부수기가 여의치 않자 성벽에 사다리를 대고 기어오르면서 오만하게 떠벌렸다. "내 기어코 테베를 불바다로 만들 것이다! 제우스 신이라도 나를 막지 못할 것이다!"

제우스 신이 하늘에서 이 말을 듣고 분기탱천했다. 그는 재빨리 그에게 번개를 던져 그의 목숨을 빼앗았다. 카파네우스의 죽음을 계기로 테베인들은 다시 용기를 냈다. 그들은 성 안만을 고집하지 않고 전세에 따라 성 안팎에서 파상 공격을 감행하여 마침내 테베의 이스마리오스(Ismarios)가 히포메돈을 죽이는 데 성공했다. 파르테노파이오스는 테베의 페리클리메노스(Periklymenos)가 성루에서 던진 커다란 바위를 맞고 두개골이 쪼개져 즉사했다.

티데우스도 테베 장수 멜라니포스(Melanippos)의 공격을 받고 치명상을 입었다. 아테나 여신은 평소 티데우스에게 호의를 품고 있었다. 여신은 숨을 헐떡이며 반주검 상태로 누워 있는 그가 불쌍했다. 그는 급히 아버지 제우스에게 달려갔다. 티데우스를 다시 소생시킬 수 있는 생명의 영약을 얻기 위해서였다. 그러나 암피아라오스는 아르고스인을 전쟁의 소용돌이에 몰아넣은 티데우스가 미웠다. 교활했던 그는 바로 티데우스를 쓰러뜨린 테베 장수 멜라니포스에게 달려가 단숨에 그의 목을 벴다. 그는 티데우스에게 그 목을 건네주며 말했다.

"티데우스, 여기에 원수의 목이 있다! 두개골을 쪼개 뇌수를 들이마셔! 그러면 넌 다시 소생할 거야!" 티데우스는 비몽사몽간에 그가 시키는 대로 했다. 바로 이 순간 생명의 영약을 갖고 도착한 아테나 여신이 티데우스의 야만적인 행동을 보고 깊은 충격에 빠졌다. 그녀는 약을 땅바닥에 엎지르고 구토를 일으키며 뒤로 물러섰다.

에테오클레스와 폴리네이케스의 일대일 결투

아르고스의 일곱 장수 중 이제 남은 것은 폴리네이케스, 암피아라오스 그리고 아드라스토스 셋뿐이었다. 더 이상의 불필요한 죽음을 막기 위해 폴리네이케스가 에테오클레스에게 일대일 결투로 왕위 계승을 결정짓자고 제안했다. 에테오클레스가 이 결투를 받아들였다. 하지만 두 사람은 격렬하게 싸우다가 서로 치명상을 입고 모두 상대방의 칼에 찔려 죽고 말았다. 그러자 그들의 삼촌 크레온이 테베 군대의 지휘권을 넘겨받아 혼비백산한 아르고스 군사들을 모두 섬멸해 버렸다.

암피아라오스는 마차를 타고 에스메노스 강변을 따라 도망쳤다. 추격하던 테베 장군 페리클리메노스가 그의 어깨 사이를 창으로 찌르려고 하는 순간 제우스가 번개로 그의 발 앞의 땅을 갈라지게 만들었다. 그는 마차 그리고 마부 바톤(Baton)과 함께 테베인들의 눈에서 지하 세계로 감쪽같이 사라졌다. 그때부터 암피아라오스는 제우스로부터 불멸의 삶을 부여받아 아티카의 오로포스(Oropos)라는 곳에서 신탁을 내렸다.

콜로노스의 오이디푸스, Jean-Antoine-Theodore Giroust, 1788

형제에게 저주를 내리는 오이디푸스

소포클레스의 「콜로노스의 오이디푸스」는 거지로 추락한 오이디푸스가 안티고네와 함께 갖은 고생을 하다가 결국 아테네 근교 콜로노스에서 행복하게 종말을 맞는 과정을 그린 비극이다. 그런데 이 작품에는 오이디푸스가 두 아들에게 죽음의 저주를 내리는 장면이 나온다. 시기는 오이디푸스의 죽음이 임박해 있고 에테오클레스와 폴리네이케스 사이에는 일촉즉발의 전운이 감돌고 있던 때이다. 그런데 이런 와중에 형제가 갑자기 아버지를 모시러 온다. 자세하게 말하면 에테오클레스는 크레온을 시켜 오이디푸스를 데려가려 하고, 폴리네이케스는 군대를 끌고 테베를 공격하러 가는 중에 직접 아버지를 찾아온다. 그들이 오이디푸스를 찾은 것은 바로 그에게 내린 신탁 때문이다. 신들은 오이디푸스가 죽을 때가 되자, 그가 죽는 곳은 번창할 것이라는 신탁을 내린다. 그러자 오이디푸스를 확보하여 전쟁에서 승리하려는 형제의 이기심이 발동한 것이다.

먼저 크레온이 군대까지 끌고 오이디푸스를 방문한다. 크레온은 신탁은 거론하지 않은 채 자신은 전 테베 시민을 대신하여 왔다고 말하면서 갑자기 오이디푸스에게 전에 없던 동정심을 보인다. 오이디푸스가 이렇게 "영락하여 이방인으로 끝없는 방랑자로 단 한 명의 소녀에 의지하여 생활 수단도 없이 떠돌아다니는 것"을 생각하면 몹시 마음이 아팠다는 것이다. 이어 안티고네가 동냥한 음식으로 아버지를 돌보느라 "이 나이가 되도록 시집도 못 가고, 누구든 먼저 덤벼드는 자의 밥이 되었다"며 그녀를 이용해서 오이디푸스의 마음을 움직여보려고 시도한다. 동시에 오이디푸스가 자신을 따라가지 않으면 강제로라도 그를 데려가겠다고 협박하기도 한다. 이른바 강온의 양공 작전을 펼치는 것이다. 이에 비해 폴리네이케스는 아버지에게 솔직하게 사정을 설명하고 같이 가달라고 부탁한다.

> "아버지, 우리 모두가 아버지의 목숨과, 이곳에 있는 아버지의 자식들의 이름으로 간곡히 부탁드려요. 저는 저를 내쫓고 조국을 빼앗은 제 아우를 응징하러 가는 길이오니, 부디 저에 대한 준엄한 노여움을 풀도록 하세요. 신탁이 조금이라도 믿을 수 있는 것이라면, 아버지께서 편드시는 쪽이 이길 것이라고 하니까요. 그래서 저는 지금 샘들과 우리 가문의 신들의 이름으로 간청하는 거예요. 아버지께서 들어주시고 양보해 주시라고. 저는 거지이며 추방자예요. 아버지께서도 추방자예요. 아버지도 저도 남들에게

아첨하며 살고 있어요. 우리는 같은 운명을 몫으로 받았기 때문이지요. 한데 그는 집에서 왕이 되어, 아아, 가련한 내 신세! 우리 두 사람을 모두 비웃으며 우쭐대고 있어요. 하지만 아버지께서 제 계획에 가담해 주신다면 저는 그를 적은 수고로 단기간에 박살낼 거예요."

하지만 오이디푸스는 이들 모두에게 깊은 원한을 갖고 있다. 크레온은 오이디푸스가 엄청난 범죄를 저지른 죄인이라는 사실을 밝혀내고 절망한 나머지 왕위 자리를 내어놓았을 때 테베의 임시 왕을 맡는다. 그런데 그는 오이디푸스가 "스스로 자아낸 불행에 괴로워하며 나라에서 추방되기를 바랐을 때는" 그의 소원을 들어주지 않더니, "노여움에도 싫증이 나고" "집에 은거하는 것이 즐거워졌을 때는" 그를 집과 궁전에서 내쫓는 잘못을 저지른다. 또한 폴리네이케스는 자신이 처음 왕위에 올랐을 때 크레온과 결탁해서 아버지를 추방하는 데 앞장선다. 따라서 오이디푸스가 이들을 절대로 따라갈 이유가 없다. 그래서 그는 크레온의 압력은 아테네의 왕 테세우스의 도움으로 물리치고, 혼자 찾아와 무릎을 꿇고 눈물을 훔치며 도와 달라고 간청하는 폴리네이케스에게는 매몰차게 죽음의 저주를 내린다.

"지금 네 아우가 테바이에서 쥐고 있는 왕홀과 왕권을 네가 쥐고 있었을 때, 너는 네 아비인 나를 내쫓아 나를 고향 도시도 없는 사람으로 만들었고, 이 옷을 입도록 만들었다. 그런데 이제 와서 나와 똑같은 궁지에 빠지니까 이 옷을 보며 눈물을 흘리는구나. 눈물이 무슨 소용이냐? 살아 있는 동안 나는 이 짐을 져야 한다. 너를 내 살해자로 기억하면서. 다름 아닌 네가 내게 이런 고난을 안겨주었고, 네가 나를 내쫓았으며, 네 덕분에 내가 떠돌아다니며 남들에게 그날그날의 끼니를 구걸하고 있으니 말이다. 내게 이 딸애들이 태어나서 나를 부양해 주지 않았더라면 나는 네 도움만으로는 벌써 죽었을 테지. 하지만 이 애들이 나를 지켜주고 있고, 이 애들이 나를 부양해

주고 있어. 함께 고생해야 할 때 이 애들은 남자들이지 여자들이 아니야. 하지만 너희 둘은 남의 자식이지 내 자식이 아니야. (……) 너는 그 도시를 쓰러뜨리지 못해. 오히려 네가 먼저 피투성이가 되어 쓰러질 것이고, 네 아우도 마찬가지야. 아까도 나는 너희들에게 그런 저주의 말을 했거늘 이번에도 나는 저주의 말들을 내 동맹자들로서 불러들이겠다. 너희들이 어버이에게 효도하는 것을 가치 있는 일로 여기도록, 그리고 눈이 멀었다고 아버지를 무시하지 못하도록. 너희 같은 불효자들을 낳아준 아버지를 말이다."

부모는 좀처럼 자식들에게 저주를 내리는 법이 없다. 그래서 예부터 부모가 자식들에게 저주를 내리면 꼭 이루어진다는 통설이 있다. 에테오클레스와 폴리네이케스가 서로 죽고 죽이는 비극적인 최후를 맞이한 것도 바로 오이디푸스의 저주 때문일 것이다. 신들의 축복을 받으며 죽는 오이디푸스가 자식들에게 저주를 퍼부은 것은 너무 잔인하다는 생각이 들 수도 있다. 하지만 오이디푸스가 아들들에게 "효도하는 것을 가치 있는 일로 여기도록" 그리고 "눈이 멀었다고 아버지를 무시하지 못하도록" 저주를 한다는 대목은 충분히 이해가 가고도 남는다. 아마 당시 이 비극 공연을 보았을 고대 그리스인들은 부모에게 효도해야 되겠다는 다짐을 한번쯤 했을 것이다.

또한 우리는 오이디푸스의 말에서 두 아들들에 비해 그가 두 딸들을 얼마나 높이 평가하고 있는지를 간파할 수 있다. 물론 여기서 오이디푸스는 '이 애들'이라고 하면서 딸 두 명을 모두 가리키고 있다. 하지만 이스메네는 성격이 소심해서 언니가 하자는 대로 따라 했을 가능성이 크기 때문에 오이디푸스가 가리키는 것은 안티고네로 보아도 무방하다. 오이디푸스는 폴리네이케스에게 여동생들이 자기를 '부양'해 주고 '지켜'주고 있으며 그들이 없었으면 자신은 아마 죽었을 것이라고 단언한다. 심지어 '이 애들은 남자들이지 여자들이 아니'며 그에 비해 '너희들 둘은 남의 자식이지 내 자식이 아니'라고 말한다. 사실 그리스 신화에 등장하는 여성들 중에서 이처럼 긍정적으로 묘사되는 경우란 거의 없다. 우리가 안티고네를 '정의의 화신'으로 규정하고 자세히 살펴보려는 것도 바로 그 때문이다.

테베의 승리와 크레온의 포고령

전쟁이 테베의 승리로 끝나자 왕위는 자연스럽게 크레온에게 넘어갔다. 그는 자신의 생각대로 움직여주었던 에테오클레스의 시신은 화려하게 장례를 치러주었다. 하지만 폴리네이케스의 시신은 저잣거리에 그냥 방치하여 들개나 새의 먹이가 되게 만들어 놓고 포고령을 내렸다. "폴리네이케스는 외국 군대를 끌고 조국을 침략한 매국노이다. 누구든지 그의 시신을 거두어 주는 자는 죽음을 면치 못하리라."

폴리네이케스와 에테오클레스의 누이 안티고네가 테베로 돌아온 시점은 바로 이때였다. 그녀는 방랑 생활을 하던 아버지 오이디푸스를 따라다니며 시중을 들고 있었다. 그녀는 오빠들이 원수가 되어 전쟁을 벌이고 있다는 사실을 듣고 테베로 달려가 몸이라도 던져 전쟁을 막고 싶었다. 하지만 그럴 수 없었다. 그녀가 가면 연로하신 아버지는 누가 돌보겠는가.

그런데 노심초사하는 그녀의 마음을 알았던 것일까? 얼마 안 있어 아버지 오이디푸스가 아테네 근교 콜로노스에서 편안하게 눈을 감았다. 안티고네는 부랴부랴 아버지의 장례식을 마치고 테베로 달려갔다. 하지만 이미 전쟁은 끝이 나고 두 오빠는 싸늘한 주검이 되어버린 후였다.

소포클레스의 안티고네

두 오빠의 죽음을 애도할 틈도 없이 그녀는 큰 오빠 폴리네이케스의 시신이 저잣거리에 방치되어 있는 것을 보고 깊은 고통과 슬픔에 빠진다. 왜 가족의 시신을 장례를 치러주어서는 안 되는가? 소포클레스의 「안티고네」는 안티고네가 여동생 이스메네에게 오빠의 시신을 거두어 주는 것이 가족으로서 마땅히 해야 할 일이 아니냐고 은근히 떠보는 것으로 시작된다. 그러자 소심한 동생 이스메네는 언니에게 두 오빠의 죽음을 상기시키며 언니에게 대답한다.

"잘 생각해 보세요. 지금 유일하게 살아남은 우리 두 자매도 법을 무시하고 왕의 명령이나 권력에 맞서다가는 누구보다도 가장 비참하게 죽고 말 거예요. 아니. 우리는 명심해야 해요. 우선 우리는 여자들이고 남자들과 싸우도록 태어나지 않았어요. 그 다음 우리는 더 강한 자의 지배를 받고 있는 만큼, 이번 일들과 더 쓰라린 일에도 복종해야 해요. 그래서 나는 이번 일은 어쩔 도리가 있는 만큼 지하에 계시는 분들께 용서를 빌고 통치자들에게 복종할 거예요."

동생의 말에 대해 안티고네는 자신의 죽음을 예감하며 뜻을 굽히지 않는다.

"내 너에게 요구하지 않겠다. 아니, 네가 그렇게 해주고 싶어 해도, 나는 네 협조가 달갑지 않아. 너는 너 좋을 대로 생각해. 나는 그분을 묻겠어. 그리고 나서 죽는다면 얼마나 아름다우냐? 그분의 사랑을 받으며 나는 사랑하는 그분 곁에 눕겠지. 경건한 범행을 하고 나서. 내가 이 세상 사람들보다도 지하에 계신 분들의 마음에 들어야 할 시간이 더 기니까? 나는 그곳에서 영원히 누워 있게 될 테니 말이야. 하지만 원한다면, 너는 신들께서도 존중하시는 것을 경멸하렴."

이스메네는 자기가 아무리 언니를 말려도 소용이 없을 것을 알게 된다. 모든 사람들이 손가락질하며 저주하던 아버지를 끝까지 돌보아주었던 언니가 아닌가. 그래서 그녀는 자신도 비밀을 지킬 것이니 누구에게도 이 사실을

폴리네이케스 시신 앞에 선 안티고네, Lytras Nikiforos, 1865

발설하지 말라고 애원한다. 그러자 안티고네는 무서울 게 하나도 없다는 듯 말한다.

> "아아 큰 소리로 외치지 그래! 네가 침묵을 지키고 온 세상 사람들에게 알리지 않는다면, 나는 너를 미워하게 될 거야."

이어 안티고네는 서둘러서 혼자서 오빠의 시신이 있는 곳으로 갔다. 늦은 밤도 아니건만 보초병들은 보이지 않았다. 그들은 이미 술에 취해 어디선가 잠들어 있는 듯했다. 그녀는 오빠의 시신 앞에서 한참 동안 오열하며 그 위에 엷게 흙을 덮어주고 돌아왔다. 고대 그리스에서는 죽은 가족의 시신을 매장해 주지 않으면 신에게 큰 불경을 저지르는 것이라고 생각했다. 그래서 안티고네가 오빠의 시신을 거두어 산이나 다른 곳에 직접 묻어준 것은 아니어도 그 위에 흙을 뿌려 덮어준 것은 매장과 다름없는 행동이자 하늘의 뜻에 부합하는 정의로운 행동이었다.

뒤늦게 보초병들이 폴리네이케스의 시신에 흙이 덮어져 있는 것을 보고 깜짝 놀라 크레온 왕에게 보고했다. 분노한 왕은 그들에게 범인을 색출하지 못하면 죽음을 각오하라고 엄명을 내렸다. 보초병들은 다시 제자리로 돌아와 시신의 흙을 털어내고 조심스럽게 시신을 지켰다. 그런데 다음날 저녁 어둑어둑해지자 검은 물체 하나가 시신 곁으로 다가왔다. 그것은 다름 아닌 안티고네였다. 그녀는 집에 돌아가서야 오빠의 시신에 제주(祭酒)를 뿌려주지 않은 것을 깨닫고 제주를 갖고 다시 온 것이다.

안티고네는 오빠의 시신에 덮어주었던 흙이 없어진 것을 보고 다시 흙을 모아 시신을 덮으며 제주를 함께 뿌리고 있었다. 바로 그 순간 보초병들이 살금살금 다가와 그녀를 체포해 크레온 왕 앞으로 데려갔다. 안티고네는 크레온 앞에 끌려와서도 전혀 두려운 기색이 없었다. 크레온 왕은 그녀에게 포고령을 보고도 왜 감히 그 법을 어겼느냐고 호통을 치며 시신에 흙을 뿌려준 장본인이 바로 너냐고 묻는다. 이에 안티고네는 하늘의 불문율을 내세우며 당당하게 대답한다.

"내게 그런 포고령을 내리신 것은 제우스가 아니었으며 하계의 신들과 함께 사시는 정의의 여신께서도 사람들 사이에 그런 법을 세우지 않았으니까요. 나 또한 한낱 인간에 불과한 그대의 포고령이 신들의 변함없는 불문율들을 무시할 수 있을 만큼 강력하다고는 생각하지 않았어요. 그 불문율들은 어제 오늘에 생긴 게 아니라 영원히 살아 있고, 어디서 왔는지 아무도 모르니까요. 나는 한 인간의 의지가 두려워 그 불문율들을 어김으로써 신들 앞에서 벌 받고 싶지 않았어요. 어찌 모르겠어요? 그대의 포고령이 없었다

해도 말예요. 하지만 때가 되기도 전에 죽는다면, 나는 그것을 이득이라고 생각해요. 나처럼 수많은 불행 속에서 살아가는 사람이 어찌 죽음을 이득이라고 생각지 않겠어요? 이런 운명을 맞는다는 것은 내게 전혀 고통스럽지 않아요. 내 어머니의 아들이 묻히지 못한 시신으로 밖에 누워 있도록 내버려두었더라면 내게 고통이 되었을 거예요. 내게 이것은 전혀 고통스럽지 않아요. 지금 그대 눈에 내가 어리석어 보인다면, 나를 어리석다고 나무라는 자야말로 어리석은 자일 거예요."

하늘의 영원한 불문율을 근거로 크레온이 내린 포고령의 부당성을 따지는 안티고네는 그야말로 정의의 화신처럼 보인다. 그녀는 남신들이 지배하기 이전의 위대한 여신들이 지녔던 위풍당당한 모습을 보여준다. 하지만 이 말을 들은 크레온 왕은 격노하며 공포된 법을 어긴 것도 모자라서 어디서 범법 행위를 자랑하느냐고 다그친다. 그러나 안티고네는 전혀 기가 꺾이는 기색 없이 친오빠의 장례를 치러주는 것이 어디 범법이냐고 따진다. 이에 크레온은 너만 그렇게 생각하고 있지 다른 사람들은 모두 범죄 행위라고 여기고 있다고 말하자, 안티고네는 그건 왕이 무서워서 입을 다물고 있을 뿐이라고 반박하며, 자기 혈족을 존중하는 것은 결코 수치스러운 일이 아니라고 말한다.

독일의 철학자 헤겔(G. W. F. Hegel)은 소포클레스의 「안티고네」의 테마를 국가의 요구와 가정의 요구 사이의 갈등이라고 하며, 이 두 가지 요구가 모두 정당하다고 말하고 있다. 하지만 이런 주장은 「안티고네」의 내용을 자세히 살펴보면 받아들이기 힘들다. 오히려 「안티고네」의 테마는 부당한 국가의 법과 정의로운 하늘의 불문율 사이의 대결이라고 보는 편이 타당할 것이다. 더 나아가 그 이면에는 그보다 더 본질적인 테마가 숨어 있다. 그것은 바로 크레온이 대변하는 폭력적인 가부장제 사회와 그것에 희생당하는 정의로운 여성의 대결이다. 그래서 크레온은 하늘의 법 운운하며 자기에게 대드는 안티고네의 말을 듣고 격분하며 대꾸한다.

"내가 살아 있는 한, 한 여인이 나를 지배하지 못할 것이다."

크레온은 남성 중심 사회에서 남성의 권위에 도전하는 여자는 전혀 용납할 수 없다. 그래서 그는 안티고네가 자신의 조카이자 아들 하이몬의 약혼녀라도 도저히 용서할 수 없다. 크레온은 안티고네와 이야기를 나누면 나눌수록 점점 더 극심한 격정에 사로잡히며 분을 삭이지 못한다. 그래서 테베의 원로들로 구성된 코로스장에게 만약 이번 일로 그녀가 벌받지 않으면 "내가 아니라 그녀가 남자일 것이오"라며 목청을 돋운다. 또한 공범 여부를 조사하기 위해 끌려나온 안티고네의 동생 이스메네가 크레온에게 아들의 약혼녀인 언니를 정말 죽일 것이냐고 묻자 "씨 뿌릴 밭은 그것 말고도 얼마든지 있다"며 자신은 아들이 악처를 얻는 것을 원하지 않는다며 단호하게 안티고네의 죽음을 결정해 버린다. 이어 아들 하이몬이 직접 찾아와서 안티고네를 살려달라고 간청하자 크레온은 말한다.

"우리는 결코 한 계집에게 져서는 안 된다. 꼭 져야 한다면, 우리가 한낱 계집에게 졌다는 말을 듣느니, 남자에게 지는 편이 나을 것이다."

이후 크레온은 하이몬에게 이제 안티고네를 잊어버리라고 충고하면서, 집 안에서 자식들은 무조건 아버지의 명령에 따라야 한다고 타이른다. 자식들이 아버지에게 복종하는 것이 바로 최고의 미덕이고, 따라서 아버지에게 불복종하는 것보다 더 큰 악은 없다는 것이다. 아울러 크레온은 백성들도 마찬가지로 국부인 군주에게 무조건 복종해야 한다고 힘주어 말한다. 하지만 하이몬은 아버지의 충고를 따르지 않고 안티고네의 무죄를 끈질기게 주장한다. 또한 그는 "한 사람만의 국가는 국가가 아니지요"라고 항변하며 아버지의 독선과 독재를 비판한다. 그러자 크레온은 하이몬을 여자들의 편을 드는 "계집년의 노예"라고 비아냥거린다.

크레온은 결국 안티고네를 캄캄한 석굴에 가두라고 명령한다. 얼마 후 예언가 테이레시아스가 나타나 그에게 당장 안티고네를 풀어주지 않으면 가족 중 두 명이 죽게 될 것이라고 경고한다. 그제야 크레온의 마음이 움직인다. 테이레시아스의 예언이 적중하지 않은 적이 있었던가. 그는 안티고네를 풀어주기 위해 부랴부랴 석굴로 달려갔지만 때는 이미 늦고 만다. 안티고네는 이미 목을 매어 싸늘한 시신이 되어 있었고, 그녀 시신의 곁에서는 아들 하이몬이 사색이 되어 오열하고 있었기 때문이다. 하이몬은 아버지가 석굴로 들어오자 갑자기 칼을 빼어 그를 살해하려다가 실패하자 스스로 자신의 옆구리를 찔러 자결한다.

그런데 불행은 한꺼번에 몰려온다고 했던가? 석굴에서 아들 하이몬의 시신을 안고 오는 크레온에게 하녀 하나가 아내 에우리디케가 아들이 죽었다는 말에 충격을 받아 자살했다는 소식을 전해 준다. 이렇게 안티고네는 결국 남성 사회의 폭력의 제물로 희생된다. 하지만 패배한 것은 그녀가 아니라 그녀를 죽음으로 내몬 크레온이 아닐까? 그래서 「안티고네」에서 크레온은 석굴에서 죽은 아들의 시신을 안고 나오며 자신의 실수와 잘못을 깊이 후회하며 코로스에게 토로한다.

"아아! 정의가 무엇인지 나는 불행을 통해 배웠소. 하지만 그 순간 어떤 신께서 엄청난 무게로 내 머리를 내리치시며 나를 그릇된 길로 내동댕이쳤소. 내 행복을 넘어뜨리고 발로 짓밟으시며. 아아, 인간들의 힘들고 괴로운 노고여!"

「안티고네」의 끝자락은 크레온의 절규의 장이라고 해도 과언이 아닐 만큼 크레온의 한탄과 비탄이 계속해서 되풀이된다. 그중 크레온과 코로스의 독백으로 이루어진 맨 마지막 엔딩 장면을 인용해 본다.

> 크레온 : 보이지 않는 곳으로 데려가 다오, 이 못난 인간을! 나는 본의 아니게 너를 죽였구나, 내 아들아. 그리고 당신마저, 여보! 아아, 기구한 내 신세! 어디로 시선을 돌리고, 어디로 향해야 할지 모르겠구나. 내가 손대는 일마다 잘못되고, 감당할 수 없는 운명이 나를 덮쳤구나.
>
> 코로스 : 지혜야말로 으뜸가는 행복이라네. 그리고 신들에 대한 경의는 모독되어서는 안 되는 법. 오만한 자들의 큰소리는 그 벌로 큰 타격을 받게 되어, 늘그막에 지혜가 무엇인지 알게 해준다네.

4. 고결한 여인 이피게네이아

에우리피데스의 이피게네이아

그리스 신화에 나오는 또 한 명의 주목할 만한 여인은 이피게네이아이다. 이피게네이아의 고향은 원래 그녀의 아버지 아가멤논이 왕으로 있던 미케네(Mykene)가 옳다. 하지만 비극 작품에서는 이피게네이아의 고향은 주로 아르고스(Argos)로 나온다. 항구 도시 아르고스와 그다지 높지 않은 산 위에 건설된 미케네는 서로 인접해 있는 탓에 아마 같은 도시국가처럼 간주된 때가 있었던 듯하다. 그래서 미케네와 아르고스를 아울러 아르고스(Argos)라고 불렸던 시기가 있었던 모양이다. 우리도 앞으로 비극 작품을 주로 인용하기 때문에 아르고스를 사용하기로 한다.

아가멤논이 트로이와 전쟁을 하기 위해 출항을 기다리고 있는 아울리스 항에 어머니 클리타임네스트라와 함께 도착한 이피게네이아는 아버지가

이피게네이아, Anselm Feuerbach, 1862

자신을 아킬레우스와 결혼시키기 위해서가 아니라 아르테미스에게 바치는 희생 제물로 쓰기 위해 불렀다는 사실을 알고 처음에는 큰 충격에 빠지며 두려움에 떤다. 에우리피데스의 「아울리스의 이피게네이아」는 서두에서 이피게네이아가 두려움에 사로잡혀 아버지에게 매달리며 자신을 제발 살려달라고 애원하는 모습을 그리고 있다.

"오오, 아버지, 제게 오르페우스의 목소리가 있어 바위가 저를 따라오게 하고, 제 마음대로 누구든 노래로써 설득하고 호릴 수 있는 힘이 있다면, 그 힘을 사용했을 거예요. 한데 재주라고는 눈물뿐이니, 그걸 보여드릴게요. 그것은 제가 할 수 있으니까요. 탄원자의 나뭇가지처럼 저는 여기 이 여인이 아버지에게 낳아주신 내 몸을 아버지의 무릎에 밀착시키고 있어요. 때가 되기도 전에 저를 죽이지 마세요. 햇빛을 보는 게 저는 달콤해요. 땅 밑을 보도록 저를 강요하지 마세요. 제가 맨 먼저 아버지를 아버지라 불렀고, 아버지도 저를 맨 먼저 자식이라 부르셨어요. 제가 맨 먼저 아버지의 무릎에 기어 올라가 아버지를 안기도 하고 아버지에게 안기기도 했어요. 그리고 아버지께서는 이렇게 말씀하시곤 했지요. "얘야, 네가 시집가서, 내 명망에 손색없이 활기차고 건강하게 잘 사는 모습을 내가 보게 될까?" 그러면 저는 지금 제가 잡고 있는 아버지의 턱을 잡으려고 손을 내밀며 이렇게 대답하곤 했지요. "아버지께서는 어떻게 지내고 계실까요? 아버지, 저는 연로하신 아버지를 제 집에 반가이 맞아들여 환대함으로써 저를 길러주신 아버지의 노고에 보답하게 될까요?" 저는 이 말들을 잊지 않고 명심하고 있건만, 아버지께서는 잊어버리시고 저를 죽이려 하시네요. 제발 그러지 마세요."

하지만 얼마 되지 않아 이피게네이아는 자신이 아르테미스 여신의 희생 제물로 바쳐지는 것이 도저히 피할 수 없는 운명임을 깨닫고 곧 태도를 완전히 바꾼다. 그녀는 자신에게 고향인 아르고스의 운명뿐 아니라 전 그리스의

이피게네이아의 희생, Jan Steen, 1671

운명이 달려 있다고 생각한다. 신탁을 거절하면 트로이의 왕자 파리스(Paris)에게 납치당한 헬레네(Helene)의 원수를 갚아 그리스의 자존심을 회복하기 위해 트로이로 떠나기만을 아울리스 항에서 학수고대하던 그리스 병사들이 분기탱천하여 아버지 아가멤논과 더불어 자신도 죽일 것이고, 급기야는 아버지가 다스리는 아르고스의 모든 처녀들을 겁탈할지도 모르기 때문이다. 그래서 이피게네이아는 고통스럽고 깊은 고민과 성찰 끝에 안티고네처럼 의연하고 당당하게 자신의 죽음을 운명으로 받아들인다.

"들어보세요, 어머니. 제 마음 속에 어떤 생각이 떠올랐는지. 저는 죽기로 결심했어요. 그리고 죽긴 죽되 제 마음에서 온갖 야비한 생각을 몰아내고 영광스럽게 죽고 싶어요. 어머니도 저와 함께 곰곰이 생각해 보시면, 제 말이 얼마나 옳은지 아실 거예요. 가장 위대한 헬라스가 지금 전부 저를 보고 있어요. 함대의 출항과 프뤼기아인들의 멸망은 제게 달려 있어요. 그리고 앞으로 야만인들이 축복받은 헬라스에서 여인들을 납치할 경우, 그러지 못하게 막는 것도 제게 달려 있어요. 파리스가 헬레네를 납치해간 대가를 치르고 나면 그들은 감히 그럴 엄두가 안 날 테니 말예요. 이 모든 일이 제가 죽음으로써 이루어질 것이며, 헬라스의 해방자라는 제 명성은 두고두고 축복받게 될 거예요. 그리고 제가 지나치게 제 목숨에 집착하는 것은 옳지 않아요. 어머니는 어머니 혼자만이 아니라, 전 헬라스인들을 위해 절 낳으신 거예요."

이렇게 말하며 이피게네이아는 어머니에게 자기가 죽거든 상복을 입지 말라고 부탁한다. 자신은 죽은 게 아니라 구원되기 때문이다. 또 비록 아버지가 비굴하게 속임수를 쓴 것은 사실이지만 그에게 원한을 품지 말라고 간청한다. 자신은 피를 바쳐 그리스를 구하게 되어 행복하다는 것이다. 그런 다음 이피게네이아는 아르테미스 신전에서 자신을 기다리고 있는 아버지 아가멤논에게 다가가 당당하게 말한다.

"오오, 아버지, 저는 아버지 옆에 있어요. 저는 내 조국과 전 헬라스 땅을 위해 이 한 몸을 기꺼이 바치는 거예요. 그들이 저를 여신의 제단으로 데려가 제물로 바치게 하세요. 신탁이 요구하는 것이 그것이라면 말예요. 나에 관해 말하자면, 나는 부디 그대들이 성공하여 전쟁에서 이겨 고향땅으로 돌아가기를 바라오. 그러니 아르고스인들은 아무도 내게 손을 대지 마세요. 나는 조용히 용감하게 내 목을 내밀 테니까요."

그런데 죽기로 작정하면 살 길이 열리는 것인가? 아가멤논이 딸의 목에 칼을 대려는 순간 아르테미스 여신은 이피게네이아를 불쌍히 여겨 암사슴 한 마리를 남기고 그녀를 낚아채서 흑해 연안 타우리스(Tauris) 섬에 있는 자기의 신전의 사제로 삼는다.

세월이 흘러 어머니를 살해했지만 아폴론이 주선한 아레이오스파고스 언덕의 재판에서 무죄판결을 받았던 오레스테스가 계속해서 광기에 시달린다. 그 판결에 굴복하지 못한 복수의 여신이 계속해서 그를 괴롭혔기 때문이다. 그래서 오레스테스가 델피에 가서 광기를 씻을 방도를 묻자 흑해 연안의 타우리스 섬에 있는 아르테미스 여신상을 그리스로 가져오면 광기도 사라지고 탄탈로스 가문에 내린 저주도 풀린다는 신탁이 내린다. 타우리스 섬은 바로 이피게네이아가 제물로 바쳐지기 직전 구원을 받아 아르테미스 신전의 사제로 있는 섬이다. 오레스테스는 친구이자 사촌인 필라데스와 함께 그 섬을 향한다.

그 당시 타우리스 섬은 토아스(Thoas) 왕이 다스리고 있었으며, 이방인이 잡히면 섬에 있는 아르테미스 신전에서 제물로 바쳐지는 풍습이 있었다. 그 섬에 도착한 오레스테스 일행은 군인들에게 잡혀 꼼짝없이 죽을 운명에 처한다. 그들이 아르테미스 신전으로 후송되어 제물로 바쳐지기 전, 여사제 이피게네이아는 그들이 그리스인이라는 말을 듣고 고향 소식을 알아보기 위해 포로들과 이야기를 나눈다. 그녀는 먼저 자신의 동생인지도 모른 채 오레스테스와 이야기를 나눈다. 그녀는 그에게 트로이 전쟁과 고향 아르고스의 상황을 꼬치꼬치 캐묻다가, 아버지 아가멤논이 어머니와 정부 아이기스토스에게 죽음을 당했다는 비보를 듣고 소스라치게 놀란다.

그래서 이피게네이아는 자신의 신분을 밝히지 않은 채 오레스테스에게 제안을 하나 한다. 다른 한 명만 제물로 바치고 오레스테스는 살려줄 테니 고향으로 돌아가서 자신의 가족에게 편지를 전해 달라는 것이다. 이 말을 듣자 오레스테스는 자기 대신 친구인 필라데스를 고향으로 보내 그 소식을

이피게네이아에게 끌려가는 오레스테스와 필라데스, Benjamin West, 1766

전하게 해달라고 부탁한다. 이피게네이아가 그들의 우정에 감동하며 그렇게 하겠다고 약속을 하고 자리를 비운 사이 오레스테스는 필라데스와 이야기를 나누면서 여사제의 정체를 무척 궁금해한다.

"저 여인은 누구일까? 그녀는 유창한 헬라스 말로 아카이오이족이 일리온 앞에서 겪은 고난과, 그들의 귀향과, 새점에 밝은 칼카스와, 아킬레우스에 관해 물었네. 그녀는 또 불행한 아가멤논과 나를 동정하여 그분의 아내와 자식들의 안부를 묻지 않았던가! 저 낯선 여인은 분명 아르고스 출신이야.

그렇지 않다면 그녀는 서찰을 보내지도 않았을 것이고, 아르고스의 행복이 자신의 행복인 양, 그런 것들을 캐묻지도 않았을 것이네."

얼마 후 이피게네이아가 돌아와서 필라데스에게 고향에 보낼 편지를 전해 준다. 이피게네이아가 필라데스에게 그 편지를 가족들에게 꼭 전해 주겠다고 맹세하라고 하자, 그는 만약 자신이 편지를 잃어버려도 약속을 지킬 수 있도록 편지 내용과 수신자를 말해 달라고 요구한다. 그러자 이피게네이아는 작품에서 처음으로 자신의 신분을 밝히며 그 내용을 말해 준다.

"아가멤논의 아들 오레스테스에게 전하시오. '전에 내가 아울리스에서 제물로 바쳐져, 그곳에서는 죽은 것으로 알려져 있는 이피게네이아가 살아서 이 서찰을 전한다. 오라비여, 죽기 전에 나를 야만족의 나라에서 아르고스로 데려가고, 이방인들을 죽여야만 하는, 여신을 위한 봉사에서 나를 구해 다오. 그렇지 않으면 내가 네 집에 저주가 될 것이다, 오레스테스야! 아르테미스 여신께서 나 대신 암사슴 한 마리를 보내주시고 나를 구해 주셨고, 아버지께서는 날카로운 칼로 나를 치시는 줄 알고 그 암사슴을 제물로 바치셨단다. 하지만 여신께서는 내가 이 나라에서 살게 해주셨다.' 이것이 이 서찰에 적힌 내용이오."

필라데스는 이피게네이아의 말을 듣고 깜짝 놀라며 그런 일이라면 지금 당장이라도 할 수 있다고 대답한다. 그와 동시에 그는 바로 옆에서 그 말을 듣고 놀라 말을 잇지 못하는 오레스테스에게 그 편지를 건네준다. 오레스테스는 편지를 받으며 감격에 겨워 누나 이피게네이아를 덥석 안으려 한다. 그러자 어안이 벙벙해진 이피게네이아는 그를 단호하게 뿌리친다. 하지만 그들은 서로에게 쏟아내는 이야기 끝에 결국 남매임을 확인한다.

이피게네이아는 뜻밖에 만난 동생으로부터 그동안 가족에게 일어난 끔찍한 사건과 아레이오스파고스 언덕에서의 재판 결과, 그리고 그것에 승복하지 못한 복수의 여신 때문에 오레스테스가 광기에 시달리게 되었다는 이야기, 마지막으로 그의 광기와 탄탈로스 가문의 저주에서 벗어날 수 있는 방법을 알려준 신탁 등을 자세하게 듣는다. 결국 이피게네이아는 신탁대로 아르테미스 여신상을 그리스로 가져가 가문과 자신을 구해 달라는 동생 오레스테스에게 말한다.

"네가 이리 오기 전에도 나는 늘 아르고스가 그리웠고, 네가 보고 싶었단다, 오라비여! 네 소원은 내 소원이기도 해. 나는 너를 역경에서 구하고, 무너져 내리는 아버지의 집을 일으켜 세우고 싶어. 나를 죽이신 분에게 원한을 품지 않고 말이야. 나는 네 피로 내 손을 더럽히지 않고 그 손으로 집안을 구할 수 있지만, 한 가지 두려운 것은 내가 어떻게 여신을 속일 수 있으며, 신상의 대좌가 빈 것을 국왕이 보게 되면 어떻게 그를 속일 수 있느냐 하는 거야. 그때는 나는 죽어야 해. 변명의 여지가 없으니까. 그러나 만일 한꺼번에 두 가지 일이 이루어진다면, 즉 네가 신상을 가져가고 동시에 고물이 아름다운 배에 나를 태워간다면, 모험은 성공적으로 끝나겠지. 하지만 배를 못 타게 되면 나는 끝장이야. 그러나 너는 네 임무를 완수하고 무사히 귀환할 수 있을 거야. 너를 구할 수만 있다면 나는 죽음도 마다하지 않겠어. 남자가 죽고 나면 집안이 허전해지지만, 여자의 죽음은 그다지 대수로운 게 아니니까."

물론 위의 말은 극도의 남성 중심의 사고로 비판받을 수 있는 발언이다. 하지만 이것은 또한 아울리스 항에서 아버지 아가멤논에게 가족과 국가를 위해 기꺼이 목을 내놓겠다고 했을 때 드러난 이피게네이아의 일관된 의연하고 고결한 모습을 엿볼 수 있는 대목이기도 하다. 그때와 마찬가지로 여기서도 그녀는 광기에 시달리는 동생 오레스테스와 저주받은 가문을 구하기 위해 목숨을 초개처럼 버릴 각오를 하는 것이다. 이에 대해 오레스테스는 어머니를 죽인 자신이 또 누나를 죽이게 할 수 없다며 타우리스 섬의 토아스 왕을 살해하고 여신상을 빼앗아 가자고 제안하지만, 고결한 이피게네이아는 그럴 수 없다고 잘라 말한다.

> 오레스테스 : 우리가 국왕을 죽여 없애버린다면?
> 이피게네이아 : 나그네가 주인을 죽이다니, 그건 나쁜 조언이야.
> 오레스테스 : 그래서 나와 누나가 살 수 있다면 그런 모험이라도 해야지요.
> 이피게네이아 : 네 열의는 좋다만 난 그렇게 못해.

이피게네이아는 고민 끝에 드디어 선의의 거짓말을 하나 생각해 낸다. 이어 토아스 왕을 찾아가 포로로 잡힌 그리스인들이 혈육을 죽인 중죄인이라 제물로 바쳐지기 전에 바닷물로 죄를 씻어야 하며, 아르테미스 여신상도 그들이 만져 오염됐기 때문에 마찬가지로 바닷물로 정화하기 위해 바닷가로 가져가야 하고, 신상을 씻는 장면을 아무도 보지 말아야 한다고 거짓말을 한다. 하지만 이피게네이아 일행이 바닷가에서 아르테미스 여신상을 싣고 탈출하려는 순간, 이를 수상히 여긴 군인들의 신고로 달려온 토아스 왕에게 붙잡힐 위기에 처한다. 바로 그때 그녀는 아르테미스 여신에게 도와달라고 기도한다.

> "오오, 레토의 따님이시여, 그대의 여사제인 나를 야만족의 땅에서 헬라스로 구해 주시고, 내 도둑질을 용서해 주소서! 여신이시여, 그대도 그대의 오라비를 사랑합니다. 그러니 나도 내 형제자매를 사랑한다고 믿어 주소서!"

바로 그 순간 갑자기 바닷가 신전 위에서 아테나 여신이 나타나 토아스 왕에게 추격을 멈추라고 명령한다. 그러자 토아스 왕이 놀라 군대를 철수하고,

타우리스의 이피게네이아, Valentin Alexandrovich Serov, 1893

오레스테스는 아르테미스 여신상을 갖고 무사히 그리스에 돌아온다. 이어 오레스테스의 광기도 사라지고 탄탈로스 가문에 내린 끔찍한 저주도 그 막을 내린다. 이피게네이아가 아르테미스 여신에게 기도했는데 왜 아테나 여신이 나타나 도와줄까? 작품에서 그 이유는 정확하게 알 수 없고 추측만 할 수 있을 뿐이다. 그것은 바로 아테나 여신이 오레스테스의 수호신이었기 때문이 아닐까? 만약 마지막 부분에서 싸움이 붙는다면 오레스테스와 토아스 왕과의 사이에서 벌어질 판이다. 그런데 아테나 여신은 모친 살해범 오레스테스를 무죄로 만들어 줄 정도로 그에게 강한 애정을 품고 있다. 오레스테스에 대한 아테나의 남다른 애정은 공중에서 나타나 토아스 왕에게 하는 다음 명령 속에도 진하게 배어 있다.

제단 앞에 선 오레스테스와 필라데스, Pieter Lastman, 1614

"어디로 추격대를 보내는가, 토아스 왕이여? 나는 아테나이니라. 그대는 내 말을 들어라! 그대는 추격을 멈추고 밀물 같은 군대를 철수하라! 오레스테스는 운명에 이끌려 록시아스의 명령에 따라 복수의 여신들의 노여움을 피하고자 이곳으로 온 것이니라. 누이를 아르고스로 데려가고 신성한 신상을 내 나라로 모셔가기 위해서. 그래야만 그가 지금의 고난에서 숨을 돌릴 수 있을 테니까. 그대에게 이르노니, 그대가 바다의 거센 파도 속에서 사로잡아 죽이기를 바라는 오레스테스로 말하자면, 그가 잔잔한 바다를 항해할 수 있도록 나를 위해 지금 이 순간 포세이돈이 바다의 등을 반반하게 해주고 있노라."

에우리피데스의 이피게네이아도 메데이아처럼 남성 사회의 희생자이다.

제10장 여성 이야기 339

그녀도 아버지에 의해 남성들의 폭력의 무대인 전쟁을 위해 제물로 희생되기 때문이다. 하지만 이피게네이아는 안티고네처럼 남성들의 폭력의 희생자가 되면서도 비굴하거나 초라하지 않다. 오히려 그녀는 죽음 앞에서도 의연하고 당당한 모습을 보여준다. 그녀는 자신을 제물로 바치려는 아버지, 어머니를 죽인 동생, 신들의 저주가 깃들인 가문 그리고 더 나아가 그리스인 전체를 따뜻한 가슴으로 품어 안는 고결한 여인이다.

괴테의 이피게네이아

이피게네이아의 이런 고결한 모습은 독일 문학의 거장 괴테(J. W. Goethe)의 작품에서 더욱더 강조된다. 이것은 물론 시대가 달라진 점도 있지만 원래 이피게네이아가 갖고 있던 모습이 새롭게 부각된 것일 뿐이다. 괴테의 「타우리스의 이피게네이아」는 가족사나 신화적인 배경은 에우리피데스의 작품과 대동소이하다. 그러나 괴테의 작품은 여러 부분에서 에우리피데스의 그것과 사뭇 다르다.

에우리피데스의 작품에서 토아스 왕은 외부에서 들어오는 이방인들은 포로이든 난파한 선원이든 모두 아르테미스 신전에서 제물로 바친다. 하지만 괴테의 이피게네이아는 섬에 도착하자마자 토아스 왕을 설득해서 이런 잔인한 희생제를 금지시킨다. 더구나 포로들이나 이방인들은 그녀의 제안에 따라 고향으로 돌려보내진다. 괴테는 이피게네이아의 고결한 모습에 초점을 맞춘 것이다. 게다가 괴테의 작품에서는 토아스 왕은 이피게네이아의 고결한 모습에 감동하여 그녀와 결혼하려 한다.

그래서 괴테의 작품은 이피게네이아에게 청혼하는 토아스 왕과 이 청혼을 완곡하게 거절하는 이피게네이아의 미묘한 갈등으로 시작된다. 이피게네이아가 자신의 사랑을 계속 거부하자 토아스 왕은 그동안 금지하였던 희생제를 부활하겠다고 선언한다. 그런데 바로 그 첫 제물로 쓰일 인간이 하필이면

오레스테스의 유골함을 들고 슬픔에 빠진 엘렉트라, Johann Heinrich Tischbein, 1784

타우리스로 잠입해 들어오다가 잡힌 오레스테스와 필라데스다. 이피게네이아는 포로들이 그리스인이라는 사실을 듣고 행여 고향 소식을 알 수 있지 않을까 하여 그들과 이야기를 나눈다.

이피게네이아는 먼저 필라데스와 이야기를 나누면서 자신의 아버지 아가멤논이 트로이에서 귀환하자마자 어머니 클리타임네스트라와 그녀의 정부 아이기스토스에 의해 살해당했다는 이야기를 듣고 비통해한다. 이때 필라데스는 이피게네이아에게 자신을 크레타의 아드라스토스의 막내아들 세파루스이며, 오레스테스는 맏형 라오다마스라고 그럴듯하게 둘러댄다. 자신들은 원래 3형제였는데 아버지가 돌아가신 뒤 유산을 놓고 싸움을 벌였으며, 자신이 편들었던 맏형이 둘째형을 살해하는 바람에 복수의 여신들에 의해 쫓기고 있다는 것이다.

다음 장면에서 오레스테스를 만난 이피게네이아는 부활된 희생제의 첫 제물이 될 그들을 반드시 구해 주겠다면서, 그에게 필라데스로부터 반밖에 듣지 못한 아가멤논의 이야기를 더 해달라고 부탁한다. 이피게네이아는 먼저 자신이 아울리스 항에 끌려왔을 때 보았던 그리스군들은 마치 "태고의 영웅 같은 모습들"이었으며 그중에서도 "아가멤논은 가장 눈부셨다"며 당시 트로이를 치러 가던 아버지의 당당한 모습을 독백처럼 술회하는데, 오레스테스는 그녀가 왜 그런 이야기를 하는지 이해하지를 못하겠다는 듯 흠칫 놀라는 표정이다. 이어 이피게네이아는 탄탈로스 가문에 자자손손으로 내려진 "근친 살해의 영원한 분노"를 한탄하더니 드디어 아가멤논 가문의 이야기 중에서도 자신이 가장 궁금했던 부분에 대해 물어본다.

> "당신 동생이 얼핏 이야기했지만 놀라움의 공포가 내게 덮어버렸던 그 부분을 밝혀주세요. 그 위대한 가문의 마지막 아들, 틀림없이 장차 아버지의 복수를 하고야 말 기품 있는 아이, 오레스테스는 그 유형의 날을 어떻게 피했나요? 죽음의 그물이 그에게도 덮쳤나요? 그는 구출됐나요? 엘렉트라는 살았나요?"

이피게네이아의 질문에 오레스테스는 그들은 살아 있다고만 짧게 대답한다. 그러자 그녀는 안도의 한숨을 쉬며 하늘을 향해 제우스 신에게 큰소리로 감사의 기도를 드린다. 오레스테스는 그녀의 반응에 무척 의아해하며 그녀가 아가멤논 왕가와 긴밀한 관계라면 기쁨을 자제하라고 충고한다. 그녀는 아가멤논의 죽음만 알고 있고 클리타임네스트라의 운명은 모르고 있으니 "그 끔찍한 일의 절반만" 알고 있다는 것이다. 이피게네이아는 정색을 하며 오레스테스와 엘렉트라가 살아 있는데 걱정할 일이 뭐가 있냐고 묻는다. 그녀는 아버지를 죽인 어머니 클리타임네스트라의 안위는 안중에도 없다는 태도이다.

오레스테스는 이 말을 듣고 안심한 듯 마침내 남의 이야기를 하듯 자신의 행적에 대해 자세하게 알려준다. 당시 오레스테스는 누이 엘렉트라에 의해 무사히 구출되어 고모부인 스트로피오스 집에서 키워졌으며, 장성하여 돌아온 뒤 누이 엘렉트라와 함께 어머니를 살해하여 아버지의 원수를 갚았다는 것이다. 이피게네이아는 어머니의 죽었다는 이야기를 듣고도 전혀 슬픈 기색을 보이지 않은 채 다급하게 그럼 그 불쌍한 오레스테스는 어떻게 되었는지 묻는다. 그러자 그는 오레스테스는 복수의 여신들에 쫓겨 엄청난 고통에 시달리고 있다고 대답한다.

그러자 이피게네이아는 당신도 동생을 살해한 자로서 그와 "같은 입장이니 그 가여운 도망자가 얼마나 고통스러운지" 알 것이라며 깊은 동정심을 표시한다. 오레스테스는 '같은 입장'이라는 말에 무슨 말이냐고 묻자, 이피게네이아는 이전에 동생으로부터 집안에 재산 분쟁이 일어나 둘째 동생을 죽이고 복수의 여신들로부터 쫓기고 있다는 이야기를 들었다고 알려준다. 오레스테스는 이피게네이아와 이야기할수록 그녀의 고결한 성품에 점점 매료당한다. 그래서 그는 이런 사람을 더 이상 속여서는 안 되겠다고 결심하고 그녀에게 자신의 신분을 처음으로 솔직하게 밝힌다.

"당신처럼 고결한 영혼이 거짓된 말에 속는 것을 견딜 수 없군요. 한 이방인이 거짓에 찬 그물을 교묘하고도 교활하게 다른 이방인의 발밑에 함정으로 던진 것입니다. 우리 사이에는 진실이 있어야겠습니다. 제가 오레스테스입니다! 이 죄 많은 몸은 무덤 앞에 쓰러져 죽음을 구합니다. 죽음이 어떤 모습으로 오든 기꺼이 맞겠습니다. 당신이 누구이든, 저는 당신과 내 친구의 구원만을 바랍니다. 제 구원은 원치 않습니다. 당신은 마지못해 이곳에 머무르는 것 같군요. 도망갈 길을 찾으시고, 저는 여기 버려두십시오."

이피게네이아는 오레스테스의 고백을 듣더니 벅찬 기쁨을 감추지 못하며 이번에는 아테나 여신을 향해 자신에게 값진 희망을 주었다며, "오랫동안 기다렸던 생각지도 못했던 이 행복이, 세상 뜬 친구의 그림자처럼, 헛되이, 몇 배 더 고통스럽게 나를 지나쳐 버리지 않게" 해달라고 기도한다. 하지만 오레스테스는 여전히 비관적이다. 그는 이피게네이아에게 그런 행복은 그녀와 필라데스만을 위해 마련된 것일 뿐 자신은 신전을 나서기만 하면 뱀 머리를 흔들어 대는 복수의 여신들의 먹이가 될 것이라고 한탄한다. 그러자 이피게네이아는 자신의 운명은 그의 운명과 단단히 묶여 있다며 자신이 바로 그 옛날 아울리스에서 아르테미스 여신에게 제물로 바쳐진 누나 이피게네이아임을 밝힌다. 그녀는 감격에 겨워 동생에게 "오레스테스야, 나다! 이피게네이아를 보아라! 나는 살아 있어!"라고 외치며 그를 껴안으려 하지만 오레스테스는 "비켜요! 저리 가요! 경고하는데, 머리털 하나라도 건드리지 말아요!"라며 극도의 경계심을 보인다. 이후 오레스테스는 정신적 충격으로 극도로 혼란스러워하다 갑자기 실신하고 만다.

이처럼 이피게네이아가 오레스테스와 남매임이 밝혀지는 부분은 에우리피데스의 작품에서는 이미 앞서 자세하게 살펴본 것처럼 이와는 약간 다르다. 에우리피데스의 이피게네이아는 먼저 이름을 알 수 없는 오레스테스와 이야기를 나눈다. 오레스테스로부터 아버지 아가멤논의 끔찍한 죽음을 전해 들은 이피게네이아는 여전히 자신의 신분을 밝히지 않은 채 그에게 제안을 하나 한다. 나머지 친구는 제물로 바치고 그는 살려줄 테니 고향으로 돌아가서 자신의 가족에게 편지 하나를 전달해 달라는 것이다. 그러자 오레스테스는 자기 대신 친구를 보내고 자신을 제물로 바쳐달라고 간청한다. 이피게네이아는 오레스테스의 우정에 감탄하며 그러라고 하면서 편지를 써가지고 오겠다며 잠시 자리를 비운다.

얼마 후 다시 돌아온 이피게네이아는 두 사람이 함께 있는 것을 보고 필라데스에게 편지를 건네준다. 그러자 필라데스는 이미 오레스테스로부터 사정을 전해들은 터라 만약 자기가 편지를 잃어버려도 전해 줄 수 있도록 그 내용과 수신자를 말해 달라고 요구한다. 그러자 이피게네이아는 타우리스 섬에서 어쩔 수 없이 인간을 제물로 바치는 일을 하고 있는 누나를 데려가 달라고 아가멤논의 아들 오레스테스에게 전해 달라고 말하며 처음으로 자신의 신분을 밝힌다. 필라데스는 소스라치게 놀라며 그건 아주 간단한 일이며 지금 당장이라도 할 수 있다고 말한다. 이어 바로 옆에 있던 친구 오레스테스의 이름을 부르며 그에게 그 편지를 건네준다. 그들의 대화를 곁에서 모두 듣고 있던 오레스테스는 그 편지를 건네받고서 괴테의 작품과는 반대로 기쁨에 겨워 누나 이피게네이아를 안으려 한다. 그러자 이피게네이아가 놀라며 그를 뿌리친다. 하지만 그들은 얼마 안 있어 남매임을 확인하고 감격의 해후를 한다.

두 작품이 다른 부분은 또 있다. 에우리피데스의 작품에서 토아스 왕은 처음부터 이피게네이아의 가문에 대해서 모두 알고 있다. 그러나 괴테의 작품에서 이피게네이아는 토아스 왕에게 처음에는 자신의 가문에 대해 전혀 이야기하지 않은 것으로 되어 있다. 따라서 그녀는 자꾸 결혼해 달라고 조르는 토아스 왕에게 자신의 가문을 알면 곧바로 자신을 추방할 것이라며 자신은 탄탈로스 가문 출신이라고 고백한다. 하지만 이피게네이아의 기대와는 달리 토아스 왕은 그녀가 대대로 신들의 저주가 내린 끔찍한 집안 출신이라는 사실을 알고도 전혀 흔들리지 않는다.

괴테의 작품은 마지막 부분 여신상을 훔치는 곳에서 에우리피데스의 작품과 전혀 다르다. 괴테의 이피게네이아는 동생들인 오레스테스와 필라데스와 공모해서 여신상을 그리스로 훔쳐오지 않는다. 에우리피데스의 작품에서는 이피게네이아가 직접 그 거짓말을 만들어내서 토아스 왕을 속인다. 하지만 괴테의 작품에서는 이피게네이아가 아니라 오레스테스의 친구 필라데스가 토아스 왕을 속일 거짓말을 고안하여 이피게네이아에게 제안한다. 토아스 왕에게 제물로 바칠 인간들 중 오레스테스가 근친 살해의 죄를 짓고 있기 때문에, 그로 인해 더럽혀진 여신상을 바닷물로 깨끗이 씻어야 하며, 그것을 아무도 방해해서는 안 된다고 말하라는 것이다.

이피게네이아는 토아스 왕을 감쪽같이 속이고 아르테미스 여신상을 훔쳐 몰래 달아나자는 필라데스의 말에 처음에는 순순히 따르는 것처럼 보인다. 그래서 먼저 동생을 필라데스와 함께 바닷가로 보내 도망칠 준비를 시켜놓은 다음, 부활된 희생제를 재촉하려고 자신을 찾아온 토아스 왕의 사신에게 필라데스가 가르쳐준 거짓말을 그대로 전한다. 그녀는 빨리 희생제를 올리고 왕께 보고하라는 사신 아르카스(Arkas)에게 "뜻하지 않은 장애"가 발생했다며 이렇게 대꾸한다.

"신들은 아직 그런 결심을 안 하셨습니다. 그들 중 나이 많은 쪽은 근친 살해의 죄를 지고 있습니다. 복수의 여신들이 그의 길을 뒤쫓았고, 이 신전 안까지 그 악의 세력이 따라왔지요. 그가 있는 것이 이 순결한 장소를 더럽힌 결과가 됐습니다. 그래서 그를 제 하녀들과 함께 바다로 보내 여신의 신상을 깨끗한 물결에 적셔 비밀스러운 의식을 행하도록 하겠습니다. 우리의 조용한 일을 아무도 방해해선 안 됩니다!"

하지만 이피게네이아는 이 사신을 만나기 전부터 이미 거짓말을 해야 된다는 사실에 많은 부담을 느끼며 이렇게 중얼거리고 있었다.

"저는 아직까지 시치미를 떼거나 누구를 속이는 법을 배운 적이 없습니다. 아! 거짓말을 하다니! 거짓은 다른 진실된 말처럼 마음을 자유롭게 하지 못하니, 그것은 우리를 위로하지 못하고, 몰래 거짓을 꾸며내는 자를 불안하게 하고, 그 튕겨져 나간 화살은 신의 손으로 방향이 바뀌어 되돌아오고,

(왼쪽) 요한 볼프강 폰 괴테, Joseph Karl Stieler, 1828
(오른쪽 위) 괴테의 「이피게네이아」의 한 장면, 가운데 앉아있는 인물이 오레스테스로 분장한 괴테, Angelika Kauffmann, 1787
(오른쪽 아래) 이피게네이아, 괴테 탄생 200주년기념 우표, Georg Oswald May, 1949

쏜 자의 가슴을 맞춥니다. 제 가슴은 근심에 근심으로 떨립니다."

이처럼 천성적으로 고결했던 이피게네이아의 거짓말에 대한 부담감은 사신이 돌아간 뒤에 더욱더 깊어질 수밖에 없다. 그래서 그녀는 그사이 출항 준비를 마치고 신상을 가지러 온 필라데스에게 "두 번째 아버지였던 왕을 음험하게 속이고 우롱하는" 짓은 도저히 못하겠다고 말한다. 그러자 필라데스가 그녀의 행동은 신들도 용서하실 것이라며 "너무 엄격한 고집은 은근한 교만"이라고 꼬집는다. 이어 지금은 "동생과 당신 자신과 한 친구를 살리는 것이 유일한 길"이며 "그 길을 가는 게 문제입니까?"라며 그녀를 다그친다. 이 말에 이피게네이아가 단호하게 선을 긋는다.

"오, 생각 좀 하게 해주세요! 당신 자신도 아마 선의를 행하는 것이 의무인 사람에게 그런 부당한 일을 저지르는 일은 하지 않았을 거예요."

이피게네이아는 물론 자기 동생과 가문을 구하려면 필라데스가 세운 계획에 따라야 한다는 것을 잘 알고 있다. 하지만 그녀는 이런 방법은 전혀 꿈도 꾸어보지 않은 것이다. 그녀는 "언젠가 순결한 손과 마음으로 더럽혀진 집을 깨끗하게 하리라는 희망"을 항상 간직하며 살았기 때문이다. 그래서 지극히 고결한 이피게네이아에게 거짓말은 어떤 형식으로든 도저히 참을 수 없는 것이다. 그녀는 결국 장고의 고민 끝에 자신을 찾아 온 토아스 왕에게 필라데스가 세운 계획과 제물로 바쳐야 할 이방인이 자기 동생이라는 것 등 모든 사실을 있는 그대로 정직하게 밝힌다.

"신이여, 오직 당신 뜻에 맡기겠나이다! 당신들이 칭송받고 있는 대로 진실하시다면, 당신들의 도움으로 그것을 드러나게 하시고, 저를 통하여 진실을 밝히소서!—오 왕이시여, 들으십시오, 은밀한 계략이 꾸며지고 있었습니다. 죄수들에 대해 묻고 계시지만 소용없습니다. 그들은 이곳을 떠나, 바닷가에서 배를 갖고 기다리는 친구들을 찾아갔습니다. 더 나이 든 쪽, 광기가 덮쳤다가 이제 떠난 자―그는 오레스테스, 저의 동생입니다. 다른 하나는 그의 충실한 어린 시절의 친구, 이름은 필라데스이지요. 아폴론이 델피에서 이곳 바닷가로 아르테미스 여신상을 훔쳐오고, 누이를 데려오라는 신의 명령과 함께 보냈고, 그것으로써 어머니 살해 죄에 따르는 복수의 여신의 추적에서 자유롭게 해주겠다고 약속을 했다고 합니다. 저는 지금 탄탈로스 가문의 살아남은 두 사람을 당신 손에 맡기겠습니다. 우리를 파멸시키십시오―필요하시다면요."

   토아스 왕은 이피게네이아의 고백을 듣고 깊이 감동을 받는다. 그는 갑자기 망치로 뒤통수를 얻어맞은 듯 아무 말을 하지 못한다. 사실 그는 이미 신하 아르카스로부터 이피게네이아가 포로들과 타우리스 섬을 탈출할 계획을 세우고 있는 것 같다는 보고를 받고 매우 충격을 받은 터였다. 그래서 "그토록 성스러이 여겼던 그녀에 대해" 그리고 무엇보다도 "어리석게도 관용과 선의로 그녀를 대했던" 자신에 대해 치밀어 오르는 분노를 삭이다가 마지막으로 한 번 의중을 떠보기 위해 그녀를 찾아왔던 것이다. 그런데 분명 "잔꾀와 계교로 빠져나갈 길을" 찾고 있을 것이라고 생각했던 이피게네이아의 입에서 진솔하고 정직한 말들이 쏟아져 나왔으니 어찌 할 말을 잊지 않을 수 있겠는가.
   토아스 왕의 침묵이 길어지자, 자신이 털어놓는 "진실의 목소리"에 일말의 희망을 걸고 있던 이피게네이아가 짙은 불안을 느낀다. 그래서 토아스 왕에게 "입을 다문 채 가슴 깊이 무슨 생각을" 하냐며 혹시 그들에게 "파멸"을 내리기로 결정했다면 자신을 먼저 죽여 달라고 부탁한다. 사랑하는 동생을 잃는다면 이젠 더 이상 아무런 구원의 희망이 없다는 것이다. 이어 이피게네이아는 자신의 처량한 신세를 이렇게 한탄한다. "오! 그들이 묶여 있는 것을 눈앞에 보게 되겠군요! 제가 죽이게 되는 제 동생과 어떤 눈빛으로 작별할 수 있단 말입니까? 더 이상 이 사랑 넘치는 눈으로 동생을 볼 수 없게 되겠군요!" 하지만 이피게네이아의 걱정은 기우에 불과할 뿐 토아스는 점점 더 이피게네이아의 "진실의 목소리"에 귀를 기울인다. 아니, 그는 이 시점에서 이미 그녀를 보내주기로 결심을 한 듯 보인다. 그래서 그가 혼잣말처럼 포로들이 그녀의 친척들이 아니라 사기꾼일 것이라고 말하는 목소리에도 별로 확신이 들어 있을 리 만무하다. 토아스는 이렇게 중얼거린다. "그 사기꾼들이 교묘하게 꾸며대서는 오랫동안 고립돼 있던 여인, 자신의 소망을 쉽사리 또 믿어버리는 여인에게 그런 거짓말을 덮어씌웠군!"

토아스가 동생들을 사기꾼으로 의심하자 이피게네이아는 손사래를 치며 그들은 "정직하고 진실한 사람들"이며, 아니라면 그들을 죽이고 자신을 "바위투성이 섬 황량한 바닷가로 추방"해도 좋다고 제안한다. 아울러 그들 중 하나가 자신이 "오랫동안 그리워하던 사랑하는 동생이라면" 자신들을 보내달라고 부탁한다. 그러자 토아스 왕은 자신의 믿음을 저버리지 않은 이피게네이아의 정직함에 이미 깊이 감동한 터라, 마침내 그녀의 말에 고개를 끄덕인다.

얼마 후 오레스테스와 이피게네이아와 토아스 왕의 3자 대면이 벌어지고, 이 자리에서 토아스 왕은 오레스테스에게 그가 진짜 이피게네이아의 동생이라는 증거를 댈 수 있느냐고 묻는다. 그러자 오레스테스는 아버지가 트로이 전쟁 때 사용했던 검을 보여주며, 탄탈로스 가문의 자손이라면 누구나 갖고 있는 용맹성을 입증하기 위해 토아스 왕의 부하들 중 하나와 자웅을 겨루고 싶다고 요청한다. 토아스 왕은 그 용기를 높이 사며 자신이 직접 오레스테스를 대적하겠노라고 말한다. 그러자 이피게네이아는 피비린내 나는 증명은 필요 없다고 만류한 뒤, 오레스테스의 세 개의 별 모양 표시가 있는 오른손, 미간의 흉터, 아버지를 닮은 모습 등을 거론하며 자신의 동생이 틀림없다고 말한다.

이피게네이아의 설명을 듣고 난 토아스 왕은 이제 비로소 모든 의심과 분노가 사라진다며 약속대로 그들을 모두 그리스로 보내주겠지만, 여신상을 가져가는 것만은 용납할 수 없다고 말한다. 바로 이 순간 오레스테스는 "타우리스의 바닷가에서 어쩔 수 없이 신전에 머물고 있는 누이를 그리스로 데려오라"라고 명한 아폴론의 신탁에서 언급되는 '누이'가 아폴론의 누이인 아르테미스가 아니라 자신의 누이 이피게네이아임을 깨달았다고 말한다. 누나를 만난 이후 그의 광기가 사라진 것이 그것을 입증해 준다는 것이다. 동생의 말에 이어 이피게네이아는 토아스 왕에게 자신과 한 약속을 상기시키며 자신들을 보내달라고 다시 한 번 간청한다. 이에 토아스 왕은 결국 그들을 순순히 보내 준다. 그는 간단하게 이렇게 말할 뿐이다. "그렇다면 가시오!"

　괴테는 실러와 함께 독일 고전주의를 완성한 작가이다. 고전주의는 감정을 중요시한 '폭풍노도'라는 사조에 반해 생긴 것이기 때문에 우선 이성 중심이었다. 이성과 깊은 관계가 있는 균형, 절제, 조화도 자연스럽게 고전주의의 핵심 개념이다. 고대 그리스 문화의 가장 중요한 특징 중 하나도 합리주의였다. 그래서 독일 고전주의는 그리스 문화에 깊은 관심을 갖고 그것을 작품의 소재로 삼았다. 독일 고전주의의 표어도 바로 '고대 그리스로 돌아가자!'였다.

　독일 고전주의의 또 다른 중요한 특징 중의 하나는 바로 휴머니즘이었다. 휴머니즘은 말 그대로 인간중심주의라는 말이다. 우리 민족의 시조 단군이 세운 고조선의 건국이념도 홍익인간이라는 휴머니즘이었다. 그런데 휴머니즘은 또한 고대 그리스 문화의 가장 중요한 특징 중 하나이기도 했다. 이를테면 그리스 신들을 보라. 그들은 영원히 사는 것만 제외하고 인간들과 얼마나 똑 같은가. 그들은 인간처럼 질투하고, 싸우고, 시기하고, 분노하고, 사랑하고, 심지어 삐치기도 한다. 독일 고전주의를 대표하는 괴테가 왜 그리스 신화를 자주 작품의 소재로 삼았는지 이해할 수 있는 대목이다.

어쨌든 괴테는 이피게네이아를 소재로 작품을 쓰면서 고전주의의 특징인 순수한 인간성을 돋보이게 하기 위해서는 에우리피데스의 작품과는 달리 뭔가 극적인 장면이 필요하다고 생각했다. 그것이 바로 그가 에우리피데스의 이피게네이아가 토아스 왕에게 거짓말하는 대목을 대폭 손질한 이유이다. 그래서 괴테의 이피게네이아는 에우리피데스의 이피게네이아와는 달리 선의의 거짓말이라도 전혀 하지 않는 한층 더 고결한 여성으로 등장하는 것이다.

11

제11장

영웅 이야기

　세계적인 신화학자 조지프 캠벨은 「신화의 힘」이라는 책에서 신화 속 영웅은 모험을 하면서 눈에 보이는 물리적인 것뿐 아니라, 눈에 보이지 않는 정신적인 것을 얻는다고 말한다. 그는 특히 영웅의 모험이 지니는 정신적인 효과를 "고대의 성인식"으로 간주했다. 고대의 소년들은 성인식을 통해 어린 시절의 생각이나 습관을 버리고 어른이 될 수 있는 정신적 힘을 얻었다는 것이다. 그에 의하면 영웅이 심리적인 미성숙 상태를 극복하고 스스로 책임질 수 있는 독립적인 삶의 현장으로 나오려면 반드시 "죽음과 재생"의 경험이 있어야 한다. 그것이 바로 신화 속 영웅이 모험을 하는 가장 본질적인 속성이다.
　그래서 캠벨에 따르면 모든 신화 속 영웅의 모험이 다루고 있는 것은 "의식의 변모"이다. 그런데 의식의 변모는 영웅이 스스로에게 부여하는 "시련"을 통해 일어난다. 시련이 "변모의 열쇠"인 셈이다. 극기와 대가를 지불하지 않고는 보상도 없다는 식이다. 캠벨은 영웅이 겪는 시련을 '고래의 뱃속'이라는 상징적인 말로 표현한다. 그는 빌 모이어스에게 이렇게 말한다. "고래 뱃속에 들어가는 요나 이야기는 세계 어디에서나 볼 수 있는 신화의 본 같은 겁니다. 영웅이 물고기의 뱃속으로 들어갔다가, 들어갈 때와는 전혀 다른 모습으로, 다시 말해서 변한 모습으로 나오는 이야기는 세계 어디에서나 접할 수 있어요."

신화 속 영웅이 보통 사람들과 특히 다른 점은 자신을 발전시키려는 욕구 때문에 시련을 마다하지 않는다는 점이다. 가령 헤라클레스는 자신의 잘못을 발작으로 돌리고 현실에 안주하여 쾌락에 빠질 수도 있었지만, 자신의 죄를 씻기 위해 고난의 길을 택했으며, 테세우스는 아버지 아이게우스를 만나러 가면서 안전한 바닷길로 가지 않고 노상강도로 들끓는 위험한 육로를 택해 많은 고난을 자초했다. 지적 호기심과 도전 의식 때문이다. 이러한 고대 영웅들의 이야기는 「스타워즈」, 「람보」 등 할리우드의 많은 영화의 원형이 되고 있다. 조지 루카스나 스티븐 스필버그가 세계적으로 유명한 신화학자 캠벨의 제자로 신화에 깊은 관심을 갖고 있었다는 것은 결코 우연이 아닙니다.

1. 영웅의 원형, 페르세우스

황금 소나기의 아들, 페르세우스

아르고스의(Argos) 왕 아크리시오스(Akrisios)는 딸 다나에(Danae)가 언젠가 아들을 낳으면 자신을 죽일 것이라는 신탁을 받고 딸을 청동 탑에 가두었다. 하늘에서 지상을 관찰하던 제우스는 청동 탑에 갇혀 있는 다나에를 보고 그 미모에 반해 사랑을 느꼈다. 청동 탑에는 문이 없었다. 아크리시오스는 조그만 구멍을 만들어 딸에게 음식을 넣어줬을 뿐이다. 궁리 끝에 제우스는 황금 소나기로 변신하여 청동 탑 지붕에 나 있는 조그만 구멍으로 스며들어 다나에와 사랑을 나누었다. 열 달이 흘러 다나에는 탑 안에서

다나에, Jan Gossaert, 1527

페르세우스를 낳았다.

다나에는 아버지에게 자신의 아들이 제우스 신의 핏줄이라며 살려달라고 울며 하소연했다. 아크리시오스는 약간 두렵기도 했지만 자기 목숨이 걸린 문제라 어쩔 수 없었다. 그래서 후환을 없애기 위해 딸과 외손자를 궤짝에 넣어 바다에 버렸다. 그들을 차마 자기 손으로 직접 죽일 수는 없었다.

다나에와 페르세우스, John William Waterhouse, 1892

궤짝을 타고 세리포스 섬에 도착하다

　제우스 신은 다나에 모자가 들어 있는 궤짝이 폭풍우를 만나 난파되지 않도록 보호했다. 궤짝은 배처럼 바다 위를 둥둥 떠다니다가 세리포스(Seriphos)라는 섬에 무사히 도착했다. 세리포스에는 딕티스(Diktys)라는 마음씨 착한 어부가 있었다. 그는 새벽에 어구를 손질하러 나왔다가 해안에서 그들을 발견하고 친절하게 새 식구로 받아 주었다. 페르세우스는 그의 집에서 16세의 헌헌장부로 자라났다. 그러던 어느 날 세리포스의 왕 폴리덱테스(Polydektes)가 무슨 바람이 불어서인지 동생 딕티스의 집을 찾아왔다. 그는 어부인 딕티스와는 달리 사악했다. 동생의 형편이 어려운 것을 뻔히 알면서도 도와주지도 않았고, 동생과 거의 연락도 취하지 않고 살았다. 그러던 그가 참으로

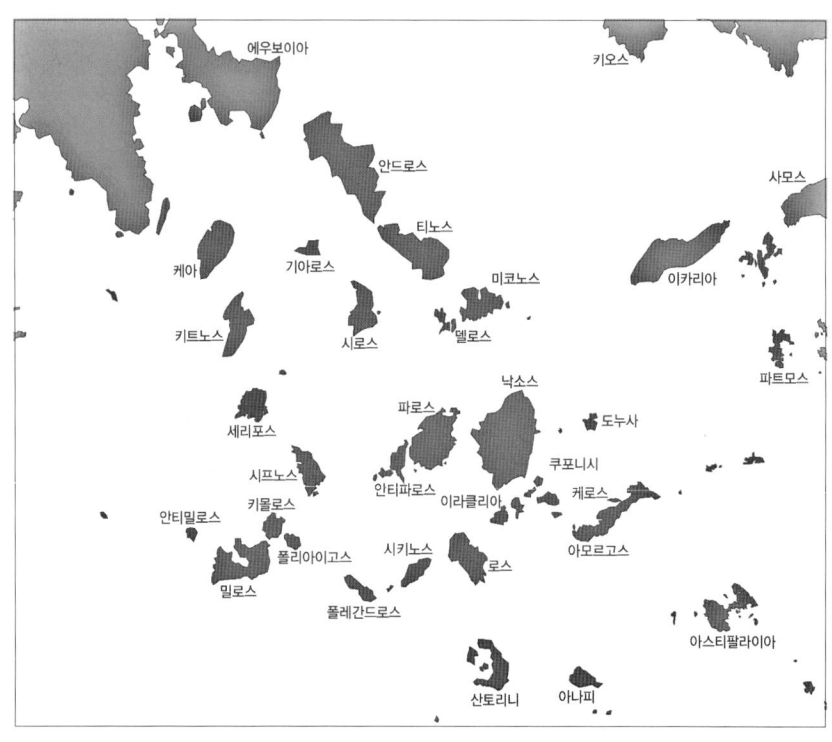

키클라데스 군도의 세리포스 섬

오랜만에 동생 집에 들렀다가 다나에를 보고 그 미모에 반해 그녀를 차지하려 했다. 그는 우선 동생을 통해 청혼을 해보았지만 다나에는 남자에게 별 관심이 없었다. 왕은 그녀를 강제로 데려오고 싶었지만 그것도 간단해 보이지 않았다. 그녀 옆에 건장한 페르세우스가 떡 버티고 있었기 때문이다.

폴리덱테스 왕의 술책

고민하던 폴리덱테스는 눈엣가시 페르세우스를 없애버릴 계책을 하나 마련했다. 그는 거짓으로 이웃 나라 피사의 왕인 오이노마오스의 딸 히포다메이아와 결혼한다고 발표했다. 이어 신하들을 불러 신부 아버지에게 줄 지참금 명목으로 모두 형편에 따라 말들을 바치라고 명령했다. 남의 집에 얹혀사는 형편이라 페르세우스는 바칠 말이 없었다. 그는 왕을 알현할 차례가 되자 자신은 말은 없지만 왕이 원하시면 메두사의 머리든 무엇이든지 갖다 바치겠다고 약속했다. 폴리덱테스는 페르세우스가 자신이 원하던 말을 해주자 회심의 미소를 지었다. 메두사를 만나 지금까지 살아 돌아온 자는 아무도 없었기 때문이다. 그는 페르세우스가 말을 마치자마자 재빨리 정 그렇다면 메두사의 머리를 결혼 선물로 바치라고 명령했다. 페르세우스는 그제야 비로소 자신이 큰 실수를 했다는 사실을 깨달았다. 하지만 되돌리기에는 때는 이미 늦었다.

고르고네스 세 자매

메두사(Medusa)는 고르고네스(Gorgones)라고 불리는 세 자매 중 하나였다. 다른 두 자매 스테노(Stheno)와 에우리알레(Euryale)는 불사의 몸이었고 메두사만 유한한 생명을 갖고 태어났다. 고르고네스는 보통 인간들이 대적할 수 없었다. 머리카락은 한 올 한 올이 실뱀이고 얼굴이 하도 흉측해서 그들을 보는 사람은 너무 놀란 나머지 돌로 변해 버렸기 때문이다. 또한 그들이 사는 곳도 걸어서 갈 수 없는 서쪽 세상 끝자락이었다. 설사 메두사의 머리를 베는 데 성공하더라도 안전하게 도망치는 것은 불가능했다. 그들은 황금 날개를 달고 있어서 상대를 쉽게 따라잡았다. 따라서 메두사를 죽이기 위해서는 보이지 않게 공격하고 자매들보다 빨리 날아야 했다.

아테나 여신의 도움을 받다

페르세우스는 문득 아테나 여신을 떠올렸다. 그녀는 자신의 신전에서 포세이돈과 사랑을 나눈 메두사를 흉측하게 만든 장본인이었다. 페르세우스는 아테나 여신에게 도와달라고 간절히 기도했다. 그러자 아테나 여신이 나타나 고르고네스와 싸우는 방법을 일러줬다. 그녀는 우선 페르세우스를 고르고네스의 입상이 서 있는 사모스(Samos) 섬으로 데려가서 메두사의 얼굴을 익히게 했다. 또한 메두사의 얼굴은 절대로 보지 말고 거울에 비친 모습만 보라고 일러주며 거울처럼 번쩍번쩍 빛나는 방패 하나를 그에게 주었다. 이어 그녀는 페르세우스에게 그라이아이(Graiai) 노파들을 찾아가라고 충고했다. 그들이 메두사를 죽이는 데 필요한 무기를 갖고 있는 요정이 사는 곳을 알고 있다는 것이다.

그라이아이 세 노파

페르세우스는 노파들을 만나기 위해 아테나가 일러준 리비아의 어느 산으로 갔다. 그곳은 아틀라스가 지구를 어깨에 받히고 서 있는 곳이었다. 그라이아이 노파들은 회색 머리를 갖고 태어났으며 눈 하나와 이빨 하나를 번갈아 가면서 사용했다. 그들은 포르키스(Phorkys)와 케토(Keto)의 자식들로 고르고네스들과는 자매 사이였다. 페르세우스에게 절대로 자진해서 정보를 줄 턱이 없었다. 그래서 페르세우스는 그들이 눈을 갈아 끼울 때 얼른 그것을 낚아챈 다음 요정들이 사는 곳을 대지 않으면 돌려주지 않겠다고 위협했다. 노파들이 어쩔 수 없이 순순히 장소를 말해 주자 페르세우스는 그들에게 눈을 돌려주고 요정들을 찾아 나섰다.

페르세우스의 무기들

페르세우스가 찾아오자 요정들은 그에게 모험에 필요한 무기들을 거리낌 없이 빌려주었다. 어깨에 멜 수 있는 커다란 자루 키비시스(Kibisis), 신고 날 수 있는 한 쌍의 날개가 달린 신발, 쓰면 몸을 보이지 않게 하는 마법 투구가

그라이아이 세 자매, 「신화의 책」의 삽화, 뉴욕 1915

바로 그것이다. 마지막으로 헤르메스가 나타나 메두사의 머리를 자를 다이아몬드로 만든 낫을 주었다. 페르세우스는 이렇게 완전 무장을 하고 고르고네스가 사는 곳으로 날아갔다.

메두사의 목을 베다

고르고네스의 거처 주변에는 그들의 얼굴을 보고 돌로 변한 사람들이나 동물들의 형상이 즐비했다. 페르세우스는 섬뜩함을 느끼며 조심스럽게 방패를

요정들을 찾아간 페르세우스 Joseph Werner, 17세기

꺼내 반질반질하게 닦은 다음 표면 위에 비친 광경을 보고 집안을 수색하기 시작하여 얼마 지나지 않아 고르고네스를 찾아냈다. 그들은 청동 손과 황금 날개를 갖고 있었고, 주둥아리에는 엄청나게 큰 혀가 멧돼지 어금니 모양의 이빨 사이에 매달려 있었다. 또한 머리 주변에는 실뱀들이 흐느적거렸다. 페르세우스는 서두르지 않고 조용히 그들이 잠들 때까지 기다렸다가 이미 얼굴을 익혀두었던 터라 메두사에게로 살금살금 다가갔다. 그는 방패에 비친 메두사를 노려보다가 낫을 들어 단 한방에 그 머리를 잘라내 자루에 담고 그곳을 재빨리 떠났다. 메두사의 짧은 비명 소리를 듣고 자매들이 깜짝 놀라 벌떡 일어나 공중으로 날아올랐지만 보이지 않는 적과 싸울 수는 없었다. 그들은 하릴 없이 메두사의 목 잘린 시신 곁에 내려 앉아 자매의 죽음을 애도할 수밖에 없었다.

고르고네스 세 자매, BC 580년경의 도기 그림

아틀라스와 만나다

헤시오도스의 「신통기」에 의하면 페르세우스가 메두사의 목을 벨 때 지상에 핏방울이 떨어지자 땅 속에서 날개 달린 천마 페가소스(Pegasos)와 황금 검을 지닌 크리사오르(Chrysaor)라는 전사가 태어났다. 또한 오비디우스의 「변신 이야기」에 의하면 페르세우스는 메두사의 머리를 갖고 공중을 날아 가다가 티탄족 아틀라스(Atlas)가 다스리는 나라에서 하룻밤 묵기를 간청했다. 하지만 아틀라스는 페르세우스가 제우스의 아들이라는 사실을 알고는 그를 강제로 나라에서 쫓아내려고 했다. 언젠가 법의 여신 테미스(Themis)가 그에게 제우스의 아들들 중 하나가 자신의 딸들인 헤스페리데스(Hesperides)가 관리하는 정원에서 황금사과를 훔쳐갈 것이라고 경고한 적이 있었기 때문이다. 페르세우스는 아틀라스의 박대에 화가 났지만 힘으로는

아틀라스를 돌로 만들어버리는 페르세우스, Edward Burne-Jones, 1882

그를 당할 재간이 없었다. 그래서 그는 재빨리 고개를 한쪽으로 돌린 채, 갑자기 자루에서 메두사의 머리를 꺼내 아틀라스의 눈앞에 쳐들었다. 아틀라스는 그 순간 정상이 구름 속에 가려진 엄청나게 높은 산으로 변했다. 그 산은 오늘날에도 아틀라스 산으로 알려져 있다. 하지만 이 이야기는 페르세우스보다 나중에 이루어지는 헤라클레스의 모험과 모순을 이룬다. 아틀라스는 헤라클레스가 헤스페리데스 정원으로 황금사과를 얻으러 갈 때까지도 산으로 변신하지 않은 채 여전히 살아서 지구를 떠메고 있었기 때문이다.

에티오피아에 도착하다

페르세우스는 자신의 임무를 완수했지만 곧바로 세리포스의 폴리덱테스 왕에게 돌아가지 않았다. 영웅으로서 그가 지닌 강한 모험심과 호기심 때문이었다. 그는 자신의 선조였던 다나오스(Danaos)와 링케우스(Lynkeus)의 고향인 이집트의 켐니스(Chemnis)를 거쳐 동쪽으로 날아가다가 케페우스(Kepheus)가 다스리는 에티오피아라는 나라에 이르렀다.

에티오피아의 왕 케페우스의 아내 카시오페이아(Kassiopeia)는 허영심이 많았다. 그녀는 어느 날 자신이 바다의 요정들인 네레이데스(Nereides)보다도 더 예쁘다고 공공연하게 자랑하고 돌아다녔다. 모욕을 당한 바다의 요정들은 포세이돈에게 케페우스를 혼내달라고 간청하자 포세이돈은 괴물 한 마리를 보내 케페우스의 나라를 쑥대밭으로 만들었다. 케페우스가 리비아의 암몬(Ammon) 신에게 이런 재앙을 피할 방도를 물었다. 그러자 암몬 신은 그의 딸 안드로메다(Andromeda)를 그 괴물에게 희생 제물로 바치라는 신탁을 내렸다. 케페우스는 어쩔 수 없이 딸 안드로메다를 해안에서 가까운 바다에 솟아 있는 암초에 묶어놓고 괴물이 데려가기를 기다리고 있었다. 이윽고 저 멀리서 괴물이 포효하며 안드로메다를 향해 다가오고 있었다.

안드로메다 공주를 구하다

바로 이 순간 페르세우스는 에티오피아 상공을 비행하다 이 광경을 목격하고 비행을 멈춰 아래로 내려갔다. 케페우스 왕과 왕비 카시오페이아는 신하들과 함께 사색이 되어 해안에서 딸의 비극적 종말을 기다리며 발만 동동 구르고 있었다. 그들은 그에게 사건의 전말을 이야기해 주었다. 그사이 괴물은 안드로메다에게 점점 더 가까이 다가왔다. 페르세우스는 우선 그들로부터 괴물을 물리치면 안드로메다와 왕국을 주겠다는 약속을 받아냈다.

페르세우스와 안드로메다, Anton Raphael Mengs, 1770년경

이어 전광석화처럼 공중으로 날아올라 아래로 돌진하더니 메두사의 목을 자른 커다란 낫으로 단박에 괴물을 해치우고 안드로메다를 구했다.

안드로메다의 약혼자 피네우스를 벌하다

에티오피아의 왕 케페우스는 페르세우스의 승리를 축하하기 위해 연회를 베풀었다. 그런데 안드로메다는 왕의 동생 피네우스(Phineus)와 이미 약혼한 사이였다. 괴물이 시시각각으로 안드로메다에게 다가오는 터라 케페우스는 페르세우스에게 그것을 설명할 시간이 없었다. 우선 딸의 목숨을 구하는 게 우선이었다. 한창 결혼식 피로연이 무르익고 있는데 갑자기 피네우스가 많은 부하들을 데리고 나타났다. 그는 다짜고짜 형 케페우스 왕에게 안드로메다를 내놓으라고 요구했다. 왕은 동생의 기세에 눌려 한 마디도 대꾸하지도 못하고 슬며시 자리를 피했다.

페르세우스가 자기편으로 생각한 에티오피아 인들의 수를 헤아려보니 피네우스의 부하들과 비교해서 아주 열세였다. 그는 자기편들을 향해 재빨리 "우리 편은 모두 눈을 감으시오!"라고 외치면서 자루에서 메두사의 머리를 꺼내 높이 쳐들었다. 자신도 물론 눈을 감은 채였다. 엉겁결에 메두사의 머리를 보고 만 피네우스와 그의 부하들은 모두 갑자기 돌로 변해 버렸다.

안드로메다에게서 페르세스를 낳다

페르세우스는 케페우스의 나라에 거의 1년을 머물렀다. 그사이 페르세우스의 아내가 된 안드로메다는 페르세스(Perses)라는 아들을 낳았다. 케페우스는 사위 부부가 자기 나라에 머물기를 바랐다. 아들이 없었기 때문에 은근히 페르세우스가 자신의 뒤를 이어 에티오피아를 맡아주기를 원했다. 하지만 페르세우스는 고향에 계신 어머니가 무척 걱정이 되었다. 결국 그는

■
피네우스와 그의 부하들을 돌로 만들어버리는 페르세우스, Luca Giordano, 1680년경

안드로메다를 데리고 세리포스 섬으로 돌아갔다. 아들 페르세스는 장인 케페우스의 후계자로 에티오피아에 남겨두었다. 헤로도토스(Herodotos)에 의하면 페르시아라는 이름은 바로 이 페르세스에서 유래했으며, 페르시아인들은 모두 그의 후손이다. 후에 케페우스와 카시오페이아가 죽자 포세이돈은 그들을 바다의 괴물과 함께 하늘에 별자리로 박아주었다. 하지만 이것은 카시오페이아 왕비에게 명예가 되지 못했다. 포세이돈은 카시오페이아가 일년 중 대부분을 발을 위로 향한 채 거꾸로 누워 있게 만들었기 때문이다.

어머니의 복수를 해주다

한편 세리포스의 왕 폴리덱테스는 페르세우스가 떠나자마자 드러내놓고 그의 어머니 다나에를 끈질기게 괴롭혔다. 그는 공공연하게 다나에에게 결혼을 강요했다. 다나에가 단호하게 거절하자 몇 차례나 그녀를 겁탈하려고도 했다. 다나에가 왕의 추태를 피해 신전으로 피신한 적도 한두 번이 아니었다. 신전에서는 왕도 감히 어쩔 도리가 없었기 때문이다. 페르세우스는 사람들로부터 자기가 없는 사이 어머니가 폴리덱테스 왕에게 당한 수모를 모두 전해 듣고 격분했다. 그는 아내 안드로메다를 어머니 다나에와 딕티스에게 맡겨두고 얼른 폴리덱테스 왕의 궁전으로 갔다. 왕은 마침 신하들과 잔치를 벌이고 있었다. 그는 약속대로 메두사의 머리를 가져왔노라고 큰 소리로 외치면서 고개를 한쪽으로 돌린 채 갑자기 그것을 자루에서 꺼내 그들에게 보였다. 그러자 졸지에 메두사의 머리를 보고 만 그들은 모두 돌로 변해 버렸다.

무기를 다시 주인에게 돌려주다

페르세우스는 어머니의 복수를 한 후 이제 더 이상 무기들이 필요없었다. 그는 그것들을 헤르메스에게 바쳤고, 헤르메스는 다시 원래 그 무기들의 주인인 요정들에게 돌려주었다. 페르세우스는 자신을 처음부터 끝까지 도와주었던 아테나 여신에겐 감사의 표시로 메두사의 머리를 바쳤다. 그러자 여신은 그것을 자신의 아이기스 방패에 박아 기념으로 삼았다. 그 후 페르세우스는 딕티스를 세리포스의 왕으로 옹립시킨 다음 어머니 다나에와 아내 안드로메다와 함께 자신의 고향인 아르고스로 향했다.

실수로 외할아버지를 죽이다

페르세우스는 자신과 어머니 다나에를 버린 외할아버지에게 원한을 품지 않았다. 어렸을 때는 외할아버지가 약간 원망스럽기는 했지만, 이제는 여러 모험을 성공적으로 마친 터라 정신적으로도 많이 성숙해 있었다. 하지만 외할아버지 아크리시오스는 달랐다. 그는 그동안 페르세우스의 행적을 전해 듣고 손자가 돌아와서 자신에게 해코지를 하지는 않을까 전전긍긍하고 있었다. 그는 마침내 손자 페르세우스가 아르고스로 자신을 찾아온다는 얘기를 듣고는 지레 겁을 집어먹고 부리나케 이웃나라 라리사(Larisa)로 도망쳤다. 그러자 페르세우스는 외할아버지의 오해를 꼭 풀어드리고 싶었다. 그는 어머니와 아내는 아르고스에 남겨둔 채 라리사로 외할아버지를 찾아 나섰다. 마침 라리사의 왕 테우타미데스(Teutamides)는 아버지 기일을 맞아 축제를 벌이며 원반던지기 경기를 개최했다. 원반던지기에 자신이 있고 즐겨하던 페르세우스도 그 경기에 참가하여 차례가 되자 힘차게 원반을 던졌다. 그런데 한참을 반듯이 날아가던 원반이 마침 갑자기 불어 닥친 강한 바람 때문에 정상 궤도에서 벗어났다. 마침내 원반은 관중석으로 날아가더니 머리가 허연 노인의 정수리를 맞추어 그를 절명시켰다. 그런데 그 노인은 바로 손자를 피해 라리사로 몸을 피신하여 관중석에서 원반던지기 대회를 구경하던 페르세우스의 외할아버지 아크리시오스였다. 비탄에 잠긴 페르세우스는 외할아버지의 시신을 아르고스의 아테나 신전에 묻어주었다.

또 다른 이야기

오비디우스에 의하면 아크리시오스는 딸 다나에와 페르세우스를 버린 후 그의 형제 프로이티오스에 의해 축출 당했다. 페르세우스는 모험을 마치고 돌아와서 메두사의 머리를 이용하여 프로이토스를 돌로 만들어버리고 외할아버지의 원수를 갚아주었다. 히기누스(Hyginus)의 페르세우스에 대한 이야기는 아주 색다르다. 그에 의하면 폴리덱테스는 인자한 왕으로 다나에와 결혼하였으며 어린 페르세우스를 세리포스 섬 아테네 신전에서 교육시켰다. 페르세우스가 장성하자 외할아버지 아크리시오스는 손자가 있는 곳을 알아내고 그를 잡으려고 세리포스까지 쫓아왔다. 그러자 폴리덱테스 왕이 페르세우스를 적극 변호했다. 아크리시오스도 손자가 자신에게 해를 끼치지 않겠다고 맹세하자 안심하고 아르고스로 돌아가려 했다. 하지만 그사이 엄청난 폭풍우가 일어났다. 아크리시오스가 출항하지 못하고 세리포스에 체류하고 있는 동안 갑자기 폴리덱테스가 죽었다. 그런데 그의 죽음을 기리는 장례 경기에서 페르세우스는 우연히 외할아버지 아크리시오스를 죽이고 말았다.

왕국을 교환하다

페르세우스는 비록 고의는 아니었지만 할아버지를 죽인 것에 양심의 가책을 심하게 받았다. 그는 외할아버지가 다스리던 아르고스의 왕위를 도저히 물려받을 수 없었다. 고민하던 그는 이웃나라인 티린스(Tyrins)로 가서 그곳 왕 메가펜테스(Megapenthes)와 담판을 지어 두 왕국을 교환하기로 합의했다. 그래서 메가펜테스 왕은 아르고스의 왕이 되고 그는 티린스의 왕이 되었다. 티린스에서 페르세우스는 안드로메다와의 사이에 고르고포네라는 딸 하나와 알카이오스, 메스토르, 엘렉트리온, 스테넬로스, 헬레이오스 등 다섯 명의 아들을 두었다. 이들 중 몇은 헤라클레스 등 유명한 후손을 두었다. 하지만 티린스에서 페르세우스 가문의 통치는 페르세우스의 손자 에우리스테우스(Eurystheus)의 죽음으로 종지부를 찍었다.

미케네를 건설하다

티린스의 왕이 된 후 얼마 되지 않아 페르세우스는 신하들과 함께 여행을 하다가 물이 떨어져 심한 갈증에 시달렸다. 그런데 갑자기 그의 앞에서 물을 흠뻑 머금은 버섯 하나가 솟아올라 그의 갈증을 해소시켜 주었다. 그는 그걸 기념하기 위해 그곳에 도시를 건설하고 그리스어로 '미케스(Mykes)'라고 불리는 '버섯'에서 힌트를 얻어 도시 이름을 미케네(Mykene)라고 이름 지었다. 페르세우스와 안드로메다가 죽자 이번에는 아테나 여신이 그들을 카시오페이아와 케페우스자리 옆에 별자리로 만들어 주었다.

조지프 캠벨의 영웅의 여정

캠벨(J. Campbell)은 「천의 얼굴을 가진 영웅들」에서 세계 각국 신화나 동화 속 영웅들이 감행했던 모험을 분석하여 나라마다 문화가 다르고 사회 환경이 다르지만 그들은 똑같은 길을 간다고 주장했다. 영웅은 무대가 다르고 사건이 다르고 의상이 다르지만 영웅 신화는 거의 일정한 형태를 취한다. 동화 속의 왕자든, 북유럽 신화의 오딘이든, 부처든, 홍길동이든 모든 영웅의 모험은 일정한 사이클를 따른다. 캠벨은 세계의 영웅 신화에서 모든 이야기의 원형을 하나 발견한 셈이다.

"보잘 것 없는 영웅이든 탁월한 영웅이든, 이방인의 영웅이든, 유대인의 영웅이든, 영웅의 여정은 본질적으로 다르지 않다. 세간에 나도는 이야기는 영웅의 행적을 주로 물리적으로 그리고 있지만, 고급 종교에서는 영웅의 행적이 도덕적이어야 한다. 그러나 모험의 형태, 등장인물의 역할, 마지막에 얻은 승리의 본질에는 놀라울 정도로 별 차이가 없다." 캠벨은 세계 모든 영웅들이 간 길을 '출발, 분리→하강, 입문, 통과→귀환'의 3단계로 압축하고 총 19과정으로 세분화했다.

우선 '출발, 분리'의 단계에서 영웅은 1) 평범한 일상생활을 하다가, 2) 모험에의 소명을 받고, 3) 그 소명에 부담감을 느끼고 멈칫거리다가, 4) 초자연적인 힘의 도움을 받아, 마침내 5) 첫 관문을 통과하여 6) 성서의 요나처럼 어두컴컴한 고래의 뱃속으로 들어간다.

두 번째 '하강, 입문, 통과'의 단계에서 영웅은 7) 시련을 겪는데, 8) 여신을 만나 도움을 받을 수도 있으며, 9) 자신의 모험을 방해하는 유혹자 여성을 만날 수도 있다. 영웅은 이런 시련을 통해 10) 불화 관계에 있던 아버지와 정신적 화해를 하고, 11) 신격화의 경지까지 경험하거나 12) 궁극의 은혜를 받는다.

세 번째 '귀환'의 단계에서 영웅은 13) 귀환을 거부하고 새로운 세계에 눌러 앉거나, 14) 적의 추격을 따돌리고 절묘하게 탈출을 하거나, 15) 외부로부터 구조될 수도 있다. 16) 마침내 영웅이 마지막 관문을 통과하고 17) 일상생활로 귀환하면 18) 두 세계의 스승이 되어 19) 삶의 자유를 만끽하며 살아간다.

보글러의 12단계 영웅의 여정

할리우드의 스토리 컨설턴트였던 크리스토퍼 보글러(Ch. Vogler)는 「신화, 영웅 그리고 시나리오 쓰기」에서 캠벨의 이론에 따라 신화 속 영웅의 길을 12단계로 세분하여 영화 속 주인공의 여정에 적용했다. 보글러에 의하면 영화 속 주인공은 1) 일상 세계에서 소개되어, 그곳에서 2) 모험에의 소명을 받아, 처음에 결단을 내리지 못한 채 주저하거나 3) 소명을 거부하지만, 4) 정신적 스승의 격려와 도움을 받아, 5) 첫 관문을 통과하고 특별한 세계로 진입하여(제1막), 6) 그곳에서 시험에 들고, 협력자와 적대자를 만나고 7) 동굴 가장 깊은 곳에까지 접근하여 두 번째 관문을 지나 그곳에서 8) 시련을 이겨낸 다음 이 대가로 9) 보상을 받게 되고(제2막), 10) 일상 세계로 귀환의 길에 올라 세 번째 관문을 건너며 11) 부활을 경험하고 인격적으로 변모하여 일상 세계에 널리 이로움을 줄 은혜로운 선물인 12) 영약을 가지고 귀환한다(제3막).

보글러는 영화 속 주인공이 이 단계들을 충실하게 따랐을 때 완벽한 스토리를 만들어낼 수 있다고 주장했다. 보글러의 제자 보이틸러(S. Voytilla)는 『영화와 신화』에서 스승의 이론을 모든 장르의 영화에 적용하여 설명하였다. 그는 액션 어드벤처 영화, 서부 영화, 공포 영화, 스릴러 영화, 전쟁 영화, 드라마 영화, 로맨스 영화, 로맨틱 코미디, 코미디 영화, 공상과학 영화 등 총 열 개의 장르에 대표적인 영화를 5편씩 선정하여 주인공의 모험을 스승의 이론에 맞추어 자세하게 분석했다.

보글러의 이론에 따른 페르세우스의 모험

페르세우스의 모험 경로를 보글러의 12단계 이론에 따라 한번 분석해 보자. 헌헌장부로 장성한 페르세우스는 어머니 다나에와 세리포스 섬에서 범속한 나날을 보내고 있었을 것이다. 그러던 어느 날 폴리덱테스 왕으로부터 모험에의 소명을 받는다. 메두사의 머리를 잘라 오라는 것이다. 페르세우스는 그 소명을 받고 한참 동안 고민했을 것이다. 자기가 자초한 길이었지만 아마 가지 않겠다고 말하고 싶었을 것이다. 누구도 메두사와 대적해서 살아 온 자는 없었기 때문이다. 갈등하던 그는 정신적 스승인 아테나 여신을 만나 용기를 얻어 첫 관문인 모험의 세계로 들어선다.

그는 그곳에서 적대자인 그라이아이 세 노파를 만나 시험에 들고 협력자인 요정들을 만나 메두사를 죽이는 데 필요한 무기를 얻은 뒤, 두 번째 관문이자 동굴 가장 깊은 곳인 메두사의 집으로 들어가 깊은 시련을 겪는다. 방패 거울을 이용하여 메두사의 머리를 베는 일이나 머리를 자른 다음 메두사의 언니들의 추적을 피해 감쪽같이 달아나는 것은 페르세우스가 견뎌내야 하는 시련을 상징한다. 결국 그는 모든 어려움을 이겨내고 그 보상으로서 메두사의 머리를 전리품으로 얻는다. 이어 페르세우스는 귀환 길에 올라 세 번째 관문인 바다의 괴물을 해치우고 아내 안드로메다까지 얻어 부활을 경험한다. 메두사의 머리를 이용하여 어머니를 괴롭히던 폴리덱테스 왕 일행을 돌로 만들어버린 것도 일종의 부활의 경험이다. 외할아버지와 화해를 시도하는 것은 부활 뒤 구체적으로 영약을 획득한 것을 의미한다. 그는 아마 젊은 시절에는 자신과 어머니를 버린 외할아버지에 대해 원한이 많았을 것이다. 하지만 모험 막바지에 정신적으로 한층 성숙해진 그는 외할아버지에게 품은 원한을 털어낼 정도로 변모한다.

페르세우스의 모험과 영화 「타이탄」

페르세우스의 모험은 세계 신화 속 모든 영웅들의 모험의 전형이다. 그래서 페르세우스의 모험은 할리우드 영화로 반복해서 자주 만들어진다. 페르세우스의 모험이 완벽한 스토리텔링의 구조를 구현하고 있기 때문이다. 2010년에 상영된 「타이탄(Titan)」도 페르세우스의 모험을 다루고 있다. 영화는 원작과 다를 수밖에 없다. 「타이탄」도 그리스 신화 속 페르세우스의 모험과 사뭇 다르게 전개된다.

「타이탄」이란 영화 제목은 관객들의 오해를 불러일으킬 소지가 다분하다. 이 영화가 페르세우스의 모험을 소재로 한 것을 모르는 관객이라면, 이 영화에서 타이탄 즉 티탄 신족과 올림포스 신족과의 싸움을 기대할 것이다. 또 그 사실을 아는 관객이라도 이렇게 자문할 수 있다. 페르세우스의 모험이 티탄 신족과 도대체 무슨 관계가 있다는 것이지? 하지만 「타이탄」에서 티탄 신족과 올림포스 신족의 싸움은 전혀 중요한 역할을 하지 않고 이야기의 배경을 이루고 있을 뿐이다.

영화가 본격적으로 시작되기 전에 내레이터가 등장한다. 그에 따르면 티탄 신족과의 싸움에서 제우스와 포세이돈과 하데스는 승리를 거둔다. 그들이 승리할 수 있었던 결정적인 이유는 하데스가 제우스의 부탁을 받고 자신의 살점으로 괴물 크라켄을 만들어 싸움에 투입했기 때문이다. 하지만 하데스는 혁혁한 전공을 세우고도 제우스에게 속아 어둠과 고통의 지하 세계를 맡는다. 이후 제우스는 인간을 창조하여 그들의 기도로 신들이 영생을 누리도록 만든다. 그런데 처음에는 신에게 경외심을 표했던 인간들이 시간이 흐르자 점점 신의 권위를 의심하더니 마침내 신들에게 대항하기 시작한다.

이런 시대에 갓난아기 페르세우스가 엄마와 함께 궤짝에 실려 파도에 떠밀려오다가 바다에서 고기를 잡던 어부 스피로스에 의해 구조된다. 페르세우스의 엄마는 이미 죽은 상태이다. 관객들은 영화 처음에는 페르세우스의 출생의 비밀을 알 수 없다. 그 후 시간이 훌쩍 흘러 페르세우스가 어느새 늠름한 청년으로 자라 양아버지를 도와 고기를 잡고 있기 때문이다. 바로 그 순간 아르고스의 군인들이 해안 절벽에 세워져 있던 거대한 제우스의 입상을 파괴하는 소동이 일어난다. 아르고스의 왕이 신들에게 도전장을 내민 것이다. 제우스의 입상이 바다에 떨어지자 하데스의 부하들인 괴조(怪鳥)들이 나타나 군인들을 공격한다. 이어 공중에 하데스가 검은 구름의 모습으로 나타나더니 느닷없이 페르세우스의 배를 공격하여 침몰시킨다. 페르세우스가 침몰하는 배를 따라 잠수하여 가족들을 구하려고 하지만 실패한다. 결국 페르세우스는 졸지에 가족들을 모두 잃고 간신히 군인들의 구조를 받아 아르고스 성으로 들어온다.

장면이 바뀌고 올림포스 궁전으로 하데스가 찾아와 배은망덕한 인간들을 가만 두어서는 안 된다고 주장한다. 그는 자신이 아직도 데리고 있던 괴물 크라켄을 출동시켜 인간들을 혼내주면서 그 힘을 이용하여 제우스에게서 신들의 왕의 자리를 빼앗을 심산이다. 아폴론을 비롯한 다른 신들의 반대가 있었지만 하데스는 마침내 제우스로부터 인간들을 응징해도 좋다는 권한을 위임받는다.

페르세우스와 안드로메다, Pierre Mignard, 1679

한편 아르고스에서는 신들과의 싸움에서 승리를 자축하는 연회가 벌어진다. 군사들이 많이 희생되었지만 제우스의 신전과 입상이 성공적으로 파괴되었기 때문이다. 페르세우스도 엉겁결에 이 연회에 끼이게 된다. 먼저 아르고스의 왕 케페우스가 신의 시대는 가고 인간의 시대가 시작되었음을 알리며 건배를 제의한다. 아버지의 말을 듣고 공주 안드로메다가 불안한 표정을 감추지 못하자, 카시오페이아 왕비가 기분을 풀라며 딸에게 술잔을 내민다. 그러자 공주는 그 술잔을 들고 멀리 떨어져 있던 페르세우스에게 다가가 건네주며 이름을 묻는다. 페르세우스가 이름을 말하며 주저하다가 잔을 받으려 하자 공주의 호위 장수인 듯한 자가 어디다 손을 대려 하냐며 그의 뺨을 후려친다.

케페우스 왕이 공주의 행동을 보고 우리 딸은 인정이 넘친다며 비아냥거리자 안드로메다가 신들을 화나게 해놓고 연회를 베푸는 것이 걱정스럽다고 대답한다. 이어 카시오페이아 왕비가 신들은 인간의 기도는 원하면서도 인간에게 해준 것이 하나도 없다고 하면서 이제 우리가 신이라고 선언한다. 이어 좌중을 향해 딸 안드로메다의 얼굴을 보라고 주문하며 그녀가 아프로디테보다도 아름답지 않느냐고 오만을 떤다.

바로 그 순간 하데스가 검은 회오리바람을 일으키며 나타나자 군사들이 저절로 강한 회오리바람에 휩쓸려 나가떨어진다. 하데스를 가족의 원수라고 생각해 왔던 페르세우스가 칼을 들고 그에게 돌진하지만 하데스의 회오리바람을 뚫지 못하고 무력하게 나가떨어진다. 이때 하데스는 페르세우스에게서 강한 포스를 느끼며 그가 제우스의 아들임을 직감한다. 잠시 무서운 눈초리로 좌중을 훑어보던 하데스는 이내 카시오페이아 왕비에게로 다가서더니 대놓고 신들을 모독한 그녀를 단숨에 주름투성이의 노파로 변신시킨 뒤 이렇게 말한다..

"열흘 후 태양이 달을 가릴 때 크라켄을 보내겠다. 아르고스는 잿더미가 되고 너희도 죽을 것이다. 살고 싶다면 공주를 바쳐라. 너희는 신과 비교하는 어리석을 잘못을 저질렀으나 그녀의 피만이 괴물 크라켄과 제우스의 분노를 잠재울 수 있다."

이어 공중으로 날아오른 하데스는 시선을 페르세우스에게 고정한 채 이렇게 덧붙인다. "아르고스여, 어찌할 것인가? 파멸과 희생 중 어느 것을 선택할 것인가. 이 모든 게 제우스의 뜻이며 네 아버지의 뜻이로다."

하데스에 의해 페르세우스가 제우스의 아들임이 밝혀지자 그는 즉각 체포된다. 아르고스의 군사들은 그에게 제우스의 아들이 맞느냐며 아르고스에 온 목적이 무엇인지 밝히라고 고문을 가한다. 페르세우스가 자신은 인간의 아들이라고 주장하자 고문의 강도가 점점 세어진다. 얼마 후 황급히 케페우스 왕이 감옥으로 들어서더니 페르세우스를 풀어주라고 명령한다. 이어 페르세우스에게 제우스의 아들이라면 자신들을 구해 달라고 부탁한다. 하지만 자신의 출생의 비밀을 알 턱이 없었던 페르세우스는 자신은 평범한 사람이라며 영문을 몰라 할 뿐이다.

다시 감옥에 갇힌 페르세우스에게 어느 날 어떤 여인이 찾아온다. 그녀의 이름은 이오(Io). 그녀는 그리스 신화에서는 제우스의 연인되었다가 헤라의 박해를 심하게 받았던 여인으로 헤라 신전의 여사제였던 인물이다. 이오는 자신이 페르세우스의 수호자임을 밝히며 태어날 때부터 그를 지켜보고 있었다고 말한다. 페르세우스가 그렇다면 자신이 제우스의 아들이 맞느냐고 묻자 그렇다며 그의 출생의 비밀을 알려준다.

인간들이 계속해서 신들에게 반항하자 제우스는 인간들에게 본때를 보여주기로 결심하고 어느 날 아르고스의 왕 아크리시오스가 잠시 자리를 비운 사이, 그의 모습으로 변신하여 궁전 침실로 들어가 그의 아내와 사랑을 나눈다. 얼마 후 궁전에 도착한 아크리시오스가 그를 발견하고 칼을 빼어 달려들지만 제우스는 순식간에 독수리로 변신해서 창문을 통해 날아간다. 분노한 아크리시오스는 제우스를 저주하며 아내와 갓난아기를 궤짝에 넣어 바다에 버린다. 영화 처음에서 어부 스피로스가 바다에서 건져 올린 것이 바로 이 궤짝이었던 것이다.

이오는 계속해서 페르세우스에게 그가 신의 폭정을 끝낼 수 있는 인물이며 괴물 크라켄을 죽이는 게 그의 운명임을 알려준다. 그러자 페르세우스는 자신이 누군지는 몰라도 크라켄을 죽이는 게 자신의 임무가 아닌 것은 안다며 가족의 원수를 갚기 위해 하데스에게 가는 길을 알려달라고 요구한다. 하지만 이오가 크라켄을 죽이면 하데스는 약해지고 그러면 복수도 쉬워진다고 조언하자 페르세우스는 감옥에서 나가 크라켄을 죽이기 위한 원정대에 합류한다.

원정대가 맨 먼저 해야 할 일은 크라켄을 죽이는 방법을 알아내는 것. 그런데 세상의 끝자락에 살고 있는 세 명의 마녀가 크라켄의 약점을 알고 있다. 마녀들은 눈이 하나밖에 없어서 그것을 교환해 가면서 사물을 보기도

하고 그 눈으로 운명을 점친다. 또 마녀들이 살고 있는 곳은 소위 '마녀들의 정원'으로 괴물 크라켄이 타이탄 족을 몰살시켰던 곳이다. 원정대는 동료가 죽기도 하는 많은 시련 끝에 마침내 그곳에 도착하여 마녀들에게 크라켄의 약점을 공손하게 부탁을 한다. 하지만 마녀들은 제물을 충분히 바치지 않으면 크라켄의 약점을 알려줄 수 없다고 배짱을 부린다. 한참 동안의 실랑이 끝에 페르세우스가 그들 중 하나가 동료에게 눈을 건네줄 때 그것을 낚아채서 크라켄의 약점을 알려주지 않으면 눈을 불태워 버리겠다고 위협을 가한다. 그러자 그들은 어쩔 수 없이 크라켄은 지하 세계를 흐르는 스틱스 강 너머에 살고 있는 메두사의 머리라면 꼼짝하지 못할 것이라고 알려준다. 메두사의 눈을 보면 누구라도 돌로 변하기 때문에 크라켄도 돌로 변하여 허무하게 무너진다는 것이다.

얼마 후 원정대는 스틱스 강을 건너 메두사가 사는 소굴에 들어가서 그녀와 사투를 벌이지만 페르세우스만 제외하고 모두들 돌로 변해 버린다. 그는 메두사의 눈을 보지 않기 위해 방패 표면을 거울삼아 그것에 비친 메두사의 모습을 보고 머리를 자르는데 성공한다. 이어 아버지 제우스가 선물로 준 천마 페가소스를 타고 재빨리 아르고스로 날아가, 크라켄이 안드로메다를 낚아채 가려는 절체절명의 순간에 녀석에게 메두사의 머리를 보여 단숨에 돌로 만들어버린다.

한국의 페르세우스, 석탈해

페르세우스는 궤짝에 넣어져서 버려졌다는 점에서 우리나라 삼국시대의 신라의 석탈해를 빼닮았다. 「삼국사기」에 따르면 석탈해는 왜국에서 1천리 떨어진 다파나국(「삼국유사」에서는 용성국) 출신이었다. 그는 다파나국의 임금(함달파왕)과 여국왕(적녀국왕)의 딸 사이에서 태어났다 그런데 탈해의 어머니는 임신한 지 7년 만에 알 하나를 낳았다 그러자 왕은 '사람으로서 알을 낳은 것은 상서롭지 못하니 버려야 한다'고 명령했다. 그래서 탈해의 어머니는 어쩔 수 없이 그 알을 비단에 고이 싸서 보물과 함께 궤짝에 넣어 바다에 띄워 보냈다. 궤짝은 처음에는 가락국의 수도인 김해에 도착했지만 가락국 사람들이 기이하게 여겨 거두지 않았다. 이어 궤짝은 신라의 아진포에 도착했다. 얼마 후 우연히 궤짝을 발견한 노파 하나가 그것을 열어보니 안에 아기가 하나 들어 있었다. 바다를 떠다니는 동안 알이 부화하여 아기가 태어난 것이다. 불쌍한 생각이 든 노파는 그 아기를 집으로 데려다가 탈해라고 이름 짓고 자식처럼 키웠다. 원래 이름이 없던 궤짝의 알에서 깨어난 왕자가 석탈해라는 이름을 갖게 된 사연은 이렇다. 궤짝이 신라 해안에 도착하자 까치 한 마리가 그 위에 앉아 울면서 떠나지 않았다. 그래서 노파는 한자 까치 작(鵲)에서 조(鳥)를 떼어버리고 석(昔)을 아이의 성으로 삼았다. 아울러 궤짝을 뚫고 나왔기 때문에 이름은 탈해(脫解)로 지었던 것이다.

  탈해는 장성하자 키가 아홉 자나 되었으며 풍채가 뛰어나고 명랑하였으며 모든 면에서 다른 아이들보다 뛰어났다. 그는 처음에는 고기잡이를 직업으로 삼아 노파를 어머니처럼 지극정성으로 모셨다. 어느 날 노파는 탈해에게 자극을 주기 위해 이렇게 말했다. '너는 보통 사람이 아니다. 체격과 모습이 특이하니 마땅히 학문을 배워서 공명을 세울 것이다.' 그러자 탈해는 학문에 매진했는데 풍수지리에도 밝았다. 어느 날 탈해는 토함산에 올라 경주의 지세를 보다가 호공이라는 사람의 집이 지세가 뛰어남을 알고 계략을 써서 그 집을 빼앗기로 결심했다. 그는 밤에 몰래 호공의 집에 가서 마당에 숯과 숫돌을 묻고 다음날 호공을 찾아가 그의 집이 원래 자기 조상의 집이라고 주장하며 반환을 요구했다. 결국 두 사람 사이에 분쟁이 일어나고 결론이 나지 않자 그들은 관청을 찾아갔다. 관청에서 탈해에게 호공의 집이 자기 조상의 집이라는 근거를 묻자 자기 조상은 대대로 대장장이었는데 아주 오래 전에 강제로 빼앗긴 것이라고 주장하며 마당을 파보자고 제안했다. 과연 땅을 파보자 숯과 숫돌이 나오고 호공은 탈해에게 꼼짝없이 집을 빼앗기고 말았다. 이처럼 계책에 능하고 지혜로운 사람이었던 탈해는 소문을 들은 신라의 2대 왕인 남해왕의 사위가 되고 3대 노례왕에 이어 4대 왕이 되었다.

2. 전쟁의 달인, 헤라클레스

헤라클레스(Herakles)는 영웅 페르세우스(Perseus)의 후손이다. 페르세우스에게는 페르세스(Perses) 이외에도, 알카이오스(Alkaios), 스테넬로스(Sthenelos), 헬레이오스(Heleios), 메스토르(Mestor), 키누로스(Kynouros), 엘렉트리온(Elektryon) 등 여섯 명의 아들이 더 있었다. 이중 미케네의 왕 엘렉트리온이 큰딸 알크메네(Alkmene)를 형 알카이오스의 아들 암피트리온(Amphtryon)과 결혼시켰다. 암피트리온은 결혼한 지 얼마 되지 않아 실수로 장인을 죽게 만들었다. 그러자 엘렉트리온의 또 다른 형제 스테넬로스는 암피트리온을 미케네에서 추방하고 왕위를 차지했다.

암피트리온은 아내 알크메네와 함께 테베로 망명하여 그곳 왕 크레온(Kreon)의 환대를 받았다. 알크메네는 암피트리온과 결혼하기 전 굳게 맹세를 한 게 있었다. 결혼 전 타포스(Taphos)인들에게 억울하게 죽은 오빠들의 원수를 갚기 전에는 남편과 잠자리를 같이 하지 않겠다는 것이다. 암피트리온은 아내의 한을 풀어주고 싶었다. 그는 테베의 왕 크레온에게 군사들을 지원받아 타포스 섬을 치러 갔다.

두 명의 암피트리온

암피트리온이 타포스의 텔레보아이(Teleboai)인을 응징하고 돌아오기 전날 밤 제우스는 암피트리온의 모습을 하고 알크메네를 찾아갔다. 제우스는 일찍부터 자신을 대신해서 인간들을 위해 여러 일을 해줄 영웅을 하나 낳고

페르세우스와 미케네 왕가

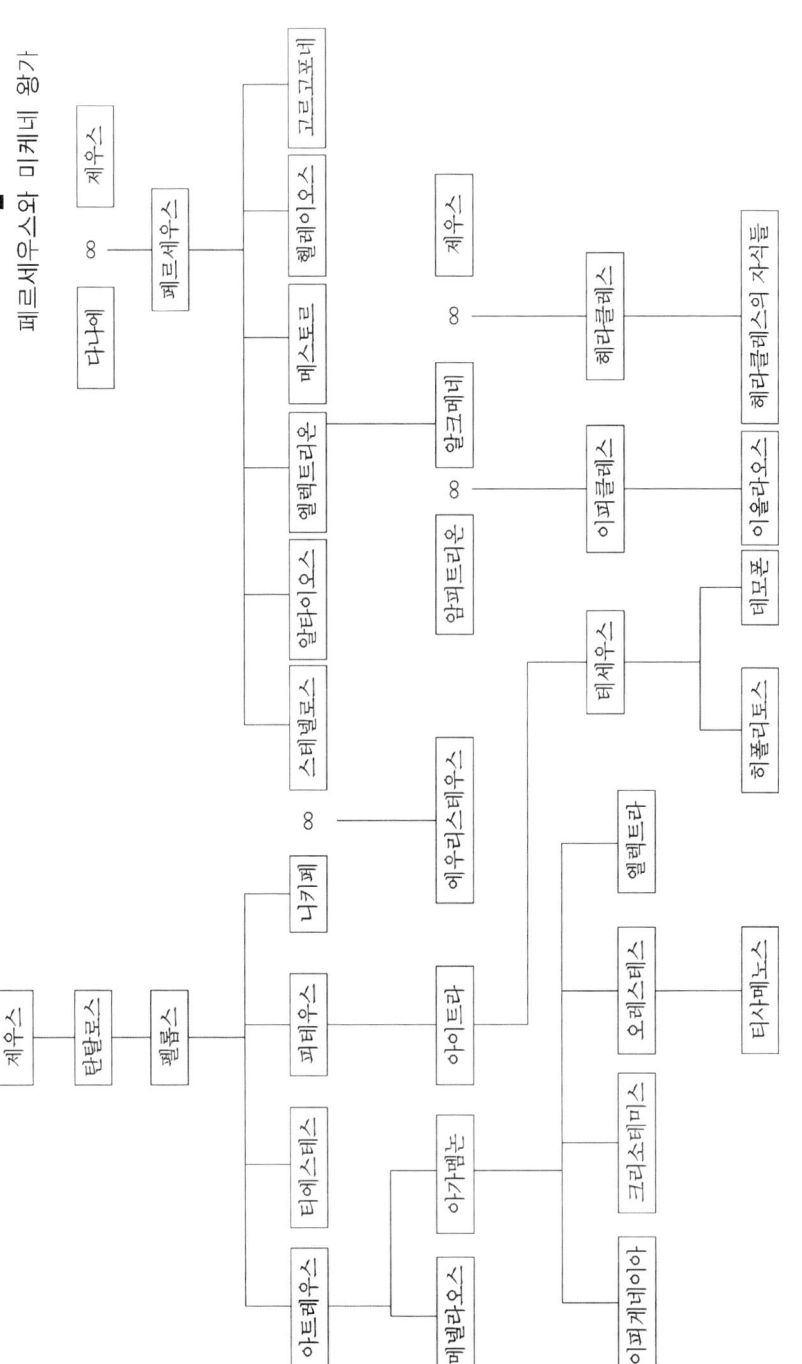

싶어 상대를 물색하고 있던 중이었다. 그는 아들 이름도 헤라클레스라고 미리 지어두었다. 헤라클레스는 '헤라의 영광을 위하여'라는 뜻이었다. 제우스는 아들을 아내 헤라의 집요한 질투로부터 보호하고 싶었다.

알크메네는 남편 암피트리온이 오빠들의 원수를 갚고 돌아온 이상 이제 그를 멀리 할 필요가 없었다. 그는 결혼하고 처음으로 남편과 달콤한 첫날밤을 보냈다. 다음날 진짜 암피트리온이 돌아와 전황을 자세히 설명하자 알크메네는 놀라움을 금할 수가 없었다. 그가 한 이야기는 어제 돌아온 남편 이야기와 토씨 하나 다르지 않고 똑같았다. 어젯밤 찾아온 남편은 도대체 누구였단 말인가?

암피트리온도 아내의 냉랭한 태도에 마음이 상했다. 아내가 자기를 맞이하는 태도가 이상하게도 서먹서먹한 눈치였다. 잠자리도 영 부자연스러웠다. 그는 예언가 테이레시아스에게 가서 그 이유를 물었다. 테이레시아스가 빙그레 웃으며 사실대로 말해 주었다. 그는 마음이 몹시 상했지만 신들의 왕 제우스의 뜻이라니 어쩌겠는가. 그는 모든 것을 덮어두기로 했다. 운명으로 생각하기로 했다. 아내 잘못은 아니지 않은가?

제우스의 실수로 놓친 왕위

제우스는 헤라클레스가 태어날 때가 되자 신들을 모아놓고 선언했다. 앞으로 페르세우스 일가에서 태어나는 아이가 근방의 모든 나라를 호령하는 왕이 될 것이라는 것이다. 헤라는 그 말을 듣고 짐짓 아무것도 모른 채 제우스에게 그 말이 정말이냐고 물었다. 그러자 제우스는 스틱스(Styx) 강에 대고 맹세한다고 힘주어 말했다. 앞으로 그 가문에서 태어날 아이는 분명 헤라클레스밖에 없었기 때문이다.

제우스가 스틱스 강에 대고 맹세하자마자 헤라는 얼른 산파의 여신 에일레이티이아(Eileithyia)를 보내 알크메네의 해산을 지연시켰다. 그사이 자신은 페르세우스의 또 다른 아들 스테넬로스의 아내가 예정일보다 석 달 빨리 아이를 낳도록 했다. 그 아이가 바로 에우리스테우스(Eurystheus)였다. 제우스는 아내에게 속은 것이 분했지만 그렇다고 한 번 맹세한 것을 철회할 수 없었다. 에우리스테우스는 제우스의 약속대로 나중에 티린스의 왕이 되었다. 그의 아버지 스테넬로스도 암피트리온에게 넘어갈 티린스의 왕위를 빼앗아간 자였다.

알크메네의 하녀 갈란티스의 기지

에우리스테우스가 태어났지만 알크메네는 여전히 해산을 하지 못했다. 이대로 가다간 알크메네의 목숨이 위태로웠다. 해산의 여신 에일레이티이아가 도무지 도와줄 기미를 보이지 않았기 때문이다. 그녀는 알크메네의 방 앞에서 팔짱을 끼고 책상다리를 한 채 앉아서 알크메네의 해산을 막고 있었다. 이때 알크메네의 하녀 갈란티스(Galanthis)가 묘안을 떠올렸다. 그녀는 갑자기 알크메네의 방에서 뛰쳐나오며 환호성을 지르면서 아이가 태어났다고 소리쳤다. 해산의 여신 에일레이티이아는 깜짝 놀라 자기도 모르게 마법의 자세를 풀고 벌떡 일어났다. 바로 그 순간 알크메네가 몸을 풀었다. 에일레이티이아는 속은 것에 분노하여 알크메네의 하녀 갈란티스를 족제비로 변신시켰다.

요람에 두 마리 뱀을 넣은 헤라

알크메네는 쌍둥이를 낳았다. 생물학적으로는 이해가 안 되지만 제우스와 암피트리온이 하루 간격으로 알크메네와 사랑을 나누었기 때문이다. 암피트리온은 제우스의 지시로 두 아들의 이름을 각각 헤라클레스와 이피클레스(Iphikles)로 이름 지었다. 쌍둥이가 태어나자 헤라는 질투심으로 불탔다. 아이들을 죽이고 싶었다. 기회를 노리던 헤라는 아이들이 8개월이 되었을 때 아무도 몰래 요람 안에 독사 두 마리를 넣었다. 그러자 이피클레스는

두 마리 뱀을 목졸라 죽이는 어린 헤라클레스, Bernardino Mei, 1676년경

놀라 큰소리를 내어 울기만 했지만 헤라클레스는 달랐다. 그는 고사리 같은 두 손으로 침착하게 뱀을 잡더니 목을 졸라 죽였다.

은하수가 생긴 까닭

제우스는 헤라클레스를 신으로 만들고 싶었다. 그러기 위해서는 어렸을 때 헤라의 젖을 맛보아야 했다. 제우스는 어느 날 헤라가 깊이 잠이 든 것을 확인하고 어린 헤라클레스를 데려와 몰래 젖을 물렸다. 헤라클레스는 헤라의

은하수의 탄생, Peter Paul Rubens, 1636-1637

젖을 빨다가 실수로 그만 헤라의 살을 깨물고 말았다. 헤라가 화들짝 놀라며 헤라클레스를 뿌리치자 그녀의 가슴에서 젖이 뿜어 나와 하늘에 뿌려졌다. 하늘에 하얀 길이 아름답게 펼쳐졌다. 바로 은하수였다. 그래서 은하수는 영어로 '우유길'이라는 뜻의 'milky way'이다.

음악 선생 리노스를 리라로 때려죽이다

헤라클레스는 테베에서 다양한 교육을 받았다. 암피트리온은 그에게 전차 모는 법을, 천부적인 도둑 아우톨리코스(Autolykos)는 그에게 레슬링을 가르쳤다. 오이칼리아(Oichalia)의 왕 에우리토스(Eurytos)는 활 쏘는 법을, 카스토르는 무기 다루는 법을 가르쳤다. 이때 헤라클레스는 헤르메스에게서는 칼을, 아폴론에게서는 활과 화살을, 헤파이스토스에게서는 황금 갑옷을, 아테나에게서는 외투를 받았다.

헤라클레스는 테베에서 오르페우스(Orpheus)의 동생 리노스(Linos)에게서 음악 교육도 받았다. 그러나 그는 음악에 소질이 없었다. 그가 자꾸만 실수를 저지르자 리노스는 어느 날 그를 심하게 꾸짖고 매까지 들었다. 분노한 헤라클레스는 리라(Lyra)로 스승의 머리를 쳐서 그 자리에서 죽게 만들었다. 헤라클레스는 살인죄로 체포되었지만 정당방위라는 그의 주장이 인정되어 석방되었다.

키타이론 산에서 속죄하다

암피트리온은 아들이 무죄방면 되었지만 그의 과오를 묵과할 수 없었다. 그는 아들을 키타이론(Kythairon) 산으로 보내 그곳에 있는 자신의 목장을 돌보면서 참회하도록 했다. 그런데 그 당시 키타이론 산에는 무서운 사자 한 마리가 살고 있었다. 녀석은 키타이론 산기슭에 있는 암피트리온의 목장뿐 아니라 테스피아이의 왕 테스피오스(Thespios)의 목장을 약탈하곤 했다. 심지어 사람들도 죽이곤 했다. 그는 그 골칫덩이 사자를 단숨에 달려가 해치웠다.

테스피오스는 헤라클레스의 용맹함에 감탄하여 그로부터 손자를 얻고 싶었다. 그에게는 50명의 딸이 있었다. 그는 헤라클레스를 왕궁으로 초대하여 술에 취하게 만든 다음 밤마다 그의 방으로 딸을 보냈다. 헤라클레스는 50일 동안 테스피오스의 궁전에 머물며 날마다 다른 공주와 번갈아 가며 사랑을 나누었다. 하지만 날마다 취해 있었던 헤라클레스는 그 사실을 까맣게 몰랐다. 나중에 왕의 딸들은 50명의 아들을 낳았다. 모두 헤라클레스의 아들들이었다.

술에 취한 헤라클레스, Peter Paul Rubens, 1611

테베의 숙적 오르코메노스를 정복하다

헤라클레스는 테스피오스의 궁전에서 키타이론 산으로 돌아오다가 테베로 가던 오르코메노스(Orchomenos)의 사신들과 마주쳤다. 그들은 오르코메노스의 왕 에르기노스(Erginos)의 명령을 받고 테베로 조공을 받으러 가는 참이었다. 언젠가 테베의 페리에레스(Perieres)라는 사람이 오르코메노스의 왕 클리메노스(Klymenos)를 돌로 쳐 치명상을 입힌 적이 있었다. 클리메노스는 죽으면서 아들 에르기노스에게 복수를 해달라고 유언했다. 아버지의 뒤를 이어 왕위에 오른 에르기노스는 군사를 이끌고 테베를 공격하여 수많은 사람들을 죽이고 테베와 평화조약을 맺었다. 테베는 그 조약에 따라 오르코메노스에게 매년 소 100마리씩 20년간을 조공으로 바쳐야 했다. 헤라클레스는 오르코메노스의 사신들의 귀와 코를 잘라 실에 꿰어 목 주위에 매단 다음 옷에 '조공'이라 써서 오르코메노스로 돌려보냈다. 에르기노스 왕은 노발대발하며 오르코메노스의 미니아이(Myniai)인을 이끌고 테베를 향해 출정했다.

   테베의 왕 크레온은 에르기노스 왕의 선전포고를 듣고 전전긍긍했다. 그는 전력을 다해 싸워도 질 것이 뻔하다고 생각했다. 테베인들은 무구도 없었다. 오래전에 오르코메노스인들이 테베에 있는 무구란 무구는 모조리 회수해서 가져가버렸기 때문이다. 그는 결국 에르기노스 왕에게 헤라클레스를 양도하고 전쟁을 피하기로 결심했다. 그사이 헤라클레스는 테베의 젊은이들을 광장에 모아 놓고 일장 훈시했다.

   "테베의 젊은이들이여, 잘 들으시오! 지금 오르코메노스의 에르기노스 왕이 군사를 이끌고 테베를 치러 오고 있습니다. 지금 우리는 중대한 기로에 서 있습니다. 영원히 에르기노스의 속국이 되느냐 아니면 우리 조상들이 피땀 흘려 이루어낸 독립을 지키느냐는 우리 손에 달려 있습니다. 테베의 젊은이들이여, 우리 모두 힘을 합해 테베를 지킵시다. 자, 모두 나를 따르시오!"

   모두들 헤라클레스의 연설에 감동을 받아 우레와 같은 함성으로 화답했다. 그들은 모두 헤라클레스를 따라 신전으로 몰려갔다. 당장 무구가 필요했기 때문이다. 신전에는 테베의 조상들이 각종 전쟁에서 승리할 때마다 신에게 바친 녹슨 무구들이 있었다. 그들은 그것을 꺼내 걸치고 나아가 방심한 에르기노스를 단숨에 격퇴해 버렸다. 헤라클레스는 그것에 만족하지 않았다. 내친김에 에르기노스 왕에게 본때를 보여줄 필요가 있다고 생각했다. 그는 밤에 오르코메노스를 급습해서 궁전을 불태우고 도시를 점령했다. 이때부터 오르코메노스는 해마다 자신들이 받았던 것보다 두 배가 많은 조공을 테베에 바쳐야 했다.

첫째 부인 메가라

크레온은 헤라클레스에게 감사의 표시로 딸 메가라(Megara)를 아내로 주었다. 그는 메가라와의 사이에 아들 둘을 낳고 한동안 행복하게 살았다. 질투의 화신 헤라는 헤라클레스의 행복을 가만 두고 볼 수 없었다. 어느 날 헤라는 헤라클레스를 광기로 몰아넣었다. 그러자 헤라클레스의 눈에 아내 메가라는 사자로, 아들 둘은 하이에나로 보였다. 그는 갑자기 그들에게 달려들어 모두 목 졸라 죽이고 말았다.

헤라클레스의 12가지 과업

제정신이 든 헤라클레스는 자신이 저지른 범죄에 경악했다. 그는 스스로 테베를 떠나 델피(Delphi)의 아폴론 신전에 가 죄를 씻으려면 어떻게 해야 할지 신탁을 물었다. 여사제 피티아(Pythia)가 대답했다.

"티린스로 가서 에우리스테우스 왕이 너에게 시키는 12가지 과업을 완수해라! 네가 이 일을 성공적으로 완수하면 너는 신들의 반열에 오를 것이다."

그게 누구이든 인간에게 봉사하는 것은 헤라클레스에게는 가혹한 일이었다. 특히 헤라 여신의 도움으로 자신의 왕위를 가로챈 바보왕 에우리스테우스에게 복종하는 것은 더욱더 자존심 상하는 일이었다. 그래도 헤라클레스는 임무를 완수하겠다고 나섰다. 다음은 에우리스테우스가 헤라클레스에게 시킨 12가지 과업이다.

1) 네메아의 사자

에우리스테우스는 헤라클레스에게 첫 번째 과업으로 네메아(Nemea) 지방의 사자를 잡아오라고 명령했다. 네메아의 사자는 티폰(Typhon)의 아들 오르트로스(Orthros)와 괴물 뱀 에키드나(Echidna) 사이에서 태어났다. 테베에

헤라클레스의 모험 경로 1

출몰했던 스핑크스(Sphinx)와는 형제인 셈이다. 헤라클레스는 네메아로 가는 도중 몰로르코스(Molorchos)라는 가난한 농부의 오두막에 하룻밤을 묵었다. 몰로르코스는 헤라클레스 같은 대단한 영웅을 만나본 적이 없었던 터라 감격한 나머지 그에게 제물을 바치겠다고 간청했다. 헤라클레스가 대답했다.

"30일만 기다려주시오! 내가 30일이 지나도 돌아오지 않으면 죽은 것으로 생각하고 나를 추모하며 제물을 바치시오! 하지만 내가 30일 이전에 돌아오면 제물은 나를 지켜주신 제우스께 바쳐주시오!"

헤라클레스는 이렇게 말하고 그의 집 옆에 서 있는 튼실한 올리브 나무 가지를 꺾어 무기로 쓸 크고 단단한 몽둥이 하나를 만들었다. 이어 네메아에 도착해서 사자 굴을 찾아 근처에서 어슬렁거리던 사자를 발견하고 녀석을 향해 잽싸게 화살을 날렸다. 하지만 화살은 단단한 사자 가죽을 뚫지

네메아의 사자와 싸우는 헤라클레스, BC 500-475년경의 도기 그림

못하고 힘없이 핑그르르 미끄러져 버렸다. 녀석은 헤라클레스를 비웃기라도 하듯 유유히 굴 안으로 사라졌다. 헤라클레스는 무기로는 사자를 죽일 수 없다는 것을 알아차리고 다른 방법을 쓰기로 했다.

사자 굴에는 입구가 두 개 있었다. 그는 입구 하나를 바위로 막은 다음 다른 입구를 통해 올리브 몽둥이를 휘두르며 굴속으로 들어갔다. 곧 사자가 나타났다. 헤라클레스는 녀석과 한참 동안 눈을 노려보며 기 싸움을 벌이다가 갑자기 달려들어 맨손으로 목을 졸라 죽였다.

몰로르코스는 아무리 기다려도 헤라클레스가 나타나지 않자 30일 째 되는 날 죽은 헤라클레스를 위해 제물을 바치려 준비했다. 그가 막 제물로 쓸 양의 목을 따려는 순간 헤라클레스가 죽은 사자를 어깨에 메고 나타났다. 그는 약속대로 헤라클레스와 함께 제우스 신께 제물을 바쳤다.

에우리스테우스 왕은 헤라클레스가 사자를 메고 궁전으로 들어오는 것을 보고 공포에 싸였다. 그는 얼른 궁전 마당에 묻혀 있던 청동 항아리 속으로 몸을 숨기며 떨리는 목소리로 말했다.

"헤라클레스, 앞으로는 절대로 전리품을 들고 궁전 안으로 들어오지 마라! 보고는 궁전 밖에서 해도 충분하다! 명령도 내가 직접 내리지 않겠다. 내 전령을 통해 전달하겠다! 제발 저 끔찍한 사자 사체를 갖고 당장 궁전에서 나가거라!"

헤라클레스는 다시 사자를 메고 터벅터벅 집으로 돌아와 가죽을 벗겨내서 갑옷처럼 몸에 걸쳤다. 사자 머리 부분은 모자처럼 그의 머리에 딱 맞았다. 그러자 헤라는 죽은 사자가 불쌍해 하늘에 별자리로 박아 주었다.

2) 히드라

에우리스테우스가 헤라클레스에게 요구했던 두 번째 과업은 첫 번째보다 훨씬 어려웠다. 괴물 히드라(Hydra)를 죽여야 했기 때문이다. 히드라는 아홉 개의 머리를 지닌 흉측한 괴물 뱀으로 네메아의 사자와는 아버지만 같은 자매 사이이다. 히드라의 아버지도 네메아의 사자처럼 티폰이다. 헤라가 헤라클레스를 혼내주려고 히드라를 키웠다는 설도 있다.

히드라는 아르골리스의 레르나(Lerna) 옆 아미모네(Amymone) 샘 근처에서 친한 친구인 게들과 함께 살았다. 헤라클레스는 언제나 그렇듯이 저돌적으로 히드라의 은신처를 향해 돌진했다. 그는 우선 불화살을 날려 히드라를 넓은 평지로 몰았다. 마침내 히드라가 모습을 나타냈다. 헤라클레스가 재빨리 히드라의 머리 하나를 움켜쥐자 히드라는 몸통으로 그의 발 하나를 친친 감았다. 헤라클레스는 잡은 머리 하나를 칼로 벴지만 곧 그것이 소용없는 짓이라는 것을 알았다. 아홉 개의 머리 중 한 가운데 있는 머리는 죽지도 않았고, 다른 머리들은 자르면 그 자리에서 두 개가 새로 솟아올랐다. 더 곤혹스러운 것은 습지에서 히드라의 친구들인 게들이 튀어나와 그의 발을 계속 물어뜯었다.

히드라를 제압하는 헤라클레스, Francisco de Zurbaran, 1634

헤라클레스는 혼자서는 이 괴물을 당해낼 수 없다는 것을 알았다. 그는 곧바로 이올라오스(Iolaos)를 불렀다. 이올라오스는 쌍둥이 동생 이피클레스의 아들로 그의 마부였다. 조카이지만 둘은 친한 친구사이였다. 이올라오스는 불쏘시개를 가져왔다. 그는 헤라클레스가 히드라의 목을 자르자마자 불쏘시개로 상처를 비벼 지졌다. 둘은 이렇게 히드라의 8개의 머리를 모두 베어냈다. 이제 남은 것은 불사의 머리 하나였다. 헤라클레스는 그것을 재빠르게 잘라 레르나에서 엘라이오스로 가는 길 옆 바위 밑에 묻어버렸다.

헤라클레스는 죽은 뱀의 몸통을 가르고 피에 자신의 전통에 있는 모든 화살촉을 적셨다. 히드라의 치명적인 독이 헤라클레스의 화살촉에 입혀지는

케리네이아의 암사슴을 제압하는 헤라클레, Adolf Schmidt, 1804-1864

순간이다. 이 화살은 앞으로 헤라클레스의 적들을 차례로 쓰러뜨리지만 결국 헤라클레스 자신도 죽음으로 내몬다.

3) 케리네이아의 암사슴

에우리스테우스는 세 번째 과업으로 헤라클레스에게 케리네이아(Keryneia)의 암사슴을 산채로 잡아 오라고 명령했다. 사슴은 황금 뿔을 지니고 있었으며 아르테미스의 소유였다. 또한 아르골리스지방의 오이노에(Oinoe) 지역을 휘젓고 다니며 농작물을 못 쓰게 만들었는데 무척 빨랐다. 헤라클레스는 꼬박 1년 동안이나 끈질기게 녀석을 추격했다. 그는 결국 아르테미시오(Artemisio) 산을 넘어 아르카디아의 라돈(Ladon) 강 근처에서 녀석을 따라 잡았다. 헤라클레스가 녀석을 그물로 잡았다는 설도 있고, 녀석이 잠들어 있는 사이에 은밀하게 덮쳤다는 설도 있다.

헤라클레스는 사슴을 어깨에 메고 아르카디아 지방을 지나다가 아폴론과 아르테미스 여신을 만났다. 여신은 화를 내며 그에게 사슴을 돌려달라고 요구했다. 헤라클레스는 모든 책임은 에우리스테우스 왕에게 있다며 여신을 달랬다. 그러자 여신은 화를 누그러뜨리며 사슴을 다치게 하지 말고 나중에 풀어주라고 당부했다. 이제 농작물도 훼손시키지 않을 것이라는 말도 덧붙였다. 헤라클레스는 사슴을 에우리스테우스에게 보인 다음 약속대로 숲에 풀어주었다.

4) 에리만토스의 멧돼지

에우리스테우스는 케리네이아의 사슴을 보자마자 즉시 헤라클레스에게 네 번째 과업을 시켰다. 아르카디아 에리만토스(Erymanthos) 산의 멧돼지를 산 채로 잡아오라는 것이다. 이 멧돼지는 아주 컸으며 에리만토스 산을 본거지로 삼고 프소피스 주변의 농지를 황폐화시켰다.

헤라클레스는 에리만토스로 가는 도중에 폴로에 산을 거쳐 폴로스(Pholos)라는 켄타우로스족의 집에 들러 잠시 쉬었다. 폴로스는 디오니소스의 스승인 실레노스(Silenos)와 물푸레나무 요정의 아들로 천성적으로 마음씨가 착했다. 그는 헤라클레스가 목이 마르다고 하자 광에서 포도주를 꺼내와 대접했다. 그러자 근처에 살던 다른 켄타우로스족들이 포도주 냄새를 맡고 그의 집으로 몰려들어 포도주를 강탈하려 했다.

어떤 사람들은 폴로스의 광에 있던 포도주는 원래 켄타우로스족 공동 소유였기 때문에 폴로스가 자신의 손님인 헤라클레스에게 내놓으려면 그들의 허락을 구해야 했다며 켄타우로스족의 행동을 두둔하기도 한다. 그런데 켄타우로스족은 원래 포도주에 아주 약했다. 그들은 이미 페이리토오스(Peirithoos)와 히포다메이아(Hippodameia)의 결혼식 날 포도주를 마시고 취해 추태를 벌인 전력이 있었다. 그들이 고향 펠로폰네소스의 마그네시아에서 쫓겨나 이곳에 모여 살게 된 것도 바로 그 사건 때문이었다.

헤라클레스는 폴로스를 괴롭히는 켄타우로스 족과 싸움을 벌여 대부분을

히포다메이아의 납치, Peter Paul Rubens, 1577-1640

말레아(Malea)산으로 내쫓았다. 하지만 그중 에우리티온(Eurytion)은 폴로에 산에 숨었다가 아카이아 지방의 올레노스(Olenos)로 피했고, 네소스(Nessos)는 아이톨리아의 에우에노스(Euenos) 강으로 도망쳤으며, 나머지 몇은 엘레우시스로 몸을 숨겼다. 폴로스는 싸움이 끝난 뒤 헤라클레스의 화살의 위력에 놀라 땅바닥에 떨어져 있던 화살 하나를 들고 살펴보다가 실수로 그것을 그만 자신의 발에 떨어뜨렸다. 그러자 화살촉에 묻어 있던 히드라의 독이 금세 온몸에 퍼져 죽고 말았다.

켄타우로스 족 중에는 이아손을 비롯한 영웅들의 스승이었던 케이론(Cheiron)도 있었다. 그런데 그도 헤라클레스가 전투 중에 실수로 쏜 화살을 맞고 부상을 당하고 말았다. 놀란 헤라클레스가 황급히 그의 상처에 유명한 의사이기도 했던 그가 말해 준 약초를 발랐지만 아무런 효험이 없었다.

케이론은 끔찍한 고통 때문에 죽고 싶었지만 그럴 수도 없었다. 그는 신들처럼 불멸의 몸이었기 때문이다. 하지만 영원히 그치지 않는 고통으로 시달렸을 케이론은 결국 프로메테우스 덕택으로 편안하게 지하 세계로 내려갈 수 있었다. 프로메테우스가 케이론의 불멸성을 받고 그 대신 케이론에게 자신의 유한한 생명을 주었기 때문이다.

헤라클레스는 켄타우로스족과의 싸움이 마무리되자 본격적으로 멧돼지 사냥을 시작했다. 그는 멧돼지를 에리만토스 산기슭에 쌓인 깊은 눈 속으로 몰아 제압했다. 그가 멧돼지를 산채로 묶어 어깨에 메고 가 궁전 앞에 내려놓자 에우리스테우스 왕은 이번에도 무서워 떨며 청동 항아리 속으로 몸을 숨겼다.

헤라클레스는 이 과업을 완수하면서 이올코스의 이아손이 콜키스로 황금양피를 가지러 가기 위해 그리스 전역에서 영웅들을 모은다는 얘기를 들었다. 그는 영웅들이 자기 없이 모험을 떠나는 것을 견딜 수 없었다. 그는 결국 에우리스테우스로부터 다음 과업을 받는 것을 잠시 미루고 곧바로 이올코스로 가서 이아손의 황금양피 원정대에 합류했다. 그러자 원정대의 영웅들은 모두 그를 대장으로 선출하려 했지만, 그는 이아손에게 양보했다. 원정대를 조직한 사람이 대장이 되는 것이 옳다는 것이다. 헤라클레스가 이 모험에 얼마 동안 참가했는지는 의견이 다양하다. 어떤 설에 의하면 그는 파가사이(Pagasai)만의 아페타이(Aphetai)까지밖에 가지 못했다. 원정대가 타고 간 아르고 호의 선수에 박아놓은 인간의 말을 했던 도도나의 참나무가 헤라클레스의 몸무게를 지탱할 수 없다고 하소연했기 때문이다. 또 다른 설에 의하면 헤라클레스는 원정대 대장을 맡아 콜키스까지 갔다.

헤라클레스와 이아손의 황금양피 원정대에 관한 가장 잘 알려진 이야기는 아폴로니오스의 「아르고 호의 모험(Argonautika)」에 실려 있다. 그 책에 따르면 헤라클레스가 드리오페스(Dryopes) 족과의 싸움에서 테이오다마스(Theiodamas)라는 왕을 죽인 적이 있었다. 그 당시 그는 왕의 어린 아들 힐라스(Hylas)의 범상치 않은 미모에 반해 그를 살려주고 자신의 시종으로 삼았었다. 그 사이

힐라스와 요정들, François Gerard, 1826

힐라스는 거의 성인이 되어 헤라클레스를 따라 아르고 호에 승선했다. 그런데 아르고 호가 미시아(Mysia)에 상륙했을 때였다. 헤라클레스는 부러진 노를 만들기 위해 재목을 구하러 숲 속으로 들어가면서 힐라스는 물을 길러 보냈다. 힐라스가 물을 뜨기 위해 샘물에 몸을 숙이자 샘의 요정들이 그의 미모에 반해 그를 샘물 안으로 잡아당겨 버렸다.

근처에 있던 폴리페모스(Polyphemos)가 비명을 듣고 달려갔지만 힐라스의 흔적은 어디에도 없었다. 그는 헤라클레스를 큰소리로 불러 자초지종을 얘기했다. 헤라클레스는 폴리페모스와 함께 힐라스의 이름을 부르며 미친 듯이 온 숲을 헤집고 다녔다. 그사이 순풍이 불자 아르고 호는 헤라클레스 일행이 타지 않은 줄도 모르고 출발했다. 그들은 한참 만에 그 사실을 깨닫게 되지만 회항하지 않고 그대로 항해를 계속했다. 북풍신 보레아스(Boreas)의 아들 칼라이스(Kalais)와 제테스(Zetes)가 그냥 가자고 고집을 피웠고, 이어 바다의 신 글라우코스(Glaukos)가 갑자기 나타나 헤라클레스 등이 미시아에 남게 된 것은 하늘의 뜻이라고 알려줬기 때문이다.

  헤라클레스는 이 일로 결국 다시 남은 과업을 하러 가야 했다. 그는 미시아를 떠나기 전 미시아인들에게 절대로 힐라스 찾는 것을 포기하지 않겠다는 서약을 받아냈다. 그래서 몇 세기가 지난 뒤에도 폴리페모스가 이 근처에 세웠던 키오스(Kios)라는 도시에서는 주민들이 일 년에 한 번 모여 제사를 지낸 뒤 힐라스를 부르며 돌아다녔다. 헤라클레스는 한참 뒤에 테노스(Tenos) 섬에서 우연히 칼라이스와 제테스를 만나자 단박에 그들을 쳐 죽여 버렸다. 그들이 아르고 호 원정대의 영웅들에게 자신을 미시아에 두고 가자고 제안한 장본인들이었기 때문이다.

5) 아우게이아스의 외양간

  에우리스테우스는 헤라클레스가 아르고 호의 원정대에 참여할 때처럼 가끔 자신이 과업을 완수해야 한다는 것을 잊고 해찰을 하는 것에 화가 났다. 그래서 그는 다섯 번째 과업으로 헤라클레스에게 아주 품위가 떨어지는 일을 시켰다. 그것은 바로 아우게이아스(Augeias)의 외양간의 오물을 치우는 일이었다. 아우게이아스는 엘리스(Elis)의 왕으로 3000마리의 소를 갖고 있었다. 그런데 문제가 심각했다. 30년 동안 한 번도 오물을 청소하지 않아서 악취가 코를 찔렀다. 하늘의 올림포스 궁전까지 괴롭힐 정도였다. 오물의 두께도 엄청나서 도무지 치울 엄두가 나지 않았다.

  헤라클레스는 아우게이아스 왕에게 단 하루 만에 오물을 치워줄 테니 삯으로 전체 소의 10분의 1을 달라고 요구했다. 왕이 그의 요구에 흔쾌히 동의했다. 하지만 헤라클레스는 그가 미덥지 않아서 그의 아들 필레우스(Phileus)를 증인으로 세웠다. 이어 외양간 벽을 두 군데 뚫더니 알페이오스(Alpheios)와 페네이오스(Peneios) 강을 끌어다가 통과시켜 단숨에 외양간의 오물을 말끔히 씻어내 버렸다.

  하지만 헤라클레스가 우려한 대로 아우게이아스는 약속을 지키지 않았다.

아우게이아스는 헤라클레스는 과업을 완수할 때 원래 보수를 받지 않아야 한다고 주장했다. 더구나 왕은 삯을 주겠다고 약속한 적도 없다고 잡아뗐다. 아들 필레우스가 항의하자 그도 추방해 버렸다. 헤라클레스는 아우게이아스에게 언젠가 꼭 복수하고 말겠다는 말만 남기며 엘리스를 떠나올 수밖에 없었다. 그는 돌아오는 길에 아카이아 지방의 올레노스(Olenos)에서 잠시 여독을 풀었다. 그곳 왕 덱사메노스(Dexamenos)가 그를 환대해 주었다. 그는 감사의 표시로 공주 므네시마케(Mnesimache)를 괴롭히던 켄타우로스족 에우리티온을 죽였다. 에우리티온이 그녀의 의사를 무시하고 결혼을 강요했기 때문이다.

6) 스팀팔로스 호수의 괴조

헤라클레스는 여섯 번째 과업을 완수하기 위해 다시 아르카디아 지방으로 향했다. 이번에는 스팀팔로스(Symphalos) 호숫가의 울창한 나무에 무리지어 살고 있는 괴조(怪鳥)를 죽이는 일이었다. 괴조는 인육을 먹었다. 사람들에게 깃털을 화살처럼 쏘기도 했다. 사람들에게 그야말로 공포의 대상이었다.

스팀팔로스 호숫가에 도착한 헤라클레스는 준비해온 청동 딸랑이를 꺼냈다. 헤파이스토스가 아테나 여신에게 만들어준 것을 미리 빌려둔 것이었다. 그가 호숫가에서 딸랑이를 흔들자 놀란 새들이 푸드덕거리며 공중으로 날아올랐다. 헤라클레스는 그때를 놓치지 않고 화살을 날려 새들 중 대부분을 쏘아 죽였고 나머지는 멀리 쫓아버렸다.

7) 크레타의 황소

헤라클레스는 지금까지 부과된 과업들을 모두 펠로폰네소스 반도에서 수행해야 했다. 에우리스테우스는 헤라클레스를 그리스 반도 밖으로 보내는 것이 더 위험할 것이라고 생각했다. 또 헤라클레스를 외국으로 보내면 과업을 완수하는 시간이 더 걸릴 것이라고 계산했다. 그는 헤라클레스가 일을 너무 빨리 해치우는 것이 맘에 안 들었다. 그는 일곱 번째 과업부터 헤라클레스를 가능하면 티린스에서 아주 먼 곳으로 보내기로 결심했다. 그래서 헤라클레스에게 일곱 번째 과업으로 크레타의 황소를 잡아오라고 요구했다.

크레타의 황소에는 황당한 이야기가 얽혀 있다. 크레타의 미노스(Minos)가 형제들과 권력 다툼을 할 때 포세이돈 신에게 도움을 청했다. 형제들과 함께 있는 자리에서 자신이 기도를 하면 바다에서 황소가 튀어나오게 해달라는 것이다. 그러면 그 기적을 이용하여 왕위에 오른 다음 그 황소를 다시 포세이돈에게 제물로 바치겠다고 했다. 하지만 미노스는 왕위에 오른 다음 그 황소가 탐이나 자신의 우리에 가두고 포세이돈 신에게는 다른 황소를 바쳤다.

분노한 포세이돈은 미노스의 아내 파시파에(Pasiphae)가 그 황소를 사랑하게 만들었다. 황소에 대한 정념으로 애를 태우던 왕비 파시파에는 그리스 최고의 건축가 다이달로스(Daidalos)에게 암소 인형을 만들어달라고 했다. 마침 다이달로스는 조카를 죽이고 아테네에서 추방당하여 크레타에 살고 있었다. 다이달로스는 명성답게 나무로 정말 살아 움직이는 것 같은 예쁜 암소를 만들어주었다. 그러자 파시파에는 텅 빈 암소 속으로 들어가 황소와 사랑을 나누어 반은 황소이고 반은 인간인 괴물 미노타우로스(Minotauros)를 낳았다.

수치심으로 치를 떨던 미노스는 건축가 다이달로스를 시켜 한번 들어가면 절대로 빠져나올 수 없는 미로 감옥을 만들도록 했다. 그는 그곳에 괴물 미노타우로스를 가둔 다음 황소를 잡으려 했다. 하지만 황소는 신출귀몰하여 도저히 잡을 수 없었다. 뿐만 아니라 황소는 크레타 전 지역을 휘젓고 다니며 농작물을 못 쓰게 만들었으며, 자신을 잡으러 온 군사들이나 영웅들뿐 아니라 백성들까지 해쳤다. 그래서 녀석은 미노스 왕의 눈엣가시이자 크레타의 골칫거리였다.

헤라클레스와 크레타의 황소, BC 480-470년경의 도기 그림

　헤라클레스는 단숨에 이 황소를 잡아 티린스로 가져와서 에우리스테우스 왕에게 주었다. 왕은 그것을 다시 자신의 수호신 헤라 여신에게 바쳤다. 질투의 화신 헤라 여신이 미운 오리 새끼 헤라클레스가 잡은 황소를 좋아할 리 없었다. 여신은 황소를 즉시 풀어주었다. 고삐 풀린 황소는 펠로폰네소스 반도를 거쳐 아테네 근처 마라톤 지방으로 뛰어가더니 그 지역을 황폐하게 만들었다. 아테네의 왕 아이게우스가 아테네로 유학을 왔던 미노스의 왕자 안드로게오스(Androgeos)를 보내 황소를 잡도록 했지만 허사였다. 안드로게오스는 귀한 목숨만 잃었을 뿐이다. 한참 후에야 비로소 테세우스가 이 황소를 제압하여 신들께 제물로 바쳤다.

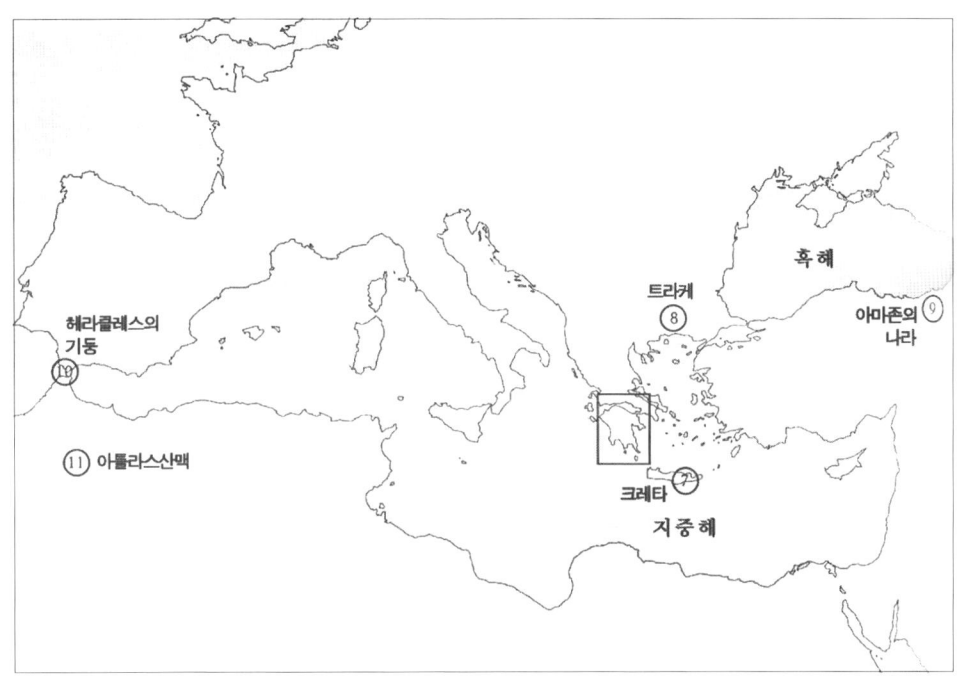

헤라클레스의 모험 경로 2

8) 디오메데스의 암말

헤라클레스의 여덟 번째 과업은 트라케에서 디오메데스(Diomedes)의 암말들을 데려오는 것이었다. 디오메데스는 트라케(Thrake)의 비스토니아(Bistonia)의 왕이었다. 그는 암말이 네 마리가 있었는데 인육을 먹여 말들을 사육했다. 헤라클레스는 테살리아를 통해 트라케로 가다가 잠시 페라이(Pherai)의 왕 아드메토스(Admetos)의 왕궁에 들렀다. 아드메토스 왕은 아내 알케스티스(Alkestis)가 죽어 상중이었지만 손님에게 부담을 줄까 봐 숨겼다. 헤라클레스는 나중에 그 사실을 알고 아드메토스에게 신세진 것을 갚고 싶었다. 그는 급히 알케스티스의 무덤으로 가서 수풀에 숨어 죽음의 신 타나토스(Thanatos)를 기다렸다. 타나토스가 와서 그녀를 데려가려 하자 헤라클레스는 그에게 다짜고짜 달려들어 알케스티스를 빼앗아 남편 아드메토스에게 돌려주었다.

자신의 말들에게 잡아먹히는 디오메데스, Gustave Moreau, 1865

헤라클레스는 아드메토스 왕궁에서 며칠을 쉰 뒤 가던 길을 재촉하여 트라케에 도착했다. 그는 우선 디오메데스의 마부들을 해치우고 말들을 바다 쪽으로 몰았다. 그때 디오메데스가 부하들을 이끌고 그를 추격해 왔다. 그는 말들을 잠시 젊은 시종 압데로스(Abderos)에게 맡기고 디오메데스의 비스토니아인들을 상대했다. 헤라클레스가 본보기로 디오메데스를 죽이자 그의 부하들은 순식간에 뿔뿔이 흩어졌다. 하지만 그가 시종 압데로스에게 돌아왔을 때는 말들이 그를 물어 죽여 거의 먹어치운 후였다. 헤라클레스는 디오메데스의 시신을 먹이로 던져주고 말들을 달래며 남은 압데로스의 시신을 모아 무덤을 만들고 그 위에 압데라(Abdera)라는 도시를 세웠다. 헤라클레스는 암말들을 티린스에 데려와서 에우리스테우스 왕에게 보인 다음 풀어줬다. 그러자 말들은 올림포스 산에 잘못 들어갔다가 그곳에 사는 괴물들에게 잡아 먹혔다.

9) 아마존 여왕 히폴리테의 허리띠

에우리스테우스의 딸 아드메테(Admete)는 아버지에게 아마존족의 여왕 히폴리테(Hippolyte)의 허리띠를 갖고 싶다고 졸랐다. 에우리스테우스는 딸의 성화를 못 이겨 헤라클레스에게 아홉 번째 과업으로 그 일을 맡겼다.

아마존족은 전설적인 여인 왕국으로 본거지가 흑해 남부 해안의 테르모돈(Thermodon) 강변에 있었다. 이 종족은 아주 호전적이었기 때문에 헤라클레스는 부하들을 모아 함께 배를 타고 모험을 떠났다. 그는 도중에 잠시 미노스의 손자들이 다스리는 파로스(Pharos) 섬에 상륙했다. 파로스인들은 그의 부하 두 명을 죽였다. 이에 대한 보복으로 헤라클레스는 왕궁을 공격하여 미노스의 손자들 중 알카이오스와 스테넬로스를 인질로 잡아왔다. 파로스 섬을 떠나 항해를 계속하던 헤라클레스 일행은 이번에는 미시아에 상륙하여 마리안디노이(Mariandynoi)족의 왕 리코스(Lykos)의 대대적인 환영을 받았다. 그들은 친절에 보답하기 위해 리코스 왕이 베브리케스(Bebrykes)인과 벌였던

아마존 여왕 히폴리테와 싸우는 헤라클레스, BC 530-520년경의 도기 그림

국경분쟁을 매듭지어 주었다. 우선 악명 높은 왕 베브리케스인의 왕 아미코스(Amykos)의 형제 미그돈(Mygdon)을 죽였다. 이어 베브리케스 인들이 자기네 것이라고 우겼던 국경 지역의 땅도 모조리 빼앗아 리코스 왕에게 넘겼다. 그러자 리코스 왕은 그 지역을 헤라클레이아(Herakleia)로 이름 지었다.

그 후 마침내 헤라클레스 일행은 아마존족의 수도 테미스키라(Themiskyra)에 도착했다. 그 당시 아마존족의 여왕은 히폴리테로 아레스와 오트레레(Otrere)의 딸이었다. 여왕이 몸소 나와 그들을 영접했다. 그녀는 직접 배까지 올라와 헤라클레스에게 방문한 용건을 묻더니 즉시 허리띠를 주겠다고 약속하고 돌아갔다. 헤라는 몹시 화가 났다. 헤라클레스의 과업은 그렇게 손쉽게 이루어져서는 안 된다고 생각했다. 그녀는 아마존족으로 변신을 하고 나타나 아마존 여인들을 부추겼다. 헤라클레스가 여왕을 납치하려 한다는 것이다. 흥분한 여인들은 헤라클레스의 배를 공격했다. 헤라클레스는 여왕에게 속았다고 생각하고 그들과 맞서 싸웠다. 그는 아마존 왕국을 유린하고 여왕을 죽인 다음 그녀의 허리띠를 빼앗았다.

돌아오는 길에 헤라클레스 일행은 트로이에 잠시 머물렀다. 그 당시 트로이 왕은 라오메돈(Laomedon)이었다. 그는 아폴론과 포세이돈에게 약속을 지키지 않았다가 그 당시 곤혹을 치르고 있었다. 두 신은 제우스에게 쿠데타를 일으킨 적이 있었다. 제우스는 쿠데타를 제압하고 아폴론과 포세이돈에게 1년간 신의 지위를 박탈하고 트로이의 라오메돈 왕의 종노릇을 하도록 했다. 이 기간 에 두 신은 영웅 아이아코스(Aiakos)의 도움으로 난공불락의 트로이 성벽을 쌓았다. 하지만 성벽이 완성되자 라오메돈은 그들에게 약속한 삯을 주지 않았다. 아폴론과 포세이돈은 격노했다. 아폴론은 트로이에 역병을 보냈고, 동시에 포세이돈은 바다 괴물을 보냈다. 트로이는 점점 황폐해졌다. 라오메돈이 아폴론에게 해결책을 물으니 자신의 딸 헤시오네(Hesione)를 바다 괴물에게 바치면 재앙이 사라진다는 신탁이 나왔다. 라오메돈은 하는 수 없이 그때 마침 딸 헤시오네를 바닷가에 솟은 암초에 묶어 두고 괴물이 데려가기만을 기다리고 있는 중이었다. 헤라클레스는 라오메돈 왕으로부터 급박한 상황을 전해 듣고 그에게 이렇게 제안했다.

"나에게 딸 헤시오네를 주시오! 당신이 갖고 있다는 멋진 암말들도 주시오! 제우스 신께서 트로이의 왕자이자 당신의 숙부였던 가니메데스(Ganymedes)를 데려가는 대신 주신 그 암말 말이오. 그러면 헤시오네를 당장 구하겠소."

라오메돈은 헤라클레스의 제안에 동의했다. 이어 괴물이 나타나자 헤라클레스는 격렬한 싸움 끝에 녀석을 죽이고 라오메돈 왕에게 약속을 지킬 것을 요구했다. 하지만 라오메돈 왕은 공주의 목숨도 건지고 역병도 물러가자

다시 마음이 변해 약속 지키기를 거부했다. 헤라클레스는 트로이와 전쟁을 불사하기에는 군사력이 턱없이 부족했다. 하는 수 없이 그는 언젠가 트로이를 가만두지 않겠다고 경고하며 그곳을 떠났다.

헤라클레스는 이번에는 트라케의 아이노스(Ainos)에 도착했다. 폴티스(Poltys) 왕은 그를 알아보고 환대했다. 하지만 그의 동생 사르페돈(Sarpedon)은 해안에서 헤라클레스 일행을 침입자로 알고 대적하다가 그의 화살을 맞고 전사했다.

그들이 그 다음에 도착한 곳은 시토니아(Sithonia) 반도의 토로네(Torone)였다. 그곳은 프로테우스(Proteus)의 두 아들 폴리고노스(Polygonos)와 텔레고노스(Telegonos)가 다스렸다. 두 사람은 레슬링 광이었으며 자신들의 실력만 믿고 헤라클레스에게 도전했다가 모두 죽음을 당했다. 이 이후로 헤라클레스는 별다른 일 없이 히폴리테의 허리띠를 무사히 에우리스테우스에게 전달했다.

10) 게리오네우스의 소떼

에우리스테우스는 헤라클레스에게 열 번째 과업으로 에리테이아(Erytheia)의 왕 게리오네우스(Geryoneus)의 소떼를 가져오라고 명령했다. 게리오네우스는 칼릴로에(Kallirrhoe)와 크리사오르(Chrysaor)의 아들로 머리가 셋 달린 괴물이었다. 그의 소떼는 에우리티온(Eurytion)이라는 거인 목동과 머리가 두 개인 괴물 개 오르토스(Orthos)가 지키고 있었다. 헤라클레스는 리비아를 거쳐 에리테이아로 가면서 많은 모험을 겪었다.

에리테이아는 세상의 서쪽 끝자락에 있는 섬이었다. 그쪽으로 가려면 오케아노스(Ocheanos)를 건너야 했다. 오케아노스를 건너려면 배도 필요했다. 헤라클레스는 리비아 사막을 지나면서 티탄 신족의 태양신 헬리오스(Helios)를 향해 화살을 겨누며 위협했다. 햇볕이 너무 강하다는 이유였지만 사실은 그가 배처럼 사용하는 황금술잔을 빌려달라는 신호였다. 헬리오스는 그 황금술잔을 타고 밤마다 서쪽 오케아노스에서 동쪽 오케아노스로 건너오곤

오르토스, BC 510-500년경의 도기 그림

했다. 태양신은 헤라클레스에게 제발 쏘지 말라고 간청하며 그에게 그 잔을 빌려줬다.

헤라클레스는 지브롤터 해협에 도착하자 아프리카와 유럽 쪽에 각각 기둥 하나씩을 세웠다. 후세의 여행객들에게 자신이 얼마나 멀리 왔는지를 보여주기 위해서였다. 이 기념물은 현재의 칼페(Calpe)와 아빌라(Abila) 곶을 지칭하는 것으로 현재 '헤라클레스의 기둥'으로 불린다. 일설에 의하면 원래 이 두 곳은 원래 하나였지만 헤라클레스가 대서양과 지중해 사이의 바닷물의 흐름을 원활하게 하기 위해 그 사이에 운하를 파 분리시켜 놓았다고 한다.

헤라클레스는 지브롤터 해협을 지나면서부터는 황금 잔을 타고 스페인 쪽 대서양 연안을 따라 북쪽으로 오케아노스를 건너가 마침내 에리테이아에 상륙했다. 그가 아바스 산기슭 게리오네우스의 목장에 도착하자마자 괴물 개 오르토스가 그에게 저돌적으로 달려들었다. 그는 올리브 몽둥이로 한방에 녀석을 때려죽인 다음 개주인 에우리티온도 같은 방식으로 죽였다.

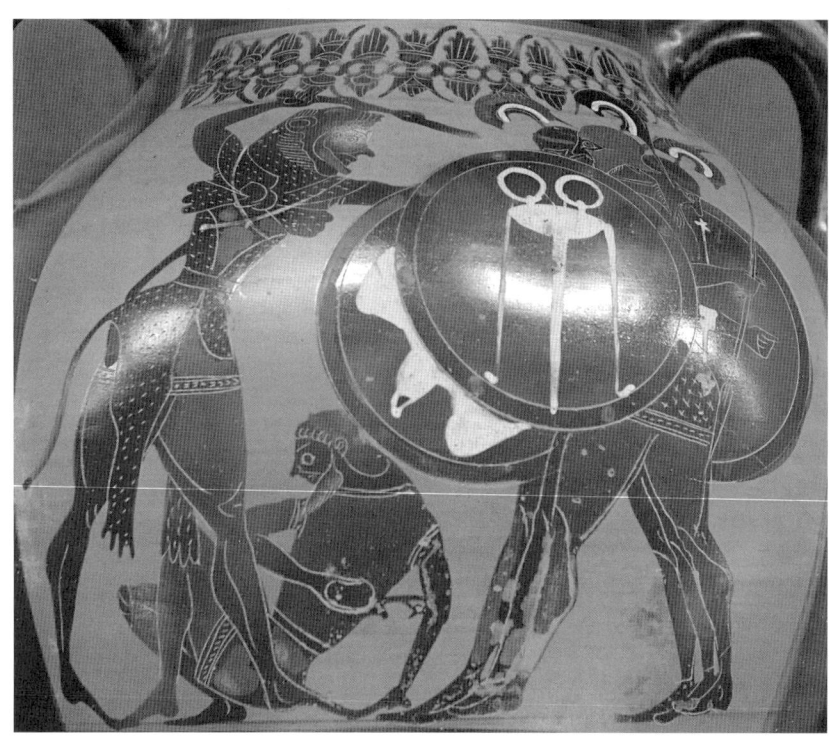

게리오네우스와 싸우는 헤라클레스, BC 540년경의 도기 그림

그는 게리오네우스와 부닥치지 않고 그 길로 티린스로 소떼를 몰고 갈 수도 있었다. 하지만 근처에서 하데스의 소떼를 돌보던 메노이테스(Menoites)라는 목동이 게리오네우스에게 재빠르게 전령을 보내 사건의 전말을 알렸다. 게리오네우스는 급히 헤라클레스를 추격했다. 하지만 그도 헤라클레스의 적수가 되지 못했다. 헤라클레스는 안테모스(Anthemos) 강 근처에서 갑자기 몸을 돌린 다음 화살을 날려 그의 목숨을 빼앗았다. 헤라클레스는 스페인의 소도시 타르테소스(Tartessos)에 도착하자 황금 잔을 도로 헬리오스에게 돌려주고 걸어서 동쪽으로 내려갔다.

헤라클레스는 남부 스페인의 압데리아(Abderia)를 거쳐 곧 리구리아(Liguria)에 도착했다. 리구리아는 오늘날의 마르세유 근처이다. 거기서 포스의 두 아들 이알레비온(Ialebion)과 데르키노스(Derkynos)가 헤라클레스를 공격하여 소떼를 빼앗으려 했다. 헤라클레스는 그들을 가볍게 격퇴하지만 곧 강력한 리구리아 부대의 공격을 받았다. 격렬한 전투 끝에 헤라클레스도 다리를 다쳐 부상당해 일어설 수가 없었다. 집중공격을 당하면 언제 죽을지 모르는 아주 위험한 상황이 벌어졌다. 그때 갑자기 하늘에서 제우스 신이 그의 발 앞에 돌 소나기를 퍼부어주었다. 헤라클레스는 앉은 채 그 돌을 던져 마침내 적들을 물리쳤다.

헤라클레스가 이탈리아 반도를 거쳐 장차 로마가 들어설 지역에서 쉬고 있을 때 거인 카쿠스(Cacus)가 그의 소떼 중 일부를 훔쳤다. 거인은 소들의 꼬리를 잡고 동굴로 소를 끌고 갔다. 헤라클레스는 도저히 그 흔적을 찾을 수 없었다. 헤라클레스가 우연히 울부짖는 소떼를 끌고 동굴 옆을 지나가자 카쿠스가 동굴에 숨겨놓았던 소들 중 하나가 반갑게 대답을 했다. 카쿠스는 동굴 안에 바리게이트를 치고 저항했다. 하지만 헤라클레스가 그것을 부수고 올리브 몽둥이로 거인을 때려 죽였다.

헤라클레스는 계속해서 남쪽으로 내려갔다. 그가 이탈리아 반도의 남쪽 끝자락 레기온(Rhegion)에 도착하자 게리오네우스의 소 떼 중 가장 좋은 우두머리 황소가 갑자기 무리에서 이탈하여 바다로 뛰어들더니 시칠리아로 헤엄쳐 건너갔다. 헤라클레스는 나머지 소떼들을 근처 헤파이스토스 신전에 맡기고 얼른 그 황소를 쫓아갔다. 황소는 시칠리아 반도를 가로질러 반도 서해안 에릭스(Eryx) 왕이 통치하는 지역으로 들어갔다. 왕은 얼른 황소를 자신의 우리 안에 가두었다. 헤라클레스가 에릭스 왕의 우리에서 그 황소를 발견하고 돌려달라고 했지만 왕은 들은 척도 안 했다. 에릭스 왕은 레슬링으로 당할 자가 없었다. 그는 자신의 힘을 과신한 나머지 헤라클레스에게 싸움을 걸어왔다. 자신을 이기면 황소를 주겠다는 것이다. 하지만 에릭스 왕은 제대로 한 번 싸워보지도 못하고 헤라클레스의 몽둥이세례를 맞고 죽고 말았다.

헤라클레스는 마침내 우두머리 황소를 잡아 앞장세운 채 소떼를 이끌고 이오니아 해의 그리스 연안에 도착했다. 하지만 헤라가 풀어놓은 쇠파리들 때문에 소들은 화가 나서 트라케의 산속으로 뿔뿔이 도망쳤다. 헤라클레스는 그들 중 일부만 잡아 에우리스테우스 왕에게 바칠 수밖에 없었다.

11) 헤스페리데스의 황금사과

헤라클레스가 에우리스테우스 왕으로부터 받은 열한 번째 과업은 헤스페리데스(Hesperides)의 황금사과를 가져오는 것이었다. 이 황금사과 나무는 가이아가 헤라의 결혼식 날 선물로 주었던 것으로 대지의 서쪽 끝자락에 있는 정원에서 자랐다. 사과나무는 요정 헤스페리데스가 돌봤고 100개의 머리를 지닌 뱀 라돈이 지켰다. 헤라클레스는 그 정원이 어디 있는지 몰랐다. 그곳에 가는 방법은 제우스와 테미스의 딸인 에리다노스(Eridanos) 강의 요정들이 알고 있었다. 헤라클레스가 찾아오자 강의 요정들은 네레우스(Nereus)를 찾아가 보라고 충고했다. 네레우스는 바다의 노인으로 변신의 귀재이자 모르는 것이 없는 현인이었다. 요정들은 친절하게도 네레우스가 사는 곳도 알려줬다.

헤라클레스는 네레우스 노인을 만나러 가는 도중에 카우카소스 산맥을 지나쳤다. 그곳에서 그는 단말마의 비명 소리를 듣고 그 진원지를 찾아가 프로메테우스의 간을 파먹고 있던 독수리를 활로 쏘아 죽였다. 프로메테우스도 쇠사슬에서 해방시켜 주었다. 일설에 의하면 헤라클레스가 제우스의 독수리를 죽이고 프로메테우스를 구해 준 것은 프로메테우스가 켄타우로스족 케이론 대신 불멸의 생명을 얻었기 때문이라고 한다. 프로메테우스는 쇠사슬에서 풀어준 것에 대한 보답으로 헤라클레스에게 황금사과를 얻으러 직접 가지 말고 아틀라스를 보내라고 충고했다.

헤라클레스가 마침내 네레우스를 찾아 그를 두 손으로 꼭 붙잡고 황금사과 정원으로 가는 길을 물었다. 노인은 온갖 것으로 변신하며 답변을 회피하며 그의 손에서 빠져나가려 했다. 하지만 헤라클레스는 요정들이 알려준

사슬에 묶인 프로메테우스, Peter Paul Rubens, 1611-1622

헤스페리데스의 정원, Frederic Leighton, 1892년경

대로 끝까지 그를 놓아주지 않고 붙잡고 늘어졌다. 지친 노인은 다시 원래 모습으로 돌아와서는 헤라클레스에게 그곳으로 가는 길을 알려주었다. 황금 사과 정원이 어딘지는 설이 다양하다. 오케아노스 저편이라고도 하고, 북풍이 부는 저편이라고도 한다. 리비아에서 가장 외진 곳이라고도 하며, 아틀라스가 어깨에 하늘을 떠받히고 있는 곳이라고도 한다.

헤라클레스는 황금 사과 정원으로 가는 도중에도 갖가지 모험을 겪었다. 그는 아라비아를 통과하다가 티토노스(Tithonos)의 아들 에마티온(Emathion) 왕을 죽였다. 이집트에 도착해서는 부시리스(Busiris)가 다스리는 도시에도 들렀다. 부시리스는 포세이돈과 리시아나사(Lysianassa)의 아들이었다. 또한 리시아나사는 이오(Io)의 아들 에파포스(Epaphos)와 멤피스(Memphis) 여신 사이에서 태어난 두 딸 중 하나였다. 부시리스는 한때 나라가 기근에 시달리자 외국에서 예언가 하나를 초빙했다. 예언가는 나라가 기근에서 벗어나려면 해마다 이방인을 하나씩 제우스 신께 바쳐야 한다고 말했다. 부시리스는 이 말을 듣고 첫 희생 제물로 그 예언가를 택했다. 그 이후 부시리스는 나라에 들어 온 모든 이방인은 죽여 제물로 바쳤다. 이 말을 듣고 헤라클레스는 짐짓 자신을 제물로 바치도록 허락하는 척했다. 그는 제물처럼 새 옷으로 갈아입고 사지를 묶인 채 제단으로 끌려갔다. 하지만 그는 제단 위에서 갑자기 결박을 풀고 부시리스 왕과 그의 아들 암피다마스(Amphidamas)를 죽였다.

헤라클레스는 리비아를 거쳐 서쪽으로 가다가 가이아의 아들인 거인 안타이오스(Antaios) 왕을 만났다. 그는 이방인에게 레슬링 시합을 강요하여 시합 중이나 후에 상대가 녹초가 될 때를 기다려 그를 죽였다. 헤라클레스가 몇 번이나 땅에 메어쳤지만 그는 전혀 지치는 기색이 없었다. 그는 어머니인 대지에 발이 닿으면 더욱 더 힘이 솟았다. 헤라클레스는 그가 발을 땅에 딛고 있는 한 절대로 이길 수 없다는 사실을 간파했다. 그는 그를 공중으로 들어 올린 다음 두 팔로 눌러 으깨 죽였다.

헤라클레스는 계속 서쪽으로 가다가 마침내 아틀라스가 어깨에 하늘을 메고 있는 곳에 도착했다. 그는 아틀라스에게 자신이 잠깐 동안 하늘을 메고 있을 테니 근처에 있는 황금사과 정원에 가서 사과 좀 얻어 달라고 부탁했다. 헤스페리데스 세 자매는 그의 딸이었다. 아틀라스는 헤라클레스의 부탁을 흔쾌히 들어주었다.

사과를 가지고 돌아오던 아틀라스는 몸이 아주 가벼워진 것을 느끼고 깜짝 놀랐다. 어깨가 이렇게 가벼운 적이 없었다. 콧노래가 절로 나왔다. 그는 더 이상 무거운 하늘을 메고 싶지 않았다. 그래서 그는 헤라클레스에게 자신이 직접 에우리스테우스에게 사과를 갖다 주겠다고 말했다. 헤라클레스는 아무리 힘이 세고 용감하더라도 하늘을 어깨에 메고서는 이런 난처한 상황에서 빠져나올 길이 없었다.

헤라클레스와 아틀라스, Lucas Cranach, 1537년경

위기의 순간 그는 기발한 꾀를 하나 생각해 냈다. 그는 아틀라스의 제안에 동조를 하는 척하면서, 자신은 초보자라서 그런지 어깨가 무척 아프다며, 어깨에 쿠션을 올려놓을 때까지만 한번만 더 메고 있어달라고 부탁했다. 우직한 아틀라스는 그 말을 듣고 얼른 딸들의 정원에서 따온 황금사과를 땅바닥에 내려놓더니 헤라클레스에게서 하늘을 덥석 넘겨받았다. 그러자 헤라클레스는 얼른 하늘을 아틀라스에게 넘겨주고 땅바닥의 사과를 주워 유유히 그곳을 떠나왔다.

다른 설에 의하면 헤라클레스는 왕뱀 라돈을 죽이고 직접 황금 사과를 빼앗아갔다. 헤라클레스가 아르고 호를 타고 가다 미시아에서 낙오된 이후

상당한 시간이 흐른 뒤였다. 헤라클레스가 다녀간 바로 직후 아르고 호의 동료들이 그곳에 도착했다. 그들은 오랫동안 물을 마시지 못해 목이 타 거의 죽기 직전이었다. 바로 그때 헤스페리데스가 근처에 있는 샘물을 하나 알려줬다. 그 샘물은 바로 헤라클레스가 황금사과를 가져가기 전 목을 축이려고 바위를 쳐 만들어 놨던 것이었다.

헤라클레스는 이후 아무 곳에도 머물지 않고 곧장 에우리스테우스에게 가서 황금사과를 건넸다. 에우리스테우스는 황금사과임을 확인하고 그것을 다시 헤라클레스에게 주었고, 헤라클레스는 그 사과를 아테네 여신에게 바쳤다. 그러자 아테나 여신은 황금사과를 원래 주인인 헤스페리데스에게 돌려주었다.

12) 지하 세계의 케르베로스

헤라클레스의 마지막 과업은 지하 세계의 개 케르베로스를 데려오는 일이었다. 케르베로스는 머리는 셋이고 꼬리는 뱀 모양을 한 괴물 개였으며 지하 세계로 들어오는 관문을 지켰다. 녀석은 티폰과 에키드나의 자식이었기 때문에 히드라, 오르토스, 네메아의 사자에게는 오라비 뻘이다.

헤라클레스가 지하 세계로 가기 위해서는 엘레우시스(Eleusis) 비의에 귀의해야 했다. 엘레우시스 비의는 곡물의 여신 데메테르를 기리는 제사였다. 이 비의가 생기게 된 연유는 다음과 같다. 데메테르가 하데스에게 납치당한 딸 페르세포네를 찾아 헤매던 중 아테네 근교의 엘레우시스 지방을 지나쳤다. 노파로 변신한 여신은 잠시 엘레우시스 왕궁에 머물면서 메타네이라(Metaneira) 왕비의 아들 데모폰(Demophon)을 보살피는 일을 맡았다. 여신은 왕비의 호의에 보답하려고 데모폰을 무적의 몸으로 만들어 주기로 작정했다. 그래서 아침이면 자신의 숨결을 쐬어주며 가슴을 불사초로 문질렀고, 밤이면 아기를 불길 위에 올려놓고 주문을 외웠다. 그런데 어느 날 밤 아들이 걱정이 된 메타네이라 왕비가 노파의 방을 엿보다가 불길 위에 올려 있는 아들의

헤라클레스, 케르베로스, 에우리스테우스, BC 525년경의 도기 그림

모습에 소스라치게 놀라 소리를 지르며 방문을 열고 안으로 뛰어 들어가 아들을 낚아챘다. 계획이 수포로 돌아간 것을 안 여신은 자신의 신분을 밝히고 왕비를 심하게 꾸짖으며 그 벌로 이곳에 신전을 짓고 비밀 의식을 올리라고 명령했다. 여신이 떠나자마자 왕비는 즉시 신전을 지어 여신에게 봉헌하고 비밀 의식을 창설했다.

이 비의는 BC 8세기부터 AD 4세기까지 그리스 전역에 걸쳐 퍼져 있던 종교 의식으로 고대 그리스에서 가장 아름답고 성스러운 의식으로 알려져 있다. 비의에 참석하고 있던 사람들이 철저히 비밀을 지켜왔기 때문에 제의의 형식과 내용은 수수께끼로 남아 있다. 하지만 비의는 신도들에게 사후에 지하 세계로 안전하게 가는 방법을 알려준 것으로 알려져 있다. 따라서 엘레우시스 비의의 의식은 산 자로서 지하 세계에 들어가기 위해서는 꼭 필요했다.

헤라클레스는 엘레우시스로 가서 데메테르 신전의 수석 사제인 에우몰포스(Eumolpos)에게서 켄타우로스 족을 죽인 살인죄를 정화 받은 다음 아테네 시민이었던 필리오스(Phylios)의 양자로 들어갔다. 살인자와 이방인은 신비 의식에 참여할 수 없었기 때문이다. 헤라클레스는 이런 사전 준비 작업을 거치고서야 비로소 엘레우시스 비의에 가입하여 정식 신도가 되었다.

이어 헤라클레스는 헤르메스 신의 안내를 받아 타이나론(Tainaron) 곶을 통해 지하 세계에 내려갔다. 그가 지하 세계의 문에 들어서자 죽은 자들의 혼령들이 혼비백산하며 도망쳤지만 메두사의 혼령만 그렇지 않았다. 헤라클레스가 칼을 빼어 메두사를 겨누자 헤르메스가 그림자뿐이니 아무 염려 말라며 그를 안심시켜 주었다.

헤라클레스는 지하 세계 입구 근처에서 테세우스(Theseus)와 페이리토오스(Peirithoos)를 보았다. 그들은 겁도 없이 페르세포네를 납치하러 왔다가 망각의 의자에 묶여 죽음과도 같은 잠에 빠져 있었다. 그는 먼저 테세우스를 의자에서 풀어낸 다음 페이리토오스에게 손을 댔다. 그 순간 지진이 일어난 것처럼 땅이 심하게 흔들렸다. 그는 더 이상 감히 페이리토오스를 의자에서 풀어 줄 수 없었다. 두 사람 근처에는 아스칼라포스(Askalaphos)도 있었다. 그는 지하 세계의 스틱스 강의 여신과 아케론 강의 남신 사이에 태어난 아들이었다. 그는 지하 정원에서 산책을 하다가 페르세포네가 석류를 먹는 것을 보고 신들에게 일러바쳤다. 화가 난 데메테르가 그에게 커다란 돌을 던져 눌러버렸다. 헤라클레스는 아스칼라포스를 무겁게 짓누르고 있는 돌을 치워주었다.

헤라클레스는 갈증에 시달리는 혼령들이 불쌍해서 하데스의 가축 몇 마리를 잡아 그들에게 마시게 했다. 하데스의 가축 지기 메노이테스(Menoites)가 급히 달려와 그의 앞을 가로막았다. 헤라클레스가 두 팔로 그를 감싸고 힘을 주자 그의 갈비뼈가 부러지는 소리가 났다. 만약 페르세포네가 제때에 말리지 않았다면 그는 목숨을 잃었을 것이다.

헤라클레스는 마침내 하데스를 만나 케르베로스를 가져가게 해달라고 간청했다. 하데스는 무기를 사용하지 않고 케르베로스를 제압한다면 데려가도 좋다고 말했다. 하데스의 말이 끝나기가 무섭게 헤라클레스는 케르베로스의 목을 움켜잡았다. 케르베로스가 꼬리에 나 있는 독침으로 헤라클레스를 마구 찔러댔지만 그는 절대로 손을 놓지 않았다. 결국 케르베로스는 지친 나머지 복종의 표시로 헤라클레스에게 배를 보이며 뒷다리를 내렸다.

헤라클레스가 케르베로스를 메고 궁전 앞에 도착하자 에우리스테우스는 두려워 떨며 다시 청동 항아리 속으로 들어가 버렸다. 헤라클레스는 약속대로 케르베로스를 다시 지하 세계의 하데스에게 도로 갖다 주었다.

또 다른 모험

헤라클레스는 에우리스테우스가 시킨 열두 가지의 과업을 모두 완수했기 때문에 신탁대로 불멸성을 얻을 수 있는 전제조건을 모두 충족시켰다. 하지만 그는 살아 있는 한 인간으로서 편히 살 수 있는 운명이 아니었다. 더군다나 헤라는 남편 제우스가 다른 여인과의 사이에서 얻은 헤라클레스에게 엄청난 반감을 품고 있었다. 헤라클레스가 편히 지내는 꼴을 보지 못했다. 그래서 헤라클레스는 12가지 모험을 완수한 이후에도 테베로 돌아가지 못하고 모험을 계속했다.

1) 에우리토스와의 활 시합

오이칼리아(Oichalia)의 에우리토스는 그에게 활쏘기를 가르쳐주었던 스승이었다. 에우리토스 왕이 자신과 활쏘기 시합을 해서 이긴 자에게 딸 이올레(Iole)를 주겠다고 공언했다. 헤라클레스는 그 얘기를 듣고 귀가 솔깃해졌다. 그는 오이칼리아로 달려가 도전장을 내밀고 에우리토스를 보기 좋게 눌렀다. 하지만 에우리토스는 약속을 지키지 않았다. 그는 풍문으로 헤라클레스가 광기에 빠져 아내와 자식들을 죽였다는 이야기를 들었다. 그는 자신의 딸 이올레가 그런 불행을 당할까 두려웠다. 큰아들 이피토스(Iphitos)가 약속은 지켜야 한다고 했지만 에우리토스는 아들의 말을 듣지 않았다.

헤라클레스는 복수를 다짐하며 오이칼리아를 떠났다. 그가 떠난 직후 에우리토스의 암말들 중 몇 마리가 없어졌다. 에우리토스는 헤라클레스를 의심했지만 그것은 그리스 최고의 도둑 아우톨리코스(Autolykos)의 소행이었다. 에우리토스의 아들 이피토스도 헤라클레스의 결백을 믿었다. 아버지의 명령으로 암말을 찾아 헤매던 이피토스는 페라이 근처에서 우연히 헤라클레스를 만났다. 그는 헤라클레스에게 사정을 설명하며 잃어버린 암말을 찾도록 도와달라고 부탁했다.

2) 에우리토스의 아들 이피토스를 살해하다

헤라클레스는 걱정 말라며 이피토스를 티린스로 데려갔다. 그는 이피토스가 자신을 도둑으로 의심한다고 오해했다. 그래서 이피토스가 방심한 틈을 타서 그를 성벽 아래로 밀어뜨렸다. 이피토스를 죽인 뒤 헤라클레스는 끔찍한 광기에 걸렸다. 그는 필로스의 왕 넬레우스(Neleus)에게 살인죄를 씻어달라고 간청했지만 거절당했다. 넬레우스는 에우리토스의 친구였기 때문이다. 스파르타의 왕 히포코온(Hippokoon)도 살인죄를 정화시켜 달라는 헤라클레스의 부탁을 거절했다. 헤라클레스는 마지막으로 델피의 아폴론 신전에 가서 살인죄에서 벗어날 방도를 물었다. 하지만 피티아도 답변을 거절했다. 분노한 헤라클레스는 신탁소의 세발솥 의자를 빼앗은 다음, 델피를 쑥대밭으로 만들고 자신의 신탁소를 세우겠다고 위협했다. 아폴론이 나서서 말렸지만 헤라클레스는 그에게도 달려들었다. 제우스가 그들 사이에 번개를 쳐서 겨우 싸움을 말렸다. 피티아는 그제야 신탁을 내렸다.

"리디아(Lydia)의 옴팔레(Omphale) 여왕에게 네 몸을 팔아 3년 동안 노예로 봉사해라! 여왕에게서 받은 네 몸값은 이피토스의 아들들에게 주어라! 그러면 너의 광기가 치료될 것이다."

옴팔레 궁전에서의 헤라클레스, 작자 미상, 18세기

3) 옴팔레 여왕의 하인이 되다

그는 곧장 옴팔레 여왕을 찾아갔다. 옴팔레는 남편 트몰로스(Tmolos) 왕이 죽자 그 뒤를 이어 왕위를 이어받았다. 여왕은 헤라클레스를 웃돈까지 얹어 샀다. 헤라클레스는 자신의 몸값을 이피토스의 아들들에게 건넸지만 그들은 끝내 받지 않았다.

헤라클레스는 여왕의 노예로 있으면서 많은 일을 해냈다. 우선 악명 높은 도둑 케르코페스(Kerkopes)를 혼내주었다. 이어 행인들을 잡아다가 자신의 포도원에서 강제로 노역을 시켰던 실레우스(Syleus)도 죽였다. 또 리디아 왕국을 오랫동안 약탈해 왔던 이토노(Itono)라는 도시국가도 정벌했고, 사가리스(Sagaris) 강 근처에서 사람들을 괴롭히며 농작물을 못 쓰게 만들었던 뱀도 해치웠다.

헤라클레스는 여왕의 맘을 기쁘게 하는 것이라면 무엇이든지 했다.

여자 옷을 입는 것도, 소질에도 없던 노래 부르는 것도 마다하지 않았다. 심지어 베를 짜기도 했다. 여왕은 헤라클레스의 지극한 정성에 탄복하여 3년이 되자 약속대로 그를 자유의 몸으로 만들어 주었다. 그러자 헤라클레스의 광기가 거짓말처럼 물러갔다. 그는 그리스로 돌아오는 도중에 돌리케(Doliche)라는 섬에서 파도에 쓸려 해안으로 몰려온 이카로스(Ikaros)의 시신을 발견했다. 그는 시신을 묻어주고 섬 이름을 이카리아(Ikaria)로 개명했다.

4) 텔라몬과 함께 트로이를 정벌하다

다시 자유의 몸이 된 헤라클레스는 자신을 모욕한 왕들을 해치우기로 마음을 먹었다. 그는 맨 먼저 트로이의 라오메돈 왕을 처단하기로 했다. 자신이 아직 소아시아에 있었기 때문이다. 라오메돈 왕은 헤라클레스가 그의 딸 헤시오네를 구해 주었는데도 약속한 보수를 주지 않았었다. 그는 먼저 그리스로 돌아가 함선과 지원병을 모집했다. 그는 마침내 50명이 노를 저을 수 있는 함선 18척과 많은 군사들을 이끌고 트로이를 향했다. 이때 그의 부관 역할을 맡은 영웅이 살라미스의 왕 텔라몬(Telamon)이었다. 헤라클레스는 트로이 해안에 상륙하여 아르고스인 오이클레스(Oikles)만 함선에 남겨두고 성을 향해 돌진했다. 하지만 트로이군은 그리스군을 우회하여 해안의 함선을 공격했다. 이 전투에서 함선을 지키던 오이클레스가 전사했다. 헤라클레스 일행이 적시에 돌아오지 않았다면 하마터면 함선들도 모두 불에 탈 뻔했다. 트로이군은 다시 쫓겨 성으로 밀려들어갔다. 지루한 공방전이 벌어지다가 마침내 텔라몬의 활약으로 철옹성 같은 트로이도 무너지고 말았다.

헤라클레스는 자신이 제일 먼저 트로이 성벽을 돌파하지 못한 것에 심한 모욕을 느꼈다. 텔라몬은 헤라클레스의 그런 마음을 꿰뚫어보았다. 그는 헤라클레스가 칼을 빼어들고 자신에게 다가오는 것을 보고 얼른 주변의 돌을 모아 제단을 쌓기 시작했다. 헤라클레스가 궁금해서 잠깐 멈칫하며 그에게 무엇을 하는지 묻자 교활한 텔라몬이 대답했다.

"저는 승리의 화신, 당신 헤라클레스를 위해 제단을 쌓는 중입니다."

헤라클레스는 텔라몬의 아첨을 듣자 기분이 좋아져 금세 화가 눈 녹듯이 풀어졌다. 둘은 사이좋게 함께 어깨동무를 하고 트로이성 안으로 들어갔다. 헤라클레스는 성안을 뒤지더니 숨어 있던 라오메돈과 아들들을 찾아 모두 죽였다. 겨우 목숨을 건진 것은 포다르케스(Podarkes) 왕자뿐이었다. 헤라클레스는 헤시오네와 라오메돈의 암말들을 차지했고 많은 자들을 포로로 삼았다. 헤라클레스는 시무룩한 헤시오네의 마음을 풀어주기 위해 포로들 중 하나를 풀어주도록 허락했다. 그녀는 목숨을 건진 오라비 포다르케스를 지명했다. 헤라클레스가 뭐든 그의 몸값을 지불하면 오라비를 풀어주겠다고 하자 헤시오네는 그에게 자신의 숄을 벗어주었다. 결국 포다르케스는 그리스로 끌려가지 않고 트로이에 남아 왕이 되었다. 그는 후에 자신의 이름을 프리아모스(Priamos)로 개명했다. 프리아모스라는 이름은 '사다'라는 의미를 지닌 동사 '프리아마이(priamai)'에서 유래했다.

헤라클레스는 헤시오네는 텔라몬에게 첩으로 주었다. 헤시오네는 텔라몬에게 테우크로스(Teukros)라는 아들을 낳아주었다. 텔라몬은 본처 에에리보이아(Eeriboia)와의 사이에 아들이 없었다. 헤라클레스는 자신에게 항상 고분고분한 텔라몬이 안타까웠다. 그는 텔라몬에게 아들을 점지해 달라고 아버지 제우스에게 기도했다. 기도를 마치자 갑자기 독수리 한 마리가 나타나 그들 위를 선회했다. 제우스가 아들 헤라클레스의 기도를 들어주었다는 신호였다. 텔라몬의 아내 에에리보이아는 얼마 후에 아들 하나를 낳았다. 텔라몬은 그 아들 이름을 아이아스(Aias)라 지었다. '독수리'라는 뜻의 그리스어 '아이에토스(aietos)'에서 만든 것이다.

5) 코스 섬

헤라클레스가 트로이 정복을 무사히 마치고 배를 타고 그리스로 회군하자 헤라는 또다시 질투심으로 불탔다. 그녀는 잠의 신 히프노스(Hypnos)를 시켜 제우스를 잠들게 한 후 폭풍우를 일으켜 헤라클레스를 코스(Kos) 섬 해안에 표류하도록 만들었다. 코스 섬 주민들은 그들을 해적으로 오인하고 돌을 던져 쫓아내려 했지만 역부족이었다. 헤라클레스는 결국 코스 섬에 상륙해서 포세이돈의 아들 에우리필로스(Eurypylos) 왕을 죽였다.

6) 기간테스와 싸우는 신들을 돕다

코스 섬에서 헤라클레스는 갑자기 아테나 여신의 방문을 받았다. 그 당시 기간테스들과 전쟁을 벌이던 제우스를 비롯한 올림포스 신들은 헤라클레스의 도움 없이는 승리할 수 없다는 신탁을 듣고 아테나를 보내 그를 데리러 왔던 것이다. 그는 급히 아테나를 따라 플레그라(Phlegra) 평원으로 가서 신들을 도와 기간테스들을 물리쳤다.

7) 스파르타의 왕 히포코온을 응징하다

이후에도 헤라클레스는 자기를 모욕한 왕들을 하나씩 처단했다. 약속한 삯을 주지 않았던 아우게이아스 왕과 살인죄를 씻겨주기를 거부한 필로스의 왕 넬레우스도 처단했다. 이제 스파르타의 왕 히포코온과 아들 차례였다. 히포코온은 그 당시 스파르타의 왕이자 자신의 형이었던 틴다레오스를 추방하고 그 왕위를 찬탈했었다. 히포코온은 이중으로 헤라클레스를 모욕했다. 그는 넬레우스처럼 이피토스를 죽인 자신의 살인죄를 씻어달라는 부탁을 거절했다. 또 그의 12명의 아들들은 헤라클레스의 사촌 오이오노스(Oionos)를 죽였다. 그가 자신들의 개에 돈을 던졌다는 이유였다.

헤라클레스는 우선 아르카디아의 테게아(Tegea)의 왕 케페우스(Kepheus)에게 지원을 요청했다. 케페우스는 헤라클레스를 도우려 하지 않았다. 자신이 자리를 비운 사이에 다른 적이 테게아로 쳐들어올지 모른다고 생각했기 때문이다. 헤라클레스는 케페우스의 딸에게 아테나 여신에게 얻었던 메두사의 고수 머리카락 하나를 주면서 말했다.

"만약에 아버지가 없는 사이 적들이 공격해와 성을 포위하거든, 성벽에서 고개를 다른 쪽으로 돌린 다음 이 머리카락을 적진을 향해 세 번 보이시오! 그러면 적들이 모두 돌로 변해 전멸할 것이오!"

케페우스는 헤라클레스의 말을 듣고서야 안심하고 그를 따라 출정했다. 하지만 헤라클레스가 약속한 것처럼 테게아는 안전했지만, 케페우스와 그의 아들들은 히포코온과의 전투에서 전사하고 말았다. 심지어 헤라클레스도 부상을 당했고, 자신의 동생 이피클레스도 전사했다. 하지만 헤라클레스는 격전 끝에 마침내 히포코온과 그의 아들들을 몰살하고 복수를 마무리했다. 그는 아이톨리아의 망명지에서 틴다레오스를 불러 스파르타의 왕위를 돌려주었다.

8) 데이아네이라를 두 번째 아내로 얻다

헤라클레스는 펠로폰네소스에서 복수를 끝낸 다음 아르카디아 지방을 떠나 칼리돈(Kalydon)의 오이네우스(Oineus) 왕국에 정착했다. 오이네우스 왕에게는 데이아네이라(Deianeira)라는 예쁜 딸이 있었다. 그는 그 딸을 놓고 아이톨리아의 강의 신 아켈로오스(Acheloos)와 경쟁이 붙었다. 헤라클레스는 결국 레슬링시합을 벌여 황소로 변신한 아켈로오스를 눌렀다. 전리품으로 아켈로오스의 뿔 하나를 빼앗기도 했다. 아켈로오스는 패배를 인정하고 뿔은 돌려달라고 간청했다. 헤라클레스가 뿔을 돌려주자 아켈로오스는 그에게 그 대신 염소 아말테이아(Amatheia)의 뿔을 하나 주었다. 아말테이아는 어린 제우스에게 크레타에서 젖을 먹여주었던 암염소였다. 제우스는 염소가 죽자 그녀를 기리기 위해 염소의 뿔을 갖고 있는 자가 원하는 것은 무엇이든 풍족하게 생기도록 해주었다. 이것이 바로 풍요의 뿔이다.

9) 에피라를 정복하다

헤라클레스는 데이아네이라와 결혼한 이후 그에 대한 보답으로 칼리돈의

헤라클레스와 아켈로오스, Cornelis Cornelisz van Haarlem, 1590

숙적 테스프로토이(Thesprotoi)족의 수도 에피라(Ephyra)를 정복했다. 헤라클레스는 칼리돈으로 돌아온 후 환영 파티에서 술에 취해 실수로 포도주로 목욕하는 추태를 부렸다. 술이 깨자 그는 자신에게 그런 일을 하도록 부추긴 시종이자 오이네우스의 시종인 에우노모스(Eunomos)를 때려죽였다. 오이네우스는 의도적으로 살인을 저지른 것이 아니라는 이유로 사위인 헤라클레스를 용서해 주었지만 헤라클레스는 살인을 한 사람은 이유 불문하고 그 나라에서 추방해야 한다는 그 당시 관습법에 따라 칼리돈에서 추방당해야 했다.

10) 네소스와 키크노스를 죽이다

그는 아내 데이아네이라를 데리고 칼리돈을 떠나 트라키스(Trachis)로 가다가 에우에노스(Euenos) 강가에 이르렀다. 그곳에는 오래전에 헤라클레스에게

데이아네이라를 납치하는 네소스, Louis Jean François Lagrenee, 1755

아르카디아에서 쫓겨나 이곳에 정착한 켄타우로스족 네소스(Nessos)가 살고 있었다. 그는 노약자들을 잔등에 태워 건네주고 터무니없이 많은 통행세를 받는 것으로 유명했다. 그는 자기가 하는 일이 신들로부터 부여받은 일이라고 떠들어댔다. 헤라클레스는 네소스의 도움이 필요하지 않았지만 아내는 그렇지 않았다. 하는 수 없이 그는 아내를 네소스에게 맡기고 자신은 좀 늦게 출발했다. 그가 한참 가슴 깊이의 강을 조심스럽게 건너고 있는데 갑자기 강 저편에서 아내의 비명 소리가 들렸다. 급히 그쪽을 보니 네소스가 아내를 겁탈하려 하는 것이 아닌가. 그는 재빨리 활을 꺼내 네소스를 향해 화살을 날렸다. 네소스는 죽어가면서 순진한 데이아네이라를 꼬드겼다.

■
헤라클레스와 키크노스, BC 550-530년경의 도기 그림

"정말 미안해요. 너무 너무 예뻐서 그랬어요. 용서해 주세요. 마지막으로 호의를 베풀고 싶어요. 제 피를 받아 두세요! 언젠가 요긴하게 쓰일 거예요. 내 피는 변신한 남자의 마음을 돌리는 데 특효약이지요. 사랑의 묘약인 셈이죠. 나중에 남편이 변심하거든 옷에 이 피를 바르세요. 표시도 나지 않는답니다. 그러면 당장 남편의 마음이 당신에게 돌아올 겁니다."

그동안 데이아네이라는 결혼한 지 얼마 되지도 않았는데 헤라클레스가 벌써 딴 여자들에게 눈길을 주는 것 때문에 속을 끓이고 있었다. 그래서 그녀는 네소스의 말이 사실이라고 생각하고 그의 피를 조금 받아 두었다. 그녀는 네소스의 피에는 남편이 화살촉에 발랐던 히드라의 독이 섞여 있다는 것을 알 턱이 없었다.

헤라클레스는 트라키스에 도착하여 케익스(Keyx) 왕의 환대를 받았다. 그는 왕의 환대에 보답하기 위해 트라키스의 숙적 드리오페스(Driopes)족을 몰아냈다. 이어 북쪽으로 이동하여 아레스의 아들 키크노스(Kyknos)와 일대 일 결투를 벌였다. 키크노스는 델피의 길목에 서서 신탁을 물으러 가는 사람들에게서 통행세를 받아 아버지에게 바쳤다. 헤라클레스는 그를 잡아 죽였을 뿐 아니라 아들을 돕기 위해 달려온 아레스 신에게도 상처를 입혔다.

11) 에우리토스를 죽이다

헤라클레스는 마지막으로 미루어 두었던 문제를 해결하기로 마음먹었다. 자신에게 활쏘기를 가르쳐 주었던 스승 에우리토스 건이었다. 스승이라는 사실 때문에 지금까지 복수를 미루어왔는데 약속을 지키지 않은 그가 아무래도 용서가 되지 않았다. 헤라클레스가 공격하자 에우리토스와 그의 아들들은 완강하게 버텼다. 헤라클레스가 데려간 케익스 왕의 아들 히파소스(Hippasos)와 많은 장수들이 전사할 정도였다. 하지만 헤라클레스는 결국 그들 모두를 죽이고 에우리토스의 딸 이올레(Iole)를 전리품으로 챙겼다.

12) 전리품 이올레와 죽음의 그림자

헤라클레스는 싸움에서 승리하게 해준 제우스에게 감사하기 위해 에우보이아의 북서쪽인 케나이온(Kenaion) 곶에 제단을 쌓았다. 그는 피로 물든 옷을 입고 기도를 드릴 수 없다고 생각했다. 그는 전령 리카스(Lichas)를 집으로 보내 새 옷을 가져오게 했다. 전리품으로 자기 몫으로 챙긴 이올레를 비롯한 여자들도 함께 집으로 보냈다. 데이아네이라는 여자들을 보고 자신도 남편의 첫째 부인 메가라처럼 죽음을 당할지 모른다고 생각했다. 특히 이올레의 미모를 보자 두려움보다는 질투심이 용솟음쳤다. 바로 그 순간 그녀는 네소스의 피를 기억해 내고는 남편의 옷을 싸면서 은밀하게 그 피를 발랐다.

13) 헤라클레스의 죽음

전령 리카스가 옷을 가져오자 아무것도 모르는 헤라클레스는 곧장 옷을

헤라클레스에게 네소스의 피가 묻은 옷을 건네는 리카스, Antonia Canova, 1542-1548

갈아입었다. 바로 그 순간 히드라의 독이 헤라클레스의 살갗을 파고 들어가기 시작했다. 옷은 순식간에 살과 한 덩어리가 되었다. 그가 옷을 억지로 벗자 옷감이 살점이 함께 뜯어졌다. 헤라클레스는 단말마의 비명을 지르며 옷을 가져온 전령 리카스의 발목을 잡고 공중을 빙빙 돌리더니 바다로 던져버렸다. 헤라클레스가 간신히 집으로 돌아왔지만, 그의 아내 데이아네이라는 이미 남편의 불행한 소식을 듣고 양심의 가책을 느낀 나머지 집에서 목매 자살한 뒤였다.

14) 헤라클레스의 활과 화살을 차지한 필록테테스

헤라클레스는 본능적으로 죽을 때가 온 것을 예감했다. 그는 큰아들 힐로스(Hyllos)를 데리고 집 근처 오이타 산으로 올라가 그에게 장작으로 화장단을 쌓으라고 시켰다. 하지만 헤라클레스가 화장단 위에 올라갔지만 불을 붙일

헤라클레스의 죽음, Francisco de Zurbaran, 1634

수 없었다. 힐로스가 부싯돌을 가져오지 않았던 것이다. 그때 마침 필록테테스(Phloktetes)라는 자가 소떼를 데리고 그 곁을 지나갔다. 헤라클레스는 그에게 자신의 활과 화살을 줄 테니 불을 붙여달라고 부탁했다. 필록테테스는 헤라클레스의 이 제안에 흔쾌히 동의했다.

15) 신이 된 헤라클레스

헤라클레스의 육체가 불타고 있는 동안, 아테나 여신은 헤라클레스의 영혼을 이륜마차에 태우고 하늘로 올라갔다. 제우스는 신들을 모아 헤라클레스를 신으로 만들자고 제안했다. 어떤 신도 제우스의 말에 이의를 제기하지 않았다. 헤라클레스는 마침내 만장일치로 신의 반열에 올랐다. 헤라는 그제야

올림포스 궁전으로 올라가 신이 되는 헤라클레스, François Lemoyne, 1736

비로소 헤라클레스에 대해 품고 있는 화를 누그러뜨리고 그와 화해했다. 자신의 딸이자 청춘의 여신인 헤베(Hebe)도 아내로 주었다. 헤라클레스는 영웅들 중 유일하게 지상에서 이루어낸 과업의 대가로 올림포스의 신들과 같이 사는 명예를 누리게 되었다.

헤라클레스의 선택이란?

헤라클레스는 지상에 사는 동안 끊임없이 광기에 시달렸던 것 같다. 물론 헤라의 개입도 있었겠지만 아마 주체할 수 없이 넘쳐흐르는 힘 때문이었을 것이다. 하지만 그는 자신의 광기를 헤라나 본능의 탓으로만 돌리지 않고 그것을 제어하기 위해 부단한 노력을 기울였다. 그것을 방증해 주는 일화가 하나 있다.

프로디코스(Prodikos)의 교훈극「갈림길의 헤라클레스」에 의하면 헤라클레스는 막 청년기로 들어선 어느 날 비몽사몽간에 꿈을 꾸었는데 자신이 갈림길에 서 있음을 발견한다. 한쪽 길에는 욕망이라는 이름의 요염하게 생긴 여자가, 자기와 가는 길은 언제나 장밋빛이며 육체의 욕망뿐 아니라 모든 욕망을 마음껏 채울 수 있다며 함께 가자고 손짓한다. 그런데 다른 길에는 덕성이라는 이름의 정숙한 여자가 자기와 가는 길은 고난과 고통의 길이지만 참된 행복을 얻을 수 있는 길이라며 함께 가자고 손짓한다.

갈림길에서 한순간 갈등하던 헤라클레스는 결국 후자의 길을 택했다. 이 일화에서 바로 '헤라클레스의 선택'이라는 격언이 유래했다. 그것은 인생에서 쉽지만 타락한 길이 아니라, 힘들지만 올바른 길을 택하는 중요한 결단을 의미한다. 삶에 대한 이런 태도는 페르세우스를 비롯하여 테세우스, 오디세우스, 아킬레우스 등 그리스 신화 모든 영웅들의 가장 중요한 공통분모이다.

갈림길의 헤라클레스, Sebastiano Ricci, 1710-1720

전쟁의 달인 헤라클레스

헤라클레스는 전쟁의 달인이다. 그가 치르지 않은 전쟁은 없다. 그가 히드라 등 괴물들과 벌이는 정의의 전쟁은 수가 없다. 올림포스 신족을 도와 기간테스와 전쟁을 벌이기도 한다. 그는 전쟁의 달인답게 헬레니즘 시대에는 간다라로 전해져 부처님을 지키는 금강역사가 되기도 한다. 특히 그가 보복 위해 치르는 전쟁은 무척 인상적이다. 이 세상에서 전쟁이 일어나는 원인중 하나를 가늠해볼 수 있기 때문이다. 그것은 바로 약속 불이행이다. 헤라클레스는 약속을 이행하지 않는 자들에게는 단호하게 보복했다. 그는 뒤끝이 길어도 너무 길었다. 바로 보복할 수 없는 성황이면 나중에 언젠가 꼭 돌아와 보복했다. 아이게우스 왕, 에우리스토스 왕, 라오메돈 왕 등이

금강역사가 된 헤라클레스, 간다라(파키스탄), AD 2세기

그렇게 해서 목숨을 잃었다. 헤라클레스의 보복 전쟁에서 이런 결론을 낼 수 있지 않을까? 전쟁의 대부분은 약속을 지키지 않은 데서 일어난다고 말이다. 우리 주변에서 일어나는 분쟁들을 한번 생각해보라. 거의 모든 싸움이 하겠다고 약속해 놓고 하지 않아서 생기지 않는가.

영웅들은 왜 꼭 지하 세계를 다녀올까?

헤라클레스의 12번째 과업은 지하 세계의 개 케르베로스를 데려오는 것이었다. 그가 케르베로스를 에우리스테우스 왕에게 보여준 뒤 다시 하데스에게 데려다준 것을 감안하면 지하 세계를 두 번이나 다녀온 것이 된다. 또한 에우리피데스의 「알케스티스」라는 작품을 보면 헤라클레스는 남편 아드메토스를 위해 죽은 알케스티스의 혼령을 무덤에서가 아니라 지하 세계에서 타나토스와 싸워 데려온다. 에우리피데스의 주장대로라면 헤라클레스는 총 세 번이나 지하 세계를 다녀오는 것이다. 헤라클레스는 지하 세계의 전문가였던 셈이다.

헤라클레스뿐 아니라 영웅 오디세우스, 아이네이아스도 지하 세계를 다녀온다. 또한 테세우스도 친구 페이리토오스를 따라 지하 세계에 들어가 겁도 없이 하데스에게 아내 페르세포네를 내놓으라고 했다가 그가 가리키는 의자에 앉아 죽음과도 같은 깊은 잠에 빠졌지만 12번째 과업을 위해 지하 세계를 들른 헤라클레스의 도움으로 혼자만 구출된다.

이밖에도 음악의 달인 오르페우스도 음악의 힘으로 죽은 자기 아내를 데리러 지하 세계에 다녀온다. 에로스의 연인 프시케(Psyche)도 예비 시어머니 아프로디테의 심부름으로 페르세포네의 화장품을 얻으러 지하 세계를 다녀온다.

그리스 신화의 내로라는 영웅들은 이처럼 약속이라도 한 것처럼 지하 세계를 다녀온다. 페르세우스만 지하 세계를 직접 다녀오지 않았을 뿐이다. 하지만 어린 페르세우스가 궤짝에 넣어져 바다에 버려져 생사의 갈림길에 서 있었던 것은 지하 세계를 다녀온 것이나 진배없다. 혹은 그가 메두사를 죽이러 갔을 때 겪었을 시련을 지하 세계를 경험한 것으로 간주하는 것은 무리일까?

그렇다면 영웅들의 지하 세계 방문은 무엇을 의미할까? 그것은 영웅들에게 일종의 성인식 같은 통과의례가 아니었을까? 그것은 인간이 진정한 영웅으로 거듭나기 위해서는 지하 세계와 같은 혹독한 시련을 겪어야 한다는 메시지를 우리에게 전하는 것은 아닐까? 성서의 「로마서」 5장에는 신화 속 영웅들의 지하 세계 방문의 의미를 밝혀주는 다음과 같은 의미심장한 구절이 나온다. "환난은 인내를, 인내는 연단을, 연단은 소망을 이루는 줄 앎이로다."

3. 리틀 헤라클레스, 테세우스

술에 취해 낳은 아들 테세우스

아테네의 왕 아이게우스(Aigeus)는 후사를 이을 아들을 원했지만 아무리 노력해도 생기지 않았다. 그는 델피의 아폴론 신탁소를 찾아 그 이유를 물었다. 그러자 여사제 피티아(Phytia)가 신탁을 전했다.

"아테네로 가기 전에 포도주 부대의 주둥이를 풀지 마라!"

아이게우스는 귀향길에 트로이젠(Troizen)이라는 나라에 들렀다. 그곳은 현자 피테우스(Pittheus)의 나라였다. 피테우스 왕은 근방에서 현인으로 유명했다. 그는 그에게 아리송한 신탁의 의미를 물었다. 피테우스는 그 뜻을 즉시 간파했지만 알려주지는 않고 대신 그날 밤 테세우스를 대취하게 한 뒤 딸 아이트라와 동침하게 만들었다. 다음날 아침 테세우스는 자기 옆에 아이트라(Aithra)가 잠들어 있는 것을 보고 깜짝 놀랐다. 하지만 그는 곧 상황을 짐작하고 아이트라를 깨워 커다란 바위가 있는 곳으로 데리고 갔다. 그는 바위를 들어 한쪽으로 치운 다음 그 밑에 구덩이를 파고 칼 한 자루와 신발 한 켤레를 넣고 다시 바위를 제자리에 놓은 다음 말했다.

"당신은 아들을 낳을 것이오. 그 아이가 성인이 되어 이 바위를 들어 올릴 만큼 크거든 이 신표를 들려 내게 보내시오! 나는 아테네의 왕 아이게우스요!"

테세우스의 아버지 찾기

아이게우스는 아이트라에게 이렇게 당부하고 서둘러 길을 떠났다. 그는 같은 날 밤 바다의 신 포세이돈이 아이트라와 동침한 것은 알아차리지 못했다. 아이트라는 열 달이 흘러 과연 아들을 낳자 이름을 테세우스라고 지었다. 핏줄은 속일 수 없는 모양이다. 테세우스는 16세가 되자 유난히 힘이 세고

피티아와 아이게우스, BC 440-430년경의 도기 그림

영리한 소년으로 성장했다. 그는 특히 당시 유행하던 레슬링을 단순히 힘을 과시하는 스포츠가 아닌 예술의 경지로 올려놓았다. 레슬링을 할 때면 그는 신기에 가까운 기술을 펼쳤다. 외할아버지 피테우스는 그것을 보고 손자가 포세이돈의 아들이 틀림없다고 생각했다. 아이트라는 어느 날 아들을 데리고 예의 바위 옆으로 데려가서 들어보라고 했다. 테세우스가 손쉽게 단숨에 바위를 들어 올리자 밑에 있는 칼과 신발을 꺼내 그에게 주며 말했다.

"아들아, 너의 아버지는 아테네의 왕 아이게우스이다. 아테네로 아버지를 찾아가라! 이 신표를 갖고 가면 아버지가 너를 금방 알아볼 것이다."

외할아버지와 어머니는 테세우스에게 안전하고 짧은 해로를 통해 아테네로 가라고 충고했다. 그러나 테세우스는 굳이 코린토스(Korithos)의

아버지의 신표를 찾아내는 테세우스, Poussin, 1638년경

이스트모스(Isthmos)를 통과하는 위험한 육로로 가겠다고 고집을 피웠다. 그 길은 노상강도들로 들끓었다. 테세우스는 어렸을 때부터 헤라클레스의 열렬한 팬이었다. 그는 헤라클레스의 얘기를 들을 때마다 열광했다. 테세우스는 헤라클레스처럼 되고 싶었다. 그에 버금가는 이름을 날리고 싶었다.

테세우스의 모험 경로

1) 페리페테스

아버지를 찾아 길을 떠난 테세우스가 맨 먼저 도착한 곳은 에피다우로스(Epidauros)였다. 그곳에 악당 페리페테스(Periphetes)가 살고 있었다. 그는 헤파이스토스와 안티클레이아(Antikleia)의 아들로 아버지처럼 절름발이었다.

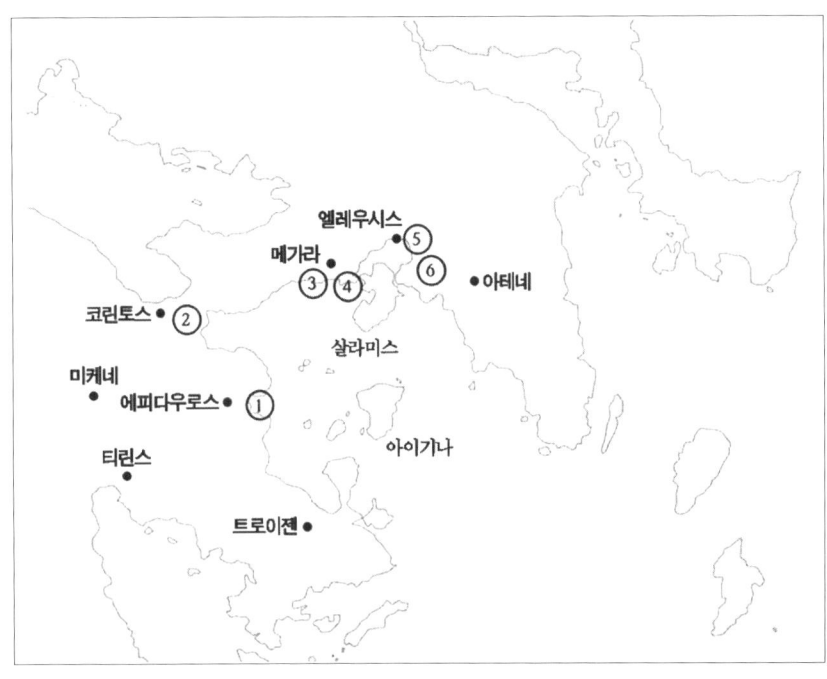

테세우스의 모험 경로

그는 코리네테스(Korynetes)라는 청동 방망이를 하나 갖고 있었다. 그가 페리페테스라고 불린 것은 그 방망이 때문이다. 페리페테스는 '몽둥이 인간'이라는 뜻이다. 그는 이 몽둥이로 행인의 머리를 쳐 죽였다.

테세우스는 힘으로는 그를 당할 수 없었다. 대신 그는 재빠르고 유연했으며 머리를 쓸 줄 알았고 침착했다. 그는 꾀를 써서 우선 페리페테스의 몽둥이를 빼앗았다. 몽둥이를 뺏긴 페리페테스는 허수아비나 다름없었다. 테세우스는 몽둥이로 그의 머리를 쳐 죽이고 몽둥이는 전리품으로 가져갔다.

2) 시니스

테세우스는 이스트모스에서 두 번째 악당 시니스(Sinis)를 만났다. 그는 '전나무를 구부리는 자'라는 뜻의 '피티오캄프테스(Pityokamptes)'로 불렸다.

제11장 영웅 이야기   443

테세우스와 시니스, BC 490-480년경의 도기 그림

그가 행인들을 죽이는 방식 때문이다. 그는 행인들에게 억지로 전나무 가지를 땅바닥까지 구부리게 하다가 도와주는 척하면서 손을 놓아버렸다. 그 순간 전나무 가지는 도로 튀기면서 행인을 허공에 날렸다. 다른 설에 의하면 시니스가 행인을 죽이는 방식은 이보다 더 잔인했다. 시니스는 가지 두 개를 구부려 한 가지에는 행인의 발을 묶고 다른 가지에는 팔을 묶은 다음 손을 놓았다. 그러면 행인은 사지가 갈기갈기 찢어져 죽었다. 우리나라 조선시대의 형벌 능지처참과 비슷했다. 테세우스는 손쉽게 시니스를 제압하여 그가 행인을 죽인 방식대로 처치했다.

시니스에게는 페리구네(Perigune)라는 예쁜 딸이 하나 있었다. 그녀는 아버지가 죽는 것을 보고 테세우스를 피해 가시덤불 속으로 달아났다. 그녀는 덤불에게 자신을 보호해 주면 앞으로 덤불을 절대로 없애지 않겠다고 맹세했다.

테세우스의 모험 사이클, BC 440-430년경의 도기 그림

덤불은 그녀의 간절한 기도를 들어주어 그녀를 꽁꽁 숨겨주었다. 테세우스는 예쁜 페리구네가 탐이 났다. 그는 덤불을 향해 그녀에게 밖으로 나오면 해를 끼치지 않겠다고 약속했다. 그녀는 테세우스의 말에 금세 두려움을 잊고 덤불 속에서 나왔다. 나중에 그녀는 테세우스에게 멜라니포스(Mellanippos)라는 아들을 낳아주었지만, 테세우스는 얼마 후 그녀를 데이오네우스(Deioneus)에게 아내로 주어버렸다. 페리구네의 손자 이옥소스(Ioxos)가 카리아로 이주하였을 때였다. 그와 그의 후손은 할머니의 맹세를 지켜 덤불을 절대로 불태우지 않았다고 한다.

3) 크롬미온의 암퇘지

테세우스는 이번에는 길을 똑바로 가지 않고 우회로를 택했다.

크롬미온(Krommyon)을 황폐화시켰던 야생 암퇘지를 잡기 위해서였다. 이 암퇘지는 에키드나와 티폰의 자식으로 녀석을 길렀던 노파의 이름을 따라 파이아(Phaia)라고 불렸다. 이 암퇘지는 막 싹트는 씨앗까지 먹어버려 아주 골칫거리였다. 농부들은 이 암퇘지가 두려워 밭을 경작하려고 하지 않았다. 테세우스는 저돌적으로 달려드는 암퇘지를 단칼에 죽여 버렸다.

4) 스키론

테세우스가 다음에 도착한 곳은 해안가를 따라 이어진 스키론(Skiron) 절벽 길이었다. 절벽이 그런 이름을 갖게 된 것은 그곳에 살고 있는 스키론이라는 악당 때문이었다. 그는 행인을 붙잡아 통행세 명목으로 자신의 발을 씻기게 하다가 갑자기 발로 절벽 밑으로 밀어버렸다. 절벽 밑에는 엄청나게 큰 바다거북이 한 마리 살고 있었다. 녀석은 떨어지는 행인을 받아먹고 살았다. 테세우스는 그의 발을 씻기는 척하다가 갑자기 그의 발을 잡고 그를 거꾸로 절벽 밑으로 던져버렸다.

5) 케르키온

테세우스는 이스트모스에서는 별다른 일을 겪지 않았다. 그가 이스트모스를 거쳐 엘레우시스(Eleusis)에 도착하자 케르키온(Kerkyon) 왕이 그에게 시비를 걸어왔다. 그는 레슬링의 달인이었다. 그는 행인에게 강제로 레슬링 시합을 하자고 요구해서 행인이 지면 목숨을 빼앗았다. 지금까지 아무도 그를 이기지 못했다. 그는 행인을 시합 중에 죽이거나 시합 후에 죽이곤 했다. 하지만 케르키온은 천부적인 레슬링 선수 테세우스를 당할 재간이 없었다. 테세우스는 특히 자유형에 강했다. 그는 케르키온을 허리 돌려치기로 잡아 땅바닥에 메쳐 꽂아 죽였다.

프로크루스테스와 싸우는 테세우스, BC440-430년경의 도기 그림

6) 악당 다마스테스

엘레우시스 근처 케피소스(Kephissos) 강가에 에리네오스(Erineos)라는 도시가 있었다. 이곳 큰길가에는 다마스테스(Damastes)라는 악당이 하나 살고 있었다. 그는 여행객을 구슬려 자신의 집에 하룻밤 묵게 했다. 그는 여행객이 깨어 있을 때는 갖은 친절을 베풀었다. 하지만 여독에 지친 여행객이 깊이 잠이 들면 조심스럽게 그의 이불을 걷고 침대와 그의 키를 비교했다. 여행객은 살아남으려면 그 키가 침대 길이와 한 치의 오차도 없이 같아야 했다. 그는 만약 여행객의 키가 침대보다 작으면 사지를 강제로 늘여 죽였고, 길면 잘라 죽였다. 여행객의 키가 침대 길이와 일치하는 경우는 한 번도 없었다. 다마스테스의 손에 죽은 여행객들은 대부분 키가 침대 길이보다 작았다. 그래서 그는 '잡아 늘이는 자'라는 뜻의 프로크루스테스(Prokrustes)라는

별명을 갖고 있었다. 테세우스는 다마스테가 여행객들에게 했던 방식대로 그를 침대에 뉘여 잡아 늘여 죽였다. 이 이야기에서 '프로크루스테스의 침대'라는 격언이 나왔다. 그것은 '융통성 없는 교조주의적인 생각'이라는 뜻이다.

7) 피탈리다이

테세우스는 악당 다마스테스를 해치우고 나오다가 근처에서 피탈로스(Phytalos)의 자손들을 만났다. 피탈로스는 데메테르 여신이 하데스에게 납치당한 딸 페르세포네를 찾아 헤맬 때 그녀를 자신의 집에 초대해서 잘 대접해 주었던 인물이다. 데메테르 여신은 그에 대한 보답으로 그에게 무화과나무를 주었다. 그의 후손들 피탈리다이(Phytalidai)는 조상 피탈로스 덕분에 오랫동안 무화과나무에 대한 지배권을 누렸다. 피탈리다이는 테세우스를 집에 초대해서 환대하고 그의 살인죄를 정화시켜 주었다. 그가 죽인 자들은 모두 악당이었지만 테세우스가 살인을 한 것은 분명했기 때문이다.

드디어 아테네에 도착하다

1) 황소 두 마리를 공중에 던지다

테세우스는 이렇듯 많은 악당들을 물리치고 드디어 아테네에 도착하여 곧바로 명목상의 아버지 아이게우스의 궁전이 있는 아크로폴리스로 향했다. 그는 그때 아테네 남자들이 즐겨 입었던 투니카가 아니라 긴 겉옷을 걸치고 있었다. 아테네인들의 눈에는 그가 여자처럼 보였다. 그가 아폴론 신전 옆을 지나가자 지붕을 수리하던 자가 그를 보더니 히죽거리며 여자라고 놀렸다. 그는 아무 말 없이 근처 우마차로 가더니 황소 두 마리를 멍에에서 풀어 그것을 공중에 던졌다. 황소는 지붕보다 더 높이 솟아올랐다가 땅으로 떨어져 즉사하고 말았다. 그 후 테세우스를 조롱하는 자는 아무도 없었다.

아이게우스를 비롯하여 아테네인들은 이 청년이 이스트모스를 거쳐 아테네로

오는 길에 버티고 서서 행인들을 괴롭히던 악당들을 해치운 사람이라는 얘기를 듣고 그를 열렬하게 환영했다. 아이게우스는 그를 궁전에 초대하여 연회를 베풀었다. 그는 테세우스의 출신이나 이름을 묻지 않았다. 손님에게 제대로 접대를 하고나서야 그것을 묻는 것이 그 당시 예법이었기 때문이다. 테세우스도 똑같은 이유로 침묵을 지켰다. 손님도 충분하게 대접을 받은 다음에야 비로소 자신의 출신을 밝히는 것이 당시 예법이었다.

2) 악녀 메데이아의 간계

하지만 이런 예법 때문에 테세우스는 하마터면 죽을 뻔한 위기에 처한다. 그 당시 아테네에는 악녀 메데이아가 망명객으로 살고 있었다. 아이게우스는 델피 신탁소를 거쳐 아테네로 돌아오다가 코린토스에 잠깐 들른 적이 있었다. 그때 메데이아는 아이게우스에게 약속을 하나 받아냈다. 아이게우스가 자신에게 피난처를 제공하면 그에게 원하는 아들을 낳아준다는 것이다. 메데이아는 이렇게 피난처를 미리 마련해 둔 다음 남편 이아손에게 복수하기 위해 두 아들을 죽이고 용이 끄는 하늘을 나는 수레를 타고 아테네로 도망쳤다. 그녀가 아이게우스에게 코린토스에서 자신에게 한 약속을 상기시키며 보호를 요청하자, 그는 그녀를 받아주고 아내로 삼았다. 메데이아도 얼마 후 아이게우스에게 약속대로 메도스(Medos)라는 아들을 낳아주었다. 그들이 함께 산 지 벌써 17년이 흘렀다.

3) 크레타의 황소를 죽이다

메데이아는 특유의 예지력으로 일약 아테네의 영웅으로 떠오른 청년이 누군지 단박에 알아보았다. 그녀는 테세우스의 정체가 밝혀지면 아들 메도스의 왕위 계승이 물거품이 될 것이라고 생각했다. 그녀는 테세우스를 없애기 위해 아이게우스의 동생 팔라스(Pallas)가 형에게 품고 있는 역심을 이용하기로 했다. 팔라스는 그동안 50명의 아들들과 함께 형 아이게우스의 왕위를

마라톤의 황소와 싸우는 테세우스, BC 440-430년경의 도기 그림

호시탐탐 노려왔다. 메데이아는 아이게우스에게 말했다.

"저런 영웅은 두고두고 당신에게 동생 팔라스 같은 골칫거리가 될 거예요. 후환은 아예 싹부터 자르는 게 좋아요."

아이게우스는 지금까지 동생과 조카들에게 당한 일들을 떠올리며 몸서리를 쳤다. 이어 테세우스를 잠재적인 적으로 간주하고 그를 없앨 계획을 세웠다. 바로 그때 그의 머릿속에 헤라클레스가 크레타에서 잡아와 마라톤 지방을 휘젓고 다니는 황소가 떠올랐다. 당시 헤라클레스가 그 황소를 잡아와 에우리스테우스 왕에게 바치자 왕은 다시 그것을 헤라에게 바쳤다. 그러자 헤라클레스가 잡아온 것을 좋아할 리가 없었던 헤라는 바로 그 황소를 풀어주었다.

고삐 풀린 황소는 아테네 근처 마라톤으로 달려가더니 그곳을 쑥대밭으로 만들었다. 많은 영웅들이 황소를 잡으려 했지만 모두 목숨을 잃었을 뿐이다. 아이게우스는 이 황소를 이용해 테세우스를 해치우기로 작정했다. 예전에 크레타의 왕자 안드로게오스도 이 방법으로 제거하지 않았던가. 하지만 테세우스는 아이게우스와 메데이아가 기대했던 것과는 달리 출정하자마자 단숨에 황소를 제압해서 가져왔다.

4) 아이게우스가 테세우스의 신표를 보다

메데이아는 집요했다. 그녀는 이번에는 축하 파티에서 포도주에 독을 타서 아이게우스에게 건네면서 테세우스에게 권하도록 했다. 바야흐로 아버지가 아들을 죽이는 비극적인 사건이 벌어질 순간이었다. 테세우스가 막 잔을 들어 마시려는 순간 아이게우스는 우연히 그가 허리춤에 차고 있는 칼을 보았다. 그것은 트로이젠에서 자신이 바위 밑에 넣어둔 바로 그 칼이었다. 깜짝 놀란 아이게우스는 황급히 테세우스에게 달려가 손을 쳐 잔을 떨어뜨리고 아들과 감격의 포옹을 했다.

5) 테세우스가 숙부 팔라스의 쿠데타를 진압하다

아테네 시민 모두가 아버지 아이게우스와 아들 테세우스의 만남을 기뻐하고 축하했다. 하지만 아이게우스의 동생 팔라스와 그 아들들만은 그렇지 않았다. 그들은 아이게우스가 죽으면 자신들이 권력을 이어받을 것이라고 생각했었다. 하지만 테세우스가 나타난 이상 그것은 허황된 꿈에 불과했다. 그들은 마침내 은밀하게 쿠데타 계획을 세웠다. 하지만 어디나 이탈자가 있는 법, 레오스(Leos)라는 자가 그들을 배반하고 테세우스에게 쿠데타 계획을 폭로했다. 그래서 테세우스는 그들의 본거지를 급습하여 쿠데타 세력 대부분을 소탕했다. 팔라스와 그의 아들들만 겨우 외국으로 달아났을 뿐이다. 이후 아테네는 태평성대를 이루었다. 하지만 얼마 안 있어 쿠데타보다도 더

아이게우스와 테세우스, BC 410-400년경의 도기 그림

심각한 문제로 아테네의 평화는 깨지고 말았다.

크레타와 아테네의 전쟁

테세우스가 태어나기 조금 전, 앞서 말한 크레타의 왕 미노스의 아들 안드로게오스가 아테네에서 생활한 적이 있었다. 크레타에서 선진 도시 아테네로 유학을 왔던 셈이다. 아이게우스가 언젠가 아테네에서 영웅들을 위해 경기를 개최하자 안드로게오스는 모든 경쟁자를 물리치고 우승했다. 아이게우스는 안드로게오스가 장차 자기 왕위에 위협적인 존재가 될지 모른다고 생각했다. 덜컥 겁이 난 아이게우스는 그를 마라톤으로 보내 황소를 잡아오도록 했다. 안드로게오스는 용감하게 출정했지만 불행하게도 황소 뿔에 받혀 죽고 말았다. 분노한 크레타의 왕 미노스는 아이게우스를 응징하기 위해 아테네를 공격했다.

전쟁이 발발하자 아테네는 전세도 불리했지만 엎친데 겹친 격으로 시내에 역병까지 나돌았다. 아이게우스가 델피에 재앙을 피할 방도를 묻자 미노스가 요구하는 조건은 모두 들어주라는 신탁이 나왔다. 미노스는 휴전을 대가로 9년마다 아테네의 처녀와 총각 일곱 명씩을 요구했다. 이어 조공으로 받은 그들을 마로 감옥에 가두어둔 크레타의 괴물 미노타우로스에게 먹잇감으로 주었다.

괴물 미노타우로스와 라비린토스

괴물 미노타우로스는 머리는 황소 몸은 사람 모습이었으며 황소와 인간 여인의 자식이었다. 괴물의 아버지인 황소는 바로 헤라클레스가 12가지 과업 중 하나로 에우리스테우스에게 잡아 갖다 주었던 크레타의 황소였다. 미노타우로스의 탄생 비화에 대해서는 이미 '헤라클레스의 모험'에서 간단하게 언급했지만 이 대목에서 좀 더 자세하게 언급하는 것이 좋을 것 같다.

미노스는 크레타의 왕이 되기 전 왕위를 놓고 형제들과 경쟁을 하고 있었다. 그는 포세이돈 신에게 황소 한 마리를 바다에서 튀어나오게 해주면 왕위에 오른 다음 그 황소를 다시 바치겠다고 기도했다. 미노스가 형제들을 모아놓고 기도하자 포세이돈은 그에게 멋진 황소 한 마리를 보내주었다. 미노스는 그 덕택으로 크레타의 왕이 되었지만 그 황소를 다시 바치고 싶지 않았다. 그는 그 황소를 씨소로 쓰기 위해 우리에 가두고 포세이돈에게는 다른 황소를 잡아 바쳤다.

그러자 분노한 포세이돈은 미노스의 아내 파시파에(Pasiphae)가 그 황소를

파시파에와 다이달로스, 이탈리아 페자로산 접시 그림

사랑하게 만들었다. 파시파에는 때마침 크레타에 망명 온 그리스 최고의 건축가 다이달로스에게 나무로 암소의 모형을 만들어 달라고 부탁했다. 다이달로스의 기술은 신기에 가까웠다. 그가 단풍나무로 만든 암소 모형은 마치 살아 움직이는 듯 했다. 파시파에는 속이 빈 나무 암소 안으로 들어가 황소와 사랑을 하여 마침내 괴물 아들 미노타우로스를 낳았다.

아내가 괴물을 낳자 미노스 왕은 부끄러웠다. 백성들이 괴물을 보고 쑥덕거릴 것이 뻔했다. 그는 다이달로스를 불러 한 번 들어가면 절대로 빠져나올 수 없는 감옥을 하나 만들어 달라고 부탁했다. 그게 바로 '라비린토스(Labyrinthos)'라고 불렸던 미로 감옥이었다. '미로'를 뜻하는 영어의 'Labirinth'는 바로 '라비린토스'에서 유래한 것이다. 감옥이 완성되자 미노스 왕은

미노타우로스, BC 515년경의 도기 그림

미노타우로스를 그곳에 가두고 거친 성정을 달래기 위해 9년마다 한 번씩 인육을 먹잇감으로 주었다.

괴물의 먹잇감으로 자원하다

테세우스가 숙부 팔라스의 쿠데타 음모를 진압하고 얼마 되지 않아 바로 운명의 그날이 왔다. 벌써 27년째가 되어 세 번째로 크레타에 공물을 바쳐야 하는 역사적인 날이 찾아왔던 것이다. 인질로 잡혀갈 처녀총각은 추첨으로 정해졌다. 일설에 의하면 아테네 시민들이 테세우스가 그 추첨에서 제외되자 거세게 항의했다. 테세우스가 그걸 보고 자신도 그 대상이 되겠다고 나섰다. 결국 그는 추첨에서 일곱 명의 총각 중 하나로 선발되었다.

다른 설에 의하면 인질을 선발하기 위해 미노스 왕이 아테네로 직접 왔다. 왕은 테세우스가 외모도 잘생겼을 뿐 아니라 체격까지 건장해서 그를 선택했다. 하지만 가장 유력한 설에 의하면 테세우스는 일곱 명의 청년 중 하나로 가겠다고 자원했다. 괴물 미노타우로스를 죽이고 돌아오겠다는 것이다. 아버지 아이게우스가 아무리 말려도 그의 고집을 꺾을 수 없었다. 아이게우스 왕은 실낱같은 희망이지만 테세우스가 미노타우로스를 죽이고 돌아올지 모른다고 생각했다. 그는 아들에게 부탁했다.

"나는 오늘부터 바닷가 절벽에서 크레타 쪽을 보며 너를 기다릴 것이다. 그러니 돌아올 때 살아 있으면 키잡이에게 검은 돛을 흰 돛으로 바꿔 달도록 해라. 조금이라도 빨리 네가 무사하다는 소식을 알고 싶구나."

미노스와 테세우스의 힘겨루기

테세우스가 크레타에 가게 되는 과정이나 그곳에서 겪는 모험에 대해서는 설이 아주 다양하다. 여러 설들이 서로 모순이 될 정도이다. 어떤 설에 의하면 미노스 왕이 인질들을 배에 태워 크레타로 직접 데려갔다. 미노스는 크레타로 가는 도중 처녀 인질 중 한 명인 페리보이아(Periboia)에게 마음을 빼앗겼다. 그녀는 메가라의 왕 알카토오스(Alkathoos)의 딸로 테세우스와 친척이었다. 테세우스는 미노스가 자꾸 그녀에게 치근덕거리자 그녀를 적극 보호하고 나섰다. 미노스 왕은 테세우스에게 분노를 표시하고 테세우스도 미노스에게 불쾌감을 표시했다. 두 사람 사이에 가벼운 입씨름이 벌어졌다. 급기야 두 사람은 서로 상대방이 신의 아들이라는 것을 부정하기에 이르렀다.

발끈한 미노스가 먼저 자신의 출생을 증명하기 위해 제우스에게 자신이 아들이라는 징조를 내려달라고 기도했다. 그러자 제우스가 번개와 천둥을 쳐서 대답했다. 의기양양해진 미노스는 이번에는 손가락에서 반지를 빼내 바다에 던지고는 테세우스에게 포세이돈의 아들이 확실하다면 바다에 들어가 그 반지를 다시 찾아오라고 요구했다. 미노스의 말이 떨어지기가 무섭게 테세우스가 바다에 뛰어들자 돌고래 떼가 나타나 테세우스를 바다 궁전으로 안내했다. 그러자 바다의 요정들 네레이데스(Nereides)가 그에게 미노스의 반지를 돌려주었다. 포세이돈의 왕비 암피트리테(Amphitrite)는 덤으로 테세우스에게 보석이 달린 왕관을 선물로 주었다. 테세우스는 다시 배로 돌아와 미노스에게 반지는 돌려주었지만 왕관은 자신이 차지했다.

테세우스와 타우로스의 대결

4세기에 실존했던 아테네의 역사가 필로코로스(Philochoros)에 따르면 미노스는 오래 전부터 자신의 부하이자 함대 사령관이었던 타우로스(Tauros)를 미워했다. 타우로스는 아주 거칠었고 천부적인 싸움꾼이었다. 그는 해마다 크레타에서 개최되는 운동경기에서 상이란 상은 모두 휩쓸었다. 미노스는 타우로스가 자기 아내 파시파에와 부적절한 관계에 있다고 의심했지만 그를 공개적으로 잡아들일 수도 없었다. 타우로스의 인기가 하늘을 찌르고 있었기 때문이다.

그런데 테세우스가 인질들과 함께 크레타에 도착한 직후 우연히 연례행사였던 운동경기가 개최되었다. 미노스는 테세우스에게 그 경기에 참가하도록 명령했다. 그는 은근히 테세우스가 눈엣가시 같은 타우로스를 혼내주기를 바랬다. 테세우스가 예상대로 경기에서 타우로스를 가볍게 제치고 우승하자 미노스는 열광했다. 그는 자진해서 앞으로는 아테네에서 인신 공물을 받지 않겠다고 선언했다.

아리아드네와 테세우스, Niccolo Bambin(1651-1736)

테세우스에게 빠져버린 아리아드네 공주

미노스에게는 아리아드네(Ariadne)와 파이드라(Phaidra)라는 딸이 있었다. 그중 아리아드네가 경기에서 테세우스가 타우로스와 겨루는 것을 보고 그에게 온통 마음을 빼앗겼다. 그녀는 테세우스가 괴물을 죽일 수 있을지는 몰라도 라비린토스에서 나올 수 없다는 것을 알았다. 그녀는 사랑하는 사람을 죽게 내버려둘 수 없었다. 그래서 얼른 감옥을 설계한 다이달로스에게 달려가 도움을 간청했다. 다이달로스도 위험을 무릅쓰고라도 테세우스를 돕고 싶었다. 비록 자신이 아테네에서 추방된 신세이지만 테세우스와는 자신과 동향이었기 때문이다. 그는 아리아드네에게 실꾸리 하나를 주면서 말했다.

"공주님, 그 감옥은 내가 만들었지만 나도 한 번 들어가면 나올 수 없습니다.

미노타우로스를 처치한 테세우스, Charles-Edouard Chaise, 1791년경

 그러나 방법은 있습니다. 테세우스에게 이 실꾸리를 이용하라고 하세요. 실을 감옥 입구에 묶고 풀면서 안으로 들어가라고 하세요. 괴물을 죽인 다음에는 실을 따라 다시 나오면 됩니다."

 아리아드네는 테세우스에게 실꾸리를 건네주면서 간청했다.

 "아무 조건은 없어요. 제발 절 아테네로 데려가 아내로 삼겠다고 약속만 해주세요."

 결국 테세우스는 아리아드네의 도움으로 괴물 미노타우로스를 죽이고 무사히 라비린토스를 빠져나왔다. 테세우스는 약속한 대로 아리아드네를 데리고 아테네로 향했다. 크레타 군사들은 나중에 테세우스가 탈출했다는 것을 알았지만 그를 추격할 수 없었다. 테세우스가 출항하기 전 미리 크레타의 모든 함선 밑에 구멍을 뚫어놓았기 때문이다.

낙소스에서 잠을 자는 아리아드네, John Vanderlyn, 1808-1812

낙소스 섬에 아리아드네를 버리다

하지만 아리아드네는 아테네로 갈 운명이 아니었다. 그녀가 테세우스와 헤어진 곳은 식수를 조달하기 위해 잠시 들른 낙소스(Naxos) 섬이었다. 왜 그가 아리아드네와 헤어졌는지는 불분명하다. 여러 설이 있기 때문이다. 포도주의 신 디오니소스가 테세우스의 꿈에 나타나 그녀를 놓고 가라고 했다거나, 낙소스 섬에서 그녀를 납치했다거나, 테세우스에게서 강제로 빼앗아 갔다는 설도 있다. 또한 그녀가 낙소스 섬에서 디오니소스 신전의 사제 오이나로스(Oinaros)와 결혼했다거나, 아테네에 파노페우스(Panopeus)의 딸 아이글레(Aigle)라는 연인이 있었다는 설도 있다.

하지만 가장 잘 알려진 설에 따르면 테세우스는 아리아드네를 스스로

디오니소스와 아리아드네, Jacopo Amigoni, 1740-1742

버렸다. 그는 그녀를 아테네로 데려갈 수 없었다. 아니, 데려가고 싶지 않았다. 그는 무턱대고 모든 것을 희생하고 사랑을 구걸하는 아리아드네가 부담이 되었다. 사랑을 위해 가족과 조국을 헌신짝처럼 버리는 여인에게 전혀 매력을 느끼지 못했다. 튕겨야 제 맛이라고 하지 않았는가. 테세우스는 결국 잠든 아리아드네를 낙소스 섬에 버려두고 떠났다. 얼마 후 포도주의 신 디오니소스가 낙소스 섬에 들렀다. 그는 테세우스로부터 버림받아 깊은 슬픔에 젖어 있는 아리아드네를 발견하고는 그녀를 위로하며 아내로 삼았다.

아버지 아이게우스의 자살

아테네가 멀리서 아스라이 보이기 시작했지만 테세우스는 검은 돛을 흰 돛으로 바꾸지 못했다. 그는 낙소스에 버리고 온 아리아드네에 대한 양심의 가책으로 아버지의 부탁을 잊고 말았던 것이다. 아들이 크레타로 떠난 후부터 노령의 아이게우스는 날마다 절벽에 나와 크레타 쪽만을 응시하며 아들의 무사 귀환을 바랐다. 마침내 아들이 탄 배가 멀리서 보이기 시작했다. 그는 재빨리 돛의 색깔을 살펴보고 깊은 충격에 빠졌다. 여전히 검은 색이었기 때문이다. 단 하나 남은 후계자를 잃은 그는 더 이상 살 희망이 없었다. 그는 곧바로 절벽에서 바다로 몸을 던졌다. 그 후부터 아이게우스가 자살한 바다는 그의 이름을 따 'aigaion pelagos'로 불렀다. 그것은 영어로는 'Aegean Sea', 우리말로는 '에게 해'라는 뜻이다. 아테네의 항구 팔레론(Phaleron)에 상륙한 테세우스는 무사 귀환의 기쁨을 누릴 틈도 없이 우선 아버지의 장례를 치러야 했다.

아마존족을 정벌하다

아테네의 왕이 된 후에도 테세우스의 모험심은 지칠 줄 몰랐다. 그중 가장 유명한 것은 아르고 호의 모험과 칼리돈(Kalydon)의 멧돼지 사냥이지만 테세우스가 눈에 띄는 활약을 한 것 같지 않다. 참가자 명단에는 있지만 활동상에 대해서는 기록이 없기 때문이다. 테세우스는 오히려 그 이후 벌어진 아마존족 정벌에서 많은 전공을 세웠다. 아마존족은 흑해의 남쪽 해안의 테미스키라(Themiskyra)에 있는 여인 왕국을 말한다. 그들은 활쏘기에 방해가 된다고 한 쪽 가슴을 절제할 정도로 타고난 여 전사였다.

아마존족은 헤라클레스가 한 번 휩쓸고 간 후여서 세력이 많이 약화되어 있었다. 테세우스는 아마존족을 공격하여 여왕 안티오페(Antiope)를 인질로 잡아왔다. 그러자 아마존족은 군사를 다시 정비하여 아테네까지 테세우스를 쫓아왔다. 그들은 아크로폴리스를 점령하고 최후의 결전을 벌였지만 결국 패배하고 군사력의 태반을 잃었다. 아마존족의 새 여왕이자 안티오페의 여동생 멜라니페(Melanippe)는 간신히 포위망을 뚫고 탈출하여 메가라(Megara)로 도망치지만 화병을 얻어 곧 죽고 말았다. 인질로 잡아온 안티오페도 얼마 살지 못했다. 그녀는 테세우스의 아내가 되어 히폴리토스(Hippolytos)라는 아들을 하나 낳아주더니 시름시름 앓다가 그만 죽고 말았다.

히폴리토스는 유모의 손에 무럭무럭 자랐다. 세월이 한참 흘러 테세우스와 크레타의 파이드라 공주 사이에 혼담이 오갔다. 크레타의 왕은 이제 미노스가 아니라 그의 아들 데우칼리온(Deukalion)이었다. 데우칼리온은 테세우스가 자신의 여동생 아리아드네를 버린 적이 있지만 그와 매제가 되는 것이 싫지 않았다. 그건 정치적인 계산에서였다. 파이드라의 아들들이 테세우스의 합법적인 후계자가 될 수 있었기 때문이다. 테세우스는 이미 아마존 여왕 안티오페와의 사이에서 낳은 아들 히폴리토스를 트로이젠으로 보내 아들이 없던 외할아버지 피테우스(Pittheus)의 후계자가 되도록 했던 것이다.

파이드라와 히폴리토스

결국 테세우스는 바라던 대로 파이드라를 후처로 맞이하여 얼마 후 두 아들 데모폰(Demophon)과 아카마스(Akamas)를 두었다. 이렇게 아테네의 후계 구도가 공고화되자 외국에 망명해 있던 아이게우스의 동생 팔라스와 그의 아들들은 마음이 조급해졌다. 그들은 아테네로 잠입하여 다시 한 번 마지막으로 반란을 꾀했지만 실패하고 테세우스의 손에 살해되고 말았다. 테세우스는 혈육을 살해한 죄로 1년 동안 아테네에서 추방당했다. 그는 이 기간을 외할아버지가 다스리는 트로이젠에서 보냈다.

테세우스는 후처 파이드라가 트로이젠에 있는 전처의 아들 히폴리토스에

파이드라, Alexandre Cabanel, 1880

대해 전혀 반감을 갖고 있지 않을 것이라고 생각했다. 이미 트로이젠의 후계자로 정해진 이상 히폴리토스는 파이드라의 아들들이 아테네의 왕위를 계승하는데 전혀 걸림돌이 되지 않았기 때문이다. 하지만 파이드라는 히폴리토스에게 그와는 전혀 다른 감정을 품고 있었다. 파이드라는 히폴리토스가 엘레우시스 비교에 참가하기 위해 아티카에 왔을 때 얼핏 보고 첫눈에 그에게 반하고 말았다. 그녀는 아테네 아크로폴리스 언덕 한 구석에 아프로디테 여신의 신전을 세우고 맑은 날 멀리서 희미하게 보이는 트로이젠 쪽을 바라보며 히폴리토스를 그리워했다.

그러던 어느 날 그녀는 남편 테세우스를 만난다는 구실로 트로이젠을 방문했다. 그런데 그녀는 트로이젠 인들로부터 히폴리토스에 대해 새로운 사실을

히폴리토스의 죽음, Lawrence Alma Tadema, 1860

전해 듣고 실망감을 감추지 못했다. 히폴리토스가 처녀신 아르테미스를 숭배하여 독신으로 살기로 맹세했다는 것이다. 과연 그는 아르테미스 여신처럼 혼자 사냥을 즐기며 살았다. 그는 사랑의 신 아프로디테 여신에게 바치는 제사를 경멸했고 여자는 거들떠보지도 않았다. 당연히 새어머니인 자신에게는 눈길 하나 던져주지 않았다. 파이드라는 애가 닳아 점점 여위어갔다.

　파이드라의 유모가 안타까운 마음에 은밀하게 히폴리토스를 찾아가 파이드라의 애타는 마음을 전했다. 히폴리토스는 깜짝 놀라며 말도 안 되는 소리라며 유모의 말을 막았다. 이어 유모와 파이드라를 싸잡아 마녀라고 꾸짖으며 사악한 말을 들었으니 귀를 씻어야겠다고 말했다. 아울러 끔찍한 사실을 누구에게도 발설하지 말라고 단단히 일러두었다. 파이드라는 유모의 말을

제11장 영웅 이야기　465

전해 듣고 엄청난 모욕감을 느끼며 절망했다. 광기에 빠진 그녀는 남편이 없는 사이 유서 한 장을 써놓고 목매 자살했다. 테세우스가 집으로 돌아와 아내가 남긴 유서를 읽었다. 유서에는 이렇게 쓰여 있었다.

"당신이 없는 사이 히폴리토스가 제 방에 들어와 저를 욕보였습니다. 저는 수치심을 참을 수 없어 먼저 저 세상으로 떠납니다."

분노한 테세우스는 당장 히폴리토스를 트로이젠에서 추방했다. 아들이 아무리 결백을 주장해도 그 말을 믿지 않았다. 심지어 그는 자신의 실제 아버지 포세이돈 신에게 히폴리토스를 죽여 달라고 기도했다. 히폴리토스는 마침 트로이젠을 떠나기 위해 마차를 타고 해안을 달리고 있었는데 갑자기 바다에서 황소 한 마리가 불쑥 튀어 나왔다. 말들이 황소를 보고 놀라 요동을 치자 마차가 뒤집혔다. 히폴리토스는 고삐에 목이 엉켜 질질 끌려가다가 결국 길가에 있던 바위에 부딪혀 목숨을 잃고 말았다. 테세우스가 아르테미스 여신으로부터 진실을 알았을 때는 이미 때가 늦은 후였다.

테세우스와 페이리토오스

테세우스는 페이리토오스(Peirithoos)와 아주 진한 우정을 과시한 것으로 유명하다. 페이리토오스는 라피타이 족의 왕 익시온(Ixion)의 아들이었다. 그는 평소 테세우스의 이야기를 귀에 못이 박히도록 듣고는 그의 용기를 한번 시험해 보고 싶었다. 그는 마라톤 지방에서 가축 떼를 훔쳐 테세우스를 유인했다. 테세우스가 자신을 추격하자 그는 조금 도망치다가 몸을 돌려 그와 맞섰다. 한참을 싸웠는데도 승부가 나지 않자, 그들은 서로에게 매료당해 영원한 우정을 맹세했다. 페이리토오스의 결혼식 날 켄타우로스(Kentauros)족과 라피타이(Lapithai)족 사이에 큰 싸움이 일어났다. 켄타우로스족이 술에 취해 난동을 부리다가 페이리토오스의 신부 히포다메이아(Hippodameia)를 겁탈하고 다른 여자들을 납치하려고 했기 때문이다. 테세우스는 이때

히포다메이아를 납치하는 켄타우로스족을 저지하는 페이리토오스와 테세우스,
BC 350-340년경의 도기 그림

페이리토오스를 도와 수많은 켄타우로스족을 해치웠다.

  페이리토오스는 잔인하기로 악명 높은 아버지의 피를 이어받아서 그런지 친구 테세우스에게 좋지 않은 영향을 끼쳤다. 언젠가 그들은 자신들의 용기를 증명하기 위해 제우스의 딸을 납치하기로 결심했다. 형뻘이었던 테세우스가 먼저 헬레네를 지목했다. 그 당시 헬레네는 열 살이나 열두 살에 불과했다. 테세우스는 페이리토오스의 도움으로 쉽게 헬레네를 납치했다. 그는 그녀를 아티카의 아피드나이(Aphidnai)로 데려가서 어머니 아이트라(Aithra)에게 맡긴 다음 페이리토오스의 납치를 도우러 갔다.

지하 세계를 방문하다

페이리토오스는 수많은 제우스의 딸 중에서 하필이면 지하 세계의 왕 하데스의 왕비 페르세포네를 원했다. 테세우스는 내키지 않았지만 페이리토오스를 따라 지하 세계로 가지 않을 수 없었다. 두 사람은 어떤 상황에서든 친구를 돕기로 맹세했기 때문이다. 그들은 펠로폰네소스 반도 끝자락 타이나론 곳 근처 입구를 통해 지하 세계로 내려갔다. 페이리토오스가 찾아온 용건을 말하자 하데스는 묵묵히 듣고만 있다가 그들에게 친절하게 자리를 권하며 시종에게 신선한 음료를 가져오라고 했다.

하지만 그들이 하데스가 가리킨 돌 의자에 앉자마자 더 이상 일어날 수 없었다. 쇠사슬이나 뱀이 그들을 의자에 꽁꽁 묶었다는 설도 있고, 살이 의자의 돌에 파고 들어갔다는 설도 있다. 가장 유력한 설에 의하면 그들은 의자에 앉자마자 지하 세계에 온 목적뿐 아니라 모든 기억을 잊어버리고 깊은 잠에 빠져 버렸다. 그것은 망각의 의자였기 때문이다. 테세우스는 아마 헤라클레스가 아니었다면 지하 세계에 그대로 영원히 머물렀을 것이다.

헤라클레스가 열두 번째 과업으로 케르베로스를 데리러 지하 세계로 왔을 때였다. 그가 케르베로스를 어깨에 메고 돌아서는 순간 의자에 앉아 있는 테세우스와 페이리토오스를 발견했다. 그는 먼저 테세우스를 의자에서 풀어낸 다음 페이리토오스에게 손을 댔다. 그 순간 지진이 일어난 것처럼 땅이 심하게 흔들렸다. 그는 더 이상 감히 페이리토오스를 의자에서 풀어줄 수 없었다. 다른 설에 의하면 헤라클레스는 테세우스가 그렇게 된 것이 자신의 탓으로 생각했다. 그는 테세우스가 자신의 행동을 따라 한다는 얘기를 들었다. 그래서 그는 페이리토오스는 그대로 두고 테세우스만 흔들어 깨워 지상으로 데려왔다.

스키로스에서 비참한 말년을 보내다

테세우스가 없는 사이 헬레네의 오빠 폴리데우케스와 카스토르가 스파르타와 아르카디아의 군대를 이끌고 아피드나이를 정복했다. 그들은 누이동생 헬레네를 구해 갔을 뿐 아니라 그녀의 유모로 쓰기 위해 테세우스의 어머니 아이트라도 납치해 갔다. 그들은 또 아테네로 쳐들어와 페테오스(Peteos)의 아들 메네스테우스(Menestheus)를 왕으로 옹립했다. 얼마지 않아 헤라클레스의 도움으로 테세우스가 아테네로 돌아왔지만 많은 시민들이 그를 외면했다.

메네스테우스는 어린 헬레네를 납치하여 전쟁을 야기한 테세우스를 비판하며 아테네 시민들이 그에게 반감을 품도록 선동했다. 그는 또 테세우스가 강제로 아테네에 편입한 지역의 사람들도 자신의 편으로 끌어들였다. 아테네에는 더 이상 테세우스가 설 자리가 없었다. 그는 은밀하게 아직 어린 두 아들 데모폰과 아카마스를 에우보이아의 엘레페노르(Elephenor)에게 보내 부탁한 다음 스키로스(Skyros) 섬으로 향했다. 스키로스는 한때 테세우스의 친 할아버지 스키리오스(Skyrios)가 지배하던 곳으로 아버지 아이게우스의 영지와 영향력이 일부 남아 있었다.

그는 스키로스를 발판으로 재기하고 싶었다. 그는 스키로스의 리코메데스(Lykomedes) 왕에게 아버지 아이게우스의 재산을 요구하고 도움을 요청했다. 리코메데스 왕은 겉으로는 그를 환영했지만 사실은 테세우스의 명성을 무척 시기하고 있었다. 스키로스 섬의 백성들이 테세우스에 대해 품고 있는 존경심도 마음에 거슬렸다. 어느 날 두 사람이 해안 절벽을 산보하고 있었을 때 리코메데스는 갑자기 테세우스를 절벽 아래 바다로 밀어 떨어뜨려 죽였다.

테세우스의 아들 데모폰과 아카마스는 트로이 전쟁이 발발하자 엘레페노르를 따라 참전하여 외할머니 아이트라를 구해왔다. 아이트라는 성년이 된 헬레네를 따라 트로이에 머물고 있었기 때문이다. 아테네의 왕 메네스테우스도 트로이 전쟁에 참전했지만 전사하고 말았다. 그래서 트로이 전쟁 후 아테네로 돌아간 데모폰이 메네스테우스의 뒤를 이어 왕이 되었다.

마라톤 전투에서 그리스군을 독려하다

아테네인들은 테세우스가 미노타우로스를 죽이고 타고 돌아온 배는 잘 보관하여 기념물로 삼으면서도 테세우스에 대해서는 몇 세대가 지나도록 좀처럼 과거의 존경심을 보이지 않았다. 상황은 마라톤 전투 때 역전되었다. 많은 병사들이 마라톤 전투에서 승리한 것은 테세우스 덕분이라고 주장했기 때문이다. 테세우스가 자신들과 함께 페르시아 군인들에 대항하여 용감하게 싸우는 환영을 보았다는 것이다.

그래서 사람들은 테세우스의 뼈를 수습하여 아테네로 가져가기로 결정했다. 하지만 스키로스에 사는 그 누구도 그의 무덤이 어디 있는지 몰랐다. 아테네의 장군 키몬(Kimon)도 테세우스의 무덤을 찾아 스키로스로 왔다. 그는 어느 날 하늘을 선회하던 독수리 한 마리가 갑자기 어떤 언덕에 앉더니 부리와 발톱으로 쪼고 할퀴는 것을 보았다. 이상한 예감이 들어 병사들을 시켜 그 장소를 파 보았더니 바로 그곳에 사람의 뼈가 안장되어 있었다. 그는 그 뼈를 테세우스의 유골이라고 생각하고 아테네로 모셔갔다. 아테네인들은 그때부터 테세우스를 신처럼 섬겼다.

리틀 헤라클레스, 테세우스

「플루타르코스의 영웅전」에 따르면 테세우스는 어렸을 적부터 헤라클레스의 업적을 무척 부러워하면서 그를 무척 닮고 싶어 했다. 지금으로 말하면 테세우스는 헤라클레스의 열렬한 팬이었던 셈이다. 특히 그는 헤라클레스를 직접 만났던 사람들이 그의 말이나 행동에 대해서 이야기하는 것을 듣기 좋아했다. 테세우스의 마음은 이렇게 늘 헤라클레스에 대한 존경심으로 가득 차 있었다. 그는 밤에는 꿈속에서 혁혁한 전공을 세우는 헤라클레스를 만났고, 낮에는 헤라클레스에 대한 경쟁심으로 애를 태울 정도였다. 그래서 플루타르코스는 헤라클레스에 대한 테세우스의 마음을 살라미스 전쟁의 영웅 테미스토클레스 장군이 마라톤 전투에서 밀티아데스 장군이 승리했다는 얘기를 듣고 잠을 이루지 못한 마음과 비교한다.

테세우스와 헤라클레스는 사실 친척 사이였다. 테세우스의 어머니 아이트라는 피테우스의 딸이고, 헤라클레스의 어머니 알크메네는 리디시케의 딸이었는데, 리디시케와 피테우스는 남매 사이였다. 자신의 인생의 롤 모델로서 헤라클레스를 닮고 싶은 열렬한 마음에다 서로 친척 사이이기도 했기 때문에 테세우스는 헤라클레스에 대해 존경심을 넘어 숭배의 마음까지 품게 되었다. 이런 테세우스가 모험을 무서워할 이유는 전혀 없었다. 그것은 천하를 돌아다니며 수많은 괴물들과 악당들을 처치한 4촌형 헤라클레스에게 누가 되는 것이며, 자신의 핏줄을 부정하는 지극히 명예롭지 못한 일이었다. 이런 점에서 테세우스는 리틀 헤라클레스라고 불릴 만하다.

테세우스는 리틀 헤라클레스답게 핏줄만 가까울 뿐 아니라 여러 가지 점에서 헤라클레스와 유사했다. 첫째, 짧고 안전한 해로를 마다하고 멀고 위험한 육로를 택한 것은 헤라클레스가 갈림길에서 쉽지만 타락한 길이 아니라, 힘들지만 올바른 길을 택한 것과 유사하다. 둘째, 테세우스는 첫 번째 모험에서 페리페테스를 죽이고 코리네테스라는 청동 몽둥이를 빼앗아 무기로 사용하는데, 그것은 헤라클레스가 갖고 다니던 올리브 몽둥이를 연상시킨다. 셋째, 헤라클레스가 잡아서 에우리스테우스에게 건네주었던 크레타의 미친 황소가 마라톤을 황폐화시키다가 결국 테세우스에게 죽임을 당한다. 넷째, 테세우스는 헤라클레스처럼 지하 세계를 다녀온다. 다섯째, 테세우스도 헤라클레스처럼 아마존족을 공격했다. 여섯째, 테세우스는 헤라클레스

못지않게 여성 편력이 심했다. 테세우스는 트로이젠에서 살면서는 아낙소라는 여인을 납치한 적이 있으며, 자신을 도와준 크레타의 공주 아리아드네를 아테네로 데려오다 낙소스 섬에 버렸고, 아마존족의 여왕을 납치해 살다가 아리아드네의 동생 파이드라를 후처로 맞이한다. 이어 50살의 노인이 되어서도 어린 헬레네를 납치한다. 일곱째, 테세우스의 불같은 성격도 헤라클레스를 빼닮았다. 테세우스는 욱하는 성격 때문에 아들을 죽음으로 내몰았는데, 헤라클레스도 참지 못하는 성격 때문에 많은 사람들을 죽인다.

뱁새가 황새 따라가다가 가랑이 찢어진다는 속담이 있다. 이 속담은 비록 우리 것이지만 그리스 신화의 테세우스에게도 적용된다. 테세우스는 처음에는 아무 문제없이 역경을 헤쳐 나간다. 하지만 세 번이나 가볍게 지하 세계를 다녀온 헤라클레스에 비하면 아무래도 지하 세계만은 그에게 역부족이었던 것 같다. 그는 헤라클레스를 흉내 내다가 결국 한계를 드러내고 만다. 친구 페이리토오스와 함께 헤라클레스처럼 지하 세계에 들어가 하데스의 왕비 페르세포네를 데려오려다 하데스에게 걸려 죽음과도 같은 깊은 잠에 빠지기 때문이다.

아직 내공이 부족했던 테세우스가 지하 세계에 들어가려고 했던 것은 일종의 오만이다. 하지만 인간의 몸으로 겁도 없이 감히 하데스 신의 왕비 페르세포네를 데려오려고 했던 것이 더 큰 오만이다. 그는 너무 자신감에 팽배해 있었다. 헤라클레스가 한 일을 자신은 못할까 싶었다. 지금까지 모든 일을 성공적으로 해치운 것으로 보아 지하 세계도 단숨에 다녀올 수 있다고 믿었다. 하지만 영웅은 잘 나갈 때 조심해야 한다. 신은 영웅이 최 정점에 있을 때 그에게 오만이라는 깊은 함정을 파놓고 기다린다. 거칠 것 없는 영웅에게 오만은 꿀처럼 달콤하다. 그래서 아무 생각 없이 오만을 부리는 영웅은 결국 나락으로 추락하고 만다.

왜 출생의 비밀인가?

테세우스는 출생의 비밀을 갖고 태어난다. 테세우스뿐 아니라 헤라클레스 등 그리스 신화의 많은 영웅들이 출생의 비밀을 간직하고 있다. 심지어 제우스마저도 어렸을 때는 아버지 없이 크레타에서 요정들에 의해 키워졌으니 한참 동안 출생의 비밀을 안고 산 셈이다. 그렇다면 왜 영웅들은 하나같이 출생의 비밀을 갖고 태어날까? 그것은 영웅에게 시련을 주어 진정한 영웅으로 만들어주기 위한 장치이다. 어느 사회에서나 아버지 없이 자라면 많은 시련을 당할 수밖에 없다. 구약성서의 모세를 보라. 그도 출생의 비밀이 밝혀짐으로써 안락한 이집트 왕자의 삶을 버리고 이스라엘 민족을 구원하는 대업을 완성한다.

테세우스는 출생의 비밀을 밝혀내고 아테네로 아버지를 찾아간다. 그래서 그는 우리나라의 고구려 건국 신화에 등장하는 유리왕자와 아주 유사하다. 하지만 두 이야기는 얼개는 같지만 세부 사항에서는 아주 다르다. 그것은 테세우스가 아버지에게 보일 신표를 찾기 위해 필요했던 것은 바위를 들어올릴 만한 힘이었지만, 유리가 필요했던 것은 아버지의 수수께끼를 풀 수 있는 지혜였다는 것이다. 또 테세우스는 아버지에게 온전한 칼을 가져가지만, 유리는 아버지에게 부러진 반쪽 칼을 가져간다. 유리는 그 반쪽 칼을 들고 아버지가 갖고 있는 다른 반쪽 칼과 맞추어보는 시험을 치러야 한다. 우리 조상의 지혜와 철저함을 확인해볼 수 있는 대목이다.

한국의 테세우스, 유리왕

테세우스는 우리나라의 고구려 건국 신화에 등장하는 유리왕자와 거의 비슷한 여정을 겪는다. 그들의 아버지가 왕이라는 것, 홀어머니 밑에서 자라다가 아버지를 찾아가는 것, 신표로 칼을 들고 가는 것 등이 비슷하다 못해 아주 똑 같다. 두 영웅의 여정을 통해 조지프 캠벨이 말한 천의 얼굴을 가진 영웅의 면모가 여실히 드러나는 셈이다.

유리는 고구려의 시조 주몽의 아들이다. 주몽의 아버지는 천제의 아들 해모수였다. 「삼국사기」에 의하면 해모수는 강의 신 하백의 딸 유화가 자매들과 함께 놀고 있을 때 찾아와 사랑을 나눈 뒤 하늘로 돌아가서는 다시는 유화를 찾지 않았다. 하백은 딸의 배가 점점 불러오는 것을 보고 수상히 여겨 추궁한 끝에 그 사실을 전해 듣고 딸을 백두산 근처 우발수로 귀양을 보냈다. 그러던 어느 날 부여의 왕 금와가 우연히 우발수를 지니다가 유화를 발견하고 궁으로 데려왔다. 정확한 기록은 없지만 그 후 유화는 아마 금와왕의 후처가 된 듯하다. 시간이 흘러 달이 차자 유화는 알을 낳았고, 얼마 안 있어 그 알을 깨고 주몽이 태어났다.

주몽은 부여에서 장성하여 아내 예씨를 얻었다. 하지만 그는 금와왕 아들들의 위협을 피해 부여를 탈출하면서 아내 예씨를 데리고 갈 수 없었다. 아내가 임신을 했고 미래도 아주 불투명했기 때문이다. 그는 아내를 어머니 곁에 남겨두고 떠나면서 "일곱 모가 난 돌 위 소나무" 밑에 숨겨둔 자신의 유물을 찾아서 자신에게 가져오면 아들로 인정하고 후계자로 삼겠다고 말했다.

이규보의 「동명왕편」에 따르면 주몽이 떠나고 얼마 안 있어 태어난 유리는 어려서부터 활쏘기에 특이한 재주가 있었다. 담장이나 나뭇가지에 앉아 있는 참새를 쏘면 그야말로 백발백중이었다. 아버지도 활쏘기의 명수였으니 피는 속일 수 없나 보다.

어느 날 유리는 물동이를 이고 가는 동네 아줌마를 보고 장난기가 발동하여 화살을 날려 물동이에 구멍을 냈다. 아줌마가 화를 내며 그를 아비 없는 후레자식이라고 꾸짖었다. 유리가 부끄러워하며 얼른 화살촉에 진흙을 매달아 다시 화살을 날려 동이 구멍을 막은 다음 집으로 돌아와 어머니에게 물었다. "제 아버지는 누구십니까?"

어머니가 장난삼아 아버지가 없다고 하자 유리는 아비 없는 놈이 살아 무슨 의미가 있겠냐며 목에 칼을 대고 찌르려는 시늉을 하였다. 깜짝 놀란 어머니가 아들을 말리며 그제야 아들의 출생의 비밀을 말해 주었다. "아까 한 말은 희롱 삼아 한 말이다. 너의 아버지는 천제의 손이고, 하백의 외손인데 부여의 신하되는 것을 원망하다가 도망하여 남쪽 땅에 가서 국가를 창건하였다. 네가 가보겠느냐?"

유리는 아버지는 임금이 되셨는데 자신은 남의 신하가 되어 몹시 부끄럽다며 아버지를 당장 찾아가겠다고 대답했다. 그러자 어머니는 유리에게 아버지가 말한 수수께끼를 풀어 신표를 가져가야 한다고 말해 주었다. "너의 아버지가 갈 때 말을 남기기를 '내가 일곱 골짜기 돌 위 소나무에 물건을 감추어 둔 것이 있으니 이것을 찾아 얻는 자는 내 자식이다'하였다."

그날부터 유리는 소나무와 골짜기라는 말 때문에 산속을 헤맸지만 만날 허탕을 치고 만다. 어느 날 산골짜기를 돌아다니다가 지쳐 집에 돌아와 마루에 앉아 쉬고 있는데 마루 기둥 위에서 구슬픈 소리가 나는 것 같았다. 무심코 기둥을 살펴보니 그것은 돌 위의 소나무이고 그 모양이 일곱 모서리였다. 결국 유리는 기둥 위 구멍에 숨겨진 칼 반쪽을 찾아 들고 아버지 주몽을 찾아갔다. 주몽이 그것을 건네받아 자기가 갖고 있는 나머지 반쪽과 맞추어 보니 신기하게도 피가 흐르면서 온전한 칼 한 자루가 되었다. 그러자 주몽은 유리를 아들로 인정하고 태자로 삼았다. 그 후 유리는 아버지 주몽을 이어 「황조가」로 잘 알려진 고구려 제2대 유리왕이 된다.

4. 아르고 호 원정대의 이아손

55명의 아르고 호의 원정대

이아손은 '제10장 여성 이야기' 중 '악녀 메데이아'에 등장하는 영웅이다. 그는 펠리아스(Pelias) 왕의 명령으로 아르고 호를 타고 그리스의 이올코스(Iolkos)를 떠나 흑해 연안의 콜키스(Cholkis)로 황금양피를 찾아 모험을 떠난다. 그의 모험의 특징은 이미 앞서 살펴본 페르세우스, 헤라클레스, 테세우스처럼 혼자가 아니라 다른 영웅들과 함께 팀을 이뤄 모험을 한다는 것이다. 이아손의 모험을 그린 작품이 바로 BC 3세기경 로도스(Rhodos) 섬 출신이었던 아폴로니오스가 쓴 「아르고 호의 모험」이다.

아폴로니오스는 그 당시 알렉산드리아의 교양 있는 독자들을 염두에 두고 「아르고 호의 모험」을 썼다. 그래서 처음부터 모든 것을 상세하게 설명해 주지 않는다. 황금양피를 가지러 가게 되는 배경도 작품 중간쯤에 가서야 비로소 언급된다. 아르고 호의 신화는 당시 독자들이 이미 다 알고 있는 것으로 전제하고 있기 때문이다. 우리도 이미 앞의 '악녀 메데이아' 부분에서 아르고 호의 모험의 배경이 되는 황금양피에 얽힌 이야기와 이아손이 그리스로 귀환한 뒤의 행적에 대해서는 자세하게 언급했다. 그래서 이곳에서는 이아손이 콜키스를 거쳐 다시 그리스로 돌아오는 과정에서 어떤 모험들을 겪게 되었는지에 대해서만 「아르고 호의 모험」을 통해 알아볼 것이다.

이아손은 이올코스의 펠리아스 왕이 황금양피를 가져오라고 명령하자 당장 전령을 띄워 그리스 전역에 흩어져 있는 영웅들을 모집했다. 지금으로 말하자면 인터넷 공지를 한 것이다. 그러자 전국에서 내로라하는 54명의 영웅들이 이올코스로 속속 모여들었다. 그리스 신화 속 영웅들은 아무리 위험한 모험이라도 마다하지 않았다. 그들은 일찍이 시련을 통해서만 진정한 영웅으로 거듭날 수 있다는 사실을 깨우쳤던 것이다.

아르고호, Lorenzo Costa, 16세기

신화 작가들마다 아르고 호의 모험에 동참한 영웅들의 리스트는 다르지만 그들 모두가 공통으로 언급하는 영웅들이 있다. 헤라클레스(Herakles), 오르페우스(Orpheus), 폴리데우케스(Polydeukes)와 카스토르(Kastor) 형제, 제테스(Zetes)와 칼라이스(Kalais) 형제, 텔라몬(Telamon)과 펠레우스(Feleus) 형제, 쌍둥이 이다스(Idas)와 링케우스(Lynkeus), 아드메토스(Admetos), 페리클리메노스(Periklymenos), 아우게이아스(Augeias), 아르고스(Argos), 티피스(Tiphys)가 바로 그들이다. 이들 이외에 자주 언급되는 영웅들은 멜레아그로스

제11장 영웅 이야기 477

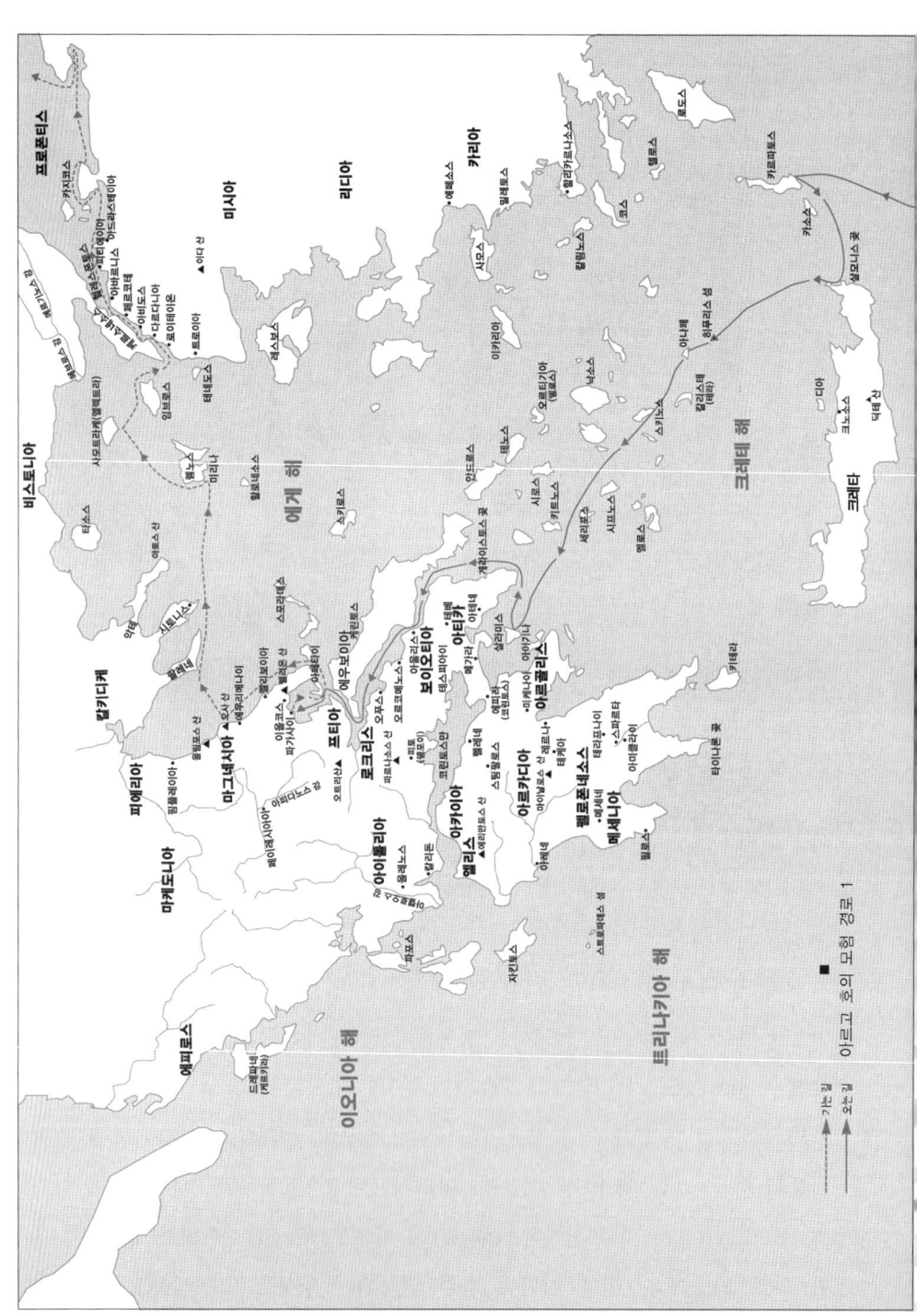

(Meleagros)와 예언가 이드몬(Idmon)과 몹소스(Mopsos) 등이다. 가끔 테세우스(Theseus)와 여자 영웅 아탈란테(Atalante)도 등장하기도 한다. 하지만 아폴로니오스에 의하면 테세우스는 이 시기에 친구 페이리토오스와 지하 세계에 있었고, 아탈란테는 같이 가고 싶어 했지만 이아손이 정중하게 거절했다. 이아손은 여자가 있으면 불화가 생길 수 있다고 판단했다고 한다.

이아손의 부탁을 받고 우선 아게노르(Agenor)의 아들 아르고스가 아테나 여신의 도움으로 배를 만들었다. 그 배는 50명 이상이나 탈 수 있는 그 당시로서는 항공모함 급이었다. 배 이름은 배를 만든 아르고스의 이름을 따서 아르고(Argo) 호라고 명명했다. 아테나 여신은 도도나(Dodona)에서 가져온 참나무를 선수에 박아 넣었다. 참나무는 인간처럼 말을 할 수도 있었다.

영웅들이 모이자 이아손은 대장을 뽑자고 제안했다. 그들은 모두 만장일치로 헤라클레스를 추대했다. 헤라클레스는 이미 상당한 명성을 누리고 있었고 일원 중 가장 힘이 셌다. 하지만 헤라클레스는 대장직을 거절했을 뿐 아니라 바로 원정대를 조직한 이아손이 대장을 맡아야 한다고 주장했다. 모두들 그 말에 찬성하고 티피스를 조타수로 임명하고 아르고 호의 진수식을 거행했다. 바로 그때 아르고스와 아카스토스(Akastos)가 허겁지겁 달려왔다. 아르고스는 자기가 직접 만든 배를 그냥 떠나보낼 수가 없었다. 또한 펠리아스의 외아들 아카스토스는 이아손을 좋아했다. 모험을 하고 나서 얻을 명성에도 욕심이 났다. 그래서 그는 아버지의 뜻을 어기고 원정에 동참했다.

그들은 출항하기 전 항해의 신 아폴론에게 제물을 바치고 무사 귀환을 빌었다. 제사가 끝나자 예언가 이드몬은 자신을 제외한 모든 영웅들이 무사히 귀환할 것이라고 예언했다. 하지만 그는 일찍부터 자신이 항해하다가 죽을 것이라는 것을 알고 있었지만 모험을 포기하지 않았다.

아침이 되자 선수에 박혀 있던 말하는 도도나의 참나무가 영웅들에게 빨리 떠나라고 독려했다. 아르고 호는 마침내 파가사이(Pagasai)만을 출발하여 마그네시아(Magnesia) 반도를 끼고 돌면서 에게 해 서쪽 해안을 따라 북쪽으로 올라갔다. 마침내 아르고 호의 모험이 시작된 것이다. 며칠 뒤 아르고 호의 왼쪽 편에 오사(Ossa) 산이 보였다. 한참 후에 올림포스(Olympos) 산이 보이자 그들은 바로 동쪽으로 항로를 틀었다.

아르고 호의 모험 경로

1) 렘노스 섬

그들이 맨 먼저 정박한 곳은 렘노스(Lemnos) 섬이었다. 언젠가 렘노스 여인들은 아프로디테 여신을 섬기는 것을 게을리 한 적이 있었다. 여신은 그 벌로 여인들에게서 지독한 악취가 풍기게 했다. 남편들은 그때부터 아내들을 거들떠보지 않았다. 그 대신 그들은 트라케(Thrake)를 약탈하여 여인들을 집으로 납치해 와 사랑을 나누었다. 아이들도 트라케의 여인들에게서만 생겨났다. 렘노스의 여인들은 질투심으로 눈이 뒤집혔다.

그들은 어느 날 남편들이 모두 배를 타고 고기를 잡으러 바다로 나간 틈을 타 회의를 소집하여 렘노스의 모든 남자들을 몰살하기로 결의했다. 이어 저녁에 남편들이 돌아오자 잔뜩 술을 먹인 다음 곯아떨어진 그들을 모두 잔인하게 살해했다. 그들은 남편들뿐 아니라 트라케의 여인들도 모두 죽였다. 후환을 없애기 위해 자신들이 낳은 아들뿐 아니라 트라케의 여인들에게서 낳은 아들들도 모두 죽여 없앴다. 그때부터 그들은 트라케가 자국 여인들의 원수를 갚으러 오지 않을까 전전긍긍하고 있었다.

트라케 쪽으로부터 아르고 호가 렘노스 해안에 도착하자 렘노스는 공황 상태에 빠졌다. 그들은 그동안 트라케의 침공을 두려워하며 경계를 게을리 하지 않았는데 드디어 우려하던 일이 터졌다고 오해했다. 렘노스의 여인들은 모두 한때 렘노스의 남자들이 쓰던 무구로 완전 무장을 하고 시장 광장에 모였다. 여왕 힙시필레는 아버지이자 전왕 토아스(Thoas)의 무구로 무장했다. 그녀는 사실 아버지만은 차마 죽일 수 없어 배에 태워 몰래 살려 보냈었다.

이아손은 그녀에게 헤르메스의 아들 아이탈리데스(Aithalides)를 전령으로 보내 정중하게 도움을 요청했다.

힙시필레가 전체 회의를 소집하여 영웅들을 해변에 묵게 한 다음 아침에 물자를 충분하게 주어 조용히 떠나보내자고 제안했다. 그러자 힙시필레의 늙은 유모 폴릭스(Polyxo)가 그 말에 반대했다. 그녀는 자신들이 늙어 죽고 나면 누가 렘노스의 주인이 될지 생각해 보라고 충고했다. 그녀는 영웅들을 아예 집안으로 초대하여 눌러앉게 하자고 제안했다. 여인들은 약간 두렵기는 했지만 긴 토의 끝에 그녀의 말에 동의했다. 여인 천하였던 렘노스에서는 그동안 새로운 세대는 태어나지 않고 기존의 사람들만 죽어나가, 자꾸 줄어들기만 하는 인구 문제로 골머리를 썩고 있었던 것이다. 힙시필레는 자신의 전령을 보내 영웅들을 초대했다.

이아손을 비롯한 다른 영웅들은 이 초대에 기꺼이 응했다. 하지만 헤라클레스(Herakles)는 이아손의 행동이 마뜩찮았다. 그는 힙시필레의 초대에 응하지 않고 시종 힐라스(Hylas) 그리고 몇몇 영웅들과 함께 배에 남았다. 이아손은 힙시필레의 궁전으로 가고 다른 영웅들도 각각 여인들 하나를 정해 그들 집으로 떠났다.

힙시필레는 이아손에게 예전에 렘노스에서 벌어진 사건을 자신들에게 유리하게 바꾸어서 전했다. 자신들에게 소홀한 남편들을 집에 못 들어오게 했더니 트라케 여인들과 함께 아들들을 데리고 트라케로 모두 떠나버렸다는 것이다. 그녀는 이아손에게 렘노스에 남아서 왕위를 맡아달라고 부탁했다. 이아손은 호의는 고맙지만 곧 떠나야 한다는 것을 분명히 했다.

며칠이 흘러도 이아손을 비롯한 영웅들이 돌아오지 않자 헤라클레스는 부아가 치밀어 올랐다. 그는 이아손에게 자신의 전령을 보내 여자들과 놀아나려고 원정대를 조직했냐고 비아냥거렸다. 그제야 정신을 차린 이아손이 즉시 영웅들을 소집하여 부랴부랴 아르고 호로 돌아왔다. 렘노스의 여인들은 슬펐지만 그들을 떠나보내지 않을 수 없었다. 일단 목적은 이루지 않았는가.

아버지 토아스를 살려주는 힙시필레, Giovanni Boccaccio의 「유명한 여성들에 관하여」의 독일어판 목판화 삽화, 1474

　영웅들이 떠난 뒤 렘노스에 죽은 남자들을 대신해 줄 새로운 세대가 태어났다. 힙시필레는 에우네오스(Euneos)와 데이필로스(Deipylos)라는 두 아들을 낳았다. 그녀는 아들을 낳으면 이올코스의 할아버지 아이손에게 보내라는 이아손의 지시를 따르지 않았다. 그 후 여왕 힙시필레는 렘노스의 모든 남자들을 죽이자는 결정을 따르지 않고 아버지 토아스를 살려준 사실이 밝혀져 노예로 팔렸다. 하지만 그녀의 아들 에우네오스는 트로이 전쟁 당시 렘노스의 왕이었다.

2) 키지코스 왕

렘노스를 떠난 아르고 호는 곧바로 헬레스폰토스로 향하지 않고 사모트라케(Samothrake) 섬에 들렀다. 영웅들은 오르페우스의 제안에 따라 그곳의 신비 의식에 참여해서 안전한 항해를 기원했다. 이어 사모트라케를 출발한 아르고 호는 중간 기항 없이 헬레스폰토스를 통과해서 돌리오네스(Doliones)족의 나라에 도착했다.

돌리오네스족의 나라는 주둥이를 묶은 자루처럼 해안으로 자루처럼 불쑥 튀어나온 반도였다. 돌리오네스족의 키지코스(Kyzikos) 왕은 이아손보다 어렸다. 예언가 메롭스(Merops)의 딸 클레이테(Kleite)와 결혼한 지 얼마 되지 않아 아직 아이도 없었다. 그는 아르고 호의 영웅들을 극진히 대접하라는 신탁을 받은 터라, 그들에게 풍성하게 주연을 베풀어주었을 뿐 아니라 떨어진 물자를 충분하게 보충해 주었다. 다음날 아침 이아손을 비롯한 대부분의 영웅들은 출발하기 전 반도 중앙에 있는 딘디모스(Dindymos) 산에 올랐다. 그들은 앞으로 항해하게 될 동쪽 해안의 지형을 살펴보고 싶었다. 키지코스 왕은 마르마라(Marmara) 해안의 종족에 대해서는 자세하게 이야기 해주었지만 보스포로스(Bosporos) 해협 너머의 나라에 대해서는 아는 게 없었다.

그런데 키지코스 왕은 그들과 같은 섬에 이웃해서 살고 있는 거인 족들에 대해서도 이아손 일행에게 주의를 주지 않았다. 거인들은 여섯 개의 팔이 달린 괴물들로 그동안 감히 돌리오네스족은 공격하지 못했다. 돌리오네스족이 포세이돈 신의 보호를 받았기 때문이다. 하지만 괴물들 중 일부가 아르고 호에 영웅들이 몇 남아 있지 않은 것을 간파하고 곧 약탈 대상으로 삼았다. 그들은 배에 남아 있던 헤라클레스가 누구인지 알 턱이 없었다. 그들이 공격해 오자 헤라클레스는 무시무시한 올리브 몽둥이로 단숨에 몇을 해치웠다. 나머지 괴물들은 연락을 받고 급히 산에서 내려온 다른 영웅들이 합세해서 소탕했다.

영웅들은 죽은 괴물들을 해안에 아무렇게 버려두고 꾸불꾸불한 해안을

흑해
스테넬로스 무덤
이카론 곶
라코스 강
심플레가데스 바위
티니아스 섬
빌라이오스 강
트라케
티니아
마리안디노이
레바스 강
보스포로스 해협
히피오스 강
베브리케스
비티니아
미시아
프로폰티스
헤브로스 강
아르간토니오스 산
타소스
키오스
사모트라케
키지코스
피티에이아
케르소네소스
아바르니스
아드라스테이아
페르코테
미시아
상가리오스 강
아비도스
임부로스
다르다니아
린다코스 강
마시아
아이세포스 강
에게 해
로이테이온
헬레스폰토스
프리기아
렘노스
이다 산
프로폰티스
트라케 항구
키지코스
곰의 산
검은 바위
클레이테 강
아름다운 항구
키지코스 시
전투 장소
키토스 항구
돌리오네스
프리기아
아이세포스 강

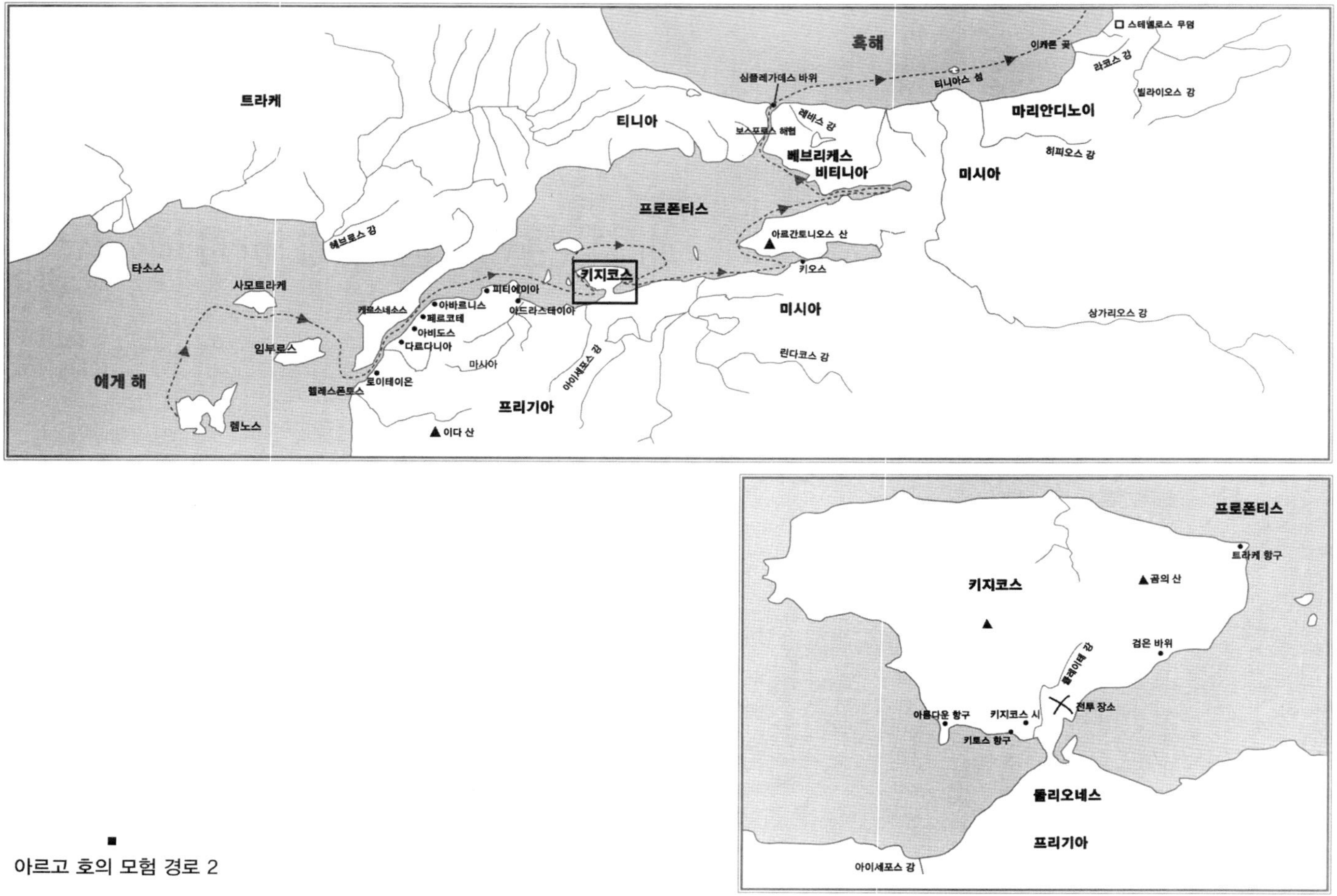

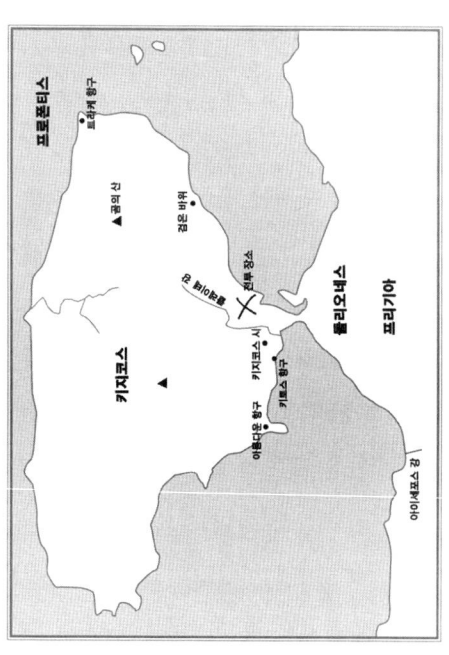

■ 아르고 호의 모험 경로 2

따라 동쪽으로 하루 종일 항해를 계속했다. 하지만 저녁 무렵 갑자기 역풍이 불어 배가 뒤로 자꾸 밀려갔다. 간신히 적당한 곳을 찾아 상륙했지만 너무나 밤이 깊은 탓인지 노련한 키잡이 티피스(Tiphys)조차도 그곳이 아침에 출발한 돌리오네스족의 인구 밀집 지역에서 아주 가까운 그들의 영토인지를 몰랐다. 돌리오네스족들도 야음을 틈타 군대가 상륙하는 것을 보고 그들을 해적으로 오인했다. 그동안 해적들이 자주 해안 마을들을 약탈했기 때문이다. 돌리오네스족 군사들이 그들을 몰아내기 위해 해안으로 몰려왔다. 격렬한 전투가 벌어졌지만 돌리오네스족은 엄청난 사상자를 내고 성으로 도망쳤다. 아침이 되어서야 영웅들은 자신들이 죽인 자들이 누군지를 깨닫고 깜짝 놀랐다. 시체 중에는 키지코스 왕도 있었다. 그의 가슴에는 이아손의 창이 꽂혀 있었다.

아르고 호의 영웅들과 돌리오네스족은 슬픔에 싸여 왕의 시신을 화려하게 장사지냈다. 키지코스의 젊은 왕비 클레이테는 슬픔을 이기지 못하고 장례식 중 목매 자살했다. 장례식이 끝나자 극심한 폭풍우가 일어났다. 폭풍우는 잦아들 줄 몰랐다. 아르고 호는 열이틀 동안이나 섬에서 꼼짝하지 못했다. 예언가 몹소스가 딘디모스 산에 올라가 그곳에서 위대한 여신으로 추앙을 받았던 키벨레(Kybele) 여신을 달래야 한다고 예언했다. 그들은 산 정상에 있는 여신의 낡은 제단에 나무로 여신상을 깎아놓고 제물을 바쳤다. 그들은 완전무장을 한 채 제단 주위를 빙빙 돌면서 창과 방패를 두드렸다. 그들이 내는 소리는 가장과 아버지와 남편을 잃은 돌리오네스족의 오열하는 소리를 뒤덮을 정도로 엄청났다. 제사가 끝나자 폭풍우가 순식간에 멎었다.

3) 미시아

다음날 아침 돌리오네스족의 나라를 출발한 아르고 호 영웅들은 무료함을 달래기 위해 누가 지치지 않고 가장 늦게까지 노를 저을 수 있는가를 놓고 시합을 벌였다. 그런데 헤라클레스가 너무 세게 노를 젓는 바람에 그만

힐라스와 요정들, John William Waterhouse, 1896

노를 부러뜨리고 말았다. 그들은 시합을 중단하고 가까운 미시아(Mysia) 해안에 잠깐 정박하여 쌓인 피로를 풀기로 했다. 상륙 지점은 키오스(Kios) 강어귀에서 가까운 만이었다. 헤라클레스는 동료들이 쉬는 사이 숲으로 들어가 새 노를 만들 나무를 물색했고, 그의 시종 힐라스는 페가이(Pegai) 샘에서 물을 길렀다. 하지만 그가 샘물가에 엎드려 물을 뜨기 위해 수면에 머리를 숙이는 순간 샘물의 요정들이 힐라스의 예쁜 얼굴을 보고 반한 나머지 그만 그를 갑자기 물속으로 잡아당겼다. 그러자 힐라스는 '악' 하는 소리를 내며 순식간에 샘물 속으로 빨려 들어가고 말았다. 근처에서 폴리페모스 (Polyphemos)가 힐라스의 외마디 비명을 듣고 달려왔지만 그의 흔적은 어디에서도 찾을 수 없었다. 그는 힐라스가 산적들에게 납치당했다고 생각하고 부랴부랴 헤라클레스를 찾아 그 사실을 알렸다. 헤라클레스는 힐라스가 감쪽같이 사라졌다는 말을 듣고 깊은 충격을 받았다. 그는 밤새도록 미친 듯이 숲을 헤집고 돌아다니며 힐라스의 이름을 불렀다.

아침이 되자 순풍이 불었다. 그러자 아르고 호는 순풍을 이용하려고 일원들 중 헤라클레스 등 세 사람이 승선하지 않은 줄도 모르고 급히 출발했다. 한참 후에야 비로소 그들은 세 사람이 없는 것을 알아차렸다. 회향하려 했지만 북풍신 보레아스의 아들 칼라이스와 제테스가 완강하게 반대했다. 바로 그때 바다의 신 글라우코스(Glaukos)가 파도를 헤치고 나타나 헤라클레스가 콜키스로 가는 것은 제우스의 뜻이 아니라고 알려주었다. 헤라클레스는 에우리스테우스 왕을 위해 해야 할 과업이 아직 남아 있다는 것이다. 글라우코스는 힐라스도 샘물의 요정들의 남편이 되어 행복하게 살 것이며, 폴리페모스는 미시아에 키오스(Kios)라는 도시를 건설할 운명이라는 말도 덧붙였다. 글라우코스의 말을 듣고 그들은 가벼운 마음으로 항해를 계속했다.

4) 베브리케스인의 나라

미시아를 출발한 아르고 호는 꼬박 하루 낮 하룻밤을 쉬지 않고 달렸다. 영웅들은 지친 몸을 잠시 쉬려고 눈에 보이는 아무 해안에나 정박했다. 그곳은 베브리케스(Bebrykes)인들의 나라였다. 얼마 지나지 않아 베브리케스의 아미코스(Amykos) 왕이 부하들을 데리고 나타나 거만하게 말했다.

"너희 이방인들은 잘 들어라! 우리나라에는 예부터 내려오는 관습이 있다. 모든 이방인은 나와 권투 시합을 해야 한다. 만약 나를 이기지 못하면 이 나라에서 살아 나갈 수 없다."

이 말을 듣고 폴리데우케스가 나섰다. 그는 타고난 권투 선수였다. 아미코스 왕과 폴리데우케스는 한참을 서로 싸웠지만 승부가 나지 않았다. 그래서 싸움은 잠시 쉬었다가 다시 시작되었다. 아미코스의 펀치는 거칠고 둔중했지만 폴리데우케스 펀치는 부드럽고 날카로웠다. 마침내 폴리데우케스가 아미코스의 일격을 보기 좋게 피하더니 잽싸게 앞으로 튀어 나와 그에게 회심의 한 방을 날렸다. 그의 주먹은 방심한 아미코스의 귀를 정통으로 맞혀 뼈를 으스러뜨렸다. 아미코스는 비명도 지르지 못하고 그 자리에 꼬꾸라져 죽고 말았다. 왕이 맥없이 쓰러지는 것을 보고 베브리케스인들이 무기를 들고 폴리데우케스에게 달려들었지만 대비하고 있던 영웅들이 즉시 그들과 맞섰다. 곧 격렬한 싸움이 일어났지만 베브리케스인들은 영웅들의 상대가 되지 못하고 줄행랑을 치고 말았다.

5) 예언가 피네우스

영웅들은 그곳에서 하루 낮 하룻밤을 쉰 다음 다시 출발해서 이번에는 보스포로스 해협에서 그리 멀지 않은 곳에 있는 피네우스(Phineus)의 나라에 도착했다. 피네우스는 북풍신 보레아스(Boreas)의 딸 클레오파트라(Kleopatra)가 그의 아내였으니 아르고 호의 영웅들 중 제테스와 칼라이스의 매부였다. 그곳 왕이자 예언가였던 그는 인간에게 신의 뜻을 너무 자세하게 알려주어 제우스의 미움을 사 시력을 잃었다. 그뿐 아니었다. 그가 무엇을 먹으려 하면 어디선가 갑자기 괴물 새 하르피이아이(Harpyiai) 세 마리가 쏜살같이 날아와 음식을 낚아채 갔다. 조금 남아 있는 음식도 그들이 뿌린 악취가 풍겨 먹을 수가 없었다. 그는 영양실조로 피골이 상접하여 거의 움직일 수가 없었다. 그는 아르고 호의 영웅들이 상륙했다는 얘기를 듣고 이제 드디어 고통에서 벗어날 시간이 되었다고 생각했다. 신탁에 의하면 북풍신의 아들 제테스와 칼라이스가 하르피이아이들을 쫓아준다고 했기 때문이다.

아르고 호의 영웅들은 그를 불쌍히 여겨 당장 음식을 마련하여 피네우스 앞에 미끼로 내놓았다. 과연 어디선가 하르피이아이들이 나타나 잽싸게 그것을 낚아채 갔다. 북풍신의 아들답게 어깨에 날개가 달린 제테스와 칼라이스가 날 준비하고 있다가 재빨리 그들을 뒤쫓았다. 그러는 사이 영웅들은 피네우스 노인을 목욕시키고 진수성찬을 마련해 주었다. 피네우스는 정말 아주 오랜만에 맛있게 식사를 하고 나더니 답례로 그들 앞에 닥친 난관들과 그것들을 해결하는 방법들을 알려주었다.

하르피이아이, Ulisse Aldrovandi의 「괴물의 역사」 속 삽화, 1642

    피네우스에 따르면 아르고 호의 앞으로의 가장 큰 난관은 두 개의 바위 심플레가데스(Symplegades) 사이를 통과하는 일이었다. 이 바위는 보스포로스 해협 끝에 있으면서 흑해와 에게 해를 이어주는 관문이었다. 어떤 물체가 그 사이를 지나가면 서로 부딪히는 바람에 지금까지 그 누구도 배를 타고 에게 해에서 흑해로 넘어갈 수가 없었다. 그는 또한 흑해 남쪽 해안을 따라 콜키스로 가는 지형을 자세하게 설명해 주었다. 다만 황금양피를 갖고 돌아오는 길에 대해서는 많은 조력자들을 만나게 될 것이며 아프로디테의 도움만 믿으라고만 말했다. 피네우스가 예언을 마치자마자 하르피이아이들을 추격했던 제테스와 칼라이스가 돌아와 경과를 보고했다.

    "우리들은 스트로파데스(Strophades) 군도에서 그 괴물 새들을 따라잡았습니다.

하르피이아이의 추격, Erasmus Quellinus II., 1630년경

그런데 우리가 칼을 빼어 막 그들을 해치우려고 하는 순간 갑자기 무지개의 여신 이리스(Iris)가 나타나 제우스 신의 명령을 전했습니다. 새들은 단지 제우스의 명령만을 수행했을 뿐 아무 잘못이 없다는 것입니다. 우리는 할 수 없이 다시는 피네우스 노인을 괴롭히지 않는다는 약속을 받아내고 그들을 살려 주었습니다."

6) 심플레가데스 바위

아르고 호의 영웅들은 피네우스를 그의 시종 파라이비오스와 백성들에게 안심하고 맡기고 자리를 털고 일어났다. 아르고 호는 곡예하듯 꼬불꼬불하고 깎아지른 듯한 보스포로스 해협을 통과하여 마침내 피네우스가 경고한 심플레가데스 근처에 도착했다. 바위는 짙은 바다 안개에 싸여 있었다. 영웅들은 피네우스가 알려준 대로 먼저 비둘기 한 마리를 바위 사이로 날려 보냈다. 바위들이 비둘기의 꼬리 날개를 으깬 다음 다시 튀는 동안 아르고 호의 영웅들은 아테나 여신이 나타나 뱃머리를 잡아 이끌어 주고, 오르페우스가 절묘한 리라 연주로 용기를 북돋우어 주자 잽싸게 노를 저어 그 사이를 무사히 통과했다. 아르고 호는 비둘기가 꼬리를 잃은 것처럼 선미(船尾) 장신만 잃었을 뿐이다. 그 후 바위들은 해협 양쪽에 각각 뿌리를 박고 고정되었다. 그 후 거센 폭풍우가 배를 거의 조종할 수 없게 만들었지만 아르고 호의 영웅들은 활처럼 휠 정도로 열심히 노를 저어 불상사 없이 마침내 흑해에 도달했다.

그들은 남쪽 해안을 따라 가다가 곧 티니아스(Thynias)라는 조그만 섬에 도착했다. 영웅들이 뭍에 오르자 갑자기 아폴로 신이 성스런 빛을 비치며 그들 앞에 나타났다. 신은 리키아(Lykia)에 있던 자신의 신전에서 북쪽 하늘 끝에 있는 히피르보레이오이(Hyperboreioi)의 나라로 가는 중이었다. 그들은 오르페우스의 연주와 찬가가 울려 퍼지는 가운데 제단 하나를 세우고 아폴론에게 야생 염소를 바쳤다. 아폴론이 자신들 앞에 현현(顯現)한 것을 계기로 아르고 호의 영웅들은 위험한 순간에도 서로 버리지 않기로 맹세했다.

7) 마리안디노이족

아르고 호는 항해를 계속하여 아케루시아(Acherusia) 곶에 정박했다. 그 근처에는 지하 세계에서 발원하는 아케론(Acheron) 강이 흑해로 흐르는 어귀가 있었다. 그것은 헤라클레스가 케르베로스를 데려올 때 사용한 지하 세계의 입구였다. 어떻게 알았는지 그곳에 살던 마리안디노이(Mariandynoi)족의 왕 리코스(Lykos)가 미리 마중을 나와 영웅들을 열렬하게 환영했다. 그들의 숙적 배브리케스의 아미코스 왕이 죽었다는 소식이 벌써 그의 귀에까지 닿았던 것이다. 그는 아르고 호의 영웅들에게 연신 고마움을 표시하며 아들

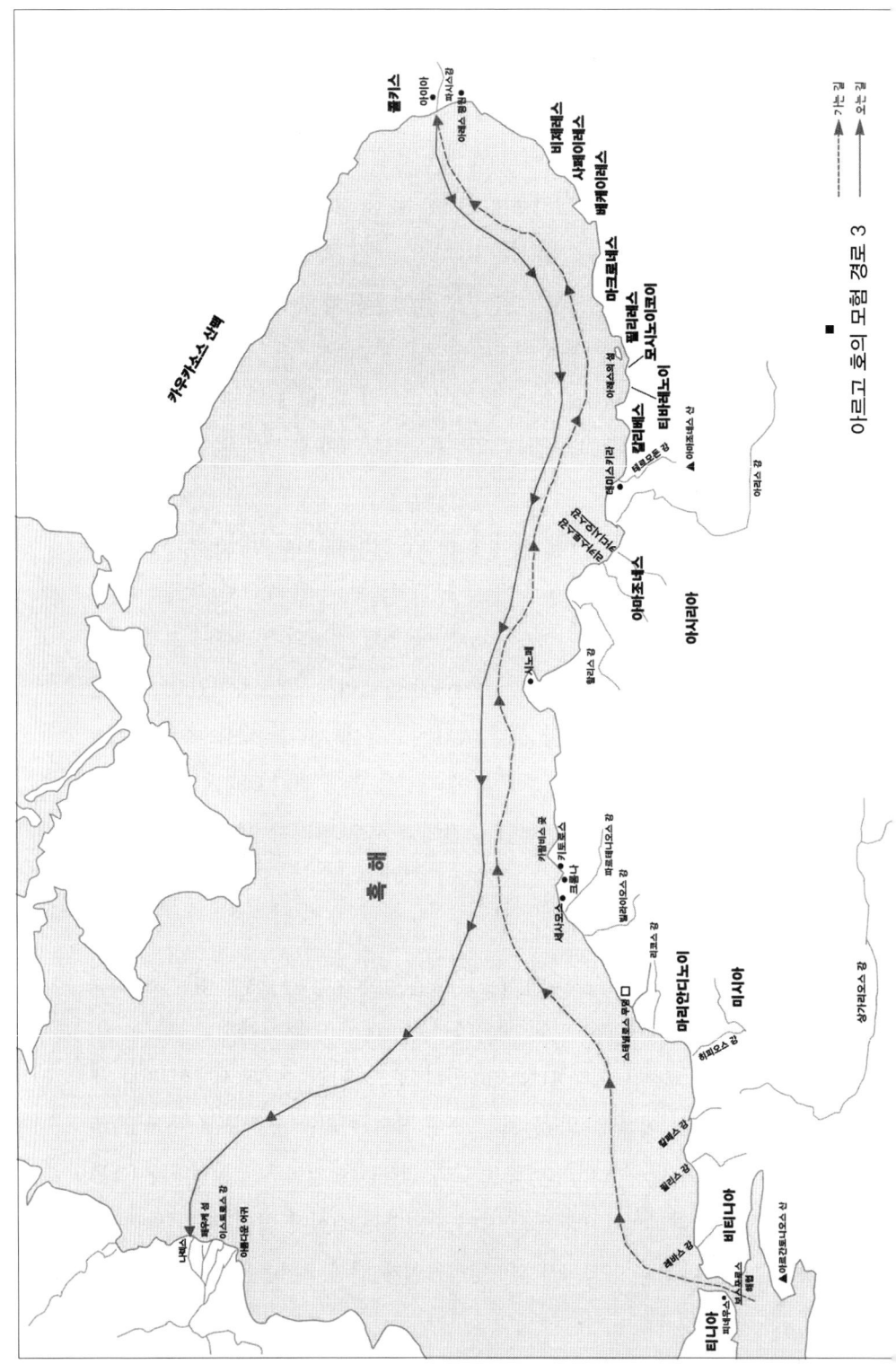

다스킬로스(Daskylos)를 길잡이로 딸려 보내겠다고 자원했다.

다음날 영웅들이 다시 승선하려고 했을 때 예언가 이드몬이 수컷 멧돼지의 공격을 받았다. 멧돼지는 리코스(Lykos) 강의 습지에 숨어 있다가 이드몬의 오른쪽 허벅지를 엄니로 물어뜯었다. 이다스가 재빨리 뛰어나가 다시 이드몬을 공격하려는 멧돼지를 창으로 찔러 죽였다. 하지만 이드몬은 피를 너무 많이 흘려 죽고 말았다. 아르고 호의 영웅들은 3일 동안 그를 애도했다.

그러자 이번에는 키잡이 티피스가 병에 걸려 죽었다. 동료들은 깊은 슬픔에 사로잡힌 채 이드몬의 봉분 옆에 티피스의 봉분을 세웠다. 출발할 때가 되자 앙카이오스(Ankaios), 에르기노스(Erginos), 나우플리오스(Nauplios), 에우페모스(Euphemos)가 차례로 키잡이 티피스의 역할을 맡겠다고 자원했다. 영웅들은 격론 끝에 앙카이오스를 티피스의 후임자로 선택했다.

8) 시노페, 아마존, 칼리베스, 티바레네스, 모시코노이족

아케루시아 곶으로부터 그들은 며칠 동안 동쪽으로 항해를 계속하다가 파플라고니아(Paphlagonia)의 할리스(Halys) 강변의 시노페(Sinope)에 도착했다. 시노페는 원래 아소포스(Asopos) 강의 딸이었다. 제우스는 그녀에게 반한 나머지 어떤 소원이라도 들어주겠다고 약속했다. 그녀는 교활하게도 처녀성을 원했고, 이곳을 자신으로 고향으로 정하고 여생을 행복하게 보냈다.

시노페에서 영웅들은 우연히 세 젊은이들을 만났다. 그들은 테살리아 출신의 삼형제 데일레온(Deileon), 아우톨리코스(Autolykos), 플로기오스(Phlogios)였다. 그들은 헤라클레스가 아마존 원정을 갈 때 따라갔다가 실수로 그와 헤어져서 이곳에 남게 되었다. 마침 아르고 호에는 힐라스 등 세 명의 노 젓는 자리가 비어 있던 터라 그들이 그 자리를 채워 주었다.

그 후 아르고 호는 아마존 족, 칼리베스(Chalybes)족, 티바레네스(Tiberenes)족, 모시코노이(Mosykonoi)족의 나라를 피네우스가 권한 것처럼 상륙하지 않고 그대로 지나쳤다. 아마존족은 호전적인 여전사의 나라였다. 활 쏘는 데

방해가 된다고 가슴 한 쪽을 절제할 정도였다. 칼리베스족은 땅을 경작하지도 않고 가축을 기르지도 않으며 오로지 대장간 일로 먹고 종족이었다. 나라에 철이 많이 났기 때문이다. 티바레스족은 아내가 분만의 고통을 겪을 때 남편도 마치 산욕을 치르는 것처럼 같이 신음하는 것으로 유명했다. 모시코노이족은 나무 위에 집을 짓고 살았고 혼음을 즐겼다.

9) 아레스의 섬

영웅들이 이 나라들을 지나치자 그들 앞에 무인도 아레스의 섬이 나타났다. 예언가 피네우스가 그곳에서 그들을 도와줄 자가 바다에서 나타난다며 영웅들에게 꼭 들르라고 충고했던 섬이다. 하지만 피네우스는 하늘에서 날아올 불행도 조심하라고 했다. 과연 섬에 가까워오자 새 한 마리가 아르고 호 위를 선회하더니 청동 깃털 하나를 떨어뜨렸다. 깃털은 오일레우스(Oileus)의 어깨에 떨어져 상처를 냈다. 깃털은 마치 화살처럼 단단하고 날카로웠다. 섬의 해안에 늘어선 나무에는 새들이 새까맣게 덮여 있었다. 아르고 호의 영웅들은 피네우스의 충고를 떠올리며 영웅들 중 절반이 노를 젓는 동안 나머지 절반은 방패로 머리 위를 물 샐 틈 없이 가리고 함성을 지르며 칼로 방패를 두드렸다. 새들이 엄청난 소음에 놀라 일제히 날개를 퍼덕이며 멀리 달아나자 영웅들은 안전하게 섬에 상륙했다.

그날 밤 엄청난 폭풍우가 일어났다. 어둠 속에서 배 파편 조각에 매달려 네 명의 영웅이 아르고 호 영웅들의 캠프 근처 해안으로 밀려왔다. 그들은 바로 콜키스로 황금양을 타고 갔던 프릭소스와 아이에테스 왕의 딸 칼키오페의 아들들로 아르고스(Argos), 프론티스(Phrontis), 멜라스(Melas), 키티소로스(Kytissoros)였다. 그들은 아버지 프릭소스가 죽은 뒤 그리스로 가다가 폭풍우를 만나 난파를 당했던 것이다. 그들이 그리스로 향한 것은 아버지의 유언에 따라 할아버지 아타마스가 세운 오르코메노스 왕국에 남겨둔 재산을 찾기 위해서였다.

이아손은 자신과 사촌뻘인 그들을 진심으로 환영했다. 이아손이 자신의 임무가 콜키스의 황금양피를 그리스로 가져가는 것이라고 말하며 도움을 부탁했다. 아르고스와 그의 형제들은 기꺼이 돕겠다고 약속했다. 하지만 외할아버지 아이에테스의 심기를 건드리지는 않을까 몹시 걱정이 되었다. 하지만 영웅들은 바다에서 그들을 도울 사람들이 나타날 것이라고 말한 피네우스의 정확한 예언에 놀라움을 금치 못했다.

아르고 호는 그 후 필리라(Philyra) 섬의 해안을 따라 갔다. 제우스의 아버지 크로노스는 한때 그 섬에서 아내 레아(Rhea)의 질투를 피해 수말로 변신해 필리라와 사랑을 나누었다. 필리라는 나중에 테살리아의 펠리온(Pelion) 산에서 반은 인간, 반은 말인 아이를 낳았다. 그가 바로 유명한 켄타우로스족의 현인 케이론(Cheiron)이었다. 그는 아킬레우스를 비롯한 많은 영웅들의 스승이 되었다. 아르고 호 원정대의 대장 이아손도 바로 케이론의 제자였다.

10) 아르고 호가 마침내 콜키스에 도착하다

얼마 지나지 않아 아르고 호의 영웅들의 시야에 갑자기 카우카소스(Kaukasos) 산이 탑처럼 우뚝 솟아올랐다. 마침내 아르고 호가 콜키스에 도착한 것이다. 그들은 프릭소스 아들들의 안내를 받아 아르고 호를 파시스(Phasis) 강어귀로 몰았다. 그 강은 콜키스의 수도 아이아(Aia)를 관통해 바다로 흘러들었다. 이아손은 먼저 콜키스의 신들에게 포도주와 꿀을 섞어 제주를 바친 다음, 아르고 호를 엄폐가 잘 되어 있는 강의 지류에 숨긴 다음 작전 회의를 소집했다.

11) 헤라, 아테나, 아프로디테, 에로스

같은 시각 올림포스에서는 헤라 여신이 아테나 여신과 함께 이아손 일행을 도울 방도를 찾고 있었다. 그들은 콜키스의 왕 아이에테스와 대면을 앞둔 이아손 일행이 걱정스러웠다. 아이에테스의 거친 성격을 누구보다도 잘 알고 있었기 때문이다. 결국 헤라 여신은 아테나 여신과 함께 아프로디테 여신을 찾아가기로 결심했다. 그녀의 아들 에로스를 시켜 메데이아의 가슴 속에 이아손에 대한 사랑의 불을 지피기 위해서였다.

헤라의 간곡한 부탁을 받은 아프로디테는 아들 에로스를 찾았다. 에로스는 마침 어린 가니메데스(Ganymedes)와 주사위 놀이를 하고 있었다. 가니메데스는 트로이의 왕이었던 트로스(Tros)의 아들이었다. 제우스는 그를 사랑한 나머지 독수리로 변신하여 납치한 후 올림포스 산으로 납치해 와 신들에게 술 따르는 일을 시켰다. 놀이에 열중한 에로스는 좀처럼 그녀의 말을 들을 것 같지 않았다. 아프로디테는 아들이 거절할 수 없는 장난감을 뇌물로 내밀려 말했다.

"아들아, 아이에테스의 딸 메데이아의 가슴에 이아손에 대한 사랑이 불타오르도록 해주려무나. 네가 그렇게만 해주면 제우스 신께서 어렸을 적 갖고 놀던 귀한 이 황금 공을 주겠다." 귀가 솔깃해진 에로스는 당장 놀이를 중단하고 재빨리 지상으로 내려갔다. 그는 콜키스 궁전에 도착해서 메데이아에게 이아손을 쳐다보는 순간 황금화살을 날린 기회만을 노리고 있었다.

12) 이아손이 선상에서 작전 회의를 하다

작전 회의에서 이아손은 영웅들에게 우선 프릭소스(Phrixos)의 아들들과 함께 아이에테스를 찾아가 정중하게 황금양피를 달라고 간청해 보겠다고 제안했다. 그는 그것이 실패할 경우에만 술수나 힘을 쓰겠다는 말도 덧붙였다. 모두들 그의 제안을 환영했다. 영웅들 중 텔라몬(Telamon)과 아우게이아스(Augeias)가 사절단에 합류했다. 특히 아우게이아스는 태양신 헬리오스(Helios)의 아들로 콜키스 왕 아이에테스와는 배다른 형제였으며, 헤라클레스의 12가지 모험 중 하나가 바로 그의 외양간을 치워주는 것이었다. 그들은 프릭소스의 아들들의 안내로 파시스 강가의 공동묘지를 지나 콜키스의 궁전을 향했다.

13) 이아손이 프릭소스의 아내 칼키오페를 만나다

궁전에 도착한 이아손 일행은 우선 프릭소스의 아내 칼키오페(Chalkiope)를 만났다. 그녀는 그리스로 떠났던 아들들이 갑자기 나타나자 깜짝 놀랐다. 그렇게 빨리 돌아온 것이 믿기지가 않았다. 자식들을 그리스로 보내놓고 얼마나 걱정했는지 몰랐다. 다행히 자식들이 무사한 것이 안심이 되기는 하지만 아무래도 이방인 이아손 일행이 자신을 먼저 찾아온 것을 보면 심각한 일이 있는 것 같았다. 그녀는 그간의 사정을 전해 듣고는 이아손에게 아들들을 구해 준 것에 대해 몇 번이나 감사를 표했다. 하지만 이아손이 콜키스에 온 목적을 말하며 도움을 요청하자 얼굴에 불안의 그림자가 짙게 드리워졌다.

14) 아이에테스가 이아손에게 과업을 주다

이어 이아손 일행은 마침내 아이에테스와 왕비 이디이아를 알현했다. 왕은 손자들이 이방인들과 함께 온 것을 마뜩찮아 했지만 자신이 가장 총애했던 막내 손자 키티소로스에게 무슨 일인지 한번 설명해 보라고 했다. 키티소로스는 이아손 일행은 자신과 형제들의 생명의 은인이며 신탁의 명령으로 황금양피를 가지러 왔다고 대답했다. 그는 할아버지 아이에테스 왕의 표정이 일그러지는 것을 보고 이렇게 덧붙였다.

"할아버지가 은총을 베풀어 주시면 그리스인들은 말썽 많은 사우로마테스인들이 할아버지의 왕홀 밑에 머리를 조아리도록 하겠답니다."

왕은 프릭소스의 아들들이 자신의 왕권을 빼앗기 위해 영웅들을 데려왔다고 오해했다. 그는 영웅들을 당장 죽이고 싶었지만 한번 시험하고 싶었다. 더욱이 그들의 대장이라는 녀석이 자신이 데려온 영웅들 중 대부분이 신들의 자손들이라고 허풍을 떠는 게 가소로웠다. 그리고 자신과 배다른 형제라는 아우게이아스라는 녀석도 정체가 미심쩍었다. 그는 그들을 천천히 죽여도 손해 볼 것이 없다고 생각했다. 그래서 경멸적인 웃음을 지으며 이아손에게 말했다.

"내겐 헤파이스토스 신이 만들어 준 황소가 두 마리 있다. 황소는 청동발굽을 하고 있으며 불을 내뿜는다. 사람의 살이 불에 닿으면 뼈도 남지 않는다. 내가 그 황소를 줄 테니 너희들 중 누가 멍에를 씌우고 4일 분량 면적의 밭을 하루 만에 갈아라! 그리고 씨앗 대신 내가 주는 용의 이빨을 뿌려라! 이빨이 땅에 뿌려지면 한참 후에 땅 속에서 천하무적의 전사들이 솟아난다. 그 전사들도 이삭을 자르듯이 모두 죽여라! 너희들 중 하나가 이 과업을 완수하면 황금양피를 주겠다!"

이아손은 아이에테스 왕의 말을 듣자마자 온몸이 마비된 듯 굳어버렸다. 자신은 도저히 이런 엄청난 일을 할 수 없을 것 같았다. 하지만 별 뾰족한 수가 없었다. 우선 아이에테스의 제안을 받아들일 수밖에 없었다.

15) 메데이아가 에로스의 황금화살을 맞다

바로 그때 메데이아 공주가 방에서 나와 아버지 옆에 서더니 이아손을 물끄러미 쳐다보았다. 에로스가 그 기회를 놓칠 리가 없었다. 그는 이아손의 가랑이 사이에 자리 잡고 있다가 황금화살을 날려 그녀의 가슴 정중앙을 명중시켰다. 화살은 메데이아의 가슴 속에서 불꽃처럼 타올랐다. 그 순간부터 메데이아는 갑자기 이아손에게 모든 정신을 빼앗겨버리고 말았다. 그녀는 계속해서 이아손에게 불타오르는 시선을 던졌다. 정신이 혼미해서 깊은 생각을 할 수가 없었다. 도무지 아무런 생각이 떠오르지 않았다. 마음이 달콤한 고통으로 휩싸였다.

한편 이아손은 수심에 싸여 아르고 호로 발길을 돌렸다. 아르고스가 그걸 보고 좋은 방법이 있으니 걱정 말라며 그를 안심시켰다. 아르고스는 어머니 칼키오페를 다시 찾아가 이모 메데이아의 도움을 얻도록 할 생각이었다. 이모만 도와준다면 그 일은 쉽게 해낼 수 있었다. 헤카테 여신의 사제였던 메데이아는 마법사였으며 약초도 잘 다룰 줄 알았기 때문이다.

화살을 날리는 에로스, Julius Kronberg, 1885

그 사이 메데이아는 내내 이아손만을 생각하며 눈앞에 아른거리는 그의 모습을 떨쳐버리지 못했다. 그녀는 이아손의 일거수일투족을 떠올리며 애를 태웠다. 그녀의 눈에는 아직도 이아손의 모습이 어땠는지, 그리고 그가 어떤 옷을 입었는지 모든 것이 생생하게 떠올랐다. 그가 말한 것, 그가 의자에 앉아 있다가 문 쪽으로 어떻게 걸어 나갔는지 하는 것도 눈앞에 아른거렸다. 이리저리 생각하다가 그녀는 급기야 그런 남자는 세상에 없다고 생각했다. 그녀의 귀에서는 계속해서 그의 목소리와 그가 했던 달콤한 말들이 울려 퍼졌다.

16) 이아손과 메데이아가 만나다

고민하던 메데이아는 결국 아버지의 뜻에 반하지만 이아손을 돕기로 결심했다. 이아손을 그대로 두었다간 분명 죽을 것이 뻔했다. 그녀는 언니 칼키오페를 찾아가 이아손 일행을 도와주겠다고 말하려 했다. 언니의 아들들을 위한다는 명목이었지만, 사실은 도저히 사랑하는 사람을 죽게 내버려둘 수 없었다. 그러나 그녀는 아버지를 배반해야 한다는 수치심과 이아손에 대한 사랑 사이에서 심각하게 갈등했다. 메데이아는 선뜻 발걸음을 떼지 못했다. 그녀는 몇 번이나 언니에게 가려고 자신의 방문을 나섰다가 다시 방 안으로 돌아왔다. 그녀가 출발하려고 하면 수치심이 그녀를 방안에 붙잡아 두었고, 수치심으로 멈추어서면 대담한 욕망이 그녀를 밖으로 재촉했다. 세 번째 그녀는 그걸 시도했지만 다시 멈추어 섰다. 네 번째 다시 자기 방에 돌아온 그녀는 울음을 터뜨리며 침대에 몸을 던졌다.

하녀 하나가 흐느끼는 메데이아를 발견하고 칼키오페에게 가서 그 사실을 알려줬다. 칼키오페는 마침 아들 아르고스와 함께 메데이아를 설득할 방도를 궁리하고 있었다. 그녀는 좋은 기회라고 생각하고 동생 메데이아를 찾아와 동생을 위로하며 자신의 마음을 털어놓았다. 조카들을 위해 제발 이방인인 이아손을 도와달라는 것이다. 언니의 부탁에 용기를 얻은 메데이아는

이아손과 메데이아, John William Waterhouse, 1907

마지못해 그러는 것처럼 은밀하게 이아손을 만나기로 약속했다.
　메데이아가 이아손을 만난 곳은 자신이 사제로 있는 헤카테 신전이었다. 신전은 왕궁으로부터 멀리 떨어진 외진 곳에 있었기 때문에 사람들의 눈을 피할 수 있었다. 이 자리에서 메데이아는 이아손에게 카우카소스 산 크로커스 꽃의 새빨간 즙이 든 병 하나를 주며 사용 방법을 알려주었다. 그 즙은 바로 두 마리 황소가 뿜어대는 불 입김으로부터 그와 무구들을 보호해 줄 묘약이었다. 이 기적의 꽃은 프로메테우스가 독수리에게 간을 쪼아 먹히며 고통을 겪으면서 흘린 피가 땅에 떨어진 곳에서 자라났다.

이어 메데이아가 이아손에게 땅에서 솟은 병사들을 해치울 수 있는 방법을 일러주면서 내건 유일한 조건은 자신을 미래의 신붓감으로 그리스로 데려가 달라는 것이었다. 이아손은 약병을 받아 들고 올림포스의 모든 신들에 걸고 그녀에게 항상 충실하겠다고 맹세했다. 이아손은 그녀와 다시 만날 것을 기약하며 아르고 호로 돌아왔다. 그는 모두들 잠이 들자 메데이아가 일러준 대로 한적한 곳을 찾아 신들께 제물을 바친 뒤에 병뚜껑을 열고 그 즙을 온몸과 그리고 창과 방패에 문질러 발랐다.

17) 이아손이 과업을 완수하다

다음날 이아손은 이 약의 힘으로 황소를 제압하여 멍에를 얹어 쟁기로 재빨리 밭을 갈 수 있었다. 그가 열심히 밭을 갈면서 아이에테스가 건네준 용의 이빨을 뿌리자 과연 땅속에서 무장한 전사들이 튀어나왔다. 이아손은 메데이아가 당부한 대로 그들과 맞서 싸우려 하지 않고 그들 한가운데에 커다란 돌을 하나 던졌다. 그러자 그들은 서로 싸우더니 마지막에는 몇 남지 않았다. 그들도 격렬하게 싸운 뒤라 모두 부상을 당한 채였다. 이아손이 그들을 손쉽게 해치우고 나자 해는 어느덧 서쪽으로 뉘엿뉘엿 넘어가기 시작했다.

아이에테스 왕은 이아손이 예상과는 달리 자신이 내건 과업을 손쉽게 완수하자 놀라움을 금치 못하면서도 딸 메데이아를 의심했다. 마법사인 그녀 말고는 황소를 제압할 자는 아무도 없었기 때문이다. 하지만 그는 당장 시시비비를 가릴 시간이 없었다. 그는 이아손에게 내일 약속대로 황금양피는 건네주겠다고 하면서 부하들을 시켜 이슥한 밤에 수도 아이아(Aia)를 관통하는 파시스 강기슭에 정박해 있는 아르고 호를 불태워 영웅들을 몰살해 버릴 계획을 세웠다.

용에게 수면제를 먹이는 메데이아와 황금양피를 탈취하는 이아손, Christian Daniel Rauch, 1818

18) 이아손이 메데이아의 도움으로 황금양피를 탈취하다

메데이아는 아버지의 음모를 일찍부터 꿰뚫어보았다. 아버지의 성격상 이아손이 과업을 완수해도 황금양피를 줄 리가 없었다. 그녀는 사태가 급박하게 돌아가는 것을 보고 급히 아르고 호를 찾아가 위험한 상황을 알린 다음 이아손을 아레스의 숲으로 데려갔다. 그곳에는 과연 황금양피가 커다란 참나무에 걸려 있었고 잠들지 않는 용이 지키고 있었다. 용은 제우스가 죽인 티폰(Typhon)이라는 괴물의 피에서 태어났다. 녀석은 똬리를 틀고 있었으며 몸집이 아르고 호보다도 더 컸다. 메데이아는 쉭쉭거리는 용을 처음에는 노래로 달래다가 눈꺼풀 위에 수면제처럼 갓 자른 노간주나무 즙을 몇

방울 떨어뜨렸다. 그러자 녀석은 갑자기 스르르 눈까풀을 내리더니 깊은 잠에 빠져들었고, 이아손은 참나무에서 조용히 황금양피를 거둬서는 그녀와 함께 아르고 호가 정박해 있는 해안으로 내려갔다.

19) 콜키스로 올 때와는 다른 귀환 항로를 택하다

아르고 호가 테살리아로 귀환한 것에 대해서는 많은 이설들이 있다. 하지만 아르고 호의 영웅들이 피네우스의 충고를 따라 태양이 도는 반대 방향으로 흑해를 돌았다는 것에는 일반적으로 의견의 일치를 보고 있다. 아폴로니오스와는 다른 설에 의하면 메데이아는 현재의 도나우 강인 이스트로스(Istros) 강어귀에서 아버지 아이에테스가 자신을 따라잡자, 납치해 온 어린 동생 압시르토스(Absyrtos)를 죽인 다음 토막을 내서 하나씩 빠른 바다 물살 속에 던졌다. 그러자 아이에테스는 잠시 추격을 멈추지 않을 수 없었다. 그는 나중에 장례식을 위해 아들의 시신을 모두 수습해야 했다.

20) 1차 추격대 대장 오빠 압시르토스를 살해하다

그러나 아폴로니오스의 「아르고 호의 모험」에 의하면 이아손을 따라간 1차 추격대는 아이에테스 왕이 아니라 오빠 압시르토스가 이끌었다. 그는 이스트로스 강어귀에서 아르고 호를 따라 잡았다. 숫자상 열세를 느낀 아르고 호의 영웅들이 그들과 협상을 벌여 아르테미스에게 바쳐진 무인도에 메데이아를 내려놓고 며칠 동안 신전의 여사제의 보호에 맡기기로 합의했다. 근처 브리고이(Brygoi)인의 왕이 며칠 뒤 그 사건을 심의하여 메데이아가 집으로 돌아가야 할지, 아니면 이아손을 따라 그리스로 가야 할지, 황금양피는 누구의 것이 되어야 하는지 등을 판결하기로 했던 것이다.

생명의 위협을 느낀 메데이아는 오빠 압시르토스에게 은밀하게 전갈을 보내 거짓으로 자신은 이아손에게 유괴된 것이라고 주장하며 탈출할 방도를 함께 찾아보기 위해 은밀하게 만나자고 전갈을 보냈다. 이날 밤 압시르토스가

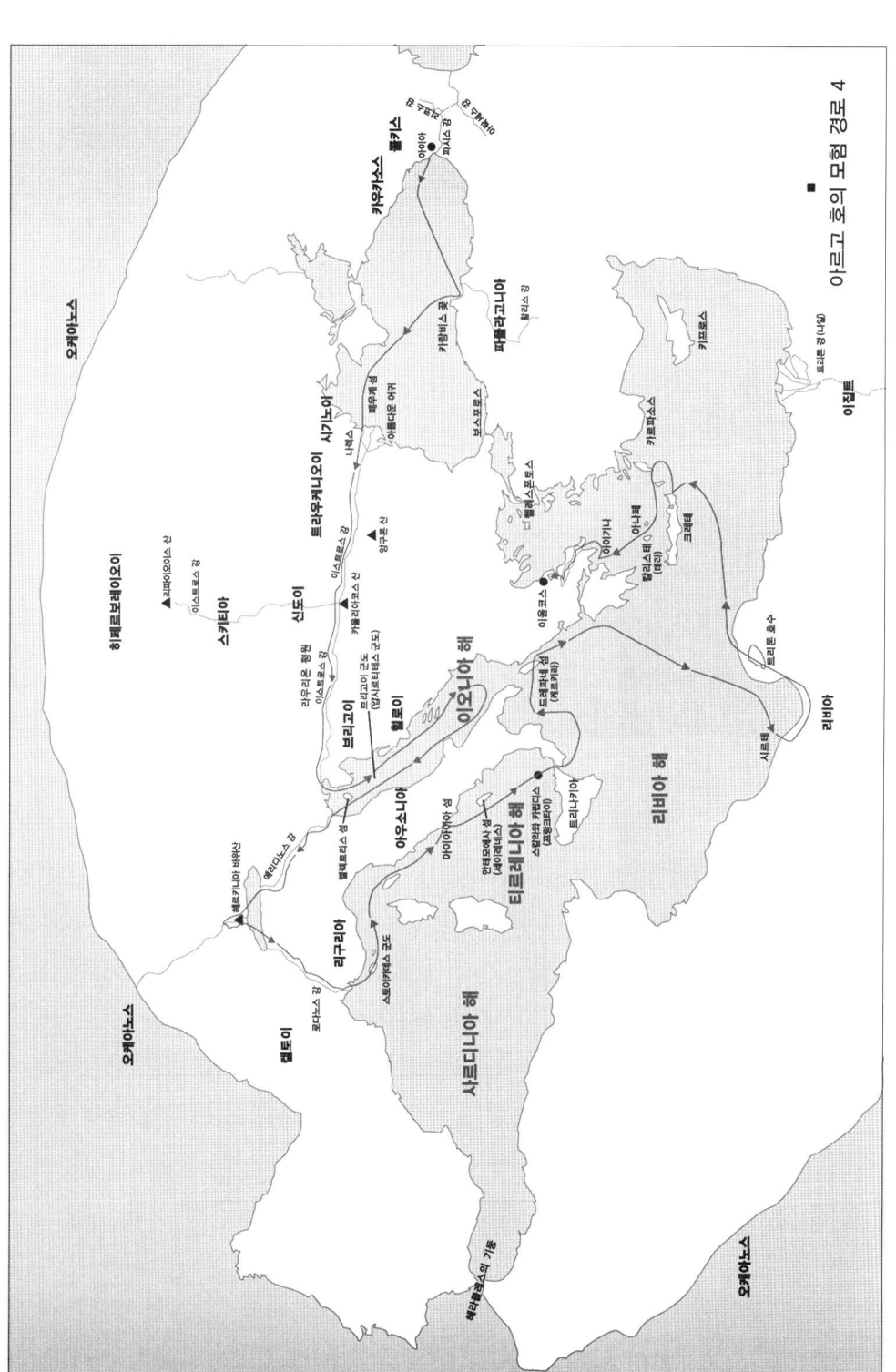

키르케 John William Waterhouse, 1911

단 둘이 동생을 만나기 위해 아르테미스 섬을 방문하자 메데이아의 계획대로 매복해 있던 이아손이 뒤에서 그를 칼로 쳤다. 이어 아르고 호의 영웅들은 대장을 잃은 콜키스 함대들을 급습했고, 함대는 뿔뿔이 흩어진 채 도망쳤다.

21) 키르케에게서 살인죄를 정화하다

추격자들이 없어졌지만 아르고 호는 이오니아 해에서 이리저리 방황을 하고 항로를 찾지 못했다. 아르고 호의 선수에 박아놓은 참나무가 다시 말을 시작하여 신탁을 알렸다. 이아손이 메데이아의 고모이자 마녀였던 키르케(Kirke)에게 가서 압시르토스를 죽인 살인죄를 씻어야 집에 돌아갈 수 있다는 것이다. 그들은 다시 방향을 돌려 에리다노스(Eridanos)와 로다노스(Rodanos) 강을 거쳐 키르케가 살던 아이아이에 섬으로 가서 살인죄에 대해 정죄를 받았다. 그 당시 에리다노스 강과 로다노스 강은 이탈리아 북부를 관통하고 있었다. 영웅들은 그 강을 통해 남쪽으로 우회하지 않고 이탈리아의 서해안에 있는 키르케의 섬으로 올 수 있었던 것이다.

22) 파이아케스인들의 나라에서 2차 추격대를 따돌리다

콜키스의 추격대는 압시르토스의 부대만 있었던 것은 아니다. 아이에테스는 아르고 호가 왔던 길을 따라 또 다른 추격대를 보냈다. 아이에테스는 부하들에게 메데이아와 황금양피 없이는 절대 돌아오지 말라고 협박했다. 추격대가 지금은 코르키라(Korkyra)로 불리는 드레파네(Drepane) 섬에 도착하자 아르고 호는 맞은 편 마크리스(Makris)라는 조그만 섬 해안에 정박해 있었다. 당시 코르키라는 파이아케스(Phaiakes)인들의 나라로 알키노오스(Alkinoos) 왕이 다스리고 있었다. 따라서 코르키라는 나중에 오디세우스와 아이네이아스도 바다를 방랑하며 거치는 섬이었다. 아르고 호의 영웅들은 모험이 성공적으로 끝난 것을 기뻐하며 자축하고 있었다. 추격대 대장은 알키노오스 왕과 아레테(Arete) 왕비를 찾아가 콜키스의 왕 아이에테스의 이름으로 메데이아와 황금양피를 인도해 줄 것을 요구했다.

메데이아는 이번에는 알키노오스 왕의 왕비 아레테를 찾아가 그간의 사정을 전하며 자신은 조국 콜키스로 송환되면 틀림없이 죽을 것이라며 제발 도와달라고 간청했다. 왕비는 메데이아의 처지를 안타깝게 생각하고 돕기로 작정했다. 그녀는 그날 밤 잠자리에서 남편 알키노오스에게 얼마나 많은 아버지들이 딸들을 부당하게 대했는지 그 사례를 열거했다.

그녀는 우선 닉테우스(Nykteus)가 딸 안티오페(Antiope)에게 가한 가혹행위를 얘기했다. 닉테우스는 딸 안티오페가 제우스의 사랑을 받아 임신하자

박해를 시작했다. 안티오페가 그를 피해 달아나자 자살하면서 형제 리코스(Lykos)에게 자신의 원수를 갚아달라고 유언했다. 그 후 안티오페는 리코스에게 갖은 수모를 당했다. 아레테는 아크리시오스(Akrisios)가 딸 다나에(Danae)에게 가한 잔인한 행동도 예로 들었다. 아크리시오스는 외손자의 손에 죽을 것이라는 신탁을 듣고 딸을 칠흑같이 어두운 청동감옥에 가뒀다. 딸이 제우스의 아들 페르세우스를 낳자 둘을 궤짝에 넣어 바다에 버렸다. 아레테는 마지막으로 애인과 사랑을 나누었다는 사실만으로 딸 메토페(Metope)를 학대한 에케토스(Echetos)를 예로 들며 말했다.

"지금도 에페로이스의 불쌍한 메토페 공주는 잔인한 아버지 에케토스 왕의 명령으로 감옥에서 신음하고 있어요! 그녀는 청동 바늘에 찔려 눈이 먼 채 청동 보리알을 무거운 맷돌로 빻아야 해요. 아버지는 딸에게 '이 보리알을 다 빻으면 시력이 돌아올 것이다.'고 조롱했답니다. 콜키스의 아이에테스 왕도 메데이아 공주를 데려다가 그들과 똑같이 잔인하게 대할 거예요."

아레테는 결국 알키노오스 왕으로부터 다음날 그가 어떤 기준으로 판결을 내릴지 알아냈다. 그는 아내에게 이렇게 심중을 털어 놓았다.

"메데이아가 아직 결혼하지 않은 처녀라면 콜키스로 돌아가야 하오. 하지만 더 이상 처녀가 아니라면 이아손 곁에 있도록 할 것이오."

아레테는 남편이 깊이 잠이 들자 이아손에게 전령을 보내 이 소식을 알렸다. 이아손은 즉시 아르고 호 근처에 있던 동굴에서 메데이아와 결혼식을 올렸다. 아르고 호의 영웅들은 푸짐한 향연을 베풀어 결혼식을 축하했고 신방 침상에 황금양피를 깔았다. 과연 다음날 알키노오스 왕은 아레테 왕비가 이아손에게 미리 알려준 판결 원칙을 발표했다. 이어 메데이아가 이아손의 아내라는 사실이 증명되었다. 콜키스인들은 아이에테스가 무서워 빈손으로 콜키스로 돌아갈 수 없었다. 그래서 그들 중 일부는 코르키라에 정착했고, 다른 사람들은 일리리아(Illyria) 제도를 점령했다.

23) 세이레네스

이아손은 이제 한결 가벼운 마음으로 세이레네스(Seirenes)가 사는 섬을 지나갔다. 세이레네스는 반은 여자이고 반은 새인 바다의 마녀들이다. 그들은 매혹적인 노래로 지나가는 뱃사람들을 홀려 죽게 만들었다. 오르페우스가 리라 연주로 만들어내는 더 고혹적인 멜로디로 세이레네스가 만들어내는 마법의 멜로디를 압도했다. 오르페우스가 세이레네스의 노랫소리가 침투할 수 없는 일종의 방어막을 쳐준 것이다. 하지만 영웅들 중 부테스(Butes)만은 노랫소리에 홀려 갑판에서 뛰어내려 그들이 사는 섬 해안으로 헤엄쳐 가려고 했다. 하지만 아프로디테가 그를 구해서 릴리바이온(Lilybaion)을 거쳐 에릭스(Eryx) 산으로 데려가 애인으로 삼았다. 어떤 설에 의하면 세이레네스는 이미 무사 여신들과의 노래 경연에서 패배하고 날개를 잃은 뒤에서 재차 오르페우스에게 패배하자 자살했다. 하지만 한 세대 후에 오디세우스가 지날 때 그들은 아직도 그 섬에 건재하고 있었다.

24) 프랑크타이 바위

아르고 호가 다음에 도착한 곳은 갈림길이었다. 한쪽 길은 스킬라(Skylla)와 카립디스(Charybdis)가 사는 바위 절벽이었고, 다른 쪽 길은 프랑크타이(Planktai) 바위들이 요동치는 암초 밭이었다. 둘 다 끔찍한 길이었다. 스킬라는 윗부분은 여자의 모습이지만 아랫부분은 개머리가 여섯 개 달린 괴물로 그곳을 지나가는 배에서 한꺼번에 선원들을 여섯씩 낚아채 갔다. 또한 카립디스는 스킬라가 사는 절벽 맞은편의 바다 밑에 사는 거대한 소용돌이로 모든 것을 단숨에 집어삼켜 버렸다. 이에 비해 프랑크타이는 심하게 움직이는 바위섬들로 그중 하나의 밑에는 헤파이스토스의 대장간이 있어 프랑크타이 주변은 언제나 수증기와 화염에 싸여 있었다.

아르고 호가 어디로 가야 할지 망설이고 있는 사이 바다의 요정들인 네레이데스(Nereides)가 나타났다. 네레이데스는 네레우스(Nereus)와 도리스(Doris)의

어부와 세이렌, Frederic Leighton, 1856-1858

50명의 딸들을 말한다. 바다의 신 포세이돈의 아내 암피트리테나 아킬레우스의 어머니 테티스도 네레이데스였다. 그들은 헤라의 명을 받고 아르고 호를 프랑크타이 바위 쪽으로 안전하게 안내했다. 헤라는 이미 무지개의 여신 이리스(Iris)를 헤파이스토스에게 보내 그곳에 있는 대장간을 잠시 쉬도록 부탁했다. 테티스가 아르고 호 뱃머리를 잡고 안내하자 나머지 요정들이 선미를 밀어 아르고 호는 마침내 위험한 플랑크타이를 무사히 빠져나갔다.

25) 리비아의 트리토니스 호수

그 후 아르고 호의 영웅들은 시칠리아 동쪽 해안을 따라가다가, 트리나키에(Thrinakie) 섬 해안에서 풀을 뜯고 있던 눈부시게 하얀 헬리오스의 소 떼를 보았다. 그들은 그중 한 마리를 잡아 주린 배를 채우고 싶은 마음이 간절했지만 예언가 피네우스의 경고를 떠올리고 꾹 참았다. 그때 갑자기 엄청나게 센 북풍이 몰려와 아르고 호를 순식간에 리비아의 끝자락 시르티스(Syrtis) 사구로 몰고 갔다. 게다가 아르고 호는 엄청난 파도에 밀려 육지 쪽으로 1마일쯤 되는 모래 속에 처박히고 말았다. 상륙해 보니 눈이 닿는 곳은 사방이 모두 사막뿐이었다. 아르고 호의 영웅들은 모두들 죽음을 예감하고 모래에 홈을 파고 외투를 덮고 누웠다. 마지막으로 잠이나 실컷 자고 싶었다. 바로 그때 리비아의 요정들이 염소 가죽을 입고 이아손의 꿈속에 나타나 신탁을 전했다.

"이아손이여, 잠시 후 바다에서 말이 뛰어 나오거든 그 발자국을 따라 아르고 호를 떠메고 가라!"

이아손은 잠이 깨어 동료들에게 그 신탁을 말해 주었다. 모두들 그 뜻을 이해할 수 없어 웅성거리고 있었다. 도대체 바다에서 어떻게 말이 나온단 말인가. 바로 그때 갑자기 정말 바다에서 말이 한 마리 뛰어 나오더니 발자국을 남기며 멀리 사라졌다. 그제야 그들은 신탁을 연상하고 모두들 환호성을 지르며 즉시 아르고 호를 들어 어깨에 메고 발자국을 따라갔다. 12일이나 걸어 기진맥진한 후에 그들은 마침내 트리토니스(Tritonis) 호수에 도착했다. 하지만 이번에는 호수의 출구를 찾을 수 없었다. 아르고 호의 영웅들은 또다시 절망에 사로잡혔다.

그 순간 이아손이 갑자기 델피에서 받은 세발솥을 기억해 냈다. 그는 모험을 떠나기 전 신탁을 물으러 델피 신전에 간 적이 있었다. 그에게 아폴론 신전의 여사제 피티아가 세발솥 두 개를 주면서 그중 하나를 귀환 중 위기에 빠졌을 때 리비아의 신 트리톤(Triton)에게 바치라고 했었다. 이아손이 제단을 쌓고 세발솥을 바치며 부르자 포세이돈 신의 아들 트리톤 신이 나타나 한 손으로는 세발솥을 손에 쥐고 다른 손으로는 아르고 호의 선수를 잡고 호수 출구 쪽으로 끌고 갔다.

26) 크레타의 청동인간 탈로스

트리토니스 호수를 간신히 빠져나온 아르고 호는 아프리카 북부 해안을 따라오다가 북쪽으로 선수를 돌려 크레타 섬에 도착했다. 그곳에서는 온몸이 청동으로 된 보초병 탈로스(Talos)가 아르고 호에 돌을 던지며 영웅들이 상륙하는 것을 방해했다. 그러자 메데이아는 부드럽게 이 괴물을 부르며 자신이 갖고 있는 영약을 건네주며 그를 영원히 죽지 않게 해주겠다고 약속했다. 하지만 그것은 수면 음료였다. 메데이아는 탈로스가 영약을 벌컥벌컥 마신 뒤 깊은 잠에 빠지자 그의 목에서부터 발목까지 흐르는 하나밖에 없는 혈관을 막고 있는 청동 못을 발목에서 빼냈다. 그러자 그곳에서 몸속에서 피의 역할을 하던 무색의 신성한 영액이 콸콸 흘러나와 얼마 지나지 않아 탈로스는 죽고 말았다. 하지만 다른 설에 의하면 탈로스는 메데이아의 눈빛에 매료되어 비틀거리다가 바위에 부딪쳐 발목에 상처가 나 피를 모두 흘리고 죽었다. 또 다른 설에 의하면 아르고 호의 영웅들 중 포이아스가 화살로 그의 발꿈치를 쏘아 죽였다.

탈로스, BC 4세기경의 도기 그림

27) 마침내 이올코스로 귀환하다

크레타를 떠나 항해를 계속하던 아르고 호는 저녁이 되자 남쪽에서 불어오는 폭풍우에 휩싸였다. 주위는 짙은 어둠이 깔려 한치 앞도 분간할 수 없었다. 이아손이 항해의 신 아폴론을 연호하며 도움을 간청했다. 그러자 아폴론이 그의 기도를 가납하고 한 줄기 밝은 빛을 비추어 아르고 호의 우현으로 스트로파데스 섬들 중 하나인 아나페 섬을 보여주었다. 그러자 키잡이 앙카이오스는 아르고 호를 그곳에 무사히 상륙시켰다. 아침이 되자 폭풍우가 가라앉고 그들은 다시 출발하여 아이기나(Aigina) 섬을 지나 마침내 이올코스에 무사히 도착했다.

「아르고 호의 모험」의 모델은 「일리아스」와 「오디세이아」

 아폴로니오스는 BC 3세기의 거의 모든 저명한 문학계 인사들이 그런 것처럼 원래 알렉산드리아 출신이 아니다. 그는 청년 시절 프톨레마이오스 왕가의 문예 진흥 운동에 고무되어 로도스(Rhodos) 섬에서 나일 강 근처의 대도시 알렉산드리아로 와서 정착한다. 그는 거기서 박물관과 도서관 일에 종사하다가 북아프리카 키레네(Kyrene) 출신의 시인 칼리마코스(Kallimachos)와 친분을 쌓는다. BC 275/270년경에는 프톨레마이오스 2세인 필라델포스(Philadelphos)가 아폴로니오스에게 자신의 아들이자 나중에 프톨레마이오스 3세가 되는 에우에르게테스(Euergetes)의 교육을 맡긴다. 그 당시 아폴로니오스가 맡게 된 알렉산드리아 도서관장직은 그가 궁정에서 누렸던 높은 신망을 반증해 준다. 아폴로니오스 전에는 칼리마코스가 똑같은 직을 맡았었다.
 아폴로니오스가 활동하던 당시 알렉산드리아에는 두 가지의 문학 흐름이 있었다. 둘 다 모두 과거의 문학적 전통은 중시하지만, 그에 대한 입장이 사뭇 달랐다. 하나는 호메로스를 비롯한 과거의 모델에 철저하게 기대서 작품 활동을 해야 된다는 입장으로, 그 중심인물은 바로 아폴로니오스이다. 다른 하나는 문학에 새로운 지평을 열고 창조적인 작업을 하기 위해서는 과거의 위대한 작품들을 그대로 모방하는 것은 지양해야 한다는 입장으로, 그 중심인물은 칼리마코스이다. 그래서 아폴로니오스는 칼리마코스와 격렬한 문학 논쟁을 벌인다. 두 사람의 대립은 문학적인 논쟁을 벗어나 개인적인 감정 대립으로까지 치닫는다. 결국 아폴로니오스는 알렉산드리아 도서관장직을 칼리마코스의 친구인 에라토스테네스에게 넘겨주고 모든 것을 정리하여 로도스 섬으로 낙향한다. 그 후 그의 이름에는 '로디오스(Rhodios)'라는 말이 붙는다. 로디오스는 '로도스인'이라는 뜻이다.
 「아르고 호의 모험」은 아폴로니오스가 칼리마코스와 벌였다고 주장하는 논쟁에서 유추할 수 있듯이 호메로스의 영향을 강하게 받은 것은 의심의 여지가 없다. 그래서 작품 속에는 「일리아스」와 「오디세이아」를 모델로 삼은 부분이 수없이 산재되어 있다. 특히 이아손과 함께 모험을 떠나기 위해 이올코스로 모여드는 영웅들의 고향이나 가족 관계를 설명하는 대목은 「일리아스」에서 트로이를 정복하기 위해 아울리스 항으로 속속 모여드는 그리스 병사들을 열거하는 것과 비슷하다. 예언가 피네우스가 아르고 호의 영웅들에게 해주는 예언도, 「오디세이아」에서 키르케가 오디세우스에게 해주는 예언을 모델로 하고 있다.

아르고 호가 지나간 곳과 오디세우스가 고향으로 돌아올 때 거쳐온 곳이 일치할 수 있다는 것은 당연하다. 아르고 호의 목적지가 트로이의 위쪽인 콜키스이기 때문이다. 아르고 호가 지나가는 파이아케스인들의 나라, 헬리오스의 섬, 세이레네스가 사는 곳은 오디세우스도 거친다. 따라서 아르고 호의 항로에서도 아폴로니오스가 호메로스의 「오디세이아」를 모델로 삼았다는 것은 충분히 짐작할 만하다. 물론 그곳에서 겪는 일이나 통과하는 방법은 다르다.

그중 괴조(怪鳥) 세이레네스를 피하는 방법을 보자. 「오디세이아」에서 오디세우스는 부하들의 귀는 밀랍으로 막고 자신은 돛대에 몸을 꽁꽁 묶어 세이레네스의 노래의 마법을 피하지만, 아폴로니오스는 오르페우스의 노래와 리라 연주로 세이레네스들을 물리친다. 또 오디세우스나 아르고 호는 앞에 펼쳐진 두 개의 길을 놓고 선택의 기로에 서 있는 경우가 생긴다. 플랑크타이 바위 그리고 스퀼라와 카립디스가 바로 그것이다. 오디세우스나 아르고 호 모두 목적지에 도착하려면 이웃하고 있는 둘 중 하나는 꼭 통과해야 한다. 그런데 오디세우스는 후자를 택해 부하 몇을 잃지만, 아르고 호는 헤라 여신의 도움을 받아 전자를 통과한다.

아폴로니오스는 특히 문체적인 측면에서 호메로스와 상당히 다르다. 우선 그는 어떤 표현이 나중에 다시 나오면 그것을 변형시킨다. 표현이 형식주의로 흐르는 것을 예방하기 위해서다. 또 이미 아는 표현을 반복해서 독자들을 지루하게 하려고 하지 않는다. 그래서 장식적 형용사가 아주 적게 사용된다. 작품에 자주 등장하는 전형적인 장면들에 대한 표현도 마찬가지로 뒤로 갈수록 간결하다. 그 장면들은 희생 제물을 바칠 때, 식사를 할 때, 신탁을 받을 때, 신들이 나타날 때, 배가 어떤 장소에 도착하거나 상륙할 때, 배가 다시 출발할 때, 영웅들이 누군가를 방문할 때나 환영을 받을 때, 작별할 때 등이다. 이것들도 한번만 자세하게 그리고 여러 연관성 속에서 설명할 뿐 다시 반복해서 서술하지 않는다.

특히 아폴로니오스는 호메로스보다 훨씬 더 많은 비유를 사용한다. 또한 그의 비유는 호메로스에 비해 더 핵심을 찌르고 있거나 물리학 등 다른 학문 분야에서도 원용한다. 그중 아르고 호의 영웅들이 전투를 벌일 때 겁에 질려 도망가는 베브리케스인을 묘사한 부분은 압권이다. 아폴로니오스는 영웅들의 공격에 놀란 그들을 늑대의 위협으로 공포에 떠는 양으로, 도망가는 그들은 벌집에 연기를 쬐자 정신없이 도망하는 벌떼로 비유한다. 정말 전투 장면이 눈앞에 생생하게 떠오르는 비유다.

"어느 겨울날 회색 늑대들이 냄새 잘 맞는 개와 목동들에게도 들키지 않고, 양 우리로 뛰어들어 어느 놈을 제일 먼저 공격하여 숨통을 끊어 놓을 것인지 이리저리 살피며 양떼들을 공포로 몰아넣는다. 그러면 양들은 어찌할 바를 모르며 사방에서 한 곳으로 모여들면서 서로 밀쳐 넘어진다. 마치 그런 것처럼 이들은 오만한 베브리케스인들을 처참한 공포로 몰아넣었다. 양치기나 꿀벌 치기가 바위 속에 있는 벌집에서 연기로 벌떼를 몰아낼 때, 벌떼들은 한참 동안은 벌집에 남아 윙윙거리며 밀집해 있지만, 곧 독한 연기에 질려 바위 속 집을 버리고 멀리 날아간다. 마치 그런 것처럼 베브리케스인들은 더 이상 저항하지 못하고 영토 안으로 뿔뿔이 흩어져 아미코스 왕의 죽음을 알렸다."

아폴로니오스의 작품은 고대의 신화를 소재로 하고 있고 고대의 언어로 쓰여 있지만 내용은 아주 현대적이다. 무엇보다도 작품 속 인물들의 성격이 자연스럽고 현실적이다. 다시 말해 현대의 감각에서 보더라도 개연성이 있는 성격이다. 그건 아마도 그가 인물들의 모델을 그 당시의 보통 사람들로 삼았기 때문일 것이다. 우선 영웅들의 대표 이아손을 예로 들어보자. 그는 현대적인 의미에서 보았을 때 전혀 고리타분한 인물이 아니라 우리 시대의 인물을 보는 듯하다.

그래서 이아손은 철저히 계산적이고, 현실주의적이다. 또 실용주의적이고, 민주적이다. 그것은 작품이 쓰였던 헬레니즘 시대의 시대정신과도 부합한다. 이아손은 헤라클레스나 「일리아스」의 아킬레우스처럼 단순히 전의에만 불타 있는 것이 아니다. 물론 그에게도 다른 영웅들이 갖고 있는 강한 힘이 없었던 것은 아니다. 하지만 그보다 더 중요했던 것은 배려, 책임 의식, 신에 대한 복종, 유화적 태도, 외교적인 태도 등이었다. 그는 동료들에게 친절함, 예의, 우아함, 미적인 태도 등을 보인다. 특히 메데이아에 대해서는 더욱더 그렇다.

심리 묘사의 대가, 아폴로니오스

아폴로니오스가 얼마나 꼼꼼하게 「아르고 호의 모험」을 집필했는지는 작품의 내용에서 인과 관계가 아주 정확하고, 시간이나 공간에 대한 서술이 앞뒤가 정확하게 일치하는 데서 짐작할 수 있다. 따라서 그는 자신의 작품을 몇 번이나 고치고 다듬었을 것으로 사료된다. 옹졸하게 보일 수도 있을 그의 치밀함은 전체 4권 중 제3권에서 정점에 달한다. 3권의 테마는 바로 모든 것을 집어삼키고 휩쓸어갈 수 있는 폭풍노도와 같은 사랑의 감정이다.

3권에서 메데이아는 사랑 때문에 부모와 형제와 가정과 조국을 버린다. 그것도 모자라 그녀는 자신의 사랑에 방해물이 되는 오빠 압시르토스를 죽이기까지 한다. 그녀의 사랑은 너무나도 순수하고 강렬하기에 비극적 결말을 예시한다. 더욱더 놀라운 것은 에로스의 장난으로 사랑에 빠진 메데이아를 묘사하는 아폴로니오스의 세밀한 심리묘사이다. 사랑에 한번이라도 빠져본 사람이라면 아폴로니오스의 메데이아는 옛사랑에 대한 깊은 향수와 회한을 불러일으키고도 남는다.

3권은 짧은 서사(序詞)를 거쳐 헤라 여신과 아테나 여신이 나누는 대화로 시작된다. 헤라 여신은 콜키스의 왕 아이에테스와 대면을 앞둔 이아손과 영웅들이 걱정스러워 아테나 여신과 대책을 숙의한다. 아이에테스의 포악성을 누구보다도 잘 알고 있었기 때문이다. 그러다가 결국 헤라 여신은 아프로디테 여신을 찾아가기로 결심한다. 아들 에로스를 시켜 메데이아의 가슴에 사랑의 화살을 날리도록 부탁하기 위해서다. 그러면 메데이아가 이아손을 도울 것이기 때문이다.

그래서 아프로디테는 어린 가니메데스(Ganymedes)와 놀고 있던 에로스를 찾아 구슬린다. 그녀는 아들에게 아이에테스의 딸에게 사랑의 화살을 날려주면 제우스가 어렸을 적 갖고 놀던 귀한 공을 주겠다고 제안한다. 귀가 솔깃해진 에로스는 얼른 지상으로 내려가 이아손과 우연히 마주친 메데이아의 가슴에 화살을 날리고 유유히 사라진다. 그 뒤 메데이아는 이아손에게 모든 것을 빼앗겨버린다. 아폴로니오스는 화살을 맞는 순간 메데이아의 심리를 다음과 같이 묘사한다.

> "화살은 그 여자의 가슴 속에서 불꽃처럼 타올랐다. 그녀는 계속해서 아이손의 아들에게 불타오르는 시선을 던졌다. 그녀는 정신이 혼미해서 깊은 생각을 할 수가 없었다. 도무지 아무런 생각이 떠오르지 않았다. 마음이 달콤한 고통으로 휩싸였다."

그 후 이아손 일행은 아이에테스 왕과 대면한다. 왕은 우선 아르고스를 비롯한 프릭소스의 아들들에게 그간의 사정을 물어본다. 아르고스가 폭풍우를 만나 배가 좌초되어 이아손을 비롯한 영웅들을 만나게 된 경위와 영웅들이 콜키스로 온 이유 등을 이야기하자 아이에테스 왕은 분노하며 눈앞에서 당장 꺼지라고 말한다. 왕은 프릭소스의 아들들이 자신의 왕권을 찬탈하기 위해 영웅들을 데려왔다고 생각했다. 그는 영웅들을 당장 죽이고 싶은 마음도 있었지만 그들을 시험하고 싶었다. 그들이 신들의 자손들이라고도 하고, 천천히 죽여도 손해 볼 것이 없었기 때문이다. 그래서 그는 이아손에게 자신이 내건 과업을 완수하면 황금양피를 주겠다고 제안한다. 이아손은 한순간 고민하다 다른 방도가 없어 선뜻 그 제안을 받아들인다. 동료들에게 돌아가던 이아손에게 아르고스는 어머니 칼키오페에게 부탁하여 메데이아의 도움을 얻도록 하겠다고 말한다. 약초를 잘 다룰 줄 알았던 이모 메데이아만 도와준다면 그건 쉬운 일이라는 것이다.

이미 그사이 에로스의 화살을 맞은 메데이아는 이아손에게 마음을 온통 빼앗겨버린 후였다. 메데이아는 내내 이아손만을 생각하며 아른거리는 그의 모습을 잊지 못한다. 아폴로니오스는 조금 전에 만나 본 이아손의 일거수일투족을 떠올리며 애태우는 메데이아의 심정을 다음과 같이 묘사한다. 사랑에 빠진 인간의 마음을 정말 실감 나게 그리고 있다.

"그녀의 눈에는 아직도 이아손의 모습이 어땠는지, 그리고 그가 어떤 옷을 입었는지 모든 것이 생생하게 떠올랐다. 그가 말한 것, 그가 팔걸이의자에 앉아 있다가 문 쪽으로 어떻게 걸어 나갔는지 하는 것도 눈앞에 선했다. 이리저리 생각하다가 그녀는 급기야 그런 남자는 세상에 없다고 생각했다. 그녀의 귀에서는 계속해서 그의 목소리와 그가 했던 달콤한 말들이 울려왔다."

고민하던 메데이아는 결국 아버지의 뜻에 반하지만 이아손을 도와주기로 결심한다. 하지만 아버지를 배반해야 한다는 수치심과 이아손에 대한 사랑

사이에서 심하게 갈등한다. 그녀는 칼키오페를 찾아가 언니가 바라는 대로 이아손 일행을 도와주겠다고 말하려 한다. 그래야 아르고스를 비롯한 언니의 아들들을 구하고, 무엇보다도 사랑하는 이아손을 위험에서 구할 수 있기 때문이다. 하지만 메데이아는 선뜻 발걸음을 떼지 못한다. 그녀는 몇 번이나 언니의 방에 가려고 나서다가도 다시 자신의 방으로 돌아온다. 다음은 메데이아의 갈등하는 모습을 그린 장면이다. 아폴로니오스의 뛰어난 심리묘사가 여실히 드러나는 대목이다.

"그녀는 언니에게 가려고 문지방을 넘어섰다. 하지만 부끄러운 마음이 들어 한참 동안 망설이며 바깥 홀에 서 있었다. 그러다가 그녀는 다시 방향을 바꾸어 자기 방으로 들어왔다. 그녀는 다시 한 번 더 방에서 나왔다가 다시 들어왔다. 그녀의 발은 이렇게 쓸데없이 그녀를 밖으로 몰고 갔다가 다시 안으로 데려왔다. 그녀가 출발하려고 하면 수치심이 그녀를 안에 붙잡아 두었고, 수치심으로 멈추어서면 대담한 욕망이 그녀를 밖으로 재촉했다. 세 번째 그녀는 그걸 시도했지만 다시 멈추어 섰다. 네 번째 다시 자기 방에 돌아온 그녀는 앞에 있는 침대에 몸을 던졌다."

이러지도 못하고 저러지도 못하며 흐느끼는 메데이아를 발견하고 옛 하녀 하나가 칼키오페에게 가서 그 사실을 알려준다. 아들 아르고스와 함께 메데이아를 설득할 방도를 궁리하던 칼키오페는 좋은 기회라고 생각하고 동생을 찾아와 자신의 마음을 솔직하게 털어놓으며 이방인인 이아손을 도와 자식들의 목숨을 구해 달라고 애원한다. 그 후 메데이아는 이아손을 만나 몸에 바르면 절대로 상처를 입지 않는 무적의 몸으로 만들어 주는 마법의 약을 건네주고, 이아손은 그 약을 몸과 무기에 바르고 과업을 완수한다.

12

제12장

트로이 전쟁

　기원전 20세기에 그리스 반도에 남하한 아카이아인과 이오니아인들은 미케네를 중심으로 정착하더니 화려한 문명을 꽃피운다. 미케네 문명은 크레타나 트로이 문명보다는 나중에 일어나 그 영향권에서 발전하지만 점차 이 두 문명을 추월하고 강력한 식민정책을 추구한다. 그런데 이들이 세력을 뻗어나갈 수 있는 곳은 내륙이 아니라 바다 쪽이었다. 내륙 쪽으로는 척박한 산악 지대였을 뿐 아니라 고대 그리스인은 반도 국가 민족으로서 일찍이 해상무역에 눈을 떴으며 그만큼 배 만드는 기술이나 해양 산업에 뛰어난 재능을 갖고 있었기 때문이다. 이런 과정에서 이들은 이미 기원전 15세기경에 크레타 문명을 복속하고 소아시아와 아프리카 북부 해안 도시를 비롯하여 전 지중해 해안과 도서에 수많은 식민 도시를 거느릴 정도로 막강한 세력을 형성한다. 트로이 전쟁이 일어난 기원전 12세기는 이런 미케네 문명이 최전성기를 누리고, 아울러 고대 그리스인의 식민 개척이 최 정점에 이르던 시기였다. 트로이 전쟁은 바로 이 시점에서 고대 그리스인들이 벌인 계획된 침략전쟁이다.

　고대 그리스인은 그리스가 세계의 중심이라 믿었으며 자신들 이외의

타민족들은 야만족으로 여겼다. 중국인이 중국을 세계의 중심이라 생각하고 주변 민족들을 오랑캐로 부른 것과 비슷하다. 고대 그리스인이 주변 이민족들을 점령하면서도 조금도 양심에 꺼리지 않은 것도 이런 선입관 때문이다. 그들은 자신들의 정복이 이들에게 오히려 문명의 혜택을 가져왔다고 생각했다. 헤로도토스의 「역사」를 보면 그리스의 동쪽 끝 흑해를 지나 내륙으로 갈수록 하나같이 이상한 민족들에 관한 서술뿐이다. 예를 들면 그곳에는 눈이 하나밖에 없는 민족, 산양의 다리를 한 민족, 1년 중 6개월은 잠을 자면서 보내는 민족 등이 있다는 식이다. 우리가 헤로도토스를 위대한 역사의 아버지로 알고 있지만 그도 역시 고대 그리스인이 갖고 있던 선민의식에서 자유로울 수 없었던 것이다. 그리스 신화가 트로이 전쟁의 원인을 '헬레네 납치 사건'이나 '파리스의 심판' 등의 이야기를 만들어내 미화하고 정당화하는 것도 이런 이데올로기의 소산이다.

1. 트로이 왕가

트로이는 에게 해에서 헬레스폰토스로 들어가는 남쪽 입구 근처에 있던 프리기아(Phrygia)의 도시로 고대에는 일리온(Ilion) 혹은 트로이아(Troia)라고 불렸다. 트로이는 트로이아의 영어식 표현이다. 넓은 의미로 트로이인이란 트로이 전쟁이 일어났을 당시 그리스군에 대항하기 위해 성벽으로 둘러싸인 도시 트로이로 모여들었던 사람들을 모두 지칭한다. 트로이 영향권에 있었던 주변 지역은 트로아스(Troas)로 불렸다. 트로이는 트로아스 지역에 있는 여러 도시에서 맹주 역할을 한 셈이다.

트로아스의 원주민은 원래 그들의 왕 테우크로스(Teukros)의 이름을 따라 테우크로이(Teukroi)족으로 불렸다. 테우크로스는 강의 신 스카만드로스(Skamandros)와 트로이 근처의 이데(Ide) 산의 요정 이다이아(Idaia)의 아들이었다. 그가

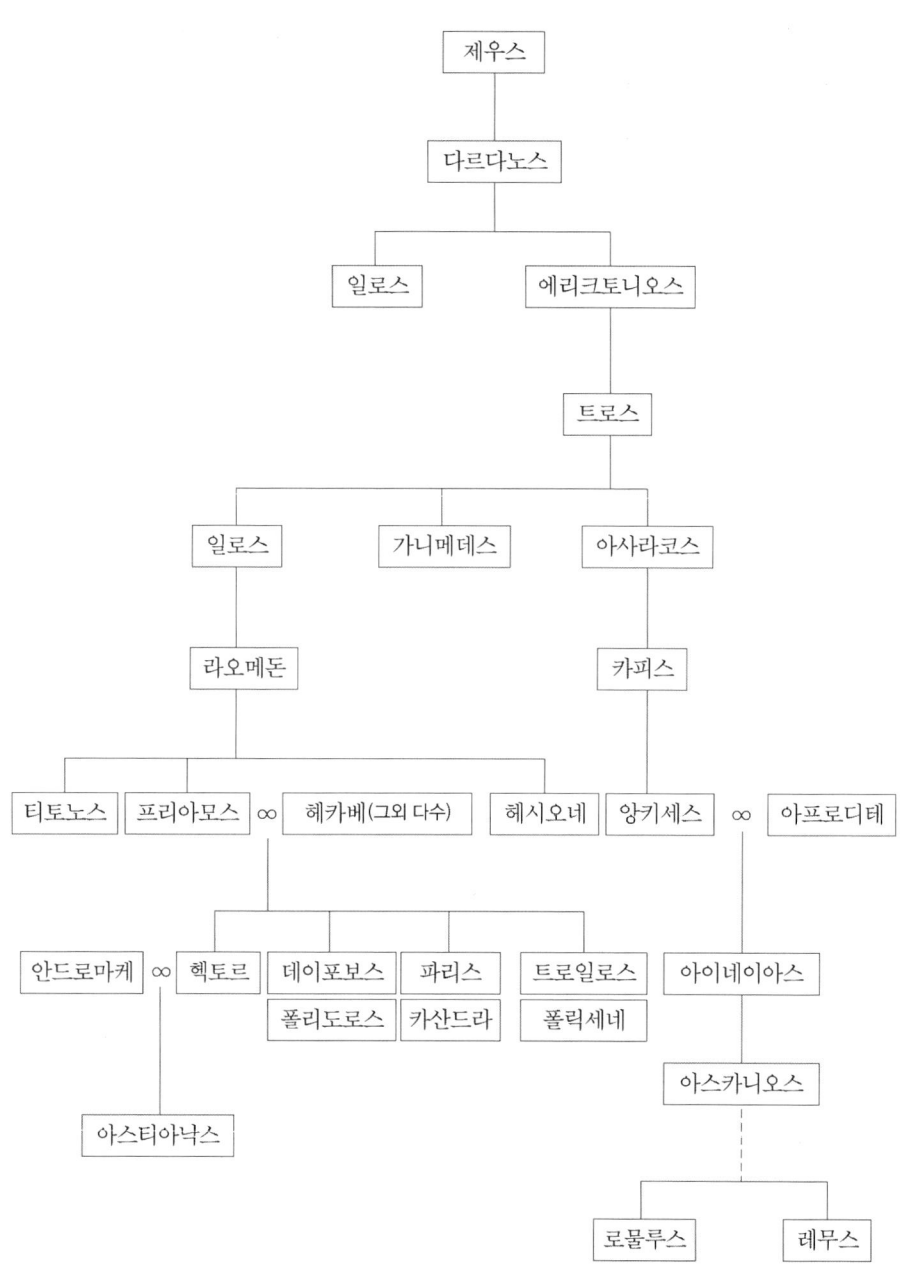

■ 트로이 왕가

트로아스 지역을 다스리던 시기에 제우스와 엘렉트라의 아들 다르다노스(Dardanos)가 사모트라케 섬에서 그곳으로 이주해 왔다. 다르다노스는 테우크로스의 딸 바테이아(Bateia)와 결혼하여 이데 산 기슭에 자신의 이름을 따 다르다니아(Dardanis)라는 도시를 세웠다. 테우크로스가 죽자 다르다노스는 트로아스까지 넘겨받아 자신이 다스리는 전 지역을 다르다니아(Dardania)로, 백성들도 다르다니아인으로 불렀다. 다르다노스의 아들 에리크토니오스(Erichthonios)는 아버지의 권력을 물려받고 강의 신 시모에이스(Simoeis)의 딸 아스티오케(Astyoche)와 결혼하여 트로스(Tros)를 낳았다.

트로스가 왕이 되자 왕궁이 있는 도성을 자신의 이름을 따라 트로이아로, 통치 지역을 트로아스라고 부르기 시작했다. 트로스는 아사라코스(Assarakos), 가니메데스(Ganymedes), 일로스(Ilos) 등 세 아들을 두었다. 가니메데스는 빼어난 미모를 자랑했다. 제우스는 가니메데스의 소문을 듣고 독수리로 변신한 채 그를 올림포스로 납치하여 신들이 향연을 벌일 때 술 시중꾼으로 만들었다. 제우스는 트로스에게 아들의 몸값으로 신마(神馬)를 하나 주었다. 아사라코스는 아버지의 뒤를 이어 트로아스를 포함한 다르다니아를 다스렸다.

트로스의 아들 일로스는 프리기아의 다른 지역으로 이주하여 그곳 왕이 개최한 경기에 참가하여 우승했다. 왕은 그에게 딸을 주고 신탁에 따라 암소 한 마리를 주면서 암소가 처음으로 멈춰 쉬는 곳에 도시를 건설하라고 충고했다. 일로스는 장인의 말대로 테베(Thebe)를 건설한 카드모스(Kadmos)가 그런 것처럼 암소를 따라갔다. 암소는 우연하게도 그를 고향인 트로아스로 다시 데리고 갔다. 그곳은 바로 이데 산과 바다 사이에 펼쳐져 있는 넓은 평야에 우뚝 솟은 아테(Ate) 언덕이었다.

일로스는 그곳에 자신의 이름을 따 일리온(Ilion)이라는 도시를 세웠다. 왕궁 주위에 성벽도 쌓아 페르가몬(Pergamon)이라고 이름 지었다. 일로스는 자신이 살고 있는 도성 일리온을 아버지 트로스가 그런 것처럼 트로이아로 부르기도 했다. 호메로스의 작품 「일리아스(Ilias)」는 바로 '일리온의 노래'라는 뜻이다. 일로스는 어느 날 제우스에게 자신이 세운 도시를 보호해 주겠다는 징표를 내려달라고 기도했다. 그러자 제우스는 하늘에서 그에게 아테네 여신의 상인 팔라디온(Palladion)을 던져주었다. 일리온 사람들은 그때부터 팔라디온 상을 성안에서 소중하게 간직했다. 그것이 분실되면 도시가 몰락할 것이라고 굳게 믿었기 때문이다.

일로스에게는 딸 하나와 아들 하나가 있었다. 딸 테미스테(Themiste)는 아버지의 형제 아사라코스의 아들 카피스(Kapys)와 결혼했다. 아들 라오메돈은 아버지의 뒤를 이어 강력한 왕권을 수립했다. 특히 그는 포세이돈과 아폴론의 도움으로 일리온 주변에 성벽을 쌓았다. 포세이돈과 아폴론이 제우스의 아들 아이아코스(Aiakos)의 보조로 힘들게 대공사를 끝냈지만 라오메돈은 그들에게 약속한 삯을 주지 않았다. 그들은 제우스의 명령으로 인간의 신분으로 라오메돈 왕의 종노릇을 하고 있는 중이었다. 그들은 한때 헤라와 공모하여 제우스에게 쿠데타를 일으켰으나 실패하고 벌을 받고 있었다.

라오메돈에게 분노한 아폴론과 포세이돈 신은 다시 신의 신분을 회복하자 복수를 했다. 포세이돈은 일리온에 괴물을 보내 사람들을 잡아먹게 했고, 아폴론은 역병을 보내 도시를 황폐하게 했다. 라오메돈이 도시를 구하기 위해 신탁을 물으니 딸 헤시오네(Hesione)를 바다의 괴물에게 바치라는 대답이 나왔다. 바로 그때 12가지 과업을 하던 헤라클레스가 우연히 일리온에 들렀다가 라오메돈의 딱한 처지를 알게 되었다. 그는 라오메돈에게 괴물을 물리치는 대가로 그의 할아버지 트로스가 제우스에게서 아들 가니메데스의 몸값으로 받은 신마를 요구했다. 그러나 그는 헤라클레스의 활약으로 괴물이 물러갔지만 또 약속을 지키지 않았다. 헤라클레스는 다음에 꼭 원수를 갚겠다며 물러갔다. 일리온의 군사가 자기 혼자 상대하기에는 너무 벅찼기 때문이다.

앞서 '헤라클레스의 모험'에서 언급했듯이 몇 년 뒤 헤라클레스는 정말 부하

텔라몬과 함께 군사들을 이끌고 일리온으로 쳐들어왔다. 라오메돈과 아들들은 헤라클레스 군대와 용감히 맞서 싸웠지만 모두 전사하고 딸 헤시오네와 막내 포다르케스(Podarkes)만 포로가 되었다. 헤라클레스는 혁혁한 전공을 세운 부하 텔라몬에게 헤시오네를 주며 그녀에게 소원 한 가지를 들어주겠다고 했다. 헤시오네가 동생 포다르케스를 달라고 하자 헤라클레스가 몸값을 요구했다. 포르다케스는 포로이기 때문에 몸값을 지불하고 사야 하는 노예 신분이라는 것이다. 그러자 헤시오네는 자신이 걸치고 있던 베일을 벗어주었다. 그 후 포다르케스는 '사다'라는 뜻을 지닌 '프리아모스'로 개명되어 일로스에 남아 아버지 라오메돈의 왕위를 이었다.

　프리아모스는 다르다니아뿐 아니라 주변의 다른 군소 도시들에 대해서도 지배권을 확대하여 트로이의 역대 왕 중에서 가장 강력한 왕권을 확립했다. 그는 처음에는 메롭스(Merops)의 딸 아리스베(Arisbe)와 결혼하여 아이사코스를 낳았지만 곧 그녀를 히르타이오스에게 넘기고 헤카베(Hekabe)와 결혼했다. 헤카베는 보스포로스 해협 동쪽의 상가리오스(Sangarios) 강 근처 출신으로, 프리아모스의 이름난 아들들은 거의 모두 그녀의 자식이다. 그녀의 아들로는 헥토르(Hektor), 파리스(Paris), 데이포보스(Deiphobos), 헬레노스(Helenos), 팜몬(Pammon), 폴리테스(Polites), 안티포스(Antiphos), 히포노오스(Hipponoos), 폴리도로스(Polydoros), 트로일로스(Troilros) 등이 있고, 딸로는 크레우사(Kreusa), 라오디케(Laodike), 카산드라(Kassandra), 폴릭세네(Polyxene) 등이 있다. 프리아모스는 첩에게서도 많은 자식을 얻었다. 첩의 아들로는 멜라니포스(Melanippos), 필라이몬(Philaimon), 클라우코스(Glaukos), 히포다마스(Hippodamas), 리카온(Lykaon), 드리옵스(Dryops), 비아스(Bias), 에우안드로스(Euandros), 라오도코스(Laodokos), 이도메네우스(Idomeneus), 아스카니오스(Askanios), 데모코온(Demokoon) 등이 있고, 딸로는 메두사(Medusa), 리시마케(Lysimache), 메데시카스테(Medesikaste), 아리스토데메(Aristodeme) 등이 있다. 프리아모스에게는 총 50명의 아들이 있었다고 전해진다.

2. 전쟁의 원인

파리스의 심판

테티스(Thetis)는 바다의 여신으로 바다의 노인 네레우스(Nereus)와 도리스(Doris)의 딸이었다. 그는 50명이나 되는 네레우스의 딸 중 가장 아름다워 일찍부터 제우스와 포세이돈의 구애를 받았다. 그러나 그들은 법의 여신 테미스(Themis)로부터 테티스와의 사이에서 낳은 아들이 아버지를 훨씬 능가할 것이라는 얘기를 듣고 그녀를 깨끗이 단념했다. 게다가 제우스는 테티스에게 신이 아닌 인간 중 하나를 남편으로 골라 주기로 결심했다. 테티스가 인간이라도 너무 강한 자와 맺어지면 안 되기 때문이다. 테티스의 신랑감을 물색하던 제우스의 눈에 띈 것이 바로 펠레우스(Peleus)였다.

제우스가 중매를 섰지만 테티스는 펠레우스를 완강하게 거부했다. 그녀는 펠레우스가 다가오면 물, 불, 바람, 나무, 새, 호랑이, 사자, 뱀, 오징어 등으로 변신하며 그의 포옹을 피했다. 그러나 펠레우스는 현자 케이론의 충고에 따라 그녀를 끝까지 붙들고 있다가 원래의 모습으로 돌아온 그녀를 정복했다. 그들의 혼례식은 펠리온 산에서 거행되었고 거의 모든 신들이 초대받았다. 무사이(Mousai) 여신들은 축가를 불렀고 신들은 각자 선물들을 가져왔다. 그중 가장 눈에 띄는 선물로는 케이론(Cheiron)의 물푸레나무 창과 포세이돈의 두 마리 말 발리오스(Balios)와 크산토스(Xanthos)를 들 수 있다. 특히 이 말들은 인간처럼 말을 할 수 있었으며 나중에 펠레우스와 테티스의 결합으로 태어난 영웅 아킬레우스의 애마가 된다.

결혼식을 축하하기 위해 신들이 모여 있는 곳에 불화의 여신 에리스(Eris)가 황금사과 하나를 떨어뜨렸다. 사과 겉에는 "가장 아름다운 여신에게"라고 쓰여 있었다. 에리스는 밤의 여신 닉스가 혼자 낳은 딸로 주로 고통, 전쟁, 살인, 싸움, 거짓 등을 불러일으켰다. 그녀는 결혼식에 초대받지 못해 화가 나

펠레우스와 테티스, BC 470년경의 도기 그림

여신들 사이에 분쟁을 일으키고 싶었던 것이다. 당연히 헤라, 아테나, 아프로디테 등 세 여신이 그 황금사과를 놓고 서로 자기 것이라고 다투었다. 세 여신은 옥신각신하다가 제우스에게 판결을 부탁했다. 제우스는 셋 중 하나를 택해 두 여신의 원한을 사고 싶지 않았다. 그는 가장 아름다운 여신을 고르는 일은 인간들 중 가장 잘생긴 남자 파리스(Paris)가 해야 한다고 둘러대 위기를 모면했다.

파리스는 프리아모스의 아들로 당시 이데 산에서 소들과 양들을 돌보고 있었다. 파리스는 불행한 운명을 갖고 태어났다. 그의 어머니 헤카베는 그를 임신했을 때 이상한 꿈을 꾸었다. 그녀는 꿈속에서 활활 타오르는 횃불 하나를 낳았는데 그 불꽃이 점점 트로이 시내로 번지더니 시 전체를 잿더미로 만들었다. 프리아모스의 아들이자 해몽가였던 아이사코스(Aisakos)가 이 꿈 이야기를 듣고 충격적인 얘기를 해 주었다. 뱃속의 아이가 트로이를

불화의 황금사과, Jacob Jordaens, 1633

몰락시킨다는 것이다. 헤카베는 아이가 태어나자 차마 죽일 수 없어 시종을 시켜 이데 산에 갖다 버리도록 했다. 다행히 목동 아겔라오스(Agelaos)가 어린 파리스를 발견하여 훌륭하게 길러냈다. 어느덧 준수하고 용맹스런 청년으로 자란 파리스는 아버지로 알고 있던 아겔라오스의 가축을 도둑들로부터 안전하게 지켜냈다. '보호자'라는 뜻을 지닌 알렉산드로스(Alexandros)라는 별명을 얻게 된 것도 바로 그 때문이다.

그러던 어느 날 프리아모스의 부하들이 그에게서 가장 멋진 황소 한 마리를 징발해 갔다. 어려서 죽은 왕자를 기리는 경기에서 우승자의 상품으로 쓴다는 것이다. 어려서 죽은 왕자란 바로 파리스를 지칭한 것이었다. 파리스는 황소를 찾으려고 그 경기에 참가했다가 많은 경쟁자들을 물리치고 우승했다. 경쟁자들 중에는 프리아모스의 아들들도 있었다. 그들은 미천한 신분의 이방인이 자신들을 이긴 것에 몹시 분개했다. 결국 데이포보스(Deiphobos)는

파리스의 심판, Peter Paul Rubens, 1597-1599

화를 이기지 못하고 칼을 빼들고 그의 목을 치려 했다. 그러자 파리스는 궁전 내의 제우스의 제단으로 도망쳤다. 데이포보스가 쫓아가 파리스를 신전에서 끌어내는 동안 예언가였던 카산드라가 그 광경을 보고 파리스가 동생임을 알아보았다. 프리아모스와 헤카베도 기뻐하며 그를 아들로 다시 받아들였다. 파리스는 궁에서 지내기도 했지만 주로 예전처럼 이데 산에서 목동 생활을 하며 살았다. 몸에 밴 생활 습관은 하루아침에 바뀌는 법이 아니다.

헤르메스가 세 여신을 대동하고 파리스에게 황금사과를 건네주며 제우스의 명령을 전해 주었을 당시 그는 마침 이데 산에서 가축에게 꼴을 먹이고

헬레네의 납치, Guido Reni, 1631

있었다. 세 여신들은 각각 파리스에게 만약 자신을 선택하면 좋은 선물을 주겠다고 약속했다. 가장 아름다운 여신을 뽑는 미스 여신 선발 대회에서 일종의 뇌물을 제시한 것이다. 먼저 헤라는 이 세상에서 부귀영화와 권세를, 아테나는 전쟁에서의 승리와 명예를, 아프로디테는 이 세상에서 가장 아름다운 여자를 주겠다고 약속했다. 그러자 파리스는 아프로디테의 제안이 가장 마음에 들어 그녀에게 황금사과를 건네주었다. 이 사건이 바로 루벤스를 비롯한 수많은 미술가들이 즐겨 그림의 소재로 삼았던 유명한 '파리스의 심판'이다.

아프로디테와 파리스가 스파르타 왕궁에 도착하자 메넬라오스는 그들을 극진하게 대접했다. 그는 외할아버지 카트레우스(Katreus)의 장례식에 참석하기 위해 크레타로 떠나면서도 헬레네에게 파리스를 잘 대접하라고 신신당부했다. 파리스는 아프로디테 여신의 주선으로 남편 메넬라오스가 없는 틈을 노려 헬레네에게 트로이로 가 같이 살자고 유혹했다. 이때 헬레네가 파리스를 따라가지 않으려 했다는 설이 있다. 그래서 아프로디테가 아들 에로스를 시켜 헬레네의 마음에 사랑의 불씨를 지폈다는 것이다. 하지만 그녀는 젊고 잘생긴 파리스에 반해 그를 따라갔다. 그것도 모자라 그녀는 궁전에 있는 금은보화를 몽땅 갖고 갔다.

구혼자들의 맹세

헬레네는 아주 어렸을 때부터 미모가 출중했다. 영웅이자 단짝친구였던 테세우스와 페이리토오스가 그 소문을 듣고 어린 그녀를 납치하자 오빠들이 군대를 끌고 가 구해 준 적이 있을 정도였다. 그녀가 혼인할 나이가 되자 틴다레오스(Tyndareos)의 집은 전국에서 몰려든 구혼자들로 문전성시를 이루었다. 그러나 틴다레오스는 기뻐하기는커녕 어찌할 바 모르고 전전긍긍하고 있었다. 그들 중 하나를 택하면 큰 싸움이 일어날지 모르기 때문이다. 꾀쟁이 오디세우스가 그의 고충을 간파했다. 그는 틴다레오스에게 자신을 그의 형제 이카리오스(Ikarios)의 딸 페넬로페와 혼인하게 해주면 고민을 해결해 주겠다고 제안했다. 영리한 오디세우스는 이미 자신이 헬레네의 선택을 받을 것이라고는 전혀 생각하지 않았던 것이다.

초조한 틴다레오스가 자신의 말에 동의하자 오디세우스는 구혼자들로부터 누가 그녀의 신랑이 돼도 앞으로 그에게 무슨 일이 생기면 서로 힘을 합해 도와주겠다는 맹세를 받아내라고 충고했다. 구혼자들은 틴다레오스의 요구에 순순히 응했다. 그제야 헬레네는 아버지의 지시대로 미케네의 왕 아가멤논의 동생 메넬라오스를 택했다. 그 후 틴다레오스는 두 아들 폴리데우케스와 카스토르가 죽자 스파르타의 왕위를 사위에게 물려주었다. 그러자 메넬라오스 부부는 스파르타로 이주하여 딸 헤르미오네(Hermione)를 낳았다. 파리스가 헬레네를 찾아갔을 때 헤르미오네는 9살이었다.

아내 헬레네가 손님 파리스와 함께 사라지자 남편 메넬라오스는 화가 머리끝까지 치밀어 올랐다. 아내도 미웠지만 자신의 환대를 원수로 갚아 남자와 남편으로서 자신의 권위에 먹칠을 한 파리스가 더 가증스러웠다. 메넬라오스는 형 아가멤논을 찾아가 도움을 요청하고, 그리스 전역에 파발마를 띄워 과거에 장인 틴다레오스 앞에서 헬레네에게 구혼하면서 맹세한 영웅들을 아울리스(Aulis) 항으로 불러 모았다. 마침내 트로이 전쟁의 서막이 울린 것이다. 하지만 많은 영웅들이 출병 의무를 이행하려 하지 않았다.

오디세우스는 마침 페넬로페(Penelope)와의 신혼의 단꿈에 젖어 출병에 응하지 않고 미적거렸다. 더구나 귀여운 아들 텔레마코스(Telemachos)가 태어난 지도 얼마 되지 않은 터였다. 꾀돌이 오디세우스는 메넬라오스와 팔라메데스(Palamedes)가 자신을 설득하러 찾아오자 미친 시늉을 했다. 그는 당나귀와 말을 한 쟁기에 매어 밭을 갈며 씨앗 대신 소금을 뿌리고 있었다. 팔라메데스는 그를 시험해 보려고 어린 텔레마코스를 쟁기 앞에 갖다 놓았다. 그러자 오디세우스는 아들 앞에서 쟁기질을 멈추었고 속임수가 드러나 그들을 따라가지 않을 수 없었다. 오디세우스는 세계 최초의 병역 기피자였던 셈이다.

스키온의 거부 에케폴로스(Echepolos)는 몸값을 지불하고 출병 의무를 면제받았다. 그는 아가멤논에게 훌륭한 암말 한 마리를 선물했다. 파포스의 왕 키니라스(Kinyras)도 기발한 방법으로 출병을 피했다. 메넬라오스, 오디세우스, 탈티비오스(Talthybios)가 찾아와 출병을 요구하자 그는 아가멤논에게 흉갑 하나를 선물하고 50척의 함선을 약속했다. 그는 출병할 때가 되자 약속대로 함선을 보냈다. 그러나 50척 중 45척은 진흙으로 만든 장난감 함선이었다.

아킬레우스는 펠레우스와 테티스의 아들로 헬레네에게 구혼할 당시 너무 어렸기 때문에 출병할 의무는 없었다. 그는 신탁대로 인간 아버지 펠레우스보다 훨씬 뛰어난 전사로 자라났다. 그녀는 일찍부터 아들이 전쟁에 참가하면 반드시 죽으리라는 신탁을 받았다. 그녀는 전쟁 이야기가 나돌기 시작하자 아들을 미리 숨기기로 결심했다. 아킬레우스는 성격상 전쟁이 일어나면 틀림없이 동참할 것이라고 생각했기 때문이다. 그녀는 아들을 스키로스(Skyros) 섬의 리코메데스(Lykomedes) 궁전으로 보내 여장을 시켜 수많은 공주들 사이에서 지내도록 했다. 아킬레우스는 공주들 사이에서 9년 동안 지내면서 그중 한 명인 데이다메이아(Deidameia)와 사랑을 나누어 네오프톨레모스(Neoptolemos)를 낳기도 했다.

출병할 때가 임박해지자 예언가 칼카스는 아킬레우스가 없으면 전쟁에서 이길 수 없다고 예언했다. 이번에는 오디세우스가 아킬레우스를 찾아 데려오라는 명령을 받았다. 오디세우스는 수소문 끝에 아킬레우스가 리코메데스 궁전의 공주들 사이에 있다는 사실을 알아냈다. 방물장수로 변장한 오디세우스가 공주들을 찾아갔지만 어찌도 교묘하게 위장을 했는지 공주들 중 누가 아킬레우스인지 알 수가 없었다. 고민 끝에 오디세우스는 공주들 앞에 장신구들과 자수 용품을 늘어놓으면서 멋진 칼을 하나 섞어놓았다. 유난히도 한 공주가 그 칼을 만지작거리며 애착을 보였다. 오디세우스는 그가 아킬레우스임을 직감하고 자신의 변장을 풀며 아킬레우스를 설득해서 아울리스로 데려왔다.

3. 전쟁의 양상

그리스군과 트로이군

그리스 전역에서 영웅들이 이렇게 군사들과 함선들을 이끌고 속속

아킬레우스를 찾아내는 오디세우스, Jan de Bray, 1664

보이오티아의 아울리스 항으로 집결했다. 항구에 모인 그리스군의 전함의 수가 총 1186척이었다고 하니 그 규모를 짐작할 만하다. 그중 중요한 장수들로는, 미케네의 왕 아가멤논(Agamemnon), 스파르타의 왕 메넬라오스(Menelaos), 테티스와 펠레우스의 아들로 가장 용맹스러웠던 아킬레우스(Achilleus)와 그의 둘도 없는 친구 파트로클로스(Patroklos), 언변이 좋고 교활한 이타케의 오디세우스(Odysseus), 멧돼지처럼 저돌적인 무서운 전사 디오메데스(Diomedes), 아킬레우스 다음으로 용맹스러웠던 살라미스의 대(大) 아이아스(Aias), 창던지기의 명수인 로크로이의 소(小) 아이아스(Aias), 아레스처럼 용감무쌍했던 테살리아의 프로테실라오스(Protesilaos), 헤라클레스의 활과 화살을 지닌 필록테테스(Philoktetes), 나우플리오스의 아들 팔라메데스(Palamedes), 80대의

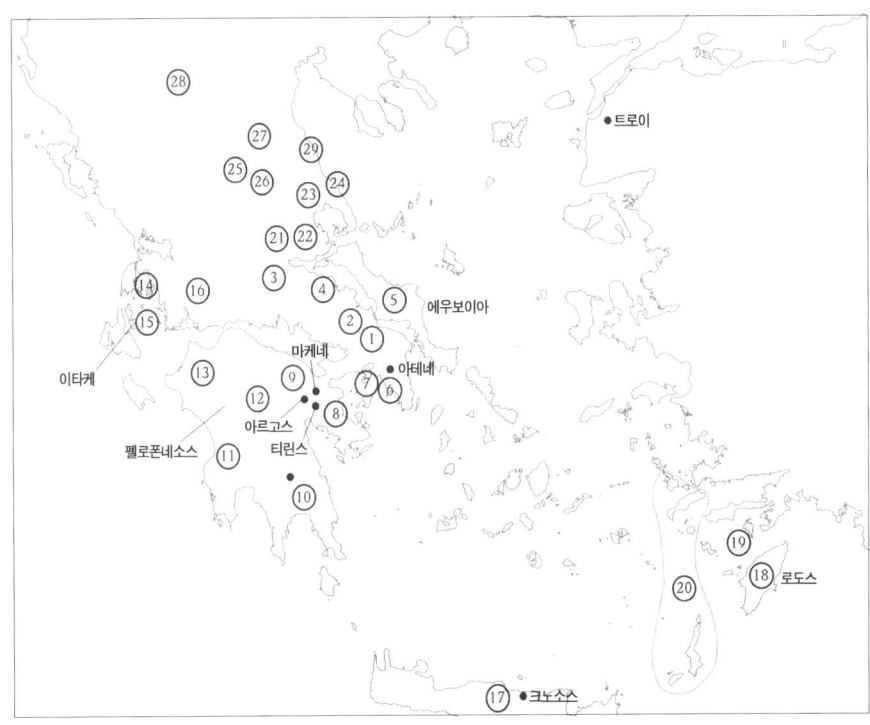

트로이 전쟁에 참전한 그리스군의 장수와 함선 수

⑴ 보이오티아, 페넬레오스 외, 50척
⑵ 오르코메노스, 야스칼라포스 외, 30척
⑶ 포키스, 스케디오스 외, 40척
⑷ 로크리스, 오일레우스의 아들, 대(大) 아이아스, 40척
⑸ 에우보이아, 엘레페노르, 40척
⑹ 아테네, 메네스테우스, 50척
⑺ 살라미스, 텔라몬의 아들 소(小) 아이아스, 12척
⑻ 아르고스와 티린스, 디오메데스 외, 80척
⑼ 미케네와 코린토스, 아가멤논, 100척
⑽ 라케다이몬(스파르타), 메넬라오스, 60척
⑾ 필로스, 네스토르, 90척
⑿ 아르카디아, 아가페노르, 60척
⒀ 엘리스, 암피마코스 외, 40척
⒁ 둘리키온, 메게스, 40척
⒂ 이타케, 오디세우스, 12척
⒃ 아이톨리아, 토아스, 40척
⒄ 크레타, 이도메네우스 외, 90척
⒅ 로도스, 틀레폴레모스, 9척
⒆ 시메, 나레우스, 3척
⒇ 코스와 근처의 섬, 페이디포스, 30척
㉑ 프티아, 아킬레우스, 50척
㉒ 필라케, 프로테실라오스, 40척
㉓ 페라이, 에우멜로스, 11척
㉔ 멜리보이아, 필록테테스, 7척
㉕ 트리케, 포달레이리오스와 마카온, 30척
㉖ 오르메니온, 에우리폴로스, 40척
㉗ 아르기사, 폴리포이테스, 40척
㉘ 그리스 북서부 지방, 구네우스, 22척
㉙ 마그네시아, 프로토오스, 40척

제12장 트로이 전쟁   537

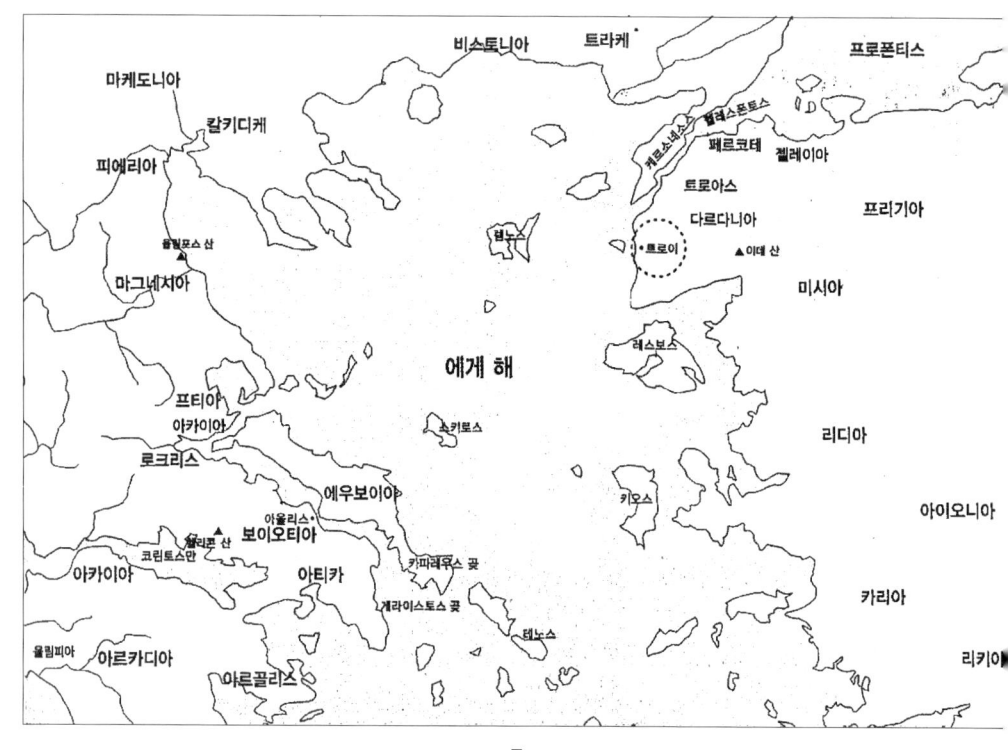

아울리스 항과 트로이의 위치

백전노장이었던 필로스의 네스토르(Nestor)를 들 수 있다. 예언가 칼카스(Kalchas)와 군의관 마카온(Machaon)도 이들에 합류했다.

다음으로 트로이 측 장수로는 우선 프리아모스(Priamos)와 그의 아들 헥토르(Hektor)를 들 수 있다. 특히 헥토르는 트로이군의 실질적인 지휘자였는데, 술수를 모르는 고결한 인물로 트로이의 장수들 중에서 가장 뛰어났으며, 그리스군은 그를 가장 두려워했다. 헥토르 이외에도 트로이 측에는 안테노르(Antenor), 멜라니포스(Melanippos), 트로이 전쟁에서 유일하게 살아남는 아이네이아스(Aineias), 아이네이아스의 아버지 앙키세스(Anchises), 파리스가 죽은 뒤 헬레네를 아내로 맞이하는 데이포보스(Deiphobos), 글라우코스(Glaukos), 프리아모스의 아들이자 예언가 헬레노스(Helenos)를 비롯하여 많은 장수들이 있었다. 이들 국내의 장수들 이외에도 리키아에서는 제우스의 아들 사르페돈(Sarpedon)이, 흑해 연안 아마존족의 나라에서는 여왕 펜테실레이아(Penthesileia)가, 그리고 에티오피아에서는 에오스의 아들 멤논(Memnon)이 달려와 트로이 진영에 합세했으며, 트라키아, 키코네스, 프리기아, 미시아 등에서도 많은 병사들을 보내 트로이를 지원했다. 프리아모스의 가족으로는 아내 헤카베(Hekabe), 딸 폴릭세네(Polyxene)와 카산드라(Kassanda), 그리고 헥토르의 아내 안드로마케(Andromache)와 헥토르의 아들 아스티아낙스(Astyanax) 등이 있었다.

그리스군의 출병

그리스군은 아울리스 항에 집결하여 2년간의 전쟁 준비를 마친 뒤 트로이를 향해 출항하려고 했지만 도무지 바람이 불지 않아 배를 띄울 수가 없었다. 예언가 칼카스에게 물어보니 그것은 아르테미스 여신의 분노 때문이었다. 예전에 아가멤논이 아울리스 항 근처의 산 속에서 사냥한 사슴이 바로 여신이 가장 아끼는 사슴이었다는 것이다. 칼카스는 여신의 화를 풀어주기 위해서는 아가멤논의 큰딸 이피게네이아(Iphigeneia)를 여신께 바쳐야 된다고 대답했다.

아가멤논은 차마 딸을 죽일 수 없었지만 다른 장수들의 성화를 이겨낼 재간이 없었다. 결국 그는 이피게네이아를 아울리스 항으로 불렀다. 명목은 오디세우스의 계략대로 아킬레우스와 결혼시킨다는 것이었다. 아르테미스 신전에서 사제가 막 그녀의 목을 치려는 순간 갑자기 사방이 짙은 안개로 휩싸였다. 안개가 걷히자 이피게네이아는 감쪽같이 사라지고 그녀가 있던 자리엔 암사슴 한 마리만 남아 있었다. 사제는 여신의 뜻으로 생각하고 그 암사슴을 잡아 제물로 바쳤다. 사람들은 사라진 이피게네이아가 제물로 바쳐진 만큼 결국 아르테미스 여신의 손에 죽었을 거라고 생각했다. 하지만

이피게네이아의 희생, François Perrier, 1650년 이전

여신은 이피게네이아를 흑해 연안의 타우리스(Tauris) 섬에 있는 자신의 신전으로 데려가 여사제로 삼았다.

이후 다행히 바람이 불어 그리스군은 트로이로 진격했다. 그리스군은 막상 출병은 했지만 트로이로 가는 항로를 알 수 없었다. 항해를 계속하던 그들은 미시아(Mysia)를 트로이로 착각하여 그곳에 상륙하여 전투를 벌였다. 그러나 미시아 왕 텔레포스(Telephos)의 완강한 저항에 부딪쳐 많은 병력을 잃고 고향으로 다시 돌아오고 말았다. 이 전투에서 텔레포스는 테베의 왕이었던 테르산드로스(Thersandros)를 비롯한 몇몇 그리스 장수들을 죽였지만, 자신도 아킬레우스의 창에 허벅지를 맞고 부상당했다. 그의 상처는 아무리 치료해도 낫지 않았다. 그는 '상처를 입힌 자가 치료하리라'는 아폴론의 신탁을 듣고 미시아에서 아울리스 항으로 왔다. 그는 아킬레우스를 찾아가 상처를 치료해 주면 트로이로 가는 길을 안내하겠다고 제안했다. 그러나 그는 전투에 참여하는 것은 정중하게 거부했다. 프리아모스의 사위로서 차마 그렇게는 할 수 없다는 것이다. 아킬레우스가 이에 동의하고 자신의 창에서 녹을 떼어내 상처에 발라 낫게 해주었다. 텔레포스는 약속대로 그리스군의 함선들을 트로이까지 안전하게 안내했다.

그리스 장수들 중 필록테테스(Philoktetes)만은 불행하게도 트로이 땅을 밟을 수 없었다. 그는 명궁수로 헤라클레스의 활과 화살을 갖고 있었다. '헤라클레스의 모험'에서 이미 언급했듯이 헤라클레스는 죽음이 임박했을 때 오이타(Oita) 산에 장작더미를 쌓고 위에 올라갔지만 불을 붙여줄 사람이 없었다. 마침 그 곁을 지나가던 필록테테스가 그 일을 해주고 그 대가로 활과 화살을 받았던 것이다. 그런데 그는 크리세(Chryse) 항에 기항하여 신들께 제사를 드리는 동안 불행하게도 물뱀에 물리고 말았다. 상처는 곧 부패하기 시작하여 참을 수 없이 지독한 악취를 풍겼다. 게다가 필록테테스는 고통스러운 나머지 단말마의 비명을 질러댔다. 그리스군은 결국 필록테테스를 오디세우스의 제안대로 렘노스 섬에 버리고 떠났다. 그는 그곳에 거의 10년을 머물면서 헤라클레스의 활과 화살로 새를 잡아먹으면서 연명했다.

그리스군은 마침내 트로이 해안에 도착하자 우선 메넬라오스와 오디세우스를 트로이성에 특사로 파견했다. 문제를 평화롭게 해결하고 싶었기 때문이다. 그들은 프리아모스를 찾아가 헬레네와 그녀가 가져간 보물을 돌려주면 돌아가겠다고 제안했다. 트로이의 원로들은 전쟁을 피하기 위해 그 요구를 들어주려 했다. 하지만 주도권을 쥐고 있던 트로이의 주전파들이 말을 듣지 않았다. 심지어 주전파들은 그리스 측의 특사들을 죽이려 했다. 트로이의 관료들 중 안테노르(Antenor)의 적극적인 변호가 없었다면 그들은 목숨을 잃었을 것이다. 안테노르는 특사들을 자기 집에 묵게 해주고 융숭하게 대접까지 해주었다. 메넬라오스와 오디세우스는 그리스 함선으로 돌아와 그간의 사정을 보고하고 전쟁의 불가피성을 주장했다.

그리스군은 이제 전투태세에 돌입하여 상륙 준비를 모두 끝냈지만 아무도 먼저 트로이 땅에 상륙을 하려 하지 않았다. 트로이 땅을 처음으로 딛는 자는 죽을 것이라는 신탁이 있었기 때문이다. 그러나 프로테실라오스(Protesilaos)가 용감하게 나섰다. 그는 맨 먼저 상륙하여 트로이군 몇을 죽이고 장렬하게 전사했다. 프로테실라오스는 말하자면 '최초의 펭귄(the first penguin)'이었던 셈이다. 남극의 펭귄들은 사냥하기 위해 바닷가에 몰려 있지만 천적이 무서워 바다에 뛰어들기를 주저한다. 그런데 펭귄 한 마리가 용기를 내어 먼저 바다에 뛰어들면 다른 펭귄들도 그제야 그 펭귄을 따라 바다에 뛰어들기 시작한다고 한다. 그래서 사람들은 맨 먼저 뛰어든 용감한 펭귄을 '최초의 펭귄'이라고 부른다. 프로테실라오스에 이어 주저하던 그리스군이 마침내 속속 트로이 땅에 상륙하여 격렬한 전투가 벌어졌다. 이때 아킬레우스가 처음으로 죽인 트로이 장수가 바로 키크노스(Kyknos)였다. 키크노스는 포세이돈의 아들로 몸에 상처를 입힐 수 없었다. 아킬레우스는 그를 넘어뜨려 목 졸라 죽였다.

그리스군은 아킬레우스의 지휘 아래 우선 인근의 트로이 동맹 도시들을 하나하나 정복하기 시작했다. 아킬레우스는 플라코스(Plakos) 산 기슭의 테베에서 에에티온(Eetion) 왕과 그의 7명의 아들들을 한꺼번에 몰살시켰다. 그들은 바로 헥토르의 아내 안드로마케의 아버지이자 오라비들이었다. 아킬레우스는 이데 산 기슭의 다르다니아에서도 시민들을 소개(疏開)시키고 도시를 불태우고 지도자인 아이네이아스를 인근에 있는 리르네소스(Lyrnessos)로 쫓아냈다. 그는 테네도스(Tenedos) 섬에서도 어머니 테티스의 경고를 무시하고 아폴론의 아들 테네스(Tenes) 왕을 죽여 전쟁 내내 신들의 미움을 초래했다.

9년 동안 계속된 전투에서 아킬레우스는 트로이와 동맹을 맺은 해상 12개 도시와 육상 11개 도시를 잔인하게 파괴하였다. 트로이인들은 아킬레우스의 이름만 들어도 벌벌 떨며 도망갈 정도였다. 그리스군은 트로이 주변 도시에 가해진 약탈 작전으로 트로이의 지원군과 보급로를 끊어놓았을 뿐 아니라 빼앗은 물품으로 아군의 식량을 확보하고 장수들의 물욕을 채울 수 있었다. 더구나 약탈한 여인들은 장수들이나 병사들에게 제공되어 성의 노리개로 전락했다. 이때 아가멤논은 크리세 섬 출신의 크리세이스(Chryseis)를, 아킬레우스는 리르네소스 출신의 브리세이스(Briseis)를 전리품으로 챙겼다.

아킬레우스의 분노

트로이 전쟁을 다룬 이야기로 가장 잘 알려진 책은 호메로스의 「일리아스」이다. 하지만 이 책은 트로이 전쟁이 진행된 10년 동안을 시간의 흐름에 따라 차근차근 기록한 것은 아니다. 전쟁의 마지막 10년째 중에서도 51일의 사건만을 기록한 것이다. 아울러 「일리아스」는 그리스군이 전리품으로 얻은 브리세이스와 크리세이스라는 두 여인을 놓고 생긴 아킬레우스와 아가멤논과의 불화에서 폭발한 아킬레우스의 분노로 시작하여 트로이의 맹장 헥토르의 죽음으로 끝난다. 헥토르의 죽음도 결국 아킬레우스의 분노의 결과이기

아가멤논에게 딸을 돌려달라고 간청하는 크리세스, BC 360-350년경의 도기 그림

때문에 학자들은 「일리아스」를 "분노의 책"이라고 부르기도 한다. 그래서 이 책은 '분노의 책'답게 이렇게 시작한다.

"노래하소서, 여신이여! 펠레우스의 아들 아킬레우스의 분노를, 아카이오이족에게 헤아릴 수 없이 많은 고통을 가져다주었으며 숱한 영웅들의 굳센 혼백들을 하데스에게 보내고 그들 자신은 개들과 온갖 새들의 먹이가 되게 한 그 잔혹한 분노를! 인간들의 왕인 아트레우스의 아들과 고귀한 아킬레우스가 처음에 서로 다투고 갈라선 그날부터 이렇듯 제우스의 뜻은 이루어졌도다."

　위에서 서술자가 부르는 '여신'은 고대 시인들에게 영감을 불러일으키는 것으로 알려진 뮤즈 여신이다. 호메로스를 비롯한 그리스의 문화권의 서사시 작가들은 자신들이 시를 쓰기 위해서는 뮤즈 여신들과의 접신(接神)이 절대적으로 필요하다고 생각했다. 그래서 글을 쓰다가도 힘에 부친다고 생각이 들면 작품 어디서든 여신들을 부르며 도움을 요청했다. 어쨌든 「일리아스」에서 '분노'가 도대체 얼마나 중요한 테마였으면 서술자가 서두에서부터 벌써 뮤즈 여신에게 수많은 영웅들을 죽게 만든 '아킬레우스의 분노'를 노래하게 달라고 간청하겠는가.

　그렇다면 「일리아스」에서 아킬레우스의 분노를 촉발시킨 아가멤논과의 불화는 어떻게 생겨났을까? 그것은 크리세이스의 아버지 크리세스가 아가멤논을 찾아와 딸을 돌려달라고 하면서 불거지기 시작한다. 크리세스는 크리세 섬의 아폴론 신전의 사제였다. 그는 아가멤논을 찾아와 몸값을 충분히 줄 테니 딸을 돌려달라고 정중하게 간청한다. 하지만 아가멤논은 백발이 성성한 노인의 청을 면박까지 주면서 매몰차게 거절한다. 그러자 집으로 돌아온 크리세스는 신전에서 아폴론 신에게 자신을 모욕한 아가멤논에게 복수해 달라고 기도한다.

　아폴론 신은 크리세스의 기도에 화답하여 그리스군 진영에 즉시 역병의 화살을 날리기 시작한다. 이후 그리스 진영에서는 날마다 수많은 군마와 병사들이 죽어나간다. 예언가 칼카스에게 역병의 이유를 묻자, 크리세스에게 딸을 돌려주지 않아서 아폴론 신이 분노한 것이니, 딸만 돌려주면 역병은 깨끗이 물러갈 것이라는 신탁을 전한다. 이에 아가멤논은 장수들의 회의를 소집하여 크리세이스를 아버지의 품으로 돌려보내는 대신 아킬레우스에게 할당되었던 브리세이스를 차지하겠다고 선언한다. 이 말을 듣고 분노한 아킬레우스가 아가멤논을 응징할 생각으로 허리춤에 찬 칼의 손잡이에 슬며시

손을 갖다 댄다. 바로 그때 아테나 여신이 다른 사람의 눈에 보이지 않게 나타나더니 그의 머리끄덩이를 잡아당기며 귀엣말로 이렇게 충고한다.

"나는 그대의 분노를 가라앉히려고 하늘에서 내려왔다. 그대가 내 말에 복종하겠다면 말이다. 그대들 두 사람을 똑같이 마음속으로 사랑하고 염려해 주시는 흰 팔의 여신 헤라가 보내셨다. 그러니, 자 말다툼을 중지하고 칼을 빼지 말도록 하라. 다만 앞으로 일어날 일에 대해 말로 그를 꾸짖도록 하라. 내가 지금 그대에게 하는 말은 반드시 이루어질 것인즉, 지금 이 모욕으로 말미암아 빼어난 선물들이 세 배나 더 그대에게 돌아가게 되리라. 그러니 자제하고 우리에게 복종하도록 하라."

아테나 여신뿐 아니라 헤라 여신까지 합세해서 만류하니 천하의 아킬레우스인들 어쩌겠는가? 그는 하는 수 없이 분노를 삭이며 조금 뽑았던 칼을 도로 칼집에 꽂아 넣은 뒤 아가멤논에게 신랄하게 비난을 퍼붓는다.

"파렴치하고 교활한 자여, 이렇게 한다면 누가 당신 말에 복종하겠소? 내가 이곳에 온 것은 당신 동생 메넬라오스의 원수를 갚아 순전히 당신을 기쁘게 해주기 위해서였소. 그러나 당신은 이런 사실도 잊고 내 명예의 선물을 빼앗아 가겠다고 위협하다니! 우리가 트로이와 연맹한 도시를 함락할 때마다 나는 한 번도 당신과 동등한 대우를 받지 못했소. 위험을 무릅쓰고 싸운 건 나였는데도 언제나 당신의 선물이 더 많고 좋았으며 나는 보잘 것 없는 것을 가지고 막사로 돌아가곤 했소. 그러나 이제 나는 함선을 타고 고향 프티아로 돌아가겠소. 여기서 모욕을 받아가며 당신 재물을 늘려주느니 차라리 그 편이 훨씬 나을 것 같소."

아킬레우스는 아가멤논이 자신의 질책을 듣고 조금이라도 반성의 태도를

아킬레우스의 분노, Giovanni Battista Tiepolo, 1757

아킬레우스의 막사에서 에우리바테스와 탈티비오스에 의해 끌려나오는 브리세이스,
Giovanni Battista Tiepolo, 1757

보이길 바란다. 하지만 아가멤논은 아킬레우스 탓에 오히려 자신이 수많은 장수들 앞에서 공개적으로 개망신을 당했다고 생각하고 총사령관으로서 위엄을 세워야겠다고 생각한다. 그래서 그는 자신의 전령인 탈티비오스(Talthybios)와 에우리바테스(Eurybates)를 불러 당장 아킬레우스의 막사로 가서 브리세이스를 데려오라고 명령한다. 아킬레우스는 이 광경을 보고 다시 치밀어 오르는 분노를 주체하지 못한 채 부리나케 바닷가로 달려가 어머니를 부르며 대성통곡한다. 아들의 애절한 울음소리를 듣고 바다 깊은 곳에서

테티스 여신이 나타나 아들로부터 자초지종을 전해 듣더니, 곧장 올림포스 궁전으로 제우스 신을 찾아가 이렇게 하소연한다.

"아버지 제우스시여! 내 일찍이 여러 신들 중에서 말이나 행동으로 그대를 도운 적이 있다면 내 소원을 이루어 주시어 내 아들의 명예를 높여주소서. 그 애는 모든 인간들 중에서도 가장 요절할 운명을 타고 났나이다. 하거늘 지금 인간들의 왕 아가멤논이 그 애를 모욕하여 그 애의 명예의 선물을 몸소 빼앗아 가졌나이다. 그러니 그대가 그 애의 명예를 높여주소서. 조언자이신 올림포스의 제우스여! 아카이오이족이 그 애를 존중하고 그 애에게 전보다 더 큰 경의를 표할 때까지 부디 트로이아인들에게 승리를 내리소서."

한때 자신의 연인이었던 테티스가 이렇게 간절하게 부탁하자 제우스는 알겠으니 걱정하지 말라며 그녀를 안심시켜 돌려보낸다. 이후 아킬레우스는 자신이 선언한 대로 전투에서 발을 빼고 막사에 틀어박혀 고향 프티아로 철수할 준비를 한다. 그러자 사기가 저하된 그리스군은 이후 벌어진 전투에서 트로이군에 연전연패한다. 다급해진 아가멤논은 오디세우스를 대표로 사절단을 꾸려 아킬레우스의 막사로 보내 자신의 실수를 인정하고 도와달라고 요청하지만 아킬레우스는 그의 화해의 손길을 받아주지 않는다. 더구나 오디세우스가 아가멤논이 브리세이스 이외에도 아킬레우스에게 별도로 준다고 약속했던 수많은 선물을 열거하며 그의 마음을 돌려보려고 애를 쓰지만 그는 단호하게 잘라 말한다.

"사실 나는 그자가 하데스의 문만큼이나 밉소. 가슴속에 품고 있는 생각과 하는 말이 서로 다르기 때문이오. 아무튼 나는 최선이라고 생각되는 바를 말하겠소. 아트레우스의 아들 아가멤논은 결코 나를 설득하지 못할 것이오. 다른 다나오스 백성들도 마찬가지요. 쉬지 않고 계속 적군과 싸워봤자

제우스와 테티스, Jean-Auguste-Dominique Ingres, 1811

고맙게 여기지도 않을 것이 뻔하니 말이오. 뒷전에 처져 있는 자나 열심히 싸우는 자나 똑같은 몫을 받고 비겁한 자나 용감한 자나 똑같은 명예를 누리고 있소. 일하지 않은 자나 열심히 일하는 자나 죽기는 매일반이오. 나는 언제나 목숨을 걸고 싸우느라 마음속으로 고통을 당했건만, 그것이 내게 무슨 소용이란 말이오."

아킬레우스가 전투에서 손을 떼고 제우스까지 개입하자 전세는 점점 그리스군에게 불리하게 돌아간다. 아가멤논을 비롯한 많은 장수들이 부상을 당하고 급기야 트로이군이 해자를 넘어 방벽을 뚫고 모래사장 위에 끌어 올려놓은 함선을 불태우는 최악의 사태가 벌어진다. 그사이 아가멤논은 몇 번이나 장수들을 보내 아킬레우스를 설득하여 전투장으로 다시 데려오려 하지만 아킬레우스는 여전히 막사에서 꿈쩍도 하지 않는다.

마지막으로 백전노장 네스토르가 묘안을 짜낸다. 그는 아킬레우스의 절친 파트로클로스를 불러 마지막으로 아킬레우스를 설득해 보라고 제안한다. 아킬레우스가 여전히 참전을 거부하자 파트로클로스는 네스트로가 시킨 대로 그에게 군대와 무구를 빌려달라고 부탁한다. 자신이 아킬레우스로 위장하여 우선 급한 불을 끄겠다는 것이다. 이에 아킬레우스는 못 이기는 체하고 자신의 군사들과 무구를 파트로클로스에게 건네주며 이렇게 당부한다.

"자네는 함선에서 트로이아군을 몰아내는 대로 즉시 돌아오게. 제우스 신께서 자네에게 승리의 영광을 주신다 해도, 나 없이 호전적인 트로이아군과 싸우려 하지 말게. 나는 사랑하는 친구를 잃고 싶지 않네. 그리고 자네는 트로이아군을 죽이다가 전쟁의 광기에 사로잡혀 우리 군사들을 트로이아성 앞에까지 데리고 가지 말게. 올림포스 신들 중 누가 자네에게 해를 가하지 않도록 말일세. 포이보스 아폴론 신이 트로이아군을 아주 사랑하시기 때문이네."

파트로클로스의 시신을 놓고 오열하는 아킬레우스, Nikolaj Nikolajewitsch Ge, 1855

　　파트로클로스가 아킬레우스의 무구를 차려입고 나오자 모두들 그를 아킬레우스로 착각한다. 그리스군은 안도의 환호성을 질렀고 트로이군은 놀라 도망치기 바쁘다. 하지만 파트로클로스는 도망치는 트로이군을 신바람이 나 뒤를 쫓다가 아킬레우스의 경고도 잊은 채 너무나 적진 깊숙이 들어가고 만다. 그는 결국 트로이 성벽까지 갔다가 헥토르를 만나 일대일 대결을 벌이지만 허무하게 전사한다. 헥토르는 쓰러진 파트로클로스의 시신에서 투구를 벗겨보고서야 자신이 상대한 적장이 아킬레우스가 아니라 파트로클로스였음을 확인한다. 그는 죽음을 예감하며 파트로클로스가 입고 있던 아킬레우스의 무구를 전리품으로 수거한다. 이후 파트로클로스의 시신을 놓고 공방전이 벌어지지만 오디세우스와 대(大) 아이아스의 활약으로 시신은 결국 그리스 군으로 넘어간다. 아킬레우스는 파트로클로스의 시신을 마주하자 또다시 분노하며 절규한다. 「일리아스」는 절친 파트로클로스를 잃은 아킬레우스의 슬픔을 이렇게 표현하고 있다.

"그는 두 손으로 검은 먼지를 움켜쥐더니 머리에 뿌려 고운 얼굴을 더럽혔고 그의 향기로운 옷에도 검은 재가 떨어졌다. 그리고 그 자신은 먼지 속에 큰 대자로 드러누워 제 손으로 머리를 쥐어뜯었다."

치밀어 오르는 분노를 가눌 길 없었던 아킬레우스는 이번에도 바닷가로 가서 어머니를 부르며 포효한다. 바다 속에서 테티스가 아들의 통곡 소리를 듣고 다시 나타나 예전보다도 더 슬피 우는 이유를 묻자 아킬레우스는 이렇게 대답한다.

"제가 제 모든 전우들보다도 더, 아니 제 머리만큼이나 사랑하는 전우 파트로클로스가 죽었으니 말예요. 그를 잃었어요. 헥토르가 그를 죽이고 크고 아름다운 무구들을 벗겨 갔어요. 보기에도 장관인 그 무구들은 신들이 어머니를 필멸의 인간의 잠자리로 보내시던 날 펠레우스께 빼어난 선물로 주신 거예요. 차라리 어머니께서는 바닷속 불사의 여신들과 함께 사시고 펠레우스께서는 인간을 맞으셨더라면 좋았을 것을! 이제 어머니께서는 아들의 죽음으로 말미암아 마음속으로 말할 수 없는 고통을 당하시게 될 것이며 아들이 귀향하는 것을 다시는 반기지 못하실 거예요. 또한 제 마음도 제가 살아서 사람들과 함께 하는 것을 허락하지 않아요. 헥토르가 먼저 제 창에 맞아 목숨을 잃고 메노이티오스의 아들 파트로클로스를 죽인 대가를 지불하지 않는다면 말예요."

파트로클로스는 아킬레우스에게 자신의 '머리만큼이나 사랑하는 전우'이다. 어떤 학자들은 아킬레우스의 이 말을 근거로 그와 파트로클로스의 관계를 동성애로 보기도 한다. 자신의 머리만큼이나 사랑한다는 말은 사랑하는 연인에게나 쓸 수 있는 표현이라는 것이다. 누구든 연인을 죽인 자에게 복수하려고 하는 것은 인지상정이다. 하지만 복수를 하게 되면 자신도 죽는다면 사정은 달라질 수 있다. 아킬레우스의 경우가 바로 이 경우이다. 그는 전투에 다시 뛰어들면 반드시 요절할 운명이다. 하지만 아킬레우스는 자신이 죽어 고향에 돌아가지 못할 것이라는 것을 분명히 알면서도 헥토르에게 '파트로클로스를 죽인 대가'를 꼭 치르게 하겠다고 단단히 벼른다.

플라톤의 「향연」은 사랑에 관한 책이다. 그래서 부제도 〈사랑에 관하여〉이다. 이 책에는 소크라테스의 10여 명의 친구나 제자들이 등장해서 순서대로 사랑에 대해 자신의 의견을 피력한다. 그중 파이드로스는 이 세상에서 가장 아름다운 사랑은 죽음을 불사하는 사랑인데, 파트로클로스에 대한 아킬레우스의 사랑이 바로 그런 사랑이었다고 말한다. 어쨌든 테티스는 아들의 결연한 참전 의지를 확인하고 걱정스런 표정을 지으며 그에게 전투에 참가하면 헥토르 다음으로 죽을 운명이라는 사실을 다시 한 번 넌지시 상기시켜 본다. 하지만 아킬레우스는 어머니의 걱정에도 전혀 아랑곳하지 않고 이렇게 외치며 전의를 불태운다.

"불화는 신들과 인간들 사이에서 사라지기를! 그리고 현명한 사람도 화나게 하는 분노도 사라지기를! 분노란 똑똑 떨어지는 꿀보다 더 달콤해서 인간들의 가슴 속에서 연기처럼 커지는 법이지요. 꼭 그처럼 저는 인간들의 왕 아가멤논에게 분노했지요. 하지만 아무리 괴롭더라도 지난 일은 잊어버리고 가슴 속 마음을 억제해야겠지요. 이제 저는 나가겠어요! 제가

아킬레우스에게 무구를 갖다주는 테티스, Benjamin West, 1806

사랑하는 사람을 죽인 헥토르를 만나기 위해, 제 죽음의 운명은 제우스와 다른 불사신들께서 이루기를 원하시는 때에 언제든 받아들이겠어요. 크로노스의 아드님 제우스 왕께서 가장 사랑하시던 강력한 헤라클레스도 죽음의 운명을 피하지 못하고 운명의 여신과 헤라의 무서운 노여움에 제압되고 말았어요. 제게도 똑같은 운명이 마련되어 있다면 저도 죽은 뒤 그처럼 누워 있겠지요. 하지만 지금은 탁월한 명성을 얻고 싶어요. 그리고 많은 트로이아 여인들과 가슴이 볼록한 다르다니에 여인들로 하여금 부드러운 얼굴에서 두 손을 눈물을 닦으며 통탄하게 해주고 싶어요. 또 제가 전쟁에서 이미 충분히 쉬었다는 것을 알려주겠어요. 그런 제 출전을 모정으로 막지 마세요. 저를 설득하지 못하실 거예요."

테티스는 아들의 말을 듣고 더 이상 그를 말릴 수 없음을 직감하고 그에게 무구 없이 전투를 할 수는 없다고 말한다. 그의 무구는 파트로클로스가 입고 나갔다가 전사하는 바람에 헥토르의 전리품이 되어버렸기 때문이다. 테티스는 아들에게 잠시 기다리라고 당부하고 나서 곧장 올림포스 궁전의 대장간으로 헤파이스토스를 찾아가 아들의 무구를 만들어줄 것을 부탁한다. 그러자 헤파이스토스는 연일을 제쳐두고 하룻밤 만에 그녀에게 아킬레우스의 무구를 만들어준다. 다음날 아침 어머니가 갖다 준 무구를 차려입은 아킬레우스는 아무 조건 없이 아가멤논과 화해하고 자신의 군대를 이끌고 그리스 진영 방벽 코앞에 진을 치고 있던 트로이군을 거칠게 몰아 부치기 시작한다.

아킬레우스는 도망치는 트로이군을 쫓다가 특히 크산토스 강가와 강안에 있던 트로이군을 닥치는 대로 도륙하기 시작한다. 트로이 병사들이 흘린 피로 강물이 금세 핏물이 되어 흐른다. 그러자 강의 신 크산토스가 아킬레우스에게 트로이군을 강 밖 들판에서 죽이라고 부탁하지만 이미 광기에 빠진 아킬레우스의 귀에는 신의 소리가 들리지 않는다. 분노한 크산토스는 강력한 물줄기를 일으켜 아킬레우스를 들판으로 추격한다. 헤라가 위기에 처한 아킬레우스를 돕기 위해 헤파이스토스를 보내 화공으로 크산토스를 제압한다. 이것을 기화로 신들 사이에도 싸움이 일어난다. 아테나가 아레스와 아프로디테를 혼내준다. 아폴론은 포세이돈이 싸움을 걸지만 응하지 않고 피해 버린다. 이어 헤라는 아르테미스의 뺨을 후려친다. 특히 아테나는 아레스를 돌로 쳐 쓰러뜨린 후 이렇게 말한다.

"어리석은 자여, 나와 힘을 겨루려 하다니. 내가 그대보다 얼마나 더 강하다고 자부하는지 아직도 몰랐더란 말인가! 그대의 어머니는 그대가

아킬레우스의 분노, Charles-Antoine Coypel, 1737

아카이오이족을 버리고 오만불손한 트로이아인들을 돕는다고 화가 나서 그대에게 재앙을 꾸미고 있는데, 이로써 그대에게 어머니의 저주가 이루어지겠구려."

그리스 신화에는 전쟁의 신이 두 명 있다. 아레스와 아테나가 바로 그들인데 담당 분야가 사뭇 달랐다. 아레스가 전쟁에서 공격, 살육, 파괴 등을 담당했다면, 아테나는 방어, 전략, 전술 등을 담당했다. 또한 아테나는 정의의 전쟁을 수행하지만, 아레스는 본능적으로 전쟁을 즐긴다. 그래서 그리스

아테나와 아레스의 싸움, Jacques-Louis David, 1771

신화에서 괴물들이나 악당들과 정의의 전쟁을 벌이는 영웅들의 수호신은 아레스가 아닌 아테나 여신이다.

아레스는 전쟁에서 전략과 전술을 세우지 않는다. 그냥 좌충우돌하면서 충동적으로 싸우며 살육과 파괴를 일삼을 뿐이다. 그래서 전략과 전술을 담당했던 또 다른 전쟁의 신 아테나와의 싸움에서 연전연패할 수밖에 없다. 아레스는 이전에도 아테나의 사주를 받은 그리스 장수 디오메데스의 창에 찔리는 수모를 당한 적이 있다. 그는 창피한 마음에 올림포스 궁전으로 올라가 아버지 제우스에게 하소연을 해보지만 위로는커녕 싸움질만 하고 돌아다닌다고 핀잔을 듣는다.

신들의 싸움에서도 트로이 측 신들이 수모를 당하듯이 트로이 군사들도 파죽지세로 공격하는 아킬레우스를 감히 대적할 엄두를 내지 못하고 트로이성을 향해 달아나기에 바쁘다. 프리아모스가 도망쳐 오는 아군들을 보고 문지기에게 성문을 열어주도록 한다. 헥토르도 아킬레우스의 기세에 눌려 철수하다가 트로이 병사들을 모두 성안으로 안전하게 피신시킨 뒤 자신은 혼자 성 앞에서 아킬레우스를 기다린다. 성벽 위에서 그의 아내가 성안으로 들어오라고 소리치지만 그는 꿈쩍도 하지 않는다. 그러자 프리아모스가 아들에게 이렇게 애원한다.

"그러나 자, 성벽 안으로 들어오너라, 내 아들아! 그래야만 네가 트로이 아인들과 트로이아 여인들을 구하고 펠레우스의 아들에게 큰 영광을 주지 않을 것이며, 너 자신도 달콤한 목숨을 뺏기지 않으리라. 아직도 정신이 온전한 이 가련한 아비를 불쌍히 여겨라! 아버지 크로노스의 아드님께서 늘그막에 온갖 불행을 눈으로 보며 비참한 운명 속에서 죽게 하시려는 이 불행한 아비를 말이다. 아들들은 살해되고 딸들은 끌려가 포로가 되고 방들은 약탈되고 말 못하는 어린아이들은 무시무시한 결전에서 땅바닥에 내동댕이쳐지고 며느리들은 아카이오이족의 잔혹한 손에 끌려가고!"

하지만 당당하던 헥토르도 아킬레우스가 가까이 오자 복수심으로 이글거리는 그의 눈을 보고 덜컥 겁이 나는 바람에 트로이 성벽을 세 번이나 돌며 도망친다. 이 순간 하늘에서 제우스가 헥토르의 파멸을 선언하자 마침내 그의 수호신 아폴론도 그의 곁을 떠난다. 게다가 아테나 여신이 헥토르와 가장 친한 형제 데이포보스(Deiphobos)의 모습을 하고 뒤에서 도와줄 테니 아킬레우스와 맞서 싸우라고 그를 부추긴다. 데이포보스의 말을 듣고 용기를 얻은 헥토르가 멈춰 서서 마침내 일대일 결투를 벌이기 전 아킬레우스에게 이렇게 부탁한다.

"펠레우스의 아들이여, 내 잠시 전에는 그대의 공격을 감히 기다리지 못하고 프리아모스의 큰 도성을 세 바퀴나 돌았지만 이제는 더 이상 그대를 피해 달아나지 않겠다. 지금 내 마음은 죽이든 아니면 죽든 그대와 맞서라고 명령하고 있다. 자, 이리 와서 신들 앞에서 서약하기로 하자! 신들께서는 모든 합의의 가장 훌륭한 증인이시며 수호자들이시니까. 제우스께서 내게 그대보다 더 오래 버틸 수 있는 힘을 줘어 내가 그대의 목숨을 빼앗는다면, 아킬레우스여, 나는 그대에게 모욕을 가하지 않고 그대의 이름난 무구들을 벗긴 다음 그대의 시신은 아카이오이족에게 돌려줄 것이니 그대도 그렇게 하라."

이에 대해 아킬레우스는 헥토르에게 사자와 사람 사이에 맹약이 있을 수 없듯이 자신과 헥토르와는 친구가 될 수도 맹약이 있을 수도 없다고 외치며 창을 던진다. 하지만 아킬레우스의 창은 빗나가고, 이어 날아간 헥토르의 창도 아킬레우스의 방패를 뚫지 못하고 튀어 오른다. 그러자 아테나가 헥토르 몰래 아킬레우스에게 땅에 꽂힌 창을 뽑아 건네준다. 헥토르가 곧이어 칼을 빼어들고 돌진하지만 아킬레우스가 다시 던진 창에 그만 목숨을 잃고 만다. 아킬레우스는 헥토르가 쓰러지자 그의 벨트를 풀어 시신의 발목을 묶어 전차 끝에 매단 채 그리스 진영으로 끌고 간다. 성벽 위에서 그 광경을 쳐다보던 헥토르의 부모는 애간장이 끊어지고, 아내 안드로마케는 성벽 밑으로 몸을 던지려다 제지당한다.

이후 아킬레우스는 아침마다 부하들과 함께 파트로클로스의 시신 주변을 돌며 애도한다. 헥토르의 시신은 그 옆에 아무렇게나 엎어져 널브러져 있다. 며칠 후 파트로클로스의 혼령이 밤에 아킬레우스에게 나타나 자신의 시신을 매장해 달라고 간청한다. 다음날 아침 마침내 파트로클로스의 시신이 아킬레우스의 머리카락 뭉치와 12명의 트로이군 병사와 함께 화장이 된다.

트로이 성문앞에서 헥토르의 시신을 끌고가는 아킬레우스, Franz Matsch, 1892

북풍신 보레아스와 서풍인 제피로스가 화염을 돋우어 화장은 아주 빨리 진행된다. 다음날 아침 불길이 식자 아킬레우스는 파트로클로스의 뼈를 골라 자신의 뼈와 합쳐질 때까지 황금 항아리에 보관하여 임시로 매장한다.

파트로클로스의 화장이 끝난 뒤에도 아킬레우스는 친구에 대한 그리움으로 밤새도록 잠을 이루지 못하고 뒤척거린다. 그는 새벽녘이 되면 갑자기 벌떡 일어나 헥토르의 시신을 전차 뒤에 달고 파트로클로스의 가묘 주위를 세 번씩 돌며 분을 삭인다. 헥토르의 시신은 이렇게 12일이나 아킬레우스의 전차에 끌려 다녔지만 아폴론의 보호로 전혀 부패하지 않았다.

헥토르를 불쌍하게 여긴 제우스가 마침내 아킬레우스의 어머니 테티스에게 무지개의 여신 이리스를 보내 아들의 분노를 달래 주라고 명령한다. 또 트로이의 왕 프리아모스에게는 헤르메스를 보내 수레에 보물을 싣고 아킬레우스의 막사를 찾아가 아들의 시신을 돌려달라고 간청하라고 충고한다.

아킬레우스에게 헥토르의 시신을 돌려달라고 간청하는 프리아모스,
Alexander Andreyevich Ivanov, 1824

그래서 헤르메스 신의 보호 아래 그리스군의 초병에 뜨지 않게 아킬레우스의 막사로 찾아간 프리아모스는 그에게 예의를 갖추어 아들의 시신을 돌려달라고 간청한다. 아킬레우스는 백발이 성성한 프리아모스의 인품과 부성애(父性愛)에 감탄하여 헥토르의 시신을 깨끗하게 수습하여 프리아모스에게 돌려주고 장례식이 진행되는 12일 동안 휴전을 보장한다. 다음은 프리아모스가 무릎을 꿇고 아킬레우스의 손과 무릎을 잡은 채 아들의 시신을 돌려달라고

하면서 하는 말이다.

"신과 같은 아킬레우스여, 그대의 아버지를 생각하시오! 나와 동년배이며 슬픈 노령의 문턱에 서 있는 그대의 아버지를. 혹시 인근에 사는 주민들이 그분을 괴롭히더라도 그분을 파멸과 재앙에서 구해 줄 사람은 아무도 없을 것이오. 그래도 그분은 그대가 살아 있다는 소식을 들으면 마음속으로 기뻐하며 날이면 날마다 사랑하는 이들이 트로이아에서 돌아오는 것을 보게 되기를 고대하고 있을 것이오. 하나 나는 참으로 불행한 사람이오. 드넓은 트로이아에서 나는 가장 훌륭한 아들들을 낳았건만 그중 한 명도 안 남았으니 말이오. 아카이오이족의 아들들이 왔을 때 내게는 아들이 쉰 명이나 있었소. 그중 열아홉 명은 한 어머니에게서 태어났고 나머지는 소실들이 나를 위해 집 안에서 낳아주었소. 한데 그들 대부분의 무릎을 사나운 아레스가 풀어버렸소. 그리고 혼자 남아서 도성과 백성들을 지키던 헥토르도 조국을 위해 싸우다가 얼마 전에 그대의 손에 죽었소. 그래서 나는 그 애 때문에, 그대에게서 그 애를 돌려받고자 헤아릴 수 없는 몸값을 가지고 지금 아카이오이족의 함선들을 찾아온 것이오. 아킬레우스여! 신을 두려워하고 그대의 아버지를 생각하여 나를 동정하시오. 나는 그분보다 더 동정받아 마땅하오. 나는 세상의 어떤 사람도 차마 못한 짓을 하고 있지 않소! 내 자식들을 죽인 사람의 얼굴에 손을 내밀고 있으니 말이오."

펜테실레이아와 멤논

헥토르의 장례가 끝난 후 다시 격렬한 전투가 벌어졌다. 헥토르가 전사했다는 얘기를 듣고 아마존족의 여왕 펜테실레이아(Penthesileia)가 군대를 이끌고 왔다. 헥토르의 장례식 때 트로이에 도착한 여왕은 그 후 그리스군을 함선이 있는 곳까지 퇴각시켰다. 그러나 아킬레우스와의 일대일 대결에서

아킬레우스와 펜테실레이아, Johann Heinrich Wilhelm Tischbein, 1823년경

그녀는 그만 치명상을 입고 말았다. 그녀가 숨을 거두는 순간 아킬레우스는 그녀의 아름다운 자태에 홀려 극심한 사랑의 고통을 느꼈다. 아킬레우스의 애절한 마음은 너무 강렬해서 그의 얼굴에 그대로 드러났다. 멀리서 구경하던 병사들도 그것을 알아볼 수 있을 정도였다. 나중에 싸움터에서 돌아온 아킬레우스에게 독설로 유명한 장수 테르시테스(Thersites)가 죽은 여자와 사랑에 빠졌다고 아킬레우스를 놀려댔다. 분노한 아킬레우스는 그를 주먹으로 쳐 죽였다.

멤논(Memnon)은 라오메돈의 형제인 티토노스(Tithonos)와 새벽의 여신 에오스(Eos) 사이에서 태어난 아들이다. 그는 에티오피아의 왕으로 펜테실레이아처럼 헥토르가 죽은 뒤 숙부를 돕기 위해 달려왔다. 그는 살라미스의 대(大) 아이아스와는 승부를 내지 못했지만 네스토르와의 결투에서는 시종일관 그를 압도했다. 네스토르는 위기를 느끼고 아들에게 도움을 청했다. 안틸로코스가 급히 달려와 목숨을 던져 아버지를 구했다. 그러나 멤논도 전우의 원수를 갚기 위해 달려온 아킬레우스의 손에 그만 목숨을 잃고 말았다. 두 사람 모두 여신의 아들들이었지만 멤논은 아킬레우스의 적수가 되지 못했던 것이다. 에오스는 제우스에게 간청하여 아들을 신으로 만든 다음 싸움터로 날아가 그의 시신을 고향 에티오피아로 옮겨놓았다.

아킬레우스의 죽음

전투가 잠시 소강상태로 접어들자 프리아모스의 딸 폴릭세네(Polyxene)가 신선한 물을 긷기 위해 은밀하게 성 밖 우물가로 나왔다. 아킬레우스는 우연히 그녀를 보고 첫눈에 반했다. 그는 트로이로 전령을 보내 그녀에게 청혼을 했다. 프리아모스 왕은 무장하지 않은 채로 우물가 옆 아폴론 신전에서 단 둘이 만나 회담을 하자고 회신을 보냈다. 사랑에 빠진 아킬레우스는

아킬레우스를 스틱스강물에 적시는 테티스, Peter Paul Rubens, 1630-1635

약속 시간에 단신으로 아폴론 신전으로 찾아왔다. 그는 프리아모스에게 폴릭세네를 아내로 주면 그리스군을 설득해서 철수하도록 하겠다고 제안했다. 바로 그 순간 신상 뒤에서 매복해 있던 파리스가 화살을 날렸다. 화살은 아킬레우스의 발뒤꿈치에 맞아 그를 절명시켰다.

아킬레우스는 원래 무적의 몸이었다. 그가 태어나자 어머니 테티스가 그의 발을 잡고 지하 세계의 스틱스 강에 그의 몸을 적셨기 때문이다. 이때 손으로 잡은 그의 뒤 발꿈치만 불이 닿지 않아 유일한 약점으로 남아 있었다. 파리스는 화살로 그곳을 정확하게 겨누어 맞혔던 것이다. 그리스군들은 아킬레우스의 시신을 가져오기 위해 트로이군과 격전을 벌였다. 이때 살라미스의 대(大) 아이아스와 오디세우스는 혁혁한 전공을 세우며 트로이군을

아킬레우스의 죽음, Peter Paul Rubens, 1630-1635

물리치고 적진 깊숙이 있던 아킬레우스의 시신을 찾아왔다. 이때 대(大) 아이아스는 아킬레우스의 시신을 업고 왔다. 그 후 대(大) 아이아스와 오디세우스는 아킬레우스의 무구를 놓고 서로 여러 장수들 앞에서 설전을 벌였다. 아킬레우스의 어머니 테티스가 그리스군에서 가장 용감한 자에게 아들의 무구를 주기로 정해 놓았기 때문이다. 두 사람은 장수들 앞에서 자기들의 무훈을 자랑하며 무구의 소유권을 주장했다. 두 사람의 연설을 모두 듣고 난 장수들 대다수가 오디세우스의 손을 들어주었다. 자존심을 상한 대(大) 아이아스는 분을 이기지 못하고 헥토르에게서 선물로 받은 칼로 자살했다.

4. 트로이의 함락

트로이의 신탁

이후에도 지루한 공방전이 계속되었다. 그리스군의 예언가 칼카스는 트로이의 예언가 헬레노스만이 트로이를 함락시킬 수 있는 신탁을 알고 있다고 밝혔다. 오디세우스는 이데 산(Neoptolemos)에서 헬레노스를 납치해 와 그것을 물어보았다. 헬레노스는 아킬레우스의 아들 네오프톨레모스, 헤라클레스의 활과 화살, 아테나 상(像)인 팔라디온이 있어야 전쟁에서 승리한다고 알려주었다.

오디세우스, 포이닉스, 디오메데스가 네오프톨레모스를 데려오는 특사로 스키로스에 파견되었다. 네오프톨레모스가 외할아버지 리코메데스 곁에서 자라고 있었기 때문이다. 리코메데스는 손자를 보내주지 않으려 했지만 네오프톨레모스가 자진해서 그들을 따라 나섰다. 트로이로 가는 도중에 그들은 렘노스 섬에 들러 단단히 토라져 있는 필록테테스를 달랬다. 오디세우스는 자신을 따라가면 상처를 치료해 주겠다고 그를 설득했다. 필록테테스가 트로이에 도착하자 의사 마카온(Machaon)이 형제 포달레이리오스(Podaleirios)와 함께 그의 발의 상처를 낫게 해주었다. 아킬레우스의 아들 네오프톨레모스는 트로이에서 혁혁한 전공을 세웠다. 트로이인들은 그를 제2의 아킬레우스라고 여길 정도였다. 필록테테스도 가져온 헤라클레스의 활과 화살로 많은 트로이인들을 죽였다. 특히 그는 아킬레우스를 죽인 파리스를 그 화살로 쏘아 죽였다.

팔라디온은 트로이 성안에 삼엄한 경비 아래 보관되어 있었다. 오디세우스와 디오메데스가 그것을 훔쳐오기 위해 나섰다. 트로이 성벽에서 디오메데스가 먼저 오디세우스의 어깨를 딛고 성에 올라갔지만 그를 끌어올려주지 않았다. 디오메데스는 혼자 성안으로 들어가 팔라디온을 훔쳐 무사히

렘노스 섬의 필록테테스, Guillaume Guillon-Lethiere, 1798

성을 빠져나왔다. 진영으로 돌아오는 도중 오디세우스는 디오메데스를 죽이고 팔라디온을 빼앗아 공을 가로채려고 했다. 기회를 노리며 디오메데스의 뒤를 따라가던 오디세우스가 칼을 빼들었지만 칼 그림자를 본 디오메데스에게 음모가 발각되고 말았다. 디오메데스도 칼을 빼 달려들었지만 오디세우스가 달아나는 바람에 결투는 벌어지지 않았다.

트로이의 목마

헬레노스가 말한 신탁이 모두 실현되고 트로이의 거의 모든 유명한 장수들도 전사했지만 성은 무너지지 않았다. 결국 그리스군은 오디세우스의 제안으로 트로이인을 속이기 위해 치밀한 계획을 세워 착착 실행에 옮겼다. 우선 건축가 에페이오스(Epeios)가 이데 산의 나무를 베어와 아테나 여신의 도움을 받아 엄청나게 큰 목마를 만들었다. 목마 안은 상당한 수의 군사들이 들어갈 정도로 넓었다. 오디세우스를 대장으로 한 일단의 그리스군 정예 요원이 그 안에 숨었다. 다른 그리스군은 모두 진영을 철거하고 목마를 해안에 남긴 채 함선을 타고 퇴각했다. 그러나 그들은 트로이 해안 앞쪽에 있는 테네도스(Tenedos) 섬까지만 철수하여 섬 뒤에 배를 숨긴 채 어둠이 내리기를 기다리고 있었다.

트로이인들은 적들이 물러가는 것을 보고 환호성을 지르며 성에서 밀물처럼 몰려나왔다. 그들은 그리스군이 주둔하던 지역에서 커다란 목마를 발견하고 놀랐지만 겉에 쓰인 문구를 보고는 고무되었다. 목마의 등에는 '그리스군이 안전한 철수를 위해 아테나 여신에게 바치노라'라고 쓰여 있었기 때문이다. 곧 이 목마를 어떻게 할 것인가를 놓고 격렬한 논쟁이 일어났다. 일부 의심 많은 트로이인들은 그것을 부수거나, 불에 태우거나, 아니면 계곡 사이에 밀어 넣자고 했다. 낙관주의자들이나 신앙심 깊은 자들은 목마를 성 안으로 가져가야 한다고 주장했다. 그래야 아테나가 그들에게 행운을 가져다준다는 것이다. 예언가이자 프리아모스의 딸 카산드라(Kassandra)가 목마 안에 첩자들이 들어 있다고 경고했지만 아무도 그 말을 믿지 않았다. 그녀는 아폴론의 저주를 받아 옳은 예언을 해도 아무도 믿지 않았기 때문이다.

아폴론 신전의 사제인 라오코온(Laokoon)도 두 아들과 함께 목마를 경고하기 위해 군중 앞으로 나섰다. 그는 그리스 인이 주는 선물은 거저 준대도 조심해야 한다고 말하며 창을 던져 목마의 배를 정통으로 맞추었다. 목마에서 사람의 신음 소리 같은 것이 들렸지만 라오코온의 돌발적인 행동에 놀라는 사람들의 웅성거림 속에 가려 아무도 들을 수 없었다. 그러나 라오코온의 행동은 사람들의 심리가 목마의 정체를 의심하는 쪽으로 기울어지게 하기에 충분했다.

그때 그리스군의 낙오병 하나가 잡혀 프리아모스 앞에 끌려와 심문을 당했다. 그의 팔은 상처를 입어 헝겊을 감았고 옷은 갈기갈기 찢어져 몰골이 말이 아니었다. 겉으로 보기에는 그리스군으로부터 버림받은 것이 분명했다. 그러나 그는 오디세우스의 밀명을 받고 잔류하고 있었다. 그는 프리아모스 앞에서 완전히 날조된 이야기를 술술 풀어냈다.

"저의 이름은 시논(Sinon)이고 모신 장수는 팔라메데스이십니다. 팔라메데스께서는 오디세우스의 모함을 받아 억울하게 죽음을 당하셨습니다. 오디세우스는 평소에 자신을 전쟁에 끌어들인 팔라메데스(Palamedes) 님께 깊은 원한을 갖고 있었던 것 같습니다. 저는 오디세우스에게 강하게 항의했습니다. 그러자 오디세우스가 저에게 앙심을 품고 예언가 칼카스를 부추겨 거짓 신탁을 내리게 했습니다. 저를 신들에게 바쳐야 그리스군이 무사히 귀환할 수 있다는 것입니다. 다행히 저는 제물로 바쳐지기 직전 간수를 속이고 간신히 도망쳤습니다."

이 대목에서 우리는 오디세우스가 어떻게 자신을 전쟁터로 내몬 팔라메데스에게 품고 있던 원한을 풀었는지를 언급하지 않을 수 없다. 오디세우스는 전쟁 내내 팔라메데스에게 복수할 기회를 호시탐탐 노리고 있었다. 그러던 어느 날 그는 전투가 한참 동안 소강상태로 빠졌을 때 며칠 동안 막사에 틀어박혀 궁리를 한 다음 마침내 팔라메데스에게 복수할 계획을 수립했다. 그는 총사령관 아가멤논에게 이렇게 전갈을 보냈다. "신들이 꿈에 나타나 나에게 곧 반역이 일어날 것이라고 경고했소. 숙영지를 하루 낮 하룻밤 동안 옮겨야 하오!" 아가멤논이 그렇게 하라고 즉각 명령을 내리자 오디세우스는 팔라메데스의 막사가 있던 장소에 아무도 몰래 금이 가득 들어 있는 자루를 묻어 두었다.

이어 오디세우스는 트로이의 포로에게 강제로 마치 프리아모스가 팔라메데스에게 보내는 것과 같은 편지를 쓰도록 했다. "내가 보내드린 금은 당신이 그리스군의 숙영지를 알려준 것에 대한 대가입니다." 그는 그 포로를 시켜 팔라메데스에게 편지를 전달하게 한 다음 그러기 전에 숙영지 밖에서 죽였다. 다음날 군대가 예전 숙영지로 돌아오자 트로이 병사의 시체가 발견되었고 몸에서 발견된 편지는 아가멤논에게 전해졌다. 팔라메데스는 즉시 군법회의에 회부되었다. 그가 프리아모스나 그밖에 그 누구한테도 금을 받았다는 것을 완강히 부인하자 오디세우스가 그의 막사를 샅샅이 수색할 것을 제안했다. 곧 금이 발견되었고, 군사들은 팔라메데스를 반역죄로 돌로 때려 죽였다.

어쨌든 시논이 꾸며댄 말을 마치자 트로이인들은 그를 자신들 편이라고 생각했다. 그들은 그의 결박을 풀어주고 목마에 대해 꼬치꼬치 캐물었다. 그러자 그는 오디세우스와 함께 만들어둔 각본에 따라 다시 이야기를 시작했다.

"그리스군이 트로이에서 팔라디온(Palladion)을 훔쳐오자 아테나 여신이 분노했습니다. 그래서 팔라디온 상의 여신의 눈에서 불꽃이 일기도 했고, 여신이 직접 나타나 원망하기도 했습니다. 그러자 칼카스가 목마를 만들어 여신을 달래야 그리스군이 무사히 귀환할 수 있다고 예언했습니다. 그는 목마가 트로이 성안으로 옮겨져서도 안 된다고 했습니다. 그러면 그리스의 도시들이 트로이인들의 공격을 받고 몰락한다는 것입니다. 그래서 목마를 그렇게 거대하게 만든 것입니다."

시논이 말을 마쳤지만 트로이인들은 아직도 그의 말을 완전히 믿지 못하고 망설이고 있었다. 바로 그때 그들의 의심을 바람에 안개가 사라지듯 싹 가시게 하는 사건이 일어났다. 갑자기 바다에서 아주 큰 뱀 두 마리가 육지로 기어오르더니 아까 목마를 조심하라고 경고하던 라오코온의 아들 둘을 친친 휘감아 조르기 시작했다. 더구나 뱀들은 아들들을 구하러 달려든 아버지 라오코온마저도 조르더니 급기야는 그 셋의 숨통을 끊어놓았다. 뱀을

라오콘 군상, BC 2경의 오리지날의 로마시대 복제품

보낸 것은 아폴론이었다. 아폴론은 예전에 자신의 신전에서 아내와 사랑을 나눈 라오코온을 벌했던 것이다. 그러나 트로이인들은 라오코온이 아테나의 목마에 창을 던져 신성을 모독한 벌을 받은 걸로 생각했다. 이 사건 이후 트로이인들은 조금 남아 있던 의심의 찌꺼기를 말끔히 떨쳐버렸다. 마침내 그들은 성벽 일부를 헐어내고 목마를 트로이 성안으로 옮겼다.

그러나 몇몇 트로이인들은 아직도 목마를 의심했다. 그중 프리아모스의 아들이자 파리스가 죽은 뒤 헬레네를 아내로 맞이한 데이포보스(Deiphobos)는 아주 신중했다. 그는 아내와 함께 목마 주위를 돌며 두드려보기도 하고 흠집을 찾기도 하면서 유심히 살펴보았다. 그는 헬레네를 시켜 그리스 장수들 부인의 목소리를 흉내 내어 목마를 향해 남편들을 부르도록 했다. 목마 안에 들어 있던 안틸로코스(Antilochos)가 헬레네의 꾀에 속아 하마터면 대답을 할 뻔했다. 다행히도 오디세우스가 적시에 그의 입을 손으로 틀어막았다. 아무 소리가 들리지 않자 데이포보스는 그제야 목마 안이 비어 있다고 확신했다. 몇 시간 뒤 트로이인들은 종전을 축하하고 아테나를 기리며 밤새 잔치를 벌인 뒤 곯아떨어졌다.

그사이 그리스 함선들은 유유히 달빛을 받으며 트로이로 돌아와 성에 신호를 보냈다. 시논이 재빨리 목마로 다가가 옆구리에 있는 문을 열어주었다. 다른 사람들은 모두 줄을 타고 밖으로 나왔지만 에키온(Echion)만은 뛰어내리다가 넘어져 죽고 말았다. 그들은 잽싸게 성문을 열어 밖에서 기다리고 있던 그리스 군대를 성안으로 끌어 들였다. 그들은 무방비 상태로 아무것도 모르고 쿨쿨 자고 있는 트로이인들을 도륙하고 재물을 약탈하기 시작했다. 노령으로 전투에 참가하지 않은 덕택으로 마지막까지 살아남았던 프리아모스(Priamos) 왕은 제우스 신전으로 피신했다가 아킬레우스의 아들 네오프톨레모스에 의해 신전에서 무참하게 살해당했다. 트로이의 왕가의 여인들은 모두 장수들에게 전리품으로 주어졌다. 프리아모스의 아내 헤카베는 오디세우스가, 헥토르의 아내 안드로마케는 네오프톨레모스가, 카산드라는 아가멤논이

목마를 성안으로 끌고가는 트로이인들, Giovanni Domenico Tiepolo, 1773

차지했다. 프리아모스의 딸 폴릭세네는 아킬레우스의 무덤에서 희생 제물로 바쳐졌다. 남자들도 안테노르(Antenor)와 아이네이아스(Aineias) 두 사람만 제외하고 모두 죽음을 당했다. 헥토르의 어린 아들 아스티아낙스(Astyanax)도 성벽에서 내던졌다.

안테노르는 사절로 온 메넬라오스와 오디세우스를 살려준 공로로 죽음을 면했다. 오디세우스는 트로이가 함락되었을 때 부상당한 안테노르의 아들 리카온(Lykaon)을 알아보고 그의 형제 글라우코스(Glaukos)와 함께 그리스 진영으로 데려와 안전하게 보호해 주었다. 그리스군은 안테노르의 집이

프리아모스 왕의 죽음, Tadeusz Kuntze, 1756

약탈당하지 않도록 그의 집 대문에 표범 가죽을 걸어 두었다. 아이네이아스도 신들에게 보인 순종과 경건함 때문에 살아남았다. 그는 아사라코스(Assarakos)의 후손으로 앙키세스(Anchises)와 아프로디테의 아들이었다. 그는 연로한 아버지를 등에 업은 채 살아남은 트로이의 유민을 이끌고 이탈리아에 정착했다. 나중에 로마인들은 아이네이아스를 자신들의 시조라고 주장했다. 아이네이아스가 트로이의 유민을 이끌고 이탈리아에 정착하는 이야기가 바로 이 책의 14장 '아이네이아스의 모험'이다.

5. 전쟁의 원조, 트로이 전쟁

침략 전쟁으로서의 트로이 전쟁

그리스 신화는 트로이 전쟁의 원인을 순전히 트로이의 왕자 파리스의 헬레네 납치 사건으로 돌리고 있다. 자신들은 전쟁을 원하지 않았지만 트로이 측이 먼저 싸움을 걸었다는 것이다. 우리는 그리스 신화 이외에 트로이 전쟁에 대한 기록을 찾아볼 수 없다. 하지만 고대 그리스인들은 헬레네가 트로이로 도망가기 이전부터 내내 트로이를 침략할 명분을 쌓고 있었던 것은 아닐까? 그러던 중 파리스가 헬레네를 데려가자 절호의 기회라고 생각하고 군대를 동원한 것은 아닐까? 아니면 아예 헬레네 납치 사건은 없었던 것은 아닐까? 한마디로 말해 그리스인들은 소문으로 들려오는 트로이에 있는 엄청난 황금을 탐내고 있었던 것은 아닐까?

2004년 개봉된 볼프강 페터젠(Wolfgang Petersen) 감독, 브래드 피트 주연의 영화「트로이」는 우리의 이러한 물음에 긍정적인 답변을 제시한다. 이 영화에서는 신화와 관련된 부분은 모두 생략되고 모든 사건이 현실 정치와 맞물려서 벌어진다. 오랫동안 적대 관계에 있던 그리스와 트로이는 서로 화해를 시도한다. 화해 사절단으로 트로이에서 헥토르와 파리스가 파견된다. 그리스 왕궁에서는 이들을 맞이하여 성대한 연회가 벌어진다. 그런데 연회장에서 메넬라오스의 왕비 헬레네와 트로이의 왕자 파리스는 첫눈에 그만 서로 사랑에 빠진다. 헬레네는 결국 귀국하는 파리스의 배에 올라타고 트로이로 도망친다. 메넬라오스는 미케네의 왕이자 형인 아가멤논을 찾아가 사정을 얘기하고 도움을 요청한다. 이때 아가멤논의 반응이 아주 의미심장하다. 그는 옛날부터 트로이를 점령해 버리자는 자신의 말을 듣지 않은 동생을 심하게 꾸짖으며 이제야 트로이를 공격할 구실이 생겼다고 기뻐한다.

이 영화는 배역을 통해서도 그리스군이 침략군이라는 인상을 물씬 풍긴다.

그리스군의 대표 장수 아가멤논과 메넬라오스는 모두 인상이 험악하다. 얼굴에 흉측한 상처가 있어 숱한 싸움으로 잔뼈가 굵었음을 짐작할 수 있다. 아킬레우스는 전투에는 소극적이다. 그는 아가멤논의 침략 전쟁에는 관심이 없다. 그가 전쟁에 참여한 것은 자신의 명예를 높이기 위해서였다. 급기야 그는 헛된 야욕에 사로잡힌 무례한 아가멤논에 실망하여 전투에서 발을 빼기도 한다. 그가 나중에 전투에 다시 참여하기로 결심하는 것도 아가멤논과 메넬라오스를 위해서가 아니다. 절친한 친구 파트로클로스가 헥토르의 손에 죽어 원수를 갚기 위해서이다. 이에 비해 트로이의 대표 장수 헥토르와 파리스는 얼굴이 매끈하고 유순해 보인다. 그들의 아버지 프리아모스는 하얀 수염을 휘날리며 평화스럽고 고결해 보이기까지 한다. 이런 인물 배정을 한 것은 감독이 잔인한 침략군으로서의 그리스군을 염두에 두었기 때문일 것이다.

모든 전쟁의 아버지, 트로이 전쟁

트로이 전쟁의 전투 양상이나 결과는 많은 점에서 그 이후 세계 각국에서 벌어진 전쟁을 선취하고 있다. 그리스군과 트로이군이 멀리서 운집해 있다가 각각 밀집대형을 이루어 서로를 향해 달려와 치열한 접전을 벌이는 모습은 어느 전쟁에나 나타나는 전형적인 모습이다. 트로이군이 그리스군의 방벽에 개미떼처럼 기어올라 그것을 뚫고 그리스군 진영으로 넘어가는 장면도 마찬가지이다. 물론 이들은 근접전을 벌이기 전에 현대의 포격전처럼 멀리서 활이나 창이나 돌을 던지기도 한다.

양군이 도열하여 싸움을 벌이다 가끔 감초처럼 등장하는 것이 일대일 대결이다. 「일리아스」에도 메넬라오스와 파리스의 대결을 비롯하여 아킬레우스와 헥토르의 대결까지 몇몇 일대일 대결이 등장한다. 「일리아스」의 일대일 대결 장면은 정복 전쟁을 벌인 로마 장군들의 일대일 대결이나, 중국의

「삼국지」와 「수호지」, 그리고 최근 우리나라 TV에서 방영된 〈불멸의 이순신〉, 〈주몽〉, 〈연개소문〉, 〈대조영〉 등의 일대일 대결을 연상시킨다.

고대의 전쟁의 전투는 정탐이나 습격이 없이 양군의 보병이나 기병이 무리를 이루어 싸우는 원시적인 형태로 벌어진 것으로 알려져 있다. 하지만 「일리아스」에는 벌써 정탐이나 습격이 등장한다. 오디세우스와 디오메데스는 트로이군을 정탐을 하기 위해 적진에 깊숙이 들어갔다가 안심하고 있던 트로이군에 습격을 감행한다. 그들은 이 습격으로 트라케 군을 이끌고 막 트로이군에 합류하여 곯아떨어진 레소스 장수를 비롯한 그의 휘하 병사 12명을 도륙한다.

트로이를 몰락시킨 오디세우스의 목마 전술은 일종의 속임수이다. 오디세우스가 그리스 병사 시논을 동료들에게 버림받은 것처럼 가장하여 남겨놓아 트로이인들에게 목마에 대한 의심을 사라지게 한 것도 속임수이다. 이런 속임수는 시대를 막론하고 어느 전쟁에나 등장한다. 우리나라에서도 이순신 장군이 강강술래를 이용, 왜군을 속인 것도 유명하다. 「삼국사기」에 보면 우산국을 힘이 아닌 꾀로 정복한 이사부의 이야기가 나온다. 그는 우산국을 무력으로 점령하기 어려움을 직감하고 나무로 사자 형상을 많이 만들어 전선에 싣고 가 해안에서 우산국 사람들을 위협했다. 항복하지 않으면 이 사나운 짐승을 풀어 모두 잡아먹게 하겠다는 것이다. 이사부는 결국 이 속임수로 우산국 왕의 항복을 받아낸다.

트로이 전쟁의 결과도 그 이후 모든 전쟁의 축소판이다. 전쟁이 끝나자 패배한 트로이는 철저하게 파괴된다. 또 전쟁의 최대 피해자는 어린아이와 여성들이다. 그것을 단적으로 보여주는 것이 트로이 왕실의 운명이다. 그리스군은 헥토르의 어린 아들 아스티아낙스를 성벽에서 떨어뜨려 죽이고 공주나 며느리들을 모두 그리스 장수들의 성의 노리개로 분배한다. 카산드라는 아가멤논에게 주어졌고, 헥토르의 아내 안드로마케는 헥토르를 죽인 아킬레우스의 아들 네오프톨레모스에게 주어졌다. 트로이 왕실의 운명이 그러했다면 일반 시민들의 운명은 어떠했겠는가? 최근의 이라크 전을 상상해 보자. 전쟁이 끝난 후 남아 있는 것이 있었는가. 모든 것이 폐허로 변하지 않았는가? 몇 년 전 끝난 보스니아 내전과 아직도 계속되는 아프간 전쟁의 최고의 피해자도 어린아이와 여성들이 아니었는가.

트로이 전쟁이 끝나자 앙키세스와 아프로디테 사이에 태어난 아들 아이네이아스는 트로이의 유민을 이끌고 정처 없이 항해한다. 그는 연로한 아버지 앙키세스를 등에 업고 어린 아들 아스카니오스(Askanios)의 손을 잡은 채 불타는 트로이를 탈출한다. 아이네이아스는 이곳저곳을 헤매며 갖은 고생을 다하다가 이탈리아에 도착하여 건국의 토대를 닦는다. 베르길리우스(Vergilius)의 「아이네이스」를 보면 아이네이아스가 우여곡절 끝에 이탈리아에 정착한 후 그의 13대 후손 로물루스(Romulus)가 로마를 건국하는 과정이 그려져 있다. 물론 후손이 로마의 건국자로 나타나지만 아이네이아스가 방랑하여 이탈리아에 정착하는 과정은 실로 고난의 연속이었다. 아이네이아스의 방랑을 보면서 보트 피플이 되어 정처 없이 유랑하는 현대의 전쟁 피난민을 연상하는 것은 무리일까?

헬레네 납치 사건은 과연 실재했을까?

헤로도토스(Herodotos)는 「역사」에서 헬레네 납치 사건과 관련하여 의미심장한 이야기를 소개하고 있다. 일반적으로 파리스는 헬레네를 배에 태우고 순풍을 받아 3일 만에 트로이에 도착했다고 하고 있지만 헤로도토스가 이집트의 사제로부터 들은 이야기는 그와는 전혀 다르다. 그에 따르면 파리스의 배는 폭풍우를 만나 한참을 표류하다가 트로이로 가지 못하고 이집트에 도착했다. 이집트의 왕 프로테우스는 자초지종을 전해 듣고 남의 가정을 파괴한 파리스를 추방하고 헬레네와 그녀가 가지고 간 보물은 억류해 두었다. 그는 헬레네의 남편이 찾으러 오면 아내와 보물을 돌려줄 속셈이었다.

그 사이 아가멤논은 총사령관이 되어 동생 메넬라오스와 함께 그리스 대군을 이끌고 트로이를 포위한 채 성안으로 특사를 보내 헬레네와 보물을 돌려주고 그리스를 모욕한 것에 대해 물질적으로 보상해 줄 것을 요구했다. 그러자 트로이 측은 "헬레네도, 그들이 훔쳐왔다고 하는 보물도 그곳에 있지 않고 모두 이집트에 있으며, 따라서 이집트 왕 프로테우스가 억류해 놓고 있는 것을 그들이 보상할 이유가 없다."고 대답했다.

그러나 그리스인은 트로이인에게 우롱당하고 있다고 생각하여 트로이를 포위 공격하고 마침내 이곳을 점령하였다. 그러나 성을 점령하고서도 헬레네의 모습을 찾아볼 수 없고 여전히 전과 똑같은 이야기를 듣게 되자, 그리스인도 마침내 처음 이야기를 믿고 메넬라오스를 프로테우스에게 보냈다. 이집트에 도착한 메넬라오스는 나일 강을 거슬러 올라가 멤피스에 도착한 다음 프로테우스 왕에게 찾아온 용건을 말하자 환대를 받았다. 또 아무런 해를 입지 않고 편히 지내고 있던 헬레네와 본래 자기 것이었던 보물을 그대로 돌려받았다.

헤로도토스는 자신도 이집트 사제들이 헬레네에 대해 말한 것이 사실이라고 생각했다. 그에 의하면 헬레네가 실제로 트로이에 있었다면 파리스의 의지와는 상관없이 그녀는 그리스군에 돌려주었음에 틀림이 없다. 프리아모스를 비롯한 그 누가 자신과 가족 그리고 나라까지 위험에 빠뜨리면서 파리스와 헬레네의 사랑을 지켜줄 수 있었겠느냐는 것이다. 설혹 헬레네의 연인이 프리아모스였다고 해도 그는 트로이를 위험에서 구해 내기 위해 헬레네를 그리스군에 되돌려 보냈을 것이다. 또 이미 노인이 된 프리아모스를 대신해서 용맹무쌍한 장남 헥토르가 트로이의 전권을 행사하고 있었을 텐데 아무리 동생이라고 해도 그의 파렴치한 행위를 보고만 있지 않았을 것이다.

헬레네의 행방에 대한 또 다른 이설이 있다. 파리스의 심판에서 패배한 헤라는 기분이 몹시 상해서 파리스와 헬레네가 맺어지지 못하도록 했다. 그녀는 구름으로 헬레네의 모습을 빚어 파리스에게 준 다음 진짜 헬레네는 헤르메스를 시켜 이집트의 프로테우스 왕에게 맡겼다. 이밖에도 제우스 신이 가짜 헬레네를 만들어 트로이로 보내 전쟁을 일으켰다는 이설도 있고, 프로테우스가 파리스를 추방하면서 마법으로 가짜 헬레네를 만들어 같이 가도록 했다는 이설도 있다.

헬레네에 대한 이설들은 우리에게 전쟁의 속성에 대한 두 가지 중요한 진실을 말해 준다. 하나는 전쟁은 명분이 중요하지만, 그 명분은 가짜에 지나지 않고 진짜 전쟁의 목적은 따로 있다는 것이다. 트로이 전쟁은 헬레네를 찾으러 갔다는 명분이었지만, 헤로도토스에 의하면 정작 헬레네는 트로이에 없었거나 가짜였고 결국 애꿎은 트로이만 몰락시켰다. 아직도 계속되는 이라크전의 명분은 무엇이었는가? 이라크 내에 설치되어 있는 대량 학살 무기를 찾는다는 것이었는데 아무리 눈을 씻고 찾아봐도 과연 그 무기가 있었는가? 또 다른 하나는 전쟁은 구름처럼 아무것도 아닌 것을 위해 벌어진다는 것이다. 그리스군과 트로이군이 놓고 싸운 것은 실체 헬레네가 아닌 구름으로 만든 가짜 헬레네가 아니었는가.

6. 「일리아스」와 「펜테실레이아」

영웅들의 표상, 아킬레우스

호메로스의 「일리아스」는 트로이의 몰락을 다룬 작품이다. 지금까지 서술한 트로이 전쟁도 상당 부분 「일리아스」를 토대로 재구성한 것이다. 「일리아스」는 수많은 영웅과 사건으로 이루어진 작품이지만 철저하게 위대한 영웅 아킬레우스 단 한사람을 중심으로 이야기가 진행된다. 이 작품은 바로 아킬레우스의 분노로부터 시작하고 끝나기 때문이다.

아킬레우스는 아가멤논이 자신에게 전리품으로 분배된 브리세이스라는 처녀를 강제로 빼앗아 가자 그에게 극심한 분노를 느끼고 전투에서 발을 뺀다. 그러자 그리스군은 전투가 벌어질 때마다 트로이군에게 패하다가 진지까지 공격을 당하게 되는 최대 위기에 봉착한다. 「일리아스」는 이런 아킬레우스의 분노를 노래하며 시작한다.

전투에서 물러나 후방 막사에 머물러 있던 아킬레우스는 절친한 친구 파트로클로스가 죽었다는 비보를 접한다. 그는 친구를 죽인 헥토르에게 분노하여 아가멤논과 화해하고 전투에 참가하여 마침내 헥토르를 죽이고 친구의 원수를 갚는다. 「일리아스」는 이렇게 아킬레우스에게 죽은 헥토르의 장례식으로 끝을 맺는다. 결국 호메로스는 「일리아스」의 마지막을 아킬레우스의 분노로 장식한 셈이다.

아리스토텔레스(Aristoteles)는 「시학」에서 「일리아스」의 치밀한 구도를 높게 평가했다. 그에 의하면 호메로스는 트로이 전쟁의 한 단면을 통해 전쟁 전체를 아주 생동감 있게 묘사했다. 트로이 전쟁은 원래 10년 동안 계속 되었다. 그러나 호메로스는 9년이 지난 뒤 전쟁의 막바지에서 이야기를 시작한다. 그렇다고 이야기가 이 마지막 1년 전체에 걸쳐 진행되는 것은 아니다. 전쟁이 없었던 날을 제외하면 그중 겨우 50여 일만을 다루고 있을 뿐이다. 게다가 신들이 에티오피아인들의 나라에 머물렀던 12일간과 헥토르의 장례식을 준비한 9일간을 제외하면 진짜 이야기가 전개되는 날은 더 줄어든다. 하지만 호메로스는 아킬레우스의 분노의 원인을 거슬러 올라가면서 지금까지의 전쟁의 경과를 설명하고, 또 예시를 통해 앞으로 있을 아킬레우스의 죽음과 트로이의 몰락을 암시하면서 트로이 전쟁 전체를 아우른다.

「일리아스」의 아킬레우스는 다른 영웅들과 공통된 특성을 갖고 있다. 그는 다른 영웅들처럼 신의 핏줄을 갖고 태어나 무적의 힘을 갖고 있다. 특히 우리는 그를 게르만 신화의 영웅 지그프리트(Siegfried)와 비교할 수 있다. 그의 몸은 지그프리트처럼 한 곳을 빼고는 어떤 무기도 들어가지 못한다. 아킬레우스의 발꿈치는 어머니 테티스가 그것을 잡고 스틱스 강에 적셨기 때문에, 지그프리트의 어깨는 그가 용의 피로 목욕을 할 때 보리수 나뭇잎 하나가 떨어져 치명적인 약점으로 남는다. 지그프리트가 발뭉(Balmung)이라는 신비한 검을 갖고 있듯이 아킬레우스도 헤파이스토스가 만들어준 무적의 갑옷을 갖고 있다.

그러나 호메로스가 묘사하는 아킬레우스는 다른 영웅들에 비해 아주 독특한 면을 갖고 있다. 그는 파트로클로스의 죽음을 밤새워 울면서 안타까워하는 따스한 감정의 소유자이자 영웅 서사시를 노래 부르는 가인으로 등장한다. 더구나 그는 아들 헥토르의 시체를 돌려달라고 애원하는 프리아모스의 간청을 들어줄 정도로 타인에 대해 깊은 동정심을 갖고 있다. 호메로스가 아킬레우스를 매우 인간적인 감정을 지닌 영웅으로 그린 것은 그 당시 귀족 사회에 대한 간접적인 비판으로 볼 수 있다. 호메로스의 이런 의중은 아킬레우스와 아가멤논과의 대비를 통해 더 분명히 드러난다. 아가멤논은 그리스 최고 사령관으로서의 그 당시 귀족의 전형으로 묘사된다. 그는 피도 눈물도 모르는 무모한 인간으로 등장한다. 그는 본능적으로 아킬레우스가 자신을 능가하는 진정한 영웅이라는 것을 알고 있다. 그가 아킬레우스에게 내세울 것은 총사령관이라는 높은 지위뿐이다. 결국 그는 비열하게도 자신의 높은 관직을 이용, 이미 아킬레우스에게 할당된 여자를 뺏는다. 이런 두 인물을 대비시키는 구도는 「니벨룽겐의 노래」에서 엿보이는 지그프리트와 군터(Gunther)의 대비를 연상시킨다. 이들 사이에서도 명예와 지위를 놓고 숙명의 한 판이 벌어지기 때문이다.

아마존족의 여왕 펜테실레이아

트로이 전쟁에 뒤늦게 참전한 아마존족의 여왕 펜테실레이아는 트로이의 맹장 헥토르가 죽은 뒤 트로이를 돕기 위해 달려왔다. 그리스군 중 누구도 그녀를 이길 수 없었다. 그녀와 일대일 대결을 펼치는 장수는 모두 죽음을 당했다. 그래서 그녀는 한때 그리스군에 극심한 공포감을 심어주지만 결국 아킬레우스와 맞닥뜨려 싸우다 치명상을 입고 죽어간다. 바로 옆에서 그녀가 죽는 순간을 목격한 아킬레우스는 그녀의 아름다움에 반해 그만 사랑에 빠졌다. 이어 그녀의 죽음에 대해 깊은 슬픔을 토로했다. 그의 슬픈 감정이 너무 강렬해 멀리서도 볼 수 있을 정도였다. 아킬레우스가 슬픈 표정으로 그리스 진영으로 돌아오자 그리스군 중 말 많고 냉소적이었던 테르시테스가 그를 비웃었다. 그러자 분노한 아킬레우스가 그를 주먹으로 쳐 죽였다. 아킬레우스가 펜테실레이아에게 반한 것은 아마 그녀의 미모 때문만은 결코 아니었을 것이다. 그녀와 직접 싸워본 아킬레우스는 먼저 남자 영웅들을 능가하는 그녀의 포스에 탄복했을 것이다. 이어 죽어가는 펜테실레이아를 보다가 그녀의 미모를 보고 갑자기 깊은 사랑에 빠졌을 것이다.

 1807년 출간된 독일 작가 클라이스트(H. v. Kleist)는 이 장면을 토대로 「펜테실레이아」라는 비극을 썼다. 하지만 그 내용이 그리스 신화와는 사뭇 다르다. 먼저 그리스 신화에서는 아킬레우스가 펜테실레이아를 죽이지만, 클라이스트의 작품에서는 펜테실레이아가 아킬레우스를 죽인다. 또 아킬레우스와 펜테실레이아는 서로 사랑에 빠진 연인으로 등장한다. 펜테실레이아는 처음부터 영웅 아킬레우스의 용맹에 반해 결투에서 이겨 아마존 나라의 법률에 따라 그를 남편으로 삼아 그 후손을 받으려 했다. 마찬가지로 사랑에 빠진 아킬레우스도 그녀에게 일대일 결투를 신청한다. 결투에서 고의로 져서 포로가 되어 펜테실레이아의 사랑을 얻기 위해서였다. 하지만 막상 결투가 벌어지자 허술하게 싸우는 아킬레우스에게 실망한 펜테실레이아는 그의 진심도 모른 채 맹견들을 끌고 그에게 달려들어 그를 쓰러뜨린 뒤 그의 몸을 물어뜯는다. 하지만 죽어가는 아킬레우스에게서 전후 사정을 알게 된 펜테실레이아는 절망한 나머지 스스로 목숨을 끊는다. 이 작품에서 아킬레우스는 명예와 영웅적인 행동을 갈망하는 영웅이라기보다는 사랑에 빠진 자로 등장한다. 더구나 클라이스트의 작품에서 중심인물은 펜테실레이아이고 아킬레우스는 부차적인 역할을 한다. 모든 사건 진행이 그녀를 중심으로 벌어지고 진행된다. 아킬레우스마저도 그녀의 마적이고 원초적인 사랑의 힘에 휩쓸려 들어간다.

13

제13장

오디세우스의 모험

호메로스의 「오디세이아(Odysseia)」는 트로이 전쟁이 끝나고 오디세우스가 고향으로 돌아오면서 겪은 10년 동안의 모험을 다룬 책이다. 「오디세이아」는 트로이 전쟁을 소재로 한 「일리아스(Ilias)」가 나온 지 몇 십 년 후에 출간된 것으로 보인다. 「일리아스」가 BC 8세기 후반에 나왔으니 「오디세이아」는 아마 BC 8세기 초반이나 BC 7세기 말쯤 나왔을 것이다. 두 작품의 저자가 같지 않을지 모른다는 의문은 이미 고대부터 제기되었다. 이미 학문적으로 두 작품의 저자는 같은 것으로 결론이 났지만 두 주인공이나 작품의 성격이 확연히 다른 것은 사실이다.

우선 아킬레우스의 운명은 비극적이지만 오디세우스의 운명은 결말이 행복하게 끝난다. 두 주인공의 행동 양식을 보면 차이는 더 확연하게 드러난다. 아킬레우스는 절대로 실패를 두려워하지는 않지만 그렇다고 성공을 기대하는 것도 아니다. 그는 다만 무소불위의 추진력을 발휘하며 살아간다. 그는 그 대가로 일찍 죽을지 모른다는 것을 예감하면서도 그 죽음을 향해 돌진한다. 이에 비해 오디세우스는 모험 중 닥친 위험을 특유의 노련함과 기지로 극복한다. 그는 어떤 최악의 상황에서도 빠져나가는 방법을 알고 있으며 가끔 운도 따라준다. 그는 바다를 항해하며 수없이 많은 위험에 빠지지만 이성적인 성찰을 통해 그것을 벗어난다. 오디세우스는 아킬레우스와는 달리 현대적인 인물이다.

차이는 이것뿐 아니다. 「일리아스」는 과거 영웅들이 난무하던 시대와 영웅들의 비극적 운명을 묘사하는 데 그 초점을 맞추고 있다. 또 「일리아스」의 사건은 트로이 앞의 좁은 싸움터와 그 공간에서 싸우는 영웅들에 국한되어 있다. 이에 비해 「오디세이아」는 괴물, 요정, 거인뿐 아니라 왕에서부터 목동과 하인들까지 포괄하는 전 사회계층이 등장하며, 지중해 전체를 그 무대로 삼고 있다. 또 「일리아스」는 이미 과거의 영웅 서사시에서 노래한 전설을 회상하고 트로이의 몰락이라는 분명한 역사적 사건을 그 배경으로 하고 있지만, 「오디세이아」에서는 동화에서나 등장할 수 있는 환상적인 세계가 주를 이루며 그 배경도 「일리아스」처럼 트로이 전쟁이지만, 그것은 서술 대상이 아니라 이미 까마득한 과거의 출발점에 불과하다.

특히 오디세우스의 모험에는 트로이 전쟁 저편에 가려 있던 일상적인 삶과 역사적 사실이 생생하게 묘사되어 있다. 우선 여기에는 해양 민족으로서의 그리스 민족이 위험하고 예측할 수 없는 자연과의 싸움에서 겪어야만 했던 파란만장한 삶이 아로새겨 있다. 그리스인들은 BC 9세기 말기에야 비로소 페니키아인들과 해상무역을 놓고 경쟁하다가 BC 8세기에는 그들로부터 문자와 선진적인 조선술을 배웠다. 이 시기는 또한 무한 경쟁으로 식민지를 개척하는 시대였다. 헤시오도스의 「노동과 나날」이라는 작품도 바로 이런 역사적 상황에서 폭풍우와 난파 같은 당시 그리스인이 직면하게 된 새로운 위험들을 그 주제로 하고 있다. 특히 해적 활동, 유괴, 노예무역 등은 그 당시 그리스 선원들의 주요 수입원이기도 했다. 이런 사업은 개인의 삶을 한 순간에 나락으로 떨어지게 한다. 이에 대한 가장 좋은 예가 바로 오디세우스의 하인 에우마이오스의 이야기이다. 타국의 왕자였던 그는 어린 시절 해적들에게 유괴되어 노예로 팔렸다가 오디세우스의 농장에서 돼지치기로 살아간다.

1. 귀향 전 오디세우스의 행적

세 개의 시간대로 이루어진 「오디세이아」

「오디세이아」에는 세 개의 시간대가 서로 교차하고 있다. 첫째는 오디세우스가 직접 바다를 방랑하고 있을 때의 시간대이다. 이 시간대는 작품에서 오디세우스가 뗏목을 타고 칼립소(Kalypso)가 사는 섬을 떠나 파이아케스(Phaiakes)인들의 나라를 거쳐 고향 이타케(Ithake)로 돌아오는 과정까지의 이야기로 이루어져 있다. 둘째는 100여 명의 구혼자들이 진을 치고 페넬로페(Penelope)에게 결혼해 달라고 협박하는 오디세우스의 궁전의 시간대이다. 셋째는 오디세우스가 회상을 하면서 파이아케스인들의 왕 알키노오스(Alkinoos)와 그의 신하들에게 이야기할 때 나타나는 과거의 시간대이다. 이 세 개의 시간대는 오디세우스가 이타케에 도착하면서 비로소 하나로 통일된다.

앞으로 전개될 오디세우스의 모험은 호메로스의 「오디세이아」에 근거한 것이다. 하지만 독자들의 이해를 쉽게 하기 위해 「오디세이아」의 복잡한 세 개의 시간대를 사용하지 않고 오디세우스가 모험하는 시간대 하나로 재편한 것이다. 「오디세이아」는 우리에게 오디세우스가 트로이 전쟁과 전쟁 전에 겪었던 일에 대해서는 알려주지 않는다. 그래서 오디세우스의 모험 속으로 구체적으로 들어가기 전에 우선 오디세우스의 어린 시절을 비롯하여 바다를 방랑하기 이전의 오디세우스의 행적을 간단하게 알아보는 것이 필요하다.

아우톨리코스의 손자, 오디세우스

오디세우스는 이타케의 왕 라에르테스(Laertes)와 아우톨리코스(Autolykos)의 딸 안티클레이아(Antikleia)의 사이에서 태어난 외아들이었다. 어떤 사람은 그의 어머니 안티클레이아가 라에르테스와 결혼하기 전에 시시포스(Sisyphos)에게 납치되어 오디세우스를 낳았다고 주장한다. 그의 교활한 성격은 바로 이 시시포스와 유명한 도둑이었던 그의 외할아버지 아우톨리코스에게서 물려받았다는 것이다.

오디세우스가 태어날 무렵 외할아버지 아우톨리코스가 이타케를 방문하자 딸 에우리클레이아가 손자 이름을 지어달라고 했다. 그러자 노인은 마침 많은 사람들에게 화가 나 있었기 때문에 '화내는 자'라는 뜻의 '오디세우스'라는 이름을 지어주었다.

아우톨리코스는 자신의 고향인 파르나소스(Parnassos) 산 기슭으로 돌아가면서 아이가 장성해서 자신을 찾아오면 선물을 주겠다고 약속했다. 나중에 오디세우스가 성인이 되어 그를 방문하자 그는 약속대로 손자에게 많은 선물을 주었다. 바로 이때 오디세우스는 삼촌들과 사냥을 나갔다가 멧돼지의 어금니에 물렸다. 그는 이 사건으로 허벅지에 일생 동안 큰 흉터를 갖고 살았다.

청년 시절 얻은 허벅지의 흉터

오디세우스의 청년 시절 메세네(Mesene) 출신의 가축 도둑들이 이타케에 와서 300마리의 양을 훔쳐가고 양치기들을 유괴해 갔다. 그러자 이타케의 라에르테스와 장로들은 오디세우스를 메세네로 보내 가축과 양치기들을 돌려달라고 요구했다고 하지만, 오디세우스가 양들을 돌려받았는지는 전해 오는 이야기가 없다. 다만 아르카디아(Arkadia)인에 따르면 오디세우스는 페네오스(Pheneos)라는 도시에서 양이 아닌 잃어버린 암말 몇 마리를 찾았다. 그리고 그때 오르틸로코스(Ortilochos)의 집에 머물다가 이미 고인이 된 오이칼리아의 왕 에우리토스(Eurytos)의 큰아들 이피토스(Iphitos)를 만났다. 이피토스는 잃어버린 암말들을 찾아 마침 그곳에 왔었다. 두 사람은 이내 서로에게 호감을 느껴 친구가 되기로 결의하였고 이피토스는 그 기념으로 오디세우스에게 커다란 활 하나를 주었다. 그 활은 바로 궁수로 이름을 날렸던 자신의 아버지가 사용하던 것이었다. 오디세우스는 이 활을 애지중지 하여 전쟁터에도 갖고 가지 않고 집에 잘 보관해 두었다. 그는 나중에야 비로소 이 활을 구혼자들을 죽이는 데 사용한다.

헬레네의 구혼자가 되다

그 당시 그리스 도시국가의 젊은 왕자들이 거의 모두 그런 것처럼 그도 또한 스파르타의 왕 틴다레오스(Tyndareos)의 딸 헬레네의 구혼자였다. 그는 젊은 여자들의 성격을 꿰뚫어보고 있었기 때문에 헬레네가 남편감으로 부자인 메넬라오스를 선택할 것이라는 것을 간파했다. 그래서 그는 쓸데없이 그녀의 마음을 사기 위해 선물을 쓰지 않고 틴다레오스와 다른 협상을 벌였다. 틴다레오스는 헬레네가 구혼자들 중 하나를 선택하면 선택받지 못한 구혼자들이 폭동을 일으킬까 봐 두려워했다. 오디세우스는 그의 마음을 읽고 만약 틴다레오스가 그의 형제인 이카리오스(Ikarios)를 설득하여 딸 페넬로페를 자신의 아내로 주도록 한다면 그 골치 아픈 문제를 말끔히 해결해 주겠다고 약속했다. 틴다레오스가 자신의 말에 동의하자 오디세우스는 그에게, 구혼자들을 모아놓고 헬레네의 남편이 정해지면 그 결과를 받아들일 것이며 이후 그녀의 남편에게 불행한 일이 생기면 힘을 합해 도와주겠다는 맹세를 시키라고 조언했다. 구혼자들이 모두 맹세하자 틴다레오스는 이카리오스에게 오디세우스를 사위로 천거했다.

세계 최초의 병역 기피자, 오디세우스

오디세우스의 재치 있는 충고로 틴다레오스는 어려움에서 벗어나지만 오디세우스는 곧 난처한 상황에 빠졌다. 메넬라오스(Menelaos)가 결혼한 지 얼마 되지 않아 그의 아내 헬레네가 트로이의 왕자 파리스(Paris)에 납치당하는 사건이 벌어졌다. 메넬라오스는 형이자 미케네(Mykene)의 왕 아가멤논(Agamemnon)에게 도움을 요청했다. 아가멤논은 트로이를 정벌할 심산으로 헬레네의 구혼자들에게 전령을 보내 그들이 헬레네의 남편에게 불행한 일이 생기면 도와주겠다고 약속한 맹세를 근거로 출정을 부탁했다. 이때 오디세우스를 찾아간 전령이 바로 메넬라오스와 팔라메데스(Palamedes)였다. 달콤한 결혼 생활에 빠져 있던 오디세우스는 귀찮은 의무에서 벗어나 보려고 잔꾀를 부렸다. 그는 세계 최초의 병역 기피자였던 셈이다. 그는 그들이 온다는 얘기를 듣고 들판에 나가 미친 시늉을 했다. 그는 어릿광대 모자를 쓰고 당나귀와 말이 끄는 쟁기로 밭을 가며 씨앗 대신 소금을 뿌렸다.

하지만 팔라메데스가 오디세우스의 술수를 금방 꿰뚫어보았다. 그는 오디세우스의 어린 아들 텔레마코스(Telemachos)를 쟁기 앞에 갖다 놓으며 당장 속임수를 그만두라고 꾸짖었다. 그러자 오디세우스는 아들을 피해 쟁기를 몰 수밖에 없었고 그의 속임수는 금방 들통이 나고 말았다. 다른 설에 의하면 팔라메데스는 오디세우스 앞에서 아들을 칼로 치려는 시늉을 했다. 그러자 오디세우스가 기겁을 하며 말렸다는 것이다. 계책이 탄로 나자 오디세우스는 어쩔 수 없이 트로이 원정에 동참했다. 이렇듯 오디세우스는 마지못해 전쟁에 참여한 오디세우스였지만 아가멤논은 모든 동료 장수들 중 그를 가장 미더워했다. 오디세우스는 계책과 꾀에 능통한 꾀돌이이자 책사였기 때문이다. 오디세우스는 자신을 전쟁으로 내몬 팔라메데스에게 깊은 원한을 품었다.

아킬레우스에게 참전을 설득

그리스 장수들이 트로이에 전쟁을 선포하자 오디세우스는 아킬레우스(Achilleus)를 원정대에 끌어들이기 위해 갖은 애를 썼다. 아킬레우스는 프티아의 왕 펠레우스의 아들로 헬레네의 구혼자는 아니었다. 하지만 신탁에 의하면 트로이 전쟁에서 이기려면 그가 꼭 필요했다. 하지만 아킬레우스는 그 당시 막 소년티를 벗어난 청년에 불과했고 어머니 테티스(Thetis) 여신도 그를 트로이에 보내려고 하지 않았다. 그녀는 아들이 트로이에서 전사할 것을 알고 있었기 때문이다. 그녀는 아들을 스키로스(Skyros) 섬의 리코메데스(Lykomedes) 왕에게 보내 보호를 부탁했다. 오디세우스가 요청하면 모험심이 왕성한 아들이 전쟁에 참가할 것이 분명했다. 리코메데스 왕은 테티스 여신이 부탁하자 아킬레우스를 여자로 변장시켜 자신의 딸들 사이에 숨겨놓았다. 하지만 오디세우스는 리코메데스 궁전을 찾아가 전쟁 나팔을 불게 해서 그 반응을 보고 그를 찾아냈다. 다른 설에 의하면 방물장수로 변장한 오디세우스는 공주들에게로 접근해서 싸구려 물건들과 함께 무기를 늘어놓고는 유난히도 무기에 관심을 보이는 공주를 보고 그를 찾아냈다. 아킬레우스는 오디세우스가 트로이로 함께 떠나자고 권유하자 흔쾌히 따라나섰다. 아킬레우스는 이때 공주들과 함께 9년을 지내면서 그중 하나인 데이다메이아(Deidameia)와 사랑을 나누었고 그 결과 네오프톨레모스(Neoptolemos)가 태어났다.

전함 12척을 끌고 트로이로 출정

오디세우스는 부하들과 함께 12척의 배 그리고 이타케(Ithake), 케팔레니아(Kephallenia), 자킨토스(Zakynthos)를 비롯한 그 주변에 있는 섬들의 청년으로 이루어진 병사를 이끌고 왔다. 그는 궁전을 떠나기 전 절친이었던 멘토르(Mentor)에게 자신이 없는 동안 어린 아들인 텔레마코스의 교육을 맡긴다. 바로 그의 이름과 역할에서 '스승'을 뜻하는 '멘토' 혹은 '멘터'라는 말이 나왔다. 「오디세이아」에 멘토르는 자주 등장하지 않는다. 작품의 초두에 텔레마코스가 백성들을 모아놓고 구혼자들을 강하게 비난하는 연설을 할 때 혼자서 과감하게 그의 편을 들어주다가 구혼자들의 협박으로 침묵한 후로는

리코메데스 궁전에서 정체가 드러나는 아킬레우스, Gerard de Lairesse, 1685

직접 모습을 보이지 않는다. 하지만 작품 말미에 절체절명의 순간에 아테나 여신이 그의 모습을 하고 나타나서 그를 격려하는 것을 보면, 비록 「오디세이아」에는 그의 역할이 자세하게 서술되어 있지는 않아도 멘토르는 텔레마코스에게 지속적으로 큰 영향을 끼치고 있었음을 짐작할 수 있다. 프랑수와 페를롱(François Fénelon)이라는 17세기 프랑스 작가는 「텔레마코스의 모험」이라는 책에서 멘토르의 역할에 주목한다. 이 책에서 멘토르는 아버지를 찾아 나선 텔레마코스를 따라다니며 조언을 아끼지 않는다. 그때 멘토르는 난파당했다가 칼립소의 섬에서 만난 유카리스(Eucharis)라는 여인과 헤어지는 것을 못내 아쉬워하는 텔레마코스에게 이렇게 말한다. "자신의 약점과 열정이

텔레마코스와 유카리스, Raymond Monvoisin, 1824

지닌 폭력성을 인식하지 못한 사람은 아직 현명하다고 볼 수 없다, 아직 자신을 모를 뿐 아니라 자신을 불신하는 법을 모르기 때문이다."

총 1,186척이나 되는 그리스 함선들이 아울리스 항에서 2년 동안 훈련을 마친 후 출항을 하려고 했으나 바람이 불지 않아 꼼짝 못하게 되자, 예언가 칼카스가 아가멤논의 딸 이피게네이아를 바쳐 아르테미스 여신의 화를 풀어주면 바람이 분다는 신탁을 알려줬다. 아가멤논이 예전에 근처 숲에서 사냥을 하다가 우쭐한 마음으로 자신은 아르테미스 여신처럼 사냥을 잘한다고 떠벌려서 여신의 분노를 샀다는 것이다. 다른 설에 의하면 아가멤논은 사냥을 하다가 아르테미스 여신이 가장 아끼는 사슴을 잡았다. 아가멤논은 오디세우스와 티데우스(Tydeus)의 아들 디오메데스(Diomedes)를 미케네로 파견하여 아내 클리타임네스트라를 설득하여 딸을 보내도록 했다. 이때 오디세우스는 클리타임네스트라에게 이피게네이아를 아킬레우스와 결혼시킨다는 거짓말을 만들어냈다. 이피게네이아를 데려와 제물로 바치자 거짓말처럼 바람이 불고 그리스 함대는 마침내 트로이를 향해 출항했다 그리스 함선들이 크리세(Chryse) 섬에 기항했을 때 말로스(Malos)의 군대를 이끌던 필록테테스가 불행하게도 풀 섶에 숨어 있던 뱀에 물렸다. 그 후 그가 내지르는 신음 소리와 상처에서 나는 악취는 그리스군을 극심한 고통에 빠뜨렸다. 결국 그리스군은 필록테테스를 렘노스 섬에 내려놓고 떠났다. 이런 방책을 고안한 것도 바로 오디세우스였다.

트로이성에 특사로 파견

마침내 트로이 해안에 상륙한 그리스군은 우선 오디세우스와 메넬라오스를 성으로 파견했다. 그들이 프리아모스 왕에게 헬레네를 돌려달라고 요구하자 트로이인들은 이것을 일언지하에 거절하고 심지어 사자로 온 그들을 죽이려고 했다. 그들은 트로이의 장수 안테노르(Antenor)의 도움으로 간신히 목숨을 건졌다. 트로이가 몰락하고 광란의 대학살이 일어났을 때 이들은 안테노르의 도움을 잊지 않았다. 하지만 그는 자신을 모욕하거나 마음을 상하게 한 자들은 절대로 용서하지 않았다. 그것은 아군에게도 예외를 두지 않았다. 그는 이미 앞 장 '트로이 전쟁'에서 한 번 이야기한 것처럼 자신의 속임수를 간파하여 억지로 전쟁터로 끌고 온 팔라메데스에게도 철저하게 복수를 했다.

오디세우스는 포로로 잡은 트로이인들을 위협하여 프리아모스가 팔라메데스에게 보내는 가짜 편지를 쓰게 했다. 그는 그 내용을 팔라메데스가 이전에 프리아모스에게 그리스인들을 배반할 뜻이 있음을 알리는 편지를 쓴 것처럼 꾸몄다. 이어 오디세우스는 팔라메데스의 부하를 매수하여 그의 막사 밑에 프리아모스로부터 그 대가로 받은 것처럼 보이는 금을 숨기게 한 다음 편지는 아가멤논의 손에 들어가게 했다. 결국 팔라메데스는 반역죄로 체포되어 동료들의 돌 세례를 맞고 억울하게 죽는다.

분쟁과 위기의 해결사

오디세우스는 교활함과 술수 그리고 웅변술로 명성을 날렸다. 호메로스에 의하면 그는 키는 작았지만 이상하리만치 넓은 가슴과 떡 벌어진 어깨를 갖고 있었다. 회의에서 그가 발언권을 잡고 말을 할 때면 처음에는 어눌하고 서툴러 보이지만 잠시 뒤 탄력을 받아 그윽한 목소리가 튀어나오면서 이런 첫인상은 사라지고 이내 그의 연설은 청중의 마음을 휘어잡는다. 그가 연설을 해서 소기의 목적을 달성하지 못한 적은 단 한 번밖에 없었다. 그것은 대(大) 아이아스(Aias)와 포이닉스(Phoinix) 노인과 함께 토라진 아킬레우스를 설득하러 갔었을 때였다. 아킬레우스는 자신의 전리품으로 받은 브리세이스(Briseis)라는 여인을 아가멤논이 빼앗아 가자 분노하여 전쟁에서 발을 빼고 귀향할 채비를 하며 막사에 머물러 있었다. 오디세우스는 이런 아킬레우스에게 아가멤논의 사과와 보상 의사를 전하며 전쟁에 다시 참가하자고 달래보지만 단단히 마음이 상한 아킬레우스는 설득당하지 않았다. 그래도 트로이 전쟁 중 오디세우스는 위기의 순간마다 특유의 술수와 기지를 발휘하여 위험에서 벗어났다.

돌론, BC 460년경의 도기 그림

디오메데스와 콤비 이뤄 혁혁한 전공도

물론 오디세우스는 트로이 전쟁 내내 꾀와 계책만을 사용한 것은 아니라 아무리 위험한 일이라도 마다하지 않고 자청해서 하곤 했다. 그는 자주 디오메데스(Diomedes)와 콤비를 이루어 임무를 완수하곤 했다. 특히 디오메데스와 함께 정찰을 위해 그리스 진영을 빠져나와 트로이 진영으로 숨어들어 세운 전공은 유명하다. 그때 둘은 트로이의 척후병 돌론이 늑대 가죽을 둘러쓰고 아군 진영으로 잠입하려는 것을 발견하고 길목에 매복해 있다가 그를 포로로 잡아 트로이군의 배치 상태를 알아낸 다음 죽인다. 또 그로부터 방비가 가장 허술하다고 들은 트로이의 동맹 부대를 급습하여 잠들어 있던 트라케(Thrake)의 왕 레소스(Rhesos)와 부하 12명을 살해하고 레소스의 명마들을 그리스 진영으로 몰고 온다. 오디세우스가 수행한 임무는 이밖에도 많다.

아킬레우스의 갑옷을 차지하다

오디세우스는 살라미스의 대(大) 아이아스와 함께 트로이군으로부터 아킬레우스의 시체를 구해왔다. 그는 오디세우스가 용감하게 적들을 막아내는 동안 아킬레우스의 시신을 짊어지고 나왔다. 하지만 나중에 이 둘은 누가 아킬레우스의 갑옷을 차지할 것인가를 놓고 설전을 벌이는 경쟁자가 된다. 각자는 자신들이 그리스군을 위해 더 큰 공적을 세웠다고 주장하며 그것을 하나하나 열거했다. 그러나 결국 오디세우스가 월등한 웅변술로 장수들로 이루어진 심판관들의 마음을 사로잡아 아킬레우스 갑옷의 임자로 정해졌다. 대(大) 아이아스는 깊은 수치심을 느끼며 광기에 빠져 자살하고 말았다.

트로이의 왕자 헬레노스를 포로로

오디세우스는 프리아모스의 아들 헬레노스(Helenos)를 포로로 잡기도 했다. 트로이의 몰락에 대한 비밀을 알고 있었던 헬레노스는 그리스군에게 모두 세 가지의 신탁을 전했다. 트로이를 몰락시키려면 첫째, 아킬리우스의 아들 네오프톨레모스가 전투에 참가해야 하며, 둘째 렘노스에 남겨두고 온 필록테테스가 갖고 있는 헤라클레스의 활과 화살이 있어야 하고, 셋째 하늘에서 떨어진 아테나 여신상인 팔라디온을 트로이 성안의 페르가몬(Pergamon) 성채에서 훔쳐 와야 된다는 것이다. 이 임무를 완수하기 위해서도 적극 나선 것도 오디세우스였다. 그는 포이닉스와 함께 스키로스로 가서 네오프톨레모스를 데려온 다음, 아버지 아킬레우스의 무구를 넘겨주었다. 이어 그는 디오메데스와 함께 필록테테스를 데려오기 위해 렘노스 섬으로

오디세우스와 아이아스의 싸움, Leonaert Bramer, 1625-1630

갔다. 또 그는 디오메데스와 함께 야음을 타 팔라디온 상을 훔쳐 오기 위해 트로이성으로 잠입해 들어갔다. 이때 오디세우스는 아주 그럴싸한 거지로 분장을 했지만 헬레네가 그를 알아보았다. 헬레네는 그의 정체를 알고 있었지만 신고하지 않고 오히려 그를 도와주었다. 트로이가 전쟁에서 패해 나중에 자신이 그리스에 돌아가면 그의 도움이 필요할지 몰랐기 때문이다. 프리아모스의 아내 헤카베도 오디세우스를 알아보고도 그의 계획을 폭로하지 않았다고 하지만 그 이유는 전해지지 않는다. 오디세우스와 디오메데스는 결국 무사히 팔라디온 상을 가지고 그리스 진영으로 돌아왔다.

안드로마케에게 아스티아낙스를 요구하는 오디세우스, Louis de Silvestre, 1708

목마를 고안하다

오디세우스가 트로이의 몰락에 가장 많이 기여한 것은 목마를 고안한 일이다. 더군다나 그는 목마 안에 직접 들어가 그리스 정예 부대원들의 지휘를 맡았다. 그는 도시 전체가 파괴되는 혼란의 와중에도 자신을 살려준 안테노르(Antenor)에게 진 빚을 결코 잊지 않았다. 그는 메넬라오스와 함께 약탈하지 말라는 표식으로 표범 가죽을 안테노르의 집 문에 걸쳐놓았고 안테노르의 두 아들을 죽음에서 구하기도 했다. 오디세우스는 부상당한 안테노르의 아들 중 하나를 전장에서 데리고 나왔다.

오디세우스는 트로이인뿐 아니라 그리스군이라 할지라도 그리스군 전체의

카산드라를 팔라디온상에서 끌어내는 아이아스, BC 440-430년경의 도기 그림

안전에 위협이 된다는 생각이 들면 그 누구에게도 동정심을 보이지 않았다. 그는 헥토르의 아들 아스티아낙스(Astyanax)를 죽여야 한다고 주장했다. 후환을 없애려면 프리아모스의 후손들 중 남자는 하나도 살려둬서는 안 된다는 것이다.

또 그는 프리아모스의 딸 폴릭세네를 아킬레우스의 무덤에서 제물로 바치자고 제안했다. 그는 로크리스 출신의 소(小) 아이아스가 프리아모스의 딸 카산드라를 아테나 신전에서 끄집어내 겁탈하자 여신의 분노를 풀어주기 위해서는 소(小) 아이아스를 돌로 쳐 죽여야 한다고도 했다. 하지만 소(小) 아이아스는 반어적이게도 아테나 여신의 신전으로 피신하여 목숨을 구했다.

그리스군이 귀향할 때가 되자 아테나 여신은 포세이돈 신에게 귀향하는 그리스군에게 재앙을 안겨주자고 제안했다. 그러자 포세이돈은 아테나 여신에게 바닷물을 마구 휘저어 놓겠다고 약속했다. 실제로 그리스군의 많은 함선이 에우보이아(Euboia)의 카파레우스(Kaphareus) 곶 앞에서 두 신이 일으킨 폭풍우를 만나 좌초되어 침몰했다.

2. 오디세우스의 모험 경로

오디세우스는 아테나 여신의 분노를 사지는 않았지만 나중에 포세이돈 신의 깊은 분노를 불러일으켜 10년 동안이나 수없이 많은 고난을 당했다. 귀향한 그리스의 장수들 중 그처럼 이상하고 위험스런 모험을 한 사람은 하나도 없었다. 오디세우스의 모험 경로를 살펴보자.

1) 케르소네소스

오디세우스가 이끄는 12척의 배는 트로이를 출발하여 헬레스폰토스를 거쳐 트라케의 케르소네소스(Chersonesos)에 도착했다. 거기서 오디세우스가 전리품으로 받아 데리고 갔던 트로이의 왕비 헤카베는 트라케 왕 폴리메스토르(Polymestor)에게 끔찍한 복수극을 행했다. 헤카베는 트로이가 함락되기 전에 자식을 거의 모두 잃자 마지막 남은 폴리도로스(Polydoros)를 살려내기 위해 폴리메스토르에게 맡겼다. 그녀는 그에게 많은 보물을 주며 아들의 장래를 위해 보관해 달라고 부탁했다. 그러나 트로이가 함락되고 프리아모스 왕이 죽자 폴리메스토르는 보물을 가로챌 욕심으로 폴리도로스를 죽여 시신을 바다에 던졌다.

폴리도로스의 시신은 파도에 실려 트로이 해안까지 밀려왔다. 오디세우스의 배에 오르던 헤카베는 운명적으로 아들의 시체를 발견하고 분노로 치를 떨었다. 오디세우스의 배가 케르소네소스에 머물자 헤카베는 폴리메스토르에게

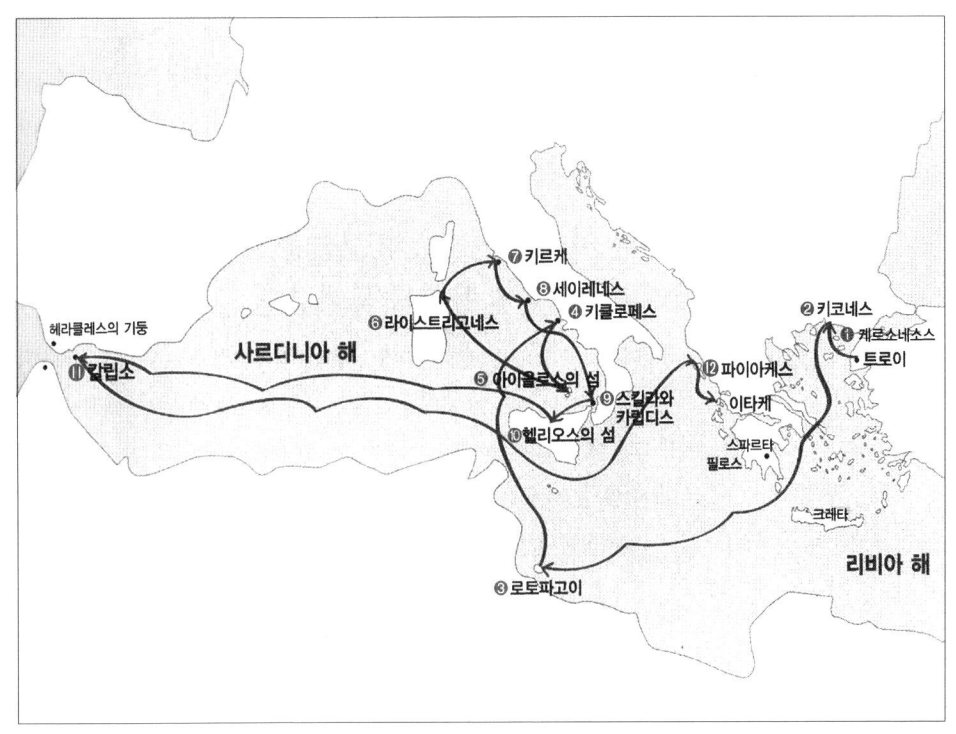

오디세우스의 모험 경로

하녀를 보내 거짓 정보를 알려주었다. 그녀는 아들의 죽음을 짐짓 모르는 듯 정복자 그리스군의 눈을 피해 숨겨둔 엄청난 보물이 있는 곳을 알려주겠다는 전갈을 보냈다. 보물에 눈이 먼 왕이 급히 달려오자 헤카베는 트로이의 포로들과 함께 그가 데리고 온 두 아들을 그가 보는 앞에서 죽인 뒤 그도 눈을 파내 살해했다. 그리스군은 끔찍한 범죄를 저지른 그녀를 돌세례를 퍼부어 죽였다. 그런데 돌 더미를 들춰보니 그녀의 시체는 어디론가 사라지고 암캐 한 마리가 눈을 이글거리며 웅크리고 있었다.

2) 이스마로스의 키코네스족

그 후 오디세우스의 배는 트라케의 키코네스(Kikones)족의 수도인

폴리메스토르의 눈을 파내는 헤카베, Giuseppe Crespi(1665-1747)

이스마로스에 상륙했다. 오디세우스 일행은 그들의 공격을 받고 수도를 점령하고 백성들을 도륙했지만 아폴론의 사제이자 에우안테스(Euanthes)의 아들 마론(Maron)과 그의 아내는 살려주었다. 마론은 감사의 표시로 오디세우스에게 많은 선물을 주었는데 그 목록에는 나중에 오디세우스가 외눈박이 키클로페스(Kyklopes)족인 폴리페모스(Polyphemos)에게 권하는 맛있는 포도주도 들어 있었다. 하지만 오디세우스의 부하들은 그곳에 너무 오래 머물지 말자는 오디세우스의 말에 귀를 기울이지 않았다. 그들은 전리품을 챙기고 승리감에 도취하여 먹고 마시느라 많은 시간을 지체했다. 그 틈에 이스마로스 시의 생존자들이 지원군을 데리고 와 오디세우스 일행에게 공격을 가해왔다. 오디세우스는 12척의 배에서 각각 6명의 부하를 잃고 간신히 그곳을 빠져나왔다.

3) 로토파고이의 나라

전사한 부하들 생각에 풀이 죽어 항해하던 그들은 엎친 데 덮친 격으로 큰 폭풍우를 만나 거의 모든 배가 난파당할 뻔했다. 하지만 다행히 큰 손실 없이 근처 육지로 상륙해 지친 몸과 마음을 달래며 이틀 밤을 보냈다. 다음 날 폭풍우가 잦아들자 그들은 다시 출항하여 그대로만 순항했다면 고향에 도착했었을 것이다. 하지만 말레아(Malea) 근처에서 다시 거센 폭풍우를 만나 9일 동안이나 바다를 떠다니다가 로토파고이(Lotophagoi)족의 나라에 상륙했다.

오디세우스는 부하 두 명과 전령 한 명을 선발하여 이곳 주민들이 어떤 사람들인지 알아보도록 보냈다. 하지만 부하들은 아무리 기다려도 돌아오지 않았다. 그들은 로토파고이족이 주는 연으로 만든 음식을 먹고 귀향은 잊어버리고 그곳에 살고 싶어 했던 것이다. 오디세우스는 로토파고이족들을 찾아가 부하들을 강제로 배에 싣고 떠났다. 부하들은 가지 않겠다고 막무가내로 버텼다.

4) 키클로페스족

항해를 계속하던 그들은 이번에는 외눈박이 키클로페스(Kyklopes)족의 나라 근처에 닿았다. 키클로페스족은 천성이 게을러서 아무것도 경작하지 않고 양과 염소에 의지해 살았다. 또 그곳에는 제우스의 은총으로 과일을 비롯해서 모든 것이 풍성했다. 그들은 회의장도 없고 법규도 없이 각자의 동굴 속에 살면서 자신의 아내와 자식들에게만 법규를 정해 주고 서로 간섭하지 않고 살았다.

그런데 이들이 사는 섬으로부터 그리 멀지 않은 곳에 숲이 우거진 섬이 또 하나 있었다. 그 섬은 무인도로 수없이 많은 야생 염소들이 떼 지어 돌아다니며 평화롭게 풀을 뜯어 먹고 있는 곳이었다. 키클로페스족들이 의지만 있었다면 그리고 배만 있었다면 그들의 부속 섬으로 만들 수 있었을 것이다.

그 섬도 키클로페스족의 섬처럼 철 따라 모든 것이 풍성하게 나는 곳이고 적당한 포구도 있었기 때문이다.

오디세우스 일행은 우선 키클로페스족의 섬이 아니라 야생 염소의 천국인 바로 그 무인도로 배를 몰고 갔다. 하룻밤을 해안에서 묵고, 아침이 되자 그들은 활과 창을 들고서 섬을 돌아다니며 염소 사냥을 시작했다. 총 12척의 배에 각각 8마리의 염소가 배분되었고 오디세우스는 자기 몫으로만 열 마리를 챙겼다. 그들은 그 날 해가 질 때까지 달콤한 포도주와 염소 고기로 신나게 잔치를 벌였다. 그런데 저 멀리 키클로페스족의 섬에서 연기가 피어오르고 양떼와 염소 떼의 울음소리가 들려왔다.

호기심이 발동한 오디세우스는 다음날 아침 부하들을 소집해 놓고 건너편 키클로페스의 섬에 가서 그들이 어떤 사람들인지 알아보겠다며 일부 병력을 이끌고 출발했다. 그들이 그 섬 가까이 닿았을 때 해안에서 가까운 곳에 늘어진 월계수로 가지로 가려진 동굴 하나가 보였다. 동굴 입구 주변에는 돌, 전나무, 참나무 등으로 울타리가 쳐져 있었다. 그 동굴에는 키클로페스족 하나가 살고 있었다. 그는 다른 주민들과 전혀 어울리지 않고 혼자 떨어져 살면서 온갖 불법을 저질렀다. 그는 마치 사람이 아니라 산맥에 우뚝 솟은 산봉우리 같았다.

오디세우스는 그 섬에 상륙하여 다른 부하들은 배를 지키라고 하고 12명의 정예 병사들만 데리고 그 동굴로 향했다. 그는 그때 포도주가 든 염소 가죽 부대를 하나 들고 갔는데, 그 포도주는 키코네스족인 에우안테스의 아들 마론이 그에게 선물한 것이었다. 그는 키코네스족을 도륙할 때 아폴론 신전의 사제였던 그와 가족들은 살려주었다. 마론은 감사의 표시로 그에게 황금을 비롯해서 많은 선물을 주었는데 포도주도 그중 하나였다.

마론은 오디세우스에게 12개의 항아리에 포도주를 가득 담아 주었다. 그들은 그 맛을 보고 놀라움을 금치 못했다. 가히 신의 손으로 빚은 술이라고 해도 손색이 없었다. 마론 집안에서 이 포도주를 담그는 기술을 알고 있는 사람은 마론 자신과 아내 그리고 충직한 시녀 셋뿐이었다. 오디세우스는 알 수 없는 예감에 사로잡혀 동굴로 들어갈 때 바로 이 포도주를 가죽부대에 담아 가지고 갔던 것이다.

동굴에 도착하자 주인은 집을 비우고 없었다. 아마 양과 염소에게 풀을 먹이러 나간 것 같았다. 그들은 동굴로 들어가서 안을 자세하게 살펴보았다. 광주리들은 치즈로 가득 차 있었고 우리에는 새끼 양과 새끼 염소들이 우글거리고 있었다. 부하들이 치즈와 새끼 양과 염소들을 데리고 빨리 배로 돌아가자고 오디세우스에게 간청했지만 그는 그러고 싶지 않았다. 이 동굴의 주인이 어떤 자인지 꼭 알고 싶었기 때문이다. 그래서 그들은 신들께 제물을 바치고 치즈를 먹으며 그가 돌아오기를 기다렸다.

이윽고 저녁때가 되자 동굴 주인이 마른 장작을 해가지고 동굴 입구에 부리는 소리가 들렸다. 오디세우스 일행은 쿵하는 소리에 놀란 나머지 동굴 맨 안쪽으로 몸을 숨겼다. 동굴 주인은 가축들 중 수컷들은 동굴 입구 마당에 그냥 놔두고 암컷들만 안쪽으로 들이더니 입구를 엄청나게 큰 돌문으로 막아버렸다. 이어 그는 돌문에 등을 기댄 채 하나씩 암양과 암염소의 젖을 짠 뒤 새끼들에게 데려다주더니, 짠 우유를 응고시켜 반은 바구니 안에 넣고 나머지 반은 저녁 식사로 먹으려고 그릇에 담았다. 그는 남은 집안일을 모두 끝낸 뒤 동굴 안에 불을 피우기 위해 화덕 쪽으로 오다가 오디세우스 일행을 발견하고 소스라치게 놀라며 어디서 무엇을 하러 왔는지 물었다. 모두들 그의 우렁찬 목소리에 겁을 집어먹어 어쩔 줄 몰랐지만 오디세우스가 침착하게 대답했다.

"우리는 그리스인으로 트로이에서 오는 길입니다. 우리는 귀향하기를 간절히 원했지만 폭풍우로 인해 그만 항로에서 벗어나 바다를 표류하다가 이곳까지 오게 되었습니다. 바라건대 우리를 손님으로 받아들여 주시고 제우스 신을 두려워하신다면 항해에 필요한 물품을 마련해 주셨으면 합니다.

제우스 신께서는 탄원자들과 이방인들의 수호자이시기 때문입니다."

　동굴 주인은 오디세우스의 말을 듣고 버럭 화를 내며 자신은 제우스 신이든 누구든 두려워하지 않는다고 콧방귀를 뀌었다. 자기는 마음만 먹으면 그를 비롯해서 부하들 모두를 가만두지 않을 수도 있다는 것이다. 그러면서 그는 은근히 배를 어디에다 정박시켜 놓았는지 물어보았다. 오디세우스는 그의 의도를 알아채고 배는 이 섬 근처에서 암초에 부딪혀 산산이 부서져 버렸다고 둘러댔다. 그러자 그는 다짜고짜 오디세우스의 부하들에게 다가오더니 두 명을 손에 움켜쥐고는 마치 힘없는 강아지처럼 땅바닥에 내리쳤다. 부하들의 피와 골수가 흘러내려 땅바닥을 흥건히 적셨다. 이어 그는 부하들을 토막 내어 사자가 짐승을 잡아먹듯이 저녁거리로 하나도 남김없이 먹어버린 다음 가축들 사이에 대자로 뻗더니 이내 코를 골며 잠이 들었다.
　그 순간 오디세우스는 그를 덮쳐 가슴에 칼을 꽂을 생각도 했다. 그러나 곰곰이 생각해보니 그랬다가는 입구를 막고 있는 엄청난 돌을 치울 수 없어 큰 낭패를 당할 것 같았다. 그래서 그들은 분노를 삭이고 공포에 떨며 동굴에서 하룻밤을 보낼 수밖에 없었다. 다음날 아침이 되자 동굴 주인은 불을 피우고 암양과 암염소의 젖을 짠 뒤 다시 오디세우스의 부하 둘을 어제 저녁과 똑 같은 방식으로 잡아먹었다. 아침 식사를 마치자 그는 돌문을 치우고 양과 염소를 동굴 밖으로 몰더니 마치 화살 통에 뚜껑을 닫듯이 돌문을 다시 가볍게 닫은 후 가축을 몰고 산으로 가버렸다.
　오디세우스는 동굴 속에 하루 종일 갇혀 지내며 그를 혼내주고 도망칠 궁리를 했다. 마침 동굴 안에는 사람 몇이 들어야 겨우 움직일 만한 커다란 올리브 나무가 하나 세워져 있었다. 아마 동굴 주인이 나무가 마르면 몽둥이로 쓰려고 했던 것 같았다. 그는 부하들을 시켜 그것을 적당하게 지르고 끝을 뾰족하게 만들어 활활 타오르는 불에다 달군 다음 동굴 한 구석에 쌓여 있는 가축들 배설물 속에 감추어 두도록 했다.

폴리페모스에게 포도주를 따라주는 오디세우스, 슈바브의 「그리스 로마 신화」 삽화, 1882

저녁이 되자 동굴 주인은 양과 염소를 데리고 다시 동굴로 돌아왔다. 그는 이번에는 가축들을 한 마리도 밖에 남겨두지 않고 모두 안으로 몰아넣은 다음 동굴 입구를 돌문으로 막았다. 이어 그는 암양과 암염소의 젖을 짜고 새끼들에게 젖을 물려준 다음 이번에도 오디세우스의 부하 두 명을 짐승처럼 잡아 저녁을 먹기 시작했다. 오디세우스는 그 기회를 놓치지 않고 포도주가 든 염소 가죽부대를 들고 그에게 다가가 건네면서 반주로 마셔보라고 권했다. 그는 그것을 받아 마신 후 신들이 먹고 마시는 암브로시아(Ambrisia)와 넥타르(Nektar)같이 환상적인 맛이라고 격찬하며 연거푸 두 번이나 더 달라고 해서 마신 후 그의 이름이 무엇이냐고 물었다. 포도주에 대한 답례를 하겠다는 것이다. 오디세우스가 '우티스(Outis)'라고 말해 주자 그는 오디세우스를 맨 나중에 잡아먹겠다고 말하고서는 뒤로 벌렁 자빠져서 코를 골기 시작했다.

폴리페모스의 눈을 못쓰게 만드는 오디세우스와 그의 부하들, BC 565-560년경의 도기 그림

바로 그 순간 오디세우스는 짐승의 배설물 속에 숨겨놓았던 올리브 나무를 꺼내서 불에 달군 다음 부하들에게 용기를 불어 넣어 그 자의 눈을 찌르게 하고 그는 그 위에 매달려서 그것을 돌렸다. 뜨거운 몽둥이 주위로 피가 흘렀다. 올리브 나무에서 나는 열기가 그의 눈까풀과 눈썹을 모조리 태워버렸고 안구도 불타면서 피시식 하는 소리를 냈다. 그 소리는 마치 대장장이가 도끼나 자귀를 담금질하기 위해 불에 달구어 물에 담그면 나는 것 같았다. 동굴 주인은 단말마의 비명을 지르기 시작했다. 그들이 놀라 도망치자 그는 안구에서 올리브 나무를 뽑아 괴로워 버둥대면서 근처에 사는 다른 키클로페스 동료들을 큰소리로 불렀다. 동료들이 그의 동굴 주위로 몰려들더니 물었다.

"폴리페모스, 도대체 무엇 때문에 이 한밤중에 비명을 지르는가? 도저히 시끄러워 잠을 잘 수가 없네. 누가 자네 가축을 빼앗아 가려고 하는가? 아니면 누가 자네를 죽이려 하는가?"

그러자 폴리페모스는 그들에게 "우티스가 자신을 죽이려 한다"고 외쳤다. 동료들은 폴리페모스의 얘기를 듣고 그가 돌았다고 생각했다. 우티스는 '아무도 아니다'는 뜻이기 때문에 "우티스가 나를 죽이려 한다"는 말은 결국 "아무도 나를 죽이려 하지 않는다"는 뜻이기 때문이다. 동료들은 그의 아버지인 포세이돈 신께나 도와달라고 하라면서 그를 비웃으며 뿔뿔이 흩어졌.
폴리페모스는 하는 수 없이 괴로움에 몸을 비틀면서도 두 손으로 더듬어 돌문을 치우고 밤새 문간에 앉아 두 팔을 벌리고 있었다. 행여 오디세우스 일행이 문을 지나가면 잡기 위해서였다. 오디세우스는 그곳을 탈출하기 위해 온갖 꾀를 생각하다가 좋은 생각 하나를 떠올렸다. 그는 동굴 바닥에 깔려 있던 버들가지로 비교적 크고 튼실한 숫양 세 마리씩 묶어 가운데 양의 배엔 부하들을 매달고, 그중에서 가장 큰 우두머리 숫양의 배엔 자신의 몸을 매달고 밤을 보냈다.
이윽고 아침이 되자 동굴 주인은 고통에 시달리면서도 가축들을 밖으로 내보내기 시작했다. 그는 모든 양과 염소의 등을 손으로 직접 확인했지만 오디세우스 일행이 숫양의 배에 매달려 있는 줄은 꿈에도 생각하지 못했다. 오디세우스와 부하들은 가운데 숫양의 배에 매달린 채 양쪽 숫양의 호위를 받으며 동굴을 무사히 빠져 나갔다.
오디세우스는 배를 몰고 해안에서 사람의 고함소리가 겨우 들릴 만큼 나아갔을 때, 큰소리로 웃으며 외쳤다.

"불쌍한 폴리페모스여, 누가 너의 눈을 멀게 한 자가 누구냐고 묻거든, 그건 우티스가 아니라 이타케의 오디세우스라고 말하라!"

■
폴리페모스의 동굴에서 탈출하는 오디세우스, Jacob Jordaens, 17세기 초

키클로페스는 그의 말을 듣고 오래전에 예언가 텔레모스(Telemos)가 자신에게 한 예언을 생각하고 몸서리를 쳤다. 예언가는 그에게 언젠가 오디세우스라는 자가 그의 눈을 멀게 할 것이라고 예언했던 것이다. 폴리페모스는 탄식하며 자기 아버지 포세이돈 신에게 곧바로 이렇게 기도했다.

"포세이돈 신이시여 제 기도를 들어주소서. 제가 정말 당신의 아들이라면 라에르테스의 아들 오디세우스가 귀향하지 못하도록 해주소서. 하지만 그가 귀향하여 가족들을 만나볼 운명이라면 나중에 부하들을 다 잃고 남의 배를 타고 가게 해주시고 귀향해서도 고초를 당하게 하소서."

오디세우스에게 바람자루를 주는 아이올로스, Isaac Moillon, 17세기

오디세우스는 곧 부하들이 기다리고 있는 맞은편 섬의 해안에 도착한 다음 데려온 양과 염소를 똑같이 나누었다. 그는 자신에게 할당된 우두머리 숫양을 잡아 제우스 신께 제물로 드리며 무사 귀환을 빌었다. 그들은 그날 해가 질 때까지 고기와 술과 포도주로 마음껏 잔치를 벌이다 잠이 들었다.

5) 바람의 지배자 아이올리스

아침이 되자 그들은 다시 배에 올라 항해를 계속하다가 이번에는 아이올리에(Aiolie) 섬에 도착했다. 그곳에는 바람의 지배자 아이올로스(Aiolos)가 열두 명의 자녀들과 함께 살고 있었다. 그의 자식들은 아들이 6명 딸이 6명이었는데 아이올로스는 6명의 딸들을 아들들에게 아내로 주었다. 그들은 날마다 잔치를 벌이느라 궁전은 언제나 맛있는 음식 냄새로 진동했다.

아이올로스는 그들이 도착하자 손님으로 받아들이고 한 달 동안이나 오디세우스를 환대하며 트로이의 몰락과 그리스인들의 귀향에 대해 자세히 물었다. 오디세우스는 귀찮게 생각하지 않고 그에게 모든 것을 친절하게 설명해 주었다. 그러던 어느 날 오디세우스가 그에게 고향까지 호송해 달라고 부탁하자 그는 흔쾌히 그의 청을 들어주었다. 그는 아홉 살배기 황소의 가죽을 벗겨 자루 하나를 만들더니, 바람의 지배자답게 그 안에 오디세우스가 귀향하는 데 필요한 서풍만 제외하고 온갖 해로운 바람은 모두 다 넣고, 은으로 만든 끈으로 주둥이를 단단히 묶은 다음, 그 자루를 오디세우스에게 건네주며 이렇게 당부했다. "고향에 도착할 때까지 이 가죽 자루의 주둥이를 절대로 열어서는 안 되오. 만약 그런 일만 일어나지 않는다면 당신은 10일 안에 고향 이타케에 도착할 것이오." 오디세우스는 그 바람 자루를 배안에 단단히 묶은 다음 부하들에게 상황을 설명하고 절대로 주둥이를 열지 말라고 단단히 일렀다.

그들은 그 후 정말 신기하게도 10일 동안 역풍은 전혀 만나지 않고 순항을 한 끝에 그리운 고향땅이 멀리서 아스라이 보이는 곳까지 갔다. 바로 그때 오디세우스는 항해하는 내내 돛을 손수 조정하느라 지친 탓인지 긴장이 풀려 그만 깊은 잠에 빠지고 말았다. 그런데 불행은 오디세우스가 잠든 바로 그사이에 일어났다. 부하들은 자루 안에 아이올로스가 준 선물인 황금과 은이 가득 들어 있으며 그것을 오디세우스가 혼자 독차지하는 걸로 오해를 했다. 그들은 마침내 자루를 풀었고, 안에서 튀어나온 온갖 해로운 바람은 배를 다시 아이올리에 섬으로 몰고 갔다.

오디세우스는 전령 한 명과 부하 한 명을 데리고 궁전으로 아이올로스와 그의 가족들을 찾아갔다. 그들은 오디세우스를 보더니 몹시 놀란 표정으로 어찌된 일인지 물었다. 그가 사정을 말하며 다시 도움을 간청하자 아이올로스는 냉정하게 돌아가라고 대답했다. 신들에게 미움을 받는 자들은 고향까지 호송할 이유도 의무도 없다는 것이다.

6) 라이스트리고네스족

오디세우스 일행은 하는 수 없이 힘들게 노를 저어가며 항해를 계속했다. 밤낮으로 노를 저어 7일 만에 그들은 드디어 라이스트리고네스(Laistrygones)족이 사는 텔레필로스(Telepylos)에 도착했다. 그곳 포구는 입구는 좁고 좌우로 가파른 절벽으로 길게 둘러싸여 안으로 들어오면 파도가 전혀 일지 않는 천혜의 조건을 갖고 있었다. 부하들은 그 안으로 배를 몰아 포구에 정박시켜 놓았지만 오디세우스는 불길한 예감 때문에 포구로 들어가지 않고 포구 밖 절벽의 끄트머리에 정박하여 바위에 밧줄을 묶어두었다. 오디세우스는 전령을 포함하여 부하들 중 셋을 선발하여 그곳 사람들이 어떤 종족인지 알아오도록 정탐을 보냈다.

정찰대는 배에서 내려 신작로를 따라가다가 물을 긷던 한 소녀를 발견하고는 그녀에게 다가가 누가 이곳의 왕인지 물었다. 그녀는 멀리 보이는 지붕이 높다란 자기 집을 손가락으로 가리키며 가보라는 시늉을 했다. 부하들이 그 집에 들어서자 혐오스러워 보일 정도로 몸집이 큰 아낙네 하나가 그들을 맞이했다. 그녀는 오디세우스의 부하들을 보더니 하인을 보내 회의장에 가 있는 남편 안티파테스(Antiphates)를 불렀다. 아내의 전갈을 받고 부리나케 집으로 돌아온 안티파테스가 다짜고짜 부하들 중 한 명을 점심으로 먹기 위해 잡아 메쳤다. 그걸 보고 나머지 부하들이 기겁을 하고 정박해 있는 배들을 향해 도망치자 안티파테스가 커다랗게 함성을 질러 동료들을 불렀다.

그러자 라이스트리고네스족이 사방에서 절벽 주위로 새까맣게 몰려들더니 엄청난 돌덩이를 정박해 있던 배를 향해 던졌다. 그들은 인간이 아니라 거의 기간테스 같았다. 배가 부서지는 소리와 오디세우스의 부하들의 비명 소리가 뒤엉켜 포구는 한순간에 아수라장으로 변해 버렸다. 오디세우스의 부하들이 전멸하자 라이스트리고네스족은 시신을 점심 식사로 먹기 위해

■
라이스트리고네스족의 공격을 받는 오디세우스 부하들, J. C. Andrä, 1902

마치 물고기처럼 작살로 꿰어서 가져갔다. 그러는 사이 오디세우스는 재빨리 칼을 뽑아 바위에 묶어둔 배의 밧줄을 끊고 부하들을 독려하여 간신히 그곳을 빠져나올 수 있었다.

7) 아이아이에 섬

오디세우스는 자신의 배를 제외한 모든 배와 부하들을 잃어 비통한 마음을 금할 수 없었지만 구사일생으로 살아난 것을 기뻐하며 항해를 계속하다가 이번에는 아이아이에(Aiaie) 섬에 도착했다. 이 섬에는 키르케(Kirke)라는 마녀가 살고 있었다. 키르케는 오케아노스의 딸 페르세(Perse)와 헬리오스(Helios)와의 사이에서 태어난 딸로 흑해 연안에 있는 콜키스의 왕 아이에테스의 누이였다. 그들은 그곳 해안에 상륙해서 이틀 동안 아무것도 하지 않고 쉬며 피로를 풀었다. 사흘째 되는 날 오디세우스는 창과 칼을 들고 근처 언덕에 올라가 섬을 살펴보았다. 저 멀리 숲속에 키르케의 궁전이 보이고 그곳에서 연기가 피어올랐다.

다음날 아침이 되자 오디세우스는 부하 20명을 선발하여 키르케의 궁전으로 보냈다. 항해에 필요한 정보를 얻기 위해서였다. 에우릴로코스(Eurylochos)는 울며 가지 않으려는 20명의 부하들을 이끌고 키르케의 궁전을 찾아갔다. 궁전 주변에는 늑대와 사자들이 어슬렁거리며 돌아다니고 있었다. 그들은 키르케의 마법에 걸려 짐승으로 변신한 선원들로 그들에게 덤벼들지는 않고 꼬리를 흔들며 곰살궂게 굴었다. 그들은 마치 주인이 잔치에서 돌아오면 그의 주위에서 꼬리를 흔들며 아양을 떠는 개들과 같았다.

그들이 궁전 정문에 들어서자 안에서 키르케가 베를 짜면서 고운 목소리로 노래 부르는 소리가 들렸다. 그들이 큰 소리로 주인을 부르자 곧바로 그녀가 나와 그들을 반갑게 맞이하며 안으로 안내하였다. 모두들 그녀를 따라 들어갔지만 에우릴로코스만은 불길한 예감이 들어 뒤에 처져 있었다. 그녀는 그들에게 등받이 의자에 앉으라고 하더니 치즈, 보릿가루, 꿀, 포도주를 섞어 만든 음료수를 건네주었다. 이 음료수 안에는 그것을 마신 사람에게 고향을 잊게 하는 이상한 약이 들어 있었다. 부하들이 그것을 모두 마시자 키르케는 갑자기 지팡이로 그들을 쳐서 돼지로 변신시키더니 우리 안에 가두어 버렸다.

에우릴로코스는 밖에 숨어서 모든 것을 지켜보고는 재빨리 키르케의 궁전을 빠져나와 오디세우스가 있는 곳으로 달려왔다. 그는 너무 놀란 나머지 말을 하고 싶어도 말문이 막혀 말이 나오지 않았다. 한참 만에 정신을 가다듬고 그는 오디세우스에게 부하들이 키르케의 마법에 걸려 돼지로 변한 채 우리에 갇혀 있다는 충격적인 얘기를 들려주었다. 오디세우스는 즉시 활을 어깨에 메고 칼을 들고서 에우릴로코스에게 키르케의 궁전으로 가는 길을 안내하라고 명령했다. 그러자 에우릴로코스는 겁에 질린 채 다시는 그곳에 가고 싶지 않으며 그런 일을 당하지 않으려면 그냥 부하들을 버리고 빨리 달아나자고 애원했다. 오디세우스는 그에게 가고 싶지 않으면 배에 남아 있으라고 말한 뒤 혼자 길을 나섰다. 오디세우스가 막 키르케의 궁전에 도착하려는 순간 갑자기 헤르메스 신이 한창 젊을 때의 모습을 하고 나타나서 그에게 말했다.

"오디세우스여, 안타깝구나, 도대체 너는 이곳 지리도 모르면서 어디로 가고 있느냐? 너는 돼지로 변해 키르케의 우리에서 살고 있는 부하들을 풀어주려 가고 있느냐? 내 분명 말하지만 이대로 갔다가는 너도 부하들처럼 돼지로 변해 우리에 갇혀 돌아오지 못할 것이 뻔하다. 내가 이곳에 온 이유는 너를 그 위험에서 구해 주기 위해서이다. 자, 내가 주는 약초를 하나 갖고 가거라. 그 약초가 너를 키르케의 마법에서 구해 줄 것이다. 키르케는 네가 오면 반갑게 맞이하고 의자에 앉힌 다음 너에게 이상한 약을 넣은 음료수를 건넬 것이다. 그러나 걱정할 필요가 없다. 그 약초가 그 약의 효능을 없애줄 것이다. 내가 더 자세히 말해 주겠다. 네가 음료수를 다 마신 뒤 키르케가 지팡이로 너를 치려고 할 때 너는 칼을 빼어 죽일 듯이 키르케에게 덤벼들도록 하여라. 그러면 아마 그녀는 겁이 나서 너에게 같이 사랑을 나누자고 할 것이다. 너는 만약 부하들을 살리고 싶다면 그녀의 요구를 거절해서는 안 된다. 그 대신 너는 그녀에게 신들의 이름을 걸고 다시는 마법을 쓰지 않을 것이며, 옷을 벗었을 때도 너에게 다른 술수를 부리지 않겠다고 맹세하도록 하라."

헤르메스는 이렇게 말하며 주위 풀밭을 두리번거리더니 약초 하나를 골라 뽑아 그에게 주고 올림포스로 돌아갔다. 그것은 뿌리는 검고 꽃은 우유처럼 흰 풀이었다. 그것은 '몰리(Moly)'라고 부르는 약초로 인간들은 발견하기 어렵지만 신들은 쉽게 찾아냈다. 그는 몰리를 가슴에 품고 키르케의 궁전 대문에 도착하여 그녀를 불렀다. 그러자 그녀는 반갑게 그를 맞이해서 안락의자에 앉힌 뒤 헤르메스 신이 말한 음료수를 마시라고 주었다. 그가 음료수를 다 마시자 그녀는 지팡이로 그를 치면서 돼지우리로 가서 누우라고 주문을 외쳤다. 바로 그때 오디세우스는 칼을 빼어들고 키르케에게 덤벼들며 헤르메스가 시킨 대로 했다. 키르케는 비명을 지르며 오디세우스의 무릎을 부여잡고 울면서, 용서를 빌며 이제 다시는 마법을 쓰지 않겠으니 제발 자신과 동침을 해달라고 부탁했다. 오디세우스가 그러겠다고 약속하자 그녀는 우리에 갇혀 있는 부하들을 풀어주고 본모습대로 돌려주었다. 이어 오디세우스에게 배가 정박해 있는 곳으로 가서 배 안에 있는 물건들과 삭구들을 해안 근처 동굴에 보관해 둔 다음 부하들을 모두 궁전으로 데려오라고 말했다.

이후 오디세우스는 키르케의 섬에서 꼬박 일 년 동안 날마다 고기와 술로 잔치를 벌였다. 그러던 어느 날 부하들이 그에게 꼭 돌아가고야 말겠다던 고향 이타케는 벌써 잊었냐고 비난했다. 그는 그들의 말을 듣고 깊이 반성했다. 이윽고 해가 지고 밤이 되었을 때 그는 침실에서 키르케의 무릎을 잡고 고향에 보내달라고 애원했다. 그의 말을 조용히 듣고 나서 키르케가 말했다.

"라에르테스의 아들 오디세우스여, 저는 더 이상 당신을 억지로 내 궁전에 붙들어 두지 않겠어요. 그러나 당신은 귀향하기 전에 먼저 다른 여행을 해야 해요. 당신은 하데스와 페르세포네의 궁전에 가서 지금은 고인이 된 눈 먼 테이레시아스(Teiresias)의 혼령을 만나 물어봐야 해요. 보통 사람들은 죽은 뒤에는 허깨비처럼 살아가는데 페르세포네는 그에게만은 살아 있을 때의 예언력을 빼앗지 않았지요."

오디세우스에게 음료수 잔을 건네는 키르케, John William Waterhouse, 1891

오디세우스는 키르케의 말을 듣고 그만 온몸에 힘이 빠지고 말았다. 이제 귀향도 불가능한 것처럼 보였다. 지하 세계를 어떻게 가야 할지도 막막했고 설령 갈 수 있어도 돌아올 기약을 할 수 없었기 때문이다. 키르케가 그의 마음을 눈치 채고 북풍이 알아서 그를 지하 세계로 안내할 테니 아무 걱정 말고 배에 타고 앉아 있으라고만 했다. 그러면서 그녀는 오디세우스에게 지하 세계에서 해야 할 일을 꼼꼼하게 알려주었다.

아침이 되자 오디세우스는 온 궁전을 돌아다니며 부하들을 깨워 출발 준비를 시켰다. 바로 그때 엘페노르(Elpenor)라는 자가 술에 취해 사다리를 타고 궁전 지붕에서 자다가 그만 땅바닥으로 떨어져 즉사하고 말았다. 전우들이 내는 시끄러운 소리에 놀라 잠이 깨어 비몽사몽간에 사다리를 타고 내려오는 것을 잊었던 것이다. 그들이 안타까운 마음을 뒤로 하고 배를 타러 가는 사이 키르케는 이미 그들을 앞질러 가서 그들이 타고 갈 배 안에 지하 세계에서 제물로 쓸 숫양 한 마리와 검은 양 한 마리를 묶어두었다.

8) 지하 세계

오디세우스의 배는 노를 젓지 않아도 돛을 잔뜩 부풀린 채 거침없이 쌩쌩 달리기 시작했다. 해가 지고 사방이 어둠에 싸일 때쯤 그들은 마침내 오케아노스와 지하 세계의 경계에 도달했다. 그들은 그곳에 상륙하여 배를 끌어 올린 다음 제물들을 앞세운 채 키르케가 일러준 대로 바위 옆에 재빨리 사방 1큐빗의 구덩이를 파고 처음에는 꿀 우유를, 두 번째는 포도주를, 세 번째는 물을 부은 다음 그 위에 보릿가루를 뿌렸다. 이어 죽은 자들에게 고향 이타케에 돌아가면 정성스런 제물을 바치겠다고 기도한 뒤 구덩이 위에서 제물의 목을 쳤다. 검붉은 피가 구덩이에 흘러내리자 갑자기 죽은 자들의 혼령들이 피 냄새를 맡고 에레보스(Erebos)에서 모여들기 시작했다. 무시무시한 공포가 그를 사로잡았다. 그는 부하들에게 제물의 가죽을 벗기고 살점을 완전히 태우며 하데스와 페르세포네에게 기도하라고 명령한 뒤, 다시 칼을 빼어들고 그곳에 앉아 사자들이 피에 다가오지 못하도록 위협했다.

맨 처음 피 맛을 보기 위해 다가온 것은 엘페노르의 혼령이었다. 그는 오디세우스에게 키르케의 궁전으로 돌아가거든 제발 자신을 매장해 달라고 애원했다. 너무 바쁘게 서두르는 바람에 그의 시신을 매장하지 못하고 왔던 것이다. 오디세우스는 꼭 그렇게 하겠다고 그에게 굳게 약속했다. 그와 이런저런 이야기를 나누는 사이 오디세우스의 어머니 안티클레이아(Antikleia)의 혼백이 다가왔다. 그녀는 오디세우스가 트로이에 있는 동안 고인이 되었던 것이다. 그는 어머니를 보자 불쌍한 생각이 들었지만 그렇다고 테이레시아스가 오기 전에 어머니에게 피 맛을 보게 허락할 수는 없었다. 바로 그 순간 테이레시아스의 혼령이 황금 홀을 들고 나타나더니 오디세우스에게 칼을 치우라고 호령했다. 그가 구덩이에서 한 발 물러서며 칼을 칼집에 꽂자 테이레시아스는 검붉은 피를 마시고 나더니 오디세우스에게 말했다.

"오디세우스여, 너는 편히 귀향하기를 바라겠지만 포세이돈 신께서 너의 귀향을 어렵게 하고 있다. 그분은 네가 사랑하는 자기 아들을 눈멀게 한 것에 원한을 품고 있기 때문이다. 그러나 너는 온갖 고초를 당해도 부하들만 잘 단속한다면 고향에는 돌아갈 것이다. 특히 앞으로 트리나키에(Thrinakie) 섬에 도착하거든 그곳에서 풀을 뜯고 있는 헬리오스 신의 소에 손대지 말라. 그렇게만 한다면 너는 고생을 해도 고향 이타케에 쉽게 갈 수 있을 것이다. 그러나 만약 소에 손을 댄다면 너만은 목숨을 건진다 해도 너의 배와 전우들은 파멸을 당하게 될 것이다. 너는 결국 부하들을 모두 잃고 비참하게 남의 배를 얻어 타고 귀향할 것이며 집에 돌아가서도 고초를 당할 것이다. 오만불손한 구혼자들이 너의 아내에게 치근대며 너의 재물을 축낼 것이기 때문이다. 하지만 너는 귀향하자마자 그들에게도 통쾌하게 응징을 가하게 될 것이다. 너는 구혼자들을 죽인 뒤에는 손에 맞는 노를 하나 들고 소금기가 있는 음식을 먹지 않는 사람들이 사는 곳에 이를 때까지 길을 떠나라. 그곳에서 만난 어떤 사람이 네게 왜 어깨에 도리깨를 메고 있냐고 말하거든 그 자리에 노를 박고 포세이돈 신께 숫양, 수소, 수퇘지 각각 한 마리씩을 제물로 바쳐라. 그런 다음 집에 돌아와서는 모든 신들에게 성대한 제물을 바쳐라. 그러면 너는 천수를 누리며 행복하게 살게 될 것이다. 아울러 너는 바다 쪽에서 온 죽음의 사자에 의해 죽음을 맞을 것이다."

테이레시아스가 이렇게 말하며 떠나자 마침내 오디세우스의 어머니의 혼령이 구덩이로 다가왔다. 어머니는 피를 마시자마자 아들을 금방 알아보더니 깜짝 놀라며 어떻게 해서 지하 세계로 왔는지 물었다. 그는 어머니에게 전후 사정을 모두 얘기해 드리며 그녀에게 어떻게 돌아가셨는지, 그리고 아내 페넬로페는 어떻게 지내는지 물었다. 그러자 어머니가 말했다.

"네 아내는 너에 대한 정절을 굳게 지키며 살고 있지만 하루하루를 눈물 속에서 보내고 있다."

오디세우스가 이렇게 어머니와 이야기를 나누는 사이 오래전에 죽은 명망 있는 여인들의 혼령이 다가왔다. 그는 그들이 한꺼번에 몰려들지 않고 하나씩 와서 피를 맛보도록 정돈을 시켜주었다. 그는 그들에게 가문과 이름을 물어보았다. 맨 먼저 그에게 다가온 것은 살모네우스(Salmoneus)의 딸 티로(Tyro)였다. 그녀는 아이올로스(Aiolos)의 아들 크레테우스(Kretheus)의 아내였다. 티로는 한때 강의 신 에니페우스(Enipeus)에게 반해 강가로 놀러 가곤 했었다. 하지만 우연히 포세이돈의 눈에 들어 쌍둥이 아들 펠리아스(Pelias)와 넬레우스(Nelus)를 낳았다. 두 아들은 장성하여 각각 이올코스(Iolkos)와 필로스(Pylos)의 지배자가 되었다. 티로는 나중에 크레테우스와 결혼하여 아이손(Aison)과 페레스(Pheres)와 아미티온(Amythaon)도 낳았다.

다음은 아소포스(Asopos)의 딸 안티오페(Antiope) 차례였다. 그녀는 제우스의

제물을 바치는 오디세우스에게 나타난 테이레시아스, Johann Heinrich Füssli, 1780-1785

사랑을 받고 두 아들 암피온(Ampion)과 제토스(Zethos)를 낳았다. 이 두 아들은 테베의 일곱 성문과 성벽을 세웠다. 다음은 암피트리온(Amphytrion)의 아내로 제우스와의 사이에서 헤라클레스를 낳은 알크메네(Alkmene)가 다가왔고, 이어 헤라클레스의 아내였던 메가라(Megara)가 다가왔다. 다음은 오이디푸스의 어머니 이오카스테(Iokaste)가 다가왔다. 그녀는 영문도 모른 채 아들과 결혼했고 아들은 아버지를 살해했다. 이 사실을 알고 그녀는 목매 자살하고 아들은 고통스런 속죄의 삶을 살아야 했다.

다음은 틴다레오스(Tyndareos)의 아내 레다(Reda)가 다가왔다. 그녀는 말을 길들이는 데 명수인 틴다레오스에게 권투에 능한 폴리데우케스(Polydeukes)와 카스토르(Kastor)를 낳아주었다. 형제가 죽자 제우스의 피를 이어받은 폴리데우케스는 불사의 몸이 되어 하늘로 불려가고 카스토르는 지하 세계로 내려갔다. 폴리데우케스는 제우스에게 형제 카스토르가 지하 세계에 남아 있는 한 불사의 몸을 거부하겠다고 고집을 피웠다. 제우스는 하는 수 없이 형제를 하루씩 번갈아 가면서 하늘과 지하 세계에서 살도록 했다.

다음은 알로에우스(Aloeus)의 아내 이피메데이아(Iphimedeia)가 다가왔다. 그녀는 엄청나게 큰 거인 오토스(Otos)와 에피알테스(Ephialtes)를 낳았다. 두 아들은 어느 날 하늘의 신들을 위협했다. 올림포스 산 위에 오사 산을, 오사 산 위에 펠리온 산을 쌓아 올림포스 궁전을 깔아 뭉개버리겠다는 것이다. 결국 그들은 제우스의 번개를 맞고 아주 젊은 나이에 요절하고 말았다.

여인들의 혼령이 모두 물러가자 이제 아트레우스(Atreus)의 아들 아가멤논(Agamemnon)의 혼령이 다가왔다. 그의 주변에는 그와 함께 아이기스토스(Aigisthos)의 손에 죽은 혼령들이 모여 있었다. 그는 검붉은 피를 마시고 나서 그를 알아보더니 눈물을 흘리며 말했다. 오디세우스는 그를 보자 불쌍한 생각이 들어 어떻게 지하 세계로 내려왔는지 물었다. 그러자 그는 귀향하자마자 아내 클리타임네스트라(Klytaimnestra)의 정부 아이기스토스의 손에 억울하게 죽은 이야기를 쏟아내며 아내를 절대로 믿지 말라고 당부했다.

오디세우스가 그와 이런저런 이야기를 나누는 동안 이번에는 아킬레우스, 파트로클로스, 안틸로코스(Antilochos), 대(大) 아이아스(Aias) 등의 혼령이 다가왔다. 제일 먼저 아이아코스의 손자 아킬레우스가 나에게 안타깝다는 듯이 아무 의식이 없는 그림자들만이 사는 지하 세계에 내려온 이유를 물었다. 오디세우스가 고인이 된 테이레시아스에게 귀향할 수 있는 방법과 경로를 묻기 위해 왔다고 대답한 뒤, 살아 있을 때도 그리스인들의 존경을 한 몸에 받더니 죽어서도 사자들을 통치하는 제왕이 되었으니 행복하겠다고 그를 치켜세웠다. 그러자 그는 손사래를 치며 이렇게 말했다.

"오디세우스여, 나를 위로하러 드시지 마시오. 나는 죽어 사자들의 나라를 통치하느니 차라리 시골에서 농토도 별로 없는 소작농의 머슴으로 살고 싶소."

오디세우스는 이렇게 많은 혼령들과 이야기를 나누었지만 유독 대(大) 아이아스의 혼령들만이 멀리 떨어져 그에게 다가오지 않았다. 그는 아킬레우스의 갑옷을 놓고 오디세우스와 경합이 벌어졌을 때 오디세우스가 자신을 이긴 것에 깊은 원한을 품고 있었다. 오디세우스는 그에게 다정한 목소리로 말을 그에게 품고 있는 분노가 있으면 이제 풀고 가까이 다가와서 피를 맛보라고 권했다. 그러나 그는 한마디 말도 없이 다른 혼령들과 함께 에레보스로 사라져버렸다.

이후 오디세우스는 그곳에서 제우스의 아들 미노스(Minos)가 황금 홀을 손에 쥐고 죽은 자들에게 판결을 내리는 것을 보았다. 오리온(Orion)이 끔찍한 몽둥이를 들고 생전에 죽인 사냥감들을 모는 장면도, 티티오스(Tityos)가 땅바닥에 누워 있고 독수리가 그의 간을 파먹고 있는 장면도 보였다. 티티오스는 레토를 함부로 욕보이려다 그런 형벌을 받고 있었다. 그칠 줄 모르는 허기와 갈증에 시달리며 고통에 신음하는 탄탈로스(Tantalos)도 보였다.

티티오스, Jusepe de Ribera, 1632

그는 물이 턱밑까지 차오른 상태로 호수에 서 있었다. 그러나 목이 말라 물을 마시려고 허리를 굽히면 물은 순식간에 사라지고 땅이 드러나 끝없는 갈증으로 고통을 받고 있었다. 또 그의 머리 위로는 배나무, 석류나무, 사과나무, 올리브나무, 무화과나무 등 온갖 과일 나무들이 탐스런 열매들을 매단 채 가지를 드리우고 있었다. 하지만 그가 그것을 따려고 손을 내밀면 바람이 가지를 그의 손이 닿지 않는 곳으로 밀어냈다.

오디세우스는 또 시시포스가 커다란 바위를 산위로 힘들게 굴리는 것도 보았다. 그가 산 정상에 돌을 올려놓으면 돌은 다시 밑으로 굴러내려 그는 영원히 같은 일을 성과도 없이 반복해야 했다. 오디세우스는 마지막으로 헤라클레스를 보았다. 지하에 있는 헤라클레스는 복제품에 불과했다. 그는 죽은

시시포스, Titian, 1548-1549

뒤 신이 되어 헤라의 딸 청춘의 여신 헤베(Hebe)와 결혼하여 신들과 함께 하늘에 살고 있었기 때문이다. 그는 활시위에 활을 얹고 당장이라도 쏠 듯한 자세를 취하고 있었다. 그는 오디세우스를 금방 알아보고 동병상련을 느꼈는지 예전에 자신이 바보왕 에우리스테우스(Eurystheus)의 명령을 받고 지하 세계로 내려와 케르베로스(Kerberos)를 데리러 지하 세계에 왔던 것을 상기하며 그를 안타까워했다.

헤라클레스가 에레보스로 사라진 뒤 오디세우스는 테세우스나 그의 친구 페이리토오스 등 다른 영웅들이 나오지 않을까 기다렸다. 그런데 갑자기 수많은 죽은 자들이 떼를 지어 고함을 치며 몰려왔다. 그 순간 그는 페르세포네가 혹시 고르고 메두사를 보내지 않을까 하는 공포에 사로잡혔다. 그는 즉시 배가 있는 곳으로 가서 부하들을 재촉하여 그곳을 재빨리 떠났다.

9) 세이레네스

오디세우스의 배가 오케아노스(Ocheanos)를 떠나 바다를 거쳐 아이아이에 섬에 도착했을 때는 이미 야심한지라 그들은 키르케의 궁전으로 가지 않고 바닷가에 내려 적당한 곳에 잠자리를 마련한 다음 잠을 청했다. 아침이 되자 오디세우스는 부하들을 키르케의 궁전으로 보내 엘페노르의 시신을 가져와 그와 약속한 대로 장례를 치러주었다. 이어 키르케가 시녀들을 대동하고 빵과 고기와 포도주를 가져와 내일 아침 떠나기 전 맘껏 마시며 휴식을 취하라고 주문했다. 그래서 그들은 해가 질 때까지 고기와 술로 잔치를 벌였다. 밤이 깊어 모두들 배 옆에서 자려고 눕자 키르케는 오디세우스를 그곳에서 멀리 떨어진 한적한 곳으로 데리고 가서 지하 세계에서 보고 들은 것을 자세하게 묻더니 앞으로 항해 중에 닥치게 될 일들을 미리 알려주었다.

아침이 되자 키르케는 궁전으로 돌아가고 오디세우스는 배가 정박해 있는 곳으로 가 부하들을 재촉하여 얼른 그곳을 출발했다. 그들은 키르케가 순풍을 보내주어 힘들게 노를 젓지 않아도 순항을 계속했다. 얼마 되지 않아 몸통은 새이고 얼굴은 인간인 괴조(怪鳥) 세이레네스(Seirenes) 자매가 사는 섬 근처에 도착했다. 누구든지 그들의 노랫소리를 들으면 목숨을 부지할 수 없었다. 그들에게 가까이 가려다가 결국 바다에 빠져 죽기 때문이다. 그들 주변에는 그렇게 죽어간 선원들의 뼈가 산더미처럼 쌓여 있었다.

오디세우스는 세이레네스의 노랫소리를 듣고 싶었다. 그는 키르케가 당부한 대로 얼른 밀랍을 녹여 부하들의 귀에 발라주면서 자신을 돛대를 고정하는 나무에 묶게 하고는 아무리 자신이 몸부림쳐도 풀어주지 말고 더 단단하게 묶으라고 명령했다. 세이레네스 자매는 오디세우스의 배와 사람의

오디세우스와 세이레네스, Herbert James Draper, 1909

고함소리가 들릴 만한 거리가 되었을 때 그들을 향해 노래를 불렀다.

"오디세우스여, 자 이리 오세요. 배를 세우고 달콤한 우리 노랫소리를 한 번 들어보세요. 우리 입에서 흘러나오는 노랫소리를 제대로 듣지 않고 이곳을 통과한 배는 아직 하나도 없어요. 우리 노랫소리를 들은 사람은 죽어서도 더 많은 것을 알고 가지요. 우리는 풍성한 대지 위에서 일어나는 일은 무엇이든 다 알고 있으니까요. 우리는 트로이에서 그리스군과 트로이군이 벌인 전쟁에 대해서도 아주 잘 알고 있어요."

세이레네스 자매가 달콤한 목소리로 노래 부르자 그는 그들에게 더 가까이 다가가서 더 많이 듣고 싶은 강한 욕망에 사로잡혀 부하들에게 자신을 풀어달라고 명령했다. 하지만 그들은 아무 소리도 듣지 못한 듯 노를 젓기만 했다. 부하들 중 페리메데스(Perimedes)와 에우릴로코스(Eurylochos)가 오디세우스의 얼굴 표정을 보더니 미리 시킨 대로 더 많은 밧줄로 그를 더욱더 꽁꽁 묶어버렸다. 부하들은 세이레네스의 노랫소리가 전혀 들리지 않게 되자 비로소 자신들의 귀에 바른 밀랍을 떼어내고 오디세우스도 밧줄에서 풀어주었다.

10) 스킬라와 카립디스

세이레네스 섬을 지나고 얼마 지나지 않아 항로가 두 갈래로 나뉘어 있었다. 하나는 심플레가데스(Symplegades) 바위라고 부르는데 그 사이를 지나면 무엇이든지 가루를 만드는 두 개의 바위였다. 지금까지 어떤 배도 그곳을 지나지 못했다. 이아손의 아르고 호만이 헤라 여신의 은총으로 그곳을 통과할 수 있었다. 다른 항로는 두 개의 엄청나게 큰 바위 절벽이 마주 보며 우뚝 솟아 있는 해협이었다. 그중 바위 하나의 중간쯤에 있는 동굴에는 스킬라(Skylla)라는 괴물이 살고 있었다. 그녀는 발은 열두 개, 목과 머리는 여섯 개나 되고 모든 입에는 이빨이 세 줄로 촘촘하게 줄지어 돋아나 있었다. 그 괴물은 아랫도리를 동굴 안쪽에 깊게 뿌리내린 채 머리를 밖으로 내어 사방으로 자유자재로 움직이면서 돌고래나 물개를 잡아먹었다. 아직까지 배를 타고 그곳을 무사히 통과한 배는 없었다. 스킬라가 깜짝할 사이에 목을 빼들고 입 하나에 한 사람씩 선원들을 낚아채 가기 때문이다. 또 다른 바위 옆에는 무화과나무가 한그루 자라고 있었고, 그 밑 바다 속에는 카립디스(Charybdis)라는 괴물이 살고 있었다. 그 괴물은 하루에 세 번씩 바닷물을 빨아들였다가 내뱉는 엄청나게 큰 소용돌이였다.

카립디스가 너울과 물보라를 일으키며 노호하자 오디세우스의 부하들은

스킬라와 카립디스 사이의 브리타니아, James Gillray, 1793

겁을 집어먹고 노 젓는 것을 그만 멈추고 말았다. 그래서 그는 배 안을 돌아다니며 부하들을 격려했다. 흉악한 키클로페스의 동굴로부터도 탈출했는데 이까짓 파도는 아무것도 아니라는 것이다. 그러면서 오디세우스는 키잡이에게 카립디스가 아닌 스킬라가 사는 바위 옆에 바싹 붙어 항해하도록 유도했다. 키르케가 카립디스에게 부하를 모두 잃느니 차라리 스킬라에게 여섯 명만 잃는 것이 훨씬 나을 것이라고 충고했기 때문이다. 그런데 아무리 눈을 부릅뜨고 바위를 살펴봐도 스킬라는 보이지 않았다. 부하들은 오히려 반대편 바위 주변에서 요동치는 카립디스에 정신이 팔려 있었다. 카립디스가 물을 내뿜을 때는 바닷물은 가마솥의 끓는 물처럼 밑바닥으로부터 끓어올라 하늘 높이 물보라를 일으켰고, 다시 바닷물을 빨아들일 때는 소용돌이치며 바닥의 시커먼 모래땅을 드러냈다. 부하들은 공포에 떨며 카립디스 쪽만을 쳐다보고 있었다. 바로 그 순간 반대편 바위 쪽에서 스킬라가 갑자기 나타나 목을 쭉 내밀더니 오디세우스의 부하 여섯을 낚아채 갔다. 스킬라는 낚시꾼이 미끼를 문 물고기를 물 밖으로 끌어낼 때처럼 버둥대는 부하들을 높이 들어올리더니 동굴 입구에서 먹어치워 버렸다. 스킬라와 카립디스의 이야기에서 '스킬라와 카립디스 사이에 있다'라는 격언이 나왔는데, 그것은 이러지도 못하고 저러지도 못하는 진퇴양난의 상황을 의미한다.

11) 헬리오스의 섬 트리나키에

스킬라와 카립디스를 벗어나서 오디세우스는 헬리오스(Helios)의 섬인 트리나키에(Thrinakie)에 도착했다. 상륙하기 전부터 섬에서 소들의 울음소리가 들려왔다. 오디세우스는 아이아이에 섬에서 키르케가 신신당부하던 말이 생각나서 부하들에게 그 섬을 피해 가자고 했다. 그러자 에우릴로코스가 부하들을 대표하여 오디세우스를 원망하며 너무 지쳤으니 하룻밤만 묵고 가자고 애원했다. 오디세우스는 불길한 예감에 사로잡히며 그들에게 소떼나 양떼를 해치지 않겠다고 맹세하면 그렇게 하겠다고 약속했다. 그러자 부하들은 순순히 그의 뜻에 따라 키르케가 싸준 음식만 먹겠다고 맹세했다.

그들은 그 섬 바닷가에 내려 죽은 동료들을 추모하며 실컷 먹고 마신 다음 잠이 들었다. 그러나 한밤중이 되자 제우스 신은 무서운 폭풍을 일으켜 천지를 암흑으로 뒤덮더니 엄청난 비를 내리기 시작했다. 그들은 거처를 동굴로 옮기고 폭풍우가 그치기를 기다렸지만 비는 한 달 내내 내렸다. 부하들은 배에 있던 양식들이 동이 나자 처음에는 맹세한 대로 섬에 있는 소와 양에는 손을 대지 않고 주로 새나 물고기를 잡아먹었다. 그러던 어느 날 오디세우스는 신들께 기도를 하기 위해 부하들만 남겨두고 섬의 한적한 곳으로 올라가 기도를 드리다가 그만 깜박 잠이 들고 말았다. 바로 그 틈을 이용하여 에우릴로코스가 허기에 지친 나머지 소를 잡아먹자고 동료들을 꼬드기기

헬리오스의 소들을 잡아먹는 오디세우스의 부하들, Pellegrino Tibaldi, 1554-1556

시작했다. 결국 그들은 곧장 가까운 풀밭으로 나가 가장 튼실한 소들을 몰고 와서 신들께 기도한 뒤 넓적다리 하나는 태워 그들께 바치고 나머지는 꼬챙이에 꿰어 실컷 구워 먹었다. 오디세우스가 잠에서 깨어 배로 다가갔을 때 고기 굽는 냄새가 주위에 진동했다. 그는 부하들을 꾸짖었지만 그렇다고 이미 죽은 소가 살아올 것도 아니고 이미 엎질러진 물이었다.

그사이 소를 돌보고 있던 요정 람페티에(Lampetie)는 헬리오스에게로 가 오디세우스의 부하들이 겁도 없이 자신들의 소들을 잡아먹었다는 사실을 알렸다. 분노한 헬리오스는 신들의 회의에서 오디세우스의 부하들에게 그에 상응하는 벌을 내리지 않으면 자신은 지상이 아닌 지하 세계로 가서 죽은 자들 가운데서 빛을 비추겠다고 으름장을 놓았다. 그러자 제우스가 헬리오스에게 오디세우스의 배를 바다 한가운데서 번개를 쳐서 산산조각 낼 것이니 화를 풀라고 달랬다.

이어 곧바로 신들이 보내는 불길한 전조가 나타났다. 벗겨낸 소가죽들이 땅 위를 기어 다녔고 먹다 남은 꼬챙이의 살점들이 음매 하고 울었다. 오디세우스의 부하들이 엿새 동안이나 소고기로 잔치를 벌이고 일곱째 되는 날에야 비로소 폭풍우가 멎었다. 그들은 즉시 배에 올라 돛을 올렸다. 그들이 한참을 달려 육지는 보이지 않고 하늘과 바다만 보이는 순간 갑자기 사방에 먹구름이 끼더니 엄청난 돌풍이 일어 순식간에 돛대를 부러뜨렸다. 더구나 돛대는 쓰러지면서 키잡이의 머리를 쳐 그를 절명시키고 말았다. 이어 천둥소리와 함께 번개가 번쩍이더니 오디세우스의 배를 쳐 산산조각으로 만들어 앙상한 용골만 남겼다.

오디세우스의 부하들은 이미 요동치는 바다에 떨어져 모두 죽었고 오디세우스만 간신히 배의 용골을 잡고 바람에 떠밀려 다니고 있었다. 그때 지금까지 돌풍을 일으키며 불었던 서풍이 그치고 남풍이 불기 시작했다. 남풍은 끔찍하게도 오디세우스를 다시 스킬라와 카립디스가 있는 곳으로 도로 데리고 갔다. 카립디스는 그때 마침 바닷물을 빨아들이고 있었다. 오디세우스는 재빨리 카립디스의 입속으로 빨려 들어가는 용골을 손에서 놓고 바위에 뛰어올라 무화과나무 가지를 잡은 채 매달려 있었다. 무화과나무는 뿌리가 카립디스가 있는 아래를 향하고 가지는 허공으로 뻗어 있어 오디세우스는 내려가지도 올라가지도 못하고 그렇게 매달린 채 아래를 보며 카립디스가 용골을 토해 내기를 기다렸다. 마침내 카립디스가 다시 물을 뿜어내면서 용골이 튀어 나오자 그는 기다렸다는 듯이 그 위로 뛰어내려 사력을 다해 두 손으로 노를 젓기 시작했다. 다행스럽게도 그때 스킬라는 나타나지 않았다. 만약 그랬더라면 그는 거기서 살아 나오지 못했을 것이다.

오디세우스와 칼립소, Arnold Böcklin, 1883

12) 칼립소의 섬 오기기에

그렇게 바다 위를 10일 동안이나 항해한 끝에 오디세우스는 마침내 여신 칼립소(Kalypso)가 사는 오기기에(Ogygie) 섬에 도착했다. 칼립소는 오디세우스를 반갑게 맞아주고 정성으로 보살펴주었다. 오디세우스의 빼어난 말솜씨에 반한 그녀는 오디세우스에게 영생불사의 몸을 줄 테니 자신과 함께 살자고 유혹했다. 오디세우스가 집에 돌아가야 한다고 아무리 말을 해도 그를 놓아주지 않았다. 오디세우스는 그렇게 7년 동안이나 칼립소에게 잡혀 있었다. 그는 밤에는 어쩔 수 없이 그녀와 같이 동침을 했지만 낮이면 바닷가에 나가 바다를 바라보며 향수에 젖어 있었다. 결국 제우스가 개입했다. 그는 칼립소에게 전령 헤르메스를 급파하여 오디세우스를 고향으로 돌려보내라고 명령했다. 그녀는 어쩔 수 없이 뗏목에 충분한 식량과 식수를 실어

칼립소에게 오디세우스를 보내라고 명령하는 헤르메스, Gerard de Lairesse, 1670

오디세우스를 떠나보냈다.

13) 파이아케스인들의 나라

오디세우스는 오기기에의 칼립소를 떠난 후 2주 동안 뗏목을 타고 바다를 항해했다. 마침내 수평선 너머 안개 속에서 육지가 솟아올랐다. 바로 그 순간 포세이돈이 오디세우스를 발견하고 엄청난 폭풍우를 보냈다. 포세이돈은 에티오피아에서 제물을 받고 막 돌아오는 참이었다. 폭풍우를 맞은 오디세우스의 뗏목은 돛대가 끊어지더니 급기야 산산이 부서져 버렸다. 오디세우스는 거추장스런 옷을 벗고 헤엄을 쳐 안개 속 육지의 바닷가에 간신히 도착했다. 기진맥진한 오디세우스는 근처 관목 속 나뭇잎 더미를 이불 삼아 그곳에서 하룻밤을 보냈다. 오디세우스가 도착한 곳은 축복받은

오디세우스와 나우시카아, Pieter Lastman, 1619

파이아케스(Phaiakes)인들의 나라인 스케리아(Scheria)로 과일도 풍족하고 토지도 비옥하였다. 그는 다음날 요란한 여자들의 웃음소리에 놀라 잠에서 깨었다. 근처 냇가에서 그곳 왕 알키노오스(Alkinoos)의 딸 나우시카아(Nausikaa) 공주가 시녀들하고 빨래를 하고 있었다. 오디세우스가 올리브 나뭇가지로 치부를 가린 채 그들에게 다가가 도움을 간청하자 시녀들이 놀라 도망쳤다. 하지만 나우시카아 공주는 전혀 놀라는 기색이 없이 그에게 옷을 주더니 왕궁으로 안내했다.

파이아케스족의 왕궁에서 오디세우스를 환영하는 저녁 만찬이 벌어졌다. 악사 데모도코스(Demodokos)가 여흥을 돋우기 위해 트로이 전쟁과 목마에

알키노오스 궁전에서의 오디세우스, Francesco Hayez, 1814-1815

대해 노래를 하자 오디세우스는 회한에 젖어 터져 나오는 울음을 참을 수 없었다. 알키노오스 왕이 이상히 여겨 그에게 이름과 출신을 물어보았다. 오디세우스는 자신의 이름과 고향을 대며 트로이를 떠나 지금까지 자신이 겪은 모든 모험을 이야기 해주었다.

　호메로스의 「오디세이아」는 앞서 언급했듯이 오디세우스의 이야기가 시간대별로 전개되지 않는다. 오디세우스가 모든 배와 부하들을 잃고 홀로 표류하다 파이아케스인들의 나라에 도착해서 알키노오스 왕에게 자신이 겪은 일들을 회고하며 서술해 주는 식으로 구성되어 있다. 오디세우스의 이야기를 모두 들은 파이아케스인들의 알키노오스 왕과 신하들은 모두 그에게 깊은 동정심을 느꼈다. 아니 그의 말솜씨에 깊은 감명을 받았다. 알키노오스 왕은 온갖 귀중한 선물과 함께 오디세우스를 그들이 갖고 있는 가장 빠른 배에 태워 이타케로 데려다 주었다.

14) 페넬로페와 구혼자들

파이아케스인들은 오디세우스가 잠든 사이 그를 이타케(Ithake)의 포르키스(Phorkys) 항구에 내려놓았다. 오디세우스는 짙은 안개에 싸인 고향을 알아보지 못했다. 양치기로 변신한 아테나 여신이 나타나 오디세우스에게 그곳이 고향 이타케임을 알려주었다. 그녀는 오디세우스에게 구혼자들을 처치하기 위해 필요한 일들을 하나하나 일러주었다.

"꾀돌이 오디세우스여, 앞으로 너는 어느 누구에게도 방랑하다가 돌아온 오디세우스라고 밝히면 안 된다. 나는 너를 누구도 알아보지 못하도록 변신시켜 줄 것이다. 구혼자들뿐 아니라 네 아내나 아들도 너를 보면 혐오감을 느낄 것이다. 너는 제일 먼저 돼지치기 에우마이오스(Eumaios)를 찾아가라. 그는 아직 너에게 충성심을 잃지 않았다. 그에게 신분을 감추고 모든 것을 물어보아라. 그동안 나는 네 아들 텔레마코스를 부를 것이다. 나는 그 아이를 네 행방을 알아보라고 스파르타의 메넬라오스에게 보냈다. 그의 명예도 높여주고 담력도 키워주기 위해서이다. 아들이 돌아오면 함께 구혼자들을 응징하도록 하라. 구혼자들이 너에게 어떤 행패를 부려도 꾹 참고 견디어라. 나는 앞으로 한 순간도 너에게서 눈을 떼지 않을 것이다."

초라한 거지 노인으로 변신한 오디세우스는 우선 아테나 여신의 지시대로 에우마이오스의 오두막을 찾아갔다. 그는 신분을 밝히지 않고 그동안 자신이 겪은 일을 적당히 지어내어 얘기했다. 그가 오디세우스는 틀림없이 귀환할 것이라고 말했지만 에우마이오스가 그 말을 믿지 않았다. 하지만

오디세우스를 거지로 변신시키는 아테나 여신, Giuseppe Bottani, 1775

오디세우스는 에우마이오스가 여전히 자신에 대한 충성심을 갖고 있는 것을 보고 감동했다.

한편 텔레마코스는 아테나 여신의 명령을 받고 귀환하는 자신을 죽이려는 구혼자들의 배를 피해 우회로를 택해 급히 이타케로 돌아왔다. 그는 동료들은 배와 함께 시내 쪽으로 보내고 에우마이오스의 오두막을 향했다. 텔레마코스는 오두막에 도착하자 어머니에게 자신의 무사 귀환을 알리러 에우마이오스를 궁전에 보냈다. 두 사람만 남게 되자 오디세우스는 비로소 자신이 아버지임을 밝혔다. 두 사람은 눈물을 흘리며 감격의 해후를 했다. 오디세우스는 아들 텔레마코스에게 구혼자들을 몰살시킬 계획을 털어놓았다.

그 사이 돼지치기 에우마이오스가 페넬로페를 만나고 돌아왔다.

오디세우스의 지시대로 텔레마코스가 먼저 궁전으로 돌아갔다. 하지만 그는 어머니에게 에우마이오스의 오두막에서 아버지를 만난 일을 비밀로 했다. 이어 에우마이오스가 늙은 거지 차림을 한 오디세우스를 궁전으로 안내했다. 오디세우스가 자신의 궁전에 들어서자 이제는 폭삭 늙어버린 개 아르고스(Argos)가 그를 알아보고 가볍게 꼬리를 흔들었다. 그가 애써 외면하자 개는 다가오려다가 그만 푹 쓰러져서 죽고 말았다. 세월이 너무 흘러 수명이 다한 것이었다. 그는 슬픔을 감추며 안으로 들어가 잔치를 벌이던 구혼자들에게 먹을 것을 간청했다. 모두들 그에게 음식을 주었지만 구혼자들의 수장 안티노오스(Antinoos)만 그를 박대했다. 심지어 그는 거지를 데려온 에우마이오스를 힐책하며 오디세우스를 발판으로 내리쳤다. 얼마 후 페넬로페가 남편 소식을 알아보려고 거지 노인을 불렀다. 오디세우스는 정중하게 거절하고 밤에 찾아가겠다고 말했다.

저녁이 되어 구혼자들이 각자의 집으로 돌아가자 텔레마코스는 아버지와 함께 홀 안에 있던 무기를 보이지 않는 곳으로 치웠다. 오디세우스가 약속대로 아내 페넬로페를 찾아갔지만 그를 알아보지 못했다. 오디세우스는 자신을 크레타 이도메네우스 왕의 동생으로 소개했다. 그러자 페넬로페가 구혼자들 때문에 고초를 당하고 있는 자신의 신세를 한탄했다.

"그들이 하도 결혼을 재촉하기에 나는 기발한 계책 한 가지를 생각해 낸 적이 있어요. 나는 어느 날 구혼자들을 모아놓고 시아버지의 수의를 다 짜면 그들 중 하나를 선택해 결혼하겠다고 선언했지요. 그런 다음 낮이면 베를 짰다가 밤이면 방안에 횃불을 밝혀놓고 그것을 다시 풀었어요. 이렇게 나는 3년 동안 구혼자들의 집요한 결혼 요구를 피했어요. 하지만 4년째가 되던 어느 날 파렴치한 하녀들의 밀고로 결국 내 속임수가 발각되어 마지못해 수의를 완성하지 않을 수 없었지요. 이제 나는 결혼을 피할 수 없게 되었어요."

천의 실을 푸는 페넬로페, Joseph Wright of Derby, 1785

페넬로페는 이렇게 말하며 내일 날이 밝으면 구혼자들에게 활 시합을 시켜 남편을 택하겠다고 덧붙였다. 남편 오디세우스는 심심할 때면 무기고에서 예전에 에우리토스(Eurytos)의 아들 이피토스(Iphitos)가 주었던 커다란 활을 꺼내, 열두 개의 도끼를 표적 삼아 멀리서 화살을 날려 도끼 자루의 구멍을 모두 꿰뚫곤 했는데 바로 그것으로 남편감을 고르겠다는 것이다. 오디세우스는 좋은 생각이라고 치켜세우면서 그러기 전에 남편이 틀림없이 돌아올 것이라고 말해 주었지만 페넬로페는 그 말을 믿지 않았다. 그동안 돈푼이나 얻어 보려고 수많은 사람들이 찾아와 거짓으로 남편의 소식을 전해 주었기 때문이다.

페넬로페가 구혼자들의 등쌀을 피하기 위해 낮에는 베를 짰다가 밤에는 그것을 푼 것에서 '페넬로페의 베 짜기'라는 격언이 나왔다. 그것은 '여자의 정절'이나 '해도 해도 끝이 없는 일'을 뜻할 때 쓰는 말이다. 이후 유모 에우리클레이아(Eurykleia)가 페넬로페의 지시대로 손님에 대한 예우로서 건넌방에서 오디세우스의 발을 씻겨주다가 허벅지의 흉터를 발견하고 주인을 알아보았다. 유모가 기쁨을 감추지 못하며 페넬로페에게 그 사실을 알리려 하자 오디세우스가 제지했다. 지금 자신의 신분이 밝혀지면 위험할 수 있다는 것이다.

객사로 돌아온 오디세우스는 잠을 이루지 못하고 몸을 뒤척이며 구혼자들을 몰살시킬 방도를 궁리했다. 그러자 아테나 여신이 오디세우스에게 나타나 용기를 북돋아 주었다. 지금까지 항상 그런 것처럼 자신이 뒤에서 지켜줄 테니 아무 걱정 하지 말라는 것이었다.

다음날 아침 페넬로페가 구혼자들에게 나타나 활 시합으로 남편을 택하겠다고 공표했다. 과녁은 12개의 도끼자루 구멍이었다. 페넬로페는 남편이 무기고에 두고 간 활에 시위를 얹어 화살을 날려 도끼자루 12개의 구멍을 모두 뚫는 구혼자를 남편으로 선택하겠다고 말했다. 텔레마코스는 혹시 벌어질지 모르는 불상사를 방지한다는 구실로 구혼자들의 무기를 수거해서 보관했다. 시합이 끝나고 결과에 복종하지 못한 구혼자가 싸움을 일으킬지 모른다는 것이다.

에우마이오스가 페넬로페에게서 오디세우스의 활과 화살을 받아 구혼자들 앞에 갖다 놓았다. 텔레마코스가 제일 먼저 활에 시위를 얹어보려다가 오디세우스가 눈짓으로 제지하자 그만두었다. 레오도스를 시작으로 구혼자들이 차례로 활에 시위를 얹어보려 했지만 연달아 실패했다. 안티노오스의 제안으로 활을 불로 데우고 비계를 발라 부드럽게 해보지만 구혼자들 중 아무도 활에 시위를 얹지 못했다.

그사이 오디세우스가 돼지치기와 소몰이를 조용히 밖으로 데려가 자신의 정체를 밝혔다. 오디세우스는 그들에게 구혼자들이 도망가지 못하도록 눈치 채지 않게 홀의 문을 잠그라고 명령했다. 오디세우스가 다시 홀 안으로

오디세우스의 귀환, Gerard de Lairesse, 1719

들어와 자기 자리에 앉았지만 구혼자들은 아무도 활에 시위를 얹지 못하고 전전긍긍하고 있었다. 그러자 안티노오스가 궁술의 신 아폴론에게 제물을 바치고 시합을 계속하자고 말했다. 바로 그때 오디세우스가 자신도 한 번 활에 시위를 얹게 해달라고 간청하자 구혼자들이 모두 비웃으며 거절했다. 하지만 아내 페넬로페와 아들 텔레마코스의 도움으로 결국 활은 오디세우스의 손에 건네졌다. 오디세우스는 활과 화살을 천천히 살펴보다가 재빨리 활에 시위를 얹더니 화살을 날려 열두 개의 도끼자루 구멍을 꿰뚫었다. 이어 구혼자들에게 큰 소리로 자신의 정체를 밝혔다.

페넬로페의 구혼자들에 대한 오디세우스의 복수, Christoffer Wilhelm Eckersberg, 1814

이 개 같은 자식들, 너희는 내가 트로이에서 다시는 돌아오지 못할 줄 알았더냐? 너희는 내가 살아 있는데도 내 가산을 탕진하고 내 궁전 시녀들과 동침하고 내 아내에게 구혼했다. 너희는 하늘의 신도, 후손들의 비난도 두렵지 않았더냐? 이제 너희는 파멸을 면치 못하리라!

그는 구혼자들이 정신을 차릴 틈도 없이 순식간에 화살 통을 발 앞에 쏟은 다음 활을 당겨 제일 먼저 구혼자들의 수장 안티노오스를 쏘아 죽인 다음 계속해서 구혼자들을 향해 화살을 날리기 시작했다. 무방비 상태의 구혼자들이 비명을 지르며 차례로 꼬꾸라졌다.

오디세우스의 화살이 떨어지자 옆에 있던 텔레마코스가 미리 준비해 둔 무구를 아버지에게 갖다 주었다. 오디세우스 일행과 구혼자들 사이에 일대 격전이 벌어졌다. 아테나가 처음에는 멘토르(Mentor), 나중에는 제비의 모습을 하고 오디세우스를 격려했다. 결국 오디세우스는 모든 구혼자들과 그 일당들을 몰살했다. 그는 유모 에우리클레이아를 불러 그동안 구혼자들과 한통속이 되어 놀아났던 불충한 하녀들도 색출하여 처단했다.

페넬로페는 남편이 돌아왔다는 전갈을 받고 미심쩍은 표정으로 궁전의 홀로 향했다. 그녀는 노인이 아닌 본모습으로 돌아왔지만 너무 달라진 오디세우스의 모습에 그를 구혼자들 중 하나로 생각하고 냉랭하게 대했다. 오디세우스는 천신만고 끝에 20년 만에 고향에 돌아온 남편에게 그렇게 무쇠처럼 무정하게 대할 수 있냐고 불평했다. 이어 마음이 상한 듯 유모 에우리클레이아에게 혼자라도 잘 테니 아무데나 침상을 깔아달라고 부탁했다. 페넬로페는 유모에게 오디세우스가 손수 지은 신방 안에 있는 침상을 내다가 그 위에 침구들을 깔아주라고 일렀다. 그 말을 듣고 오디세우스가 깜짝 놀라며 어떻게 침상을 옮길 수 있는지 물으며 말을 이었다.

"부인, 침상을 옮길 수 있다니 말도 안 되오. 내가 그것을 직접 만들었기 때문에 나는 그 사실을 잘 알고 있소. 원래 우리 집 마당에는 줄기가 기둥처럼 굵은 커다란 올리브나무 하나가 자라고 있었소. 나는 나무 둘레에다 벽돌을 쌓아 집을 지은 다음 올리브나무의 우듬지를 잘라내고 곁가지를 다듬어 기둥으로 삼고 그 위에 침상을 만들었소. 그런 침상을 마음대로 옮길 수 있다니 누가 밑동을 자르기라도 했단 말이오?"

페넬로페는 오디세우스가 자신의 남편이라는 명백한 증거를 보이자 흥분하여 무릎과 심장이 떨려왔다. 그녀는 울면서 그에게 달려가 두 팔로 오디세우스의 목을 끌어안았다. 페넬로페는 오디세우스로부터 침대에 얽힌 둘만의 비밀을 듣고서야 비로소 그가 남편임을 확신했던 것이다. 페넬로페와 오디세우스는 밤새도록 그동안 있었던 힘든 일들을 이야기하며 회포를 풀었다. 이어 구혼자들의 죽음이 알려지고 그들의 가족들이 오디세우스의 궁전으로 찾아와 시체를 찾아갔다. 안티노오스의 아버지 에우페이테스(Eupeithes)가 구혼자들의 살해당한 구혼자들의 가족들을 선동했다. 그러자 가족들이 무기를 들고 오디세우스를 찾아왔다. 바야흐로 오디세우스 일행과 구혼자들의 가족 간에 큰 싸움이 벌어지려고 하는 일촉즉발의 순간에 아테나 여신이 멘토르의 모습을 하고 나타나 그들에게 더 이상 피를 보지 말고 지체 없이 갈라서도록 명령했다. 새파랗게 겁에 질린 그들은 하는 수 없이 싸움을 중지했고 여신의 중재로 평화 협정을 체결했다.

15) 에필로그

구혼자들을 응징한 오디세우스는 다시 왕위와 가정의 평화를 찾았지만 테이레시아스의 예언에 따라 노후를 편안하게 보내려면 아직도 해야 할 모험이 남아 있었다. 오디세우스가 왕권을 회복하고 난 후 벌이는 또 다른 모험에 대해서는 「텔레고니아(Telegonia)」라는 서사시가 전해 주고 있다. 일부가 단편적으로 남아 있는 그 책의 내용에 따르면 오디세우스는 본토의 엘리스(Elis)로 가서 한동안 가축을 치다가 폴릭세노스(Polyxenos) 왕의 객으로 살았다.

그 후 그는 다시 이타케로 돌아와 테이레시아스가 알려준 대로 노를 어깨에 메고 걸어서 에페이로스(Epeiros) 산을 넘어 테스프로토이(Thesprotoi)족의 나라에 도착하자 어떤 주민이 마침내 이렇게 물었다. "이방인이여, 당신은 왜 봄에 도리깨를 어깨에 메고 있소?" 그 말을 듣고 그는 그곳에서 발걸음을 멈추고 제단을 쌓고 포세이돈에게 숫양 한 마리, 황소 한 마리, 수퇘지 한 마리를 바치고 신의 용서를 받았다. 그러자 그곳의 여왕 칼리디케(Kallidike)는 오디세우스에게 자기 왕국을 맡아줄 것을 요청했다. 오디세우스는 그녀와 결혼하여 한동안 테스프로토이 왕국을 다스리면서 아레스 신의 도움으로 이웃나라를 정복하기도 했다. 칼리디케 여왕이 죽자 오디세우스는 자신과 그녀 사이에서 태어난 아들 폴리포이테스(Polypoites)에게 왕위를 물려주고 고향 이타케로 돌아갔다.

그 당시 이타케는 페넬로페가 통치하고 있었고, 텔레마코스는 케팔레니아(Kephallenia)로 추방당해 있었다. 신탁이 오디세우스가 다시 돌아오면 자신의 아들 손에 죽을 것이라고 했기 때문이다. 하지만 오디세우스는 이타케에서 편안한 노후를 보내다가 텔레마코스가 아닌 다른 아들에 의해 죽음을 맞이한다.

오디세우스는 10년 동안 바다를 방랑하는 중에 만난 키르케와 살면서 텔레고노스(Telegonos)라는 아들을 하나 두었다. 텔레고노스가 장성하자 키르케는 그에게 아버지의 고향을 알려주고 그를 찾아 떠나도록 했다. 우여곡절 끝에 이타케에 도착한 텔레고노스는 그곳을 코르키라(Korkyra)로 잘못 알고 부하들과 함께 상륙하여 닥치는 대로 약탈했다. 오디세우스가 노구를 이끌고 출정하여 그들에 맞서 공격을 막아냈지만 결국 해안에서 텔레고노스가 던진 창에 목숨을 잃고 말았다. 이 창은 뾰족한 끝이 가오리의 침으로 되어 있었다. 그래서 바다 쪽에서 온 죽음의 사자가 오디세우스를 데려갈 것이라는 테이레시아스의 예언이 적중한 셈이다. 오디세우스의 가족은 침입자의 정체를 파악하게 되자 그를 용서해 주었을 뿐만 아니라 그를 따라나서 키르케가 사는 섬으로 가서 오디세우스의 시신을 장사지내 주었다.

이밖에도 호메로스의 「오디세이아」의 이야기를 계속 이어가거나 아니면 그것과 모순을 이루는 설들이 꽤 있다. 어떤 설에 따르면 페넬로페는 오디세우스가 방랑에서 돌아온 이후 그에게 아쿠실라오스(Akusilaos) 혹은 프톨리포르테스(Ptoliporthes)라는 두 번째 아들을 낳아주었다. 또 다른 설은 페넬로페가 지켰다는 전설적인 정조를 부인했다. 그에 따르면 그녀는 구혼자들과 차례로 몸을 섞었다. 또 페넬로페가 안티노오스(Antinoos)나 혹은 암피노모스(Amphinomos)의 유혹을 받아 정조를 버렸다는 설도 있다. 오디세우스는 나중에 그 사실을 알고 그녀를 죽이거나 아니면 장인 이카리오스(Ikarios)가 있는 스파르타로 추방했다. 그러자 그녀는 아르카디아의 만티네이아(Mantineia)로 가서 헤르메스와 사랑을 나누어 판(Pan) 신을 낳았다.

또 다른 설에 따르면 아테나 여신의 중재로 휴전을 했지만 그것으로 분쟁이 완전히 끝난 것은 아니었다. 그 후 오디세우스는 구혼자들의 가족들에 의해 고소를 당해 재판을 받았다. 그들은 재판장으로 에페이로스(Epeiros)의 앞쪽 섬을 통치하고 있던 아킬레우스의 아들 네오프톨레모스를 지명했다. 네오프톨레모스는 아버지를 이어 왕이 된 텔레마코스에게는 구혼자들의 가족에게는 보상해 주라고 판결을 내리고, 오디세우스에게는 그의 통치하에 있었던 케팔레니아를 차지할 속셈으로 이탈리아로 추방령을 내렸다.

3. 계책, 극기, 화술의 달인, 오디세우스

스토아학파의 모델, 오디세우스

고향이나 가족에 대한 동경이 오디세우스가 온갖 모험을 하는 동안에 가야 할 방향을 지시해 주는 일종의 나침반이었다면 술책, 지성, 극기는 이런 목적을 달성하기 위한 오디세우스의 정신적인 무기이다. 오디세우스는 호메로스의 영웅들이 갖고 있었던 신체적인 강인함은 많이 보여주지 못했지만 계책에 있어서는 아주 뛰어났다. 특히 폴리페모스의 동굴이나 세이레네스의 섬을 지나갈 때와 같은 아주 급박한 상황에서도 해결책을 찾아내는 그의 재능은 어느 누구도 따를 자가 없었다. 다른 장수들은 트로이를 몰락시키기 위해 10년 동안 막대한 군사력을 쏟아 부으면서도 이루지 못했던 성공하지 못한 일을 목마를 만들어 단숨에 해치운 것도 오디세우스였다.

호메로스는 오디세우스의 지적인 능력을 그가 거인이나 괴물과 싸우는 모습을 통해 보여준다. 또 광활한 바다와 그것이 품고 있는 수많은 위험은 오디세우스가 맞서 싸워야 할 거친 자연에 대한 알레고리(Allegory)이다. 오디세우스를 계속해서 궁지로 몰아넣는 바다의 신 포세이돈과 오디세우스의 수호자 역할을 하는 제우스의 머리에서 태어난 지혜의 여신 아테나는 원시적인 자연의 힘과 정신적인 힘과의 대결을 암시하는 신화적 표현이다. 헤르메스가 오디세우스에게 키르케에게 마법에 걸리지 않도록 몰리(Moly)라는 약초를 주는 것도 마찬가지로 해석할 수 있다. 헤르메스는 세상의 모든 길을 아는 지혜롭고 영리한 신이다.

인간이 자연의 폭력에 힘없이 굴복해야 했던 고대에는 인간이 자연과 벌이는 대결은 매우 매력 있는 테마였을 것이다. 오디세우스는 이런 운명과도 같은 자연의 폭력을 어떤 때는 지혜와 기지를 발휘해서 물리치기도 하지만, 또 어떤 때는 순교자와도 같은 극기를 통해 극복한다. 그는 아무리 배가 고파도 헬리오스의 암소에 손을 대지 말라는 테이레시아스의 경고를 지키지만 부하들은 배고픔을 참지 못하고 소들을 잡아먹고 만다. 오디세우스의 극기는 세이레네스를 만났을 때 한 단계 상승된다. 그는 세이레네스의 노랫소리가 어떤지 알고 싶어 부하들에게 귀를 밀랍으로 막지 않고 그대로 둔 채 자신을 돛대 기둥에 묶으라고 한다. 하지만 그가 최고조의 극기를 보여주는 것은 마지막 가족을 만났을 때이다. 그는 20년 만에 가족을 만났지만 흥분을 가라앉히고 모든 위험이 사라질 때까지 자신의 정체를 밝히지 않는다. 심지어 자신이 20년 전에 키우던 개 아르고스가 주인을 알아보고 반갑다며 꼬리를 흔들다 쓰러져 죽어가도 모르는 체한다. 그래서 그리스의 스토아(Stoa)학파는 오디세우스를 그들이 생각한 덕의 이상에 따라 현자의 상징으로 보았다. 스토아학파의 이념을 이어받은 로마의 키케로, 호라티우스, 세네카도 오디세우스를 그렇게 평가했다. 오디세우스는 스토아학파가 현자의 특징이라 생각한 '항심(constantia)'과 '평정(ataraxia)'을 절대로 잃지 않은 인물이기 때문이다.

언어의 마술사, 오디세우스

「오디세이아」에서 오디세우스가 고향에 도착하기 전 바다를 방랑하면서 겪는 모험의 대부분은 서술자가 아닌 오디세우스가 직접 이야기한다. 그는 파이아케스인들의 궁정에서 트로이의 몰락에서부터 그들 나라인 스케리아 해안에 도착할 때까지 자신에게 일어난 모든 것을 이야기한다. 6권에서 12권에 걸쳐서 서술되는 이런 과거에 대한 회상은 몇 가지 기능이 있다. 그것은 우선 오디세우스가 칼립소와 작별을 하고 실질적으로 고향을 향해 떠나기 전에 자신의 모험을 조망할 수 있도록 요약해 준다. 동시에 그것은 독자에게는 긴장감을 더 하기 위해 서술을 지연시키는 역할을 한다. 또 그것은 다양한 모험을 보여줌으로써 알키노오스를 비롯한 파이아케스인들뿐 아니라 독자에게도 짜릿한 즐거움을 마련해 준다.

그런데 오디세우스가 하는 이야기는 자신에게 아주 특별한 기능을 한다. 그것은 심신으로 지칠 대로 지친 오디세우스에게 자신감을 회복시켜 줌으로써 치유의 기능을 한다. 오디세우스는 포세이돈이 보낸 폭풍우로 뗏목이 전복된 후 파이아케스인들의 나라인 스케리아 해안에 간신히 헤엄을 쳐서 올라간다. 그는 초주검 상태이고 완전히 발가벗은 상태이다. 이런 최악의 상태에 그에게 남아 있는 것은 아무것도 없다. 그는 부하들을 모두 잃었고 손에 쥔 것도 하나도 없다. 심지어 옷조차도 없다. 그래서 그는 그의 가치를 알아보고 도움을 줄 수 있는 선한 사람이 필요하다. 바로 이 순간 그는 나우시카아 공주를 만나 파이아케스인들의 궁전에 손님으로 받아들여진다. 이들이 오디세우스에게 보이는 환대는 그와 부하들이 괴물들에게서 받았던 원초적 위협과 냉대와는 반대되는 속성이다. 그런데 오디세우스는 이런 선한 사람들을 통해서만 자신의 가치를 인정받는 것은 아니다. 그는 바로 자신이 풀어내는 이야기를 통해 자신의 진가를 인정받는다. 파이아케스인들은 그의 이야기를 듣고 그에 대한 신뢰를 높여간다. 아울러 오디세우스는 이야기를 하면서 스스로 자의식을 느낀다. 그는 지금까지 한 수많은 모험들을 재현해 내서 성찰함으로써 자기에 대한 이해의 폭을 넓히는 것이다. 그의 이야기에는 트로이가 몰락한 이후 그가 한 모든 모험의 고통이 들어 있기 때문이다.

그가 자신을 인식하게 되는 과정은 세 단계로 요약할 수 있다. 그는 우선 파이아케스인들의 나라에 도착하여 나우시카아 공주의 관심을 받음으로써 남자로서 자신의 진가를 새롭게 발견한다. 이어 파이아케스인들의 궁정에서 라오다마스(Laodamas) 왕자와의 언쟁을 통해 정신적인 우월성을 과시하고, 이어 벌어진 스포츠 경기에서는 육체적인 우월성을 입증한다. 마지막으로 오디세우스는 그 누구도 따라올 수 없는 탁월한 이야기꾼으로서 이야기를 통해 남을 기쁘게 하고 그리고 스스로도 자신의 존재를 확인한다. 오디세우스는 이야기를 통해 최악의 상실감에서 벗어나 점점 발전을 거듭하여 마침내 그리스인들이 말한 최고의 상태인 '아레테(arete)'를 만끽하는 것이다. 그가 파이아케스인들로부터 수많은 선물을 받아 이타케로 가져간다는 것은 이것에 대한 반증이다.

4. 호메로스의 「오디세이아」와 귀향

「오디세이아」의 구조

지금까지 우리는 호메로스의 「오디세이아」를 중심으로 오디세우스의 모험을 자세하게 살펴보았다. 「오디세이아」의 구조는 「일리아스」처럼 아주 정교하다. 우선 오디세우스의 아들 텔레마코스의 이야기는 도입부 역할을 한다. 그는 갓 성인이 되어 얼굴조차도 모르는 아버지의 행방을 물어보기 위해 필로스(Pylos)와 스파르타(Sparta)로 항해를 떠난다. 그는 항해를 무사히 마치고 돌아와 말로만 듣던 용감무쌍한 아버지의 아들로 판명됨으로써 자신의 정체성을 찾는다. 동시에 독자는 도입부에서 오디세우스의 가족이 처하고 있는 현재의 열악한 상황을 알게 되고 오디세우스가 빨리 집으로 돌아와야 하는 현실을 직시한다. 아울러 독자는 그게 언제 그리고 어떻게 이루어질까 하는 기대와 긴장에 싸이게 된다. 이런 기대와 긴장은 오디세우스가 귀환하여 모든 방해 요인을 제거하고 20년 동안 헤어진 가족들과 결합해야만 이루어지고 해소된다. 오디세우스가 실질적으로 귀향에 걸리는 시간은 아주 짧고 그러기 위해 거치는 단계도 몇 개 되지 않는다. 오디세우스는 오기기에 섬에서 칼립소와 헤어져서, 타고 온 뗏목이 전복되자 파이아케스인들의 나라인 스케리아(Scheria)에 상륙해서 나우시카아(Nausikaa) 공주를 만나고 궁에 짧게 체류한 다음, 곧바로 이타케에 도착한다. 이 기간은 40일이 조금 넘는 시간이다. 그러나 이 기간 중에서도 마지막 5일, 다시 말해 오디세우스가 이타케에 도착하고 난 뒤의 5일에 아주 많은 사건이 일어난다. 호메로스는 이 기간을 아주 자세하게 묘사하면서 이 부분에 전체 24권의 반인 13권에서 24권까지를 할애하고 있다.

귀향의 책 「오디세이아」

오디세우스의 모험의 특징은 무엇일까? 그것은 바로 오디세우스의 모험의 종착지가 결국 고향의 가족이라는 것이 아닐까? 오디세우스의 모험이 지금까지 이야기한 영웅 이야기들에 비해 보다 더 가슴에 와 닿는 것은 고향의 가족에 대한 애타는 그리움을 노래한 것이기 때문이다. 그래서 호메로스의 작품 「오디세이아」에서는 모든 유혹과 위험에도 불구하고 이타케로 돌아가려는 오디세우스의 고향에 대한 동경이 전체 사건을 이어주는 중심 모티프이다. 그래서 「오디세이아」는 귀향의 책이다. 「일리아스」에서는 자존심에 상처를 입은 아킬레우스의 분노가 그 중심 모티프였다. 하지만 호메로스는

「오디세이아」에서는 작품 처음부터 아주 교묘하게 독자들의 기대 심리를 부풀어 올려서 오디세우스가 과연 어떻게 고향에 돌아갈 수 있을까 하고 궁금증을 불러일으킨다. 독자들에게 미리 오디세우스의 귀향의 이유이기도 한 아내 페넬로페가 구혼자들 때문에 아주 극심한 곤경에 처해 있으며, 페넬로페는 남편 오디세우스가 귀향을 해야만 그 곤경에서 벗어날 수 있다고 알려주기 때문이다. 여기서 고향이라는 것은 지리적인 개념이나 재산 그리고 사회적인 지위만을 의미하는 것이 아니다. 고향은 무엇보다도 인간들 사이의 유대 관계이자 소속감, 즉 인간관계를 의미한다. 그래서 호메로스는 「오디세이아」에서 귀향한 오디세우스가 잃어버린 인간관계를 회복하는 과정을 감동적으로 그려내고 있는데, 백미는 역시 아내 페넬로페가 그를 남편으로 인정하는 장면이다.

맨 먼저 오디세우스는 자신이 키우던 개에 의해 주인으로 인정받는다. 오디세우스가 늙은 거지로 분장하여 궁전 대문을 들어서자 대문간 가축의 오물이 쌓아놓은 곳에 아무렇게나 방치되어 죽음만을 기다리고 있던 늙은 개 아르고스는 본능적으로 20년 만에 돌아온 주인을 알아보고 혼신의 힘을 다해 꼬리를 가볍게 흔든다. 오디세우스는 눈물을 감추며 자신의 정체가 탄로날까 봐 개의 시선을 애써 외면하지만 개는 그 순간 그에게 다가오려다가 기쁨에 겨워 그리고 고령으로 죽음을 맞이한다. 아주 감동스런 장면이다.

오디세우스는 아들과 늙은 충실한 하인들에게는 자신이 오디세우스임을 고백하여 간단하게 각각 아버지와 주인으로 인정을 받는다. 어렸을 적 오디세우스의 유모 에우리클레이아는 페넬로페의 지시로 그의 발을 씻겨주다가 흉터를 발견하고 그를 알아본다. 그녀는 감격한 나머지 기쁜 소식을 페넬로페에게 그 사실을 알리려 하지만 오디세우스의 만류로 그만둔다. 이때부터는 오디세우스가 가족으로 인정받기 위해 인식의 수단이 필요하다.

이어 오디세우스는 인근 농장으로 아버지 라에르테스를 찾아가 아들임을 고백하지만 아버지는 그것을 의심한다. 그러자 그는 아버지에게 허벅지의 흉터를 내보이며 그것이 옛날 삼촌들과 사냥을 하다가 멧돼지의 엄니에 받혀 생긴 상처가 아물어 생겼다고 말한다. 그래도 아버지가 미심쩍어 하자 그는 어렸을 적 아버지로부터 선물로 받았던 과일나무들의 이름을 그루 수와 함께 정확하게 말한다. 그제야 노인은 감격에 겨워 한참 동안 무릎과 심장을 떨다가 마침내 아들을 와락 껴안는다.

오디세우스에게 육체적으로뿐 아니라 정신적으로도 완벽하게 정절을 지켰던 페넬로페는 그보다 한술 더 뜬다. 그녀가 침대에 얽힌 둘만이 아는 비밀을 통해 오디세우스의 진위를 밝히기 때문이다. 그녀는 자신 앞에 있는 사람이 구혼자들을 모두 죽였다면 남편 오디세우스임에 틀림이 없다고 생각하면서도 특유의 신중함으로 그를 시험한다. 페넬로페가 오디세우스를 구혼자들 중 하나일지 모른다며 계속 냉대를 하자 오디세우스는 20년 만에 돌아온 남편에게 이럴 수 있느냐며 아무데서나 잘 테니 침상이나 깔아달라고 말한다. 그러자 그녀는 유모 에우리클레이아에게 그를 위해 방 안에 있는 침상을 밖에다 깔아주라고 명령한다. 그러자 오디세우스가 깜짝 놀라며 대꾸한다. 자기가 살아 있는 올리브나무로 침상 다리를 만들어 그 주위에 침실을 만들고 집을 지었는데 어떻게 침상을 밖으로 옮길 수 있냐는 것이다. 그 말을 듣고 페넬로페도 시아버지처럼 무릎과 심장을 떨다가 오디세우스에게 달려가 울면서 목을 껴안고 얼굴에 키스 세례를 퍼붓는다.

14

제14장

아이네이아스의 모험

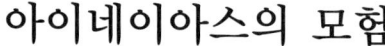

　아이네이아스의 모험은 트로이 전쟁에서 유일하게 살아남은 트로이의 장수 아이네이아스가 트로이 유민을 이끌고 바다를 방랑하다가 이탈리아를 발견하여 아들 실비우스에게 알바 롱가라는 도시를 건설하게 함으로써 로마의 초석을 닦는 이야기이다. 로마 시인 베르길리우스의 「아이네이스」는 아이네이아스의 모험을 처음으로 체계적으로 정리한 작품이다. 「아이네이스」는 로마의 건국 신화 중 하나인 셈이다. 우리가 이 장에서 다루게 될 아이네이아스의 모험도 그의 작품에 근거한 것이다.

　아이네이아스가 이탈리아에 도착해서 원주민들과 벌인 전쟁은 트로이 전쟁처럼 정복 전쟁의 성격이 진하다. 그래서 베르길리우스의 「아이네이스」는 아이네이아스의 이탈리아 정복을 미화하는 이데올로기이다. 아이네이아스는 정의를 내세우지만 그것은 어디까지나 아이네이아스를 비롯한 트로이인들의 정의일 뿐이다. 원주민들에게는 그들에 합당한 정의가 있다. 원주민의 입장에서 보면 아이네이아스 일행은 이탈리아 반도에 평화롭게 살고 있던 자신들을 공격하여 그들의 삶을 송두리째 뒤흔들어놓은 이방인에 불과하다.

베르길리우스는 「아이네이스」를 아우구스투스 황제의 부탁으로 쓰기 시작했다. 매우 꼼꼼하여 완벽한 작품을 원했던 베르길리우스는 지인들에게 혹시 자신이 이 작품을 완성하지 못한 채 죽거든 원고를 소각해 버리라고 유언했다. 하지만 베르길리우스가 우려한 대로 집필 도중 그가 죽자 아우구스투스는 그의 유언을 무시하고 전문가들을 시켜 원고를 거의 손을 보지 않은 채 출간하도록 했다. 베르길리우스가 죽은 BC 19년과 BC 29년 사이에 집필한 것으로 보이는 이 작품은 총 12권 약 10,000행의 시어로 이루어져 있다.

아이네이아스는 트로이 장수들 중에서 헥토르 다음으로 용감했다고 알려져 있다. 하지만 그는 호메로스의 「일리아스」에 서술된 트로이 전쟁에서는 미미한 전공은 세우지만 그리 중요한 역할을 하지 않는다. 몇 번이나 큰 위험에 빠졌다가 신들의 도움으로 간신히 살아남을 뿐이다. 호메로스는 마치 베르길리우스가 나중에 그에게 로마 건국의 대업을 맡기려는 것을 미리 알고 있었던 것처럼 그를 트로이 전쟁에 살짝 데뷔만 시킨 뒤 아껴둔 것이다.

1. 아프로디테의 아들, 아이네이아스

아이네이아스(Aineias)의 아버지는 앙키세스(Anchises)였다. 앙키세스는 트로이의 세력권에 있던 다르다니아의 왕이었다. 그는 카피스(Kapys)와 테미스테(Themiste)의 아들로 트로이의 명조 트로스(Tros)의 자손이다. 어머니 테미스테가 트로이의 왕 라오메돈의 누이였으니 그와 라오메돈은 조카 사이였다.

앙키세스는 용모가 빼어났다. 하늘에서 지상을 관찰하던 아프로디테가 그의 수려한 외모를 보고 단숨에 마음을 빼앗겼다. 앙키세스가 이다 산에서 가축을 돌보고 있을 때 아프로디테가 그의 앞에 나타나 말했다. 물론 다른 여자의 모습으로 변장한 채였다.

아프로디테와 앙키세스, Benjamin Robert Haydon, 1826

"저는 프리기아의 왕 오트레우스(Otreus)의 딸이랍니다. 오래전부터 앙키세스 님을 사모하고 있었습니다. 저의 마음을 받아주세요."

앙키세스는 뭔가 꺼림칙했다. 여자가 갑자기 나타난 것도 그렇지만 먼저 사랑을 고백하는 것이 어색했다. 하지만 여자가 싫지 않았다. 굉장히 예뻤기 때문이다. 예쁘면 정말 모든 것이 용서되는 모양이다. 그는 며칠 동안 그녀와 꿈결같이 달콤한 시간을 보냈다.

올림포스 궁전으로 돌아갈 때가 되자 아프로디테 여신은 앙키세스에게 자신의 정체를 밝혔다. 앙키세스의 얼굴이 금방 일그러졌다. 불길한 생각이 그의 머리를 스치고 지나갔다. 여신들과 사랑을 나눈 인간들은 모두 결말이 좋지 않았다. 그의 마음을 눈치 채고 아프로디테 여신이 달랬다.

"나는 앞으로 아들을 하나 낳을 것이다. 아들은 우선 요정들에게 맡길 것이다. 다섯 살이 되면 너에게 데려다 주겠다. 그때 아이 이름은 아이네이아스(Aineias)로 지어라! 아이 어머니가 누구인지만 발설하지 마라! 그러면 아무런 문제가 없을 것이다. 아이 어미가 누구냐고 묻거든 그냥 요정이라고만 말해라! 트로이의 운명은 앞으로 그의 어깨에 달려 있다. 그의 후손은 자자손손 끊이지 않을 것이다."

아이네이아스가 아버지 앙키세스의 품으로 돌아오고 얼마 지나지 않았을 때였다. 대취한 앙키세스가 그만 술김에 사람들에게 아들의 출생의 비밀을 털어놓고 말았다. 그 순간 하늘에서 제우스의 번개가 날아왔다. 그 후 앙키세스는 다리에 번개를 맞은 후유증으로 평생 절름발이로 지냈다. 제우스가 왜 앙키세스에게 번개를 쳤을까? 제우스는 신의 비밀을 함부로 누설한 앙키세스에게 경고를 하고 싶었던 것이다.

2. 트로이 전쟁에서의 아이네이아스

앙키세스는 어린 아들의 교육을 누이의 남편 알카토오스(Alkathoos)에게 맡겼다. 아이네이아스는 고모부 밑에서 훌륭한 청년으로 자라 아버지를 이어 다르다니아의 왕이 되었다. 그는 트로이 지역에서 헥토르(Hektor) 다음으로 용감했다. 트로이 전쟁이 발발하자 그는 헥토르의 지휘 아래 많은 전투에 참가했다. 그의 맨 처음 상대는 아킬레우스였다. 그는 이데 산에서 자신의 가축을 약탈하는 아킬레우스를 보고 달려들었지만 아킬레우스의 상대는 되지 못했다. 그는 패배하여 근처의 리르네소스(Lyrnessos)로 피신했지만 그곳도 아킬레우스가 쳐들어 와 함락되고 말았다. 제우스가 돕지 않았다면 그는 하마터면 목숨을 잃을 뻔했다.

그는 그리스 장수 디오메데스(Diomedes)와의 결투에서는 심한 상처를 입기도 했다. 그때 아프로디테도 아들을 구하려다 디오메데스의 창에 손이 찔렸다. 그사이 아폴론이 아이네이아스를 구름에 감싸 피신시켰고 아르테미스와 레토 여신이 그의 상처를 치료해 주었다. 다시 전투에 복귀한 아이네이아스는 그리스군의 장수 크레톤(Kreton)과 오르실로코스(Orsilochos)를 비롯하여 많은 적군을 죽였다. 파트로클로스(Patroklos)의 시신을 놓고 벌어진 치열한 공방전에도 참여했다. 하지만 디오메데스와의 대결에서는 그를 쓰러뜨리지 못했다. 그는 아폴론의 사주로 다시 아킬레우스와 대결을 벌일 객기도 부려보지만 다시 포세이돈의 도움으로 위기를 벗어났다.

아이네이아스는 이처럼 신들의 보호를 받는 축복받은 영웅이었다. 그는 진심으로 신들에게 복종했고, 신들은 경건한 그에게 위대한 운명을 약속했다. 신들은 기회 있을 때마다 트로이인의 운명이 그의 손에 달려 있다고 말해 주었다.

그리스군이 거짓 철수하자 그들이 해변에 남긴 목마를 놓고 트로이인들 사이에 설전이 벌어졌다. 어떤 사람은 불태워 버려야 한다고 했고, 다른

라오코온, El Greco, 1604-1614

사람들은 성 안으로 가져가야 한다고 했다. 아폴론 신전의 신관 라오코온(Laokoon)은 전자에 속했다. 그는 욕설을 퍼부으며 목마를 향해 창을 던졌다. 바로 그 순간 바다에서 커다란 뱀 두 마리가 튀어나왔다. 뱀들은 나는 듯이 잽싸게 라오코온 근처에서 놀고 있던 두 아들에게 달려들더니 그들의 몸을 친친 감았다. 아들들의 비명을 듣고 라오코온이 달려왔지만 그도 뱀의 똬리 속으로 빨려 들어갔다. 셋은 결국 숨이 막혀 죽고 말았다.

　아이네이아스는 이 사건을 직접 목격하고 본능적으로 불길한 예감이 들었다. 아버지 앙키세스와 아프로디테 여신도 그에게 빨리 몸을 피신하라고 충고했다. 그는 즉시 짐을 꾸려 가족과 측근들을 데리고 이데(Ide) 산으로 들어갔다. 트로이가 몰락하기 바로 전이었다. 다른 설에 의하면 아이네이아스는 트로이가 몰락하자 화염을 뚫고 이데 산으로 피신하여 흩어진 유민들을 모아 산 기슭에 새로운 도시를 세우고 다스렸다. 이때 그는 트로이에서 가장 신성시하는 페나테스(Penates)와 팔라디온(Palladion) 상은 가져왔다. 페나테스는 두 젊은이의 좌상으로 형상화된 가정을 지키는 조상신들이고 팔라디온 상은 트로이를 지켜준다는 아테나 상이었다. 이 설에 따르면 아프로디테가 파리스의 심판 이후 트로이의 왕자 파리스에게 헬레네를 소개해 줌으로써 트로이 전쟁을 일으킨 것도, 사실은 자신의 아들에게 트로이의 운명을 넘겨주기 위해서였다고 한다.

3. 아이네이아스의 모험 경로

베르길리우스(Vergilius)의 「아이네이스」의 제1권은 아이네이아스 일행이 카르타고(Karthago)에 도착한 것으로부터 시작한다. 하지만 시간적으로 보면 그리스군에 의해 철저하게 파괴되어 화염에 불타는 트로이 이야기가 맨 먼저이다. 「오디세이아」의 제1권이 텔레마코스가 아버지를 찾아 필로스(Pylos)의 네스토르(Nestor)와 스파르타(Sparta)의 메넬라오스(Menelaos)를 방문하는 장면에서 시작하지만, 시간적으로 보면 오디세우스 일행이 트로이를 떠나 키코네스족이 사는 나라에 상륙하는 것이 맨 먼저인 것과 마찬가지이다.

우리는 「아이네이스」의 서술자가 풀어내는 이야기의 순서를 따라가지 않고, 원래의 자연적인 시간의 순서를 따라갈 것이다. '오디세우스의 모험'에서와 같은 서술 방식이다. 이런 방식이 전자의 방식보다 독자들이 줄거리를 이해하기 훨씬 쉬울 것이라는 생각에서이다. 또한 베르길리우스의 작품에서는 인명이나 지명이 모두 라틴어로 되어 있지만, 우리는 그리스어로 표기할

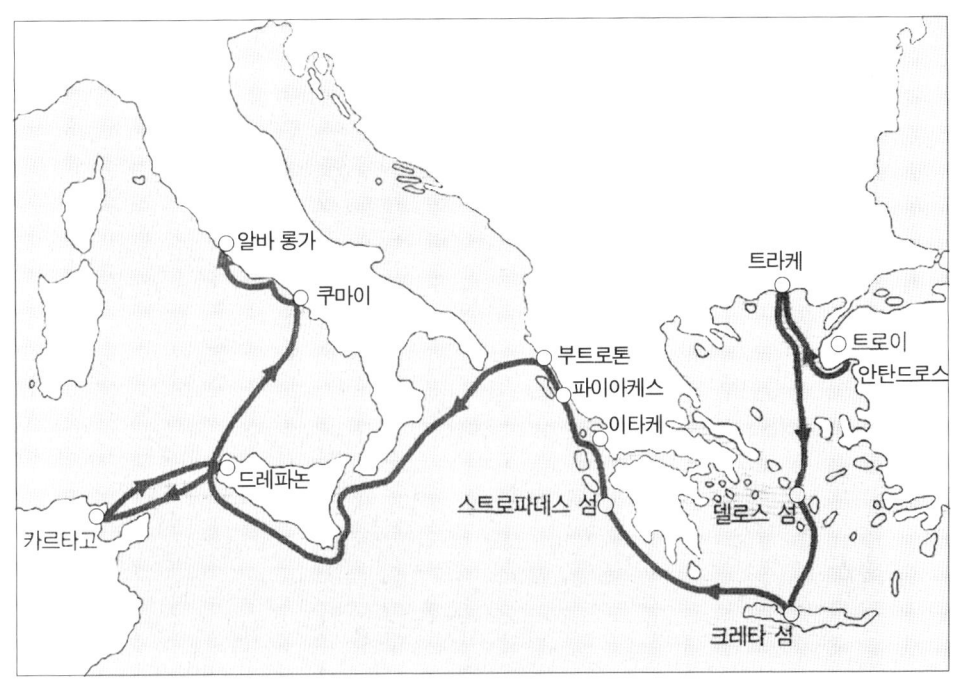

아이네이아스의 모험 경로

것이다. 가령 미의 여신 베누스(Venus)는 아프로디테(Aphrodite)로, 주인공 '아이네이아스(Aeneas)'는 아이네이아스(Aineias)로 그의 아들 '아스카니우스(Askanius)'는 '아스카니오스(Askanios)' 등으로 표기한다.

아이네이아스는 트로이가 화염에 휩싸이자 유민을 이끌고 이데 산을 향했다. 연로하신 아버지는 사자 모피를 어깨에 두른 채 목말을 태웠고, 아들 아스카니오스는 손을 잡고 걸어가게 했다. 그의 아내 크레우사(Kreusa)는 남편의 뒤를 따르다 도중에 남편을 놓치고 목숨을 잃었다. 1세기경의 아테네의 신화 작가 아폴로도로스(Apollodoros)에 따르면 그리스군은 아이네이아스의 아버지에 대한 사랑에 감동하여 그를 죽이지 않고 순순히 보내주었다고 한다.

트로이를 탈출하는 아이네이아스, Federico Barocci, 1598

1) 이데 산 기슭 안탄드로스

아이네이아스는 이데 산 기슭 안탄드로스(Antandros) 시에 몇 달간 머문 채 배를 건조하며 항해 준비를 했다. 여름이 되자 마침내 아이네이아스는 유민을 이끌고 출항했다. 새로운 국가를 건설할 곳을 물색하기 위해서였다. 선단 규모는 총 20척이었다.

2) 트라케

그들이 맨 처음 도착한 곳은 트라케(Thrake)였다. 그들은 해안에 제단을 쌓고 신들에게 제물을 바친 다음 땔감을 준비하기 위해 숲 속으로 들어갔다.

나무를 베던 부하들이 갑자기 끔찍한 비명을 질렀다. 나무가 피를 흘리며 말을 했다.

"아이네이아스여, 왜 나를 괴롭히는가? 나는 프리아모스의 아들 폴리도로스(Polydoros)의 혼령이다. 나는 트라케의 왕이었던 매형에게 억울하게 죽었다. 이곳은 네가 나라를 건설하기에 적합하지 않은 곳이다. 배반자의 혈족이 다스리는 땅이기 때문이다."

폴리도로스는 프리아모스와 헤카베의 막내아들이었다. 트로이 전쟁 초기 프리아모스는 트라케의 왕이자 사위인 폴리메스토르(Polymestor)에게 전세가 트로이에게 불리하게 돌아가면 잘 키워달라는 부탁과 함께 어린 폴리도로스를 맡겼다. 아들이 일생을 살기에 충분한 보물도 주었다. 하지만 폴리메스토르는 트로이가 몰락하자 보물에 눈이 어두워 처남을 죽여 바다에 버렸다. 아이네이아스는 소문으로 들은 그 사실을 기억하고 치를 떨었다. 그는 얼른 짐을 꾸려 도망치듯 트라케를 빠져나왔다.

3) 델로스 섬

며칠간 평온한 항해가 계속되다가 멀리서 희미하게 섬이 보였다. 아폴론과 아르테미스가 태어난 델로스(Delos) 섬이었다. 그곳 왕은 그들을 반갑게 맞아주었다. 통성명을 하고 보니 그는 바로 아버지 앙키세스의 오랜 친구 아니우스(Anius)였다. 아이네이아스는 며칠간 그곳에 머물면서 여독을 풀었다. 떠나기 전 그는 그곳의 아폴론 신전에 가서 어디로 가야 할지 신탁을 물었다. 세발솥 위에 앉아 있던 사제가 신탁을 전했다.

"너희 조상의 품으로 가라! 너희들의 옛 어머니를 찾아라! 그곳에서 아이네이아스의 집안은 전 세계를 지배할 것이다!"

델로스 섬의 아이네이아스, Claude Lorrain, 1671-1672

4) 크레타

신탁의 내용이 약간 아리송했지만 모두는 환호성을 질렀다. 아이네이아스의 아버지 앙키세스가 신탁이 말한 조상의 품을 크레타로 해석했다. 트로이인의 선조로 알려진 테우크로스(Teukros)가 크레타 출신이었기 때문이다. 그들은 즉시 크레타로 가서 집을 짓고 성벽을 쌓았다. 어느 정도 왕궁의 모습이 갖추어지자 열심히 밭을 갈고 씨앗을 뿌렸다. 하지만 갑자기 가뭄이 들어 모든 작물이 햇볕에 타고 말았다. 망연자실하고 있는 그에게 앙키세스가 델로스로 돌아가서 아폴론 신에게 다시 신탁을 물어보자고 제안했다. 떠나기 전날 밤 아이네이아스의 꿈속에 조상신 페나테스(Penates)가 나타나 말했다.

"아이네이아스여, 이곳은 델로스에서 아폴론 신이 말한 곳이 아니다. 신께서 말한 곳은 여기서 아주 멀리 떨어져 있다. 그리스인들은 그곳을 헤스페리아라고 부른다. 너희들의 조상 다르다노스(Dardanos)와 이아시온(Iasion)이 태어난 곳이기도 하다."

아이네이아스는 즉시 아버지 앙키세스를 깨웠다. 앙키세스는 아들의 말을 듣고 카산드라(Kassandra)가 한 말이 생각났다. 그녀는 트로이가 몰락하고 앙키세스의 다르다노스족이 새로운 나라를 건설할 것이라고 예언했다. 그곳은 헤스페리아(Hesperia), 혹은 이탈리아(Italia)라고 했다. 그 당시 카산드라의 예언은 아무도 믿지 않았지만 결국 그녀의 예언은 다 맞지 않았던가?

5) 스트로파데스 군도

아침에 아이네이아스의 꿈 이야기를 듣고 모두들 환호성을 질렀다. 그들은 들뜬 마음으로 이탈리아를 향해 출발했다. 밤이 되자 무서운 폭풍우가 몰아쳤다. 노련한 조타수 팔리누로스(Palinuros)조차도 방향을 가늠할 수 없었다. 엄청난 파도가 그들을 근처의 해안으로 밀어 붙였다. 그곳은 펠로폰네소스 반도를 마주 보고 늘어서 있는 스트로파데스(Strophades) 군도 중 한 섬이었다.

섬에는 피네우스(Phineus)의 섬에서 아르고 호의 선원이자 북풍신 보레아스(Boreas)의 아들인 제테스(Zetes)와 칼라이스(Kalais)에게 쫓겨난 괴물 새 하르피이아이(Harpyiai)들이 살고 있었다. 그 괴조(怪鳥)의 얼굴은 처녀지만 몸통은 새의 모습이었다. 항상 굶주려 얼굴은 초췌했고 배설물은 지독한 악취를 풍겼다. 아이네이아스 일행은 그런 사실도 몰랐다. 그들은 주변에 노니는 염소떼와 소떼 중 몇 마리를 잡아 음식을 만들어 막 먹으려 했다. 바로 그때 어디선가 쏜살같이 하르피이아이들이 날아와 발톱으로 음식을 낚아채 갔다. 남아 있는 음식도 배설물을 쏟아 도저히 먹을 수가 없었다. 동굴로 숨어

하르피이아이들과 싸우는 아이네이아스와 그의 부하들, François Perrier, 1646-1647

식사를 해도 소용없었다. 마침내 모두들 칼을 들고 위협하자 그들 중 켈라이노(Kelaino)라는 하르피이아이 한 마리가 높은 바위 위에 앉더니 말했다.

"트로이의 유민들이여, 남의 섬에 와서 마음대로 짐승을 잡는 것도 모자라 이제는 우리를 섬에서 쫓아내려 하는구나. 이곳은 너희들이 있을 곳이 아니다. 아폴론 신의 전갈이다. 당장 이탈리아로 가라. 너희들은 그곳에 도착하면 너무나 배가 고파 식탁마저도 먹어치우게 될 것이다."

6) 부트로톤

트로이인들은 한 편으로는 기쁘면서도 배고파 고생한다는 말에 걱정스러운 표정을 지었다. 앙키세스가 하늘을 우러러 신들의 가호를 빌며 출항을 명령했다. 그들은 오디세우스의 고향 이타케를 지나다가 목마를 만들어 트로이를 몰락시킨 그를 저주했다. 그리스 본토 해안을 따라 계속 항해하던 선단은 파이아케스인들의 나라를 거쳐 카오니아(Chaonia) 포구로 들어갔다. 그곳에 상륙한 일행은 곧장 부트로톤(Buthroton) 시로 향했다. 그곳은 프리아모스의 아들이자 트로이의 장수이자 예언가였던 헬레노스(Helenos)가 통치하고 있었다. 헬레노스는 트로이 전쟁 때 그리스에 협력한 공으로 목숨을 건져 그곳에 정착했다. 아킬레우스의 아들 네오프톨레모스가 차지한 헥토르의 미망인 안드로마케(Andromake)도 그와 함께 있었다. 네오프톨레모스가 메넬라오스의 딸 헤르미오네(Hermione)와 결혼하기 위해 그녀를 헬레노스에게 양보했기 때문이다. 감격의 해후를 한 뒤 헬레노스가 그들을 아폴론 신전으로 안내했다. 앙키세스가 앞으로 어떻게 해야 할지 신탁을 묻자 사제가 말했다.

"앙키세스여, 자세하게 말하지는 않겠소. 그건 헤라 여신이 금지했기 때문이오. 하지만 아무 걱정 마시오. 그대들은 신의 뜻에 따라 항해를 하고 있는 것이오. 그렇다고 당장 이탈리아에 가게 된다는 것은 아니오. 앞으로 가야 할 길이 많이 남았소. 지하 세계도 가야 하고 키르케가 사는 섬인 아이아이에 옆도 통과해야 하오. 모든 역경을 이기고 이탈리아에 도착하거든 우선 강을 찾으시오. 그러면 강가 떡갈나무 밑에 거대한 흰 암퇘지가 서른 마리의 새끼와 함께 누워 있는 곳이 있을 것이오. 바로 그곳이 그대들이 터전으로 삼을 곳이오."

사제는 이밖에도 많은 얘기를 해주었다. 이탈리아의 동해안으로 가지 말

것이며, 스킬라(Skylla)와 카립디스(Charybdis)도 우회하라고 충고했다.

7) 폴리페모스의 섬

그들은 신탁대로 이탈리아 남부 해안을 따라 가다가 아이트나(Aitna) 산이 있는 시칠리아 남부의 조그만 포구에 기항했다. 바로 옆에서는 아이트나 산이 간헐적으로 굉음을 내며 연기를 뿜고 있었다. 산 밑에는 기간테스 엥켈라도스(Enkelados)가 제우스에게 대들다가 아테나에 잡혀 갇혀 있었다. 그가 고통에 못 이겨 돌아누울 때마다 굉음이 생겨났다. 그들이 상륙한 장소는 키클로페스들의 주거지로 오디세우스가 폴리페모스(Polyphemos)를 곯려준 곳이었다. 아침이 되자 갑자기 근처 숲속에서 거지 행색을 한 사람이 하나 걸어 나왔다. 그는 트로이의 깃발과 무구를 보더니 멈칫하다가 이내 그들에게로 달려와 엎드렸다. 그는 구슬프게 흐느끼면서 자기를 제발 어디로든지 데려가 달라고 애원했다. 앙키세스가 오른손을 내밀어 그를 부축하며 누구인지 묻자 그가 대답했다.

"제 이름은 아다마스투스(Adamastus)의 아들 아카이메니데스(Achaimenides) 입니다. 이타케 출신으로 오디세우스를 따라 트로이 전에 참전했습니다. 저는 귀향하다가 오디세우스와 함께 이 섬에 왔다가 폴리페모스의 동굴에 들어간 적이 있습니다. 우리는 그 안에서 정말 끔찍한 일을 경험했습니다. 눈앞에서 폴리페모스가 동료들을 벽에 메쳐 잡아먹곤 했으니까요. 그런데 그만 실수로 동료들이 폴리페모스를 피해 달아나다가 경황 중에 저를 남겨 두고 떠나버렸습니다. 저는 벌써 세달 동안이나 키클로페스들을 피해 가슴 졸이며 살아왔습니다."

호랑이도 제 말을 하면 나타난다고 했던가. 그가 말을 마치자마자 폴리페모스가 지팡이를 짚고 양떼를 몰고 그들과 가까운 해변으로 다가왔다. 그는

키클로페스 폴리페모스, Annibale Carracci, 1595-1605

물속으로 들어가더니 눈에서 아직도 흘러내리는 피를 바닷물로 씻었다. 공포에 질린 아이네이아스 일행은 조심스럽게 아카이메니데스를 배에 태우고 재빨리 노를 저었다. 하지만 그들의 움직임을 감지한 폴리페모스가 그들을 향해 누구냐고 소리를 질렀다. 그의 고함 소리를 듣고 폴리페모스의 동료들이 모여들었다. 정말 아찔한 순간이었다.

8) 드레파논에서 앙키세스의 죽음

그들은 시칠리아 섬 해안을 따라 북쪽으로 올라가다가 드레파논(Drepanon) 항구로 들어갔다. 그곳에 상륙하자마자 헬레노스와 무서운 괴물새 켈라이노도 예언하지 못했던 슬픈 일이 일어났다. 아이네이아스의 아버지 앙키세스가 사람들과 이야기를 나누다가 갑자기 그만 숨을 거두고 말았던 것이다. 그들은 앙키세스를 정성스레 장사지낸 다음 그곳을 출발하여 북쪽을 향했다. 헤라 여신이 하늘에서 그들을 발견하고 바람의 지배자 아이올로스(Aiolos)에게 트로이 선단을 파괴하라고 명령했다. 여신은 아직도 아프로디테 여신과 트로이인들에게 앙심을 품고 있었다. 질투의 화신 헤라로서는 당연히 그럴 만했다. 트로이인 파리스가 헤라를 무시하고 아프로디테 여신에게 황금사과를 주었기 때문이다. 게다가 트로이인들은 제우스와 그의 연인 엘렉트라(Elektra)의 아들 다르다노스(Dardanos)의 후손이었다. 아이올로스는 즉시 헤라의 명령을 수행했다. 남풍과 동풍이 심하게 불기 시작하고 트로이의 선단은 사방으로 흩어졌다. 포세이돈이 갑자기 폭풍우가 이는 것을 보고 남풍과 북풍을 불러 꾸짖었다.

"당장 바다에서 물러가라! 바다의 지배권은 원래 내 것이다. 너희 주인 아이올로스에게 이 말을 꼭 전해라!"

헤라와 아이올로스, Domenico Muzzi, 1790년경

9) 카르타고의 디도 여왕

곧 다시 파도가 잔잔해졌지만 이미 아이네이아스의 선단은 뿔뿔이 흩어진 후였다. 아이네이아스는 간신히 일곱 척을 수습하여 가까운 해안에 상륙했다. 그들이 파도에 휩쓸려 간 곳은 아프리카 북부 해안이었다. 아이네이아스는 우선 숲에 들어가 사슴을 잡아와 구워 먹으며 지친 부하들을 달랬다. 식사가 끝나자 그는 절친한 친구 아카스테(Achaste)와 섬을 정찰하다가 왕궁 하나를 발견하고 안으로 들어갔다. 그곳은 디도(Dido) 여왕이 다스리는 나라였다.

디도는 페니키아 티로스(Tyros)의 왕 무토(Mutto)의 딸이었다. 디도가 재력가이자 숙부인 시카이우스(Sychaius)와 결혼하자 동생 피그말리온(Pygmalin)은 재산이 탐이 나 매형을 살해했다. 디도는 잔인한 동생에게 절망했다. 더 이상 조국에 남아 있을 수가 없었다. 그래서 그녀는 뜻을 같이 하는 귀족들과 함께 남편의 재산을 모두 챙겨 티로스를 탈출했다. 그녀는 이곳에 카르타고(Karthago)라는 도시를 건설하고 있었다.

아이네이아스가 그녀에게 신분을 밝히고 그간의 모험을 이야기했다. 그녀는 이미 트로이 전쟁과 아이네이아스의 활약을 들어 알고 있었다. 그녀는 그에게 호감을 보이며 모든 편의를 제공하겠다고 약속했다. 그걸 보고 아프로디테 여신과 헤라 여신이 이들을 맺어주기로 합의했다. 하지만 그들은 속셈이 달랐다. 아프로디테는 아이네이아스의 신변 안전을 위해서였고, 헤라는 얄미운 아이네이아스를 아예 그곳에 눌러앉게 할 심산이었다.

10) 아이네이아스와 디도의 사랑

마침 아이네이아스가 전령을 보내 아들 아스카니오스(Askanios)를 데려오라고 지시했다. 에로스가 어머니 아프로디테의 부탁을 받고 아스카니오스 대신 그의 모습으로 변신했다. 아이네이아스는 아들이 오자 기뻐하며 그를 안고 얼렀다. 그걸 보고 디도도 아이를 안아보고 싶어 했다. 디도가 아이네이아스로부터 아스카니오스를 건네받는 순간 에로스는 재빨리 그녀의 심장에 황금화살로 상처를 냈다. 그때부터 아이네이아스에 대한 디도의 마음은 손님에 대한 호의에서 갑자기 불타는 사랑으로 바뀌었다. 아이네이아스를 일행에게 보내놓고 애를 태우던 디도는 동생 안나(Anna)에게 속마음을 털어놓았다. 동생은 기뻐하며 이제 그만 형부를 잊고 아이네이아스와 새 출발을 하라고 충고했다.

어느 날 아이네이아스를 위한 사냥 대회가 벌어졌다. 제우스가 헤라의 부탁을 받고 주변에 두 사람만 남아 있을 때 갑자기 소나기를 퍼붓게 했다.

디도와 아이네이아스의 만남, Nathaniel Dance-Holland(1735-1811)

둘은 비를 피해 근처의 동굴로 들어갔다. 좋은 기회라고 생각한 디도가 사랑을 고백하자 아이네이아스도 내심 그녀에게 마음을 빼앗겼던 터라 그녀의 애정을 받아들였다. 그들은 동굴 속에서 억눌렀던 연정을 불태웠다.

그날부터 둘 사이가 깊어갔다. 아이네이아스는 더 이상 출항할 생각을 하지 않고 아예 그곳에 눌러 앉을 태세였다. 소문의 여신 파마(Fama)가 가만히 있을 리 없었다. 그녀는 재빨리 근처 누미디아(Numidia)족 이아르바스에게 날아가 염장을 질렀다. 디도에게 청혼했다가 거절당한 적이 있었던 이아르바스(Iarbas)는 질투심에 불타 분노했다. 그는 자신의 수호신 제우스에게 기도하며 원망했다. 제우스는 그의 분노도 달래주고 싶었지만 본분을 잃고 있는 아이네이아스가 더 안타까웠다. 그는 아들 헤르메스를 불러 말했다.

"아이네이아스는 지금 무엇을 하고 있는가? 내가 그를 전쟁터에서 두 번이나 구해 주고 폭풍우에서도 몇 번 구해 준 것은 여기서 눌러앉아 살라는 뜻이 아니었다. 그는 나를 위해 로마를 건설해야 한다. 그에게 당장 배를 타고 떠나라고 일러라!"

11) 아이네이아스의 출발과 디도의 자살

헤르메스는 날개 달린 신발을 신고 잽싸게 아이네이아스에게 날아갔다. 아이네이아스는 이제 완전히 카르타고인이 된 것 같았다. 그는 디도가 만들어준 옷을 입고 궁전 건축을 감독하고 있었다. 헤르메스는 다른 사람이 보이지 않게 그에게 다가가 귀에 대고 제우스의 말을 전했다. 아이네이아스는 그제야 정신을 차렸다. 그는 당장 믿을 만한 부하들을 불러 은밀히 출항 준비를 하라고 시킨 다음 디도에게 알리지도 않고 출발했다. 디도는 아이네이아스가 말없이 떠나버리자 배신감에 치를 떨었다. 며칠 동안 괴로워하던 그녀는 동생 안나를 불러 궁정 마당에 장작을 쌓으라고 지시했다. 아이네이아스가 남겨둔 무기나 옷 그리고 함께 쓰던 침대도 올려 태우라고 했다. 장작에 불이 활활 타오르자 디도는 갑자기 화염에 싸인 침대 위로 몸을 던졌다. 정말 눈 깜짝 할 사이였다. 동생 안나가 언니를 잡으려고 손을 내밀었지만 소용이 없었다.

12) 시칠리아

아이네이아스 일행은 시칠리아에 다시 도착했다. 이번에는 아이게스테스(Aigestes) 왕이 다스리는 지역이었다. 그는 아이네이아스의 먼 친척뻘이었다. 트로이 귀족의 딸이었던 아이게스타(Aigesta)의 아들이었기 때문이다. 그녀가 이곳에 정착하게 된 경위는 이렇다. 트로이의 왕 라오메돈(Laomedon)이

디도, Johann Heinrich Füssli, 1781

디도, Joseph Stallaert, 1871

성벽을 쌓아준 아폴론과 포세이돈에게 약속한 임금을 주지 않은 적이 있었다. 화가 난 포세이돈은 바다의 괴물로, 아폴론은 역병을 일으켜 트로이를 황폐하게 만들었다. 라오메돈이 재앙에서 벗어날 방도를 묻자, 신탁은 귀족 집안의 처녀를 바다의 괴물에게 재물로 바치라고 했다. 많은 귀족들이 그 말을 듣고 딸을 구하려고 외국으로 보냈다. 그때 아이게스타의 아버지 히포테스도 어떤 상인에게 딸을 부탁했고, 상인은 그녀를 시칠리아로 데려왔다. 그때 아이게스타는 시칠리아의 강의 신 크리미소스(Krimisos)의 눈에 들어 그의 아들 아이게스테스를 낳았던 것이다.

아이네이아스는 이곳에서 아이게스테스 왕의 극진한 환대를 받았다. 그는 마침 기일이 된 아버지를 위해 추모 경기를 열기도 했다. 그런데 트로이의 여인들이 갑자기 선단에 불을 질렀다. 7년 동안의 항해에 지친 그들을 헤라 여신이 부추겼기 때문이다. 여인들은 배가 없으면 아이네이아스가 그곳에 정착할 것이라고 생각했다. 다행히 배는 네 척만 불에 탔다. 제우스가 때마침 비를 내려주었기 때문이다. 상심해 있는 아이네이아스에게 그날 밤 죽은 앙키세스가 나타나 제우스의 명령을 전했다.

"아이네이아스야, 네 백성들 가운데 가장 용감한 자들만 골라 이탈리아로 데려가라! 너는 그곳 라티움(Latium) 땅에서 사나운 라티니(Latini) 부족과 전쟁을 치러야 될 것이다. 하지만 너는 그 전에 지하 세계를 방문해서 나를 만나야 한다. 아폴론 신의 사제 시빌레(Sibylle) 여신이 너의 미래를 예언해 주고 지하 세계로 안내할 것이다. 그녀는 쿠마이(Cumae) 해변의 동굴에 살고 있다."

13) 키잡이 팔리누로스의 죽음

아이네이아스는 아버지의 말대로 노약자들과 항해에 소극적인 자들은 시칠리아에 남겨두고 원하는 자들만 데리고 이탈리아를 향해 출발했다. 남은 자들은 그곳에 아케스타라는 도시를 건설했다. 그들이 출항하고 얼마 되지 않아 키잡이 팔리누로스(Palinuros)에게 잠의 신이 조용히 다가왔다. 잠의 신은 팔리누로스에게 배는 평온한 바다에 맡기고 눈을 좀 붙이라고 꼬드겼다. 팔리누로스는 펄쩍 뛰며 거부했지만 잠의 신이 살랑살랑 졸음을 불어넣자 마침내 꾸벅꾸벅 졸기 시작했다. 잠의 신은 기다렸다는 듯이 몸을 구부려 그를 자리에서 바다 속으로 슬그머니 밀어버렸다. 그는 키의 일부를 손에 꽉 쥔 채 비명을 지르며 바다로 떨어졌다.

아이네이아스와 쿠마이의 시빌레, François Perrier, 약 1646년경

14) 이탈리아의 쿠마이

키잡이가 없어도 배는 포세이돈의 도움으로 순항하여 마침내 이탈리아 해안 쿠마이(Cumae)에 도착했다. 동료들이 환호성을 지르며 이곳저곳을 쏘다니는 사이에 아이네이아스는 시빌레 여신이 사는 동굴을 찾았다. 시빌레는 신탁을 묻는 아이네이아스에게 앞으로 이탈리아에서 일어날 일들을 수수께끼 같은 말로 늘어놓았다. 그는 꿈속에 나타난 아버지가 말한 대로 그녀에게 지하 세계로 안내해 달라고 부탁했다. 그녀는 우선 숲에 가서 지하 세계의 출입증인 황금가지를 꺾어오라고 시켰다. 고대에 겨우살이는 겨울에도

황금빛으로 빛나 황금가지로 불렸고 신성한 나무로 여겼다. 다행히 아이네이아스는 산속에서 참나무 가지에 걸려 있는 그것을 손쉽게 발견할 수 있었다.

15) 지하 세계 방문

지하 세계의 강 스틱스 강가에는 장례를 치르지 못한 영혼들이 방황하고 있었다. 뱃사공 카론이 그들을 강 저편으로 건네주지 않았기 때문이다. 그들은 장례를 치르지 않아 배 삯을 치를 노잣돈이 없었다. 그들 중에는 키잡이 팔리누로스도 보였다. 아이네이아스는 그에게 돌아가면 즉시 장례를 치러주겠다고 약속했다. 시빌레가 황금가지를 보이자 카론(Charon)은 아무 말 없이 그녀와 아이네이아스를 배에 태워 스틱스 강을 건네주었다.

지하 세계에서 아이네이아스는 수많은 혼령들을 보았다. 디도(Dido)의 영혼도 만났다. 그는 그녀에게 말을 걸려고 했지만 그녀는 그를 보더니 갑자기 다른 쪽으로 홱 방향을 돌려 버렸다. 아직도 그에게 분이 안 풀린 것 같았다. 그들은 복수의 여신 세 자매인 에리니에스(Erynies) 중 하나인 티시포네(Tisiphone), 미노스(Minos), 라다만티스(Rhadamanthys)가 사자들을 심판하고 벌을 주는 타르타로스 입구를 거쳐 엘리시온(Elysion)의 뜰로 향했다. 엘리시온은 선택받은 선한 영혼들만이 갈 수 있는 곳이었다. 아이네이아스의 아버지 앙키세스도 죽어 그 안에 살고 있었다. 앙키세스는 아들을 보자 기다렸다는 듯이 망각의 강 레테가 보이는 곳으로 데려갔다. 레테 강변에는 지상에서 죄의 경중에 따라 죗값을 치른 영혼들과 선한 행동에 따라 보상을 받은 영혼들이 순서를 기다리며 서 있었다. 그들은 지상으로 다시 태어나기 전 레테(Lethe) 강물로 몸을 씻어 모든 기억을 씻어내는 참이었다. 그는 그들 중 한 영혼을 가리키며 말했다.

"내 아들아, 잘 들어라! 바로 저 젊은이가 너의 막내아들로 태어날 실비우스이다. 그는 알바 롱가라는 왕조를 건설하여 후대 왕들의 아버지가 될 것이다. 그 옆이 각각 2대, 8대, 14대 왕인 아이네이아스 실비우스(Aineias Silvius), 카피스(Capys), 프로카스(Prochas)이고, 그 다음이 15대 왕 누미토르(Numitor)이다. 또 저 젊은이가 바로 로마를 건설하게 될 누미토르의 외손자 로물루스(Romulus)이다. 그의 통치권은 온 대지에 미치고 그 기백은 하늘을 찌를 것이다. 로마는 일곱 언덕을 하나의 성으로 둘러싼 철옹성이 될 것이다."

그는 계속해서 로물루스 이후의 로마 왕들을 하나씩 열거하며 미래에 펼쳐질 찬란한 로마 역사를 자랑스럽게 열거했다. 그는 마지막으로 머지않아 아들이 치르게 될 라우렌툼(Laurentum) 왕국과 루툴리(Rutuli) 왕국과의 전쟁을 어떻게 하면 승리로 이끌 수 있을 것인지 자세하게 설명해 주었다. 말을 마치자 그는 그들에게 지상으로 나가는 출구를 알려주었다.

16) 티베리스 강가

동료들에게 돌아온 아이네이아스는 다시 항해를 시작하여 이탈리아 동부 해안가를 올라가다가 키르케가 사는 아이아이에(Aiaie) 섬 옆을 통과하여 얼마 지나지 않아 거대한 강 티베리스(Tiberis)의 하구가 바다로 물줄기를 뿜어 대는 것을 발견하고 그 안으로 배를 몰았다. 강을 거슬러 올라가 강가에 정박하여 기슭에 오른 아이네이아스 일행은 시장기가 돌아 음식을 차렸다. 그들은 마침 접시가 없어서 넓적한 밀가루 케이크에 음식을 올려놓고 먹고 있었다. 그런데 아무리 먹어도 허기가 가시지 않아 그들은 자신들도 모르게 케이크를 뜯어먹고 있었다. 그걸 보고 아이네이아스의 아들 아스카니오스가 "어른들이 식탁을 먹고 있다!"며 깔깔댔다. 그 말을 듣자마자 아이네이아스는 괴조 하르피아이 중의 하나였던 켈라이노의 신탁을 떠올리며 모두에게 이곳이 약속의 땅임을 알렸다.

17) 라티니족의 라우렌툼

이곳 부족 중 가장 강한 것은 늙은 라티누스(Latinus)가 다스리던 라티니족의 라우렌툼이었다. 라티누스는 크로노스의 손자이자 숲의 신 파우누스(Faunus)의 아들이었다. 그 옆에는 젊은 혈기를 자랑하는 투르누스(Turnus)가 루툴리(Rutuli)족을 다스리고 있었다. 투르누스는 페르세우스의 아내 다나에의 후손이었다. 아들 페르세스와 함께 모험을 하던 다나에는 이곳에 아르데아(Ardea)라는 국가를 건설했었다. 투르누스는 오래전부터 라티누스의 딸 라비니아(Lavinia)에 청혼을 했었다. 라티누스의 아내 아마타(Amata)는 사윗감에게 무척 만족했지만 라티누스는 달랐다. 그는 신탁을 통해 자신의 딸은 외지인과 결혼해야 한다는 것을 알았다. 그는 마침 아이네이아스가 사절단을 보내오자 그를 만나 사위로 삼으려 결심했다. 그는 신이 그에게 신탁에서 말한 외지인을 사위로 보낸 것이라고 생각했다.

18) 라티니족과의 전쟁

하지만 라티누스 왕이 아이네이아스를 만나기 전에 헤라 여신이 개입했다. 그녀는 아이네이아스의 일이 순조롭게 풀리는 것이 못마땅했다. 그녀는 지하 세계에서 복수의 여신 세 자매인 에리니에스 중 하나인 알렉토(Alekto)를 불러와 아마타와 투르누스의 마음에 외지인에 대한 적개심을 품도록 부추겼다. 마침내 트로이인과 라티니족 간에 전쟁이 일어났다. 라티누스는 분쟁을 막아보려고 전쟁을 선포하는 야누스(Janus) 신전의 문을 열기를 거부했다. 그러자 헤라 여신이 몸소 야누스 신전의 문을 밀어제쳤다. 이제 전쟁은 피할 수 없었다.

19) 라티니족 연합군

투르누스의 연합군 장수들은 실로 막강했다. 먼저 메젠티우스(Mezentius)로 그는 신을 경멸할 정도였다. 그는 한때 에트루리아(Etruria)의 왕이었으나 국민들에게 쫓겨나 투르누스에게 망명객으로 의지하고 있었다. 헤라클레스의 아들 아벤티누스(Aventinus)도 투르누스 편을 들었다. 그는 방패에 아버지의 문장인 일백 마리의 뱀에 감긴 히드라(Hydra)를 그려 넣고 다녔다. 헤라클레스는 몸통이 셋인 괴물 게리오네우스(Geryoneus)를 죽이고 소떼를 데려오다가 이곳에서 쉬면서 여사제와 사랑을 나누어 아벤티누스를 낳았다. 그는 아버지 헤라클레스가 물려준 네메아의 사자 가죽을 쓰고 무시무시한 모습으로 궁전에 나타났다. 아르고스의 왕 암피아라오스(Ampiaraos)의 쌍둥이 아들 카틸루스(Catillus)와 코라스(Cora)도 합류했다. 사비니의 클라우수스(Clausus)도 대군을 이끌고 왔다.

이밖에도 사방에서 군소 국가들이 투르누스군에 합류했다. 그중에는 볼스키(Volsci)족의 여전사 카밀라(Callila)도 있었다. 그녀의 주력부대는 기병대였다. 그녀는 여자였지만 물레질이나 설거지에는 소질이 없었고 전투를 즐겼고 바람보다도 빨랐다. 하지만 투르누스는 그리스 출신의 디오메데스(Diomedes)의 도움을 얻는 데는 실패했다. 디오메데스는 트로이에서 혁혁한 전공을 세우고 그리스로 귀환하지만 아내의 배신으로 간신히 목숨을 건지고 이탈리아로 피신했었다. 그는 자신이 세운 새 도시 아르기리파(Argyripa)에 많은 어려움이 있어서 군대를 파견할 수 없었다. 투르누스의 강력한 군대는 트로이인들을 경악에 떨게 했다. 근심에 쌓인 아이네이아스의 꿈에 티베리스 강의 신 티베리누스(Tiberinus)가 나타났다. 그는 아이네이아스의 용기를 북돋우면서 말했다.

"아이네이아스여, 낙담하지 말거라. 너의 부족은 절대로 패배하지 않을 것이다. 내 그 증표를 보여주겠다. 너는 곧 강가에서 30마리의 하얀 새끼 돼지를 거느리고 누워 있는 어미 돼지를 발견할 것이다. 그곳이 바로 30년 뒤 건설될 로마의 모체가 될 알바 롱가가 세워질 부지이다. 내가 저들과 대적할 수 있는 좋은 방도도 말해 주겠다. 여기서 멀리 떨어지지 않은 곳에

야누스 신전, Peter Paul Rubens, 1635

아르카디아의 후손들을 다스리는 에우안드로스 왕의 나라가 있다. 아침이 되면 곧바로 헤라 여신에게 아까 내가 말한 돼지를 찾아 제물을 바치고 노여움을 풀어준 다음 그를 찾아가 동맹을 맺어라. 그는 기꺼이 너의 편이 되어줄 것이다."

20) 트로이인과 에우안드로스 왕의 동맹

아침이 되어 떠날 채비를 하는데 근처 강가에 놀랍게도 30마리의 새끼를 거느린 어미 돼지 한 마리가 눈처럼 하얀 빛을 발하며 누워 있었다. 아이네이아스는 강의 신이 시킨 대로 그들을 잡아 헤라 여신에게 바치고 에우안드로스(Euandros) 왕을 찾아갔다. 왕은 그가 도움을 요청하자 흔쾌하게 수락했다. 하지만 그는 너무 노쇠했기 때문에 직접 출병하는 대신 400명의 기병대와 함께 자신의 아들 팔라스(Pallas)를 딸려 보냈다. 그사이 아프로디테는 남편 헤파이스토스에게 가서 아들이 쓸 방패를 만들어 달라고 부탁했다. 헤파이스토스는 만사를 제쳐두고 아이네이아스의 방패를 만들었다. 방패는 그 무엇도 뚫을 수 없을 정도로 견고했다. 겉에는 어미 늑대의 젖을 쌍둥이가 빨고 있는 장면을 비롯하여 로마의 미래를 보여주는 그림으로 빼곡하게 들어찼지만 아이네이아스는 아무것도 이해할 수 없었다. 아이네이아스는 독재자 메젠티우스를 쫓아낸 에트루리아인으로부터도 원조를 약속받았다.

21) 투르누스의 선제공격

아이네이아스가 진영에 없는 사이 투르누스가 먼저 공격을 감행했다. 하지만 트로이군은 상대하지 않고 성안에서 꿈쩍도 하지 않았다. 투르누스는 방어가 약한 지점을 찾다가 아이네이아스의 선단이 강가에 교묘하게 숨겨져 있는 것을 발견하고 배에 불을 질렀다. 바로 그 순간 제우스가 천둥과 번개를 치며 배를 재빨리 바다의 요정으로 변신시켰다. 제우스가 트로이 선단을 지켜주라는 어머니 레아(Rhea) 여신의 부탁을 들어준 것이었다. 투르누스

군사들은 그 기적에 놀라 더 이상 공격은 하지 못하고 포위만 하고 있었다.

22) 아이네이아스의 귀환과 대전투

그사이 에우리알로스(Euryalos)와 니소스(Nisos)가 포위망을 뚫고 아이네이아스에게 위기를 알리겠다고 나섰다가 모두 장렬하게 전사했다. 니소스는 그대로 달아나면 살아날 수 있었는데도 죽음을 무릅쓰고 포로가 된 절친 에우리알로스를 구하려고 은신처에서 나와 적과 일전을 벌이다 최후를 맞이했다. 그래서 그들의 이름은 참다운 우정의 상징이 되었다. 마침내 아이네이아스가 지원군을 배에 가득 싣고 돌아왔다. 이어 피비린내 나는 싸움이 시작되었다. 접전이 벌어지고 투르누스는 에우안드로스의 아들 팔라스를 죽여 얻은 전리품인 검대(劍帶)를 무구에 차고 다녔다. 아이네이아스는 메젠티우스와 그의 아들 라우수스(Lausus)를 죽였다. 시신들의 장례를 치르기 위해 잠시 휴전을 선포했다. 이때 아이네이아스가 투르누스와의 일대일 대결을 제안했다. 자기가 지면 깨끗이 이곳에서 물러나고, 이기면 평화 협정을 체결하고 같이 살게 해달라는 것이다. 투르누스 진영은 아이네이아스의 제안에 의견이 분열되지만 다시 헤라의 간계로 휴전이 깨지고 싸움이 시작되자 언제 그랬냐는 듯이 일치단결된 모습을 보였다.

격렬한 전투가 벌어지면서 트루누스 진영의 여전사 카밀라도 에트루리아의 왕 타르코(Tarcho)와 싸우다 전사하고, 그녀의 군대는 뿔뿔이 흩어졌다. 트로이인 측의 아이네이아스도 한때 심하게 부상당하지만 어머니 아프로디테 여신의 도움으로 곧 회복되었다. 그러자 다시 사기가 최고조로 오른 트로이인들은 마침내 라티니족의 도시 라우렌툼을 점령했다. 그 와중에 아마타(Amata)는 사윗감 투르누스가 전사했다고 지레 짐작을 하고 자살했다. 하지만 아직 살아 있었던 투르누스가 이번에는 자신이 아이네이아스에게 일대일 결투를 제안했다. 이어 두 사람의 결투가 벌어지고 투르누스가 심하게 부상을 입고 쓰러졌다. 아이네이아스는 처음에는 늙으신 아버지 다우누스(Daunus)를

니소스와 에우리알로스, Jean-Baptiste Roman, 1822

아이네이아스와 투르누스, Luca Giordano, 17세기

생각해서 가족 품으로 돌려보내 달라는 투르누스의 마지막 부탁을 들어주려고 했다. 그러나 그의 어깨에서 반짝이는 전사한 에우안드로스의 아들 팔라스의 검대를 보자 분노가 치밀어 올랐다. 그는 갑자기 투르누스에게 달려들어 그의 가슴을 칼로 찔러 죽이고 전쟁을 종결했다.

23) 로마의 전신, 알바 롱가를 건설

아이네이아스는 라티니족과 평화 협정을 체결하고 공주 라비니아와 결혼했다. 이때 트로이인들은 자신들의 이름과 언어를 포기하고, 라티니족은

로물루스와 레무스, Peter Paul Rubens, 1614-1616

이방인의 조상신 페나테스를 받아들이기로 합의했다. 앙키세스의 예언대로 아이네이아스와 크레우사의 아들 아스카니오스는 알바 롱가(Alba Longa)를 건설하여 30년 동안 통치하다가 아이네이아스와 라비니아의 아들 실비우스에게 넘겨주었다. 알바 롱가는 그 후 아이네이아스의 후손 로물루스가 로마를 건설할 때까지 300년 동안 라티니족의 수도가 된다.

아이네이아스의 아들 아스카니오스는 이울루스(Iulus)라는 로마식 별명으로 불리기도 했는데, 카이사르와 그의 양자 아우구스투스의 가문 이름 율리아는 그에게서 유래한다. 그래서 아스카니오스는 자연스럽게 카이사르 집안의 시조가 된다.

4. 베르길리우스의 「아이네이스」

「일리아스」와 「오디세이아」의 아류

　베르길리우스의 「아이네이스」는 호메로스의 「오디세이아」와 「일리아스」에서 많은 부분을 차용하고 있다. 특히 1권에서 6권까지의 앞부분에서는 바다에서 일어나는 폭풍우에 대한 묘사, 아이네이아스 일행이 난파당하는 장면, 키클로페스족 폴리페모스의 등장, 아이네이아스가 지하 세계를 방문하는 것 등이 「오디세이아」의 내용과 거의 똑같고, 7권부터 12권까지의 나머지 뒷부분에서는 아이네이아스 일행과 라티니족 연합군과 벌이는 전투 장면들이 「일리아스」의 전투 장면과 아주 흡사하다. 그래서 학자들은 「아이네이스」의 앞부분을 '「일리아스」 장', 뒷부분을 '「오디세이아」 장'이라고 부르기도 한다. 또 베르길리우스는 「아이네이스」에 괴조 하르피이아이까지 등장시킴으로써 아폴로니오스의 「아르고 호의 모험」의 내용을 활용하기도 한다. 아이네이아스와 디도의 사랑도 「아르고 호의 모험」에 나오는 이아손과 메데이아의 사랑을 모델로 한 것이다.

　「아이네이스」는 이처럼 「일리아스」와 「오디세이아」의 아류가 분명함에도 불구하고 로마에서 출간되자마자 학교 교재로 채택될 만큼 폭발적인 인기를 누렸다. 그 당시 최고의 학교 교재로 명성을 누리던 퀸투스 에니우스(Quintus Ennius)의 「연대기」를 학교에서 밀어낼 정도였다. 이후 「아이네이스」는 고대문학에 가장 강한 영향력 있는 작품으로 자리매김하면서 그리스어로 번역되기도 했고, 로마 시인 마르쿠스 루카누스(Marcus Annaeus Lucanus)는 「아이네이스」에 필적하는 작품을 염두에 두고 폼페이우스와 카이사르의 분쟁을 소재로 「내란기」를 썼지만 소기의 목적을 이루지는 못했다.

　「아이네이스」의 인기는 고대 후기를 거쳐 중세까지 식을 줄 몰랐다. 그래서 고대 프랑스 문학에서 가장 중요한 작품 중 하나가 바로 「아이네이스」를

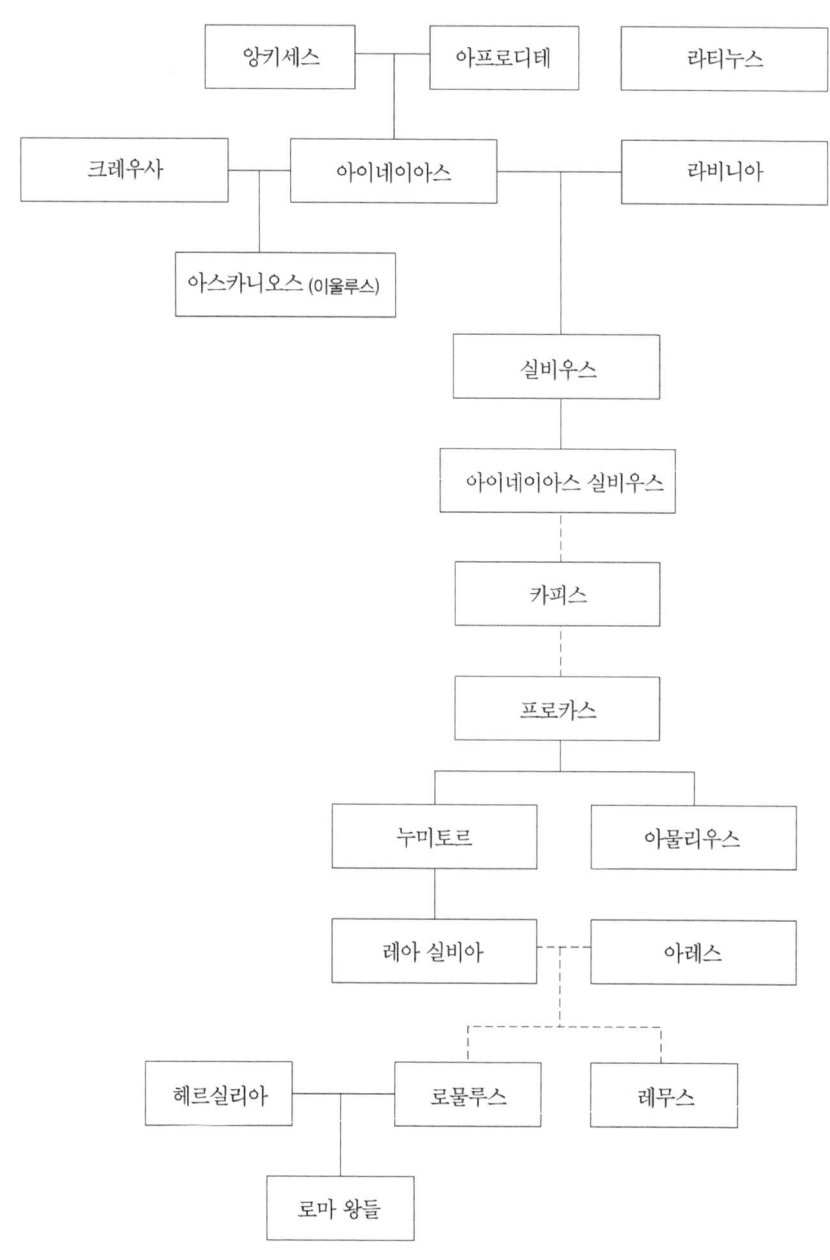

아이네이아스 왕가

토대로 12세기에 쓰인 작자 미상의 「아이네이아스 소설」이다. 또 1183경 하인리히 폰 벨데케(Heinrich von Veldeke)가 독일어로 번역한 이 작품은 독일 궁정 문학의 서막을 장식했다. 르네상스 초기에는 단테가 아이네이아스의 지하 세계 방문을 다룬 「아이네이스」의 6권을 토대로 「신곡」을 구상했고, 디도의 사랑 이야기를 토대로 보카치오(Boccaccio)는 「사랑의 환영」을, 제프리 초서(Geoffrey Chaucer)는 「선녀열전」과 「명예의 전당」을 쓰기도 했다. 심지어 아이네이아스가 패배를 시인한 비무장 상태의 투르누스를 무참히 살해하는 「아이네이스」의 마지막 장면의 논란을 잠재우기 위해 13권을 추가한 새로운 작품이 만들어지기도 했다. 이와 함께 점점 더 많은 나라에서 「아이네이스」가 번역되기 시작했다. 가령 독일에서는 1515년에 토마스 무르너(Thomas Murner)가, 스페인에서는 1427년에 엔리케 데 비예나(Enrique de Villena)가 처음으로 「아이네이스」를 번역했다. 하지만 독일의 고전주의와 특히 낭만주의에서는 「아이네이스」의 명성은 퇴색해 갔다. 원류로 돌아가기를 바랐던 고전주의와 낭만주의 작가들은 아류인 베르길리우스보다 원조 천재인 호메로스에 더 열광했기 때문이다.

로마 판 「용비어천가」

앞서 언급했듯이 베르길리우스가 「아이네이스」를 쓴 것은 그 당시 로마 황제였던 아우구스투스의 요청에서였다. 그래서 아이네이스는 로마 판 「용비어천가」라고 해도 과언이 아니다. 작품은 처음부터 아이네이아스의 모험의 최종 목표가 로마의 건설임을 분명히 밝히고, 이 과업을 완성시킬 자는 바로 아우구스투스임을 선언한다. 특히 아이네이아스가 지하 세계에 가서 아버지를 만나 로마의 미래를 듣는 장면에서는 아우구스투스를 영웅 헤라클레스나 디오니소스 신보다도 더 위대한 인물로 묘사한다.

앙키세스는 아들에게 망각의 강 레테 강변에서 강물에 몸을 씻고 전생을 모두 잊은 다음 지상으로의 환생을 기다리고 있는 사람들 사이에서, 앞으로 태어나 미래의 로마를 이끌 왕과 황제들을 가리키며 그들이 세울 업적을 나열하는데 아우구스투스에 대해 이렇게 말한다.

"저기 보이는 저분이 바로, 너도 가끔 오실 것이라고 들었던, 신의 아들 아우구스투스 카이사르이시다. 저분은 크로노스가 다스리던 라티움 들판에 또다시 황금시대를 열 것이며, 제국을 아프리카의 가라만테스족과 인도인들의 나라 너머까지 넓힐 것이다. 저분의 영토는 별들 저편까지, 그리고 아틀라스가 별들이 총총한 하늘을 떠메고 돌리고 있는 황도대 저편까지 이르게 될 것이다. 벌써 카스피 해와 크림반도 주변의 나라들이 저분이 오신다는 예언을 듣고 벌벌 떨고 있으며, 나일 강의 일곱 하구들도 불안해서 어쩔 줄 모르고 있다. 헤라클레스가 비록 케리네이아의 암사슴을 사로잡고, 멧돼지를 때려잡아 에리만토스 숲에 평화를 가져다주고, 레르나의 사자를 잡기는 했어도, 그렇게 멀리 돌아다니지는 못했다. 니사 산에서 호랑이가 끄는 수레를 타고 내려온 디오니소스 신도 그렇게 다녀보지는 못했다. 그런데 우리는 아직도 행동으로 우리의 가치를 알리기를 주저하며, 이탈리아 땅에 정착하기를 두려워한다는 말이냐?"

로마인들은 왜 「아이네이스」에 열광했을까?

현대의 독자들에게는 아마 「아이네이스」가 「일리아스」와 「오디세이아」의 아류이자 아우구스투스의 치세를 찬양하는 로마 판 「용비어천가」로만 비칠 수 있다. 하지만 「아이네이스」는 로마인들에게는 변함없이 지속적인 사랑을 받았다. 그 이유는 과연 무엇일까? 우리는 그것을 그 당시 로마제국의 역사적인 상황에서 살펴보아야 한다. 아우구스투스가 BC 31년 악티움 해전에서 안토니우스를 누르고 로마제정을 열기 전까지 로마인들은 거의 100여 년간에 걸친 피비린내 나는 내전으로 고통을 겪었다. 그래서 그들은 몸과 마음이 지칠 대로 지치고 피폐해 있었으며 의견은 서로 분열되어 있었다. 아우구스투스는 이런 상황을 정확하게 인식하고 로마인들에게 꿈과 희망을 심어주고 분열된 의견을 통합시킬 수 있는 구심점이 절실하게 필요하다고 생각했다. 그래서 베르길리우스에게 「아이네이스」의 집필을 부탁했던 것이다.

고대 그리스에서는 연극이 폴리스 시민 교육의 가장 중요한 역할을 담당했다. 폴리스 시민들은 곳곳에 산재해 있는, 많게는 수만 명을 수용할 수 있는 원형극장에서 정기적으로 공연되는 연극을 통해 분열된 의견을 통합할 수 있었기 때문이다. 가령 아테네 시민들은 아이스킬로스의 「페르시아인들」이라는 연극 공연을 보면서 강대국 페르시아에 대항에서 승리한 자신들에 대해 자긍심을 느끼며 서로 연대감을 느꼈다. 아우구스투스 시대에는 베르길리우스의 「아이네이스」가 바로 그런 역할을 하였다. 「아이네이스」가 학교 교재로 사용되었다는 것은 그것을 암시하고도 남는다. 베르길리우스는 「아이네이스」에서 알바 롱가의 건설로부터 로마의 건국을 거쳐 미래의 로마의 장구한 역사를 정의의 관점에서 정리하면서 로마인들에게 자긍심과 비전을 심어주었던 것이다. 베르길리우스는 앞서 인용한 로마 왕들과 황제들에 대한 설명 말미에서 앞으로 로마의 역사가 "권위로서 여러 민족을 다스리고. 평화를 관습화하고, 패배한 자들에게는 관용하고, 교만한 자들은 전쟁으로 분쇄하는" 정의의 원칙에 서게 될 것이며, 이런 원칙 아래 아우구스투스 황제의 시대에 이르러 황금시대가 도래할 것임을 선언한다. 이런 희망에 찬 목소리에 열광하지 않을 로마인들이 어디 있겠는가?

참고문헌

국내 문헌

강응천, 「문명 속으로 뛰어든 그리스 신들 1, 2」, 사계절, 1997.
곰브리치, 「서양미술사」, 백승길 외 옮김, 1995.
김원익, 「신들의 전쟁」, 알렙, 2012.
김원익, 「신화, 세상에 답하다」, 바다출판사, 2009.
김원익, 「신화, 인간을 말하다」, 바다출판사, 2011.
김원익, 「아르고호의 모험」, 바다출판사, 2005.
로버트 M. 영, 「오이디푸스 콤플렉스」, 이정은 옮김, 이제이북스, 2002.
로버트 램, 「서양문화의 역사 1, 2」, 이희재 옮김, 사군자, 2000.
로버트 로젠탈 외, 「피그말리온 효과」, 심재관 옮김, 이끌리오, 2003.
로저 케네디, 「리비도」, 강신옥 옮김, 이제이북스, 2002.
루이스 H. 모건, 「고대사회」, 최달곤 외 옮김, 문화문고, 2000.
말리노프스키, 「원시신화론」, 서영대 옮김, 민속원, 1996.
미르치아 엘리아데, 「성과 속」, 이은봉 옮김, 한길사, 1998.

베르길리우스, 「전원교향시(아에네이스)」, 유영 옮김, 혜원출판사, 1994.
아리안 에슨, 「신화와 예술」, 류제화 옮김, 청년사, 2002.
아풀레이우스, 「황금당나귀」, 송병선 옮김, 시와사회, 1999.
알베르 카뮈, 「시지프의 신화」, 이정림 옮김, 범우사, 1997.
오비디우스, 「변신이야기 1, 2」, 이윤기 옮김, 민음사, 1998.
유시주, 「거꾸로 읽는 그리스 로마 신화」, 푸른나무, 1998.
유재원, 「그리스 신화의 세계 1, 2」, 현대문학, 1999.
윤일권, 「그리스 신화의 반항아들」, 사군자, 2007.
윤일권, 「창의력과 상상력의 바다 -그리스 신화의 세계」, 신아사, 2012.
이경덕, 「신화로 보는 인류의 종말과 새로운 세계」, 동도원, 1999.
장영란, 「신화속의 여성, 여성속의 신화」, 문예출판사, 2001.
정혜신, 「그리스문화산책」, 민음사, 2003.
제레미 홈즈, 「나르시시즘」, 유원기 옮김, 이제이북스, 2002.
조지 톰슨, 「고대사회와 최초의 철학자들」, 조대호 옮김, 고려원, 1992.
조지프 캠벨, 「서양신화」, 정영목 옮김, 까치, 1999.
조지프 캠벨, 「세계의 영웅신화」, 이윤기 옮김, 대원사, 1996.
조지프 캠벨, 「신화의 힘」, 이윤기 옮김, 고려원, 1992.
천병희, 「그리스 비극의 이해」, 문예출판사, 2002.
카를 케레니, 「그리스 신화」, 장영란 외 옮김, 궁리, 2002.
토마스 R. 마틴, 「고대 그리스의 역사」, 이종인 옮김, 가람기획, 2003.
토마스 벌핀치, 「그리스와 로마의 신화」, 이윤기 옮김, 대원사, 1996.
프레이저, 「황금의 가지 상, 하」, 김상일 옮김, 을유문화사, 1996.
프리도 릭켄, 「고대 그리스철학」, 김성진 옮김, 서광사, 2000.
프리드리히 엥겔스, 「가족, 사유재산, 국가의 기원」, 김대웅 옮김, 아침, 1985.
호메로스, 「오뒷세이아」, 천병희 옮김, 도서출판 숲, 2006.
호메로스, 「일리아스」, 천병희 옮김, 도서출판 숲, 2007.
A. 크루즈, 「이야기 세계의 신화」, 배경화 편역, 푸른숲, 1998.

C. 레비-스트로스, 「신화와 의미」, 임옥희 옮김, 이글리오, 2000.
F. 타마뉴, 「동성애의 역사」, 이상빈 옮김, 이마고, 2007.
G. 버나드 쇼, 「피그말리온」, 이한섭 옮김, 동인, 1998.
G. 트뤽, 「세계여성사 1, 2」, 이재형 외 옮김, 문예출판사, 1995.
H. 리히터, 「그리스 성풍속사 1~2권」, 정성호 옮김, 산수야, 2003.
I. 아시모프, 「신화 속으로 떠나는 언어여행」, 김대웅 외 옮김, 웅진출판, 1999.
J. F. 비얼레인, 「세계의 유사신화」, 현준만 옮김, 세종서적, 1996.
J. S. 볼린, 「우리 속에 있는 남신들」, 조주현 외 옮김, 또하나의문화, 1999.
J. S. 볼린, 「우리 속에 있는 여신들」, 조주현 외 옮김, 또하나의문화, 1999.
R. 칼라스, 「카드모스와 하르모니아의 결혼」, 이현경 외 옮김, 동연, 1999.
S. 골드힐, 「러브, 섹스 그리고 비극」, 김영선 옮김, 예경, 2006.
S. 프로이트, 「꿈의 해석(상, 하)」, 김인순 옮김, 열린책들, 1997.
S. 프로이트, 「정신분석 강의(상, 하)」, 임홍빈 외 옮김, 열린책들, 1997.
S. 프로이트, 「프로이트 성애론」, 정성호 편역, 문학세계사, 1997.
S. L. 해리스 외, 「신화의 미로찾기 1, 2」, 이영순 옮김, 동인, 2000.
「소포클레스 비극 전집」, 천병희 옮김, 도서출판 숲, 2008.
「아이스킬로스 비극 전집」, 천병희 옮김, 도서출판 숲, 2008.
「에우리피데스 비극 전집 1, 2」, 천병희 옮김, 도서출판 숲, 2009.

국외 문헌

A. Lesky, *Die Tragische Dichtung der Hellenen*, Goettingen, 1972.
A. Walther, *Die Mythen der Antike in der bildenden Kunst*, Leipzig, 1993.
A. Walther, *Die Mythen der Antike in der bildenden Kunst*, Leipzig, 1993.

Aischylos Tragoedien, übersetzt v. O. Werner, Düesseldorf, 1996.

Apollonios, *Die Fahrt der Argonauten*, Stuttgart, 2002.

Aristoteles, *Poetik*, übersetzt v. M. Fuhrmann, Sttutgart, 1982.

B. Zimmermann, *Die griechische Tragödie*, Regensburg, 1992.

C. G. Jung, *Von den Wurzeln des Bewußtseins*, Zürich, 1954.

C. Reinsberg, *Ehe, Hetärentum und Knabenliebe im antiken Griechenland*, München, 1993.

C. Schmölders, *Wilde Frauen. Geschichten zum Staunen, Fürchten und Begehren*, München, 2000.

C. Wolf, *Medea. Stimmen*, Darmstadt und Neuwied, 1996.

E. Peterich, *Götter und Helden der Griechen*, Frankfurt/M., 1984.

E. Simon, *Die Götter der Griechen*, München, 1998.

Euripides Ausgewaehlte Tragödien, übersetzt v. E. Buschor, Düsseldorf, 1996.

F. Nietzsche, *Die Geburt der Tragödie*, Sttutgart, 1996.

F. Schiller, *Sämtliche Werke*, hrsg.v. G. Fricke, München, 1984.

G. Devereux, *Frau und Mythos*, München, 1986.

G. Lerner, *Die Entstehung des Patriarchats*, München, 1997.

H. Schenk, *Wieviel Mutter braucht der Mensch? Der Mythos von der guten Mutter*, Reinbeck bei Hamburg, 2001.

H. Tornau, *Der Mythos vom Sündenfall. Warum Frauen bestaft werden?*, München, 2002.

Hesiod, Theogonie, *Werke und Tage*, übersetzt v. O. Schönberger, Stuttgart, 1999.

Homer, *Ilias. Odyssee*. In der Übertragung von J. H. Voss Düsseldorf, 2002.

I. Stephan, *Musen und Medusen. Mythos und Geschlecht in der Literatur des 20. Jahrhundert*, Köln, 1997.

J. W. Goethe, *Werke*, kommentiert v. E. Trunz, München, 1982.

K. Derungs, *Der psychologische Mythos*, Bern, 1996.

K. Hübner, *Die Wahrheit des Mythos*, München, 1985.

L. Lütkehaus, *Mythos Medea*, Leipzig, 2001.

M. Bermann, *Wiederverzauberung der Welt*, Reinbeck, 1985.

Platon, *Symposion*, übersetzt v. R. Rufener, Düesseldorf, 2001.

R. Bartes, *Mythen des Alltags*, Frankfurt/M., 1964.

R. M. Rilke, *Sämtliche Werke*, Frankfurt/M., 1976.

R. Panikar, *Rückkehr zum Mythos*, Frankfurt/M., 1985.

S. Weigel, *Die Stimmen der Medusa*, Dülmen-Hiddingsel, 1995.

Sophokles Dramen, übersetzt v. K. Bayer, Düsseldorf, 2003.

U. Mann, *Schöpfungsmythen*, Stuttgart, 1982.

U. Wesel, *Der Mythos vom Matriarchat*, Frankfurt/M., 1999.

W. Schmidbauer, *Mythos und Psychologie*, Krummwisch, 2001.

W. Storch(Hrsg.), *Mythos Prometheus*, Leipzig, 1995.

사전류

Brockhaus Enzyklopaedie, Wiesbaden, 1971.

Lexikon der Mythologie, hrsg.v. H. Gottschalk, München, 1993.

Metzler Lexikon Antike, hrsg.v. B. Zimmermann, Weimar, 2000.

Mythen der Völker, hrsg.v. P. Grimal, Frankfurt/M., 1967.

Schöpfungsmythen, hrsg.v. M. Gärden, München, 1994.

Vollmers Wörterbuch der Mythologie aller Völker, Stuttgart, 1984.

「도이치문학 용어사전」, 한독문학번역연구소 편, 서울대출판부 2001.

찾아보기

가

가이아 34-35, 37, 39-42, 45, 47-48, 69-70, 78, 97, 104-105, 209, 414, 417
갈라테이아 219-221
게리오네우스 410-413, 688
고르고네스 359-361
고르고포네 371
그라이아이 360, 374
글라우케 276, 284-285
글라우코스 400, 487, 538, 575
기간테스 42, 48, 120, 427, 437, 617, 634

나

나르키소스 194, 209-211, 213-218
나우시카아 638-639, 654-655
네레우스 414, 509, 528
네메시스 37, 188, 213
네소스 398, 430-431, 433
네스토르 538, 551, 574, 666
네펠레 267-268
넬레우스 270-271, 423, 427, 625
노토스 190
니오베 152
니케 124
닉스 6, 35, 37, 39-40, 528, 568, 598, 600

다

다나에 65, 355-357, 369-371, 374, 687
다나오스 242, 263, 365, 549
다이달로스 403, 454, 458
다프네 101, 103, 263
데메테르 6, 45, 52, 63, 78, 83-89, 143, 160 ,232, 294, 419-421, 448
데모도코스 299, 639
데모폰 88, 419, 469-470
데우칼리온 190-192, 463
데이모스 134, 163, 167

데이아네이라 428-431, 433
데이포보스 527, 530-531, 538, 559, 574
델로스 94, 148, 152, 669-671
도리스 509, 528
도리아인 29, 266
디도 677-680, 685, 695, 697
디오네 60, 63, 129
디오니소스 20, 52, 57, 63, 75, 92, 99, 107-117, 121, 134, 147, 244, 263-264, 397, 460-461, 697-698
디오메데스 167, 404-406, 558, 568-569, 579, 597, 599-601, 664, 688
디오스쿠로이 292
딕티스 357, 369

라

라다만티스 685
라비린토스 453-454, 458-459
라에르테스 590-591, 614, 622, 658
라오메돈 81, 409, 425-426, 437, 526-527, 565, 661, 680, 682
라오콘 81
라이스트리고네스 617
라이오스 195-202, 261, 395
라피타이 466
레다 65, 290-291, 627
레무스 167, 654
레아 45, 495, 690
레테 강 685, 697
레토 63, 82, 93-94, 148, 152-153, 337, 628, 664
로물루스 580, 686, 694

로토파고이 607
리노스 387-388
리코메데스 469, 535, 568, 594
리쿠르고스 114
링케우스 365, 477

마

마르둑 47
마이나데스 109-110, 114, 118, 263
마이아 63, 143
마카온 538, 568
메가라 391, 433, 627
메가펜테스 371
메넬라오스 292, 303, 532-534, 537, 542, 546, 575, 577-578, 581, 592-593, 597, 602, 642, 666, 673
메노이티오스 173, 553
메데이아 263, 267-268, 271, 274-288, 302-303, 339, 449-451, 476, 496, 499-505, 507-508, 512, 517-520, 695
메도스 449
메두사 82, 124, 127, 359-364, 367, 369-370, 374-375, 380, 421, 427, 439, 527, 631
메로페 195, 283
메스토르 371, 382
메타네이라 88, 419
메티스 63, 119-120, 137, 279-280
멜라니포스 315-316, 445, 527, 538
멜라스 270, 494
멜레아그로스 477
멜리아이 42

찾아보기 707

멤논 563-565
모이라이 37, 40
무사이 63, 98-99, 244, 528
므네모시네 48, 63
미노스 64, 81, 261, 403-404, 407, 449,
    453-454, 456-458, 628, 685
미노아 29
미노타우로스 81, 403, 453-456, 459, 470
미르틸로스 295
밀레토스 93

바

벨레로폰 7, 124
보레아스 190, 400, 487-488, 561
보스포로스 75, 483, 489-490, 527
부시리스 416-417
브론테스 45
브리세이스 582, 543, 545, 548-549
비아 174, 178

사

사르페돈 410, 539
사티로스 65, 110, 114, 118, 290
살모네우스 625
세멜레 57, 63, 75, 107-108, 116
세이레네스 509, 515, 631-633, 652-653
셀레네 148-149
스미르나 136
스킬라 509, 633-635, 637, 674
스테넬로스 371, 382, 385, 407

스테노 359
스테로페스 45
스틱스 강 57, 176, 213, 234, 380, 384,
    421, 566-567, 583, 685
스핑크스 196-197, 203, 311, 392
시논 571-572, 574, 579
시니스 443-444
시빌레 683-685
시시포스 242, 590-591, 629
실레노스 397
실레우스 424
심플레가데스 272, 489-490, 632

아

아가멤논 98, 105, 152, 208, 262-263,
    292-293, 298-303, 309, 328, 331,
    333-336, 342, 344-345, 534, 537, 539,
    543, 545-546, 548-549, 551, 554, 556,
    571, 575, 577-579, 582-584, 593,
    596-598
아가우에 114
아겔라오스 530
아글라이아 159
아누 44, 46
아담 172, 182-183
아도니스 134, 136
아드라스토스 312-314, 316, 341
아드메토스 60, 247, 270, 405, 407, 477
아라크네 122
아레스 5, 24, 63, 123-124, 134-135, 142,
    159-160, 163-167, 186, 270, 294-295,
    314, 408, 432, 494, 503, 536, 556-558,

563, 650
아레이오스 파고스 123, 126, 162, 167, 304, 333, 336
아레투사 153
아르게스 45
아르고스 65, 68, 70, 75, 78, 147, 270
아르카스 72-73, 346, 349
아르테미스 63, 72, 82, 100, 139, 148-156, 160, 209, 264, 301, 330, 332-333, 337-338, 340, 344, 349, 396-397, 464, 504-505, 539, 556, 596-597, 669
아리스타이오스 240
아리아드네 112-113, 458-463, 472
아리온 78
아모르 236
아미코스 408, 487, 491, 516
아스클레피오스 60, 100
아스타르테 128, 134
아스테리아 94
아에로페 296
아우게이아스 401-402, 427, 477, 496-497
아이게우스 355, 404, 437, 440-441, 448-453, 456, 462-463
아이기스 125, 160, 298-299, 301, 303-304, 306, 341, 369, 627
아이기스토스 298-299, 301, 303-304, 306, 341, 627
아이네이아스 136, 439, 507, 538, 543, 575-576, 580, 659-697
아이도스 188
아이손 270-271, 482
아이아코스 409, 526, 628
아이에테스 268, 270, 272, 274, 280-281, 285, 494-498, 502, 504, 507-508,

518-519
아이올로스 267, 270-271, 615-616, 625, 676
아이테르 35
아이트라 440-441, 467, 469
아카스토스 276, 479
아카이아 29, 266, 398, 402, 522
아케론 강 421, 491
아켈로오스 428-429
아크리시오스 65, 355-356, 370-371, 379, 508
아킬레우스 25, 81, 93, 124, 160-161, 176, 261-262, 264, 271-272, 301, 330, 334, 436, 495, 517, 528, 534-537, 539, 541-549, 551-557, 559-568, 574-575, 578, 582-586, 588-589, 593-595, 597-598, 600, 603, 628, 652, 657, 664, 673
아타마스 75, 108, 267, 494
아테나 8, 57, 59, 61, 63, 78-79, 92, 103, 105, 119-131, 133, 139, 146, 148, 154, 157, 160, 162-164, 171, 179, 211, 264, 272, 306-309, 313, 315-316, 337-339, 344, 359-360, 369-370, 372, 374, 402, 419, 427, 434, 479, 491, 495, 518, 532, 546, 556-559, 568-570, 572, 574-575, 600, 603-604, 641-643, 647, 649, 652-653, 666, 674
아트레우스 293, 295-297, 301, 544, 549, 627
아틀라스 6
아폴론 22, 48, 52, 59-60, 63, 70, 78, 81-82, 92-105, 107, 111-118, 126-127, 145-146, 148, 152, 155-157, 160, 167,

173, 205, 213, 219, 229, 231, 239, 261-262, 264, 297, 304, 307-308, 333, 349, 351, 376, 388, 391, 396, 409, 423, 440, 448, 491, 512-513, 526, 543, 545, 551, 556, 559, 561, 565, 566-570, 574, 608, 647, 664-665, 669-673, 682-683

아프로디테 5, 6, 22, 24, 42, 47, 61, 63, 70, 92, 128-140, 142, 154, 159-160, 165, 167, 179, 217, 219, 229, 232, 234-236, 238, 251, 292, 465, 480, 489, 495-496, 509, 518, 529, 532-533, 576, 580, 661-667, 676-678, 690

악타이온 154, 264

안드로마케 539, 543, 560, 574, 579, 673

안타이오스 82

안테노르 542, 575, 597, 602

안티고네 197, 206-207, 252, 311-317, 320-327, 340

안티오페 64, 264, 462-463, 507-508, 625

안티클레이아 442, 590, 624

알랄루 44

알렉산드로스 530

알카이오스 371, 382, 407

알케스티스 247-248, 270, 405, 439

알크메네 66, 382, 384-385, 471, 627

알키노오스 507-508, 590, 640-641, 654

암피아라오스 312, 314, 316, 688

암피온 65, 627

암피트리테 79, 457, 511

압시르토스 268, 274-275, 280, 284, 504, 507, 517

앙키세스 136, 538, 576, 580, 661-665, 669-676, 683, 685, 694, 697

에레보스 35, 37, 623, 630

에로스 35, 37, 40, 101, 133-134, 206, 228-233, 235-241, 251, 253, 258-259, 439, 495-496, 499, 518-519, 678

에리니에스 42, 105, 107, 304, 685, 687

에리스 37, 61, 133, 146, 528

에리시크톤 89-90

에리크토니오스 524

에오스 539, 565

에우로페 64, 281

에우리노메 63, 159

에우리디케 8, 99, 218, 239-241, 243-245, 312, 317

에우리스테우스 385, 391, 394, 396-397, 399, 401-402, 407, 410, 414, 417, 419-420, 422, 438, 453, 471, 487, 630

에우리알레 359

에우리토스 387, 422-423, 432, 591, 645

에우리티온 398, 402, 410-411

에우릴로코스 619-620, 633, 635

에우마이오스 589, 642-644, 646

에일레이티이아 96, 94, 385

에코 209-216

에테오클레스 310, 312-317, 320-321

에피메테우스 161, 173, 179-180, 190

엔디미온 149

엔키 171

엘렉트라 105, 208, 293, 300, 303-304, 341-343, 525, 676

엘렉트리온 371, 381

엘리시온 25, 184-185, 685

엘페노르 623-624, 631

엥켈라도스 120

오디세우스 25, 81, 124-125, 146, 261,

301, 439, 507, 509, 515, 533-535, 537, 539, 542, 549, 553, 566, 568-575, 579, 588-658, 666, 673-674

오레 35

오레스테스 8, 103, 105, 107, 123, 126, 263, 300-301, 303-304, 306-309, 333-351

오르페우스 35, 219, 228, 239, 241-248, 264, 287, 330, 388, 439, 482, 491, 509, 515

오리온 82, 156, 628

오이네우스 429

오이노마오스 294-295, 358

오이디푸스 22, 97, 194-208, 311, 317, 318-321

오케아노스 35, 63, 73, 95, 188, 410-411, 416, 619, 631

오피온 40

옴팔레 423-424

옴팔로스 97

우라노스 34-35, 41-42, 45-46, 48, 57, 69, 129, 209

이나코스 73

이노 75, 108, 267

이다스 477, 493

이디이아 268, 280, 497

이리스 85, 490, 511, 561

이브 182-183, 266

이쉬타르 134

이스메네 310, 320, 322, 326

이아손 30, 263, 270-272, 274-276, 280-288, 398-399, 449, 476, 479, 481-483, 485, 494-497, 499-505, 508-509, 511-513, 515, 517-520, 633, 695

이아페토스 171

이오 73, 75

이오니아 29, 266, 414, 506, 522

이오카스테 195, 197-203, 205, 207, 310, 312, 627

이올라오스 395

이올레 423, 432

이카리오스 113, 533, 592, 652

이피게네이아 152, 267, 300-302, 309, 328-352, 383, 539-540, 596-597

이피노에 283

이피클레스 66, 385, 395, 428

이피토스 423-424, 427, 591, 645

익시온 242, 466

일루얀카스 47

자

제우스 4-6, 8, 19, 22, 24, 34, 37, 40, 45-48, 52-73, 75-80, 83-85, 87-89, 92-94, 96-97, 100, 103, 107-108, 116, 119-120, 124-125, 129, 133, 136-137, 142-143, 145-148, 152, 154, 156-158, 160-161, 163, 170-180, 186, 188, 190-191, 211, 234-235, 238, 244-245, 261-262, 264, 266-267, 270-271, 274, 280, 289-290, 292, 296-297, 302, 308, 314-316, 324, 355, 356-357, 363, 376-380, 382-386, 392-393, 409, 413-414, 422-423, 426-427, 429, 433-434, 456, 467-468, 470, 487, 490, 493, 495-496, 503, 507-508, 518, 525-526, 528-529, 531, 544, 549-551,

555, 558-561, 565, 574, 582, 607, 610, 615, 625, 627-628, 635-636, 638, 653, 663-664, 674, 673, 678-680, 683, 690
제테스 400-401, 487-489, 671
제토스 65, 627
제피로스 230, 232, 561

카

카론 234, 241, 685
카리테스 63, 159, 179
카립디스 509, 515, 633-635, 637, 674
카산드라 98, 103, 299, 527, 531, 539, 570, 578, 603, 671
카스토르 290, 292, 300, 469, 477, 534, 627
카시오페이아 81, 365, 368, 377-378
카오스 35, 37, 39, 69, 98, 116
카쿠스 413
카타르시스 201
카파네우스 312, 314-315
칼라이스 400-401, 477, 487-489, 671
칼리스토 72, 153, 264
칼리오페 99, 239
칼릴로에 410
칼립소 590, 595, 638-639, 654-656
칼카스 301, 334, 535, 538-539, 549, 568
칼키오페 268-270, 280, 497-498, 500, 519-520, 568
케르베로스 7, 36, 234, 241, 419-421, 438, 491, 630
케르키온 446
케리케이온 146

케이론 100, 271-272, 398-399, 414, 495, 528
케페우스 365, 367-368, 372, 377, 427-428
케피소스 447
켄타우로스 100, 271, 397-399, 402, 414, 421, 430, 467, 495
코로니스 100, 103
코키기온 71
코토르노스 117
쿠마르비 44, 46
쿠피도 236
크라토스 174, 178
크로노스 6, 19, 34, 41-45, 53, 57, 69-70, 78, 185, 209, 280, 495, 555, 559, 687, 698
크레온 198-200, 276, 282-285, 312, 314, 316, 318-319, 321, 324-328, 382, 390-391
크레테우스 270-271, 625
크리사오르 363, 410
크리세스 544-545
크리세이스 543, 545
클리타임네스트라 8, 65, 105, 123, 263, 289-293, 299-305, 309, 328, 341-343, 597, 627
키르케 274, 506-507, 515, 619-624, 631, 634-635, 651, 673, 686
키마이라 7
키몬 470
키코네스 539, 605, 608, 666
키크노스 167, 429, 431-432, 542
키클로페스 37, 45, 48, 55, 60, 607-608, 614, 634, 674-675, 695
키티소로스 497

타

타나토스 206, 405, 439
타르타로스 36, 39, 41, 45, 47, 241, 294, 685
탄탈로스 241, 292-295, 297, 302-333, 336, 338, 342, 345, 349-350, 383, 628
테미스 40, 48, 63, 119, 414
테세우스 79, 81, 113, 137, 162, 206, 263-264, 319, 355, 404, 421, 436, 439-452, 455-464, 466-473, 479, 533, 630
테우타미데스 370
테이레시아스 199, 203, 211, 313-314, 327, 384, 621, 624-625, 628, 650-651, 653
테티스(Tethys) 35, 37
테티스(Thetis) 57, 61, 137, 159-160, 175-176, 511, 528-529, 534, 536, 543, 549, 553-556, 561, 566-567, 683
텔레마코스 261, 534, 593-596, 642-644, 646-647, 649, 651-652, 655, 666,
토아스 333, 337-340, 345-346, 348-351, 480-482
트로낙스 71
트리아이나 79
트리톤 80, 512
트리푸스 97
트리프톨레모스 88-89
티데우스 312-316
티레노이 113
티로 270, 625
티르소스 109, 118
티아마트 47
티에스테스 293, 295-299, 301

티탄 34, 37, 40-43, 46-49, 53-54, 61, 63, 78, 94, 108-109, 143, 148, 170-171, 173, 363, 375, 410
티티오스 82, 153, 628
티포에우스 47-48
팀파논 109, 118

파

파르테노파이오스 312, 314-315
파르테논 8, 125-126
파리스 8, 61-62, 133, 147, 331-332, 523, 527-534, 566, 568, 580, 582, 592, 666, 676
파시파에 403, 453-454, 457
파에톤 88-89, 95-96
파이드라 137, 139, 154, 263, 458, 463-465, 472
파이아케스 507, 515, 590, 639-642, 654-656, 673
파트로클로스 262, 536, 551-554, 556, 560-561, 578, 584, 628, 664
판도라 161-162, 170, 172, 178-183, 185, 189, 266
팔라디온 125, 526, 568-569, 572, 600-601, 603, 666
팔라메데스 536, 571-572, 593, 597-598
팔라스 119, 120, 124-125, 449-451, 455, 463, 690-691
팔리누로스 671, 683, 685
페가소스 7, 78, 363, 380
페넬로페 533-534, 592, 625, 642, 644-649, 651, 657-658

찾아보기 713

페르세스 189, 367-368, 382, 687
페르세우스 65, 83, 124, 355, 357-361, 363-372, 374-380 382, 384, 436, 439, 476, 506, 687
페르세포네 61, 63, 83-87, 89, 108, 136, 143, 234, 243, 294, 419, 421, 439, 448, 468, 472
페리페테스 442-443, 471
페이리토오스 263, 397, 421, 439, 466-468, 472, 479, 533, 630
페이토 179
펜테실레이아 167, 264, 539, 563, 582, 584, 585
펜테우스 114, 312
펠라스고이인 29, 40
펠레우스 61, 176, 477, 528-529, 534-536, 544, 553, 559-560, 593
펠로페이아 298
펠롭스 261, 294-295
펠리아스 270-272, 276, 278, 286-287, 476, 625
포보스 134, 163, 527
포세이돈 45, 52-53, 57, 59-60, 70, 76-83, 90, 93-94, 122, 160, 165, 167, 190, 261, 270-271, 339, 365, 368, 379, 403, 409, 416, 427, 440-441, 453, 457, 466, 483, 511-512, 526, 528, 542, 556, 603-604, 613-614, 624-625, 638, 650, 653-654, 664, 676, 682, 684
폰토스 37
폴로스 397-398
폴리네이케스 310, 312-324
폴리데우케스 290, 292, 300, 469, 477, 487-488, 627

폴리덱테스 357-359, 365, 369, 371, 374-375
폴리보스 195, 199-200, 310
폴리페모스 82, 400-401, 486, 606, 611-614, 652, 674, 676, 695
프로메테우스 6, 40, 146, 161, 170, 179, 182-183, 189-190, 250, 399, 414, 501
프로크루스테스 82, 447-448
프로테우스 80, 410, 580-582
포론티스 270, 494
프리아모스 406, 527, 529-531, 538, 541-542, 559-562, 565-566, 570-572, 574-576, 581, 597-598, 600-601, 603-604, 669
프리아포스 134
프릭소스 267-268, 270, 494-497, 519
프시케 228-239, 439
플레기아스 100, 167
피그말리온 137, 194, 216-225, 678
피네우스 272, 367-368, 488-491, 493-494, 504, 511, 515, 671
피라 190-192
피테우스 440-441, 463, 471
피톤 48, 97, 103-105
피티아 97, 105, 391, 423, 440-441, 512
필라데스 263, 293, 304, 333-335, 339, 341-342, 344-346, 348-349
필록테테스 433, 536, 541, 568, 597, 600

하

하데스 45, 52-53, 55, 57, 59-61, 78, 84-85, 87, 100, 143, 146, 188, 241, 243, 245,

376, 378-379, 411, 419, 421-422, 438-439, 448, 468, 473, 544, 549, 622-623
하르모니아 134
하르피이아이 488-490, 671-672, 686, 695
하마르티아 202
하이몬 312, 326-327
헤라 5-6, 24, 45, 52, 57, 61, 63, 68-76, 78, 87, 93-94, 107-109, 131, 133, 142, 147-148, 156-157, 159-160, 163, 173, 209-211, 216, 232, 242, 266, 270-271, 274, 284-285, 314, 379, 384-387, 391, 394, 404, 408-409, 422, 426, 434-435, 450, 495-496, 511, 518, 526, 529, 532, 546, 555-556, 581, 630, 633, 673, 676-678, 690, 692
헤라클레스 22, 66, 70, 75-76, 82-83, 124, 147-148, 167, 175, 248, 261, 263-264, 287, 355, 364, 371, 382-440, 442, 450, 453, 462, 468-4693, 471-473, 476, 477, 479, 481, 483, 485-487, 491, 493, 517, 526-527, 537, 541, 555, 568, 600, 627, 629-630, 688, 698
헤르마프로디토스 251
헤르메스 24, 59, 75, 85, 98, 108, 134, 412-148, 178-179, 190, 251, 268, 295, 360, 369, 387, 421, 481, 531, 561-562, 620, 622, 638, 640, 652-653, 680
헤르미오네 534, 673
헤메라 35
헤베 63, 76, 436, 630
헤스티아 45, 75
헤스페리데스 40, 70, 363-364, 414, 416-417, 419

헤시오네 409, 425-426, 526-527
헤카베 527, 529-531, 539, 574, 601, 604-606, 669
헤카테 280, 498, 501
헤카톤케이레스 41, 45, 47-48
헤파이스토스 5, 63, 119, 127, 133-134, 142, 156-163, 165, 173-175, 178-179, 388, 402, 413, 498, 502
헥토르 262, 527, 538-539, 543, 552-556, 559-563, 565, 567, 574-575, 577-579, 581, 583-584, 603, 661, 664
헬레 267-268
헬레네 7, 16, 65, 133, 267, 290, 292-293, 303, 331-332, 371, 467, 469-470, 472, 523, 532-534, 538, 542, 574, 577, 580-582, 592-593, 597, 601, 666, 673
헬레스폰토스 268, 482-483, 523, 604
헬렌 191-192
헬리오스 94, 148, 268, 274, 410, 412, 486, 511, 619, 624, 635-636, 653
호라이 63
히드라 394-395, 398, 419, 431, 433, 688
히메나이오스 240
히페리온 94
히포다메이아 294-295, 358, 397, 466
히포메돈 314-315
히폴리테 264, 407-408, 410
히폴리토스 81, 137, 139, 154, 463-466
히프노스 427
힐라스 400-401, 481, 485-487, 493
힙시필레 480-482

그리스 로마 신화와 서양문화

초판 1쇄 발행 | 2015년 3월 10일 (알렙출판사)
　　5쇄 발행 | 2019년 9월 5일
　　6쇄 발행 | 2021년 3월 5일
　　7쇄 발행 | 2023년 10월 19일

지은이 | 윤일권 · 김원익
펴낸이 | 이윤구

편집진행 | 김문아
북디자인 | 이혜은

펴 낸 곳 | 도서출판 메티스
주　　소 | 서울 관악구 신림로 90, 2층
대표전화 | (02) 737-7771~2
F A X | (02) 735-8666
출판등록 | 제320-2009-11호

*이 책의 저작권은 저자에게 있습니다. 본문의 내용에 대한 무단복제와 무단전재를 금합니다.

ISBN 979-11-5544-133-6

값 : 24,000원

*잘못 제본된 책은 바꿔드립니다.